코리안드림과 통일한국을 향한
남북통합 추진전략

한국글로벌피스재단 AKU교수협회 편
구필현·박동순·박성기·안찬일·
조병현·정경영·최용호 지음

발간사

북한체제 변화의 시나브로와 코리안드림

서인택 통일을실천하는사람들(AKU) 공동상임의장 겸
한국글로벌피스재단 이사장

통일은 대한민국이 이루어야 할 최고의 시대정신이다. 마땅히 통일문제는 초당적인 협력과 노력이 필요하다. 그러나 극단적 정치 분열 속에 통일문제는 정쟁의 대상으로 전락하고 말았다. 분단의 세월이 오래되다 보니 다들 무감각해졌을 수도 있다. 그럼에도 통일이야말로 우리 전체의 생존과 운명이 달려있는 가장 중요한 문제이다.

통일 이야기를 꺼내면 많은 사람들이 순진하다고 핀잔한다. 과연 그럴까? 상황을 어떻게 해석하느냐는 사람마다 보는 관점이 다를 수 있다. 그러나 통일은 지금 우리 앞에 성큼 다가와 있다. 특히 정치, 경제, 사상, 사회, 문화 등 거의 전 분야에서 벌어지고 있는 최근의 북한 균열 상황이 이를 입증한다. 북한 김정은은 감시체제와 폭압정치로 그의 권력체제를 지켜 내려하지만, 인간의 힘으로는 도저히 어쩔 수 없는 자연의 섭리처럼 북한 변화의 거대한 쓰나미는 곧 몰려올 것이다. 모르는 사이에 조금 조금씩 변화한다는 뜻의 순수 우리말이 시나브로다. 거대한 쓰나미를 만들어 오게 될 변화의 시나브로를 살펴보자.

북한체제 균열의 시나브로

북한체제 균열의 시나브로를 축약적으로 살피려면 시간을 거꾸로 정렬하는 편이 효과적일 것이다. 그 핵심에는 최근 북한군의 러시아로 파병이다. 북한은 2024년 10월 12,000명에 달하는 폭풍군단이라 불리우는 정예군을 러시아에 파병했다. 핵무기 개발에 따른 UN제재와 코로나 팬데믹 국경봉쇄로 인한 피폐한 경제 상황에서 통치자금 확보를 위한 고육지책이었을 것이다. 그러나 이것은 엄청난 후폭풍을 몰고 올 것이다. 명분도 없는 전쟁에 강제 동원된 청년들은 모두 장마당 세대다. 이들은 김정은에게 빚진 것이 없는 세대다. 더구나 그들은 이미 한류에 익숙해 자유를 갈망하고 있기도 하다. 그런 그들이 과연 김정은의 명에 따라 전장에서 장렬히 죽음을 맞이할 수 있을까?

이로 인해 전통적 우의를 다져온 중국과의 관계가 깨진 일도 김정은의 앞길에 큰 암초가 될 것이다. 이뿐 아니다. 군대를 남의 나라 전쟁터의 사지로 몰아넣은 파병은 김정은의 선대가 권력유지를 위해 군인들을 우대했던 선군정치를 포기한 셈이 된다. 군부의 반발은 예고되어 있다. 통일을 하지 않겠다고 적대적 2개 국가론을 선언하며 휴전선에 장벽을 세운 일도 그의 초조함을 반영하는 것이다. 이 모든 시나브로는 그 뿌리가 선대의 핵무기 개발이라는 실수에 따른 것이다. 핵무기를 정권생존과 동일하게 여기고 있지만, 그것은 한참 잘못 짚은 오판이다. 핵무기는 방어체계의 개발로 효용가치가 크게 줄어들었다. 이렇게 북한 종말의 시그널들은 차고 넘친다. 시민이 나서야 한다는 의식이 주변에 점차 팽배하고 있다.

순수 시민으로 이루어진 통일을실천하는사람들(AKU)이 지난 9월 28일 임진각에서 코리안드림통일실천대행진을 개최한 것도 바로 이런 이유 때문이었다. 이날 행사는 광복 80주년을 맞이하는 2025년까지 1천만 명이 참여하는 사상 최대의 통일캠페인을 전개하기 위한 행사였다. 원거리임에도 전국각지에서 3만여 명의 시민들이 참여하여 뜨거운 열기를 보여줬다. 이 대행진은 통일운동이 정파와 이념을 초월한 시민 주도의 풀뿌리운동이 가능함을 보여준 행사였다는데 큰 의미가 있다. 이제까지의 통일논의는 진영논리를 벗어나지 못하는 국론분열의 장이었다. 그러나 그날은 달랐다. 지역을 초월해서 대거 몰려왔다. 이것은 그들을 이끌어 낼 만한 비전이 있었기 때문이다. 바로 AKU가 10년 넘게 만들고 다듬어온 코리안드림이라는 비전이다. 코리안드림은 한민족 정체성의 뿌리가 되는 홍익인간 이상을 통일을 통해 실현한다는 비전이다. 외세가 강요한 냉전시대의 이데올로기 갈등에서 벗어나는 길은 한민족 본래의 정체성, 민족 공통의 역사적 열망과 이상으로 돌아가는 것뿐이다.

바야흐로 통일의 때는 우리 앞에 다가와 있다. 기회를 잡느냐 혹은 놓치느냐? 그것은 전적으로 우리에게 달려 있다. 통일을 실현하는 길에는 그 어떤 정파나 이념이 있을 수 없다.

이러한 시기에 『코리안드림과 통일한국을 향한 남북통합 추진전략』이라는 주제로 다양한 분야의 전문가들이 지혜를 모은 것은 크게 환영할 일이다. 언젠가는 반드시 일어날 통일을 준비하는 일은 무엇보다 중요하다. 이 책의 출판을 계기로 남북통합 추진전략을 마련하기 위한 연구와 논의 활동이 활발하게 이루어지길 기대한다. 바쁜 일정 가운데에 저술에 참여해준 AKU교수협회 저자들의 노고에 감사드린다.

머리말

　이 책은 통일한국을 실현하기 위한 체제·외교안보·경제·군사·사회문화·국토통합 추진전략을 모색하는 데 있다. 한반도는 1945년 미국과 소련이 일본군의 항복을 받기 위한 군사작전 목적으로 분할되었으며, 1948년 남북에 이념이 다른 정부가 들어섰고, 6·25전쟁으로 분단이 더욱 고착화되었다.

　한반도가 직면하고 있는 통일 환경은 암울하다. 북한은 대한민국을 동족 관계가 아닌 교전 중인 적대국가로 규정하고 있다. 한국 내 진보와 보수 진영 간 갈등의 골은 깊어만 간다. 남북관계는 교착 상태이다. 한국의 경기침체는 좀처럼 회복되지 않고 있고, 북한경제는 최악이다. 신냉전 구조로 상징되는 북·중·러 對 한·미·일 블록 간 대립으로 지역 정세가 불안정하고, 미·중 패권경쟁은 격화하고 있다. 통일에 대한 냉소적 시각이 만연하다.

　통일에 대한 발상의 전환이 요구된다. 이러한 모든 문제의 근본 원인은 한반도 분단에 기인한다. 한반도의 분단을 극복하기 위해서는 남북이 통일국가를 건설하겠다는 의기투합과 지속적인 준비, 그리고 분단에 책임있는 국가들의 협력이 필수적이다. 통일을 이루면 전쟁위험이 사라지고, 폭발적인 경제성장도 가능하며, 한반도는 물론 동북아 평화와 함께 공동번영을 추구할 수 있다.

통일에 대한 새로운 전략인식하에 통일이 왜 필요하며, 통일의 문명사적 의미와 통일한국의 비전을 살펴보고자 한다. 통일의 당위성과 필요성은 차고 넘친다.

첫째, 한반도 분단에 직·간접적으로 개입한 국가들은 한반도를 원래대로 되돌려 놓아야 할 책임이 있다. 한반도는 우리 민족의 의지와 무관하게 강대국 정치의 희생으로 분단되었다. 일제의 식민통치를 받지 않았던들, 미국과 소련 간에 군사작전 목적으로 한반도를 38선으로 분할하지 않았던들, 6·25전쟁 시 국군이 압록강까지 진격했을 때 중국군이 개입하지 않았던들 한반도는 분단되지 않았을 것이다. 분단으로 인해 우리 민족이 겪고 있는 심리적 트라우마, 경제적 비용, 안보적 긴장, 정치적 불안정은 얼마나 큰가. 주변국은 이러한 고통을 종식시킬 수 있도록 통일에 협력하고 지지해야 할 역사적 사명과 도덕적 책무가 있다.

둘째, 통일을 추구하는 이유는 인도주의를 구현하기 위해서다. 천만 이산가족, 8만2천여 명의 국군포로, 3만4천여 명의 북한 이탈주민 등 헤어진 가족들과 함께 살 수 있도록 해야 한다.

셋째, 한반도에서 전쟁을 근원적으로 예방하기 위해서다. 남북이 강대강(强對强)으로 치닫는 한 제2의 6·25전쟁이 발발하지 않는다고 볼 수 없다. 446만 명이 희생한 6·25전쟁보다 더 끔찍한 재앙을 막기 위해서도 통일을 해야 한다.

셋째, 자유롭고 번영된 사회에서 존귀한 생을 누리고 있는 한국인은 억압받고 고통당하는 북한 동포들에게 동일한 축복을 함께 해야 할 사명이 있다. 온 국민의 혁신과 헌신으로 2021년 한국은 후진국 중 최초로 선진국으로 등극하였으며, 자유민주주의 국가이자 디지털 선도국이요, 소프트파워 문화 강국을 건설하였다. 이러한 영광을 북한 동포와 함께 하기 위해서도 통일을 해야 한다.

넷째, 경제 강국 건설과 번영을 위해서 통일을 해야 한다. 한국은 인구절벽과 경기침체로 2020년 세계 10위였던 경제력이 2023년 13위로 내려앉았다, 10년 후 한국은 30위로 추락을 예측한다. 골드만 삭스는 한반도가 통일되었을 때 8천만 명에 달하는 내수시장, 한국의 자본과 기술, 북한의 자원과 노동력이 통합된 승수효과를 발휘, 비약적으로 발전하여 일본과 독일을 앞질러 2050년 세계 3대 경제 대국이 될 것으로 전망하였다. 통일한국을 건설했을 때 펼쳐지는 세계 속 우리의 모습이다.

다섯째, 통일의 전략적 편익은 분단비용과 통일비용을 합한 것보다 압도적으로 크다. 분단으로 유발되는 인명 살상, 불안, 불이익, 손실, 위험 부담은 그치질 않는다. 남북이 서로 증오하는 데 민족 에너지를 쏟는 어리석은 민족이라는 비판을 감당하기 힘들다. 미 CIA에 따르면 한국은 국내총생산(GDP)의 2.7%, 국가 예산의 10%를, 북한은 GDP의 25%, 국가 예산의 16%에 달하는 국방비를 쓰고 있다. 무력 분쟁 가능성에 따른 코리아 디스카운트로 투자를 기피한다. 수출입 물류비용 증가 및 우회 항로에서 오는 추가 비용도 만만치 않다. 또한 한반도가 분단되어 있는 한 동북아 역내 국가 간 갈등과 대립은 지속될 것이다.

삼성경제연구원에 의하면 통일 후 1년 동안 체제통합과 사회보장 소요 비용은 55조-249조 원에 이르며, 미 RAND연구소에 따르면 북한의 생활 수준을 남한 수준으로 끌어올리는 데 620억-1.7조 달러(80조6천억-221조 원)에 달할 것으로 판단한다. 가히 천문학적인 통일비용이다. 통일비용을 심히 우려하나 분단된 한반도가 통일되면, 세계은행(World Bank), 국제통화기금(IMF), 아시아개발은행(ADB), 아시아인프라투자은행(AIIB) 등의 국제금융기구가 개발에 참여할 수 있으며, 북한의 엄청난 자원을 개발하는 데서 오는 수익을 고려한다면 크게 우려할 것이 못 된다.

통일되었을 때 남북 통합, 시장 확대에 따른 규모의 경제로부터 오는 편익뿐만 아니라 북한 GDP의 25%에 달하는 국방비를 민생경제로 전환할 수 있고, 민족적 자존감과 국제적 위상은 드높아질 것이다. 통일되었을 때 우리뿐만 아니라 주변국에도 전략적 편익이 크다. 미국은 자유민주주의, 시장경제가 한반도 북부지역까지 확산하는 효과가 있다. 일본은 한반도로부터 오는 북핵·미사일 위협이 소멸하며 경제개발에 참여하고 새로운 시장을 확보할 수 있게 된다. 중국은 통일한국과 막힘이 없는 경제와 문화교류로 국익에 기여할 것이다. 러시아는 통일한국이 극동러시아 개발에 적극 참여하게 되고 관광 붐이 예상된다. 이러한 역내 국가 간 활발한 경제, 문화, 군사 교류협력은 경제공동체, 안보공동체로 발전하게 될 것이다. 이처럼 통일의 전략적 편익이 분단비용과 통일비용을 합한 것보다 압도적으로 크기 때문에 통일은 수지가 맞는 투자다.

한편, 통일한국의 출현은 문명사적으로 동북아에 존속해온 냉전이 종식된다는 의미가 있다. 강대국 정치의 산물인 한반도 분단구조를 패권경쟁(hegemony rivalry) 중인 미국과 중국의 전략적 협력으로 통해 분단구조를 해체해 한반도 통일을 이루어냈을 경우, 미중 관계는 패권경쟁 관계에서 공진관계(供進關係, co-evolutionary Relations)로 발전한다는 국제정치적 의미가 있다. 인권 유린과 생존권을 위협받고 있는 북한 동포의 해방은 내분과 억압받고 있는 실패한 국가들에게 소망의 메시지를 보내게 되어 세계평화에 기여할 것이다. 또한 통일한 국의 등장은 동서양 문명을 융합 창조하여 자유롭고 번영된 문명공동 체(civilized community)를 열어가는 계기가 될 것이다.

그러나 분단된 한반도의 현실은 이러한 비전을 실현할 수 있는 여건이 아니다. 한국은 북한의 무력 적화통일을 우려한다. 북한은 압도적 우위의 국력을 보유한 한국에 의한 흡수통일에 불안해한다. 주변국은 통일과정에서 안보적 불안정과 통일한국의 정치이데올로기 불확실성으로 한반도 통일을 바라지 않고 있는지도 모른다. 국제사회는 북한의 체제전환과 남북 통합시 인도주의적 지원, 경제적 지원에 대해 부담을 느낀다. 미국과 중국은 상대방 주도로 한반도 통일 시 적대세력으로 등장할 것을 우려한다. 이러한 우려를 불식하기 위한 전략적인 소통이 필요하다.

자유평화통일이 통일한국을 실현하는 최상의 길이다. 또한 북한이 핵·미사일을 운용, 한국을 점령하는 대사변을 독려하는 상황에서 평화만을 주장할 수 없다. 깨어 있지 않으면 무력에 의한 적화통일을 당할 수도 있다. 북한이 무력 침공 시, 조기 반격으로 승리하여 자유통일한국을 실현할 수 있는 외교안보 역량을 구축해야 한다. 그리고 북한에서 민중봉기나 김정은 유고 및 쿠데타로 핵 등 대량살상무기의 통제불능사태가 발생하거나, 대규모 자연재해 등 급변사태가 발생한다면 적시 개입하여 북한의 안정화로 평화를 구축하고, 통일을 실현할 수 있는 준비를 해야 한다.

한편, 우리가 추구하는 통일은 분단된 남북을 지리적으로 통합하는 단순한 통일이 아니다. 자유와 평화에 기반한 새로운 통일한반도를 건설해야 한다. 코리안드림과 통일한국의 비전이 필요한 이유다. 민족의 건국이념인 "널리 모든 인간을 이롭게 하라"는 홍익인간(弘益人間) 사상을 실현하는 통일국가를 세우는 것이다. 통일한국은 자유민주주의, 3권분립, 인권, 법치주의를 구현하는 국가다. 통일한국의 외교안보전략은 미국과 동맹을 지속하고 동북아 역내 국가들과 다자안보협력을 추진한다. 군사적으로 자립안보와 거부억제전략을 추구한다. 통일한국은 도덕적 공생적 시장경제와 인간 존엄과 생명 존중 공동체, 언론과 종교의 자유를 보장하는 행복추구 사회를 지향하면서 디지털, AI, 과학기술 강국이자, 물류와 금융의 허브로 거듭난다.

그러나 한반도 통일은 거저 오는 것이 아니다. 통합·상생·협치의 국내정치와 통일시민운동을 전개하고, 남북 간 정치, 경제, 군사, 사회문화, 국토통합이 이루어지며, 통일외교를 통해 국제사회의 지지와 협력을 확보했을 때 가능하다.

이러한 전략인식과 문제의식을 갖고 기획한 이 책은 코리안드림과 통일한국의 비전을 구현하기 위한 남북통합 추진전략을 개발하고자 하였다. 이 책은 프롤로그, 각 분야별 이론적 고찰과 선행연구, 현실태 분석, 추진방향, 추진전략의 분석틀을 통해 포괄적 남북통합 추진전략을 모색하고, 정책제안과 추진 로드맵으로 구성된 에필로그로 편성되어 있다.

먼저 프롤로그에서는 코리안드림과 통일비전을 제시하면서 새로운 통일관을 모색한다.

제1장 체제통합에서는 기능주의와 신기능주의, 제도주의 이론과 유

럽의 통합사례를 살펴본다. 그 동안의 남북한 통일 노력을 재조명하면서 협치주의에 입각한 체제통합 전략을 제시한다. 탈냉전 이후에도 남북은 서로를 신뢰하지 못하면서 북한은 핵무장에 집착했고, 한국은 북한의 비핵화와 연계해 냉·열탕을 반복하는 것과 같은 대북정책으로 체제통합은 한 걸음도 나가지 못하였다. 남북이 다시 통합협의를 추진할 때 적용할 통합의 방향과 전략을 다룬다.

제2장 통일외교안보전략에서는 신자유주의적 제도주의 이론에서 접근하면서 한반도 평화체제를 구축하기 위한 통일외교안보전략을 제시한다. 또한 북한의 무력침공 시 조기에 반격하여 승리, 자유통일 한국을 건설하기 위한 총력전 대비태세 방안을 제안한다. 그리고 북한에서 급변사태가 발생한다면, 어떻게 개입하여 평화를 구축하고 통일한국 문명공동체를 실현할 것인가를 다룬다.

제3장 남북 경제협력·통합 추진전략에서는 남북한 통일에 따른 경제통합을 상정하고, 그 과정에서 제기될 수 있는 북한경제의 시장경제로의 이행을 논의한다. 남북한 경제협력은 단순한 경제적 이익을 넘어 정치, 사회, 법적 통합을 요구하는 복합적 과정이다. 이러한 다각적 이슈들을 고려하여 신기능주의적 이론을 바탕으로 단계적이고 우선순위에 기반한 협력방안을 통해 지속 가능한 경제통합 방안을 제시한다. 경제적 상호의존성이 점진적으로 정치적 통합으로 이어지는 전략을 제시한다.

제4장 남북 군사통합 추진전략에서는 합의에 의한 통일과정, 북한의 급변사태 발생, 또는 무력침공 시 남북한 군사통합을 다룬다. 먼저 통일 후 한국군의 군사적 정형(定型)을 설정하고 군사통합에 대한 주변국 영향과 남북한의 군사적 현상을 분석하여 군사통합 개념과 방안,

추진전략을 발전시키고자 한다. 이후 단계적으로 5개 핵심 군사통합과제를 추진하여 통일한국의 새로운 군대를 건설하는 정책을 제안한다.

제5장 남북 사회문화통합 추진전략에서는 분단 80년 동안 서로 다른 정치체제와 사회문화가 어떻게 이질화의 길을 걸어왔는지 원인 및 현상을 분석하고 남과 북이 하나되는 통일운동에서 사회문화적 효용성과 방도들을 제시하게 된다. 유구한 5,000년의 민족 동질성 속에 녹아 있는 남북한 사회문화의 공통성은 세대가 바뀌고, 정치문화가 이질적인 것처럼 보여도 근본은 변하지 않고 있다. 북한 정권이 2020년부터 제정한 반동사상문화배격법, 청년교양보장법, 평양문화어보호법 등 대한민국 문화 침투에 대해 아전인수격으로 대처하는 의도를 분석하고, 사회문화적 민족의 동질성 회복 방안을 모색한다.

제6장 남북 국토통합 추진전략에서는 역사적 신제도주의 이론을 토대로 남북 국토의 동질성을 확보하기 위한 국토통합전략을 제시한다. 또한, 남북한 국토에 대한 실태를 조사분석하고, 이를 기반으로 남북 국토통합 추진방안을 모색하며, 세부적인 추진전략을 제시한다. 그리고 지속 가능한 북한지역 개발을 위한 비용확보 방안과 남북 국토통합의 안정적인 실효성 확보를 위한 종합추진계획을 수립한다.

제7장 분단국가의 통일·통합 사례연구에서는 우리 역사에서 이루어낸 신라, 고려의 통일사례와 독일, 베트남, 예멘의 상이한 통일사례를 분석하였다. 이를 통해 통일전략의 실효성과 체제통합 과정에 발생했던 시사점을 정성적 방법과 사례분석으로 도출한다. 분단국 통일·통합사례에서 도출한 교훈을 통해 새로운 통일한국을 건설하기 위한 전략과 체제통합 정책을 제안한다.

에필로그에서 통일한국 문명공동체 실현을 위한 남북 체제·통일외교안보·경제·군사·사회문화·국토통합 차원에서 정책 제안과 통일한국 건설 추진 로드맵을 제시하고자 한다.

　아무쪼록 이 책이 통일한국을 추진하는 정책 입안자와 한반도 문제에 대한 전문가는 물론 학생 및 일반 국민에게도 통일을 어떻게 이루어 낼 것인가에 대한 혜안을 제공할 것으로 기대한다. 통일한국을 건설하는 데 일조할 수 있기를 바란다.

2024. 12. 26.
공저자 일동

차례

- **발간사** (서인택 통일을실천하는 한국글로벌피스재단 이사장)   3
  북한체제 변화의 시나브로와 코리안드림

- **머리말**   6

- **권두언** (문현진 글로벌피스재단 세계의장)
  평화롭고 자유로운 번영된 새로운 통일한국 건설   23

- **프롤로그**
  코리안드림 구현과 남북통일·통합의 지향 방향   32
  새로운 통일·통합 추진 전략과 모델 모색   52

제1장 남북 체제통합 추진전략   75

제1절 이론적 고찰과 선행연구   79
   1.1 이론적 고찰   79
   1.2 선행연구   85
   1.3 시사점   88

제2절 현실태 분석   90
   2.1 남한의 체제 변화 재조명   90
   2.2 북한의 체제 변화 재조명   97
   2.3 체제통합을 위한 남북한의 노력   102
   2.4 시사점   104

제3절 추진 방향 106
   3.1 체제통합과 한반도형 연합·연방제 통합 106
   3.2 홍익인간사상 구현 110
   3.3 문명공동체 구축 112

제4절 추진전략 115
   4.1 통합의 절차와 협치주의에 입각한 통합전략 115
   4.2 한반도형 연합제 통합전략 121
   4.3 한반도형 연방제 통합전략 124
   4.4 북한의 시민사회 지원전략 126
   4.5 북한의 전면전, 국지도발 위협 대응전략 127
   4.6 시사점 129

제5절 소결론 131
   5.1 요지 131
   5.2 정책제안 132
   5.3 제한사항 135

제2장 통일외교안보 추진전략   137

제1절 신자유주의적 제도주의 고찰과 선행연구 140
   1.1 신자유주의적 제도주의 고찰 141
   1.2 선행연구 142
   1.3 시사점 145

제2절 현실태 분석 146
   2.1 평화통일 추진 현실태 147
   2.2 남북관계 차원 통일활동 154
   2.3 윤석열 정부의 새로운 통일미래 비전 158

2.4 베트남종전 파리평화협정과
　　　　아프간종전 도하평화협정　　　　　　161
　　2.5 한반도 안보환경 평가　　　　　　　163
　　2.6 북한 급변사태 가능성 판단　　　　　163
　　2.7 시사점　　　　　　　　　　　　　　165

제3절 통일외교안보 추진 방안　　　　　　　　168
　　3.1 양자 및 다자 통일외교전략　　　　　168
　　3.2 북한 남침 및 타이완·한반도 동시 전쟁 시나리오　187
　　3.3 북한 급변사태　　　　　　　　　　　192
　　3.4 시사점　　　　　　　　　　　　　　198

제4절 통일외교안보 추진전략　　　　　　　　198
　　4.1 평화통일 추진전략　　　　　　　　　199
　　4.2 한반도 전쟁 시 한국의 응전전략　　　200
　　4.3 북한 급변사태 시 한국의 대응전략　　215
　　4.4 시사점　　　　　　　　　　　　　　221

제5절 소결론　　　　　　　　　　　　　　　　222
　　5.1 요지　　　　　　　　　　　　　　　222
　　5.2 정책제안　　　　　　　　　　　　　226
　　5.3 제한사항　　　　　　　　　　　　　230

제3장 남북 경제협력·통합 추진전략　　　　231

제1절 신기능주의 고찰과 선행연구　　　　　　235
　　1.1 신기능주의 고찰　　　　　　　　　　235
　　1.2 선행연구　　　　　　　　　　　　　237

제2절 남북 경제협력 현실태 분석 240
   2.1 역사적 배경 및 초기 협력 241
   2.2 개성공단사업 241
   2.3 경제협력의 중단 및 재개 가능성 248
   2.4 시사점 251

제3절 남북 통합과 북한경제의 민영화 정책 254
   3.1 민영화 정책의 대상 255
   3.2 민영화 정책의 추진 단계 257
   3.3 민영화 정책의 세부 형태 261
   3.4 시사점 264

제4절 남북 통합 이전과 이후의 민영화 목표 265
   4.1 민영화 목표 266
   4.2 남북 통합 이전 민영화 초기단계 270
   4.3 통합 이후 민영화 실행단계 278
   4.4 시사점 285

제5절 소결론 286
   5.1 요지 286
   5.2 정책 제안 288
   5.3 제한 사항 291

제4장 남북 군사통합 추진전략   295

제1절 제도주의 이론 고찰과 선행연구 299
   1.1 제도주의 이론 고찰 299
   1.2 군사통합에 대한 선행연구 301
   1.3 군사통합의 단계와 핵심 과제 305
   1.4 남북한 군사통합의 목표와 접근 방법 307

  1.5 통일한국의 안보전략과 군사통합   310
  1.6 군사통합 유형   312
  1.7 시사점   314

제2절 현실태 분석   315
  2.1 남북한 군사분야 합의에 대한 재조명   316
  2.2 한반도 군사통합에 대한 주변국의 영향 요인   318
  2.3 남북한의 내부적 영향 요인   319
  2.4 북한군 내부의 입장과 저항 요인   322
  2.5 남북한 군사통합 시 예상되는 갈등과 해소 방안   324
  2.6 시사점   327

제3절 군사통합 방안   328
  3.1 군사통합 추진의 전제조건   329
  3.2 통일한국의 군사정책 영향 요인   331
  3.3 통일한국의 군사적 요구와 통일한국군의 정형   333
  3.4 시사점   344

제4절 군사통합 추진전략   345
  4.1 남북한 군사통합의 원칙   346
  4.2 남북한 군사통합의 단계   346
  4.3 남북한 군사통합 주요과제의 단계별 추진   352
  4.4 시사점   363

제5절 소결론   364
  5.1 요지   364
  5.2 정책제안   366
  5.3 제한사항   367

제5장 남북 사회문화통합 추진전략　　　　　　　　369

제1절 이론적 고찰과 선행연구　　　　　　　　373
　1.1 구성주의 이론과 북한 사회문화 특징　　　373
　1.2 선행연구　　　　　　　　　　　　　　　378
　1.3 시사점　　　　　　　　　　　　　　　　381

제2절 북한 사회문화 실태 분석　　　　　　　　384
　2.1 김일성 정권의 사회문화: 전통문화 탈피　　384
　2.2 김정일 정권의 사회문화: 대동강문명 성립기　394
　2.3 김정은 체제의 사회문화: 두 개 국가론　　407

제3절 남북 사회문화 통합 추진방향　　　　　　416
　3.1 사회문화 통합에서 전쟁문화 극복　　　　416
　3.2 남한의 군대문화와 순기능　　　　　　　424

제4절 남북한 사회문화 통합 추진전략　　　　　426
　4.1 남북한 언어의 이질화 극복　　　　　　　427
　4.2 남북한 문화적 이질화 극복　　　　　　　432
　4.3 남북한 교류협력의 지속　　　　　　　　436
　4.4 한반도형 프라이카우프와 사회문화 통합　438

제5절 소결론　　　　　　　　　　　　　　　　442
　5.1 요지　　　　　　　　　　　　　　　　　442
　5.2 정책 제안　　　　　　　　　　　　　　　445
　5.3 제한사항　　　　　　　　　　　　　　　450

제6장 남북 국토통합 추진전략   451

제1절 신제도주의 고찰과 선행연구   455
    1.1 신제도주의 이론의 개념과 유용성   455
    1.2 선행연구   457
    1.3 시사점   462

제2절 현실태 분석   463
    2.1 국토정보   464
    2.2 국토관리   477
    2.3 국토개발   489
    2.4 시사점   500

제3절 추진방안   502
    3.1 남북 국토통합 목표 설정   502
    3.2 인프라구축 수요 추정   505
    3.3 국토통합 재원조달   508
    3.4 남북 국토통합 마스터 플랜 수립   511

제4절 추진전략   513
    4.1 단계적 접근 측면   514
    4.2 법적·제도적 기반 구축 측면   516
    4.3 경제적·사회적 협력 강화 측면   518
    4.4 국제사회와의 협력 구축 측면   520

제5절 소결론   521
    5.1 요지   522
    5.2 정책제안   523
    5.3 제한사항   525

제7장 분단국 통일·통합사례 연구 527

제1절 우리 역사 속에 이룬 민족의 통일사례 531
 1.1 신라의 통일 사례 532
 1.2 고려의 통일 사례 539

제2절 주요 분단국의 통일사례 544
 2.1 독일의 통일사례 544
 2.2 베트남의 통일사례 560
 2.3 예멘의 통일사례 583

제3절 통일사례 연구를 통해 도출한 시사점 587
 3.1 우리 민족의 통일사례 사사점 587
 3.2 주요 분단국의 통일사례 시사점 590

에필로그 595
참고문헌 617
핵심어 640
저자 소개 642

권두언

평화롭고 자유로운 번영된
새로운 통일한국 건설

문현진 글로벌피스재단 세계의장

여러분, 우리는 한민족의 운명을 결정짓는 역사적 순간 앞에 서 있습니다. 한민족의 역사는 5천 년에 걸친 유구한 역사입니다. 세계의 많은 문명들 가운데 한민족의 문명은 가장 오래된 문명 중 하나입니다.[1]

인류를 이롭게 하라는 홍익인간 정신

다른 고대 문명들과 달리, 한국 문명은 통일과 인간의 정신을 중심으로 한 높은 도덕적 이상을 기반으로 건설되었습니다. 많은 국가들이 국력을 키워 다른 나라를 지배하려 했지만, 한민족은 하늘로부터 받은 섭리적 운명, 즉 모든 인류를 이롭게 하라는 사명을 가지고 특별하게 건국된 민족입니다.

현재 우리는 피와 땀, 눈물로 역사적인 기반을 만들어 준 선조들의 노력 위에 서 있습니다. 그분들은 인류 모두를 이롭게 하라는 합리적인 사명을 완수하기 위해 목숨을 걸었던 분들입니다. 우리는 20세기 초반, 1919년 3·1운동을 이끈 애국자들의 기반 위에 서 있습니다.

---

[1] 이 글은 문현진 글로벌피스재단 세계의장이 2024년 9월 28일 파주 임진각 평화누리공원에서 열린 "2024 코리안드림 통일실천대행진"에서 행한 기조연설문이다.

오늘날의 한국은 그러한 선조들과 애국자들의 희생과 정신으로 이루어진 것이며, 우리는 다시금 이 정신으로 회귀해야 합니다. 우리 민족은 당시 식민지배하에 있던 민족들이 그랬듯, 자유와 독립을 주장할 수 있게 하라는 미국 윌슨(Woodraw Wilson) 대통령의 민족자결주의 선언에 가장 먼저 응답한 민족이었습니다.

3·1운동은 식민 지배를 받던 모든 나라들이 자국의 주권과 독립을 추구하는 민족 독립운동의 시발점이 되었습니다. 이는 정말로 특별한 한국의 역사입니다. 하지만 한민족을 더욱 특별하게 만든 것은 또 있습니다. 한민족은 우리를 지배했던 일본과 함께 더 나은 한국, 더 나은 아시아, 더 나은 세계를 만들고자 하는 넓은 마음을 가졌습니다.

그것은 바로 홍익인간의 정신입니다. 이는 한국 사람들의 정체성과 정신, 이상을 나타내며, 우리가 원수들과도 함께 손을 잡고 평화를 이루고자 하는 넓은 마음을 가질 수 있게 해줍니다. 역사 학도로서 한국의 역사를 되돌아보면, 한국은 900회 이상 침범을 받았지만, 결코 무력으로 다른 나라를 침범하지 않았습니다. 우리는 평화를 사랑하는 민족입니다.

이것이 바로 한국 사람들을 특별하게 만드는 요소입니다. 여러분, 한민족의 위대함이 단지 어떤 제품을 잘 만들기 때문이라고 생각하십니까? 단순히 K-드라마나 K-팝 때문인가요? 아니면 그것보다 더 높은 고귀한 이상과 목적이 있기 때문입니까?

인류를 이롭게 하라는 섭리적인 사명으로 우리는 전 세계의 마음을 움직이고 그들을 이끌 수 있습니다. 한국 기업이 만들어낸 제품이나 드라마, 음악을 넘어서, 바로 이러한 높은 도덕적 정신이 모든 세계 사람들의 마음을 감동시키고 움직일 수 있는 것입니다.

선조들의 이러한 정신과 희생의 터전 위에 우리가 서 있습니다. 따라서 한국 사람들의 정체성을 잊어서는 안 됩니다. 이것은 우리 모든 한국 사람들의 DNA에 담겨 있습니다. 지금이야말로 그러한 우리의 DNA를 실현할 수 있는 절호의 기회입니다.

과거의 억압된 역사 때문에 우리는 이 DNA 정신을 잊고 살아왔습니다. 이제 다시 그 정신을 살려야 합니다. 우리 국민뿐만 아니라 북한에 있는 주민들까지도 이 정신을 되살려야 합니다.

남북 간의 모든 한민족이 일어나 세계 앞에 한국 사람들의 참된 정체성과 사명이 무엇인지를 보여줘야 합니다. 우리의 정체성이 무엇인지, 우리의 섭리가 무엇인지를 알고 그것을 실현해 나갑시다.

이 자리에 참석한 한국인뿐만 아니라 전 세계 모든 사람들에게 전하고 싶은 한국어가 있습니다. "아주"라는 단어입니다. 아주! 아주!

코리안드림을 바탕으로 평화통일운동

인류 역사에서 위대한 일들이 일어났던 순간들이 있었습니다. 지금은 바로 그러한 위대한 일이 일어날 수 있는 순간입니다. 이러한 위대한 성취를 이루기 위해서는 우리가 먼저 앞장서 나가야 합니다. 그리고 여러분이 나아가는 길에는 다른 많은 한국인들뿐만 아니라 세계 시민들도 따라올 것입니다. 왜냐하면 코리안드림은 한국 사람들만 감동시키는 비전이 아니라, 전 세계 모든 사람들을 감동시킬 수 있는 비전이기 때문입니다.

코리안드림 책을 출간한 지 10년이 지났습니다. 이 책은 전 세계에서 읽히고 있습니다. 다른 나라를 방문할 때마다 많은 사람들이, 특히 지도자들이 저에게 코리안드림 책을 보여주며 사인을 요청합니다.

그들은 단순히 사인을 요청하는 것에 그치지 않고, 이 코리안드림은 한국 사람들만의 꿈이 아니라 나의 꿈이고 우리 모두의 꿈이라고 강조합니다. 그 내용이 우리의 역사이자 삶이며, 우리의 마음을 감동시킨다고 이야기합니다.

그래서 제가 통일운동을 시작했을 때 사람들에게 말했습니다. 한국의 통일은 한국 사람들만으로 이룰 수 있는 것이 아니라, 국제 사회가 함께 참여하고 도와줘야 한다고 강조했습니다. 물론 통일운동은 한국인이 주도해야 합니다. 그래서 대한민국에서 시민들이 참여하는 풀뿌리 통일운동을 시작한 것입니다.

그런데 이렇게 분열된 대한민국 사회를 어떻게 통일할 수 있을까요? 한국의 지인들은 충고합니다. 한국은 너무나 많이 갈라져 있기 때문에 풀뿌리 대중 운동을 만들 수 없다고 합니다.

제가 미국에서 오랜 시간을 보냈지만, 저는 한국인들의 성격을 누구보다 잘 알고 있습니다. 제가 한국인이기 때문입니다. 해외에서 살면서 한국인으로서 여러 오해를 받기도 했습니다. 하지만 저는 한국 사람들의 정신과 정체성, 가치를 배웠고, 그것을 소중히 여기고 있습니다.

그렇다면, 정말 참된 사람은 누구일까요? 우리는 위대한 이상을 바탕으로 영적인 가치를 이루기 위해 노력했던 위대한 선조들의 기반 위에 서 있습니다. 그런 위대한 선조들보다 더 위대한 사람이 되고 싶지 않습니까?

여러분 모두는 코리안드림의 참된 주인이 되어야 합니다. "아주"는 내가 주인이 되겠다는 의미입니다. 말씀드린 것처럼, 지금 한반도는 운명을 결정해야 하는 역사적인 순간에 서 있습니다.

여러분이 착각하실 수도 있지만, 지금 전 세계에서 한반도의 평화적 통일을 이룰 수 있는 방향으로 여러 가지 조건들이 움직이고 있습니다. 여러분은 코리안드림의 주인공들입니다. 그리고 이 코리안드림을 바탕으로 한 평화통일운동의 주인들입니다. 여러분이야말로 새로운 역사를 만드는 첫 번째 주자들입니다.

여러분은 더 많은 전 세계 사람들이 이 운동을 지지하는 모습을 계속해서 보게 될 것입니다. 이 자리에 함께 한 모든 분들은 조국의 모델이 될 수 있는 희망을 가지고 참여한 사람들입니다. 우리는 역사적인 놀라운 순간에 살고 있습니다.

2024년 8월 15일 윤 대통령의 통일 독트린은 10년 전에는 한국 사람들이 들어보지 못했거나 낯선 개념이었지만, 그 내용들은 상당부분 코리안드림의 비전에 담겨 있습니다. 이 비전은 한국 사람들이 모두 자기 것으로 소유해야 할 꿈입니다.

평화롭고 자유로운 번영된 새로운 통일한국 건설

저는 정부에 제안하고자 합니다. 통일에 진심이라면, 통일부를 혁신해야 합니다. 통일부를 하나의 행정부가 아니라, 1960년대 박정희 대통령이 국토통일원을 만들었던 것처럼 민간이 함께 참여하는 조직으로 개편해야 합니다.

그 이유는 어떠한 정부가 들어서더라도 북한과 협상하고 통일을 논의할 때 일관성을 가지고 변함없이 통일을 추진해야 하기 때문입니다. 그리고 그 통일부의 비전은 바로 코리안드림이 되어야 합니다.

통일부가 코리안드림 비전의 내용을 초등학교, 중학교, 고등학교까지 교육한다고 생각해 보십시오. 이러한 교육을 통해 여러분의 자녀들과 손자들이 진정한 한국인의 정체성과 섭리적 운명을 이해하고, 통일을 어떻게 이룰 것인지에 대한 올바르고 진실한 내용을 배울 수 있을 것입니다.

우리의 후손들이 선조의 위대한 유산을 상속받을 자격을 갖춘 위대한 자녀들이 될 수 있지 않겠습니까? 선조들이 이루지 못했던 그 꿈을 이룰 수 있는 후손이 되어야 한다는 것입니다.

그리고 이 코리안드림의 내용을 모든 대학의 필수 과목으로 삼을 것을 감히 제안합니다. 많은 대학에서 역사가 필수 과목이 아니라는 이야기를 들었습니다. 우리 자녀들이 진정한 한국인이 누구인지를 알고, 그들이 어떤 유산을 상속받고 있는지를 알아야 합니다.

그들이 얼마나 중요한 순간에 살고 있는지, 선조들이 꿈을 실현할 수 있는 역사적인 순간에 살고 있다는 사실을 일깨워야 합니다. 그래서 정부가 이러한 혁신을 이루기를 제안합니다.

오늘날 우리 중 얼마나 많은 한국인들이 분단이 유지되도록 협조하고 있습니까? 이렇게 분열된 상황에서 한국인들에게 책임이 있다는 것을 우리는 다시금 돌아봐야 합니다.

현대적인 한국을 건설하는 데 필수적인 것은 20세기 초반 독립운동가들의 정신입니다. 그들은 서양의 장점과 한국의 장점을 결합해 더 훌륭한 새로운 나라를 만들고자 했습니다.

남한과 북한 정부 모두 독립운동의 정신과 염원을 상속받기 위해 자신들을 공화국이라 지칭했습니다. 따라서 현대 한국인의 정체성은 20세기 초반 독립운동에 뿌리를 두고 있습니다. 우리는 그 독립운동가들의 영혼과 정신을 되살려야 합니다.

그분들은 한반도의 분단을 원하지 않았습니다. 한반도의 분단은 외부 세력에 의한 것입니다. 그분들이 원했던 것은 평화롭고 자유로운 번영하는 새로운 한국을 건설하는 것이며, 이것이 바로 우리 한국인이 꿈꾸는 코리안드림입니다.

우리 문씨 가문은 독립운동에서 매우 중요한 역할을 했습니다. 저의 종증조부께서는 독립운동의 고귀한 정신과 원칙을 제안한 분 중 한 분입니다. 그리고 그 정신을 이어받아 선친께서는 1991년에 남북한 교류의 물꼬를 트셨습니다.

그때 선친께서는 개인 자격으로 북한을 방문하셨고, 국가수반으로 간 것이 아니었습니다. 그럼에도 불구하고 북한의 최고 지도자에게 호통치시며 주체사상을 버리고 평화로운 통일을 이루어야 한다고 촉구하셨습니다.

그 방문을 통해 남북한의 대화와 교류의 물꼬가 열렸습니다. 선친께서 그러한 물꼬를 트신 이후 실제로 어떤 일이 벌어졌는지를 저는 목격했습니다. 당시에는 통합된 비전이 없었기 때문에 남한의 모든 사람들이 각자의 이권을 위해 북한과 교류하려고 했고, 국제적인 대북단체들도 북한으로 진입했습니다. 탈냉전 이후 남북 대화를 추진하였으나 김일성은 이를 이용해 자신의 정권을 연장하는 기회로 삼았습니다.

진정으로 통일을 이루고자 한다면 우리는 분열된 상태로 북한으로 들어가서는 안 됩니다. 우리부터 하나가 되어야 합니다. 그렇게 하나가 되어야 비전을 만들 수 있고, 한반도 통일이라는 목표를 제시할 수 있습니다.

통일 운동을 실천하기 위해서는 분명한 원칙이 필요합니다. 우리는 지금 누리는 자유와 인권이 어디서 왔는지를 알아야 합니다. 우리의 자유는 어디에서 온 것입니까? 많은 서양인들은 자유가 민주주의 체제에서 왔다고 생각합니다.

서구 사회의 자유와 인권이 존재할 수 있는 이유는 무엇일까요? 그것은 민주주의 체제가 아니라 보편적 권리에 의한 것입니다.

서구의 민주주의는 이러한 기반 위에 세워졌으며, 미국의 독립선언문은 이러한 창조로부터 주어진 권리를 명확히 기술하고 있습니다. 이처럼 자유와 인권은 통일을 이루는 데 가장 기본이 되어야 합니다. 이 내용은 우리의 건국이념인 홍익인간 정신과 한민족의 섭리적 운명에 관한 것입니다.

한번 상상해 보십시오. 우리가 이루려는 평화로운 한반도가 자유와 인권에 근거하여 세워진다는 것을 말입니다. 여러분은 그런 나라를 세우고 싶으십니까? 그런 나라를 이룰 수 있는 순간이 바로 지금입니다.

DMZ 너머에 있는 김정은은 이미 자신이 통일운동에서 졌다는 것을 잘 알고 있습니다. 그는 패배했습니다. 우리가 이겼습니다. 무엇 때문에 이렇게 생각할까요? 그 이유를 설명하겠습니다. 최근 김정은이 선조들이 이루고자 했던 통일 정책을 포기하겠다고 선언하지 않았습니까?

김정은이 가장 두려워하는 북한 주민의 변화

경제적으로 그는 러시아와 중동 전쟁에서 무기를 판매하며 국제적 혼란을 이용해 돈벌이를 하고 있습니다. 북한이 가장 두려워하는 것은 돈이 아닙니다. 김정은이 가장 두려워하는 것은 바로 북한 주민들의 변화입니다.

그 증거는 과거와 다르게 북한에서 고위급 인사들의 탈북이 이어지고 있다는 점이며, 앞으로 더 많은 고위급 인사들의 탈북이 계속될 것입니다. 이제 우리는 통일을 완성해야 합니다. 북한 주민들에게 비전을 제시하고 함께 새로운 나라를 건설해 나가야 합니다.

북한을 방문한 선친처럼 저도 북한을 방문할 준비를 하고 있습니다. 과거 선친이 개인 자격으로 북한을 방문했던 것과 달리, 저는 모든 한국인을 대표해 코리안드림의 주인으로 북한을 방문하고자 합니다. 그리고 국제사회에서 모두가 주인이 되는 코리안드림을 중심으로 국제 사회의 지지를 호소할 것입니다.

제가 김정은을 만난다면 어떤 일이 벌어질 것 같습니까?

여러분, 지금 이 순간이야말로 역사 앞에 여러분이 주인이 될 수 있는 중요한 순간입니다. 모든 한민족이 지금의 기회를 소중히 여기고 함께 일어설 것을 촉구합니다. 한민족의 운명을 찾고 우리 민족의 정체성을 찾는 주인이 되기 위해 일어서야 합니다.

코리안드림의 주인이 되어야 합니다.

감사합니다.

프롤로그

코리안드림 구현과 남북통일·통합의 지향 방향

박성기
AKU교수협회 회장

통일의 진정한 의미와 환경변화에 따른 통일접근 전략

우리는 지난 80년 동안 분단의 고통 속에 민족국가 체제를 확립하지 못한 채 분단구조를 지속하고 있다. 분단 상황의 지속은 불필요한 국력 낭비와 이산가족의 고통, 국토와 자원의 분할 사용으로 민족의 성장과 발전을 저해하고 있다. 그리고 분단의 장기화는 민족 구성원의 삶에 이질화를 심화시켰고 민족정체성을 훼손하였다. 이는 앞으로 한 민족이 민족국가로 통일을 이룬 후 체제통합 과정에서 남북한 구성원 간에 정서적 갈등과 반목으로 이어져 사회적 통합이 지체되거나 하나의 공동체를 이루기 어려울 수가 있다.

하지만 2025년은 광복 80주년이 되는 해로써 북한의 정세와 한국의 대내외적 정세를 고려해 볼 때 지금은 한반도 통일이 밤 고양이처럼 갑작스럽게 찾아올 수 있는 것이 현실로 느껴지는 중요한 시기라고 할 수 있다. 따라서 남북한 구성원 모두는 현재 상황을 올바로 인식하여 반쪽짜리 광복을 극복하고 완전한 광복을 이루기 위해서는 1919년 3·1독립운동 정신을 재 점화하여 통일운동의 에너지를 모으고 펼쳐 새로운 통일국가를 창조해야 한다.

한민족이 이루고자 하는 통일국가의 모습과 진정한 통일의 의미를 살펴보는 것은 통일운동을 지향하는 사람들이 고민해야 할 최우선 과제이며 다음과 같다.

첫째는 코리안드림으로 새롭게 창조한 나라는 과거와 현재, 미래에서 가장 좋은 것만을 선택하여 남북한 구성원 모두가 원하는 이상적인 통일국가가 되어야 한다. 그리고 새로운 통일국가의 모습인 통일 비전은 민족 구성원 모두가 공감해야 함은 물론이고 주변국이 받아들일 수 있는 나라가 되어야 한다.

둘째는 통일은 분단으로 인한 불안정과 비정상성을 극복하면서 소모적인 자원과 비용의 절감으로 지속적인 발전 구조를 만드는 것이다. 무엇보다 통일이 되면 다양한 편익을 누릴 수 있도록 해야 한다. 그리고 전쟁의 위험을 해소하고 이념적 대립을 종식하여 국론을 결집하고 코리안드림의 문화융성으로 국가 브랜드 가치를 높여 코리아 디스카운트(Korea discount)를 코리아 프리미엄(Korea premium)으로 전환시킴으로써 한민족은 초일류 국가로 성장할 수 있는 동력을 확보해야 한다.

셋째는 통일을 이루면 남북한 민족 구성원 서로가 자유롭게 왕래하여 분리된 자원과 국토를 통합 사용함으로써 섬 아닌 섬나라에서 벗어날 수 있다. 또한 대륙과 해양을 연결하는 국제적 물류 교통의 요충지가 될 수 있어 새로운 국가는 유라시아와 전 세계로 생활권을 넓혀 세계 중심축의 역할을 할 수 있다.

넷째는 반만년을 이어온 단일 민족이 80년간의 분단으로 민족 고유의 정체성이 훼손된 것을 회복하고 굴절된 역사를 바로잡아 문화적, 정서적 이질화를 회복해야 한다. 그리고 남북 구성원 모두가 자유와 인권, 행복추구권이 보장된 천부인권(天賦人權)을 당연한 진리로 받아들이는 사회가 되어야 한다.

진정한 통일의 의미는 더 많이 있지만 주요 담론만 제시하였다. 분단이 오래 지속되면서 기성세대는 분단구조에 익숙해졌고, 젊은 세대는 같은 민족이라도 왕래하며 살면 되지 굳이 많은 통일비용을 지불하고 갈등을 겪으며 통일해야 할 필요가 있느냐는 부정적인 의식이 커지고 있다. 하지만 남북한 구성원 모두가 통일에 가져야 할 의식은 남북한의 분단 80년은 민족의 긴 역사에서는 짧은 순간이라는 점을 분명하게 인식해야 한다.

그리고 오랜 역사 속에 같은 민족으로 함께 살아온 민족공동체의 역사성을 자각한 가운데 현 체제의 불안정하고 비정상적인 분단구조를 극복해야 하는 것은 민족의 생존과 번영을 위하여 선택이 아니라 필수라는 사실에서 출발해야 한다.

통일방안의 재인식과 새로운 통일·통합 방향

한국이 1989년에 제시한 한민족 통일방안을 거쳐 1994년에 발표한 민족공동체 통일방안은 지금까지 이어져 오고 있는 통일방안이다. 민족공동체 통일방안의 전제조건은 북한의 고려연방제 통일방안에 대응한 기능주의적 통합론에 근거하여 단기간 내에 통일은 어렵다고 판단하고 "화해·협력-남북연합-통일국가 완성"이라는 3단계 로드맵을 갖고 평화적, 점진적으로 통일을 이룬다는 기조다.

이 분야에서 유럽연합(EU, European Union)처럼 경제, 사회, 문화와 같이 비정치적인 부분에 신뢰를 축적하여 문명공동체를 형성하면서 하나의 민족, 하나의 국가로 점진적인 통합을 제시하고 있다. 하지만 30년을 유지해 온 민족공동체 통일방안의 기능주의적 통합론은 북한 김정은 정권이 취하고 있는 적대적 두 국가론 주장과 70년 넘게 교류 단절로 이질화한 환경, 핵보유국이 된 북한 현실과 한국 내 젊은 세대들의 통일에 대한 부정적 의식이 높아지는 등의 상황을 고려할 때 새로운 통일 방안의 재정립이 필요하다.

따라서 현시점에서 지금까지 이어오는 민족공동체 통일방안으로는 통일과 체제통합을 이루는 데 한계가 있어 변화된 상황을 극복할 수 있는 실효성 있는 방안을 마련하기 위해 다음과 같은 지향점과 담론을 제시하고자 한다.

첫째는 정부와 시민사회가 왜 통일을 이루어야 하는지 통일 필요성과 어떤 새로운 나라를 만들 것인가 하는 비전을 분명하게 인식하게 하는 노력을 강화해야 한다. 지금까지 남북한 당국과 민족 구성원 모두가 공감할 수 있는 통일을 통해 이룬 새로운 국가에 대한 분명한 모습을 알지 못한 채 통일을 이루겠다는 방법론에만 치중한 통일접근이었다. 지금까지 도발과 제재, 보상의 패턴이 반복적으로 이어오다 남북한 대화의 유일한 상징으로 남았던 남북연락사무소 마저도 북한의 일방적인 폭파로 통일 논의는 원점에 서 있는 형국이다.

어떤 조직이든 꿈을 실현하기 위해서는 꿈을 바탕으로 비전을 정립하고, 비전을 구현하기 위한 구체적인 목표를 설정한 후에 실천 과제를 선정하고 역량을 통합하여 목표를 달성하는 것은 정책추진과 전략기획의 기본이다. 하물며 민족의 염원인 통일을 이루려는 민족적 과제를 추진함에 통일국가의 비전을 먼저 마련하지 않은 채 정파적 입장에서 일관성 없이 통일을 추진하였다고 볼 수 있다.

따라서 남북한이 통일을 이루고 원만한 체제통합을 이루기 위해서는 남북한 구성원이 어떤 모습의 새로운 국가를 건설하겠다는 분명한 통일 비전을 마련하는 것이 우선이다. 그리고 비전에는 일방의 비전이 아닌 남북한 구성원 모두가 동의하고 공감하고 수용할 수 있는 조건이 담보되어야 한다. 또한 오늘날 모든 국가가 바라는 이상적이고 보편적인 통치 이념이 구현되는 비전이어야 한다.

통일 비전의 전제조건을 충족하고 남북한의 구성원들이 수용할 수 있는 비전이 어떤 것이 되어야 할 것인가에 대한 고민은 멀리 있지 않다. 그것은 우리 민족만이 갖고 있는 고차원적 건국이념인 홍익인간사상(弘益人間 思想)이다. 역사적 사실에서 찾은 이 숭고한 홍익사상이 통일의 비전이 되어야 한다.

둘째는 우리에게 북한은 어떤 존재인가를 질문하였을 때 일반적인 국제관계에서 공통점과 차이점이 있다. 우선 남북한은 상대를 서로 부인하며 탄생했다. 남 아닌 남 같은 존재라 할 수 있다. 이제까지 한반도의 통일을 이루기 위해서 남과 북은 체제경쟁을 해오며 대립과 갈등을 겪었고 때론 교류와 협력을 이어왔지만 그 동안의 통일실천 노력은 실질적 성과로 이어지지 못했던 원인을 되돌아볼 필요가 있다.

분단 민족이나 국가가 하나로 거듭나려면 구성원 모두가 하나로 통합을 이루겠다는 열망의 힘이 통합을 반대하는 힘보다 강할 때 분단을 극복하고 체제통합이 가능하다. 그러나 오늘날 대한민국 국민의 통일의식조사에서 통일을 원치 않는다는 여론이 70-80%의 수준으로 높아졌다. 이것은 분단이 오래 지속되면서 국민 대다수가 현 분단 체제에 익숙해졌다는 것이다. 특히 청소년 대다수는 북한 정권의 지속적인 핵과 미사일 도발로 인해 정서적으로 반감이 많은 가운데 분단구조가 만들어진 것에 대한 부채 의식(負債意識)이 없는 것이 원인으로 작용하고 있다.

따라서 민족 구성원은 분명한 통일 비전을 갖고 1300년을 같은 언어를 사용하고 같은 풍습과 문화를 누리며 살아온 민족공동체라는 정체성을 자각하는 것은 민족 구성원 모두가 가져야 할 가장 중요한 의무이다. 남북한 구성원 모두는 분단의 폐해를 극복하고 통일을 이루어 한민족 구성원 모두가 "자유와 평등, 인권과 행복추구권"이 보장된 새로운 국가에서 함께 민족의 번영과 발전을 이루어야 한다는 당위성과 역사적 소명 의식을 가져야 한다.

새로운 민족 통일의 담론을 마련할 때는 미래 통일 세대들이 수용할 수 있는 민족주의와 국가주의 모두를 충족하는 설득력 있는 통일 논리와 비전을 정립하여 제시해야 한다. 민족주의는 한민족의 정체성을 확보하고 정당성을 제시하는 차원에서 의미가 크다. 하지만 오늘날은 민족을 넘어 세계화와 다문화 현상, 북한의 민족주의 폐기선언 등을 고려할 때 민족주의보다 국가주의를 강조하는 것이 더 설득력이 있고 타당하다고 생각된다. 그러나 현실적으로 민족주의를 언급하지 않고 국가주의만을 주장하며 한민족의 통일을 논하기 어려운 점도 현실이다. 따라서 본 연구에서는 우리 민족의 고유한 사상이라고 할 수 있는 홍익인간의 이념과 사상을 통일의 비전으로 삼았기에 민족주의 정신과 오늘날 현대국가의 국가주의에서 지향하는 보편적 가치를 모두 담고 있는 담론을 찾았다는 점이다.

셋째는 한반도는 지정학적으로 한반도를 중심으로 원심력과 구심력이 작용하는 세계 최강의 강대국에 둘러싸여 있고 해양과 대륙 세력이 충돌하는 지역이다. 또한 이념적으로 자유주의와 공산주의가 대립하고 있는 지역으로 한반도 통일이 어느 한 체제로 통일되는 것을 원치 않고 있는 형국이며, 주변국도 한반도가 분단 상태에서 완충지대로 남아 있기를 원하고 있다. 따라서 한반도의 통일은 독일의 통일과 마찬가지로 주변국의 도움 없이는 이룰 수 없는 국제적인 문제라는 점이다.

그리고 한반도 통일에 걸림돌이 될 수 있는 것은 북한의 핵무기이다. 북한은 2022년 9월 핵 법제화와 2023년 9월 핵 고도화를 선언함으로써 핵 위협이 높아져 동북아의 평화를 위협하는 것은 물론이고 한반도 통일에도 걸림돌로 작용하고 있다.[2] 북한 비핵화를 위해서는 핵 문제에만 국한하여 해결하려는 현 접근방식으로는 문제 해결이 제한된다는 점을 분명히 인식해야 한다.

북한의 고위층에 근무하다 탈북한 인사들의 증언을 보면 북한의 핵은 모든 분야에서 열세에 있는 그들이 수십 년간 굶어가며 애써 만든 것이며, 한국보다 우위에서 협상을 주도할 수 있는 절대무기이기 때문에 그들이 핵을 스스로 폐기한다는 것은 현실적으로 기대하기 어렵다는 것이다. 또한 북한 김정은은 리비아의 독재자 카다피(Muammar al Qaddafi)와 이라크 독재자 후세인(Saddam Hussein)의 최후와 러시아의 우크라이나 침공 등 모든 국가 위기와 체제 붕괴는 핵을 가지지 않아 발생한 것으로 인식하여 핵 보유에 대한 집착성을 높이고 있다는 것이다.

2　이승현, "북한 핵 무력 법제화의 함의와 대응 방향," 『이슈와 논점』(2022), pp.1-2.

따라서 한반도의 통일을 위해서는 주변국이 한반도 통일을 지지하고 지원할 수 있도록 우호협력관계를 강화해야 한다. 그리고 북한의 비핵화는 비핵화만을 해결하려는 좁은 시각에서는 어렵다는 인식의 전환이 요구된다. 한반도 통일을 이루면 체제통합 과정에서 자연스럽게 북한의 비핵화를 견인하여 동북아의 안정과 세계평화를 이룰 수 있다. 우리는 이 명분을 갖고 주변 강대국을 상대로 한반도 통일에 지지와 협조, 동의를 구해야 한다. 그런 측면에서 2023년 8월 23일 한·미·일 3국 정상이 합의하고 발표한 캠프 데이비드 선언은 한반도 통일에 중요한 이정표가 될 것이 분명하다.

다섯째는 국제적으로는 1991년 UN에 동시 가입한 엄연한 국가 간의 관계지만, 헌법적으로는 헌법 제3조에 대한민국만을 합법정부로 인정하고 있다. 체제적으로는 통일을 이루어 같이 살아야 할 민족으로 대화와 협력의 대상이지만 동시에 유사시 싸워야 할 적으로 안보를 위협하는 경계의 대상이다. 통일사례 연구를 통해 분석한 분명한 사실은 모든 통일은 힘이 강한 쪽으로 흡수되었다는 것이다.

그리고 통일을 실천하는 과정에서 경계하고 살펴야 할 것은 어떤 통일도 좋다는 통일지상주의는 가장 위험한 발상이다. 이것은 민족의 역사를 퇴행시키고, 준비 없이 맞이한 통일은 새로운 갈등의 골이 깊어져 통일하지 않은 것만 못한 아픔을 겪게 된다는 사실이다. 따라서 평화적 통일을 이루기 위해서 정부와 시민단체, 탈북민으로 구성된 협치(governance) 체제를 구축해 시민 생활형 통일운동 분위기를 결집하여 지속적이고 강력히 추진해야 한다.

여섯째는 오늘날 통일을 염원하는 민족 구성원 모두는 통일을 이루기 전까지 통일과 체제통합에 대한 분명한 목표를 인식해야 한다. 그

목표의 우선은 평화적인 절차에 의해 통일을 이루는 것과 통일을 이루기 전까지 평화체제를 관리 유지하는 것이다.

평화적인 방법으로 통일을 추구하는 과정에서 남북한이 경계하고 우려되는 부분은 이념적 대립으로 체제싸움이 격화되어 어느 한 체제 주도하에 일방적으로 통일이 이루어지는 것이다. 비평화적 방법으로 이룬 통일과 충분한 준비 없이 맞이한 통일은 체제통합 과정에 후유증이 심대하여 통일한 후 동독 주민이 겪었던 동독을 그리워하는 (Ostalgie)[3] 현상으로 이어져 긴 시간 내적 갈등으로 민족의 번영과 발전을 저해할 것이다. 따라서 남북한은 같은 민족이라는 동질성을 인식한 가운데 상호신뢰 구축과 분명한 통일의 목표 아래 공진화 (co-evolution) 현상이 일어날 수 있도록 통일접근 노력과 체제통합을 이루어야 한다.

최근 북한 김정은이 경제적으로 크게 벌어진 남북 간의 격차와 북한 내부 체제 취약성이 한계에 도달하여 흡수통일을 우려하고 체제 단속 차원에서 취해지는 군사적 도발과 신경질적인 발언 등 일련의 현상들에 대하여 두 가지 측면을 고려하여 대응해야 할 것이다.

우선 북한의 군사적 위협은 빈틈없이 대비태세를 갖추고 비례적 원칙에 의해 강력히 대응해야 한다. 하지만 도발적 발언에 너무 예민하게 사사건건 감정적으로 압박식 대결 주의로 맞대응하는 것은 지양해야 한다. 이는 남북한 관계를 더욱 악화시키고 통일 진척에도 전혀

---

[3] 오스탈기(Ostalgie): 동독을 뜻하는 Ost(오스트) 와 가족과 조국에 대한 그리움, 향수를 뜻하는 Nostalgie(노스탈기) 합성어로, "동쪽을 그리워하다"라는 뜻의 독일어다. 따라서 Ostalgie는 과거 동독인이 사회주의 시스템에서 생활하던 시절을 그리워하는 것을 뜻한다.

도움이 되지 않기 때문이다.

한국은 경제력을 포함하여 모든 분야에서 큰 격차로 우위에 있다. 따라서 다양성을 인정하는 포용적 자세로 통일 담론을 마련하고 차분하게 대응해야 한다. 대한민국의 국민 모두는 북한에 대하여 통일을 이루고 함께 살아갈 같은 민족이라는 사실을 한시라도 잊으면 안 된다. 만약 우리가 같은 민족이라는 사실을 잊고 통일비용과 체제통합의 후유증을 우려하여 그냥 이 상태로 왕래하며 살자는 인식은 통일된 한반도가 구현되었을 때 현재보다 더 멋진 초인류 선진국가의 민족공동체를 이루고 살아가게 될 것을 모른 채 현실에 안주하며 민족의 염원을 외면하며 사는 사람이다.

전쟁의 유형 중에 이념전쟁과 종교전쟁은 어느 한쪽이 완전히 소멸할 때까지 멈추지 않는 속성을 갖고 있다. 한국은 통일을 이루고 체제통합을 마칠 때까지는 이념전쟁의 속성을 이해하고 북한의 대남전략 전술에 의한 체제전복을 항상 유의해야 한다. 북한이 핵무기를 믿고 무모하게 도발할 가능성 또한 항상 경계해야 한다.

홍익인간 사상 계승을 위한 한반도 통일의 당위성

오랜 기간 이념을 달리한 채 살아왔던 분단된 민족이 통일과 체제통합을 원만히 이루려면 통일의 방법론에 앞서서 통일을 통해 이룬 새로운 국가의 모습을 담은 비전이 우선 정립되어야 한다. 그리고 통일 비전의 조건은 남북한 구성원 모두가 수용할 수 있는 우리 민족의 건국이념인 홍익인간 이념을 제안하였다. 여기에서는 홍익인간의 이념이 통일 비전으로 선정되어야 하는 당위성을 구체적으로 설명하고자 한다.

홍익인간 이념은 역사 속에서 두 번의 통일을 이룩하고 외세의 침략으로 어려운 역경을 겪었을 때 민족 구성원 모두를 하나로 뭉쳐 고난을 극복하게 한 정신임을 고려시대인 1145년(인종23년) 김부식이 쓴 삼국사기, 약 130년 뒤인 1281년 일연스님이 쓴 삼국유사에 기록하고 있다. 물론 삼국유사의 내용에는 설화와 전설로 단군신화를 설명하고 있다. 단군신화의 사실적 근거는 논외로 하더라도 건국이념의 홍익이념은 한민족 구성원 모두의 마음을 하나 되게 하고 우리 모두의 정신을 관통하고 있으며 남북한 구성원을 같은 민족이라고 느끼게 하는 유일한 정신임은 분명하다.

우리의 분단된 한반도는 어떤 통일을 할 것인가? 어떻게 통일을 이룰 것인가? 통일하면 어떤 이익이 있는가? 하는 등의 정치와 경제적 논의는 활발했지만 우리는 왜 통일해야만 하고 통일의 비전과 통일의 목적, 가치와 대의는 도대체 무엇인가? 하는 통일 비전의 철학과 사상에 대한 논의가 별로 이루어지지 않았다.

글로벌피스재단의 문현진 세계의장은 자신의 저서[4]에서 민족의 통일 실천 꿈을 코리안드림(Korean Dream)이라 칭하고 홍익사상을 통일 비전으로 삼아야 한다고 주장하였다. 이는 민족의 역사성과 현 분단 속성을 정확히 이해하고 통일의 올바른 방향성을 제시한 것으로 보인다.

홍익인간 이념이 통일실천 비전이 되어야 하는 이유는 다음과 같다. 기원전 2333년 단군왕검이 나라를 건국할 때 "널리 인간을 이롭게 하라!"는 이념은 어느 민족에게도 없었던 고차원적인 사상으로 이는

---

[4] 문현진, 『통일한반도의 비전』(서울: 마음서재, 2020).

오늘날 모든 국가가 바라는 보편적이고 이상적인 통치 이념을 모두 담고 있기 때문이다. 코리안드림의 홍익인간 사상은 5천 년의 유구한 역사를 이어오면서 한민족 구성원의 정신이었으며 몽골의 침략과 일제에 나라를 잃고 수난을 겪을 때 민족 구성원의 의지를 결집한 저항 정신으로 이어져 고난을 극복하게 한 원동력으로 작용한 정신이었다.

현 남북한 분단구조를 극복하고 새로운 통일국가를 비전으로 제시한 홍익사상은 민족의 유구한 역사 속에 생활 철학으로 이어온 민족 구성원의 구심력이다. 코리안드림 통일 비전의 출발은 남북한 구성원이 같은 민족이라는 정체성을 자각하는 데서 비롯되어야 한다. 그리고 코리안드림은 오늘날 민족의 분단구조를 극복하고 지구상에서 가장 이상적인 새로운 통일국가를 이루겠다는 우리 모두의 꿈을 갖는 것에서 시작된다.

어느 민족이고 비전을 갖는 것은 대단히 중요하다. 700여 년 전 13세기 칭기즈칸은 "한 하늘 아래 하나가 되는" 위대한 꿈을 가졌기에 몽골제국을 건설하여 40여 나라와 700여 민족과 부족을 정복하였다. 그는 현재 중국의 3배가 넓은 면적을 정복하여 영토를 확장하고 세계 문명권의 30%를 지배할 수 있었다. 정복자 칭기즈칸이 이룬 위대한 역사의 원동력은 "한사람이 꾸는 꿈은 꿈으로 끝나지만, 함께 꾸는 꿈은 현실이 된다"라는 지도자의 꿈에서 시작하여 위대한 역사를 이루었다.

두 번째 코리안드림의 이데아는 세계사에 비전을 갖고 통일을 이루어 성공한 미국의 건국 정신에서 답을 얻었다. 미국의 건국 정신은 영국의 식민지로부터 독립하여 "하늘 아래 누구나 평등하고 자유와 행복을 추구할 권리가 자명한 진리로 인식되고 보장되는 새로운 국가를 만들겠다는 국가통치 이념"을 아메리칸 드림으로 승화한 것이다.

영국의 식민지였던 미국의 13개 주는 8년의 전쟁을 통해 승리하여 독립한 1776년 건국 지도자들이 모여 하나님으로부터 부여받은 양도할 수 없는 권리를 당연한 진리로 받아들이는 국가를 만들겠다는 이념을 반영한 독립선언서에 서명하였다. 이는 중세 이후 이어온 군주제에서 벗어나 권력이 국민에게 있는 나라를 만든 대사건이었다.

모든 국민의 투표를 통해 뽑힌 지도자가 국민의 자유와 인권, 생명존중, 행복추구권의 천부인권을 지키지 않을 때, 국민의 손으로 갈아치우는 것을 헌법에 보장한 것이다. 이것은 지금까지 지구상에서 한 번도 경험해 보지 못한 국가 형태의 공화정을 건국한 것으로 그 누구도 상상할 수 없었던 사회변혁이었다.

이전의 국가 형태는 아무리 훌륭한 성군이 나라를 통치하여도 백성은 군주에 지배받는 불평등 사회였다. 반면 미국 건국 정신은 종교의 자유에서 출발하였다. 모든 사회는 종교의 자유가 보장될 때만이 다른 자유도 보장이 될 수 있다는 것이다. 즉, 미국의 건국 지도자는 창조주 아래 하나가 되는 세상을 만들어질 때 가능하다는 근본 인식하에 기독교 이념을 바탕으로 한 국가를 만들었다.

일제의 총칼 앞에 저항한 기미독립선언서에는 미국 독립선언서의 정신이 그대로 녹아 있다. 기미독립선언서에는 식민지에 대한 원망은 없었으며 오직 독립을 통해 세계평화와 인류 공영에 이바지하겠다는 담대하고 고결한 비전을 천명하였다.

미국의 독립선언서와 기미독립선언서에 담고 있는 정신의 근간은 한민족의 건국 정신인 홍익인간의 이념과 맥을 같이하고 있음을 알 수 있다. 대한민국의 초대 이승만 대통령은 미국에서 공부하고 독립운동을 하면서 천부인권이 보장되는 새로운 국가 형태가 가장 이상적인 국가로 인식하고 정부를 수립할 때 자유민주주의 이념이 실현되는 공화정 국가를 선택한 것이다.

〈표 프-1〉 코리안드림 통일비전의 홍익사상 현대적 의미

弘益人間 理念	➡ "사람과 사람 서로 간에 널리 이롭게 하라!"

弘(넓다, 깊다) + 益(보탬이 되다, 더하다, 배려하다) + 人間(사람간, 구성원간, 국가간)

이도여치(以道與治)	광명이세(光明理世)	재세이화(在世理化)
도덕 윤리가 바로선 나라	밝은 덕성과 진리로 교화	상황과 이치, 질서있는 사회
• 인본주의 가치실천 사회 • 바른 덕성의 인격체 육성 • ESG 경영과 조직문화	• 밝고 따뜻한, 서로 돕는 사회 • 상호존중과 배려의 공동체 • 天·地·人 융합된 조화로운 사회	• 상황과 이치에 맞는 제도 • 평등, 공정, 정의로운 사회 • 자유롭고 법치가 선 사회

실천 가치	• 도덕국가+자유민주주의+복지국가+인본주의 공동체 방향성을 제시 • 국가운영의 보편적 가치와 민족공동체 가치 모두를 수용하는 통일사상

　분단된 한민족이 분단구조를 극복하고 새로운 통일국가를 이루고 체제통합을 할 때 우리는 어떤 모습과 방법으로 통합을 이룰 것인가라는 통일국가에 대한 비전은 오늘날 통일운동의 통합성과 방향성을 제공하여 통일 노력에 추동력을 갖게 할 것이다.

　홍익인간 이념이 지향하는 사상에는 이도여치(以道餘治), 광명이세(光明理世), 제세이화(在世理化)의 3가지 인본주의에 기초한 통치 이념을 담고 있다, 모든 나라가 선호하는 보편적인 국가 운영의 철학과 원리는 "도덕국가, 자유민주주의 국가, 복지국가, 법치국가"를 지향하고 있다. 홍익인간 이념은 위에서 제시한 보편적 국가 운영의 방향성을 모두 망라하고 있다.

홍익사상을 좀 더 깊이 있게 이해하고 통일 비전으로 선택한 당위성에 확고한 신념을 가져야 한다. "널리 인간을 이롭게 하라"는 홍익인간 이념이 통일 비전이 되어야 하는 당위성은 오늘날 세계 모든 나라가 소망하는 국가 통치철학과 3가지의 인본주의 이념을 모두 담고 있기 때문이다. 그리고 홍익인간 이념이 내포하고 있는 사상을 현대적으로 해석한 깊은 철학적 담론을 통일 비전에 반영해야 하는 당위성을 제시하였다.

홍익 이념을 좀 더 깊게 살펴보면 왜 통일 비전이 되어야 하는지 알게 될 것이다. ① 이도여치(以道餘治)는 도덕과 윤리로 나라를 통치하라는 것으로 도덕 국가를 지향한다. ② 광명이세(光明理世)의 이념은 밝은 덕성으로 백성을 교화하라는 것으로 어려운 이웃을 따뜻한 마음으로 보살피라는 정신을 뜻하며 오늘날 복지국가의 철학적 의미를 담고 있다. ③ 제세이화(在世理化)는 국가가 처한 상황을 고려하여 순리와 이치에 맞고 질서 있게 다스리는 것으로 법치국가와 민주주의 운영에 대한 원리를 제시하고 있다.[5]

이 홍익인간 이념이 지향하는 홍익인간과 이화세계(理化世界)의 건국 사상은 다른 어떤 나라에도 없는 이념이다. 앞에서 설명한 사상은 오늘날 국가 제도에서 ① 자유와 인권이 보장된 자유민주주의 국가, ② 생명 존중과 상호 배려의 문화가 성숙한 도덕 국가, ③ 나라의 질서가 확립된 법치국가, ④ 개인의 행복추구권이 보장된 복지국가의 사상을 모두 담고 있는 국가 운영 철학이다.

세계의 유명 지식인들이 한결같이 한민족의 건국이념인 홍익사상에 대하여 예찬을 아끼지 않고 있다. 『신이 나눈 이야기』를 쓴 세계적

---

[5] 윤경호·김인규, "홍익인간 이념의 유래와 철학적 함의," 『동양문화연구』, vol.19 (2014), pp.268-283.

작가 월시(Neale Donald Walsch)는 홍익인간 이념은 이제까지 자신이 주장했던 모든 것이 고스란히 녹아 있다고 하였다. 1986년 노벨평화상 수상자인 산체스(Óscar Rafael de Jesús Arias Sánchez) 전 코스타리카 대통령은 "홍익인간 정신은 한국인 것만이 아니라 모든 인류가 공유해야 할 자산이다!"라고 했다. 『25시』의 작가인 루마니아의 게오르규(C. V. Gheorghiu)는 "인간을 이롭게 하는 홍익인간 정신이라면 개인의 어려움은 물론이요, 세계의 모든 난제를 풀 수 있다. 홍익인간의 통치이념은 지구상에서 가장 위대하고 완벽한 법률이다"라며 칭송하였다.[6] 세계 지성인들은 이구동성으로 홍익사상은 오늘날 세계가 겪고 있는 문명적 충돌과 물질적 갈등을 치유할 보편적 진리라고 강조하였다.

홍익인간 사상은 우리 민족 구성원 모두가 공감하고 진정한 통일의 조건과 민족주의와 국가주의를 실현하는 모든 담론과 방향을 제시하고 있다. 그리고 냉전체제 사고의 틀에서 벗어나 상실되고 이질화된 정체성과 훼손된 공동체 문화를 회복하여 남북한을 통합할 수 있는 보편적인 가치는 민족의 건국 정신인 홍익인간 이념밖에 없다는 것을 단언한다.

코리안드림과 새로운 통일한국의 미래상

코리안드림을 통해 이룬 통일국가는 어떤 나라가 되어야 할까? 남북 구성원 모두가 공감하고 염원하는 철학적 원리와 사상이 실현되어야 하고 그 비전은 과거와 현재, 미래의 가장 이상적인 것만 선택하여 제도로 창조한 새로운 국가 모습의 비전이 되어야 한다.

---

[6] 정영훈, "홍익인간 이념의 유래와 현대적 의의," 『정신문화연구』, vol.22, no.1 (1999), pp.3-26.

〈그림 프-1〉 새로운 통일국가의 체제통합시 적용할 핵심 가치

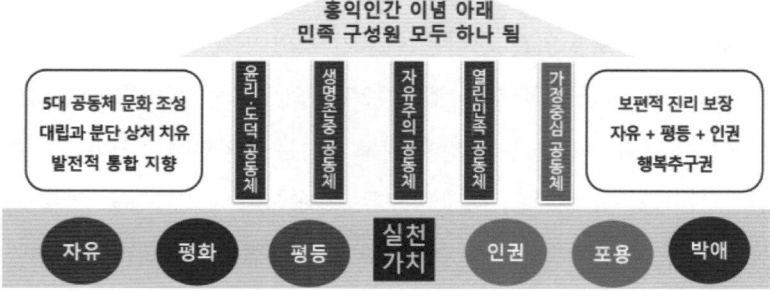

홍익인간의 이념으로 구현되는 새로운 통일국가를 이룰 때 적용해야 할 핵심 가치는 "자유, 평화, 평등, 인권, 포용, 박애"의 정신이 실천되어 분단의 모든 상처를 치유하고 "자유와 평등, 인권과 행복추구권"이 보장되어 윤리도덕, 생명존중, 자유민주주의, 열린민족주의, 가정중심 행복공동체의 5대 공동체가 조성된 가운데 홍익인간의 이념 아래 민족 구성원이 모두 하나가 되는 나라를 건설해야 한다.

정치적으로는 이념적 대립을 단일체제로 만들고, 홍익인간 이념의 보편적인 사상이 실현되며, 창조주로부터 부여받은 천부인권이 보장된다. 민족 구성원 모두는 자유와 참정권을 행사하는 시민이 주인으로서 합리적 절차가 존중받는 대의제 민주주의 제도 아래 규율과 질서가 정착된 법치주의 나라를 건설하는 것이다.[7]

경제적으로는 남북한의 경제통합으로 자원의 공동 사용과 공동경제권을 형성하고, 동북아 금융중심지 지위를 획득하여 세계 경제의

---

7   문현진, 『통일한반도의 비전』(서울: 마음서재, 2020), pp.46-84.

중심국으로 성장하며 자유로운 상거래를 보장한다. 독과점 자본주의를 배격하며 도덕적 자유시장경제 체제를 구축하여 풍요로운 삶과 국가적으로 초일류의 번영된 민족공동체를 조성한다.

지리적으로는 생활권을 통합하고 단절된 공간을 개방하여 자유롭게 왕래할 수 있는 섬 아닌 섬나라에서 탈피한다. 해양과 육로로 물류를 연결하는 물류 중심지의 기반을 조성한다. 아시아·태평양과 유럽을 연결하는 교통망을 건설하여 인도태평양시대의 허브로 발전한다.

사회적으로는 인간의 존엄성과 생명 존중의 공동체 조성과 종교의 자유가 보장된 가운데 상호존중과 배려의 마음으로 약자를 돌보고 더불어 사는 따뜻한 문화복지 국가를 조성한다.

교육적으로는 개인의 창의력과 개성을 존중하고 홍익인간 이념의 덕성을 갖춘 인간형과 건전한 민주시민의 인격체로 육성한다.

문화적으로는 민족의 정체성을 회복하고 이질화된 문화와 정서적 내적 통합을 달성한다. 상호존중과 배려의 공동체 조성과 함께 K-문화 강국으로 세계 문화를 선도한다. 한편 가정적으로는 민족 고유의 정체성으로 대가족 공동체 문화를 회복하여 휴머니즘 가족문화를 조성한다.

안보적으로는 통일과 함께 비핵화를 이루고 동북아 다자안보협력체를 구성한다. 한반도의 항구적인 평화체제를 구축한 가운데 동북아 평화공동체를 조성하여 세계평화와 인류 공영에 이바지하는 나라를 건설한다.

새로운 통일국가 건설위한 지향방향

우리 민족에게 "통일은 미래 생존 차원에서 선택이 아닌 필수다"라는 신념하에 코리안드림의 구현은 남북 구성원 모두에게 새로운 통일

국가 건설의 비전이자 상식이 되어야 한다. 코리안드림을 통일 비전으로 삼고 이를 실효성 있게 추진하기 위해서는 다음과 같은 네 가지 통일 담론의 실천이 필요하다.

첫째는 남북한 시민사회 구성원 모두가 홍익인간의 이념을 바탕으로 한 코리안드림의 통일 비전을 이루기 위하여 국가 차원에서 통일을 주도하는 대통령실 예하 국가통일추진위원회를 설치해야 한다. 중앙정부와 시민단체, 탈북단체 간 거버넌스를 구축하여 정권교체에 영향을 받지 않고 내실 있게 지속적으로 추진해야 한다.

또한 코리안드림 비전을 북녘땅에 있는 시민들에게도 공유 확산하도록 다양한 전략을 수립 실천하고 나아가 미래 통일의 주역이 될 차세대 지도자인 청소년에게도 교내 교육에만 국한되지 말고 학교 밖의 클럽활동을 통해 코리안드림을 신념화해야 한다.

둘째, 한반도는 평화를 원하든 통일을 원하든 우리가 결정할 수 없는 구조다. 따라서 통일은 주변국의 동의와 도움 없이는 불가능한 국제관계임은 주지의 사실이다. 따라서 통일된 대한민국이 동북아의 평화에 기여하고 주변국에도 편익이 되는 이유와 북한의 비핵화를 자연스럽게 이룰 수 있는 논리를 정립하고 진정성을 갖고 설득해야 한다. 한편으로 한·미·일 3국 정상이 선언한 캠프 데이비드 정신과 통일 독트린을 실현할 수 있는 통일접근 전략으로 발전시켜 정권이 교체되어도 지속해서 이어가야 한다.

셋째는 80년 오랜 기간 분단구조 아래 6·25전쟁을 겪어 깊은 상처로 인한 적대적 심리와 이념적 대립 상황을 고려할 때 통일을 향한 실천적 노력은 쉽지 않다. 탈북자들을 통일의 마중물이라 생각하고 통일의 꿈을 함께 이루고자 하는 열린 마음으로 포용성을 갖고 대한민국 국민으로 조기에 정착할 수 있도록 도움과 배려를 아끼지 않아야 한다. 또한 탈북자들을 통일의 주도 세력으로 활용하여 통일운동을 촉진해야 한다.

넷째는 역사적으로 이루어진 모든 체제 변혁은 시민의 주도로 아래로부터 이루어진 것처럼 국내외와 남북한의 코리안드림 실천 프레임워크(Framework)를 결성하여 나의 꿈과 너의 꿈이 우리의 꿈이 되게 하는 시민 주도의 생활형 통일실천 운동을 확산시켜야 한다. 특히 한민족 구성원은 같은 민족이라는 민족 정체성과 통일의 의지를 갖고 '통일은 우리의 힘으로!, 통일은 시민의 힘으로!' 이룩한다는 신념을 더욱 공고히 하여 모든 구성원이 적극적으로 실천하는 통합된 노력을 기울여야 한다.

결론적으로 남북한이 분단을 극복하고 통일을 이룬 다음 원만한 체제통합을 이루어 홍익사상이 구현된 새로운 통일국가로 가는 길은 두 가지가 선행되어야 한다. 우선 코리안드림이 구현된 통일한국의 미래상을 내면화하여 민족의 전 구성원이 상식이 되게 하여 삶을 지배하는 생활철학으로 실천되는 사회를 만드는 것이다.

민족 구성원의 꿈인 홍익사상이 구현되는 새로운 통일국가를 이루려는 시민들의 꿈을 현실로 바꾸는 힘을 육성해야 한다. 통일을 열망하는 국가 운영 지도층과 통일정책을 추진하는 세력의 힘을 키워 통일 추동력을 강화하는 헤게모니를 확보해야 한다.

2025년은 광복 80주년이 되는 해로써 1천만 시민 통일운동의 의병을 결성하여 민족통일의 새로운 전환점을 만들어야 한다. 이번에 집필한 저서가 코리안드림과 통일한국을 향한 남북통합 추진전략 수립에 도움이 되고 통일운동에 귀하게 활용되길 기대한다.

프롤로그

새로운 통일·통합 추진 전략과
모델 모색

정경영
한양대 국제대학원 교수

분단사의 재조명과 남북한의 통일 인식

한반도는 미국과 소련의 군사작전 목적에 따라 1945년 8월 15일 북위 38도선을 경계로 분단되었다. 1948년 8월 15일 38선 이남에는 대한민국이, 9월 9일 38선 이북에는 조선민주주의인민공화국이 들어섰다. 그 후 1950년 동족상잔의 6·25전쟁 후 1953년 정전협정 체결로 38도선이 휴전선으로 바뀌면서 분단이 고착화되었다.[8]

민족분단은 일제 식민통치에 기인한다. 독립운동이 국내와 중국과 소련, 미국에서 전개되었고, 여기에 더해 이념 노선의 극단적인 대결로 독립운동이 통합성을 보이지 못했다. 광복 이후 자유민주주의 국가

---

8 Chung Kyung-young, "An Analysis of ROK-U.S. Military Command Relationship from the Korean War to the Present," Master of Military Art & Science Thesis, the U.S. Command and General Staff College, Fort Leavenworth (1989); 김학준, "분단의 재조명," 이홍구·김학준·안병준·진덕규·이상우, 『분단과 통일 그리고 민족주의』(박영사, 1984), pp.23-62.

를 세워야 한다는 진영으로부터 공산주의 국가를 세워야 한다는 세력에 이르기까지 이념적 입장을 달리하는 세력 간의 갈등이 한반도 분단구조를 심화하였다.

한반도 분단구조는 강대국 정치의 산물이었다. 1943년 11월 22일부터 26일까지 미·영·소 3국의 카이로회담과 선언을 통해 "한국의 노예상태에 유의하여 적당한 시기에 한국을 자주 독립시킬 결의를 한다"[9]고 천명하였다. 1943년 12월 28일 연합국의 승리 확신과 전후처리, 동부전선에서 소련의 반격에 합의한 미·영·소 테헤란 회담, 1945년 5월 8일 독일 항복 후 소련군의 전략적 전개를 통해 만주지역에 주둔한 일본 관동군 격멸을 합의한 미·영·소 얄타회담, 1945년 7월 26일 종전과 국제연합 유엔 창설을 추진한 미·영·소 포츠담 선언이 한반도의 독립과 분단에 영향을 미쳤다.

포츠담 회담의 군사회담에서 미·소는 소련이 얄타회담 약속에 따라 대일전쟁에 참가한 후 양군의 육·해군 작전 범위로 일본 동북부로부터 한반도 북단을 연결 짓는 선을 획정했다. 얄타회담에서 소련의 대일전 참가를 약속받아 소련이 한반도에 진격하는 근거가 되었다. 미국은 일본 관동군의 전력을 과대평가하여 소련의 참전을 재촉하였고 1945년 8월 6일 미국의 히로시마 원폭 투하를 계기로 소련의 8월 8일 대일 선전포고와 8월 12일 소련군이 함흥으로 상륙하면서 한반도 북부를 차지하였다. 일본은 중립국을 통해 연합국에 항복의사를 표시하고 8월 15일 무조건 항복의사를 발표하였다.

---

[9] "Three great powers consisting of the U.S., UK, and the Soviet Union, mindful of the enslavement of the people of Korea, are determined that in due course Korea shall become free and independent."

이러한 급격한 상황 전개에 따라 미국은 대(對)한반도 전략을 군사점령과 일본군의 무장해제 전략으로 변경하였다. 미국의 전쟁부 멜로이(John J. Meloy) 차관보는 8월 10일과 11일 밤 본스틸(Charles H. Bonesteel) 대령과 러스크(Dean Rusk) 대령을 불러 한반도에서 가능한 북상하여 일본군의 항복을 접수하고, 미군의 전개능력을 고려한 한반도 분할안을 발전시키도록 지시했다. 그들은 미군의 책임지역 안에 한국의 수도를 포함하는 것이 중요하다고 판단하여 38도선을 미·소의 책임지역 분할 선으로 선정해 스팀슨(Henry S. Stimson) 전쟁부 장관에게 보고하였다. 전쟁부는 8월 11일 맥아더(Douglas MacArthur) 태평양지역 연합군최고사령관에게 하달할 일반명령 제1호를 작성하였다. 38선 이북의 일본군은 소련군 사령관에게 그리고 이남은 미군 사령관에게 항복하라는 내용이었다. 스팀슨 장관은 이를 번즈(James F. Byrnes) 국무부 장관에게 넘겨, 트루먼(Harry S. Truman) 대통령에게 보고하였다. 트루먼 대통령은 8월 13일 이를 소련, 영국 및 중화민국에 전달하였다. 당사국들이 이 안에 이의를 제기하지 않아 8월 15일 맥아더 사령관에게 일반명령 제1호로 하달하였다.[10]

이처럼 북위 38도선에 의한 한반도 분할은 1945년 8월 15일 일본군의 항복접수를 위한 군사적 편의에 의해 결정되었다. 트루먼 대통령은 "38도선은 일본의 전쟁기구가 갑작스럽게 붕괴하여 한반도에 힘의 진공이 발생하자 실제적 해결책으로 미국이 제안했다"라고 회고했다.[11] 미국은 소련을 한반도 문제에 끌어들여 한반도를 공동관리함으

---

10 U.S. Department of State, *Foreign Relations of the U.S., 1945* (Washington D.C.: U.S. Government Printing Office, 1969), p.1039.

11 Harry S. Truman, *Memoirs II; Years of Trial and Hope* (New York: Doubleday

로써 한반도가 어느 한 강대국에 의한 독점지배로 발생할 수 있는 국제분쟁을 방지한다는 입장이었다. 한반도의 분할 점령은 우리 민족의 의사와는 무관한 미국과 소련에 의한 군사작전을 위한 분단이었다.

소련은 치스차코프(Ivan M. Chistiakov) 대장의 지휘하에 제25군이 8월 12일 흥남에 진격하였고, 8월 24일 평양에 입성하였으며 8월 말 38도선까지 진출해 38도선을 봉쇄하였다. 미국은 하지(John R. Hadge) 중장 지휘 아래 제24군단이 9월 8일 인천에 상륙, 9월 9일 서울에서 일본군의 항복을 접수하였다.

그 이후 1945년 12월 16일부터 모스크바에서 열린 미·영·소 3국 외상회의에서 한국 민족의 국가재건과 주권 회복, 민주임시정부 수립을 위해 미소 공동위원회를 설치, 미·영·소·중 4대국에 의한 5년 신탁통치안인 모스크바협정을 채택했다. 이에 국내에서 반탁, 찬탁을 둘러싼 정치투쟁이 전개되었다. 북한에서는 찬탁의 김일성과 추종 세력이 행정부와 공산당을 장악하게 되었다. 남한에서는 우익세력이 반탁운동을 주도했고, 좌익세력은 민주주의 민족전선에 의한 찬탁운동으로 사실상 내란에 가까운 좌우익 간 충돌이 발생했다. 1946년 1월 16일부터 5월 8일까지 서울에서 하지 미 군정사령관과 스티코프 북한 소련군 사령관 간에 행정·경제운영을 협의하였으며, 소련은 찬탁을 주장했지만 미국은 좌익세력의 한국 지배를 방지해야 한다는 입장 차이로 협상은 결렬되었다.

미국은 미·소공동위가 재개되지 않으면 남한에 단독정부의 수립을 추진해야 한다는 입장이었다. 1946년 5월 25일 중도우파 김규식과

---

and Co., 1965), p.317.

중도좌파 여운형 사이에 좌우 합작운동이 시작되었고, 이승만은 남쪽 만이라도 임시정부를 조직하자고 주장하여 단독정부 수립안을 전개하였다. 북한에서는 1947년 2월 21일 북조선인민회의가 소집되어 김일성을 위원장으로 선출하였다.

제2차 미·소공동위원회가 1947년 5월 21일 서울에서 개최되었으나 쌍방 간에 책임 전가와 반론의 성명만 되풀이하면서 8월 12일 결렬되었다. 8월 29일 로버트(Robert A. Lovett) 미 국무부 장관은 미·영·중·소 4국 회담을 제안했으나 소련이 거부하자 9월 17일 한반도 문제를 제3차 유엔총회에 상정하였다. 1947년 11월 14일 유엔총회 결의안으로 유엔한국임시위원회(UNTCOK, UN Temporary Commission on Korea)를 설치하고 인구비례에 의한 총선거를 통해, 국회를 구성하여 정부를 수립한다는 결의안을 채택하였다.

이 무렵인 1948년 2월 8일 북한은 조선인민군을 창설하였고, 북한 단독정부 수립을 위한 단계적인 수순으로 유엔한국임시위원단의 입북을 거절하였다. 이에 유엔한국임시위원회는 1948년 5월 10일 선거가 가능한 남한에서 총선거를 실시하였다. 1948년 7월 7일 제헌국회 의장으로 선출한 이승만을 초대 대통령으로 선출, 8월 15일 대한민국 정부 수립을 선포하였다. 유엔은 1948년 12월 12일 총회의 한반도 문제 결의안에서 대한민국을 유권자의 자유선거에 의해 수립한 유일 정부임을 선언하였다.

북한은 1948년 7월 10일 조선민주주의인민공화국 헌법 시행을 결의하고, 8월 25일 최고인민회의 대의원 선거로 최고인민회의를 구성하여 9월 3일 헌법을 채택한 데 이어 9월 9일 김일성을 수상으로 하는 조선민주주의인민공화국의 수립을 선포하였다. 이로써 한반도에 두 개의 정치체제가 성립되었다. 이는 강대국 정치에 의해 남북이 분단되었고, 민족의 내분으로 정치적으로 분할된 결과였다.

1948년 8월과 9월 남북한에 각기 상이한 체제가 성립되어 한반도의 분단이 고착화된 이후에도 쌍방은 분단의 현실을 인정하지 않고 통일 실현이라는 이상에 집착하였다. 국제냉전의 의미를 제일 먼저 포착하였던 현실주의자 이승만에게도 우리의 소원은 통일, 꿈에도 소원은 통일이었다. 북한은 통일을 절대시하였으며 인민해방전쟁을 통해 통일을 달성하겠다는 의지로 남침을 감행하였다.

남북한은 모두 자신을 한반도의 유일 합법정부라고 주장하였다. 대한민국은 헌법에 북한을 포함한 한반도 전체를 영토로 규정하고 북한 지역을 반국가단체가 불법 점령하고 있는 실지(失地)로 간주하여 이 실지 회복을 통일과 동일시하였다. 북한도 남조선 해방을 통일과 동일시하였다. 남북한은 서로 자기 측의 체제와 통치를 상대방에 확장한다는 즉 상대방의 붕괴 내지 소멸이라는 조건 하에서 통일을 이루려 하였다.

한반도의 통일은 분단된 조국의 재통일이라는 점에서 일반적인 국가통합과는 성격을 달리한다. 분단국이란 역사적인 단일국가를 이루었던 경험이 있는 국가들이다. 남북한 사회는 676년 신라에 의한 삼국통일 이후 1945년 8월 15일까지 1250년 이상 하나의 사회를 이루어 왔으나, 강대국 미소의 분할 점령으로 분단되었고 하나 되기 위한 노력이 좌절되어 두 개의 정치체제가 출현하였다. 분단국이라는 말에는 현존의 남북한 사회가 독립된 국가사회를 이루고 있다는 사실에 대한 인식이 전제된다.[12] 또한 대한민국의 건국은 상해임시정부 수립일인 1919년 4월 11일로 하고, 1945년 8월 15일은 해방된 광복절이며,

1948년 8월 15일은 정부수립일이다.

통일에 대한 가장 보편적인 의미는 "두 개 이상의 주권적 행위 주체가 하나의 행위 주체로 된 상태"[13]라고 정의할 수 있다. 좀 더 구체적으로 "일정 영역 내의 인간집단 내에서 개개 인간의 이해와 견해 차이를 평화적으로 조정하여 필요한 변경을 이룩할 수 있다는 믿음인 공동체 의식(sense of community)이 구성원들 간에 형성되어 있고, 또한 이러한 기대를 성취할 수 있는 기구가 제도화되어 있는 상태"[14]를 말한다.

한국의 통일인식은 1민족 2체제의 현실 인정에 기초하여 북한의 존재를 하나의 독립국가처럼 여기면서 통일은 서로 다른 체제를 가진 한국과 북한이라는 사실상 독립국가의 통합과정으로 인식한다. 1975년 8월 15일 박정희 대통령은 북한 공산집단에 대해 선의의 경쟁에 나설 용의는 없는가라고 물었다. 이것은 북한 정권을 한국과 동등한 사실상의 정부로 간주한 것으로 보아야 한다.

북한은 통일문제를 민족해방의 시각에서 인식하고 있다. 미제로부터 남반부의 해방 문제이지 분단된 민족사회의 통일이 아니라는 것이다. 북한은 북반부에서의 사회주의혁명으로 인민정부를 세우는 것과 통일인식은 인민정부 간에 협상을 통하여 하나의 정부로 통합하는 것으로서 민족해방과 사회주의혁명의 두 가지 문제를 동시에 포함하는 작업으로 파악하고 있다.[15]

---

[12] 이상우, "민족통일의 과제," 이홍구·김학준·안병준·진덕규·이상우, 『분단과 통일 그리고 민족주의』(박영사, 1984), pp.157-209.

[13] John Galtung, "Structural Theory of Integration," *Journal of Peace Research*, vol.5, no.4(1968), p.577.

[14] Karl W. Deutsch, *Political Community and the North Atlantic Area* (Princeton: Princeton University Press, 1957), p.5.

분단 해소를 위한 남북한의 노력

정전협정 체결 이후 윤석열 정부에 이르기까지 평화체제 구축의 여정을 6개 단계로 고찰할 수 있다. 휴전 후 제네바 정치회담부터 7·4 남북공동성명 발표까지를 제1단계 남북관계 모색기, 냉전 종식부터 남북 사이의 화해 및 불가침, 교류협력에 관한 합의서 일명 남북기본합의서 체결부터 남·북·미·중 4자평화회담까지를 제2단계 남북관계 해빙기(解氷期), 1·2차 남북정상회담 기간을 제3단계 남북관계 발전기, 이명박·박근혜 정부를 제4단계 남북관계 진통기, 문재인 정부를 제5단계 남북관계 요동기(搖動期), 윤석열 정부 출범 이후 현재까지를 제6단계 남북관계 정체기로 나눠 논의하려 한다.[16]

제1단계 남북관계 모색기는 휴전부터 7·4남북공동성명까지로 1953년 7월 27일 정전협정문 제60조 "정전협정이 서명되고 발효된 이후 3개월 이내에 한반도 문제의 평화적 해결을 위해 고위급 정치회담을 개최한다"라는 규정에 따라 제네바 정치회의를 1954년 4월 26일부터 6월 15일까지 개최하였다.

한국정부는 정전협정 체결 시 서명에 참여하지 않아 당사자 자격 논란을 빚었던 것을 감안해 제네바 정치회의에 한국의 변영태 외무부 장관이 참가함으로써 평화협정 당사자로서 통일독립민주정부 수립을 위한 14개 항을 제안하였다.[17] 그러나 제네바 회의는 외국군의 철수문

---

15 허종호, 『주체사상에 기초한 남조선 혁명과 조국통일이론』(평양: 사회과학출판사, 1975), p.186; 이상우, "민족통일의 과제," 이홍구·김학준·안병준·진덕규·이상우, 『분단과 통일 그리고 민족주의』(서울: 박영사, 1984), p.168. 재인용.
16 정경영, 『피스 크리에이션: 한미동맹과 평화창출』(파주: 한울아카데미, 2022), pp.195-205; 정경영, 『통일한국을 위한 안보의 도전과 결기』(서울: 지식과감성, 2017), pp.299-306.

제가 주로 논의되는 바람에 한반도 문제의 평화적인 해결을 위한 평화협정 체결문제는 제대로 협의하지 못했으며, 정치적 이해관계가 달라 결국 결렬되었다.

1970년대 미중 관계정상화와 미소 간 데탕트가 진행되면서 한반도 긴장완화를 위한 남북 간 대화가 시작되었다. 남북은 1972년 7·4남북공동성명을 발표, 자주·평화·민족대단결의 3대 통일원칙에 합의하였다. 1973년 6·23선언으로 비적성 공산국가와 상호교류를 시작하였고, 우리 정부는 통일 3원칙으로 자주·평화·민주를 제시하였다. 7·4공동성명 등 남북화해무드 조성은 남북 공히 내부적 정권 도전을 모면하기 위한 것으로 적대적 공생관계였다는 평가가 존재한다.

제2단계 남북관계 해빙기는 글로벌 냉전종식에 영향을 받아 남북 간 포괄적 합의서를 채택하고, 4자 평화회담을 추진한 시기이다. 1991년 9월 17일 남북한의 유엔 동시 가입은 냉전시대 종식을 알린 기념비적 사건으로 한민족은 화해와 협력 시대 개막이라는 측면과 남북한 분단 상태 고착화에 영향을 주었다는 평가가 병존한다.

1990년 9월 남북한은 고위급 대화에 착수하여, 1991년 12월 남북기본합의서에 합의하였고, 1992년 1월 한반도 비핵화 공동선언, 1992년 3월 남북핵통제공동위원회 구성·운영 합의서에 서명, 불가침부속합의서를 채택하였다. 남북기본합의서는 화해, 불가침, 교류·협력을 포괄적으로 규정한 내용으로 정전협정에 기초하여 항구적인 평화협정이 체결될 때까지 쌍방이 지켜야 할 잠정협정이다.

---

17 "Text of ROK 14 Point Draft Proposal for Establishment of United Independent Democratic Korea," The United States Delegation to the Embassy in Korea, Geneva, May 17, 1954, *FRUS*, vol.1, pp.278-279.

1992년 2월 19일 발효된 남북기본합의서는 통일을 향한 유의미한 조치로 평가된다. 남북기본합의서는 남북관계를 나라와 나라 사이의 관계가 아니라 통일을 지향하는 과정에서 잠정적으로 형성된 특수관계로 규정하였으며, 다음과 같이 3개 분야별 위원회를 설치 운영하기로 합의하였다.

　첫째, 화해를 위한 정치분과위원회를 편성해 판문점 연락사무소를 설치하고 상호 긴밀한 협의와 연락을 한다. 정전상태를 평화상태로 전환하고 국제무대에서 협력한다.

　둘째, 불가침을 위해 군사분과위원회와 군사공동위원회를 설치하고 주요군사훈련과 부대이동을 사전통고 하며, 비무장지대의 평화적 이용, 군 인사 교류, 군비축소, 상호검증을 한다.

　셋째, 교류협력을 위해 교류·협력분과위원회와 경제교류·협력공동위원회를 편성하고, 물자교역, 자원공동개발, 합작투자, 공동대외진출 기능을 수행한다.

　한편 통행을 위해 언론·출판물 교류 협력, 이산가족 서신왕래·상봉·방문·재결합, 주민왕래와 육·해·공로 개설, 교육·문화·예술·종교·보건·환경·체육·과학·기술교류, 통신을 위해 우편·전기·통신교류와 시설을 설치 개통한다.

　이상과 같은 합의에도 불구하고 북한은 남북기본합의 3장의 교류협력 분야를 제외하고는 실천의지를 보이지 않았고, 1991년 3월 27일 군사정전위에 불참을 통보한 이후 본격화된 정전협정 무실화 책동을 계속하였다. 한국에서도 국회 비준 동의를 받지 않아 법적 구속력을 갖지 못해 이행에 대한 강제력이 부재하였다. 한반도 비핵화 공동선언은 북한의 핵개발로 형해화(形骸化)되었다.

1996년 4월 한미정상회담 공동발표문에서 항구적 평화협정을 이룩하는 노력을 개시하자는 데 합의하여, 광범위한 긴장 완화조치 협의를 위한 4자회담을 제의하였다. 남·북·미·중 4자회담이 1997년 12월부터 1999년 8월까지 스위스 제네바에서 진행되었다. 남북한과 미중 대표들은 1997년 8월 예비회담을, 12월에 본회담을 시작으로 1999년 8월까지 6차례의 본회담을 끝으로 종료되었다. 4자회담은 평화체제 구축과 군사적 긴장 완화라는 소기 목표를 달성하지는 못했으나, 암묵적이나마 평화협정의 당사자에 한국이 포함된 4자라는 점과 각국의 평화체제에 대한 입장을 알 수 있는 중요한 계기가 되었다.

제3단계는 남북관계 발전기로 1·2차 남북정상회담을 개최했던 시기이다. 1990년 민간차원의 남북 화해협력이 마침내 2000년 6월 13-15일 남북정상회담을 통해 정부 차원의 남북교류협력으로 발전되었다. 남북정상회담에서 채택한 6·15공동선언을 통해 ① 통일문제의 자주적 해결, ② 1국가 2체제의 통일방안 협의, ③ 이산가족 문제의 조속한 해결, ④ 경제협력 등을 비롯한 남북 간 교류 활성화 등에 합의하였다. 남북정상회담 이후 총리회담, 고위급회담, 국방장관회담, 장관급회담, 장성급 군사회담, 각종 실무회담 등 1990년 이후 과거에 비해 남북회담의 개최 빈도가 급증하였다. 그 이전의 기능적이고 단계적인 대북 접근법에서 점차 군사대화도 증가했으나 여전히 군사·비군사 간 불균형 개선은 실현되지 못하였다.

2007년 10·4정상선언은 노무현 정부가 한반도 평화체제 구축을 국정과제로 제시한 평화번영 정책의 산물이었다. 노무현 정부는 안보정책 구상[18]에서 북한 핵문제 해결과 평화증진을 가속화한 다음 남북 간 제 분야에서 협력 심화와 평화체제의 토대를 마련하고, 평화협정 체결과 평화체제 구축을 실현하겠다는 점진적·단계적 방안을 제시하였다. 또한 남북한 당사자 원칙 견지, 국제사회 지지와 보장, 완전한 평화체제로 전환될 때까지 현재의 정전협정을 준수한다는 내용을 담고 있다. 10·4 정상선언[19]에서 남북은 ① 협력사업의 군사적 보장, ② 서해평화협력특별지대 합의, ③ 3자 또는 4자 종전선언 추진 협력, ④ 한반도 평화체제 구축 이후 남북연합의 관리기구 구성, ⑤ 그밖에 남북관계의 통일 지향적 발전을 위해 각기 법률·제도 정비 등에 합의하였으나, 노무현 정부의 임기 말로 추동력이 상실되었다.

한편 2004년부터 2008년까지 6자회담을 개최하였다. 2005년 9·19공동성명에서 ① 한반도의 검증 가능한 비핵화를 평화적인 방법으로 달성하고, 북한의 완전한 핵포기 약속과 NPT 및 IAEA 복귀, ② 북미·북일 관계정상화, ③ 한반도의 항구적 평화체제와 동북아의 안보협력 증진 협의 포럼 구성 등에 합의하였다.[20] 2007년 2·13합의를 통해 ① 영변핵시설 폐쇄·봉쇄, IAEA요원 복귀, ② 미북 국교정상화, 테러지원국 해제 및 대적성국 교역법 종료 검토, ③ 북일 간 평양선언에 따라 국교정상화 추진, ④ 한반도 비핵화, 미북 관계정상화, 북일 관계정상화, 경제 및 에너지 협력, 동북아 평화·안보 체제 등 실무그룹 설치, ⑤ 중유 100만 톤 대북지원 등에 합의하였으나,[21] 2006년 10월 9일 1차 북핵실험, 북핵 검증문제로 북핵 합의 이행이 좌절됨에

---

18 청와대, 『평화번영과 국가안보: 참여정부의 안보정책 구상』(서울: 국가안전보장회의, 2004).

19 "10·4 남북관계 발전과 평화번영을 위한 선언," https://namu.wiki/w/, (검색일: 2024. 4. 17).

20 "9·19공동성명," http://www.mofa.go.kr/, (검색일: 2024. 4. 17).

21 "2.13합의," http://www.mofa.go.kr, (검색일: 2024. 4. 18).

따라 2008년 12월 16일 6자회담이 결렬되었다.

제4단계 남북관계 진통기는 2007년 2월부터 2017년 5월까지 보수 정부 기간으로 2007년 2월 출범한 이명박 정부는 평화협정·평화체제 논의를 전면 중단하였고, 평화체제 대신 평화구조(Peace Architecture) 용어를 사용하였다. 성숙한 세계국가(Global Korea)를 제시한 이명박 정부는 외교안보의 비전과 전략[22]에서 남북관계는 그동안 군사적 긴장 완화와 신뢰구축을 위한 상호 간의 조치가 전무했다고 평가하였다. 남북군사공동위원회 등 당국 간 대화와 협의 채널을 상설화하여 실질적인 군사 신뢰구축 조치와 각종 협력방안의 논의가 필요하다고 진단하였다. 남북한이 합의한 상호 비방·중상 행위금지를 실천하고 가슴을 열고 진정성 있는 대화를 펴는 것이 평화정착의 출발점이라고 강조했으나 북한의 2009년 5월 25일 2차 핵실험 및 미사일 발사, 2010년 3월 26일 천안함 피격, 2010년 11월 23일 연평도 포격전 등으로 남북은 일촉즉발의 위기상황에 돌입했다.

2013년 2월부터 2017년 5월까지 집권한 박근혜 정부는 2013년 2월 인수위 보고서[23]에서 국정기조의 하나로 평화통일의 기반을 구축하기 위해 ① 튼튼한 안보, ② 한반도 신뢰프로세스, ③ 신뢰외교를 제시하였고, 한반도 신뢰프로세스를 위한 과제로 ① 남북관계 정상화, ② 작은 통일에서 시작, ③ 실질적 통일준비의 내실화 등을 제시하였다. 박근혜 정부는 북한의 NLL 무력화(無力化)와 정전체제 무실화(無

---

[22] 청와대, 『성숙한 세계국가: 이명박 정부 외교안보의 비전과 전략』(서울: 청와대, 2009).

[23] "제18대 대통령직 인수위원회 보고서," http://18insu.pa.go.kr/, (검색일: 2024. 8. 17).

實化) 기도, 북핵실험·미사일 실험에 단호하게 대처했다.

한편 박근혜 대통령은 2014년 3월 28일 한반도 평화통일을 위한 구상인 독일 드레스덴 선언[24]을 통해서 평화통일 기반 조성을 위해 남북 공동번영을 위한 민생인프라 구축, 남북 주민의 인도적 문제 해결, 남북 주민 간 동질성 회복을 천명하였다. 2014년 통일대박 캐치프레이즈를 사용한 이후 평화통일기반구축 프로세스에서 평화체제 논의가 가능함을 제기하였으나, 북한은 2016년 1월 6일 4차 핵실험에 이어 2월 7일 장거리 미사일을 발사하자 우리 정부가 2월 10일 개성공단을 폐쇄하였고, 2016년 9월 9일 5차 북핵실험, 2017년 9월 3일 6차 핵실험으로 이어지면서 남북관계는 회복 불능상태로 악화되었다.

제5단계는 남북관계의 요동기로 2017년 5월 10일 문재인 정부 출범 이후 남북관계 복원을 위한 지속적인 노력과 함께 문 대통령은 2017년 7월 6일 신 베를린 선언[25]을 통해 핵과 전쟁 없는 평화로운 한반도, 북한체제 안전을 보장하는 한반도 비핵화 추구, 항구적 평화체제 구축, 새로운 한반도 신경제지도, 일관성 있는 비정치 남북교류협력사업 추진 등 한반도 평화정착을 위한 5대 정책 방향을 제시했다. 남북 정상은 2018년 4·27판문점선언[26]을 통해 제1조 남북관계의 전면적이며 획기적인 개선과 발전을 위해 ① 민족 자주의 원칙과 6·15공동선언 및 10·4정상선언 합의 이행, ② 개성 남북공동연락사무소 설치(9. 14), ③ 동해선 및 경의선 철도와 도로 연결 및 현대화

---

24 "朴대통령 드레스덴 한반도평화통일구상 연설 전문,"《연합뉴스》, 2014년 3월 28일.
25 "문 대통령의 '신(新) 베를린 선언',"《중앙일보》, 2017년 7월 6일.
26 "남북정상회담 판문점 선언 전문,"《미디어오늘》, 2018년 4월 27일.

대책 강구, 제2조 한반도에서 첨예한 군사적 긴장상태 완화를 위해 ① 일체의 적대행위 전면 중지, ② 비무장지대 평화지대화, ③ 서해 북방한계선 일대 평화수역화, ④ 남북협력교류사업의 군사적 보장, ⑤ 국방부장관회담, 군사당국자회담 개최를 제시하고 제3조 한반도의 항구적이며 공고한 평화체제 구축을 위해 ① 불가침 합의 재확인, 군사적 신뢰 구축과 단계적 군축, ② 종전선언과 정전협정을 평화협정으로 전환하기 위한 회담 개최, ③ 완전한 비핵화를 통해 핵 없는 한반도 실현, ④ 문재인 대통령의 평양방문(9. 18-20)에 합의했다.

이어서 남북 정상은 9·19 평양선언[27]을 통해 ① 남과 북은 비무장지대를 비롯한 대치지역에서 군사적 적대관계 종식을 위해 한반도 전 지역에서의 실질적인 전쟁위험 제거와 근본적인 적대관계를 해소하며, ② 판문점선언 군사분야 이행합의서를 평양공동선언의 부속합의서로 채택하였고, ③ 남북군사공동위원회를 조속히 가동, 군사분야 합의서의 이행실태를 점검하고 우발적 무력충돌 방지를 위한 상시적 소통과 긴밀한 협의를 해나가기로 합의하였다.

9·19 평양공동선언의 부속합의서인 판문점선언 군사분야 이행을 위한 9·19 남북군사합의서[28]는 ① 상대방에 대한 일체의 적대행위의 전면 중지, ② DMZ의 평화지대화를 위한 군사적 대책 강구, ③ 서해 NLL일대 평화수역 조성과 안전한 어로활동 보장, ④ 교류협력과 접촉 활성화를 위한 군사적 보장책 강구, ⑤ 군사당국자간 직통전화 설치, 남북군사공동위원회를 구성하여 무력증강 등을 협의하기로 합의하였다.

---

27 "9·19 9월 평양공동선언문," 《경향신문》, 2018년 9월 19일.
28 "평양공동선언, 군사분야 합의서 전문," 《연합뉴스》, 2018년 9월 19일.

2018년 6월 12일 싱가포르 북미정상회담에서 새로운 북미관계 개선, 항구적이며 공고한 평화체제 구축, 한반도의 완전한 비핵화, 미 전쟁포로 및 행방불명자들의 유해발굴과 발굴 확인된 유해 송환에 합의하였다. 2019년 2월 27-28일 하노이 북미정상회담에서 북한 영변 핵 폐기와 경제제재 완전 해제를 둘러싸고 이견을 보여 결렬되었다. 그 이후 북한은 2020년 6월 16일 개성공단에 건립한 남북공동연락사무소를 폭파하였으며, 문재인 대통령에 대한 김여정의 비방 등으로 남북관계는 얼어붙었다.

제6단계는 남북관계 정체기로 윤석열 정부 출범 이후 현재까지이다. 윤석열 정부의 담대한 구상은 비핵화 협상 개시 단계에서 한반도 자원-식량 교환 프로그램과 북한 민생개선 시범사업, 2단계에서 초기 조치를 통해 포괄적 합의를 도출하면 실질적 비핵화와 완전한 비핵화로 북한의 비핵화에 맞춰 경제 정치 군사적 조치를 단계적 동시적으로 이행하고, 실질적 비핵화 단계에서 경제협력, 미북관계 개선, 평화 구축, 군사적 긴장 완화를 개시하며, 완전한 비핵화 단계에서는 공동 번영, 미북관계 정상화, 평화 정착, 군사적 신뢰 증진에 도달한다는 경로를 상정하였다.

경제분야에서는 발전, 송배전 인프라 지원, 병원과 의료 인프라의 현대화 지원, 국제투자 및 금융지원 프로그램 등 인프라 구축, 민생 개선, 경제발전 등 3대 분야 5대 사업 가칭 남북공동경제발전위원회 설립하여 남북한 경제협력 방안 협의 조정을 통해 우선 추진한다.

정치·군사분야는 미북관계 정상화를 위한 외교적 지원, 평화협정 체결을 목표로 하는 한반도 평화노력 구축, 남북 간 군사적 신뢰 구축 및 군비통제 추진 등 한반도의 군사적 긴장 완화 및 실질적 평화 구축에 중점을 둔다. 그 결과 북한의 완전한 비핵화와 남북 간 신뢰 구축의 선순환을 이끌어 내어 비핵 평화 번영의 한반도를 구현하는 것으로 담대한 구상은 그 논리를 완결한다.[29]

윤석열 정부의 공식적 대북정책 제안인 담대한 구상에 대해 김여정 노동당 부부장은 2022년 8월 19일 노동신문에 게재된 담화를 통해 "윤석열 정부의 담대한 구상은 실현과 동떨어진 어리석음의 극치이고 10여 년 전 리명박 역도가 동족대결의 산물로 버림받은 '비핵, 개방, 3000'의 복사판에 불과하다"고 평가 절하하였다. 북한은 2023년 11월 23일 북한의 정찰위성 3차 발사에 대응한 남측의 9·19군사합의 일부 조항 효력정지에 반발하며, 9·19 남북군사합의에 구속되지 않을 것이고 이 합의에 따라 중지했던 모든 군사적 조치들을 즉시 회복한다고 밝혀 사실상 합의 파기를 선언하였다. 이후 남북한 관계는 긴장이 고조되고 있다.

북한은 2023년 12월 노동당 전원회의에서 남북관계를 교전 중인 적대관계로 규정하였으며[30] 북한 주민에게 대사변 준비를 독려하고 있다. 윤석열 정부도 2024년 6월 4일 9·19남북군사합의의 효력을 모두 정지하였다. 윤석열 정부는 2024년 8월 15일 광복 79주년에 자유, 평화, 번영의 통일대한민국의 통일 비전과 전략, 행동계획을 담은 8·15 통일 독트린을 선언하였다. 2024년 말 현재 남북관계는 강대강(强對强) 대결로 치닫는 상황으로 완전히 단절되어 있다.

---

[29] 김정, "윤석열 정부의 '담대한 구상'," 21세기평화연구소 편, 『윤석열 정부의 외교 안보 도전: 북핵, 미중 갈등 그리고 신냉전』(서울: 동아일보 부설 화정평화재단, 2022), pp.58-70.

[30] "2023년 12월 조선로동당 제8기 9차 전원회의확대회의,"《조선중앙통신》, 2023년 12월 31일.

변화된 환경과 새로운 한반도 통일·통합 추진전략

남북한의 통일인식은 변하였다. 한국은 민족공동체 통일방안과 자유평화통일을 추구한다. 북한은 한국을 동족이 아닌 교전 중인 적대국가로 인식, 영토완정을 통한 무력적화 통일을 추구하고 있다.

남북한 내부의 도전은 통일의 걸림돌이다. 북한 내 인권 유린, 악화일로의 경제가 예사롭지 않다. 국내 진보와 보수 진영 갈등, 대북 인식을 둘러싸고 심화되는 남남갈등은 통일의 걸림돌이다.

북·중·러 대(對) 한·미·일 간에 대립 갈등하는 신냉전이 부상하고 있다. 북한의 핵미사일 위협과 대만사태로 지역 안보환경이 불안정하고 불확실하다.

중국의 일대일로 대 미국의 인태전략이 충돌하고 있고, 공급망 재편과 반도체, 디지털, AI 등 이중목적 기술의 등장으로 경제안보가 대두되고 있다. 자유롭고 평화로운 통일한국을 실현하기 위해 극복해야 할 요소이다.

한반도 통일은 남북한을 단순히 통합하는 차원이 아닌 새로운 통일한국의 건설이다. 코리안드림·통일한국 비전으로 널리 인간을 이롭게 하는 홍익인간 사상을 구현하는 나라, 자유민주주의와 인권, 시장경제와 법치주의, 행복추구와 종교의 자유가 보장된 통일한국을 건설한다. 우리의 전통적인 문화를 계승 발전시켜 나가고 모든 종교를 포용하며 자율성을 중시하면서도 조화로운 인간관계 속에 자신의 능력을 마음껏 발휘하여 탁월성을 추구하고 문화에 대한 열정을 불태우는 문명공동체를 실현하는 것이다.[31]

---

31 정경영, "국제협력을 통한 통일한국 비전 구현전략," 한국글로벌피스재단 AKU교수협회 편, 『코리안드림&통일한국 비전과 국제협력』(서울: GDC Media, 2023),

통일한국을 건설하기 위한 과제는 북한 비핵화 또는 한국의 핵무장, 평화체제 구축, 주한미군과 유엔사의 역할, 통일시민운동, 일관성 있는 대북 통일정책 추진, 지속적인 교류협력, 국제사회의 지지다.

첫째, 북핵 도전에 대해서는 한국형 3축체계 조기 구축, 일체형 확장억제의 내실 있는 이행, 방어준비태세(DEFCON) 격상 시 전술핵 자동 배치, 한국 자체 핵무장 등 포괄적인 대응전략이 요구된다.

둘째, 불안정한 정전체제에서 평화체제로의 전환이다. 1994년에 철수 소환한 북한·중국 대표부가 판문점의 군사정전위원회로 복귀하여 불안정한 정전체제를 정상화하고 비핵화와 연계한 평화체제를 구축하기 위해 북한 비핵화와 남·북·미·중이 참여하는 평화협정을 체결한다.

셋째, 유엔사 및 북한·중국대표부로 구성된 군사정전위원회를 정전협정 감시기구에서 평화협정 감시기구로 지위를 변환한다. 주한미군은 북한위협 관리에서 한반도 평화유지와 지역안정자로 역할을 조정한다.

넷째, 일관성 있는 대북 통일정책을 추진한다. 여섯째, 남북한은 물론 국제사회와 함께 통일시민운동을 전개한다. 마지막으로 통일외교와 국제협력·연대를 통해 통일한반도를 건설한다.

한반도 분단은 한민족의 의지와 무관하게 강대국의 군사적 편익에 의해 분할되었다. 또한 광복 이후 자유민주주의 국가를 세워야 한다는 세력으로부터 공산주의 국가를 세워야 한다는 세력에 이르기까지 이념적 입장을 달리하는 세력들 간에 합의가 이루어지지 않아 한반도

pp.31-38.

분단구조를 심화시켰다. 한반도를 갈라놓은 관련 당사국의 협력과 남북한이 통일한국의 비전을 공유할 때 통일을 실현할 수 있다.

통합은 제도통합과 가치통합으로 구분할 수 있다. 제도통합은 정치, 안보, 경제, 사회·문화, 복지, 교육 등 분야별로 제도적 차원에서 통합하는 절차와 방법으로 외형적 통합이라고 할 수 있다. 반면 가치통합은 남북한 주민이 가치와 의식, 문화면에서 이질성을 극복하고 통일국가의 국민으로서 정체성을 확보하는 과정이다. 따라서 가치통합이야말로 내면적 통합으로 구성원의 공감대를 기초로 통일에 이르는 길이라고 할 수 있다. 한편 통합은 국가통합과 사회통합으로 구분할 수도 있다. 국가통합은 외형적 통합으로 통일국가 수립을 위한 제도적 절차와 정치적·법적 절차의 마련, 국제법적 절차와 국제적 지지 등이다. 반면 사회통합은 내적 통합으로 통합에 따른 다양한 갈등을 해소하고 가치관과 규범, 생활양식 등에서 절차와 규칙을 내재화하는 과정이다.

세 가지 통일방안을 모색하고자 한다. 첫째, 평화적인 방법으로 분단된 한반도를 통일하는 방안이다. 이를 위해 협업·공생·통합의 국내 정치, 체제·경제·군사·사회문화·국토통합과 통일외교안보를 통해 통일한국 문명공동체를 실현하는 것이다.

둘째, 북한이 무력 적화통일을 위해 침략을 감행할 때, 조기 반격하여 통일을 이루는 것이다. 이를 위해 총력전 대비태세를 구축하고 북한이 무력으로 침공 시 조기 반격하여 승리, 안정화를 통해 통일한국 문명공동체를 실현하는 통일방안이다.

셋째, 북한 급변사태가 발생할 경우, 즉 민중이 봉기하거나, 군부 쿠데타로 핵 포함 대량살상무기 통제불능사태가 발생하거나, 대규모 재해 재난이 발생할 경우 친한세력과 연대하여 평화를 구축하고 국제협력 하에 자유화하여 통일한국 문명공동체를 실현하는 방안이다. 각각에 대해 통일추진전략을 모색하고자 한다.

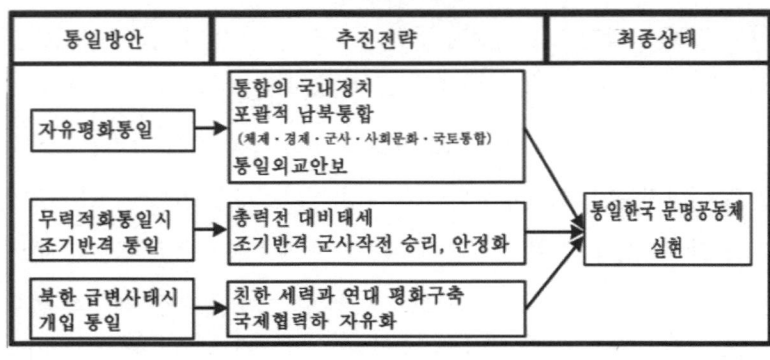

〈그림 프-1〉 남북통합·통일한국 분석 모델

통일한국을 어떻게 건설할 것인가. 정치, 외교안보, 경제, 군사, 사회문화, 국토가 통합되었을 때 통일한국을 실현할 수 있다.

첫째, 남북한이 하나되는 길은 정치통합 이른바 체제통합이 이루어져야 한다. 한반도 내에 거주하는 외국 국적 보유자를 제외한 모든 사람은 통일한국의 국민을 형성하고 주권행사에 있어서도 거주지에 관계없이 동등한 권한을 행사한다.

둘째, 통일외교를 전개해서 주변국과 국제기구의 협력과 지지를 통해서 통일한국을 실현한다.

셋째, 한반도에 살고 있는 모든 사람이 자유롭게 경제활동이 보장되는 사회를 건설한다.

넷째, 남북한 군사통합을 통해서 통일한국을 건설한다.

다섯째, 사회문화적으로 민족의 동질성을 회복하는 통일한국을 세운다.

　여섯째, 한반도 내에서 사유재산과 토지거래가 보장되며 국토를 통합관리한다.

　마지막으로 우리 역사 속에 이룬 민족의 통일사례인 신라와 고려 통일과 독일, 베트남, 예멘의 분단국 통일사례 분석을 통한 교훈과 시사점을 도출하고자 한다.

제1장

남북 체제통합 추진전략

제1절 이론적 고찰과 선행연구
    1.1 이론적 고찰
    1.2 선행연구
    1.3 시사점

제2절 현실태 분석
    2.1 남한의 체제 변화 재조명
    2.2 북한의 체제 변화 재조명
    2.3 체제통합을 위한 남북한의 노력
    2.4 시사점

제3절 추진 방향
    3.1 체제통합과 한반도형 연합·연방제 통합
    3.2 홍익인간사상 구현
    3.3 문명공동체 구축

제4절 추진전략
    4.1 통합 절차와 협의주의에 입각한 통합전략
    4.2 한반도형 연합제 통합전략
    4.3 한반도형 연방제 통합전략
    4.4 북한의 시민사회 지원전략
    4.5 북한의 전면전, 국지도발 위협 대응전략
    4.6 시사점

제5절 소결론

제1장

남북 체제통합 추진전략

최용호

  이 장은 남북한의 체제를 통합하기 위한 전략을 제시한다. 체제(體制)란 각각의 조직과 주권자, 단체·세력 등이 일정한 원리에 따라 정치·경제·사회 전반을 지배하는 상태를 말한다. 따라서 체제통합이란 정치·경제·사회 전반을 지배하고 있는 구성요소의 유기적인 연관관계를 확립해 하나의 체제로 결합하는 과정이라고 할 수 있다.

  남북의 체제통합을 위해서는 남북한과 유사한 과정을 거쳐 통합과 통일에 이르거나 실패한 국가들의 사례는 물론 지역 내에서 수많은 전쟁을 경험했던 유럽국가들의 통합사례와 관련 이론을 분석해 남북의 체제통합 전략을 도출하는 것이 중요하다. 따라서 이 연구는 분단·분리 국가들의 통합사례 및 관련 이론과 선행연구의 정성적 분석(qualitative analysis)을 통해 체제통합 전략을 제시할 것이다.

  연구의 주안은 분단 이후 80년 동안 남북의 통합·통일을 위한 다양한 시도에도 오늘날까지 통합·통일을 실현하지 못한 배경과 이유를 분석해 시사점을 도출하고, 이를 기초로 건설적인 방향에서 남북한의 체제통합 추진 방향과 전략을 제시할 것이다. 그러나 최근 남북관계가 극도의 긴장 상태로 대화조차도 단절된 현실이 문제다.

북한은 2023년 12월 26일 노동당 중앙위 제8기 제9차 전원회의에서 "대한민국을 교전 중인 적대국, 주적으로 규정"하고 이제까지 쌓아온 통합·통일 노력을 전면 부정하면서 통일 자체를 지우고 있다. 윤석열 정부도 2024년 6월 4일 9·19남북군사합의의 효력을 모두 정지하면서 남북은 강대강의 대응을 계속하고 있다.

이런 상황에서 대부분의 독자는 이 연구의 주제인 남북의 체제통합 추진전략을 현실과 동떨어진, 실현 불가능한 공허한 주장으로 간주할 가능성이 크다. 그러나 어둠이 깊을수록 새벽이 가까운 법이다. 언젠가 도래할 통일의 호기를 위해 벽돌 한 장을 쌓는 자세로 이 연구에 임하면서, 차후 남북한의 통합·통일의 가능성과 과제를 다음과 같은 가정으로 제시한다.

가정 ① 한반도에서 문명공동체가 추구하는 자유·평화체제의 이상을 실현할 호기는 반드시 도래할 것이다.

가정 ② 남북의 통일은 원만한 체제통합이 필수다. 국력이 월등한 남한이 흡수통일을 지양하고 남북의 합의 통합을 위해 노력할 때 달성할 수 있을 것이다.

가정 ③ 공산주의 체제는 1990년대 동유럽·소련의 붕괴로 실패한 체제임을 증명했다. 따라서 북한의 체제를 한반도에 이식하는 것은 어떠한 경우에도 불가능할 것이다.

가정 ④ 북한은 정권의 향배에 따라 무력통일, 영토완정(完征)을 감행할 수도 있을 것이다.

위의 가정을 기초로 제1장 체제통합 전략은 다음과 같이 편성한다. 먼저 글머리에서 연구개요를 제시한 후 제1절에서 이론적 고찰과 선행연구를 통해 시사점을 도출한다. 이어 제2절 현실태 분석에서 남북한 역대 정권의 통합·통일을 위한 시도와 과정을 분석해 시사점을 제시한다. 제3·4절은 추진 방향·전략으로 앞서 연구에서 확인한 시사점을 반영해 체제통합 추진 방향과 전략을 개발하고, 제5절에서 정책제안과 제한사항을 제시할 것이다.

제1절 이론적 고찰과 선행연구

1.1 이론적 고찰

체제통합 관련 연구와 이론은 대부분 제2차 세계대전 시기와 그 전쟁의 무대였던 유럽국가의 통합과정에서 발전했다. 기능주의, 신기능주의, 제도주의 등의 이론이다. 이 이론들은 유럽의 경제·지역통합의 토대를 제공하면서 정치통합을 위한 방향을 제시하고 있다. 따라서 이들 이론을 분단국가의 사례에 대입할 때도 유용한 교훈을 도출할 수 있을 것이다.

유럽의 국가들은 남북의 분단과 다른 상황에서 분리[32]독립한 국가

---

[32] 국가의 분단과 분리는 그 의미가 다르다. 국가의 분단은 하나의 국가통일체가 두 개 이상 복수의 단위체로 나눈 후 분리한 개별국가가 통일을 지향하는 경우다. 따라서 분리한 국가 모두가 통일을 지향하지 않으면 분단국가라고 할 수 없다. 반면 국가의 분리는 지역, 민족, 종교, 이념, 정치, 경제 등의 대립으로 인해 특정 지역이 둘 이상의 국가로 나눈 것으로 원래의 상태로 통일할 의도가 없는 국가들이다. 소비에트연방(현 러시아), 유고연방, 인도, 파키스탄, 방글라데시, 수단 등이

들이다. 그들은 17세기부터 최근까지 지역과 민족을 중심으로 다양한 형태의 분리독립을 유지했지만 제1·2차 세계대전을 비롯해 수많은 전쟁을 경험했다. 그들은 전쟁을 예방하려면 무기 제작과 발전에 필요한 전략물자의 통제가 필요하다고 보았다. 이를 위해 1951년 유럽석탄철강공동체(ECSC, European Coal and Steel Community)를 설립한 이후 유럽원자력공동체(EURATOM, European Atomic Community)와 유럽경제공동체(EEC, European Economic Community)를 거쳐 유럽연합(EU, European Union)[33]을 통해 정치공동체를 지향하고 있다. 그 과정에서 기능주의, 신기능주의, 제도주의 등 다양한 통합이론을 제시하고 있어 남북한의 통합에 유용한 이론적 배경을 제공할 수 있다.

남북한이 존재하는 한반도는 제2차 세계대전의 전후처리 과정에서 태동하고 냉전체제에서 고착화한 분단국 중 마지막 남은 지역이다. 따라서 한반도의 통합과 통일은 과거 유사사례의 문제점들을 확인하면서 얻은 경험적 교훈을 통합이론에 대입해 활용할 수 있을 것이다. 특히 분단국의 통일은 점진적, 단계적으로 추진하는 것이 바람직하다는 측면에서 유럽통합에서 확인한 통합이론을 원용해 분석의 틀로 활용해야 할 필요성이 있다.

대표적인 사례다.

[33] 유럽연합(EU, European Union)은 2024년 2월 기준 정치·경제통합을 실현하기 위한 유럽 27개 국가의 연합체다. 현재 지구상에서 가장 구속력 있게 단결한 국가연합이라고 할 수 있다. 27개국을 모두 합치면 인구는 약 5억, 경제 규모는 미국과 맞먹는 거대한 집단이다. 유럽연합의 공식통화인 유로는 세계 경제에서 미국 달러 다음으로 큰 영향력을 발휘하고 있다. 따라서 유럽연합의 집행위원장은 세계 주요 정치, 외교, 안보, 경제, 사회, 환경 현안에서 국가원수에 버금가는 지위가 있다.

1.1.1 기능주의

기능주의(functionalism)는 원래 세계의 평화체제 구축을 위한 목적으로 제시되었다. 제2차 세계대전이 막바지에 이른 1943년 미트라니(David Mitrany, 1888-1975)가 그의 저서 *A Working Peace System*에서 기능주의에 의한 세계평화계획을 제시하면서 국제연맹을 대체하는 새로운 국제기구 창설을 주장했다. 그의 제안은 UN의 창설로 실현되었다. 그는 1975년 회고록 *The Functional Theory of Politics*에서 기능주의를 구체화해 제시하면서 유럽통합의 기초 이론을 제공했다.[34]

기능주의는 국가 간 공동번영과 평화증진을 위한 방법으로 비정치분야의 교류·협력을 강조한다. 공동의 이익을 위한 목적으로 국가 간 상호접촉을 계속하면 우호 관계를 증진해 더 높은 수준의 교류·협력을 촉진한다. 이런 상호의존관계는 공동이익을 창출하고 공동이익은 둘 이상의 사회를 불가분의 관계로 만들어 상호의존이 통합의 촉진 요인으로 작용하면서 보이지 않는 손(invisible hand)에 의해 통합을 정치분야로 확대하는 자동성(automaticity)을 강조한다.

반면 기능주의는 비정치분야의 교류·협력 등 기능만을 중요시 하고, 법·제도 등과 같은 권위체제를 경시하면서 정치문제를 등한시한다는 지적이 있다. 즉, 기능주의가 주장하는 비정치분야의 교류·협력과 통합의 경험은 정치분야와 충돌하면서 다른 분야의 통합에 별다른 유인을 제공하지 못하며, 상위정치(high politics) 변화에 기여하지 못

---

[34] 기능주의 이론은 David Mitrany, *A Working Peace System* (Chicago: Quadrangle Books, 1966); David Mitrany, *The Functional Theory of Politics* (London: London School of Economics, 1975); A. J. R. Groom and Paul Taylor, eds., *Functionalism: Theory and Practice in International Relations* (London: University of London Press, 1975).

한다는 것이다. 오히려 비정치분야가 정치의 영향에 놓이는 경우가 많다고 지적한다.[35]

1.1.2 신기능주의

신기능주의(neo-functionalism)는 기능주의가 가진 한계에 대한 대안으로 등장한 이론이다. 신기능주의는 정치문제에서 기능주의와 견해를 달리한다. 기능주의가 비정치분야에서 교류·협력을 확대하면 상호의존을 정치분야로 확산하면서 자동적으로 정치분야의 통합을 달성할 수 있다고 보았지만, 신기능주의는 비정치분야의 기능적 협력과 정치분야의 협력을 분리할 수 없다고 본다.[36]

기능주의는 비정치적인 접근방법으로 정치문제를 해결할 수 있다고 보지만 신기능주의는 통합을 위해 정치적 요소가 중요하다고 본다. 정치적인 논쟁을 불러일으킬 가능성이 큰 분야를 제외한 비정치분야의 교류·협력을 확대해 정치분야의 통합을 추진하는 것이 아니라 정치분야의 협력이 더 중요하다는 것이다. 정치적인 이질적 요소와 갈등을 그대로 남겨 놓고 비정치분야의 통합만 추진하면, 정치분야의 부정적인 영향이 비정치분야로 확대할 수 있으므로 정치분야의 교류·협력을 동시에 추진해야 한다는 논리다.[37]

---

35 김계동, 『남북한 체제통합론: 이론·역사·정책·경험』 제2판 (서울: 명인문화사, 2020), pp.22-30.
36 Ben Rosamond, *Theories fo European Integration* (New York: St. Martin's Press, 2000), pp.38-39; 김계동, 『남북한 체제통합론: 이론·역사·정책·경험』 제2판 (서울: 명인문화사, 2020), p.26. 재인용.
37 Walther Mattli, *The Logic of Regional Integration: European Union* (Cambridge: Cambridge University Press, 1999), p.23: 김계동(2020), p.26. 재인용.

신기능주의에 의하면, 궁극적으로 정치공동체를 이룰 수 있는 동기는 기능주의가 제시한 기술적 자동성이 아니라 자체 이익을 추구하는 목표지향의 행위자들이 추진하고 모색하는 것이다. 행위자의 상호작용에 대한 강조는 신기능주의가 결과보다 과정을 중시한다는 점을 알 수 있다. 여기서 과정은 다원적 정치환경에서 행위자들이 자신의 이익 추구를 위해 복합적으로 얽히는 것을 의미한다.[38]

신기능주의의 핵심은 파급효과(spill-over effect)다. 파급효과는 통합을 추진하는 분야의 상호의존에 따라 한 분야의 통합을 다른 분야로 전파하는 과정이다. 신기능주의자들은 기능주의에 의한 비정치분야의 점진적 교류·협력이 정치분야의 통합으로 자동 확산하는 것이 아니므로 기능적 교류·협력과 정치적 통합을 연결하는 파급효과의 정치화로 통합을 이루는 것이 핵심이라는 것이다. 국가 간 협력 과정에 내재하고 있는 정치적 장애물을 제거해 향후 정치통합의 당사국에게 공동으로 이득이 될 수 있다는 것을 보여줘야 한다는 것이다. 따라서 신기능주의 이론은 기능주의의 소극성을 보완하기 위한 이론이라고 할 수 있다.[39]

1.1.3 제도주의

제도주의(institutionalism)는 국가 단위의 정치·경제·사회 현상을 제도(institution)를 중심으로 설명하는 이론이다. 그 제도를 인간 행위

---

[38] Ben Rosamond, *Theories fo European Integration* (New York: St. Martin's Press, 2000), p.55: 김계동(2020), p.26. 재인용.
[39] 김계동, "한반도 평화와 통일의 이론적 접근,"『한반도의 평화와 통일』(서울: 백산서당, 2005), pp.29-30.

와 상관관계로 확대한 이론을 신제도주의(new institutionalism)라고 한다. 제도를 중심으로 하는 체제통합에서 두 개 이상 국가를 통합하는 가장 일반적인 제도(institution)가 연합(confederation)과 연방(federation)이다.

국가연합은 둘 이상의 주권 국가들이 국가의 자격을 보유한 채 국제법의 평등을 기초로 공동이익을 위해 조약을 체결해 결합하고, 조약의 규정 범위 내에서 공동기관이 국가와 같은 기능을 행사하는 형태다. 국가연합은 구성국 사이의 조약이나 연합규약 체결로 성립한다. 구성국은 독자적인 외교권과 군사권을 갖지만, 조약의 범위 내에서 공동기구를 통해 공동의 기능을 행사한다. 연합의 초국가기구는 정부와 같은 조직보다는 의회와 같은 회의체 형식이 대부분이다.

연합은 상설기관이 있다는 점에서 일반적인 동맹관계와 다르다. 구성국 간 평등을 기초로 한다는 점에서 다른 불평등 결합과 다르다. 연합 자체는 국가자격을 갖지 않으며, 구성국들이 국가자격을 갖는 점에서 연방과 다르다. 우리나라는 3단계로 추진하는 민족공동체 통일방안에서 3단계 완전한 통일로 가기 위한 과도 단계로 2단계 국가연합을 제시하고 있다.

한편, 연방국가는 구성국의 국가기구를 없애고 새로운 하나의 국가기구 창설을 통해 단일국가로 통합을 달성하는데 그 목표를 두고 있다. 이를 위해 각각의 개별국가는 정치권력을 새로 창설하는 중앙정부에 넘기면서 주권을 중앙정부에 귀속한 후 중앙정부를 구성하는 지방정부가 된다. 각 지방정부는 개별적 정체성을 유지하면서 연방정부의 기본틀을 벗어나지 않는 범위에서 법, 제도, 정책 등의 자주권을 행사할 수 있다.

연방정부는 통합의 과정을 중시하기보다는 국제법적인 기구나 연방제도의 구축을 우선적 목표로 한다. 연방제를 시행하고 있는 대표적인 국가가 미국이며, 가장 오랜 역사를 가진 국가는 스위스다. 오늘날은 20여 개 국가가 연방제를 채택하고 있는데, 대부분의 연방제 국가는 중앙정부와 지방정부의 효율적 기능 배분과 역할에 따라 평화롭게 살아가고 있다.

1.2 선행연구

이 연구에서 언급하고 있는 통합과 통일[40] 중 국민에게 더 친숙하고, 더 관심 있는 용어는 통일이다. 따라서 관련 연구주제의 명칭도 통합보다 통일이 월등하게 많다. 다음의 표와 같이 국회 전자도서관의 검색으로 확인할 수 있다.

---

[40] 통합(integration)은 통일(unification)과 유사한 의미로 사용하기도 하지만 개념상 다소의 차이가 있다. 통일은 분단국가가 국제사회에서 주권적이며 독립적인 단위로 행동하는 단일 정부와 영토, 단일 법체제와 정치체제를 갖춘 조직체로 결합을 의미한다. 따라서 통일은 명시적이며, 법적·제도적 측면에 초점을 두고, 특정한 시점을 기준으로 하는 개념이다. 반면 통합은 각 부문의 유기적인 상호의존과 결합을 중시하며 최종적인 결과보다는 과정을 중시한다. 남북한이 하나의 공동체로 결합하기 위해서는 통일 이전은 물론, 이후에도 오랜 기간의 상호 학습과정 즉 통합과정이 필요하다. 따라서 통일보다는 통합이 좀 더 복합적이고 다층적인 과정을 설명하기에 적합하다: 박종철, "남북한 정치공동체 형성방안," 「남북한 '실질적 통합'의 개념과 추진과제: 민족공동체 형성을 중심으로」, 합동연구 제1차 워크샾 (2002), p.1: 한편, 통일을 영어로 표기할 때 unification 또는 reunification으로 혼용하여 사용하고 있다. 두 개의 용어를 우리말로 번역하면 통일, 재통일로 옮길 수 있다. 전자가 분단된 국가로부터 단일 독립 주권국가를 건설한 것을 지칭한다면 후자는 본래 단일국가였던 2개의 정치체제가 분단 이전의 단일국가로 복귀한다는 의미다. 통일을 단순이 분단 이전의 나라를 회복한다는 차원의 re-unification이 아닌 새로운 국가를 건설한다면 unification을 사용하는 것이 타당하다.

검색한 내용 중에는 남북의 통일·통합과 관련한 전문 연구를 누락한 사례도 있고, 관련 없는 자료를 포함하고 있는 사례도 많다. 그럼에도 관련 연구의 개략적인 분포를 확인하는 데 도움이 된다.

〈표 1-1〉 국회전자도서관 통일·통합 관련 자료 등록 실태

검색어/자료의 종류	계	남북통일	남북통합	체제통합
계	16,703	13,616	1,478	1,609
도서자료	5,052	4,029	631	392
학위논문	459	236	78	145
연속간행물·학술기사	10,512	8,734	734	1,044
멀티미디어	41	34	3	4
동영상	91	79	8	4
국회자료	254	247	2	5
특화자료	294	257	22	15

출처: "남북통일·남북통합·체제통합," www.nanet.go.kr/main.do, (검색일: 2024. 7. 12).

체제통합 전략과 관련한 선행연구는 개략적으로 체제통합 이론, 유럽통합, 독일통일 등의 사례, 북한의 통치체제, 남북한의 평화체제, 남북한의 통합·통일 관련 연구 등으로 분류할 수 있다.

체제통합 이론과 통합 분야에서 김계동은 통일은 현실적으로 남북의 체제가 맞물린 상호작용적 메커니즘이라고 주장한다. 또 남북한의 통일과 체제통합의 가장 큰 장애요인은 수십 년의 분단 기간 생성된 양측의 이념 차이다. 통일 의지가 부족한 것은 양측의 이념 차이에 따라 시각차가 크기 때문이라고 주장한다.[41]

41　김계동, 『남북한 체제통합론: 이론·역사·정책·경험』 제2판 (서울: 명인문화사,

통합사례에서 강원택·조홍식은 유럽통합의 기능주의, 신기능주의, 제도주의 접근 사례를 제시하면서 유럽연합이 겪었던 위기와 전망을 분석적으로 제시하고 있다. 또한 유럽연합의 사례는 미국이나 중국과 근본적으로 다르다. 유럽연합은 국가나 통일된 실체가 아니며 국제기구나 국제협력체로 보는 것은 적절하지 않다. 그렇지만 유럽의회의 의원을 회원국 국민이 직접선거로 선출하는 절차는 놀라운 제도라고 주장한다.[42]

북한의 통치체제에서 안희창은 북한의 지배구조와 사회통제 체제를 제시하면서 기이한 체제를 70여 년 동안이나 유지할 수 있었던 배경에는 "수령·당·대중이 영생하는 하나의 사회정치적 생명체를 이룬다"라는 수령에 의한 지배구조와 함께 당근과 채찍의 배합에 의한 사회통제가 기여한 것이라고 주장한다.[43]

남북한의 평화체제에서 정경영은 한반도의 통일과 평화협력은 국내정치, 남북관계, 주변국 및 글로벌 차원에서 입체적이고 역동적으로 추진되었을 때 가능하다고 주장한다.[44] 이어 대한민국이 지향할 비전과 비상한 전략을 가진 지도자와 온 국민의 결기가 함께 한다면 통일의 역정에서 예상되는 어떠한 안보 도전도 능히 극복할 수 있으며, 우리 세대에 통일의 길을 여는 새로운 한반도가 전개될 것이라고 주장한다.[45]

2020), pp.1-544.
[42] 강원택·조홍식, 『하나의 유럽: 유럽연합의 역사와 정책』(서울: 푸른길, 2009), pp.446-448.
[43] 안희창, 『북한의 통치체제: 지배구조와 사회통제』(서울: 명인문화사, 2016), p.316.
[44] 정경영, 『한반도의 도전과 통일비전』(서울: 지식과감성, 2015), p.384.

남북한의 통합·통일 관련 연구에서 조민 등은 통일비전 개발 연구를 통해 평화와 경제공동체를 바탕으로 민주·복지공동체 통일을 주장한다.⁴⁶ 조민은 한반도 통일의 길 연구를 통해 통일의 방향을 제시했다.⁴⁷ 박종철 등은 남북한 주민의 통일국가 정체성 인식조사를 통해 한국 사회의 사회적 자본 증대 노력, 다문화주의 수용, 통일의 필요성과 편익 구체화, 남북한 주민의 특성을 고려한 정체성 형성 노력, 균형 외교 등을 주장했다.⁴⁸

이무철 등은 남북연합 연구에서 국가연합의 이론적 논의와 쟁점, 해외사례분석, 시민사회의 논의와 쟁점, 협의주의에 기초한 논의의 쟁점과 과제 등을 제시했다.⁴⁹ 남북연합 구상과 추진방안 연구에서 협의주의에 기초한 남북연합 구상의 의미, 평화공존과 협력의 제도화로서 남북연합구상, 남북연합 추진경로와 전략을 제시했다.⁵⁰

1.3 시사점

체제통합 이론과 선행연구의 분석을 통해 유럽연합의 사례가 남북

---

45 정경영, 『통일한국을 향한 안보의 도전과 결기』(서울: 지식과감성, 2017), p.8.
46 조민·허문영·김도태·김정수·김학린·남광규·윤황·정낙근, 『통일비전 개발』 (서울: 늘품플러스 2011), p.56.
47 조민, "한반도 통일의 길: 정권 진화와 연방제 통일, 광복 70년, 분단 70년," 『KINU 통일+』 제1권 2호(2015), pp.29-46.
48 박종철·이상신·한인애·송영훈·정한울, 『남북한 주민의 통일국가 정체성 인식조사』(서울: 통일연구원, 2016), pp.201-221.
49 이무철·이상신·윤철기·신대진 외, 『남북연합 연구: 이론적 논의와 해외사례를 중심으로』(서울: 통일연구원, 2019), pp.1-312.
50 이무철·이상신·현인애·송영훈·정한울, 『남북연합 구상과 추진방안』(서울: 통일연구원, 2020), pp.1-233.

의 통합에 많은 시사점이 있다는 사실을 확인할 수 있었다. 유럽연합은 1648년 웨스트팔리아(Westphalia) 평화회의의 영토조항에 따라 각각의 독립국가로 분리했지만, 그 후에도 두 차례의 세계대전 등 수많은 전쟁의 역사를 경험했다.[51] 그뿐만 아니라 유럽의 여러 나라는 역사와 민족, 언어와 종교 등 다양한 이질적인 요소에 따라 독립 성향의 역사가 깊다.

그런데도 오늘날의 유럽은 경제공동체에서 출발해 정치공동체로 발전하면서 27개국의 국가연합으로 성장할 수 있었으며, 현존하는 국가연합 중 가장 강력한 결속력을 자랑한다. 유럽연합의 출범과 발전은 기능주의, 신기능주의, 제도주의 등의 통합이론을 단계적으로 적용하면서 지속적인 교류·협력을 촉진한 결과였다. 그 배경에는 민주주의·시장경제라는 동일 체제를 장기간 유지했으며, 범기독교 문명권의 시민사회라는 문명공동체(civilized community) 인식이 작용했다고 본다.

한반도와 남북한의 통합은 유럽의 여러 나라와 비교할 때 분단의 역사가 80년에 불과할 뿐만 아니라 같은 민족, 같은 역사, 같은 언어라는 긍정요인이 많다. 반면 남북은 유럽의 국가들보다 분단 기간이 짧지만, 민주주의 대(對) 사회주의, 시장경제 대 계획경제, 개방 대 폐쇄 사회라는 극단적 대립 상태에 있다. 따라서 80년 동안의 문화적 차이가 큰 한반도에 유럽연합의 통합사례를 이식하는 데는 분명한 한계가 있다.

그럼에도 유럽통합의 경험을 반영한 통합이론과 이를 배경으로 하

---

51 조용석, "30년 전쟁과 베스트팔렌 평화 조약 연구," 『신학사상』, 통권 제184호 (2019년 봄), pp.336-341.

는 구성국의 상호관계와 접근정책의 틀을 남북통합에 적용해 볼 가치는 충분하다. 따라서 통합이론 및 체제통합과 관련한 선행연구를 바탕으로 남북한 민족[52]의 동질성을 회복하면서 평화를 바탕으로 한 통합과 통일을 모색하기 위해 남북의 현실태를 냉철하게 분석해 한반도와 남북한에 적용할 수 있는 단계적, 점진적 교류·협력을 확대하면서 화해·협력을 증진하는 방안과 전략을 강구해야 한다.

제2절 현실태 분석

2.1 남한의 체제 변화 재조명

1948년 출범한 대한민국 정부는 제헌헌법 제1조에서 민주공화국의 국가체제를 분명히 했다. 그러나 민주공화국은 6·25전쟁을 겪으면서 과도체제로 변질, 권위주의 정권을 계속하다가 1987년 87년체제에 의한 민주화로 국체를 회복했다. 반면 87년체제는 정치세력간 평화적 정권교체에 방점을 두었기 때문에 민주화에도 불구하고 분명한 한계가 있으며, 그 한계를 민주화 이후 출범한 정부의 대북정책에서 분명하게 보여주고 있다.

2.1.1 민주화 과도체제: 이승만·장면·박정희·전두환 정부

광복 3년 차인 1948년 8월과 9월 차례로 출범한 남북한의 두 체제는

---

[52] 이 글에서 사용하는 남북한 민족(民族)의 개념은 혈통적, 종족적 의미의 한민족(韓民族)이 아닌 영토적 개념을 적용해 "한반도에 사는 사람"으로 인간의 기본권인 자유와 인권을 보장하는 시민적 민족을 지칭한다.

모두 무력에 의해 한반도를 통일하려 했다는 공통점이 있다. 한민족 최초의 민주공화국을 수립한 이승만 정부(1948-1960)는 출범 전부터 북진통일을 공개적, 적극적으로 표방했다. 이승만은 1949년 UPI통신과 인터뷰에서 "우리는 3일 내로 평양을 점령할 수 있다. -중략- 세계는 공산주의 절반, 민주주의 절반으로는 평화리에 살 수 없다"라면서 북진통일을 강조했다. 이승만의 북진통일 주장은 6·25전쟁 이후에도 계속됐다.[53] 연구자들은 이승만의 북진통일 주장을 실체가 없는 정치적 수사에 가까운 주장으로 보고 있다.[54]

이승만 정부를 이은 장면 정부(1960-1961)는 분단 이후 평화통일을 표방한 최초의 정부였다. 장면 정부의 외무장관이었던 정일형은 자신의 외교정책 첫 번째 항에서 "북진통일과 같은 무모하고 무계획적인 통일정책을 지양하고 유엔의 결의를 존중하여 유엔의 감시하에 자유선거에 의한 통한(統韓) 정책을 추진한다"라고 했다.[55] 그러나 장면 정부는 곧이어 5·16군사정변으로 평화통일 정책을 구체화할 여유도 없이 짧았던 의원내각제와 함께 막을 내렸다.

박정희 정부(1961-1979)는 권위주의 체제를 공고하게 구축하면서 경제성장 등에서 괄목할 만한 성과를 거두었다. 박정희 정부는 경제적 성과를 바탕으로 그동안 북한이 주도했던 대북 접촉에 나섰다.[56] 박

---

53 심지연, 『남북한 통일방안의 전개와 수렴』(서울: 돌베개, 2001), pp.113, 116-117, 199.
54 박영호, "한만도 통일에 대한 남북한의 시각과 남북관계," 『전략연구』, 제21권 제1호 특별호(2014), p.283.
55 심지연, 『남북한 통일방안의 전개와 수렴』(서울: 돌베개, 2001), p.233.
56 정세현, "박정희 정부도 출범 직후부터 북한을 관리하려고 노력했다. 그런 맥락에서 1969년 3월 1일부로 국토통일원을 출범했다." 《유튜브 경향TV》, 2024년 7월 27일.

대통령은 1970년 8·15선언으로 "남북관계 개선의 필요성을 인정하고 선 평화, 후 통일"의 통일정책을 제시한 후 1972년 극적인 7·4남북공동성명으로 통일의 기대를 모았다. 그러나 박정희 정부는 그해 10월 유신 선포로 대통령 선거를 간접선거로 전환하는 무리한 장기집권을 시도해 조국의 평화·통일 관련 문제까지도 정권 안보에 활용했다는 지적이 있다. 이어 등장한 전두환 정부(1980-1988) 역시 권위주의 행태를 이어가면서 민주화를 시기상조로 간주했으며, 남북통합 정책 역시 정권 안보의 일환일 뿐이었다.

2.1.2 87년체제와 민주화: 노태우·김영삼·김대중·노무현 정부

87년체제는 현 대한민국의 뿌리가 1987년과 닿아 있다는 인식과 함께 1987년 6월 항쟁이 대한민국 민주화의 계기가 되었으며 사회의 전환점이었다는 의미다. 1987년은 시민사회의 힘이 성장하면서 대통령 선거의 직선제를 골자로 하는 개헌으로 민주화가 급속도로 이루어져 정치·경제·사회적 변혁을 이룬 해였다.

노태우 정부(1988-1993)는 87년체제의 대통령직선제에 의한 선거로 집권한 후 냉전 종식과 소련의 해체 등 역사적 변환기를 적절히 활용하면서 1988년 7월 "민족자존과 통일 번영을 위한 특별선언(7·7선언)"[57]으로 남북의 화해와 공존을 추구했다. 이어 1989년 한민족

---

57 1988년 7월 7일 당시 노태우 대통령이 발표했던 선언으로 "민족자존과 통일 번영을 위한 대통령 특별선언(약칭 7·7 선언)"이다. 남북 동포의 상호교류 및 해외동포의 남북 자유왕래 개방, 이산가족 생사 확인 적극 추진, 남북교역 문호개방, 비군사 물자에 대한 우방국의 북한 무역 용인, 남북 간의 대결외교 종결, 북한의 대미·일 관계 개선 협조 등의 내용을 담고 있다. 노태우 정부는 이 선언을 계기로 북방정책을 적극 추진하여 공산권 국가와 국교 수립 및 교류를 확대할

공동체 통일방안을 제시해 남북의 평화통일과 통합을 위한 기반을 마련했다. 이를 기초로 1990년 9월 서울에서 분단 이후 최초의 남북고위급회담(남북총리회담)을 열었으며 서울과 평양을 번갈아 가며 1992년까지 8차례의 회담을 계속하면서 남북의 통합과 통일을 위한 기초를 마련했다.

특히 서울에서 열린 제3차 회담에서 남북은 유엔 동시가입에 합의해 1991년 9월 17일 유엔총회에서 만장일치로 남북한 유엔시대를 개막했다. 제5차 회담에서는 "남북 사이의 화해와 불가침 및 교류·협력에 관한 합의서" 즉 남북기본합의서를 채택하고, 1992년 2월 19일 평양의 제6차 회담에서 발효했다. 남북기본합의서는 남북관계의 획을 긋는 분수령이었으며, 남북관계의 중요한 기준이 되고 있다. 한반도 핵문제에 대한 협의도 계속해 "한반도 비핵화를 위한 남북한 공동선언"을 채택하고 제6차 회담에서 남북기본합의서와 함께 발효했다.

노태우 정부는 1980년대 후반기부터 1990년 초기 동유럽국가의 공산당 정권 붕괴와 소련의 해체 등으로 국제정세가 긴박하던 시기에 북방 외교정책과 함께 적극적인 남북대화로 화해와 공존의 새로운 남북관계를 마련했다. 특히 북한은 세계적인 공산당 정권의 붕괴에 따른 체제의 위기를 기존의 틀을 깨는 대외정책으로 극복했다. 이 시기를 활용한 노태우 정부의 북방외교와 대북정책도 남북의 공존에 크게 기여했다.[58]

수 있었다.
58 북방정책은 1-3단계로 구분했다. 1단계는 여건 조성 단계로 동유럽·소련·중국과 수교까지로, 북한의 주변국을 차단해 포위하는 단계다. 2단계는 남북한 통일이다.

노태우 정부를 이은 김영삼 정부(1993-1998)는 전임 정부의 남북공존, 북방외교 정책을 이어받아 민족공동체 통일방안을 수립, 남북의 평화적 공존에 이어 통일을 목표로 추진했다. 김영삼은 취임 초기부터 분단 이후 최초가 될 남북정상회담 실현을 위해 적극 노력했다. 그 결과 최초의 남북정상회담을 1994년 7월 25일 평양에서 갖기로 합의했다. 그러나 7월 8일 김일성이 사망하면서 정상회담은 무산되고 말았다.

김일성의 사망과 함께 김영삼의 남북 화해·공존정책은 대북 적대정책으로 급선회했다. 그는 김일성이 없는 북한은 존재할 수 없다고 봤다. 김일성이 없는 북한은 오래 버틸 수 없을 것이라고 굳게 믿었다. 김영삼은 남한 일부에서 제기한 조문사절 파견을 거부하고 전군 비상대기령을 하달했다. 이어 1백여 건의 6·25전쟁 관련 구소련문서를 전격적으로 공개해 김일성의 전쟁범죄자 인식을 부채질했다.[59]

북한 전체가 슬픔에 처해 있던 시기에 김영삼 정부가 보여준 행동과

노태우 정부의 북방정책 2단계에서 통일에 이르지 못했지만, 남북기본합의서 체결로 중요한 성과를 달성했다. 3단계 최종 목표는 우리의 생활문화권을 북방으로 확대해 나간다는 것이다. 영종도의 인천국제공항, 경부고속철도도 그 기본구상은 북방정책을 뿌리로 마련한 것이다. 고속철도의 기본구상은 서울에서 부산까지가 아니라 부산에서 서울을 거쳐 평양-신의주-시베리아-유럽까지 연결하는 장대한 계획이었다. 북방외교 관련 구체적인 내용은 노태우 대통령 육성 증언, 조갑제, 『노태우 육성 회고록』(서울: 조갑제닷컴, 2007), p.61.

59 옐친 문서라고 부른다. 1994년 6월 2일. 당시 러시아를 방문한 김영삼 대통령과 정상회담을 마친 보리스 옐친 러시아 대통령이 검은 서류상자 하나를 건넸다. 1949년 1월부터 1953년 8월까지 옛 소련과 중국, 북한 간에 오고 간 극비자료였다. 모두 230여 건으로 A4용지 800쪽 분량의 자료 속에는 김일성의 선제타격작전 계획과 스탈린의 3단계 작전지침 그리고 마오쩌둥의 전쟁개입 과정 등을 소상하게 수록하고 있었다. 이 자료가 공개되면서 김일성이 주장한 '북침설'은 일거에 무너졌다. 자세한 내용은 최용호, "라주바예프의 6·25전쟁 보고서 분석," 『군사』, 제43호(2001), pp.29-63.

발언들은 북한을 격분하게 했다. 김영삼은 북한의 반응에 아랑곳하지 않고 흡수통일 가능성을 수시로 언급하면서 기대를 표시했다. 대통령과 정치권이 북한 정권의 실상을 논리적 분석보다는 감정적인 평가에 의한 발언을 계속하면서 북한 정권의 붕괴, 또는 급변사태론이 기승을 부리게 되었다. 국책 연구기관과 언론을 중심으로 하는 북한 급변사태 주장에 북한 전문가들까지도 동조하는 현상이 한동안 계속됐다

김대중 정부(1998-2003)는 정부 수립 이후 최초의 여야 정권교체를 달성했다. 김대중 정부는 전임 정부들의 대북정책 실패를 거울삼아 무력도발 불용, 흡수통일 배제, 화해·협력 적극 추진 등을 대북정책 3대 원칙으로 공식 천명하면서 남북의 평화·화해·협력을 대북정책의 목표로 추진했다. 그 결과 2000년 6월 분단 이후 최초의 남북정상회담을 열었으며, 6·15남북공동선언을 채택했다.

김대중 정부를 이은 노무현 정부(2003-2008)도 전임 정부의 대북정책을 계승해 포용정책에 입각한 평화번영정책을 추구했다. 그러나 노무현 정부의 대북정책은 2006년 10월 9일 북한의 제1차 핵실험 등 북핵문제로 많은 제약이 있었다. 대내외의 어려운 상황에서도 노무현 정부는 포용정책을 지속하여 남북정상이 2007년 10월 4일 평양에서 10개 항의 "남북관계 발전과 평화번영을 위한 선언(10·4정상선언)"에 서명했다. 10·4정상선언은 2000년 제1차 정상회담에서 합의한 경제협력 부문과 비교해 상대적으로 진전이 더뎠던 정치·군사 부문에서도 적잖은 합의를 이뤘다. 따라서 10·4정상선언은 평화정착, 군사적 긴장완화, 공동번영, 화해협력 등 남북관계 전반에서 방대하고도 구체적인 합의를 담고 있다.

2.1.3 87년체제 한계와 대북정책

대한민국은 1987년 민주화 시도 이후 불과 10여 년 만에 민주주의 공고화를 달성했다.[60] 따라서 87년체제 아래 민주화를 압축적 민주화라고 한다. 반면 87년체제는 평화적 정권교체에 중점을 둔 권력구조 개편에 치중해 민주적 시장경제, 민주화 패러다임 등의 한계, 분단체제 극복 대안 미비 등의 문제점이 있었다.[61] 특히 정권의 향배에 따라 180° 다른 정책으로 뒤집기 하는 널뛰기 대북정책이 문제점으로 대두했다.

여야 정권교체로 집권한 이명박 정부(2008-2013)와 박근혜 정부(2013-2017)는 북한의 네 차례 핵실험(2-5차)[62]과 연계해 기존의 대북교류는 물론 금강산관광과 개성공단까지 중단하는 대북 강경정책을 시행했다. 그 과정에서 2010년 3월 26일 천안함피격사건과 그해 11월 23일 실전을 방불케 하는 연평도포격전, 2015년 8월 10일 DMZ목함지뢰 매설사건 등이 계속되면서 남북의 대결사태는 극에 달했다.

박근혜 정부의 탄핵으로 등장한 문재인 정부(2017-2022)는 취임 초기인 2017년 9월 3일 북한의 6차 핵실험에도 불구하고 인내심을 발휘해 대북 관계 개선을 추구했다. 그 결과 2018년 4월 27일 판문점 정상회담과 4·27판문점공동성명, 같은 해 5월 26일 판문점 공동경비구역 북측 구역 통일각 정상회담, 같은 해 9월 18-20일 평양 정상회담

---

[60] 임혁백, "87년 체제 이후 한국 민주주의의 발전과 한계," 《중앙일보》, 2015년 5월 30일.

[61] 장진호, "1987년 민주화운동의 성격과 영향: '87년체제의 한계'," 『헌법학연구』, 제23권 3호(2017), p.105.

[62] 북한의 핵실험은 1차 핵실험 2006년 10월 9일, 2차 2009년 5월 25일, 3차 2013년 1월 12일, 4차 2016년 1월 6일, 5차 2016년 9월 9일, 6차 2017년 9월 3일.

과 9·19평양공동성명 등으로 분단 이후 남북 간 가장 높은 수준의 화해·협력 분위기를 조성했다. 그러나 2019년 2월 27-28일 하노이 북미정상회담의 결렬로[63] 북한은 무력시위로 돌아섰고 2019년 6월 30일 남북미 판문점정상회동, 2020년 6월 16일 남북협력의 상징인 개성 남북공동연락사무소를 폭파하면서 남북관계는 험악한 분위기로 바뀌고 말았다.

2022년 5월 10일 5년 만의 정권교체로 문재인 정부를 인수한 윤석열 정부는 문재인 정부의 대북정책을 북한의 의도에 끌려다닌 정책으로 평가하고 단호한 입장을 견지했다. 그 결과 오늘날까지 남북관계는 강대강의 대결 국면을 반복하고 있다.

2.2 북한의 체제 변화 재조명

1948년 9월 9일 북한정권 수립과 함께 무력적화통일을 기도했던 북한은 6·25전쟁 이후 1960년대부터는 평화통일과 남조선혁명이라는 이중전략을 구사하면서 남북연방제 통일방안을 제기했다. 1973년에는 고려연방제를, 1980년대는 기존의 통일방안과 제안을 재정리하여 고려민주연방공화국 창립방안을 제시했다. 1990년대는 소련의 해체에 따라 남북공존을 모색하기 위해 1민족 1국가 2제도 2정부에 기초한 연방제를 제기했다. 2000년대는 남한의 연합제와 공통점을 인정한 낮은 단계의 연방제와 조국통일 3대 헌장을 제안했다.

---

[63] 정세현, "하노이회담과 아베 총리 훼방,"《유튜브 경향TV》, 2024년 7월 27일.

2.2.1 김일성의 수령론과 세습체제

북한에서 수령론은 김일성(1912-1994)의 1인 지배체제 확립을 위한 이론이다. 수령론에 따라 북한은 수령의 나라가 되었다. 북한은 수령을 "인민대중의 자주적인 요구와 이해관계를 하나로 통일시키고 인민대중의 창조적 활동을 통일적으로 지휘하는 중심이며 전 당과 전체 인민의 끝없는 존경과 흠모를 받는 가장 위대한 영도자"라고 주장한다.[64]

김일성을 수령으로 부르는 것이 일반화된 것은 1960년대 후반부터였다. 1969년 4월 전국 사회과학자 토론회에서는 수령을 "당과 정권기관, 근로단체들을 유일적으로 지도하는 최고 뇌수(腦髓)"로 정의했다. 1974년에는 김정일이 당의 유일사상체계 확립의 10대 원칙[65]을 발표하면서 수령에 대한 절대적 충성을 강조했다.

김일성 유일 지배체제를 정당화한 수령론은 1980년대 혁명적 수령관으로 발전했다. 김정일이 사회정치적 생명체론을 새롭게 제기하면서, 기존의 수령론을 넘어 혁명적 수령관을 재정립했기 때문이다. 이후 수령론은 김일성-김정일-김정은으로 이어지는 권력 세습을 정당화하는 논리로 발전했다.

수령론은 북한의 정치적 변화와 밀접한 연관이 있다. 북한은 김일성 이후 후계 구도의 윤곽을 확실히 하고, 지배구조의 논리적 이념체계를

---

64 김민·한봉서, 『위대한 주체사상총서9: 령도체계』(평양: 사회과학출판사, 1985), pp.45-46.
65 당의 유일사상체계 확립의 10대 원칙 ⑩ 위대한 김일성동지께서 개척하시고 김일성동지와 김정일동지께서 이끌어오신 주체혁명위업, 선군혁명위업을 대를 이어 끝까지 계승 완성하여야 한다. 안희창, 『북한의 통치체제: 지배구조와 사회통제』 (서울: 명인문화사, 2016), p.71.

위해 수령론을 활용했다. 이에 따라 혁명적 수령론이 등장했으며, 김정일의 입지를 확고히 하는 기재로 작용했다.⁶⁶

2.2.2 김정일의 선군정치와 체제 개혁 시도

선군정치는 김정일 정권(1994-2011)과 함께 등장한 김정일의 정치 방식이다. 선군정치는 정치·경제·사회·문화 등 모든 부문에서 군이 중심이 되는 정치방식이며, 군사력 강화를 최우선 목표로 한다. 김일성 사망 이후 지속된 경제난과 동유럽 사회주의권 국가의 붕괴로 인한 외교적 고립 등 대내외적으로 처한 어려운 상황에서 비롯됐다.

선군정치는 약화한 당의 사회통제 기능을 군 조직을 이용한 통제로 전환해 군이 가진 자원과 역량을 활용, 경제를 회복함으로써 김정일 체제의 안정을 도모하려 했다. 이를 위해 1998년 신년공동사설에서는 사회가 군을 따라 배울 것을 독려하였고, 군민일치 모범군 쟁취운동 등으로 군과 사회의 일체화를 꾀하였다.⁶⁷

김정일은 2000년 남한의 김대중과 최초의 남북정상회담을 가진 뒤 6·15남북공동선언에서 통일방안에 합의했다. 이후 남북의 긴장 완화와 경제 교류를 위한 전반적인 개혁에 착수했다. 2002년 7월 7·1경제개혁 조치로 소규모 자영업 허용 등 급진 개혁을 착수하면서 2004년 개성공단 사업을 시작했다.⁶⁸ 그러나 2003년 1월 6일 NPT 탈퇴와

---

66 안희창, 『북한의 통치체제: 지배구조와 사회통제』(서울: 명인문화사, 2016), pp.61-132.
67 "선군정치." https://nkinfo.unikorea.go.kr/nkp/knwldg/view/knwldg.do, (검색일: 2024. 7. 15).
68 필자는 김정일의 7·1경제개선 조치를 높이 평가하고 있다. 당시로는 혁신적인 수준이었다. 베트남의 도이머이와 유사한 정책으로 발전할 가능성이 있었다고

2006년 10월 9일 제1차 핵실험 등 핵문제로 성과를 거두지 못했다. 2007년에는 10월 2일부터 10월 4일에 걸쳐 노무현 대통령과 두 번째 남북정상회담을 갖고 10·4정상선언을 발표했지만, 역시 핵 문제가 발목을 잡았다.

김정일은 2009년 4월 개정헌법에 선군사상을 반영해 헌법의 핵심 이념으로 삼고 5월 25일에는 2차 핵실험으로 유엔·서방의 경제제재에 맞섰다. 그러나 북한의 경제는 나락으로 추락했으며, 2011년 12월 17일 뇌졸중으로 사망했다.

2.2.3 김정은의 적대적 두 국가론

김정은은 김정일의 핵무력 정책을 이어받아 2013년 2월 12일 3차 핵실험으로부터 2017년 9월 3일 6차 핵실험까지 네 차례의 핵실험을 감행하면서 남북은 물론 국제적인 불량국가의 지도자로 부상했다. 그러나 2018년이 되면서 상황은 극적으로 바뀌었다. 김정은은 2018년 문재인 대통령과 세 차례의 정상회담과 1차례의 정상회동[69], 2018년 6월 11-12일 싱가폴 북미 정상회담 등을 잇달아 열어 한반도의 평화와 통일, 국제협력의 의지를 과시했다. 그러나 2019년 2월 27-28일 하노이에서 트럼프 대통령과 정상회담의 결렬과 2019년 6월 30일 북미 판문점 정상회담이 실패로 끝나면서 김정은의 태도는 돌변했다.

그해 5월부터 미사일 발사로 무력시위를 시작한 김정은은 2020년

본다. 아쉬운 점은 비핵화를 동시에 추진하지 못한 점이다.
[69] 2018년 남북정상회담·회동: 1차 정상회담 4·27일 판문점 남측 평화의 집, 2차 정상회담 5·26일 판문점 북측 통일각, 3차 정상회담 9.18-20일 평양, 정상회동 2018년 6월 30일 판문점

6월 14일 개성에 있는 남북연락사무소를 폭파하면서 2018년 이후 남북대화와 교류·협력을 원점으로 되돌리고 말았다. 이후부터 핵무력 사용 법제화와 함께 핵무기 선제적 사용을 공식화하는 등 도발의 수위를 계속 높이다가 2023년 12월에는 노동당 전원회의에서 남북관계에 대해 "북남관계는 더 이상 동족관계, 동질관계가 아닌 적대적인 두 국가관계, 전쟁 중에 있는 두 교전국 관계로 완전히 고착됐다"라고 규정했다. 이어 통일을 위한 그간의 노력을 전면적으로 부정하면서 다음과 같이 강조했다.

> "10년도 아니고 반세기를 훨씬 넘는 장구한 세월 우리 당과 공화국 정부(북한)가 내놓은 조국통일사상과 노선, 방침들은 언제나 가장 정당하고 합리적이고 공명정대한 것으로, 온 민족의 절대적인 지지 찬동과 세계의 공감을 불러일으켰으나 그 어느 하나도 온전한 결실을 맺지 못했으며 북남관계는 접촉과 중단, 대화와 대결의 악순환을 거듭해왔다"

> "역대 남조선의 위정자들이 들고나온 대북정책, 통일정책들에서 일맥상통하는 하나의 공통점이 있다면 우리의 정권 붕괴와 흡수통일이었으며 지금까지 괴뢰 정권이 10여 차례나 바뀌었지만 자유민주주의 체제하의 통일 기조는 추호도 변함없이 그대로 이어져 왔다"

> "우리 제도와 정권을 붕괴시키겠다는 괴뢰들의 흉악한 야망은 민주를 표방하든, 보수의 탈을 썼든 조금도 다를 바 없었다. 장구한 북남관계를 돌이켜보면서 우리 당이 내린 총적인 결론은 하나의 민족, 하나의 국가, 두 개 제도에 기초한 우리의 조국통일노선과 극명하게 상반되는 흡수통일, 체제통일을 국책으로 정한 대한민국 것들과는 그 언제 가도 통일은 성사될 수 없다."[70]

---

70 "김정은, 남북 '적대적 두 국가 관계' 규정…'언제 가도 통일 성사 안돼'," 《연합뉴

북한의 조선중앙통신은 김정은 국무위원장의 대남관계 및 통일관련 발언에 대해 "불신과 대결만을 거듭해온 쓰라린 북남관계사를 냉철하게 분석한 데 입각하여 대남부문에서 근본적인 방향 전환을 한 데 대한 노선이 제시되었다"라고 평가했다.

2.3 체제통합을 위한 남북한의 노력

1948년 남과 북에 각각의 독립정부를 세운 이후 1950년대까지 남북의 통일방안은 6·25전쟁과 유사한 무력을 수단으로 하는 것이었다. 1960년대가 되면서 북한은 무력 사용의 기회를 넘보기도 했지만, 남북 모두 대화·선거 등에 의한 통일방안으로 전환했다. 남북이 무력을 제외한 통일방법을 논의하기 시작한 이후 화해·협력에 의한 평화통일로 나갈 수 있는 결정적인 계기가 다섯 차례나 있었다.

첫 번째 계기가 분단 이후 최초의 남북한 정부 인사 접촉과 공동선언이었던 1972년 7·4남북공동성명이었다. 그러나 남과 북 모두가 통일을 독재정권을 구축하는 수단으로 활용하면서 무산되고 말았다.

두 번째는 1990년부터 1992년까지 서울과 평양을 오가며 열린 8차례의 남북고위급회담에서 거둔 남북기본합의서 채택이다. 남북기본합의서는 1991년 12월 서울에서 열린 제5차 남북고위급회담에서 "남북 사이의 화해 및 불가침, 교류·협력에 관한 합의서, 약칭 남북기본합의서"를 채택하고, 다음 해 2월 평양에서 열린 제6차 회담에서 발효했다. 남북기본합의서의 채택은 남북관계의 획을 긋는 분수령이었다. 남북이 많은 변화를 겪었지만, 오늘날까지 남북기본합의서는 남북관

스》, 2023년 12월 31일.

계의 중요한 지표로 자리매김하고 있다.[71]

세 번째는 2000년 6월 13-15일 분단 이후 최초의 남북정상회담과 6·15공동선언이다. 남북의 정상은 남북기본합의서를 바탕으로 한 공동성명 두 번째 항에서 "남측의 연합제안과 북측의 낮은 단계 연방제안이 공통점이 있다고 인정…"하여 이 방향에서 통일을 지향하기로 합의했다. 그러나 이어진 북핵 문제로 인해 통일 논의의 진전은 무산되고 말았다.

네 번째는 2007년 10월 2-4일의 정상회담과 남북관계 정상선언이다. 10개 항의 "남북관계 발전과 평화번영을 위한 선언(약칭 10·4정상선언)"은 당시 북한의 핵실험에도 불구하고 정치·군사 부문의 합의로 평화정착, 군사적 긴장완화, 공동번영, 화해협력 등 남북관계 전반의 광범위한 분야에서 구체적인 합의를 담고 있다. 그러나 10·4정상선언에 의한 합의도 북핵 문제로 인해 무산되고 말았다.

다섯 번째는 남북의 가장 극적인 합의라고 할 수 있는 2018년 4·27판문점공동선언과 9·19평양공동선언이다. 먼저 4월 27일에 채택한 "한반도의 평화와 번영, 통일을 위한 판문점선언"은 한반도의 항구적이며 공고한 평화체제 구축을 위하여 적극 협력해 나갈 것에 합의했다. "9월 평양공동선언(9·19선언)"은 양국 정상이 비핵화, 군사, 경제, 이산가족, 문화·체육 등 다섯 가지 분야에 대한 구체적인 실천 방안에 합의했다. 그러나 2019년 2월 하노이에서 열린 제2차 북미정상회담에서 북핵 문제 관련 협상이 실패하면서 그간의 상황은 180° 돌변했다.

이후부터 북한은 그간의 합의를 제대로 이행하지 않으면서 남한의

---

71 이수석·안재노, 『남북기본합의서 30년의 재조명』(서울: 국가안보전략연구원, 2022), pp.47-52.

군비증강을 비난하기 시작했다. 나아가 미사일 발사 실험, 장사정포 발사훈련 등을 계속하면서 합의를 준수할 의사가 없음을 분명히 했다. 2022년 정권교체를 실현한 윤석열 정부는 북한에 대해 단호한 입장으로 전환하면서 남북관계는 강대강의 대결을 계속하게 됐다.

2.4 시사점

분단 이후 오늘날까지 남북한의 통일정책은 변천을 거듭했다. 그간의 통일정책은 남북한 모두 ① 무력에 의한 통합 추구 ② 무력 이외 방식의 정치적 통합 모색 ③ 정치통합 수준의 완화방안 모색 ④ 정치통합보다 평화공존 우선 정책으로 변화했다고 본다.[72]

같은 시각에서 남한의 통일방안은 ① 이승만의 무력에 의한 북진통일론에서 ② 1960년 장면 정부의 유엔 감시 하 총선거, 1970년 박정희 정부의 8·15선언으로 무력 이외의 방식에 의한 통합 추구 ③ 1989년 노태우 정부의 한민족공동체 통일방안으로 정치통합 수준 완화 모색 ④ 2000년 김대중 정부의 6·15공동선언 이후 평화공존 모색으로 평가할 수 있다.

북한은 ① 1950년대까지 김일성의 적화통일론과 6·25남침전쟁에 의한 무력통일 추구에서 ② 1960년 남북연방제 제안으로 무력 이외의 통일 수단 모색 ③ 1972년 고려연방제, 1980년 고려민주연방공화국 창립방안으로 정치통합 수준 완화 모색 ④ 2000년 6·15공동선언에서 낮은 단계 연방제 합의로 평화공존 모색으로 볼 수 있다.[73]

---

72 박선원, "남북한 통일방안의 수렴 추이: 단일정치권력으로의 통합에서 공존으로," 『통일연구』, 제6권 제2호(2002), p.129.
73 이무철·이상신·윤철기·신대진 외, 『남북연합 연구: 이론적 논의와 해외사례를

체제통합을 위한 남북한의 노력에서 제시한 바와 같이 남북은 1972년 7·4남북공동성명 이후 50여 년 동안 통합의 길로 나설 수 있는 다섯 차례 정도의 큰 계기가 있었지만, 오늘날까지 협의의 원점을 맴돌고 있다. 그 원인은 남북의 국력 차에 따라 북한이 우세했던 1960년대까지는[74] 한국이 북한의 적화통일 시도를 우려했으며, 한국이 북한의 교류·협력 제안을 거부했다. 남북한의 국력 차가 크게 벌어진 1980년대 이후부터는 북한이 그들의 체제 보존을 우려했다. 그들은 남북의 교류·협력에 적극적으로 나선 한국의 제안을 흡수통일 시도라며 거부했다. 북한의 체제보장에 대한 위기의식은 우방국이었던 동유럽 사회주의국가의 붕괴에 이어 1991년 12월 25일 후견국 소련이 해체되면서 극에 달했다.

북한은 미국과 수교 시도에 실패하자[75] 자력으로 체제를 보장한다면서 핵무장 전략을 택하고, 개혁·개방을 거부했다. 그러나 북한의 핵무장 전략과 개혁·개방 거부는 북한경제의 피폐를 가속하면서 회복 불능상태를 불렀다. 피폐한 경제는 체제 위기를 가중하는 악순환을 불렀고, 남북의 국력 격차에 비례한 흡수통합 위기감으로 핵·미사일에 더욱 집착하면서 악순환은 더 높은 악순환을 불렀다. 북한의 위기의식은 앞서 제시한 김정은의 2023년 12월 30일 노동당 전원회의의 발언으로 확인할 수 있다.[76]

중심으로』(서울: 통일연구원, 2019), p.282.
[74] 통계적으로 남한의 1인당 국민소득이 북한을 추월한 것은 북한 194달러, 남한 210달러였던 1969년이었다.
[75] 정세현, "김용순, 대미 수교와 통일 이후 주한미군 주둔 용인 맞교환 시도," 《유튜브 경향TV》, 2024년 7월 27일.
[76] "김정은, 남북 '적대적 두 국가 관계' 규정…언제 가도 통일 성사 안돼," 《연합뉴

제3절 추진 방향

3.1 체제통합과 한반도형 연합·연방제 통합

통합은 제도통합과 가치통합으로 구분할 수 있다. 제도통합은 정치, 안보, 경제, 사회·문화, 복지, 교육 등 분야별로 제도적 차원에서 통합하는 절차와 방법으로 외형적 통합이라고 할 수 있다. 반면 가치통합은 남북한 주민의 가치와 의식, 문화면에서 이질성을 극복하고 통일국가의 국민으로서 정체성을 확보하는 과정이다. 따라서 가치통합이야말로 내면적 통합으로 구성원의 공감대를 기초로 통일에 이르는 길이라고 할 수 있다.[77]

한반도의 항구적인 평화는 통합이 필수적이다. 분단 상태의 평화는 명백한 한계가 있다. 통합은 외부에서 조성되는 기회를 기다려서는 안 된다. 통합의 기회는 스스로 찾아오지 않으며, 기다리는 통합은 오지 않는다. 우리 스스로 통합의 기회를 창출해야 한다. 우리의 의지와 역량으로 통합을 추구해야 한다. 우리는 적극적으로 통합의 기회를 만들고 환경을 조성하는 한편 외부의 정세 변화를 유도해야 한다. 남북한 정권의 변덕에도 불구하고 민족의 통합을 위한 노력은 정권을 넘어 민족의 최대 과제로 다음과 같이 추진해야 한다.

첫째, 통일한국의 기반이 될 민족 통합은 하루아침에 해결할 수 있는 과제가 아니다. 무엇보다 남과 북이 80년 동안이나 상이한 체제

스》, 2023년 12월 31일.
[77] 통합은 국가통합과 사회통합으로 구분할 수도 있다. 국가통합은 외형적 통합으로 통일국가 수립을 위한 제도적 절차와 정치·법적 절차의 마련, 국제법적 절차와 국제적 지지 등이다. 반면 사회통합은 내적 통합으로 통합에 따른 다양한 갈등을 해소하고 가치관과 규범, 생활양식 등에서 절차와 규칙을 내재화하는 과정이다.

와 문화·생활양식에서 살아왔다는 서로 다름의 인정에서 출발해야 한다. 정권의 변덕에 따라 냉·열탕과 같은 방식 또는 강대강의 맞받아치는 방식으로는 통합을 달성할 수 없다. 따라서 통합은 인내심을 갖고 평화적 방식에 의해 점진적으로 추진해야 한다.

둘째, 통일한국은 분단 80년이라는 역사적 현실을 극복한 후 분단 이전으로 복귀하자는 것이 아니다. 통일한국은 새로운 형태의 미래지향적 제도와 가치통합을 달성해야 한다. 새로운 형태의 미래지향적 제도와 가치통합을 이룰 때까지 일관성 있는 통합정책을 추진할 수 있는 대안을 마련해야 한다. 따라서 한국의 민족공동체 통일방안과 북한이 제시한 고려민주연방공화국 창립방안에 대한 상호 인식을 검토할 필요가 있다.

민족공동체 통일방안은 1994년 8월 15일 김영삼 정부가 채택한 이후 김대중·노무현·이명박·박근혜·문재인·윤석열 정부가 계승해 현재까지 유지하고 있는 남한의 공식적인 통일방안이다. 민족공동체 통일방안은 통일의 기본 철학으로 자유민주주의를, 통일의 기본 원칙으로 자주, 평화, 민주의 3원칙을, 민족공동체 건설 방향에서 화해·협력→남북연합→통일국가 완성의 3단계를 설정하고 있다.

고려민주연방공화국 창립방안은 김일성의 통일방안으로 1980년 10월 10일 노동당 제6차 대회에서 채택해 오늘날까지 이어온 북한의 공식적인 통일방안이다. 2000년 6·15남북공동선언에서 낮은 단계의 연방제에 합의한 북한은 낮은 단계 연방제의 구체적인 내용을 보충하고 해설하여 연방연합제 통일방안을 내놓았다.[78]

---

78 장석, 『김정일 장군 조국통일론 연구』(평양: 평양출판사, 2002), pp.379-394; 이무철·이상신·윤철기·신대진 외, 『남북연합 연구: 이론적 논의와 해외사례를 중

그들의 연방연합제는 "남북 동수로 민족통일기구를 창설, 그 아래 국방, 내정, 외교권을 가진 두 지역의 정부가 공존하는 연방국가를 창설하는 것이며 이것이 달성되면 남북한의 초보적인 통일로 볼 수 있다"라고 주장했다. 그러나 김정은은 2023년 말부터 대한민국과 적대관계를 선언하고, 통일정책을 폐기하면서 강경한 대남정책을 지속하고 있다.[79]

〈표 1-2〉 김정은의 통일정책 변화

3개 대남기구 폐지	조국평화통일위원회: 남북 당국 간 회담 주도
	민족경제협력국: 남북 당국, 민간 교류협력 전담
	금강산국제관광국: 금강산(경제협력)사업 담당
헌법 개정	한국은 철두철미 제1적대국, 불변의 주적임을 명시
	자주·평화통일·민족대단결→ 폐지
	※ 2024년 10월 7일 북한 최고인민회의시 헌법 개정반영은 확인된 바 없음
선대 통일업적 부정	통일·화해·동족 개념: 제거
	조국통일 3대 헌장 기념탑: 철거
	경의선·동해선 접경지역 북측구간: 분리·방벽 구축
	한국과 체제통일: 이룰 수 없다 주장

출처: "김정은, 통일 폐기 속도전," 《연합뉴스》, 2024년 1월 16일

〈표 1-2〉에 제시한 바와 같이 김정은 국무위원장은 2024년 1월 "대한민국이 흡수통일을 지향하고 있어 체제통일을 이룰 수 없다"라

심으로』(서울: 통일연구원, 2019), pp.276-277. 재인용.
[79] "김정은, 통일 폐기 '속도전'…대남기구정리·주적규정·헌법명기," 《연합뉴스》, 2024년 1월 16일.

고 주장했다. 민족공동체 통일방안에서 '자유민주주의체제의 통일국가 완성'을 흡수통일로 의심하는 것이다.[80]

반면 한국 사회에서는 북한의 연방국가 건설 제안을 그들의 통일전선전술에 의한 공산화의 일환이라고 의심한다. 나아가 북한이 연방제를 주장하기 때문에 연방제에 대한 편견을 갖고 우리 실정에 맞지 않는 통일방식이라는 인식도 있다. 연방제의 논의 자체에 색깔론을 덧씌우는 사례도 있다.

미국이 거의 250년 동안 안정적으로 운영하는 연방제는 물론 최근 유럽통합의 사례를 통해 연합제 역시 결코 과도기적인 통합제도가 아니다. 두 제도 모두 안정적인 상태로 장기간 존속할 수 있는 제도라는 사실을 확인할 수 있다. 따라서 한반도의 제도적 통합을 위해서는 연합/연방, 분단(분리)/통일(통합) 등 이분법적 사고를 지양하고 기존의 제도와 방법에 국한하지 않은 다양한 형태의 통합 가능성을 논의하는 제도적 상상력이 필요하다.[81] 연합/연방제 통합방안을 새로운 각도에서 접근할 필요가 있다.

한편 윤석열 대통령은 2024년 광복절 경축사에서 8·15통일독트린을 발표했다. 3대 통일 비전으로 ① 자유·안전 보장, ② 창의·혁신으로 도약, ③ 세계평화·번영에 기여, 3대 통일 추진전략으로 ① 자유의

---

[80] 국내 학자의 비판도 있다. 심지연은 민족공동체 통일방안의 제안 배경에 대해 "세계사는 이미 자유민주주의가 승리했다고 선언한 점," 남북연합이라는 중간과정을 거쳐 궁극적으로 자유민주주의체제의 "1민족 1국가로 통일을 완성해 나간다는 목표를 설정한 점"과 함께 "하나의 경제공동체를 형성한다는 점"에서 사실상 흡수통합을 전제로 하는 통일방안이라며 비판했다. 심지연, 『남북한 통일방안의 전개와 수렴』(서울: 돌베개, 2001), p.90.

[81] 이무철·이상신·이남주·신대진·오창룡, 『남북연합 구상과 추진방안』(서울: 통일연구원, 2020), pp.32-33.

가치관과 역량 배양, ② 북 주민 자유통일 열망 촉진, ③ 통일한국 국제적 지지확보, 7대 통일 추진방안으로는 ① 통일에 대한 국민적 의지 결집 등을 제시했다.[82]

3.2 홍익인간사상 구현

"널리 인간 세상을 이롭게 하라!"는 홍익인간(弘益人間)은 고조선의 건국이념이자 대한민국의 교육기본법이 명시한 교육의 기본이념이다.[83] 따라서 홍익인간은 남북과 민족 모두를 아우를 수 있는 기본정신으로 분단의 상처를 치유하면서 구성원의 자유와 평등, 인간의 존엄성과 행복추구권을 보장해야 할 통일한국의 통합이념으로 가장 적합한 사상체계다.

홍익인간사상은 인간중심사상으로 국가와 권력·돈·시장·학술·종교·교육과 과학기술 등 모든 문명장치는 인간의 행복을 위해 봉사해야 한다고 보는 인본주의적 사상과 인간을 위해 봉사하는 삶을 위대한 삶으로 보는 이타주의적 윤리관, 내세의 행복이 아닌 현세의 복지를 우선시하는 현세주의적 사고 등으로 요약할 수 있다.[84]

따라서 홍익인간의 이념을 구현하는 새로운 통일국가의 핵심 가치

---

[82] "'민족공동체통일방안,' 함부로 손댈 일이 아니다," 『평화재단』, 현안진단 제325호(2024. 3. 21),

[83] 교육기본법(법률 제19736호, 2023. 9. 27. 시행)은 제2조(교육이념)에서 "교육은 홍익인간(弘益人間)의 이념 아래 모든 국민으로 하여금 인격을 도야(陶冶)하고 자주적 생활능력과 민주시민으로서 필요한 자질을 갖추게 함으로써 인간다운 삶을 영위하게 하고 민주국가의 발전과 인류공영(人類共榮)의 이상을 실현하는 데에 이바지하게 함을 목적으로 한다"라고 명시했다.

[84] "홍익인간(弘益人間)," https://encykorea.aks.ac.kr/Article/E0064339, (검색일: 2024. 7. 16),

는 자유와 평화, 생명을 존중하면서 평등, 인권, 포용, 박애 정신의 실천으로 분단의 모든 상처를 치유하고 민족 구성원이 모두 하나 되는 나라를 건설하는 것이다.

홍익인간사상을 도입해 정치적으로는 이념에 의한 대립체제를 단일체제로 만들어 인간의 기본권인 자유와 인권을 보장하는 이상 국가를 건설한다. 경제적으로는 남북한의 경제통합으로 자유로운 상거래를 보장하면서 독과점 자본주의를 배격해 도덕적 시장경제 체제를 구축한다. 국제적으로는 동북아 금융중심지 지위를 획득해 세계 경제의 중심국가로 성장한다. 지리적으로는 단일생활권으로 통합하여 해양과 육로로 물류를 연결하는 기반을 조성하고, 아시아·태평양과 유럽을 연결하는 교통망을 건설해 환태평양시대 중심국가로 발전한다.

사회적으로는 인간의 존엄성과 생명 존중의 공동체 조성은 물론 세계의 많은 나라가 부러워하는 대가족 문화의 전통을 현대 여건에 맞게 회복하여 가족 공동체 사회를 확산하고 열린 민족주의 문화를 갖는다. 교육적으로는 홍익인간의 올바른 덕성을 가진 건전한 민주시민을 육성하여 초일류 국가에 이바지하는 인재를 양성한다. 군사적으로는 비핵화 달성으로 동북아 평화공동체를 조성하여 세계평화와 인류공영에 이바지한다.

문화적으로는 훼손된 민족의 정체성을 회복하고 이질화한 문화의 내적 통합을 달성하여 상호존중과 배려의 문화공동체를 조성한다. 이와 함께 K-문화 융성으로 세계 문화를 선도하는 국가로 홍익인간사상에 의한 이상을 구현하는 새로운 통일국가를 창조해야 한다.[85]

---

85 박성기, "코리안드림 구현을 통한 통일 추진전략," 한국글로벌피스재단,『코리안드림&통일한국 비전과 국제협력』(서울: GDC Media, 2023), pp.28-29.

3.3 문명공동체 구축

문명공동체(civilized community)는 문명에 바탕을 둔 공통의 관심, 상호작용, 연대 등을 기반으로 한다. 국가의 통합과정에서 문명공동체에 주목하게 된 것은 유럽연합의 통합사례를 지켜보면서였다. 유럽국가들은 지역 내에서 다양한 분쟁을 해결하는 방법으로 택한 분리독립 후에도 수많은 전쟁의 역사를 가졌지만, 내적으로 이념·종교, 정치·경제·사회 등의 분야에서 문명공동체 인식을 살려 비교적 용이하게 통합을 이룰 수 있었다.

반면 남북의 분단은 80년에 불과하지만, 격렬한 이념대립과 전쟁, 이후 군사적 대치와 잦은 충돌로 인해 공동체 의식을 찾기 어렵다. 특히 정권의 향배에 따라 대북정책은 냉·열탕과 같은 변화를 거듭하면서 서로를 신뢰하지 못하는 관계가 되어버렸다. 따라서 남북한의 체제통합을 위해서는 우선적으로 공동체 의식을 확대해 나가는 노력이 필요하다. 이를 위해 유럽국가들과 같은 문화적인 요소를 도입한 문명공동체를 구축하기 위해 다음과 같이 남북한이 공통으로 경험한 생활양식에서 그 접점을 찾아야 한다.

첫째, 전통문화와 공동체 정신을 계승하는 문명공동체를 지향한다. 우리의 전통문화에는 두레와 같은 공동체의 삶이 많았다. 두레는 농촌에서 농민들이 농사일이나 길쌈 등을 함께 하기 위해 마을 단위로 만든 공동노동조직이다. 고대 씨족공동사회에 그 연원을 둔 두레는 모내기·김매기 등 일시적으로 많은 품이 요구되는 농경에 마을의 성년 남자 전원이 거의 의무적으로 참가하는 조직이었다.

리더인 행수를 비롯한 임원이 있어 조직과 일을 체계적으로 관리했다. 일의 시작과 진행에 농악을 동원했으며 일을 마친 후에는 반드시 노고를 잊고 결속을 다짐하는 공동회연(共同會宴)을 열었다. 두레의 정신과 같이 남북의 민족이 공통으로 가진 공동체의 유전자를 계승하여 남북 민족의 가치통합을 달성해야 한다.

둘째, 조선말 실학(實學)의 개혁 정신을 계승하는 문명공동체를 지향한다. 실학은 17세기 후반에서 19세기 전반에 걸쳐 융성한 일련의 현실 개혁적 조선 유학의 학풍을 말한다. 실학파 학자들은 정치·경제·종교 및 문화 등의 제반 제도를 개선하여 임진왜란·병자호란으로 피폐한 사회와 민생문제를 해결하려 했다. 그들의 개혁 정신을 계승해야 한다. 제2차 세계대전 이후 국내에 도입된 이념체계 중에서 독과점 자본과 시장주의 등의 문제점 개선을 위해 실학의 경세치용(經世致用), 이용후생(利用厚生)을 위한 개혁적 사고방식으로 민생과 사회문제를 해결하는 문명공동체의 접점을 찾아야 한다.

셋째, 인류의 보편적 가치(universal values)를 보장하고 발전하는 문명공동체를 지향한다. 보편적 가치란 국민 다수가 바람직한 가치로 여기는 인권, 생명, 자유, 정직, 신뢰, 평화 등으로 자유민주주의, 법치주의, 시장경제 등 제도의 보완을 통해 보장할 수 있다.[86] 따라서 통일한국은 구성원이 품격있는 생과 인간다운 삶을 영위하면서 인간의 존엄성을 향유할 수 있는 자유민주주의, 법치주의, 시장경제 등 보편적 가치를 제도적으로 보장하고 발전할 수 있는 공동체를 지향해야

---

[86] 보편적 가치(universal values)는 우주 어디에서나 막힘없이 통하는 가치로 어느 한쪽, 한 부류의 사람들에게만 통하는 가치는 보편적 가치라고 할 수 없다. 따라서 한국의 민주주의, 시장경제 체제와 비교해 북한의 정치·사회·경제 체제는 보편적 가치를 지녔다고 할 수 없다.

한다.⁸⁷

넷째, 종교적 다양성과 다문화를 포용하는 문화공동체를 지향해야 한다. 통일한국은 종교다원주의(religious pluralism)에 따라 사회에 공존하는 종교의 다양성을 인정하고 포용하며, 각자가 제한이나 간섭 없이 종교를 믿거나 거부할 수 있는 자유를 가진 국가다. 나아가 인류의 모든 문명을 포용하는 다문화주의(multiculturalism)로 사회적 소수집단의 정체성과 문화적 이해를 공공영역에서 적극적으로 인정하는 문화적 다양성을 존중해야 한다.

다섯째, 한반도의 통일은 세계평화에 기여하는 문명공동체를 지향한다. 대한민국은 세계의 많은 약소국처럼 착취적인 식민주의와 내전의 배경이 된 이념 갈등을 겪으면서 50여 년 전까지 미국 등의 원조와 지원으로 유지해 온 국제원조 수혜국이었다. 반면 오늘의 대한민국은 가난한 농업경제를 기술적으로 진보, 다각화한 현대 경제로 전환해 성공적인 모델을 제공하면서 제2차 세계대전 이후 국제원조 공여국으로 전환한 유일한 나라다.⁸⁸

통일한국은 분단의 문제점과 제한사항을 극복하고, 인권 유린과 생존권을 위협받고 있는 북한 주민을 해방함으로써 세계의 약소국에게

---

[87] 자본주의 국가의 시장경제와 사회주의 국가의 계획경제는 양립할 수 없는 제도로 인식하는 경우가 대부분이다. 그러나 사실상 시장경제와 계획경제는 분리해 존재한 적이 없다. 시장을 중심으로 하는 자본주의도 국가의 개입에 의한 계획경제를 추구해 왔으며, 계획을 중심으로 한 사회주의도 국제적인 무역이나 국내 경제에서 부분적으로라도 시장을 인정해 왔다: 조민·허문영·김도태·김정수·김학린·남광규·윤황·정낙근, 『통일비전 개발』(서울: 늘품플러스 2011), p.34.

[88] 문현진, "자유통일한국의 도덕적 질서로 세계를 변화시키자," 한국글로벌피스재단, 『코리안드림&통일한국 비전과 국제협력』(서울: GDC Media, 2023), pp.16-17.

희망의 메시지를 전하면서 인류문명공동체를 열어가는 계기가 될 것이다. 동서양의 문명을 융합 창조해 주민의 자유를 보장하면서 약소국과 함께 번영하는 공진관계(evolutionary relations)로 발전할 것이다. 특히 가난한 약소국가들에게 발전의 모델을 제시하는 혁신적 지도국가 될 것이다. 이처럼 통일한국은 인류의 문명공동체를 견인해 세계가 하나 되는 글로벌 문명공동체의 마중물 역할을 담당할 수 있을 것이다.

한반도의 통일은 분쟁지대를 평화지대로 탈바꿈하는 세계사적 쾌거가 될 것이다. 미·중·일·러 등 세계열강(列强)이 한반도를 둘러싼 동북아지역에서 각축전을 벌리고 있는 상황에서 한반도의 통일로 동북아 대립구도를 해소한다면 동북아에 존속해 온 냉전체제의 잔영을 완전히 지울 수 있다. 날로 격화하고 있는 미중의 긴장 관계 해소에 기여하게 될 것이다. 따라서 한반도는 세계평화의 허브(peace hub)가 되어 21세기 세계사를 새롭게 쓰는 인류사의 위업을 이루게 된다. 우리가 앞장서서 이 길을 열어야 한다.[89]

제4절 추진전략

4.1 통합의 절차와 협치주의에 입각한 통합전략

4.1.1 통합의 절차

대다수의 한국인은 "1991년 동·서독의 통일을 서독 정부가 주도해

---

[89] 조민, "한반도 통일의 길: 정권 진화와 연방제 통일, 광복 70년, 분단 70년," 『KINU 통일+』 제1권 2호(2015), pp.43-45.

동독을 단기간에 흡수 통일한 것"으로 이해하는 경우가 많다. 얼핏 맞는 것 같기도 하지만, 중요한 부분을 놓치고 있다. 서독은 급진통일의 후유증을 예상했기에 흡수통일을 원치 않았다.[90] 그러나 1980년대 말부터 동유럽 질서 재편의 회오리가 급하게 진행하면서 동·서독의 통일 환경이 급변하자 동독 주민의 통일방안 주민투표 결과에 따라 동독을 3개 주로 재편해 서독의 체제에 편입했다. 다시 말해 통일방안을 서독 정부와 주민이 아닌 동독 주민의 투표 결과로 결정했으며, 서독 정부가 흡수통일을 주도한 것이 아니라는 사실을 인식할 필요가 있다.[91]

남북한의 통합도 동독의 주민투표와 유사한 과정을 거쳐야 할 것이다. 북한을 한국의 자유민주주의, 시장경제 체제로 통합하고자 한다면 남한 주민의 뜻이 아닌 북한 주민의 의사를 물어야 한다. 남북한의 현 체제가 아닌 제3의 체제를 채택하려면 남북한 주민 모두의 동의가 필요할 것이다. 한편 남북한은 통일과 관련한 그간의 선언과 합의 등이 공론에 그치고 말았던 사례를 감안해 통합·통일과 관련한 중대한 합의에 도달한다면 이를 시행하기 전 주민의 의사를 확인하고 공론을 확대하는 방안으로 각각의 국민투표를 적극 활용할 필요가 있다.

결과적으로 남북한의 통합은 남북한 주민의 의사와 통일방안을 기초로 협치(governance)주의에 입각한 합의가 필요하다. 1972년 7·4남북공동성명의 합의에 이어 1992년 남북기본합의서 채택 사례와 함께

---

[90] 염돈재, "독일통일의 교훈과 한반도 통일," 『한국보훈논총』, 제11권 2호(2012), p.132; 헬무트 콜, 김주일 역 『나는 조국의 통일을 원했다』(서울: 해냄, 1998), pp.91, 123.

[91] 정판영, 『독일통일과 한국의 통일전략』(서울: 생각나눔, 2020), pp.152-153; 염돈재, "독일통일의 교훈과 한반도 통일," 『한국보훈논총』, 제11권 2호(2012), p.132.

2000년 6·15공동선언의 사례를 적극 활용해야 한다. 특히 남북고위급회담에서 통합의 기본 원칙(6차)과 통합을 위한 기구 설치(7차)까지 합의했던 사례를 다시 상기할 필요가 있다.[92]

4.1.2 남북한 통일방안의 접점 확대

남북한의 통일방안 즉 민족공동체·고려민주연방공화국 통일방안을 기초로 한 남북의 합의는 2000년 6·15공동선언의 합의가 최초의 사례다. 공동선언 두 번째 항에서 "남측의 연합제 안과 북측의 낮은 단계 연방제 안이 공통점이 있다고 인정…하여 이 방향에서 통일을 지향하기로 합의했다"라는 내용이다. 그에 앞서 1972년 7·4공동성명에서 남북은 통일의 3원칙(북한은 3대 헌장) 즉, 자주, 평화, 민족대단결에 합의한 바 있다. 민족공동체 통일방안은 그 3원칙 중 민족대단결을 민주로 바꾸었다.[93] 또한 2018년에는 두 차례의 공동선언을 통해 평화와 번영에 기초한 통일 추구에 남북한이 암묵적으로 합의한 바 있다.[94]

---

[92] 협의주의(참고: 협치주의)에 대한 이론적 배경과 적용 등 상세한 내용은 이무철·이상신·윤철기·신대진 외, 『남북연합 연구: 이론적 논의와 해외사례를 중심으로』(서울: 통일연구원, 2019), pp.53-63, 251-310.

[93] 7·4공동성명에서 합의한 '민족대단결'을 민주로 바꾼 것은 한국 사회의 다원성이 강화되고, 다문화사회로 변하면서 민족의식이 바뀐 여건을 반영한 것으로 본다. 북한이 규정하는 민족 개념의 이중성이나 최근 민족보다 국가를 강조하는 점 등을 고려할 때도 민족대단결은 재고의 여지가 있다. 민주는 보편적 개념이지만, 남북이 이해하는 의미가 서로 달라 남북이 공유하기 쉽지 않다는 점도 유념할 필요가 있다: 이무철·이상신·이남주·신대진·오창룡, 『남북연합 구상과 추진방안』(서울: 통일연구원, 2020), p.76.

[94] 이무철·이상신·이남주·신대진·오창룡, 『남북연합 구상과 추진방안』(서울: 통일연구원, 2020), p.21.

남북한이 통일 논의를 다시 시작한다면, 2000년 6·15공동선언의 합의 즉, "남의 연합제와 북의 낮은 단계 연방제" 합의에서 출발해야 한다. 남한은 30년 동안 유지해온 민족공동체 통일방안에서 "자유민주주의체제로 완전한 통일국가 수립"을 위해 화해·협력단계를 거쳐 과도적인 형태로 국가연합 단계를 명시하고 있으며, 국민적 공감대를 갖고 있다.

북한 역시 완전한 연방제 통일의 전 단계로 제시한 낮은 단계 연방제의 후속 연구로 '연방연합제'[95]를 제시한 바 있다. 따라서 남북의 통합논의를 6·15공동선언 이전으로 되돌리는 일은 없어야 한다. 물론 2023년 말부터 김정은 정권이 대한민국을 교전 중인 적대국가로 지정하면서 통일의 흔적 지우기에 나서고 있음도 고려해야 한다. 그러나 "어둠이 깊으면 새벽이 가깝다"라는 격언과 같이 극적인 변화의 가능성은 항상 김정은의 주변을 맴돌고 있다고 본다.

남북한이 통일방안에서 제시한 완전한 통일단계는 남측의 자유민주주의·시장경제 체제와 북측의 북한식사회주의·계획경제 체제의 접점이 필수적이다. 그러나 이 부분은 국내외의 극적인 상황변화가 없다면 도달하기 어렵다. 그렇다면 중국의 외교용어 구동존이(求同存異)를 적용해 서로 다른 부분을 남겨둔 채 이미 합의했거나 합의가 가능한 부분을 확대하는 전략이 필요하다. 즉 2000년 6·15공동선언에서 합의한 국가연합과 낮은 단계 연방제의 합의를 확대해 가는 통합방안이다.

---

95 장석, 『김정일 장군 조국통일론 연구』(평양: 평양출판사, 2002), pp.379-394: 이무철·이상신·윤철기·신대진 외, 『남북연합 연구: 이론적 논의와 해외사례를 중심으로』(서울: 통일연구원, 2019), pp.276-277. 재인용

4.1.3 통합의 국내정치, 일관성 있는 대북·통합정책 추진

남북의 통합을 위해서는 남남갈등 즉, 한국의 진영 간 갈등 구도를 해소하는 것이 선결문제다. 통일 문제의 인식에 대한 진보와 보수의 진영 논리에 따라 정부가 주도하는 통일정책은 길게는 10년 짧게는 5년 단위로 정부가 바뀔 때마다 기복이 심한 변화를 거듭하였다. 국회 차원 또는 시민단체·시민운동 차원의 대북 접촉과 통합을 위한 활동도 없지는 않았지만, 정부의 종속변수에 불과했다. 1960년대부터 서독 정부가 동·서독의 통합을 위한 동방정책(Ostpolitik)을 수립해 1990년대 냉전 종식과 통일 시기까지 30년 동안 변함없이 추진하였던 사실과 극명한 차이가 있다.[96]

역대 정부의 대북정책이 일관적이지 못했던 근본 원인은 한국 사회의 진영 논리에 기인한다. 정권교체에 따라 포용과 대결을 반복하는 양상의 정책이 그간의 대북정책을 다른 관점에서 재검토하는 기회를 제공한다는 긍정적인 측면도 있다. 문제는 상대에게 정책의 일관성에 대한 신뢰감을 줄 수 없다는 점이다. 따라서 통합·통일정책만큼은 정권교체와 관련 없이 진영 논리에 휘둘리지 않을 제도적 보완이 필요하다. 일관성 있는 통합·통일정책을 위해 정권의 논리와 관계없이 국민의 의지를 모아 정책을 추진할 수 있는 제도의 보완이다.

현재 대통령의 자문기구로 활용하고 있는 민주평화통일자문회의(민주평통)(법률 제19324호)를 정치적 목적이 아닌 명분상의 그 기능[97]에 따라 감사원, 공정거래위원회처럼 정부와 독립된 조직으로 개

---

[96] 최용호·정경영, "한국의 코리안드림·통일비전 구현전략," 한국글로벌피스재단, 『코리안드림&통일한국 비전과 국제협력』(서울: GDC Media, 2023), p.51.

[97] 민주평화통일자문회의법(법률 제19324호, 2023. 3. 28)이 규정한 기능은 다음과

편하여 정파를 초월한 활동으로 통합·통일정책을 담당하는 최고 의사결정기구로 활용할 필요가 있다. 관련 법의 제6조(의장·부의장)[98] ①항을 개정해 대통령으로부터 독립된 기구로 개편한다면 그 기능을 충분히 감당할 수 있다고 본다.

민주평통을 개편한다면, 한국자유총연맹[99]을 민주평통 예하 조직으로 흡수 편입하고 통일부를 지휘·통제할 수 있는 기능을 부여해야 할 것이다. 한편 이북5도 등에 관한 특별조치법(법률 제19427호)[100]을 개정하여 현재 행정안전부 예하 조직으로 편성한 이북5도청과 관련 조직을 통일부 예하 조직으로 개편함으로써 이북5도청을 통일과 통합에 기여하는 조직으로 활용할 수도 있을 것이다.

같다. 제2조(기능) 민주평화통일자문회의라 한다)는 다음 각 호의 기능을 수행함으로써 조국의 민주적 평화통일을 위한 정책의 수립 및 추진에 관하여 대통령에게 건의하고 대통령의 자문에 응한다. 1. 통일에 관한 국내외 여론 수렴 2. 통일에 관한 국민적 합의 도출 3. 통일에 관한 범민족적 의지와 역량의 결집 4. 그 밖에 대통령의 평화통일정책에 관한 자문·건의를 위하여 필요한 사항. [전문개정 2009. 5. 28].

98 민주평화통일자문회의법 제6조(의장·부의장)는 다음과 같다. ① 대통령은 통일자문회의의 의장이 된다. ② 의장은 위원 중에서 출신 지역과 직능을 고려하여 25명 이내의 부의장을 임명하되, 이 중에서 여성은 부의장 총수의 4분의 1 이상이 되도록 노력한다. <개정 2010. 5. 20., 2013. 5. 22.> ③ 의장은 제2항의 부의장 중에서 수석부의장 1명을 지명한다. [전문개정 2009. 5. 28].

99 한국자유총연맹 육성에 관한 법률(법률 제14839호, 2017. 7. 26)(약칭: 자유총연맹법) 제1조(목적)은 다음과 같다. 이 법은 사단법인 한국자유총연맹을 지원·육성함으로써 대한민국의 자유민주주의를 항구적으로 지키고 발전시키는 데 이바지하게 함을 목적으로 한다.

100 이북5도 등에 관한 특별조치법(법률 제19427호, 2023. 6. 7)(약칭: 이북5도법)의 제1조(목적)은 다음과 같다. 이 법은 이북5도와 미수복 시·군의 행정에 관한 특별조치를 규정함을 목적으로 한다. <개정 2015. 5. 18>.

4.2 한반도형 연합제 통합전략

제도주의 이론은 연합제와 연방제를 명확하게 구분하고 있다.[101] 그러나 최근 유럽통합의 사례는 연합제가 결코 과도기적인 통합안이 아니며 안정적인 상태로 장기간 존속할 수 있는 제도라는 사실을 확인할 수 있었다. 유럽연합의 사례와 함께 북아일랜드, 보스니아-헤르체고비나, 키프로스 등 개별국가의 사례에서도 초국가기구의 기능과 역할에 따라 연합제를 연방제에 준하는 다양한 형태로 발전 가능하다는 사실을 확인할 수 있다.[102]

우리의 민족공동체 통일방안도 연합제를 완전한 통일로 가기 위한 과도기, 임시체제로 이해하고 있다. 그러나 연합제가 운용에 따라 다양하게 기능할 수 있음을 확인했다. 유럽연합의 국가연합 사례는 남북의 통합에 많은 교훈을 시사하고 있다. 따라서 연합·연방제 통합안을 새로운 각도에서 검토할 필요가 있다.[103]

북한은 낮은 단계 연방제에 대해 1민족 1국가 2제도 2정부 원칙에 기초하되 남북의 현 정부가 정치·군사·외교권을 비롯한 현재의 기능과 권한을 그대로 보유한 채 그 위에 민족통일기구를 구성하는 것이라고 했다.[104] 북한은 2002년 5월 30일 노동신문 논평을 통해 6·15남북

---

101 김근식, "연합과 연방: 통일방안의 폐쇄성과 통일과정의 개방성: 6·15공동선언 2항을 중심으로," 『한국과 국제정치』, 제19권 제4호 통권 제43호(2003), pp.158-165.
102 연합제의 해외사례 분석 내용은 이무철·이상신·윤철기·신대진 외, 『남북연합 연구: 이론적 논의와 해외사례를 중심으로』(서울: 통일연구원, 2019), pp.75-174.
103 이무철·이상신·이남주·신대진·오창룡, 『남북연합 구상과 추진방안』(서울: 통일연구원, 2020), pp.32-33.
104 국립통일교육원, 『2023 통일문제 이해』(서울: 국립통일교육원 연구개발과, 2023), p.179.

공동선언이 연방제 방식의 통일을 지향하는 것으로, 낮은 단계의 연방제는 북과 남이 통일방안에 대해 완전히 합의했다는 의미가 아니라, 서로의 통일방안의 공통점을 인식한 데 기초해 그것을 적극 살려 통일을 지향해 나가기로 했다는 의미라고 규정하였다.[105]

한국의 민족공동체 통일방안은 남북연합을 과도적 통일체제로 설정하고 있지만, 남북 간 합의에 따라 법적·제도적 장치를 체계화하여 남북연합 기구들을 창설·운영하도록 했다. 남북연합 기구는 ① 최고결정기구로 남북정상회의, ② 집행기구로 남북각료회의 ③ 대의기구로 100명 내외의 남북 동수 대표로 하는 남북평의회, ④ 공동사무처를 운영하기로 한다.

한반도형 연합제는 남북이 2000년 6·15공동선언에서 이미 합의한 바 있다. 그에 앞서 1992년 제7차 남북고위급회담은 연합/연방제 통합을 위한 제도까지 합의했다. 군사, 경제, 사회문화 교류·협력 등 3개 공동위원회를 구성하고 남북연락사무소와 남북화해위원회를 설치·운영하는 내용이다. 따라서 남북이 통합논의에 합의한다면 기존의 합의를 바탕으로 연합제 시행을 위한 제도의 협의부터 시작할 수 있을 것이다.

남북은 연합단계를 도입기와 심화기로 구분하는 등 창의적으로 운영할 필요가 있다. 그동안 남북기본합의서와 정상회담의 공동선언 등에서 합의한 상호 체제인정·존중, 내정불간섭, 상호비방·중상 금지, 상호 파괴·전복행위 금지 등을 원칙으로 이행하면서 국가연합 단계를 심화 발전할 필요가 있다.[106]

---

[105] 홍정기·김홍광, "통일한반도 실현을 위한 북한의 전략," 한국글로벌피스재단, 『코리안드림&통일한국 비전과 국제협력』(서울: GDC Media, 2023), p.89.

도입기의 남북연합은 남북 통일방안의 차이점이 크지 않아 공동의 목표와 이익으로 원만한 합의에 도달할 가능성이 크다. 심화기는 초국가기구의 기능과 역할을 확대해 가며 비교적 안정적인 상태로 장기간 운영하면서 통합의 여건을 조성할 수 있다.

반면 남북연합은 예멘의 합의통일이 실패한 사례와 같이 두 개의 구성단위에서 갈등이 확산할 경우 이를 해결할 제3자 또는 제3국이 없어 안정성을 담보할 수 없다. 이를 대비해 제3의 조정자를 마련할 필요가 있다. 제3의 조정자는 남북이 합의한 평화통일 3원칙에서 자주역량으로 해결하도록 규정하고 있어 주변국의 개입을 배제하고 있다. 따라서 제3의 조정자는 시민사회가 될 수밖에 없다.

시민사회를 제3의 조정자로 활용하기 위한 전제조건으로 남북의 정부는 국가연합제에 합의할 경우 이를 시행하기 전에 각각 국민투표를 시행해 연합제에 대한 공감대를 확산함과 아울러 시행을 위한 구속력을 마련해야 한다. 그러나 북한은 시민사회의 인식 자체가 한국과 달라 공감대 확산이나 정부를 통제하는 구속력에는 제한이 있을 수밖에 없다.

그렇다면 이제라도 민간차원의 통일운동과 북한 주민의 변화 유도를 위한 교류 확대를 지속 추진할 필요가 있다. 북한 주민의 정보접근권 확대 등 주민의 인권 개선을 위한 여건을 조성해 나가야 한다. 과거 퍼주기로 매도했던 북한의 경제지원과 민간교류를 계속하면서 북한 주민의 생활개선 등 인도적 차원의 주민지원을 확대해야 한다. 북한과 비교해 50배의 경제력을 가진 대한민국이 적극적으로 도와야

---

106 이무철·이상신·이남주·신대진·오창룡, 『남북연합 구상과 추진방안』(서울: 통일연구원, 2020), p.76.

하는 것은 우리의 도리다.[107] 따라서 대한민국은 북한의 개혁·개방을 위한 지원과 함께 북한 주민의 의식개혁과 장마당 경제를 적극 지원하면서 북한 사회에서 건전한 시민(citizen)을 육성하여 시민사회(civil society)를 형성해 나갈 수 있도록 점진적인 지원을 계속해야 한다.

우리는 유럽연합에서 확인한 연합제를 한반도에서 유용하게 시행할 수 있는 역사적 기회를 맞고 있다. 이 기회를 지혜롭게 활용한다면 우리의 미래를 우리가 스스로 결정할 수 있다. 남북한의 통합은 모두가 참여하여 함께 행동할 때 변화를 일으킬 수 있다. 한 사람의 꿈은 꿈으로 끝나지만, 모두가 함께 꾸는 꿈은 현실이 된다. 우리가 모두 하나 된 마음으로 통합·통일운동에 앞장서는 캠페인을 펼쳐나가야 한다.[108]

4.3 한반도형 연방제 통합전략

북한의 고려민주연방공화국 통일방안은 1민족 1국가 2제도 2정부(연방제)를 제시하고 있다.[109] 북한이 제안한 1국가(연방) 2정부(지방)는 예멘의 실패한 합의 통일사례 등을 고려할 때 실현 가능성이 낮

---

[107] 대한민국의 경제력이 북한의 50배라는 의미는 경제활동의 98%가 휴전선 이남에서 이루어지고 있으며, 휴전선 이북은 남쪽보다 더 넓은 국토 면적을 갖고 있지만, 그들의 경제력은 2%에 불과하다는 뜻으로 남북관계에서 대한민국이 담당해야 할 역할을 시사하고 있다.
[108] 문현진, 『코리안드림』(서울: 마음서재, 2020), pp.289-290.
[109] 김일성은 1991년 신년사를 통해 "남북에 서로 다른 두 제도가 존재하고 있는 우리나라의 실정에서 조국 통일을 누가 누구를 먹거나 누구에게 먹히우지 않는 원칙에서 하나의 민족, 하나의 국가, 두 개의 제도, 두 개의 정부에 기초한 련방제 방식으로 실현되어야 한다"라며 1민족 1국가 2제도 2정부에 기초한 연방제를 주장했다. "1991년 신년사," 《로동신문》, 1991년 1월 1일.

다.[110] 연방국가는 다수의 지방정부를 구성요건으로 한다. 연방의 구성원리에 비추어 볼 때도 2개의 지역 정부를 하나의 연방국가로 통합하는 것은 적합하지 않다. 2개의 지방정부로 성공한 연방국가의 사례도 찾아볼 수 없다. 따라서 통일한국은 한반도 전역에서 전통적·경제적·문화적 차원의 독자적 정치체를 구성할 수 있는 한반도형 연방제를 구상할 필요가 있다.

현재 남한의 17개 지방자치단체, 북한의 9-10개의 행정단위를 고려해 지리적 문화·전통적, 교통권 및 경제권을 기준으로 지방정부 숫자를 조정하는 것이 바람직하다. 지방정부 숫자는 분단 이전 전통적 지역단위(8-13개)의 역사성을 고려할 필요도 있다. 남북이 다수의 지방정부를 구성하는 연방제에 합의하지 못한다면 국가연합단계를 지속하면서 통합의 요소를 축적해 나가야 한다. 연방국으로 전환을 서두를 이유가 없다. 국가연합단계에서 양측의 신뢰를 확대해 성숙한 연합·연방제를 시행할 수 있을 때 비로소 완전한 단일국가 즉 연방을 구성해야 한다.

연방국가 통일한국은 한반도 남과 북의 다양한 지역정부에 의한 대의민주주의를 활성화해 지역 사회의 정치적 통합 메커니즘을 구축하고 지역정부의 활기찬 에너지를 중앙(연방)정부로 통합하여 국력의 증진을 도모할 수 있다. 분권화를 위해 남한 지역에서는 적극적인 시민사회의 활동과 지방 정치문화의 육성이 필요하며 북한지역에서는 중앙(연방)정부의 민주화 지원정책과 함께 시민사회 육성을 위한 정부의 지원과 한국 시민단체의 협력이 필요하다.[111]

---

110 조상현·이동식, "예멘 내전의 사적(史的) 재조명과 한반도 통일에 주는 함의," 『군사연구』, 제132집(2011), pp.221-249.

4.4 북한의 시민사회 지원전략

그동안 우리는 북한의 정권을 상대로 통합 실현을 위한 노력을 계속해 왔다. 남북대화, 교류 협력과 이를 통한 공동체 형성을 위해 노력했으나 성과는 미미하다. 북한은 시간이 지날수록 남북 간 국력 격차가 확대하면서 체제의 우열이 명백해지자 이를 과도하게 의식한 나머지 핵무장에 집착하고 있다. 최근에는 통일과 통합 자체를 기피하고 있으며, 외부 정보의 유입과 주민의 동요를 크게 우려하고 있다.

북한의 우려는 주민의 정보접근권 차단과 사상통제·정보통제를 강화하고 있다. 2020년 제정, 2022년에 개정한 반동문화사상배격법이 대표적이다. 여기에 더해 2021년 제정한 청년교양보장법과 2023년 제정한 평양문화어보호법은 북한의 3대 악법이라고 할 수 있다.[112] 김정은이 주도한 3대 악법은 한류 등 한국의 정보유입을 차단하기 위한 문화탄압으로 주민의 인권을 크게 위협하고 있다.

북한의 주민통제와 인권침해가 날이 갈수록 강도를 더하고 있지만, 역사적으로 체제 변혁은 밑으로부터 위로 향하는 시민주도의 힘으로 이루어졌다는 사실을 잊지 말아야 한다. 그 시기가 빠르고 늦음의 차이일 뿐 부당한 권력과 인권침해에 저항하는 민중의 힘은 계속 축적되고 있다. 그 때를 대비해 남북한은 물론 국내외에 코리안드림 프레임워크(framework)를 결성해 시민주도 생활형 통일실천 범시민운동을 전개해야 한다.

정부가 주도하는 통일 노력과 별개로 시민이 주도하는 통일운동이

---

111 조민, "한반도 통일의 길: 정권 진화와 연방제 통일, 광복 70년, 분단 70년," 『KINU 통일+』, 제1권 2호(2015), pp.35-36.
112 오중석, "북한의 3대 악법,"《자유아시아방송》, 2023년 10월 27일.

필요하다. 시민주도의 인도주의적 지원을 포함하여 주민의 인권 개선을 위한 노력과 연계해 북한 공동체사회의 변화를 유도하는데 더 많은 노력과 자원의 집중이 필요하다.[113] 북한이 주민 통제를 강화할수록 우리는 북한 사회에서 건전한 시민을 육성하고 시민사회의 성장을 위한 노력을 배가해야 한다. 이를 위해 대한민국 정부가 선제적으로 일반주민의 남북 자유왕래를 제안해야 한다.[114] 북한 방송, 신문, 인터넷에 대한 자유로운 접근권의 보장도 같은 맥락이다.

4.5 북한의 전면전, 국지도발 위협 대응전략

2022년 9월 김정은은 최고인민회의 시정연설에서 "절대로 먼저 핵 포기 비핵화란 없다"라고 강조한 데 이어 핵무기를 선제공격에 사용할 수 있다는 내용으로 핵무기 사용 조건을 법제화했다.[115] 그해 말 노동

---

[113] 최용호·정경영, "한국의 코리안드림·통일비전 구현전략," 한국글로벌피스재단, 『코리안드림&통일한국 비전과 국제협력』(서울: GDC Media, 2023), pp.58-60.

[114] 2022년 6월 15일 국회 포럼서 태영호 당시 국민의힘 의원은 "남북 간 자유로운 왕래와 이동은 평화와 통일로 가는 길로 이어질 것"이라고 주장했다. 태영호 의원의 주장에 앞서 윤여상 북한인권정보센터(NKDB) 소장도 2022년 4월 26일 주최한 "북한인권 정책 제언" 발표회에서 같은 내용을 제기했다. 남북한 자유왕래 주장을 최초로 제기한 쪽은 북한이었다. 북한은 1971년 11월 3일 판문점에서 열린 이산가족 재회 관련 회의에서 이산가족의 자유로운 남북한 왕래와 서신 교환을 요구하면서 "같은 민족끼리, 더욱이 한 핏줄을 이은 가족과 친척, 친우들끼리 만나고 자유로이 오고 가는데 무슨 복잡한 절차와 수속이 필요하겠냐"라며 "남북으로 흩어진 가족들과 친척, 친우들끼리 자유로이 편지를 주고받고 오고 가는 데 아무런 방해도 있을 수 없다"라고 주장했다. 그때 남측은 북한의 자유왕래 제안을 북한이 간첩·공작원 남파 등에 악용할 수 있다며 자유왕래를 대신한 단계적 시행을 제안했다. 남북한 주민 왕래와 관련한 연구는 이규창·문선혜, 『남북한 주민 왕래 및 이주와 혼인에 관한 법적 연구(KINU 연구총서 20-20)』(서울: 통일연구원, 2020).

[115] "김정은 '절대로 핵 포기 없다'…선제 핵 공격 법제화했다," 《중앙일보》, 2022년

당 전원회의에서는 핵탄두 보유량을 기하급수적으로 늘리겠다는 방침을 밝혔다.[116] 2023년 8월 31일 노동신문은 김정은의 전군지휘훈련장 방문을 보도하면서 훈련은 "남반부 전 영토를 점령하는데 총적 목표를 두고 있다"라면서 전면전 상황과 영토완정 의지를 강조했다.[117]

김정은의 최근 발언과 행보는 대한민국의 안보와 존립을 위협하는 최대의 도전이 아닐 수 없다. 우리의 대응전략은 무엇인가? 대북 포용정책 즉 당근만으로 남북 교류·협력은 물론 비핵·평화통일을 달성할 수 없다는 사실은 자명하다. 따라서 적절한 채찍을 병행하는 기술적인 접근이 필요하다고 본다.

우선적으로 한반도에서 전면전이 발발한다면 김정은을 비롯한 북한의 전쟁 지휘부가 결코 살아남을 수 없다는 우리의 의지와 능력을 확실하게 보여줄 필요가 있다. 이를 위해 실효성 있는 한국형 3축 체계와 한미 공동대응체계 강화, 독자적인 핵능력 확보와 함께 한반도 비핵화 실현을 위한 노력 등 포괄적인 응전전략을 마련해야 한다. 무엇보다 실시간(on time) 대응이 가능한 한국형 3축 체계가 시급한 과제다. 이를 위해 북한의 징후 탐지, 식별 대응 과정에서 AI 시스템을 과감하게 활용해야 한다.[118]

신뢰성 있는 한미 공동대응체계 실행력 보장과 함께 독자적인 핵

9월 12일.
[116] "김정은 '南은 명백한 적'…대남 핵위협 '강화' '대화의지' '전무'," 《연합뉴스》, 2023년 1월 1일.
[117] "김정은 '남반부 전 영토 점령하라' 총참모부 찾아 남침 거론," 《중앙일보》, 2023년 8월 31일.
[118] 안보대비태세에 관한 내용은 정경영, 『통일한국을 향한 안보의 도전과 결기』(서울: 지식과감성, 2017) 참조.

능력 확보를 위해 일본과 같은 수준의 핵연료 재처리를 위해 한미 원자력협정을 개정해야 한다.[119] 이를 위해 원자력 발전소의 임시 저장 시설에 포화상태에 있는 사용 후 핵연료 처리를 명분으로 신기술을 제안하는 등의 적극적인 조치가 필요하다.[120] 나아가 핵 이후(post-nuclear)를 대비해 양자역학 등 새로운 기술에서도 우위를 점할 수 있는 적극적인 투자가 필요하다.

한반도 비핵화 실현을 위한 노력도 계속해 나가야 한다. 우리와 미국의 대응이 정권에 따라 일관성이 없는 대북정책으로 인해 오히려 상황을 악화한 부분이 없지 않다. 비핵화를 위한 협상 과정이 험난하더라도 다른 방법이 있을 수 없다. 한반도 비핵화를 위한 선결조건으로 북한의 비핵화를 위한 획기적인 조치와 함께 인내심을 갖고 다양한 노력을 계속해 나가야 한다.[121]

4.6 시사점

한반도의 통일과정에서 전제조건이 있다. 후유증은 최소화하면서 편익을 최대화하는 체제통합 전략이다. 전제조건을 충족할 수 있는 체제통합 전략은 무엇인가? 다음과 같은 다섯 가지 정도로 요약할 수 있다.

첫째, 협치주의에 입각한 통합전략이다. 남북한의 통합은 철저한

---

[119] 정경영, 『피스 크리에이션: 한미동맹과 평화창출』(서울: 한울아카데미, 2020), pp.94-97.
[120] 사용 후 핵연료 문제를 해결하기 위한 전담 기관으로 2020년 창립한 '사용후핵연료관리핵심기술개발사업단(IKSNF)'이 활동하고 있다.
[121] 최용호·정경영, "한국의 코리안드림·통일비전 구현전략," 한국글로벌피스재단, 『코리안드림&통일한국 비전과 국제협력』(서울: GDC Media, 2023), pp.53-55.

협치주의에 의한 합의가 필요하다. 1972년 7·4공동성명과 1992년 남북고위급회담, 2000년 6·15공동선언의 합의가 중요한 선례가 될 것이다. 6·15공동선언에서 합의한 남측의 연합제, 북측의 낮은 단계 연방제 합의와 남북고위급회담(7차)에서 합의한 연합기구의 바탕에서 통일방안의 접점을 확대해 나가야 할 것이다. 국내에서는 남남갈등의 해소와 정권교체에도 일관된 대북·통일 정책수행을 위한 제도 개선이 필요하다.

둘째, 한반도형 연합제 통합전략이다. 민족공동체 통일방안에서 연합제 통합은 완전한 통일로 가기 위한 과도기의 제도로 간주했지만, 최근 유럽연합의 사례에서 초국가기구의 기능과 역할에 따라 연합제를 다양하게 활용할 수 있다는 사실을 확인했다. 따라서 한반도형 연합제 통합전략을 도입기와 심화기로 구분하는 등 창의적으로 활용할 필요가 있다.

셋째, 한반도형 연방제 통합전략이다. 북한은 남북연방제를 제안하고 있지만, 2개의 지방정부로 성공한 연방국가의 사례는 찾아볼 수 없다. 따라서 통일한국의 지방정부 숫자는 분단 이전 전통적 지역단위(8-13개)의 역사성을 고려하면서 정치·경제·문화적 차원을 반영할 필요가 있다.

넷째, 북한의 시민사회 지원전략이다. 북한의 주민통제와 인권침해가 날이 갈수록 그 강도를 더하고 있지만, 역사적으로 체제 변혁은 밑으로부터 위로 향하는 시민주도의 힘으로 이루어졌다. 우리는 국제사회와 함께 북한 사회에서 건전한 시민(citizen) 육성과 시민사회(civil society)의 성장을 위한 노력을 배가해야 한다.

다섯째, 북한의 핵 위협 대응전략이다. 대북 포용정책 만으로 비핵

·평화통일을 달성할 수 없다. 따라서 북한의 위협에 단호히 대처할 수 있는 우리의 한국형 3축 체계와 일체형 확장억제 등 응징보복 능력과 의지를 확실하게 보여줄 필요가 있다.

제5절 소결론

5.1 요지

제1장 체제통합 전략은 분단국가인 남북한의 체제를 통합하여 통일을 달성하기 위한 전략을 제시하고 있다. 80년간의 한반도 분단체제를 극복하는 통일은 후유증을 최소화하면서 편익은 최대화하기 위한 체제통합 전략이 필요하다.

그동안 남북은 1960년대부터 협의에 의한 통일을 추구했다. 그 과정에서 초기에는 북한이 우세한 국력을 활용해 제안과 협상을 주도했으나 1980년 이후 남한의 국력이 크게 신장하면서 남한이 주도권을 행사하게 됐다. 그러나 남북은 서로를 신뢰하지 못했고, 남북관계를 정치적으로 활용하면서 서로의 불신을 키웠다.

2000년 최초의 남북정상회담이 열리면서 통합협의가 진척되기도 했지만, 북한은 핵무장과 함께 개혁·개방을 거부했다. 여기에 더해 남한의 냉·열탕과 같은 대북정책의 반복도 악순환을 불러 오늘날에는 통합·통일보다는 강대강의 대결국면을 반복하고 있다. 따라서 남북한의 대결국면을 해소하면서 통합·통일 정책을 계속 추진하기 위해서는 인내심을 갖고 다음과 같은 체제통합 전략을 추진해야 한다.

첫째, 남북한의 통합은 철저한 협치주의에 입각해 남북의 합의가 필요하다. 1992년 남북고위급회담의 합의 사례와 2000년 6·15공동선언의 합의가 중요한 선례가 될 것이다. 이를 위해 남남갈등의 해소와 지속적인 통합정책 수행을 위한 제도 개선이 필요하다.

둘째, 남한의 민족공동체 3단계 통일방안은 2단계의 연합제 통합을 3단계 완전한 통일로 가기 위한 과도기로 간주하고 있다. 그러나 최근 유럽연합의 사례를 참고해 연합제 통합전략을 도입기와 심화기로 구분하는 등 창의적으로 활용할 필요가 있다.

셋째, 북한의 고려민주연방공화국 창립방안은 남북의 연방, 즉 2개의 지방정부로 구성하는 연방정부를 제안하고 있다. 그러나 2개의 지방정부로 구성하는 연방국가는 성공하기 어렵다. 통일한국은 지방정부 숫자를 분단 이전 전통적 지역단위(8-13개)의 역사성을 고려할 필요가 있다. 이른바 8도연방제 통일방안이다.

넷째, 북한의 주민통제와 인권침해가 날이 갈수록 그 강도를 더하고 있지만, 국제사회와 함께 북한 사회에서 건전한 시민을 육성하고 시민사회의 성장을 위한 노력을 배가해야 한다.

다섯째, 대북 포용정책 만으로 비핵·평화통일을 달성할 수 없다. 따라서 북한의 위협에 단호히 맞설 수 있는 우리의 의지와 능력을 확실하게 보여줄 필요가 있다.

5.2 정책제안

5.2.1 국민적 합의에 의한 일관된 통합전략 추진

정권교체 등 정권의 향배와 관련 없는 일관된 통일정책을 마련해야 한다. 서독이 30여 년 동안 변함없이 추진했던 동방정책(Ostpolitik)과 같은 통일정책이 필요하다. 이를 위해 국민적 합의를 바탕으로 여야가 폭넓게 참여한 통일정책을 수립하고, 정권의 향배와 관련 없이 일관된 정책을 추진할 수 있도록 제도 개선이 필요하다.

현재 대통령의 직속 기관인 민주평화통일자문회의를 정권의 향배와 관련 없이 국민적 합의를 일관되게 시행하는 감사원과 같이 독립된 기관으로 개편할 필요가 있다. 그때 한국자유총연맹, 이북5도청 등의 관련 조직도 남북의 통합과 통일에 기여하는 조직으로 개편할 필요가 있다.

통합전략의 추진 절차는 민족공동체 통일방안과 고려민주연방공화국 통일방안의 접점을 확대하는 방향으로 추진할 수 있도록 남남갈등의 해소와 함께 국민적 합의를 모아가는 노력이 필요하다. 국민적 합의를 확대하는 방안으로 남북의 통합·통일과 관련한 결정적인 정책은 국민투표를 통해 공감대를 확산할 필요가 있다.

5.2.2 한반도형 연합제 통합전략 추진

민족공동체 통일방안은 1단계 화해·협력에 이어 2단계 국가연합제를 과도기로 간주하고 있다. 2단계의 국가연합제를 도입기와 심화기로 구분해 창의적으로 운영한다. 2000년 6·15공동선언의 합의를 기초로 시간을 지체하지 말고 통합협의 시작과 함께 바로 도입기의 국가연합에 돌입한다. 이어 도입기 국가연합의 운영 경과에 따라 초국가기구의 기능과 역할을 확대하면서 심화기에 진입해 정치체제의 성격, 경제체제 및 소유권 관련 내용 등을 협치주의에 입각해 접점을 확대 시행한다.

5.2.3 한반도형 연방제 통합전략 추진

심화기 국가연합제의 운영 경과를 반영해 전통적 지역단위 등 역사성과 한반도의 특수성을 반영한 지방정부의 연방을 구성한다. 남북이 다수의 지방정부를 구성하는 연방제에 합의하지 못한다면 국가연합단계를 지속하면서 통합의 요소를 축적해야 한다. 국가연합단계에서 양측의 신뢰를 확대해 성숙한 연합제를 시행할 수 있을 때 완전한 단일국가 즉 연방을 구성해야 한다. 연방국으로 전환을 서두를 이유가 없다.

5.2.4 북한의 시민사회 지원전략 추진

역사적으로 체제 변혁은 밑으로부터 위로 향하는 시민주도의 힘으로 이루어졌다. 따라서 한반도형 연합제와 연방제를 시행하는 저력은 북한 주민에게 달려 있다. 그러나 북한의 주민통제와 인권침해가 날이 갈수록 강도를 더하고 있어 방치하면 북한의 시민사회는 성장할 수 없다. 따라서 국제사회와 함께 북한 사회에서 건전한 시민을 육성하고 시민사회의 성장 노력을 배가해야 한다.

우선적으로 일반 주민의 남북 자유왕래 실현이다. 북한 단체 관광, DMZ 내 태봉국 철원성 유적지 공동 발굴, 한국 근대사 공동 집필 등을 추진한다. 남북의 방송, 인터넷 접근 등도 같은 맥락에서 추진한다. 남북 간 민족 동질성 회복을 위해 북한의 언론·출판·방송 등 소식을 전하는 사업의 개방을 전향적으로 검토할 필요가 있다.

5.2.5 북한의 전면전, 국지도발 위협 대응전략 추진

대북 포용정책만으로 비핵·평화통일을 달성할 수 없다. 따라서 북한의 위협에 단호히 맞설 수 있는 우리의 의지와 능력을 확실하게 보여줄 필요가 있다. 이를 위해 북한 핵위협에 대응해 한미 핵협의그룹(NCG)의 신뢰성 증진을 위한 노력을 계속한다. 실시간 대응이 가능하도록 한국형 3축 체계를 보강한다. 한국의 자체 핵능력 확보를 위해 일본과 유사한 수준의 핵연료 재처리가 가능하도록 한미원자력 협정을 개정한다. 북한의 비핵화를 위한 노력도 계속해 나가야 한다.

5.3 제한사항

북한의 김정은 정권은 남북을 분단국가가 아닌 적대적인 두 개의 분리국가로 규정하면서 통일 지우기를 계속하고 있다. 김정은 정권이 자력으로 핵무장 포기, 개혁·개방에 나설 가능성은 희박하다. 그러나 극적인 상황변화의 가능성은 있다. 그런 상황을 과거 정부에서는 북한의 급변사태로 부르며 흡수통합의 기회로 삼았다. 그러나 북한의 급변사태가 쉽지 않을 뿐만 아니라 급변사태가 도래했다고 흡수통일을 시도한다면 통일의 후유증은 남북 모두에게 큰 부담이 되고 말 것이다.

남북한은 당면하고 있는 상황을 냉철히 분석해 점진적인 체제통합으로 나가야 한다. 그 경우에도 남한이 제시한 민족공동체 통일방안의 철학이라고 할 수 있는 자유민주주의·시장경제 체제, 북한이 제시한 고려민주연방공화국 창립방안의 남북 2정부에 의한 연방제는 결정적인 제한사항이 될 것이다. 따라서 남북은 유럽연합의 사례를 참고해 2정부 체제인 남북연합을 도입기와 심화기로 구분해 완전한 통합의 여건이 성숙할 때까지 인내심을 갖고 점진적인 통합을 추진해야 한다.

제2장

통일외교안보 추진전략

제1절 신자유주의적 제도주의 고찰과 선행연구
    1.1 신자유주의적 제도주의 고찰
    1.2 선행연구
    1.3 시사점

제2절 현실태 분석
    2.1 평화통일 추진 현실태
    2.2 남북관계 차원 통일활동
    2.3 윤석열 정부의 새로운 통일미래 비전
    2.4 베트남종전 파리평화협정과 아프간종전 도하평화협정
    2.5 한반도 안보환경 평가
    2.6 북한 급변사태 가능성 판단
    2.7 시사점

제3절 통일외교안보 추진 방안
    3.1 양자 및 다자 통일외교전략
    3.2 북한 남침 및 타이완·한반도 동시 전쟁 시나리오
    3.3 북한 급변사태
    3.4 시사점

제4절 통일외교안보 추진전략
    4.1 평화통일 추진전략
    4.2 한반도 전쟁 시 한국의 응전전략
    4.3 북한 급변사태 시 한국의 대응전략
    4.4 시사점

제5절 소결론

제2장

통일외교안보 추진전략

정경영

　이 장은 통일한국 건설을 위한 통일외교안보전략을 개발하는 데 있다. 통일한국 건설은 대한민국의 최상위 국가전략이다. 우리의 소원이요 민족의 염원인 조국 통일은 분단된 한국이 추구해야 할 최대 전략 목표가 아닐 수 없다.

　한반도 분단은 80년이 지나면서 고착화되는 상황이다. 북한은 핵으로 한반도는 물론 동북아 평화를 위협하고 있고, 한국은 남남갈등이 심화하고 있으며, 경제는 암울하기만 하다. 남북관계는 적대적이며, 북·중·러 대 한·미·일 블록 간 신냉전이 부상하는 상황에서 통일은 더욱 어려워져 가고 있다.

　통일에 대한 인식의 대전환이 요구된다. 이러한 문제의 원인이 한반도 분단에 기인한다. 통일한국의 출현은 한반도의 평화는 물론 동북아 안정과 평화와 공동번영을 열어가는 새로운 역사가 펼쳐지게 된다.

　연구시기를 분단 이후부터 통일한반도 실현까지, 지역적으로 한반도, 동북아를 망라한다. 연구 방법은 선행연구를 중심으로 정성적 분석(qualitative analysis)을 하고자 한다.

통일은 세 가지 가정에 의해서 이루어질 수 있다고 상정하였다. 먼저 평화적인 방법으로 통일을 이룰 수 있을 것이다. 북한이 무력으로 침공한다면, 조기 반격하여 승리, 통일한국을 실현할 수 있을 것이다. 그리고 북한의 민중봉기, 체제전복, 대규모 자연재해 발생 등으로 북한 스스로 극복할 수 없는 급변사태가 발생할 경우 한국의 개입을 통한 안정화로 평화를 구축하고 통일을 추진할 수 있을 것이다.

연구의 주안은 평화통일을 추진하기 위한 유엔과 주변국의 협조와 지지를 끌어내기 위한 통일외교전략, 통일에 유리한 협력과 공존질서로 전환 전략을 개발하고자 한다. 북한이 무력침공 감행 시 응전하여 승리, 통일한국을 실현하는 외교 안보전략을 강구하고자 한다. 북한 우발사태 시 어떠한 조건 하에 개입하여, 통일을 추진할 것인가를 모색하고자 한다.

연구의 구성은 신자유주의적 제도주의와 원심력-구심력 이론, 한반도 평화체제 등의 선행연구를 통해서 시사점을 도출한다. 이어서 글로벌 차원, 한반도 차원, 한국 국내 차원에서 외교안보전략의 현실태를 분석하고 통일외교전략을 개발하며, 마지막으로 이를 구현할 수 있는 추진전략을 제시하고자 한다.

제1절 신자유주의적 제도주의 고찰과 선행연구

이 절에서는 규범, 규칙, 원칙, 의사결정을 통해 만들어 놓은 제도를 구성원이 지키는 신자유주의적 제도주의 이론을 적용하고자 한다. 이어서 통일과 관련하여 원심력과 구심력 이론을 살펴보고, 한미동맹을 통한 한반도 평화창출 전략을 고찰하며, 통일부와 외교부에서 평화체제를 어떻게 규정하고 있는가를 알아보고자 한다. 이를 통해서 통일의 개념을 고찰하고 통일의 달성 조건을 논의하고자 한다.

1.1 신자유주의적 제도주의 고찰

신자유주의적 제도주의(neo-liberal institutionalism)는 규칙과 규범을 제도화하여 레짐(Regime)을 구축하게 되면 갈등과 대립의 구조가 상호협력과 신뢰로 변환하여 평화와 번영을 누릴 수 있다는 것이다. 신자유주의적 제도주의자들은 냉전에 의해 야기된 취약성과 긴장관계를 상호교류와 협력을 통해 상호의존성을 심화시키고, 제도화하면 상호 원윈할 수 있는 체제를 통해서 통합을 실현할 수 있다고 본다.[122]

코헤인(Robert O. Keohane)은 자기만의 이익을 추구하는 합리적인 이기주의자들이 다자간 협력을 추구하는 이유가 무엇인가를 설명하기 위해 몇 가지 현실적인 가정을 설정하여 설명하고 있다.[123] 출발점은 "국가의 행동은 제도화된 질서에 따른다"는 전제에서다. 크래스너(Stephen Krasner)[124]는 레짐을 "국가 간 행위자가 따라야 하는 원칙, 규범, 규칙 및 결정절차"로 정의한다. 이러한 과정을 통해 제도화된 레짐은 구성원 모두가 원칙과 규범, 규칙을 지킬 책무가 있으며 이를

---

[122] Robert O. Keohane, "Neoliberal Institutionalism: A Perspective on World Politics," in *International Institutions and State Power* (New York: Routledge, 1989).

[123] Robert O. Keohane, *After Hegemony* (New York: Cornell University Press, 1983), p.37.

[124] Stephen D. Krasner, *Sovereignty Organized Hypocrisy* (Princeton University Press, 1999).

위반했을 때 참여했던 당사자가 제재한다. 레짐의 생명력은 규범에 기초하고 규칙의 영향을 받는 행위자이다.

신자유주의는 국가 간에 상대국가가 어떻게 대응해 올 것인가에 대해 의심할 수 있기 때문에 무정부주의 상황에서는 협력을 저해한다고 본다. 신자유주의자에 있어서 국가는 최악의 결과로 이익이 혼재되는 상황으로 인식하고 있다. 그러나 신자유주의적 제도주의는 국가 간 협력과 규범, 공존질서를 구축한 상태에서 경제적 교류협력을 하기 때문에 상호이익을 추구할 수 있다. 평화체제(Peace Regime)는 신자유의주의적 제도주의의 산물이라고 본다.

1.2 선행연구

윤영관은 통일문제를 원심력과 구심력에 의한 역학관계의 작동원리로 보고 있다.[125] 한반도 통일을 원심력이 작용하는 국제역학관계, 구심력이 작용하는 남북관계와 국내정치 차원에서 접근하고 있다. 이러한 힘을 어떻게 움직이도록 하느냐에 따라 분단을 고착화하기도 하고 통일을 이룰 수 있다고 본다. 통일의 문제를 정치학에서 작동하는 권력 즉 힘이 어떻게 움직이느냐의 관점에서 분석한 것이다. 통일과 관련하여 3가지 차원에서 작동하는 힘을 상정한다.

첫째로 국제적 차원에서 한반도 주변 4국 간에 한반도 통일과 관련하여 작동하는 힘이다. 한반도 주변 4국은 정부 공식 입장으로 한반도의 평화적 통일을 지지해왔다. 그러나 실상은 통일 이후 한반도의 외

---

[125] Yoon Young-kwan, "Korean Reunification," in Jeong-hun Han, Ramon Pacheo Pardo and Young-ho Cho, eds., *The Oxford Handout of South Korea Politics* (London: Oxford University Press, 2023), pp.595-612.

교행로가 불확실하기에 즉 통일한국이 경쟁 상대국과 연합함으로써 자국의 전략적 이익이 손상당할 수 있다고 우려한다. 그렇기에 한반도 주변국 정치지도자들은 내심 한반도의 현상을 변경하는 통일보다 현상 유지인 분단을 선호한다. 그런 관점에서 통일을 어렵게 하는 방향으로 원심력이 작용한다고 볼 수 있다. 원심력이 작용하지 않도록 어떻게 통일외교를 전개할 것인가 하는 과제가 제기된다.

둘째로 한반도 차원으로 남북 간에 서로 끌어당기는 힘 즉 구심력이 얼마나 강하느냐에 따라 통일 가능성이 높아지거나 낮아진다. 남북이 정부 간 그리고 주민들 간 관계가 모두 우호적이거나 끌어당기는 힘 즉 구심력이 강하게 작동할 때 통일 가능성은 높아질 것이다. 그러나 남북 정부 간 적대시 정책을 추진하거나 주민 간에 단절되면 구심력이 약화하여 두 개의 나라로 멀어지게 된다. 일관성 있는 대북정책과 남북 간 교류협력을 중단하지 않을 때 구심력을 강화시켜 통일로 나아갈 수 있다는 것을 알 수 있다.

셋째로 국내 차원에서 세대 간, 이념 간, 진영 간, 지역 간 갈등 즉 남남갈등이 클수록 통일을 추진할 수 있는 자체적 동기 유인과 동력이 약화될 것이다. 국내 통합과 협치의 정치가 통일에 얼마나 중요한가를 인식할 필요가 있다.

정경영은 한미동맹을 통해서 한반도에 평화를 창출할 수 있다고 주장한다.[126] 한미동맹을 통해 전쟁을 억제하면서 자유, 민주, 시장경제, 인권, 법치의 번영된 대한민국을 건설한 것처럼 전작권 전환을 통해 남북한 힘의 균형을 유지한다. 한국의 핵무장을 통해 한반도 핵

---

[126] 정경영, 『피스 크리에이션: 한미동맹과 평화창출』(파주: 한울, 2020), p.196.

균형을 이룩하여 핵군축 비핵화를 통해 평화를 구축하고, 한반도 평화협정을 체결하여 국제법적으로 사실상의 통일국가를 실현한다. 북한 위협관리를 해온 주한미군은 평화협정을 체결한 이후 평화유지군으로 역할을 조정하고, 1994년 철수 및 소환한 북한·중국 대표부가 판문점 군사정전위원회로 복귀하여 불안정한 정전체제를 복원하고, 평화협정 체결시 감시기구로 기능을 전환하면 평화체제를 이루어 사실상의 평화통일을 달성한 것이라고 주장한다.

통일부에 따르면 평화체제란 평화의 회복·유지와 관련된 제반 절차·원칙·규범·제도의 총체로서 이러한 요소들이 유기적으로 작동하는 구조이며, 평화체제 구축을 위해 실질적인 평화상태의 정착과 평화협정 등에 의한 법적인 전쟁 종결과 평화보장 장치를 마련하는 법·제도적 장치가 요구된다.[127]

외교부는 남북한을 비롯한 관련국 상호 간에 평화협정을 체결하여 공식적으로 전쟁상태를 종식함으로써 법적·제도적이고 실질적으로 한반도에 공고한 평화를 보장하는 상태를 한반도 평화체제로 개념화하고 있다.[128]

평화체제를 법적, 제도적으로 확립하기 위해서는 문서화한 평화협정 체결이 필수적이다. 참가국들이 자국 의회의 비준을 거쳐 발효한 후, 이를 유엔 사무국에 기탁(deposit)함으로써 국제법적 효력을 발휘할 수 있다. 평화협정 당사국인 남·북·미·중 간 한반도의 통일은

---

[127] 정경영, 『통일한국을 향한 안보의 도전과 결기』(서울: 지식과감성, 2017), pp.299-306; "평화체제, 평화정착, 평화협정? 통일부, 주요 개념 정리,"《연합뉴스》, 2018년 4월 19일.

[128] 외교부, "한반도 평화체제," http://www.mofa.go.kr/www/wpge/m_3982/contents.do, (검색일: 2024. 8. 5).

분단된 조국의 재통일이라는 점에서 일반적인 국가통합과는 성격을 달리한다.

분단국이란 단일국가를 이루었던 역사적 경험이 있는 국가들이다. 분단국이라는 말에는 현존의 남북한 사회가 독립된 국가사회를 이루고 있다는 사실에 대한 인식이 전제된다. 남북한 사회는 676년 신라에 의한 삼국통일 이후 1945년 8월 15일까지 1250년 이상 하나의 사회를 이루어 왔다. 그러나 한반도가 38도선을 중심으로 미국과 소련 강대국의 분할점령에 의해 분단되었고 남북한이 하나되기 위한 노력이 좌절되면서 분단이 고착화했다. 분단국이라는 말에는 현존의 남북한 사회가 독립된 국가사회를 이루고 있다는 사실에 대한 인식이 전제된다.

통일에 대한 가장 보편적인 의미는 "두 개 이상의 주권적 행위 주체가 하나의 행위주체로 된 상태"[129]라고 정의할 수 있다. 좀 더 구체적으로 "일정 영역 내의 인간집단 내에서 개개 인간의 이해와 견해 차이를 평화적으로 조정하여 필요한 변경을 이룩할 수 있다는 믿음인 공동체의식(sense of community)이 구성원들 간에 형성되어 있고, 또한 이러한 기대를 성취할 수 있는 기구가 제도화되어 있는 상태"[130]를 말한다.

1.3 시사점

남북한 사회를 갈라놓은 것이 국제역학 정치의 산물이었기 때문에 다음과 같은 조건이 충족되었을 때 단일국가의 성립을 통해서 통일을

---

[129] John Galtung, "Structural Theory of Integration," *Journal of Peace Research*, vol.5, no.4 (1968), p.577.

[130] Karl W. Deutsch, *Political Community and the North Atlantic Area* (Princeton: Princeton University Press, 1957), p.5.

달성할 수 있다.

첫째, 한반도 내에는 주권을 가진 국가가 하나만이 존재해야 단일 주권국가로서 외교안보전략이 존재한다.

둘째, 남북한이 하나되는 길은 정치통합 이른바 체제통합이 이루어져야 한다. 한반도 내에 거주하는 외국 국적 보유자를 제외한 모든 사람은 하나의 국민을 형성하고 주권행사에 있어서도 거주지역에 관계없이 동등한 권한을 행사해야 한다.

셋째. 한반도에 살고 있는 모든 사람은 인간다운 삶을 살면서 행복을 추구하는 경제활동이 보장되는 사회이어야 한다.

넷째, 통일된 국가는 단일법 체계와 단일군대를 보유하여야 하며 법질서와 군대통합을 이루어야 한다.

다섯째, 통일된 국가는 사회문화적으로 공동체 의식을 갖고 문화의 동질성을 공유하는 국가이어야 한다.

여섯째, 모든 국민은 전 영토 내에 걸쳐 거주이전 및 통행의 자유를 가지는 국토공간의 통합을 이루어야 한다.

제2절 현실태 분석

통일외교안보전략을 개발하기 위해서는 신자유주의적 제도주의 이론과 원심력과 구심력 이론에 입각해 글로벌, 한반도, 한국 국내 차원에서 한반도 평화와 통일을 위한 활동을 평가해 볼 필요가 있다. 또한 베트남전쟁을 종결하는 파리평화협정과 아프간전쟁을 종결하는 도하평화협정 사례를 분석하여 6·25전쟁의 불안정한 정전협정을 항구적인 평화협정으로 전환하는 데 시사점을 찾고자 한다.

2.1 평화통일 추진 현실태

2.1.1 국제차원 한반도 평화와 통일 활동

한반도 평화와 통일을 위해서 유엔, 남·북·미·중 4자회담, 남·북·미·중·일·러 6자회담, 한·중·일 정상회담 및 3국 협력사무국 등을 재조명해보고자 한다. 한반도의 전략환경 평가를 통해서 한반도 통일에 기여할 수 있는 협력과 공존질서를 구축하기 위해서 어떠한 전략이 필요한가를 논의하고자 한다.

2.1.1.1 유엔의 한반도 평화와 통일 활동

유엔이 한반도 평화와 통일을 위해 전개했던 활동을 복기해 보고자 한다. 유엔은 안보리 결의에 의해 유엔군사령부를 창설하여 6·25전쟁에 참전, 한국을 지켜주었고, 현재까지 존속하면서 한반도 정전체제를 관리하고 있다.[131]

유엔은 창설 초기부터 한반도 문제에 깊숙이 관여해 왔다. 유엔은 대한민국 정부 수립의 산파역을 담당했다. 유엔총회 결의에 따라 한국에 파견된 유엔한국임시위원단(UNTCOK, UN Temporary Commission on Korea) 참관 하에 총선거를 통해 1948년 8월 15일 대한민국 정부를 수립하였다.[132]

1950년 6월 25일 북한의 남침 공격에 대해 유엔 안보리는 "적대 행위의 즉각 중지와 북한군의 38선 이북으로의 즉시 철수"를 요구하

---

[131] 정경영, 『피스 크리에이션: 한미동맹과 평화창출』(파주: 한울, 2020), pp.295-298.
[132] 박인국, "국제연합과 통일외교," 통일외교아카데미, 2016. 4. 25.

는 결의안 제82호를 채택하였다. 6월 29일에는 "유엔 회원국들이 대한민국에 대한 무력 침공을 격퇴하고 이 지역의 국제평화와 안전을 회복하는데 필요한 원조를 제공할 것"을 권고하는 결의안 제83호에 이어, 7월 7일에는 회원국들이 제공하는 병력 및 기타의 지원을 통합군사령부(A Unified Command, 유엔군사령부) 하에 두도록 권고하고, 미국이 통합군사령관을 임명할 것을 요청하는 결의안 제84호를 채택하였다.

1950년 10월 7일 열린 제5차 유엔총회는 6·25전쟁으로 폐허가 된 한국의 재건과 함께 독립된 통일민주정부 수립을 위해 유엔 한국통일부흥위원단(UNCURK, UN Commission for the Unification and Rehabilitation of Korea) 설치를 결의했다.

1953년 열린 제8차 유엔총회는 한국문제의 평화적 해결을 위해 정전협정 제60조[133]에 명시한 정치회담을 추진하여 1954년 4월 26일 스위스 제네바에서 한반도 평화·통일을 협의하기 위한 정치회담을 개최하였다. 그러나 제네바 정치회담은 7월 21일 외국군 철수 및 정치체제를 둘러싸고 결렬되어 한반도 문제는 다시 유엔총회로 환원되었다.

1956년 열린 제11차 유엔총회는 1954년 12월 11일 채택한 결의를 통하여 한국에서 유엔의 목적이 평화적 방법에 따라 대의제 정부형태로 독립된 통일민주국가를 수립하고, 이 지역에 국제평화와 안전을

---

133 정전협정 제60조: 한국문제의 평화적 해결을 위하여 쌍방 군사령관은 쌍방의 관계 각국 정부에 정전협정이 조인되고 효력을 발생한 후 삼개월내에 각기 대표를 파견하여 쌍방의 한급 높은 정치회의를 소집하고 한국으로부터의 모든 외국군대의 철수 및 한국문제의 평화적 해결문제들을 협의할 것을 이에 건의한다.

완전히 회복하는 데 있음을 재확인하였다.

이후 유엔총회는 매년 제출되는 UNCURK 연차보고가 차기 총회 의제에 포함됨으로써 매년 한국문제를 협의하게 되었다. 1958년 제11차 유엔총회는 대한민국 대표를 단독 초청, 토의에 참석시킨 가운데 ① 유엔 감시하 ② 인구비례에 의한 ③ 남북 총선거를 골자로 하는 통일한국 결의안을 11월 14일 가결하였다.

1975년 제30차 유엔총회는 남북한 측의 제안이 동시에 통과되었다. 한국은 남북대화의 계속 촉구, 휴전협정 대안 및 항구적 평화보장 마련을 위한 협상 개시안을 제안하였고, 북한은 유엔군사령부의 무조건 해체, 주한 외국군 철수, 휴전협정을 평화협정으로 대체할 것을 제안하였다. 남북한의 제안은 9월 22일 총회에서 동시에 통과됨으로써 유엔의 한국문제 해결에 한계가 있음을 보여 주었다.

그 이후 유엔은 한반도에서 발생한 돌발사태에 대해 협의, 결의안을 채택하여 한반도의 긴장완화와 평화정착을 위해 노력해왔다. 1983년 9월 1일 대한항공 007기가 소련전투기에 의해 격추된 사건, 1983년 10월 9일 아웅산 묘역 암살폭발사건, 1987년 11월 29일 대한항공 858기의 미얀마 근해에서 실종 폭파사건, 2006년 10월 9일 북한의 1차 핵실험 이후 지속적인 핵실험과 장거리 미사일시험 발사로 한반도는 물론 국제평화에 도전하는 북한에 대해 유엔 안보리 결의안을 통해 경제·외교 제재를 취해 왔다.

그러나 유엔안보리에 균열이 발생하고 있다. 중러는 2021년 10월 대북 제재 완화 결의안을 제출한 데 이어 러시아는 2022년 5월 27일 중국과 함께 유엔 사상 처음으로 거부권을 행사해 대북 제재 결의안을 무산시켰다. 이어 러시아는 2024년 3월 유엔 대북 제재의 전문가 패널

연장에 대해 거부권을 행사했다.

2017년 유엔의 펠트먼(Jeffrey Feltman) 사무차장은 12월 5-9일 평양을 방문하여 평창동계올림픽 참가를 요청했고, 김정은 위원장과 만날 용의가 있다는 트럼프 대통령의 메시지를 전달했다.[134]

최근에는 한반도 문제에 대한 결의를 채택할 수 없는 사례들이 속출함에 따라 유엔 안보리를 통해 통일외교를 전개한다는 것이 쉽지 않다는 것을 알 수 있다.

2.1.1.2 남·북·미·중 4자회담과 남·북·미·중·일·러 6자회담

한반도 평화협정을 협의하는 남·북·미·중 4자회담이 1997-1999년 스위스 제네바에서 6차례 개최되었다. 평화협정 당사자 문제, 미군 철수문제, 평화체제와 동맹의 관계 등에 대한 관련국 간 입장차로 결렬되었다.

2005-2008년 남·북·미·중·일·러 6자회담을 추진하였다. 2005년의 9·19 공동선언을 통해 북한 핵 완전 폐기와 함께 관련 당사국들은 적절한 별도 포럼에서 한반도의 항구적 평화체제 협상에 합의하였다. 그러나 2008년 말 북한 측이 북핵 사찰단의 재입국을 허용할 수 없다고 선언하면서 6자회담이 결렬되었다. 결국 한반도의 항구적 평화체제를 협의하는 협상은 착수하지도 못했다.

---

[134] 구테헤르 유엔 사무총장이 백악관을 방문시 트럼프 대통령은 북한의 초청을 받은 펠트만 사무차장의 평양방문을 적극 권장했고, 자신이 김정은 위원장과 기꺼이 마주 앉겠다는 말을 북측에 전해줄 것을 요청했다. "Donald Trump takes control of the World: Part 3 Asia," BBC, Feb 20, 2021.

2.1.1.3 한·중·일 정상회담과 3국 협력사무국

2008년 1차 한·중·일 정상회담을 개최하여 "한·중·일 3자간 협력사무국의 구축을 위한 행동 계획에 합의"하였고 2010년 3차 한·중·일 정상회담을 통해 3국 정부는 "한·중·일 3자협력사무국(TCS, Trilateral Cooperation Secretariat) 설립에 관한 협정"에 합의하여 2011년 서울에 한·중·일 3국의 지속적인 평화와 공동번영, 문화 공유의 비전 실현을 목적으로 3국협력사무국을 설립하였다.[135] 코로나-19와 한·중·일관계가 악화하면서 중단되었던 한·중·일 정상회담이 4년 5개월 만인 2024년 5월 27일 서울에서 열렸다. 이때 한·중·일 정상은 공동성명을 통해 "우리는 역내 평화와 안정, 한반도 비핵화, 납치자 문제에 대한 입장을 각각 재강조했다."[136]

미중 대립의 격화와 러시아의 우크라이나 침공 이후 북러 밀착 등의 정세변화가 한반도 문제에 대한 한일과 중국 간의 입장 차이를 보여주고 있다. 중국의 북한 감싸기가 예전 보다 심해졌다는 방증이다. 5월 26일 서울에서 개최한 한중 간 고위급회담에서 한중 외교안보 대화를 신설하기로 합의하였으며, 한일 간 정상회담에서도 양자 간, 3자 간 협력방안을 새롭게 모색함으로써 인도·태평양 지역의 평화와 번영에

---

[135] 사례로는 1975년 8월 1일 헬싱키 협정에 의해 유럽안보협력회의(Conference on Security and Cooperation in Europe, CSCE)를 설립하여, 탈냉전기인 1995년 1월 1일 유럽안보협력기구 (Organization on Security and Cooperation in Europe, OSCE)로 발전하여 유럽의 평화와 유럽(EU) 정치통합에 결정적 기여를 하고 있다.

[136] "한반도 비핵화, 5년 전보다 후퇴한 한·중·일,"《조선일보》, 2024년 5월 28일: 한·중·일정상회담에서 한·중·일FTA 가속화, 공급망 협력, 문화 관광 교육 분야 교류 촉진, 기후 변화 대응, 3국 질병통제 담당 기관 간 협력, 사기 마약 등 초국경 범죄단속을 위한 3국 경찰협력회의 추진 등에 합의했다.

힘을 모으자고 합의했다. 또한 한·중·일 협력사무국의 역량을 강화하고 3국이 다른 지역과 번영을 함께 모색하는 한·중·일+X협력도 확대하기로 했다.[137] 이러한 활동은 한반도 통일에 유리한 전략환경 조성에 기여하고 있다.

북한과 새로운 관계 조성으로 경제협력이 가능하게 된다면 그것이 한반도에 국한되지 않고 북한을 거쳐서 북방으로 이어갈 수 있다. 예컨대 우리 철도가 러시아나 중국의 철도와 이어져 유럽까지 갈 수 있는 철도협력이나 러시아의 천연가스가 배관을 통해서 북한을 거쳐 남쪽으로 내려오게 하는 에너지협력 등으로 우리의 경제영역이 북한을 지나 대륙 북방으로 뻗어가는 시대가 되면 한반도가 대륙과 해양을 잇는 물류 중심의 허브가 될 것이다. 이는 EU의 역사처럼 동북아 철도공동체와 에너지공동체가 다자안보체제로 발전해 통일로 다가가는 데 기여할 것이다.[138]

한·미·일 정상은 2023년 8월 18일 캠프 데이비드선언에서 "자유롭고 평화로운 한반도 통일을 지지한다"라고 선언하였다. 미국과 일본이 자유평화 통일한반도를 지지한다는 것은 통일외교의 성과이다.

---

[137] "한중 '외교안보2+2 대화' 만든다," "기시다 '라인은 보안문제' 尹 '외교사안 아니다'," 《조선일보》, 2024년 5월 27일: 윤 대통령은 "북한이 핵 개발을 지속하고 유엔 안전보장이사회 결의를 계속 위반하고 러시아와 군사협력을 지속하는데 중국이 안보리 상임이사국으로서 평화와 보루역할을 수행해달라고 북한 비핵화를 위한 중국의 역할을 주문한 것이다.

[138] 문재인, 『변방에서 중심으로 문재인 회고록: 외교안보 편』(서울: 김영사, 2024), pp.110-113.

2.1.1.4 주변국의 통일에 대한 인식

주변국은 한반도 통일에 대해 어떻게 생각하고 있을까. 미국은 한반도 통일을 위해서는 과거 외교정책의 오류와 실수에 대한 성찰에서부터 시작해야 한다고 주장한다. 일본의 한반도 식민지화를 허용한 미일 가스라-태프트밀약, 러시아의 한반도 남진을 차단하기 위해 38도선을 남북으로 분단한 결정 등 외교정책의 오류를 인정하고 이를 극복하기 위한 노력이 요구된다.[139]

중국은 2014년 한중정상회담 공동선언에서 "자주적 평화통일을 지지한다"고 천명했다. 무력통일이 아닌 평화통일, 외세개입이 아닌 자주통일, 흡수통일이 아닌 합의통일을 지지한다는 입장이다. 중국에 적대세력이 등장하는 것을 원치 않으며, 평화적 협상, 협력 및 상호 존중 하에 통일이 이루어지기를 바란다.[140]

일본은 한국의 통일에 대한 열망을 이해하고 있으며, 우려하는 점도 있다. 북한이 보유하고 있는 핵무기 폐기는 물론 한국도 핵무장을 하지 않아야 하며, 미국과 동맹을 유지하고 중국 또는 러시아와 동맹을 맺지 않고, 자유민주주의와 시장경제의 가치를 공유할 것이라는 확신이 설 때 통일을 지원하겠다는 입장이다.[141]

---

[139] Roland B. Wilson·박상중, "통일한국의 비전과 러시아," 한국글로벌피스재단 AKU교수협회 편, 『코리안드림&통일한국 비전과 국제협력』(서울: GDC Media, 2023), pp.101-130.

[140] Chen Xuili·이창형, "통일한국의 비전과 러시아," 한국글로벌피스재단 AKU교수협회 편, 『코리안드림&통일한국 비전과 국제협력』(서울: GDC Media, 2023), pp.131-156.

[141] 권태환·이즈미 가스시게, "자유통일한국과 일본," "통일한국의 비전과 러시아," 한국글로벌피스재단 AKU교수협회 편, 『코리안드림&통일한국 비전과 국제협력』(서울: GDC Media, 2023), pp.157-190.

러시아는 한반도가 경제적 이득을 취할 수 있는 공간이므로 안보의 불안정성 해소가 급선무라고 본다. 통일한국 건설에 러시아의 지지를 이끌기 위해서는 경제협력이 무엇보다 중요하다. 평화통일에 있어서 평화체제, 주한미군 문제 등에서 러시아는 온건한 입장이다. 특히 주한미군은 중국의 팽창주의와 일본의 군국주의 부활을 견제하는 측면이 있어 전향적으로 인식하고 있다.[142]

2.2 남북관계 차원 통일활동

2.2.1 국제문제이자 민족 문제인 한반도 분단체제 성격

남북 간 통일을 위한 여정의 재조명을 통해 한반도 평화체제를 제도화하는 전략 개발의 시사점을 도출하고자 한다. 한반도 차원에서 남과 북은 1948년 8월과 9월 대한민국과 조선민주주의인민공화국을 출범시켰다. 북한은 6·25전쟁을 일으켜 한반도의 무력 통일을 시도했지만 실패하였고 전쟁으로 인명피해가 446만여 명에 달했으며, 남침으로 인한 분쟁과 갈등, 대결을 지속해왔다.

〈표 2-1〉 6·25전쟁 피해

국가		전사·사망	부상	포로·행방불명
한국	군인	137,899	450,742	32,838
	주민	사망 244,663 +학살 128,936	229,625	납치 303,212 + 행불 84,532
유엔군	군인	37,901 (미군 33,643)	103,460 (미군 92,134)	포로 21,700 + 행불 9,767

---

[142] 이주연·Alexandra Golubeva, "통일한국의 비전과 러시아," AKU교수협회 편, 『코리안드림&통일한국 비전과 국제협력』(서울: GDC Media, 2023), pp.191-214.

국가		전사·사망	부상	포로·행방불명
북한				(미군 3,737)
	군인	522,000	177,000	102,000
	주민	282,000		796,000
중공군		148,600	798,400	3,900
총계	4,466,625	1,353,399	1,759,277	1,353,949

출처: 박동찬, 『통계로 본 6·25전쟁』(서울: 군사편찬연구소, 2014).

　1972년 7·4남북공동성명, 1991년 남북기본합의서, 2000년 6·15공동선언, 2007년 10·4정상선언, 2018년 4·27판문점 선언과 9·19평양선언을 거두었다. 그러나 남과 북 간의 공동성명과 선언 합의의 일체가 이행되지 못하고 사실상 사문화되고 말았다.[143]

　남과 북은 공존과 평화 나아가 통일을 위한 합의를 하고도 왜 약속을 지킬 수 없었을까. 한반도 분단체제의 기본성격이 강대국과 우리 민족이 연계된 국제문제이며 남과 북의 대결과 갈등 역시 이념 정치대결이라는 측면이 있기 때문이다. 국가 간 갈등과 대결의 본질은 외교문제이자, 민족 내부 사이 정치대결의 문제다.

　남북관계사를 되돌아볼 때 남북이 배타적인 통일론을 내세우면서 대결과 갈등을 벌였고 무력으로 통일을 기도하였으며 간헐적으로 평화와 공존의 길을 모색할 때도 있었다. 남북이 대결과 충돌보다 평화공존의 길을 모색한 것은 남북관계의 본질이 변했기 때문이 아닌 그 당시의 국제적 상황의 압박과 국내정치적 필요성이 동시에 작용했기

---

[143] 최완규, "남과 북 공존, 그 한계와 가능성," 경남대학교 극동문제연구소 및 북한대학원대학교 공동 포럼, 「한반도의 통일담론: 과거, 현재 그리고 미래」, 2024년 5월 21일 북한대학원대학교.

때문이다.

7·4남북공동성명이 나오게 된 것은 닉슨 독트린과 미중 데탕트라는 국제정치지형의 급격한 변화에 대한 대응과 국내의 정치적 필요성 때문이었다. 공동성명 이후 남북한은 모두 헌법을 개정하여 남한은 유신체제를, 북한은 수령 유일지도체제를 출범시킨 데서 알 수 있듯이 적대적 공존의 부산물이었다.

1991년 남북기본합의서도 북한의 입장에서 소련의 붕괴와 중국의 체제전환으로 소련·중국과 동맹체제가 약화했고, 반면에 한국은 소련, 중국과 수교가 이루어졌는데 북한은 미국, 일본과 관계개선이 요원한 고립무원의 상황에서 남북관계 개선을 통해 체제 존속을 위한 수단으로 남북대화를 이용한 측면이 있다.

그 이후 남북 간의 화해와 평화공존을 약속했던 6·15공동선언, 10·4정상선언, 4·27판문점선언, 9·19평양선언은 모두 진보정부 시기 체결한 합의문이었다. 북한의 주된 목적은 남한으로부터 경제적 지원과 미국으로 가기 위한 징검다리로 활용한 것이었다.

한반도 안정과 평화를 위한 세력 균형의 주체가 남과 북이 아니라 미국과 북한이라는 모순된 현상에 있다. 한국이 북한의 핵위협과 이에 대응하는 미국의 핵우산이라는 두 개의 조건 아래서 생존하고 있다는 점, 그리고 이 조건으로 인해 한국군에 대한 작전통제권을 미군이 행사하고 있다는 모순이다. 이는 2019년 6월 30일 판문점 남·북·미 정상 간 회동에서 실내(북한과 미국)와 실외(한국)의 모습이 한반도 안보구조의 실상을 그대로 보여주고 있다.[144]

---

[144] 송민순, "한국의 안보 전략과 핵 균형, 그리고 통일," 경남대학교 극동문제연구소 및 북한대학원대학교 공동 포럼, 「한반도의 통일담론: 과거, 현재 그리고 미래」,

2.2.2 남북한 국내 차원

북한은 남북 정상회담의 합의와 공동선언을 식은 죽 먹듯 파기해버리고 한국도 정권이 바뀌면 무시해버리는 것이 다반사였다. 북한은 2023년 12월 26일부터 12월 30일 개최된 당중앙위 제8기 제9차 전원회의를 통해서 "남북관계를 동족관계가 아닌 교전 중인 적대국으로 규정하면서, 남조선의 대북정책, 통일정책 공통점은 한국이 북한의 정권붕괴와 흡수통일, 자유민주의체제 하의 통일 기조를 그대로 이어왔다"고 평가하면서 "하나의 민족, 하나의 국가, 두 개 제도에 기초한 우리의 조국통일 로선과 극명하게 상반되는 것으로 대한민국 것들과는 그 언제가도 통일이 성사될 수 없다"고 하였다.[145]

남조선 전 영토를 평정하기 위하여 대사변을 독려하고 있다. 통일을 포기한 것이 아니다. 동족인 한국에 핵공격을 할 수 없는 것이 아닌가. 핵전쟁을 감행하기 위한 명분으로 남북관계를 교전중인 적대국으로 규정함으로써 무력으로 적화 통일하겠다는 것이다.

북한은 세계질서가 다극화되어가는 것을 기회요인으로 활용하여 러시아와 중국에 더욱 밀착하고 있다. 남한과 더 이상 관계 정상화로부터 오는 거래적 편익은 없다고 판단하고 있다. 핵개발에 따른 대북제재와 코로나로 경제위기가 왔고 주민 불만이 고조되자 사상통제와 함께 시장을 억압하고 있다.

한편, 한국 내 대북인식과 대북정책을 둘러싼 진영 간, 세대 간 갈등은 좀처럼 합의를 이끌어내지 못했다. 남북정상 간 합의사항에 대해

2024년 5월 21일 북한대학원대학교.
145 "조선로동당 중앙위원회 제8기 제9차전원회의 확대회의 소집," 《로동신문》, 2023년 12월 27일.

국회에서 비준을 못했던 것도, 야야 합의의 대북성명이 거의 없었던 것도 보수·진보 진영 간 합의가 없었다는 것을 방증한다.

또한 통일에 대한 국민의식 변화에서 알 수 있듯이 통일에 대한 관심이 현저히 약화하고 있음을 알 수 있다. 서울대 통일평화연구원이 2007년부터 조사한 통일 필요성에 대한 국민 인식의 변화를 살펴보면 통일이 필요한가에 대해 필요하다는 응답자는 2007년 63.8%에서 2024년 조사에서 역대 최저치인 36.9%로 하락하였으며, 필요하지 않다는 15.1%에서 35.0%로 상승하였다. 최근 이와 같은 부정적 인식은 2-30대 젊은 세대에 확연한 바 통일이 필요하다는 비중은 20대는 22.4%, 30대는 23.8%로 불필요하다는 비중은 20대는 47.4%, 30대는 45%로 하락 추세이다.[146]

2.3 윤석열 정부의 새로운 통일미래 비전

윤석열 대통령은 30년 전 김영삼 정부 시절 내놓은 화해·협력-남북연합-통일국가 완성 3단계 민족공동체 통일방안을 계승하면서 2024년 광복절 경축사에서 자유통일로 광복을 완성하는 8·15통일 독트린을 발표하였다. 3대 통일 비전으로 ① 자유·안전 보장, ② 창의·혁신으로 도약, ③ 세계평화·번영에 기여, 3대 통일 추진전략으로 ① 자유의 가치관과 역량 배양, ② 북 주민 자유통일 열망 촉진, ③ 통일한국 국제적 지지확보, 7대 통일 추진방안으로 ① 통일 프로그램 활성화 ② 북한 인권 개선을 위한 다차원적 노력 전개 ③ 북한 주민의 정보접

---

[146] 서울대 통일평화연구원, 「2023 통일의식 조사」(2023), pp.32-33; "서울대 통일평화연구원 2024년 통일의식 조사, 통일은 헌법적 가치지만 MZ세대는 이미 '반통일'이 주류,"《중앙일보》, 2024년 10월 24일.

근권 확대 ④ 북한 주민의 생존권 보장을 위한 인도적 지원 ⑤ 북한이탈주민의 역할을 통일 역량에 반영 ⑥ 남북 당국 간 대화협의체 설치 ⑦ 국제 한반도 포럼 창설을 제시하였다.[147] 8·15통일 독트린을 이행하기 위해 대통령실 국가안보실에 태스크포스를 발족하였다.

한편, 자유민주주의와 시장경제의 한국이 수령체제와 사회주의 통제경제를 택한 북한에 비해서 압도적 우위의 국력을 보이고 있는 것은 앞으로의 통일이 자유민주주의·시장경제체제로 나가야 함을 시사해 준다.

〈표 2-2〉 남북한 국력비교

구분	한국	북한	비율
GDP	1조 6466억 달러	280억 달러	59:1
GNI	3만 2,046 달러	1,700달러	19:1
무역	1조 4,520억 달러	32억 5천만 달러	446:1
인구	5,196만 명	2,607만 명	2:1
군병력	50만 명	128만 명	1:2.2
국방비	450억 달러	33억 5천만달러	13:1

출처: 대한민국 국방부, 『국방백서 2022』(서울: 국방부, 2022); *CIA, The World Factbook 2024-2025* (Washington, D.C: CIA, June 2024); Global Firepower, "2024 World Military Strength Rankings," https://www.globalfirepower.com/countries-listing.php#google_vignette, (검색일: 2024. 10. 1); IISS, *2024-2025 Military Balance* (London: Routledge Taylor & Francis Group, 2024); 2024년 한국의 국방비는 59조 400억 원이다.

균형있고 건전한 통일관을 갖추기 위해서는 북한 주민들이 처한 실상에 대한 올바른 이해가 전제되어야 한다. 이를 위해 정부는 북한

---

[147] "자유통일로 광복완성 8·15 통일 독트린," 《조선일보》, 2024년 8월 16일.

당국이 선전하고 있는 북한의 모습이 아니라, 탈북민들이 직접 겪은 객관적이고 구체적인 실상을 우리 국민과 국제사회에 적극 공유하는 것이 필요하다. 대상별·주제별로 북한 실상을 알릴 수 있는 다양한 기회를 마련하고, 보다 친숙하게 다가갈 수 있는 맞춤형 콘텐츠를 개발해 나가야 할 것이다.

한반도 통일에 대한 주요국들의 지지와 협조를 이끌어내고 국제사회와 공감대를 형성하는 통일외교도 중요하다. 자유·민주·인권에 기반을 둔 통일 비전과 정부의 대북정책에 대한 국제사회의 공감대와 지지를 확산시킨다. 한반도국제협력플랫폼 발족을 추진하는 것으로 북한 문제가 이미 국제 문제화된 상황에서 국제사회를 상대로 한반도 통일의 필요성과 관련국의 지지와 협력을 구하는 작업도 필수적이다. 통일부에서는 미국, 일본, 베트남, 영국 등 한반도 관련국과 분단 경험국을 포함한 8개국 국민 약 9,000명을 대상으로 하는 글로벌 통일인식 조사를 하고 있다.[148]

정전체제를 평화체제로 단계적으로 전환한다. 1단계는 불안정한 정전체제를 정상화시킨다. 1994년 철수·소환했던 북한·중국 대표부를 판문점 군사정전위원회로 복귀하여 유엔사와 함께 정전협정 이행을 감시한다. 남북한 군사적 신뢰구축과 군비통제, 미북·북일 국교정상화, 주한미군 문제 등에 합의 후 2단계 남·북·미·중이 한반도평화협정을 체결하여 적대관계 및 전쟁상태의 해소와 평화상태를 회복하고, 상호불가침 및 무력행사를 포기하며, 경계선의 상호존중과 비무장지대를 평화지대로 전환한다. 군정위를 국제평화감시기구로 전환하며,

---
[148] "대통령, 광복절 축사—통일 위한 '국제협력 플랫폼' 제안 검토," 《중앙일보》, 2024년 8월 14일.

주한미군은 북한 위협관리에서 평화유지 및 역내 안정자 역할로 조정한다.

2.4 베트남종전 파리평화협정과 아프간종전 도하평화협정

2.4.1 파리평화협정

1973년 1월 25일 미국은 베트남전쟁 종식을 선언한다. 1월 27일 파리에서 미국, 남베트남, 북베트남, 베트콩은 평화협정(Paris Peace Accords)을 체결하여, 외국군은 50일 이내에 철수한다는 합의에 따라 3월 29일 주월 미군과 한국군 등 외국군은 완전 철수하게 된다.

"베트남에서 종전과 평화 회복을 위한 합의(An Agreement on Ending the War and Restoring a Peace in Vietnam," 일명 파리평화협정은 "남베트남임시혁명 정부(베트콩)의 동의하에 베트남민주공화국 정부(북베트남)와 베트남공화국 정부(남베트남)의 동의하에 미합중국 정부는 베트남 인민의 민족적 기본권과 남베트남 국민의 자결권을 존중한다는 기반 위에, 아시아와 세계의 평화를 공고히 하는 데 기여하기 위해 베트남에서 전쟁을 종결하고 평화를 회복하기 위해 아래 사항에 합의하고 이를 이행한다."[149]

파리평화협정 주요 내용은 ① 미국과 모든 관련국은 베트남의 독립, 주권과 영토를 존중한다. ② 1973년 1월 27일 24:00시를 기해 현 위치에서 휴전하고, 미국은 군사개입을 중단하며, 평화협정 체결 이후 50

---

[149] "Paris Peace Accords," https://en.wikipedia.org/wiki/Paris_Peace_Accords, (검색일: 2024. 5. 17), 서명자: 주월남미국대사, 미 국무부장관, 베트남공화국 외교부장관, 남베트남임시혁명정부 외교부장관, 베트남민주공화국 외교부장; UN. *United Nations Treaties Series 1974*, vol.935, no.13295 (1977), pp.6-17.

일 이내에 외국군을 철수한다. ③ 남베트남은 국제감독하에 진정으로 자유롭고 민주적 총선거를 통해 남베트남의 정치적 미래를 스스로 결정한다. ④ 평화적 수단에 의한 통일원칙에 합의하고 북위 17도선을 잠재적인 영토 및 정치분계선으로 획정한다. ⑤ 평화협정의 국제적 보장을 위해 군사공동위원회, 국제감시통제위원회를 설치하고, 이와 관련한 국제회의를 개최한다.[150]

베트남전쟁을 종결짓는 파리평화협정 체결 이후 어떠한 상황이 벌어졌는가를 일별하면 우리에게 반면교사가 아닐 수 없다. 북베트남이 파리평화협정을 파기하고 무력으로 남베트남을 점령함으로써 파리협정은 왜 유명무실한 협정이었는가를 살펴보는 것은 한반도평화협정 체결에 중요한 시사점이 될 것이다.[151]

2.4.2 도하평화협정

2020년 2월 29일 미국과 탈레반 간 도하(Doha)에서 체결한 아프가니스탄 평화협정(Agreement for Bringing Peace to Afghanistan between the Taliban and the United States of America)도 한반도 평화협정을 추진하는 데 중대한 시사점을 준다. 미군을 포함한 외국군 철수, 아프간 영토 침범 금지, 아프간 정부와 탈레반 간 평화협상 추진 등을 골자로 평화를 여는 협정을 체결하였다.[152]

---

150 "Paris Peace Accords," https://en.wikipedia.org/wiki/Paris_Peace_Accords, (검색일: 2024. 5. 4).
151 정경영, 『피스 크리에이션: 한미동맹과 평화창출』(파주: 한울, 2020), pp.205-207.
152 "Agreement for Bringing Peace to Afghanistan between the Islamic Emirate of Afghanistan which is not recognized by the United States as a state and is known as the Taliban and the United States of America," February 29, 2020,

탈레반은 2021년 8월 15일 도하평화협정을 유린하고 카불을 점령하자 미군은 8월 28일까지 12만 명의 미군과 미국 시민이 철수하였다.

2.5 한반도 안보환경 평가

한반도의 전략환경은 지극히 불안정하고 불확실한 상황이다. 미중 패권경쟁은 군사, 경제, 무역, 기술, 사이버 영역으로 확대, 심화되고 있다. 북·중·러 대 한·미·일 간 신냉전구조가 부상하고 있다. 좀처럼 종식될 것 같지 않은 러시아-우크라이나전쟁과 이스라엘-하마스분쟁이 세계질서를 요동치고 있다.

중국의 시진핑은 통일을 위해 무력수단도 배제하지 않겠다고 선언하면서 타이완해협의 긴장이 고조하고 있다. 북한의 증대된 핵능력과 끊임없는 미사일 시험 발사는 한국의 안보를 위협하고 있으며, 북러 간 밀착이 심상치 않다.

김정은은 2023년 12월 당중앙위 제8기 제9차 전원회의를 통해서 남북관계를 동족관계가 아닌 교전 중인 적대국으로 규정하면서 핵을 운용하여 남조선 전 영토를 평정하기 위한 대사변을 독려하고 있다. 따라서 무력 침공의 가능성을 배제할 수 없다는 차원에서 전면전 발발 시 승리할 수 있는 군사전략과 외교안보전략을 수립할 필요가 있다.

2.6 북한 급변사태 가능성 판단

한편, 북한 급변사태와 연계하여 북한 붕괴론이 끊임없이 논의되곤 했다. 급변사태는 문자 그대로 매우 빠른 시간 내에 근본적인 변화를

---

https://www.state-Peace-to-Afghanistan-02.29.20.pdf, (검색일: 2024. 5. 25),

초래하는 대규모의 상황을 일컫는다. 그런 의미에서 예측하지 못할 깜짝 놀랄만한 사건이라 해도 근본적인 변화와 연계되지 않으면 급변사태로 볼 수 없다. 반면 근본적인 변화가 발생하는 중요한 사태라 하더라도 사전에 충분히 예측 가능한 점진적 변화일 경우에도 급변사태로 규정할 수 없다.[153] 또한 핵개발에 따른 대북 제재와 코로나로 경제위기를 겪으면서 주민불만이 고조되고 한국문화 유입을 차단하기 위해 사상통제를 강화하고 있다. 장마당 폐쇄 등 시장 억압은 주민들의 폭동을 일으킬 가능성을 배제할 수 없는 상황이다.

북한은 2019년 2월 28일 하노이 북미 정상회담이 결렬된 후 문재인 정부를 강하게 비판하며 공격했다. 2020년 6월 16일에는 개성에 있는 남북공동연락사무소를 폭파하고, 반동사상문화배격법과 청년교양보장법, 평양문화어보호법 등 반한류법을 잇따라 제정했다.

북한의 급변사태에 대한 정확한 인식이 필요하다. 첫째, 정권 또는 정부가 무너지는 것. 둘째, 체제 또는 정치경제구조가 무너지는 것. 셋째, 국가가 무너지는 것. 이를 북한에 적용하면, 김정은 정권의 붕괴, 사회주의 체제의 붕괴, 조선민주주의 인민공화국의 붕괴로 분류할 수 있을 것이다.[154]

1994년 7월 8일 김일성의 사망, 1990년대 중후반 수십만의 아사자 발생, 2011년 12월 17일 김정일 사망에도 급변사태는 발생하지 않았다고 치부할 수도 있으나, 북한경제가 최악이고 민심이 흉흉한 상황에서 사건이 발생하면 걷잡을 수 없는 상황으로 확대할 가능성을 배제할

---

153 유호열, "정치·외교 분야에서의 북한 급변사태," 박관용 외 『북한 급변사태와 우리의 대응』(서울: 한울 아카데미, 2007), p.20.
154 정지웅, "북한 붕괴론 논쟁 탐구," 『통일과 평화』, 제9집 1호(2017).

수 없다.

　김정은 유고 사태가 벌어져 핵미사일 통제불능사태가 발생하거나, 반군이 쿠데타를 일으켜 북한 인민군과 유혈 충돌이 발생하는 경우, 억압과 빈궁으로 고통당하는 민중의 폭동이 발생할 경우, 2024년 7월 25일부터 29일까지 압록강 유역에 발생한 집중홍수보다 더 큰 재해가 발생할 경우, 백두산 화산이 폭발하여 이재민이 발생하거나 영변핵시설이 붕괴되어 방사능 누출 등 재난이 발생할 경우를 상정하는 이유는 만에 하나 발생에 대비, 대응책을 마련할 필요가 있기 때문이다.

2.7 시사점

　자유평화 통일한국을 건설하기 위한 노력을 집중한다. 동시에 엄중한 안보 상황을 고려할 때 북한의 남침 시 조기 반격하여 승리, 통일한국·문명공동체를 실현하는 통일방안도 고려를 해야 한다. 북한의 내부에서 급변사태가 발생할 때 어떻게 개입해서 평화를 구축하고 통일한국·문명공동체를 건설할 것인가도 준비해야 한다.

　베트남전쟁을 종결하는 파리평화협정이나 아프간전쟁의 도하평화협정이 지켜지지 못한 다음과 같은 원인을 규명해 대비책을 마련하는 것은 한반도 평화협정을 체결하는 데 시사점이 크다.

　베트남평화협정의 경우 국제통제감시위원회가 파리평화협정을 이행하는 감시기구였으나, 협정을 파기하고 공세작전을 전개하는 북베트남에 대해 전혀 통제력을 발휘하지 못했다. 미 의회의 비준은 없었다. 평화협정을 체결하고 미군이 베트남에서 철수한지 2년 만에 북베트남은 무력으로 적화통일을 감행했을 때 미국은 개입하지 않았다. 스스로 지킬 의지가 없었고 전략도 부재하였으며, 부패한 남베트남 정권의 붕괴는 당연한 것이었다.

아프간전쟁의 중간평화협정을 위반한 탈레반이 카블을 점령하자 미군을 철수시킨 후 바이든 대통령의 대국민 연설의 메시지는 시사적이다. "아프간 대통령까지 도주하고 7만5천 명의 탈레반보다 4배가 많은 30만 명의 아프간 정부군이 카불을 지키지 못했다. 스스로를 지킬 의지가 없는 아프간 정부군을 대신해서 우리가 싸울 명분도 이유도 없었다."[155]

파리평화협정이나 도하평화협정도 미국과 북베트남 간에 미국과 탈레반 간에 평화협상이었고 합의된 평화협정에 대해 남베트남과 아프간 정부는 추인했을 뿐이다. 따라서 한국은 평화협정 체결 당사자로서 처음부터 협상에 참여해야 한다.

미군 문제에 대한 합의가 없으면 평화협정은 평화체제 구축에 실효적 역할을 할 수 없다는 교훈을 인식해야 한다. 평화협정을 체결한 이후 북한이 평화협정을 유린하지 못하도록 미군이 평화유지군으로 주둔해야 한다. 또한 주한미군이 철수하게 되면 힘의 진공이 발생한 한반도를 장악하기 위한 주변국의 전쟁을 예상할 수 있기 때문에 전쟁을 억제하는 지역 안정자 역할 차원에서 주한미군의 지속 주둔은 중요하다. 독일 통일 이후에도 미군이 주둔함으로써 전쟁을 억제하는 역할을 수행하는 것처럼 한반도평화협정 체결이나 통일 이후에도 미군이 지속 주둔하는 것은 한반도 평화뿐만 아니라 동북아의 평화와 안전을

---

[155] The White House, "Remarks by President Biden on the End of the War in Afghanistan," Aug 31, 2021. 20년 동안 지속된 아프간전쟁에서 미국은 연인원 80만 명이 참전하였고 전사자 2,461명, 중상자 20,744명의 희생과 매일 1500만 달러, 20년 아프간 전쟁에 2조달러의 전비를 사용하였다.

위해서도 유의미하다.

　지역 내 갈등과 대립의 신냉전구조 전략환경을 한반도 통일에 유리한 평화와 공존의 질서로 전환하기 위한 우리의 외교노력도 요구된다. 서울에 설치 운용하고 있는 한·중·일 3국협력사무국을 미국, 러시아, 북한까지 확대, 참여하는 동북아안보협력기구로 발전시킬 필요가 있다.

　남북 정상 간 합의사항이 준수되지 않은 것은 한국의 국회 비준과 북한의 노동당 전원회의의 비준이 없었기 때문이다. 남북 정상간 합의사항에 대한 국회 비준이 요구된다. 한국은 국내적으로 통합, 상생, 협치의 정치를 해야 한다. 그래야 다른 길을 걸어왔던 북한 주민을 포용하면서 새로운 통일한국을 건설할 수 있다.

　견고한 한미동맹 하에서 긴밀한 한미공조를 하면서, 힘을 통한 평화와 강한 국방과 함께, 다른 한편으로는 북한과 신뢰구축을 위한 정치·군사대화를 재개한다.

　한국이 국제사회와 공조하면서 그 공조 대열에 이탈해 남북 간에만 뭔가 이루어낼 수는 없다. 국제제재가 미치지 않는 범위 안에서 작은 성과들을 낼 수 있지만, 국제제재가 해제되고 미북관계를 정상화해야 평화협정을 체결할 수 있고, 그래야 북한도 핵 없이 체제 안전을 보장받을 수 있다.[156]

---

[156] 문재인, 『변방에서 중심으로 문재인 회고록: 외교안보 편』(서울: 김영사, 2024), pp.47-48.

제3절 통일외교안보 추진 방안

지금까지 논의한 내용을 기초로 통일외교안보 추진전략을 논의하고자 한다, 주변국과 양자 및 유엔 등 다자 대상 통일외교를 어떻게 전개할 것인가를 고찰하고자 한다. 이어서 북한이 무력적화통일을 기도할 때 어떻게 응전하여 자유통일한국을 건설할 것인가를 살펴보고자 한다. 북한 급변사태 발생 이전, 중, 후에 국제협력을 통해서 북한에 개입, 안정화 시켜 통일로 전환할 것인가를 알아보고자 한다.

3.1 양자 및 다자 통일외교전략

3.1.1 양자 통일외교전략

3.1.1.1 대미 통일외교

한반도의 전쟁억제와 경제발전에 기여한 한미동맹은 남·북·미 신뢰구축과 공동번영에 기여하는 동맹으로 거듭나야 한다. 한미동맹은 한반도 평화유지와 통일을 위한 기제로서 역할을 담당해야 한다.[157]

한반도 안보, 평화, 통일로 나아가기 위해서는 북한 비핵화와 통일 프로세스를 연계하여 추진한다.[158] 1단계 남·북·미·중은 북핵 폐기 최종상태로 평화협정 체결에 대해 포괄적인 합의를 하고, 2단계 영변 핵시설 불능화 및 ICBM 폐기 시 경제제재 완화, 평화협상 및 북미

---

[157] 정경영, "통일을 촉진하는 외교전략," 역사연구원 주최 <통일한국 건설 전략> 학술세미나, 2022년 10월 28일, 동두천 두레마을; 정경영, "한미정상회담과 동맹의 비전," 《중앙일보》, 2008년 4월 8일.

[158] 이상철, "북한의 군사력 증강과 한반도 군비통제의 방향," 2015 북한연구학회 특별학술회의, 2015. 12. 21, 대한상공회의소 의원회의실.

· 북일수교 회담을 개시하며, 3단계 모든 핵 및 장거리탄도미사일 폐기 시 대북 제재 완전 해제와 남·북·미·중 평화협정 체결, 북미·북일 수교를 추진한다.¹⁵⁹

통일을 위한 대미외교를 적극 전개하는 것이다. 미국에게 통일 한반도의 등장은 양국이 공유하는 보편적 가치를 북한지역까지 확산한다는 의미가 있다. 남·북·미 군사적 신뢰구축과 운용적·구조적 군비통제를 추진하고 남·북·미·중 간 평화협정을 체결하고 나면, 주한미군은 평화협정을 감시하는 평화유지군으로 주둔한다.

통일한국을 건설하기 위해 한미가 할 수 있는 역할이 무엇이 있는가를 한미정상회담, 한미안보협의회의, 외교·국방장관회담, 한미의원연맹 등 대화체를 이용, 논의하여 통일에 기여하는 일을 추진할 수 있을 것이다. 2023년 윤석열 대통령과 조셉 바이든 미 대통령은 한미동맹 70주년 기념 공동성명을 통해서 "한반도의 모든 구성원들을 위해 더 나은 미래를 만들어 나가기로 하고, 자유롭고 평화로운 통일 한반도를 지지한다"고 선언하였다.¹⁶⁰ 미국은 한반도 통일이 지역안정과 공동번영에 기여한다고 인식하고 있다. 미국은 북한의 무력통일을 불허한다. 평화통일 조건을 형성하고, 비핵화와 남·북·미·중 평화협상을 추진하며, 인도적 지원 및 재난구조작전을 수행한다.¹⁶¹

---

159 정경영, "트럼프 재집권시 안보정책 전망과 한국의 대비방향," 『군사논단』, 통권 제117호(2024년 봄).

160 The White House, "Leaders' Joint Statement in Commemoration of the 70th Anniversary of the Alliance between the United States of America and the Republic of Korea," April 26, 2023.

161 Roland B. Wilson and Park Sang-jung. "U.S. Foreign Policy toward the Korean Peninsula and Roles in Korean Unification," in Chung Kyung-young, Choi Yong-ho, and Chen Xiuli, eds., *Korean Dream & A Vision for a Unified Korea*

통일한국 내에서 미국에 대한 인식의 급격한 변화에 대한 우려를 불식하기 위해서는 한미동맹의 호혜성을 홍보하는 한편, 양국 간 사회, 교육, 문화적 교류를 강화해야 할 것이다. 미국의 WEST제도[162]를 한국도 추진하여 한미의 영 리더들이 서로를 알고 이해를 할 수 있는 인적 네트워크를 구축하는 것이 필요하다. 또한 주한미군전우회, 한미 친선협회, 학회, 싱크탱크 간 교류협력을 강화하면서 통일지지 세력을 확보할 수 있을 것이다.

미국은 북한의 기술관료 연수프로그램을 추진하고, 남·북·미·중 안보전문가를 초청하여 한반도 안보 워크숍을 주도하며, 다양한 사회문화교류를 통해서 신뢰 구축에 기여할 수 있을 것이다.[163] 개성공단을 재개하게 된다면 미국 다국적 기업의 참여를 권장할 수 있을 것이다.

3.1.1.2 대중 통일외교

한중관계는 2013년 이후 전략적 협력동반자 관계이다. 한중 경제의 상호의존성이 중요시되는 상황이다. 한국의 대중 안보협력 기조는 전략적 협력동반자 관계를 구현하기 위해 우선적으로 북한관리에 대한 공조체제 구축이다. 북한의 비핵화, 국지도발 억제, 개혁 개방의 유도, 백두산 화산 폭발 등 비군사적 분야의 우발사태 대비책을 강구해야 할 것이다.

---

and International Cooperation (Seoul: GDC Media. 2023).

[162] WEST(Work, English Study and Travel): 한미 대학생 연수취업 프로그램으로 대학생들을 대상으로 미국에서 4-5개월에 어학연수 후, 미국을 견학하는 제도이다.

[163] Roland B. Wilson, "Perception and Role of the U.S. towards a Unified Korea," in Chung Kyung-young, ed., A Vision for Unified Korea and International Cooperation (Seoul: Maebong Publisher, 2022), pp.215-229.

중국이 한미동맹의 파기를 기도하고 일본을 배제, 고립시키면서 한반도를 중국 중심의 질서에 편입시키려는 의도가 있다면, 이는 결코 용납할 수 없다. 북한의 위협이 소멸되지 않는 한 이러한 책략은 반중 감정을 유발하게 되어 양국관계가 더욱 멀어지게 될 것이라는 점을 주지시켜야 할 것이다.

한미 간 견실한 신뢰 하에 중국 부상이 현실이라는 사실을 인정하고 유연한 대중 전략을 병행 추진해야 한다. 중국의 변화를 활용해 국익을 증대할 수 있도록 중국과 다층적 협력관계를 구축, 강화하고 중국 정부와 중국인의 한국에 대한 인식과 이해를 긍정적으로 형성하고 발전할 수 있도록 정치·경제·사회적 네트워크를 구축해야 할 것이다. 중국도 한국이 미국의 대중국 포위망의 전진기지라는 지나치게 단순화된 인식의 틀에서 벗어나야 하며, 양국 간 경제적 이익의 균형뿐 아니라 군사·외교적으로도 교집합을 넓혀가는 노력이 긴요하다.[164]

2014년 7월 3일 서울에서 개최된 박근혜 대통령과 시진핑 주석 간 한중정상회담 공동선언을 통해 "남북이 대화를 통해 관계를 개선하고 화해와 협력을 해 나가는 것을 지지하며, 한반도 평화 통일에 대한 한민족의 염원을 존중하고, 궁극적으로 한반도 평화 통일이 실현되기를 지지한다"고 천명하였다.[165]

교류협력 강화방안으로 대통령실 국가안보실장과 외교담당 국무원 간 고위급 전략대화는 물론 외교·국방장관급 전략대화를 추진하며, 한국과 중국의 국방대, 각 군 대학 간 상호 군사위탁교육, 한중싱크네

---

[164] 윤영관, 『외교의 시대: 한반도의 길을 묻다』(서울: 미지북스, 2015), pp.210-224.
[165] "박근혜 대통령·시진핑 중국 국가주석 정상회담, '한·중 공동성명 전문'," 《기독신문》, 2014년 7월 3일.

트, 성우회와 중국 국제전략학회, 동아시아재단과 난징대 간 한중안보 포럼 등 Track 1.5 교류협력을 확대, 시행하는 것이다. 또한 한중 양자 간, 관련국과 다자간에 해로 보호를 위한 대해적 및 재난구조훈련과 중국의 공세적 해양대국화 전략을 견제하는 협력체제를 구축할 필요가 있다.

유념해야 할 것은 중국과의 안보 및 군사협력을 하는 과정에서 한국의 안보국방 인사들의 중국 접촉이 있기 전후에 미 측과 긴밀한 협의를 하는 것이 오해를 예방할 수 있다. 군사동맹국인 미국에게 우리의 공동 위협세력인 북한의 무력도발을 억제하고 비핵화를 위한 중국과의 안보협력임을 밝힐 필요가 있다.

대중 통일외교를 위해 중국에 대해서는 지속적인 경제발전을 위해서 통일 한반도가 얼마나 큰 실익을 줄 것인가를 실증적으로 제시할 수 있어야 한다, 통일된 한반도가 상대적으로 낙후된 동북 3성의 경제발전을 촉진하는 계기가 될 것임을 설득할 필요가 있다. 통일 한반도에 주한미군이 철수할 경우 힘의 공백이 발생하여, 한반도 패권을 장악하기 위한 주변국 간의 지역분쟁이 예상되며, 이를 예방하고 지역안정의 균형자로서의 역할을 고려할 때 주한미군의 지속 주둔이 필요하다는 것을 설득해야 할 것이다.

또한 주한미군이 평택기지로 재배치됨에 따라 더 이상 이북지역으로 진출을 허용하지 않을 것임을 분명히 밝힐 필요가 있다. 영유권 문제는 1962년 북중 간 체결한 변계조약을 준수할 것이라는 점을 강조하고, 통일한국과 중국 간의 유대를 강화하는 연결고리로서 조선족의 역할을 주지시킬 필요가 있다.

한편, 중국은 한반도 통일의 근본적 전제인 한반도의 위험한 정세를 관리하고, 정전협정의 서명 당사국이다. 한반도 비핵화와 평화협정 체결을 추진하자는 중국의 쌍궤병행(雙軌竝行) 제안은 유의미하며, 중국의 적극적인 역할을 기대할 수 있다. 중국은 남북한이 통일하겠다는 공감대와 결기를 주문하고 있으며, 남북 헌법상에 통일에 상충하는 제도적 장애물을 제거하고, 적대의식과 불신을 낮추기 위한 신뢰증진을 강조하고 있다. 북한은 초강경일변도를 중단하고, 남한은 초당적 공감대 형성이 중요하다는 것, 미중관계 완화에 더 큰 노력을 한국에 주문하고 있다.[166]

3.1.1.3 대일 통일외교

한일 간은 더 이상 과거사에 발목 잡히지 않기 위해서 일본은 퇴행적 역사관으로부터 통회(痛悔)와 겸양지덕(謙讓之德)의 정신으로 거듭나고 한국도 용서와 포용을 통해 상호존중과 보편적 가치를 함께 하는 우방으로 새롭게 미래를 열어가야 한다.

1998년 김대중 대통령과 오부치 게이조 일본 총리 간 '21세기 한·일 새 파트너십 행동계획'에서 "남북관계 개선 및 한반도의 평화와 안정 유지를 위한 협력과 한반도의 긴장완화와 항구적인 평화정착을 위한 남북대화의 중요성을 확인하고 남·북·미·중 4자회담을 통한 새 평화체제 수립의 중요성에 대한 인식을 같이 한다"고 천명하였다.[167]

---

[166] Bi Yingda. "Perception and Role of China towards a Unified Korea," in Chung Kyung-young, ed., *A Vision for Unified Korea and International Cooperation* (Seoul: Maebong Publisher, 2022), pp.236-242.

[167] "김대중 대통령과 오부치 게이조 일본 총리 간 한일 정상회담 공동선언, '21세기 한일 새 파트너십 행동계획'."《조선일보》, 1998년 10월 8일.

한일은 가까운 이웃으로 선택의 여지없이 영원히 같이 지내야 하는 숙명적인 관계임을 인식하고 우호협력관계가 상호이익은 물론 동북아 지역질서를 유리하고 안정되게 이끌어 가는 데 기여한다는 것을 인식해야 한다. 한일 양국은 경제, 정치, 안보, 문화, 교육, 스포츠 교류협력 확대는 물론 지자체 간 자매결연 확대, 북한의 핵미사일 위협에 따른 공조, 북한과 수교 이후 한반도 차원에서 한일관계 등을 위해 대승적 차원으로 발전시켜 나가야 할 것이다.

한편, 한반도 통일에 대한 일본의 적극적인 지지를 확보하는 것은 무엇보다 중요하다. 북한 재건을 위한 일본의 경제적 지원은 물론 통일한국과 일본 간 평화협력의 동반자관계는 통일한반도의 안보전략에서 중요한 함의가 있다. 이러한 측면에서 일본 정부가 2023년 8월 18일 캠프 데이비드 한·미·일 3국정상회담에서 "대한민국의 담대한 구상의 목적을 지지하며, 자유롭고 평화로운 통일한반도를 지지한다"[168]고 선언한 것은 통일한국 건설을 위해 미일의 협력과 지지를 확보했다는 차원에서 유의미하다.

통일한반도는 통일 이후에도 한미동맹이나 일본과의 다각적인 협력관계를 여전히 중시하게 될 것이라는 점을 분명히 해야 할 것이다. 비핵평화국가의 정책이 통일 이후에도 지속될 것이라는 것을 밝힐 필요가 있다. 경제적으로 북한의 풍부한 지하자원 개발과 인프라 건설에 한국과 함께 일본 자본이 참여할 때 일본의 침체된 경제를 활성화하는 계기가 될 수 있고 특히 동북아 경제공동체를 구현해 서로의 이익을 추구할 수 있음을 설득해야 할 것이다. 독도, 대마도 문제는

---

[168] The White House, "The Spirit of Camp David: Joint Statement of Japan, the Republic of Korea, and the United States," Aug 18, 2023.

실효지배하고 있는 해당국의 영토임을 존중할 것이다.

일본은 비핵 및 미사일 없는 정치적 중립 체제의 통일한반도 출현을 희망하며, 통일을 위해 미중관계 개선은 필수적이고, 한국이 일본인 납치문제 해결과 북일수교를 지지할 경우 한반도 통일에 적극 협력할 것이라는 점, 일본의 한반도 정책이 미일관계에 의해 규정된다는 점에서 한일 및 한·미·일 전략대화는 중요한 의미가 있다.[169]

3.1.1.4 대러 통일외교

남북한 대치상황에서 주변국들이 모두 세계 강대국이고 또 그들의 이해관계가 한반도에서 직접적으로 그리고 민감하게 교차하는 지정학적인 특성을 간파한 외교안보활동이 요구된다. 러시아는 멀리 떨어져 있으며, 상대적으로 약화하고 있어 러시아를 제외하고 미국, 중국, 일본만으로 우리의 외교안보를 구상할 수도 있을 것이다. 그러나 그것은 러시아의 잠재력을 간과한 것이다. 한국이 위계적인 한미동맹 관계를 경직되게 수용하고 그 틀 속에서만 움직여야 한다는 고정관념으로는 러시아뿐만 아니라 중국과도 전략적인 관계 맺기가 어렵다.[170] 문재인 대통령과 블라디미르 푸틴 대통령은 2018년 한러 정상회담 공동선언에서 "한반도의 평화와 번영, 통일을 위한 판문점 선언 채택을 환영하며, 한반도의 완전한 비핵화 달성과 한반도 및 동북아의 항구적 평화 및 안정을 확보하기 위한 공동 노력을 계속해 나가기로

---

[169] Hosaka Yuji, " Perception and Role of Japan towards a Unified Korea," in Chung Kyung-young, ed., *A Vision for Unified Korea and International Cooperation* (Seoul: Maebong Publisher, 2022), pp.247-257.

[170] 박종수, "러시아의 전략과 군사력," 동아시아국제전략연구소, 제13회 정책진단전문가포럼, 2013. 12. 7; 강봉구, "푸틴 집권 2기 러시아의 대외정책과 한반도," 『국제문제연구』, 제4권 1호(2004년 봄호), p. 263.

하였다"고 천명하였다[171].

　2024년 6월 19일 푸틴의 방북과 북러 포괄적 전략적 동반자관계 조약 체결은 2023년 하반기부터 활발하게 진행되었던 북한과 러시아 사이의 밀착 관계를 공식화하였다. 조약에는 정치, 경제, 군사 및 사회·문화 등 전 부문에 걸친 협력 사안들에 대해 매우 구체적인 내용을 담고 있다. 조약의 제4조에서 북한이나 러시아가 전쟁상태에 처했을 경우 상대 국가는 유엔헌장 제51조와 북한 및 러시아의 법에 준하여 "지체없이 자기가 보유하고 있는 온갖 수단으로 군사적 및 기타 원조를 제공한다"고 되어 있다. 급기야 북한은 우크라이나전쟁에 12,000명 규모의 병력을 파병하는 것으로 알려져 있다. 한국 정부는 우크라이나에 대한 살상무기를 지원하는 방안을 재검토할 수 있다고 밝혔다.[172]

　우크라이나전쟁이 종전되면 한러관계를 복원시킬 필요가 있다. 북한은 태생적으로 구소련과의 관계 속에서 세워졌고 소프트 및 인프라의 하드웨어가 구축되어 중국 못지않게 정서적으로 양국관계의 뿌리가 깊은 것을 인지하여 러시아 변수를 활용한 남북관계 발전을 추진하는 전략이 요구된다. 러시아와는 북한의 식량과 남북한의 에너지난을 해결하기 위해 그리고 유라시아 이니시어티브를 구현하기 위한 대러 협력을 강화하는 것이 바람직하다. 연해주농업경제특구에 남북한이 함께 참여하고, 가스 파이프라인 건설 및 전력망 구축과 TKR-TSR연결을 위해 남·북·러 간에 긴밀한 협력이 요구된다.

---

[171] "문재인 대통령과 블라디미르 푸틴 대통령 간 한·러공동성명 전문," 《연합뉴스》, 2018년 6월 22일

[172] 최은주, "푸틴 러시아 대통령의 방북과 정상회담 평가: 교류협력 관련 내용을 중심으로," <세종포커스>, 2024년 6월 26일.

동아시아의 안정을 관리할 다자협력체제 구축이 필요하다. 이러한 관점에서 동아시아의 또 다른 강대국 러시아는 미중 양극체제를 다극체제로 변화시킬 수 있는 잠재력을 가진 국가라는 점에 주목해야 한다. 동북아 평화협력체를 구축하기 위해서는 러시아와의 협력은 필수적이다.

또한 대통령실 국가안보실과 러시아연방 안보회의 간, 한러 외교부 장관 간 전략대화를 정례화하고, 정부, 의회, 재계, 학계 간 교류를 강화하며, 문화, 체육, 청소년 교류를 활성화할 필요가 있다.

한편, 통일을 위한 대러시아 외교는 한미동맹이 북한의 침략에 기인한다는 역사적 경과에 대한 양해와 비핵평화정책은 통일한국에도 지속됨을 강조할 필요가 있다. 러시아 횡단철도-한반도 종단철도의 연결 및 가스관 건설과 같은 대규모 사업의 추진이 한반도 통일에 기여하며, 한반도뿐 아니라 동북아의 정치적 불안정을 해소함은 물론 통일한국은 새로운 시장으로서 러시아의 국익에도 기여하게 될 것이다. 난민 발생 문제는 상당부분 통제가 가능하고 보다 제도화된 틀 내에서 극동러시아 개발에 통일한반도의 노동력을 활용할 수 있을 것이다.[173]

3.1.2 다자간 통일외교안보전략

한국은 사안의 성격에 따라 다양한 소다자주의(Mini-multilateralism) 형태의 중층외교(Multitier Diplomacy)를 전개할 필요가 있다.

---

[173] Akranarov Viktor, "Perception and Role of Russia towards a Unified Korea," in Chung Kyung-young, ed., *A Vision for Unified Korea and International Cooperation* (Seoul: Maebong Publisher, 2022), pp.263-269.

3.1.2.1 한·미·일 3국 관계 활성화

한·미·일 지도자는 3국 간 새로운 파트너십을 구축하기 위해 캠프 데이비드에서 회동하였다.[174] 3국 정부는 자유롭고 평화로운 통일한반도를 지지한다고 천명하였다. 지역 내 도전, 도발, 위협에 대응하기 위해 협의하기로 합의하였다.

또한 국가 간 협력을 확대하고 전 영역으로 격상하며, 인태지역과 그 너머 모든 지역으로 새로운 지평을 열어가기로 서약하였다. 한·미·일은 정보전 및 사이버안보에 대처하기 위한 안보협력은 물론, 경제, 기술 등의 광범위한 분야에 걸쳐서 긴밀히 협력하기로 합의하였다. 더 나아가 캠프 데이비드 정신에 따라 정례 외교회담, 연례 연합군사훈련과 3국 간 미사일방어체계 협력, 정보공유협의체 운용, 우발계획수립은 물론 신흥기술 협력, 경제안보와 개발지원을 포함하는 협력을 추진할 것이다.

한·미·일 군사공조체제 구축은 일본의 소해능력, 정보공유[175], 유엔군의 일원으로 참여하게 되는 미군을 포함한 우방국 군대의 공해 해상 및 항공비행로 엄호 등 한반도 유사시 군사작전에서 승리하는데 결정적으로 기여할 것이다. 특히 유엔사 후방기지의 전력을 운용하는데는 한·미·일 협력이 요구된다.

---

[174] The White House, "The Spirit of Camp David: Joint Statement of Japan, the Republic of Korea, and the United States," Aug 18, 2023.

[175] "한일 대북 정보능력 비교," http://kin.naver.com/qna/ detail.nhn?d1id, (검색일: 2024. 6. 14): 한국과 일본의 대북정보 수집능력은 정찰위성이 한국 3기, 일본 4기, 조기경보통제기는 한국 EC737 4대 일본 EC767과 E-2C 17대, P3해상초계기는 한국 16대, 일본 100대, 이지스함 한국 3척, 일본 6척을 보유하고 있다.

<그림 2-1> 유엔사 후방 기지

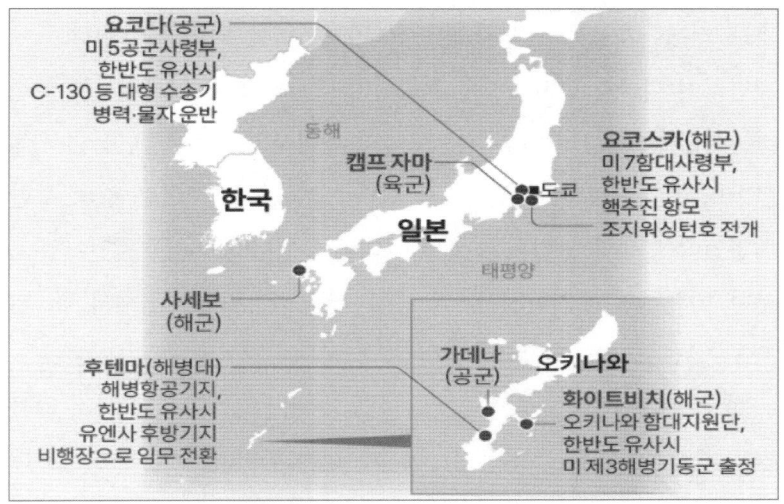

출처: "유엔사 후방기지,"《연합뉴스》, 2023년 8월 15일.

3.1.2.2 한·미·중 전략대화 제도화

한·미·중 전략대화는 북한의 국지도발을 억제하고, 북한의 재해재난 등 비군사적 분야의 우발사태에 공동 대처하며, 북한을 개혁·개방으로 유도하고, 통일을 위한 평화체제 구축을 협의할 수 있다는 차원에서 보다 적극적으로 추진할 필요가 있다.

한국은 한미군사동맹과 한중 안보협력을 추진하는 데 있어서 근간이 되는 분명한 전략기조가 있어야 한다. 첫째, 대한민국의 생존과 번영, 발전을 위해 기여해야 하며, 국민, 영토, 주권을 수호하는 한국의 국가 존립에 추호도 위해(危害)가 없어야 한다. 둘째, 보편적 가치와 민족적 자존을 견지해야 한다. 대한민국을 받쳐주고 누리고 있는 자유민주주의와 시장경제, 인권과 법치주의의 가치는 포기할 수 없으며, 대한민국의 자존을 전제로 한미 군사동맹과 한중 안보협력을 추진해야 한다. 셋째, 한미동맹이 국가안보의 기본축이며, 주변국 어느 나라와도 적대관계로 발전되지 않도록 안보협력을 강화해야 한다.

한국이 미국과 군사동맹을 존속시켜 나가고 한중 안보협력을 추진하는 목적은 북한의 끊임없는 도발과 핵미사일 위협, 북한급변사태, 한반도 통일을 위해 협력하고자 한다. 그동안 한·미·중 간의 북한위협인식에 대한 불일치는 북한 관리에 갈등을 빚어 온 원인이었다. 북한 비핵화와 정전협정 관리, 통일한국을 건설하기 위해서 한·미·중 전략대화가 추진되어야 한다.[176]

정전협정 서명국으로서 중국은 북한이 정전협정을 준수하지 않을 경우 즉각적이고 과감한 응징보복을 한다는 한미 간에 합의한 공동대비계획을 직시하여야 하며, 북한의 무모한 도발을 억제하도록 건설적 역할을 해야 한다.

한편, 북한의 핵과 미사일 능력 증가는 한반도의 불안정은 물론 지역 내 안정과 평화를 깨트리고 일본과 한국, 타이완까지 핵 도미노를 촉발해 동북아가 핵경쟁으로 치닫게 될 때 중국에게도 치명적인 위협이 될 것이다. 중국은 미국이 한국에 핵우산을 제공하여 핵 개발을 중단하게 했던 것처럼, 북한에게 핵우산을 제공함으로써 북한의 핵을 포기하게 해야 할 것이다. 한반도 유사시 한국에 미국의 전술핵무기를 재반입하여 핵은 핵으로 맞설 수밖에 없다는 카드를 중국에 제시하면서 북한의 핵 포기를 압박해야 할 것이다.[177]

---

[176] 정경영, "한중 정상회담이 성공하는 길," 《중앙일보》, 2013년 6월 6일: 중국의 한반도 전문가들은 한중 간 갈등의 원인 중 하나는 북한 위협에 대한 인식의 갭에 기인하기 때문에 정례적으로 한중 양국 간 북한 위협평가 정보교류회의를 제안하고 있다. 이는 민감한 사안이기 때문에 한·미·중 3국간 low key로 추진하는 것이 바람직하다.

또한 중국 정부도 북한의 비군사적 우발사태에 대한 한중 협력방안에 대해 중국의 전향적인 입장 표명을 고려할 때 한·미·중 공동대처 방안을 적극 검토해야 할 것이다. 한국은 미일 간 가즈라-태프트 밀약, 얄타회담 등 강대국 간 담합에 의해 우리의 의지와 의사와 무관하게 한반도의 운명이 희생되어서도 안 된다는 차원에서 한·미·중 전략대화는 중요한 의미가 있다.

3.1.2.3 동북아지역 평화협력 제도화

동북아의 안보환경은 불안정하고 불확실하다. 북한의 핵미사일 위협은 지역의 안정과 평화를 위협하고 있다. 중국은 통일을 위해 무력행사도 배제하지 않겠다고 주장하면서 대만을 포위하는 대규모 훈련을 변칙적으로 실시하고 있다. 동북아 곳곳에서 시도 때도 없이 홍수가 범람하고, 지진이 발생하며, 전염성 질병이 창궐한다. 역내의 국가들이 안보위기를 관리하지 않으면 한반도와 대만에 동시 전쟁이 발발할 가능성을 배제할 수 없다. 재해 재난에 대해 공동 대처하지 못하면 전쟁보다 더 많은 인명이 희생될 수 있다.

동북아 지역의 특수한 안보환경을 고려하면서 역내 군사적 위협, 군비경쟁, 영토분쟁, 재해재난 등 이슈를 집중적으로 협의하고 해결할 수 있는 동북아 안보협의체의 제도화가 절실하다.

동북아평화협력 구상을 제도화하기 위한 아키텍처는 동북아 국가 정상회담, 장관급 협의체인 전략·경제대화, 산하에 안보경제협력위원회와 신뢰구축위원회를 두고, 사무국을 운용한다.

남·북·미·중·일·러·몽골을 회원국으로 한다. 동북아정상회담은

---

177 정경영, "북핵 도전과 한국의 대응전략," 『군사논단』, 통권 112호(2022년 봄),

연례적으로 알파벳순으로 윤번제로 실시하고 의장국이 개최국이 된다. 의제는 안보 및 경제협력의 역학관계를 고려, 안보이슈와 경제이슈를 협의한다.

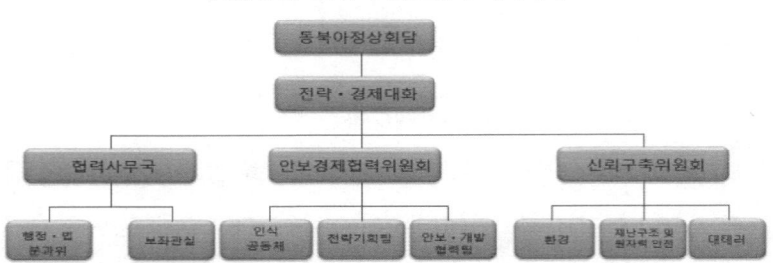

〈그림 2-2〉 동북아 안보협력 아키텍처

출처: Chung Kyung-young, "Building a Military Security Regime in Northeast Asia: Feasibility and Design," Ph.D. Dissertation, The University of Maryland (2005)

전략·경제 대화는 외교·국방·재무장관으로 구성하여 정상회담 전에 실시한다. 정상회담 어젠다 설정과 합의사항 실행방안과 안보와 경제이슈 발생 시 미치는 파장을 종합적으로 고려하여 협의하고 동북아의 평화와 안전을 위해 환경, 재난구조 및 원자력 안전, 테러 대응 등 초국가적인 위협 공동대처 방안을 협의하여 해결책을 강구한다. 협력사무국은 한·중·일 3국협력사무국(TCS, Trilateral Cooperation Secretariat)을 모체로 확대, 개편한다.

안보경제협력위원회는 인식공동체 구축을 위해 국내적으로 정책입안자, 국회의원, 전문가, 기업인, 언론인 등으로 안보인식공동체를 구축하여 각국의 일방적 안보전략과 군비경쟁 보다 역내 국가들과 보다 차원이 높고 다층적인 협력안보를 추진하는 것이 국가안보를 보장하는데 보다 효과적이며 재원이 적게 든다는 것을 인식할 수 있도록 공론화 한다. 역내 국가들의 카운트파트들과 긴밀한 유대관계를 확대시켜 나간다. 외교장관회의, 국회의원연맹 회의, 국방장관 회의, 군고위급회담을 추진한다. 역내 국가 간 초급장교 교환방문, 함정 상호방문, 안보포럼, 국가 간 군별 자매결연을 확대한다. 우발적인 사고가 무력충돌로 비화되지 않도록 하기 위해 역내 국가 간 핫라인을 구축하고 위험한 군사행동 방지협정을 체결한다.

전략기획팀은 외교국방장관회의의 의제로 초국가적 위협 공동대처 전략, 다자간 군사적 신뢰구축 및 군사교류협력, 경제안보이슈 해결, 공동안보를 협의한다.

안보·개발협력팀을 활성화한다. 북한을 국제사회의 책임 있는 일원으로 참여를 유도하기 위한 한·미·중 전략대화, TKR-TSR연결 및 가스 파이프라인 건설을 위한 남·북·러 공동협력, 북한의 북부지역과 창춘지린투먼·연해주 공동개발에 참여하는 남·북·중·러 공동협력, 설악산·강릉·금강산·원산 등을 잇는 관광 및 경제특구 남·북·일 공동개발 등을 추진한다. 동북아안보레짐이 구축되어 운용되면 상상할 수 없을 정도 동북아 안정과 평화, 공동번영에 기여할 수 있을 것이다.

동북아 평화와 안정을 위해 재난구조, 원자력 안전, 대테러 임무를 수행한다. 재난구조 신속대응Task Forces를 창설한다. 역내 각국은 재난구조작전을 위한 군인·경찰·의료진·비정부기구(NGO)로 구성된 Task Force를 지정, 운영한다.[178] 인도적지원·재난구조작전TF의 지휘

---

[178] 정경영, "동북아 다국적 신속대응군 만들자,"《중앙일보》, 2011년 3월 19일.

체계는 임무에 따라 지진구조작전은 일본군 장군을, 홍수사태작전은 중국군 장군을, 대테러작전은 한국군 장군을 사령관으로 임명하고, 다국적군으로 편성된 참가국 군대는 작전기간에 한해 전술통제로 지휘관계를 맺고 작전임무 종료시에는 해제하여 자국군으로 복귀한다. 지정학적 중심인 제주도에 동북아신속대응군사령부 창설을 추진한다.

패권경쟁관계인 미국이나 중국이 주도할 경우 서로가 참여하지 않을 것이고, 일본이 주도할 경우 침략한 나라에 대한 이미지로 꺼려할 것이나, 한국이 제안할 경우 러시아를 포함 주변국 모두가 호응할 것이다. 동북아안보레짐을 구축하고 동북아신속대응사령부 창설할 때 한국은 갈등과 대립의 냉전질서를 평화와 공존의 협력질서로 전환하는 데 기여한 국가로 인식될 것이다.

3.1.2.4 대유엔 통일외교

유엔은 창설 초기부터 한반도 문제에 깊숙이 관여해 왔다. 유엔은 유엔한국임시위원단(UNTCOK, UN Temporary Commission on Korea) 참관 하에 총선거를 통해 1948년 8월 15일 대한민국 정부가 수립되었다. 1950년 6월 25일 북한의 남침공격에 대해 유엔 회원국의 파병 결의를 통해 북한 공산주의 침략으로부터 대한민국을 방어하는 데 결정적으로 기여하였다.

유엔총회는 1950년 10월 7일 통일민주정부 수립을 결의하였다. ① 유엔 감시하, ② 인구비례에 의한, ③ 남북 총선거를 골자로 하는 통일한국 결의안이다.

유엔은 한반도에서 발생한 돌발사태에 대해 협의, 결의안을 채택하여 한반도의 긴장완화와 평화정착을 위해 노력해왔다. 유엔에 파견한 유엔 한국대사를 통해 한반도 문제에 대한 분명한 원칙을 세워 놓고 한반도 이슈를 협의할 때마다 통일한국을 건설하는 것이 왜 필요한가를 유엔 회원국에 설파해야 할 것이다. 통일한국을 실현하기 위해 유엔이 할 수 있는 일을 하도록 주문해야 한다.

남·북·미·중 간 한반도 평화협정을 체결한다면 평화협정을 감시하기 위한 국제평화감시기구를 설치할 필요가 있을 것이다. 유엔 재결의를 통해 유엔사와 북한·중국대표부로 구성된 군사정전위원회를 평화협정 감시기능을 수행하는 임무로 전환할 수 있도록 협조한다.

3.1.2.5 중견국 외교 및 6·25 참전국 외교

소다자주의 협력으로 중견국 외교와 6·25 참전국 외교를 전개하는 것이다. 중견국 외교를 강화하는 것으로, 미중 간의 패권경쟁이 심화하는 상황에서 중견국가인 멕시코, 인도네시아, 한국, 튀르키에, 호주(MIKTA, Mexico, Indonesia, Turkiye, Australia) 국가들 간에 중견국 외교를 통해서 미중 간 갈등을 완화하고, 선진국과 개도국 간의 교량역할을 확대할 필요가 있다. 이를 통해서 통일의 지지기반을 확대할 수 있을 것이다.

6·25전쟁 참전국들과 보훈외교를 체계적으로 전개할 필요가 있다. 전투병 파병 16개국, 의료지원 6개국, 물자 및 재정지원 41개국 등 64개국의 참여로 공산주의 확산을 차단함으로써 자유민주주의를 지킬 수 있었고 세계 10위권의 경제강국이 될 수 있었다. 파병국 참전용사 방한초청 행사와 후손들에 대한 한국 유학프로그램을 추진하고, 참전국가의 장교 수탁교육 확대, 방산협력 등 군사교류 협력을 확대할 필요가 있다. 이를 통해 한반도 통일에 대한 지지세력 확보는 물론

유사시 지원을 확보할 수 있을 것이다.

3.1.2.6 통일 시민운동

민주평화통일자문회의(약칭 '민주평통')를 모체로 통일시민운동을 전개하면 보다 효과적일 것이다. 헌법기관이자 대통령 자문기구인 민주평통은 민주적 평화통일을 위한 정책의 수립과 추진에 관하여 대통령에게 건의하고 자문에 응하는 책임을 맡고 있다. 민주평통은 국내에 서울지역회의 등 17개 시·도별 지역회의, 이북5도지역회의 등 18개 지역회의와 해외에 일본, 중국, 아시아·태평양, 미주, 유럽·중동·아프리카지역회의 등 5개 지역회의를 두고 있으며, 이만천여 명의 자문위원들이 움직이고 있다.[179]

국내 지역회의는 자문위원의 통일역량 강화와 지역 통일 활성화 및 여론 수렴 등 통일정책자문을 지원하고, 지역 전문가·단체와의 연대협력, 지역 통일기반조성 활동, 청년·여성 자문위원의 활동 지원 및 관련 사업 활성화, 미래세대의 통일의식을 함양하며, 생활밀착형 통일운동을 전개하고, 남북교류협력을 한다.

해외 지역회의는 지역사회의 통일담론 확산 등을 위한 통일공공외교 활동과 재외동포사회의 통일기반조성에 관한 공감대를 확산하며, 청년·여성 자문위원의 활동 지원 및 관련 사업 활성화와 지역 전문가·단체와의 연대협력 및 통일논의를 활성화하고, 재외동포 청소년의 통일의식을 함양한다.

한국에서 활동하고 있는 대북협력민간단체협의회[180]에 가입한 겨레

---

[179] "민주평화통일자문회의," https://www.puac.go.kr/, (검색일: 2024. 8. 25),
[180] "대북협력민간협의단체협의회," 대북협력민간단체협의회 (knccnk.or.kr), (검색

사랑, 남북나눔, 통일을실천하는사람들, 남북평화재단, 민족통일협의회, 우리민족서로돕기 등 66개 NGO단체는 통일운동을 전개하는 NGO단체와 732만 명(미국 263만, 중국 235만, 일본 82만, 캐나다 24만 등)[181] 재외동포 국가별 한인회와 연계한 통일운동을 전개하는 것도 통일을 추진하는 데 큰 힘이 될 것이다.

3.2 북한 남침 및 타이완·한반도 동시 전쟁 시나리오

3.2.1 북한 남침 시나리오

유사시 북한은 핵 위협 하에 재래식 공격 또는 선제 핵공격을 감행할 것으로 판단된다.[182] 북한이 상정하고 있는 남침 시나리오는 1단계 불만·소외계층을 대상으로 정치심리전과 동시에 사이버 공격으로 아군의 지휘, 통제, 통신망은 물론 금융, 교통망 등 인프라를 마비시키고, 장사정 포병과 미사일로 전쟁지도본부, 군사작전지휘체계, 주한미군기지를 타격한다. 2단계 장거리탄도미사일로 일본의 미 해공군기지와 괌, 하와이의 미군기지를 타격하고, 대륙간탄도탄으로 미 본토의 증원전력 발진기지를 타격하여 한반도 전구지역으로 증원을 차단한다.

3단계로 전방에 추진, 배치된 기계화 부대로 DMZ를 돌파, 기동전으로 수도 서울을 포위하고, 전술핵무기로 위협하면서 투항을 요구하거나, 4단계로 남진하여 동·서해 일대로 상륙한 부대들과 영동고속도

일: 2024 8 14).
[181] "재외동포 현황 총계 (2021년 기준)," 재외동포 정의 및 현황 외교부 (mofa.go.kr), (검색일: 2024. 9. 14).
[182] Kyung-young Chung and Zmire Zeljana, "Two Simultaneous Wars Scenario in Northeast Asia and Implications to South Korea's Security," *Commentary Global NK*, East Asia Institute (July 8, 2024).

로에서 연결작전을 실시하고, 후방으로부터 병력과 물자 지원을 차단하면서, 마지막으로 계속 남하하여 경부고속도로를 주공으로 동해안도로 및 서해안 고속도로를 조공으로 고속기동전에 의해 양익포위, 부산을 점령, 남침 후 빠르면 5-7일 이내에 전 한반도를 장악, 미군 증원전력 전개 전에 전쟁을 종결하는 것을 목표로 한다.[183]

북한이 핵위협 공격을 감행할 경우 ① 위협, 강압, 억제 목적의 핵사용, ② 핵무기의 제한적 사용, ③ 핵무기의 대량사용, ④ 미 확장억제 무력화 등 4가지 시나리오를 상정할 수 있다. 첫째, 북방한계선 침투나 서해 5도를 점령하여 한미 대응시 핵을 사용하겠다고 위협하는 것이다. 둘째, 서울을 핵 볼모로 기타 수 개의 도시를 핵으로 공격하여 한미 대응 의지를 분쇄하는 제한적 핵사용이다. 전쟁이 북한에 불리할 경우 반격하는 한미군에 전술핵무기로 공격하는 것이다. 북한군이 한미연합군의 반격을 저지하지 못할 경우 북한은 인태지역의 미군기지와 미 본토에 대한 핵공격으로 위협할 것이다. 셋째, 전면 핵전쟁으로 북한은 40-60기의 핵무기로 주요 정치적 고가치 표적은 물론 해·공군 지휘통제시설을 타격하기 위해 개전초에 핵공격을 감행하는 것이다. 마지막으로 미 본토에 대한 핵공격을 부각시켜 한미를 이간하고, 미국의 확장억제를 무력화한다.[184]

러시아는 최근 맺은 북러 포괄적 전략동반자조약에 따라 북한에 군사적 지원을 할 가능성이 높다. 블라디보스토크의 태평양함대 전력

---

[183] "김정은 '7일 전쟁' 작계 만들었다," 《중앙일보》, 2015년 1월 8일; 정경영, 『전작권 전환과 국가안보』(서울: 도서출판 매봉, 2022), pp.167-168.
[184] 정경영, "북핵 도전과 한국의 대응전략,"『군사논단』, 통권 112권(2022 겨울), pp.63-94.

이 동해와 남해상에 투입되고, 하바롭스크의 동부군관구사령부의 전력이 개입할 것이다. 중국은 북부전구와 동부전구의 지상군 개입 가능성을 배제할 수 없으며, 2개 항모전단이 서해지역에서 제해권을 장악할 것이다.

3.2.2 타이완·한반도 동시 전쟁 시나리오

중국과 북한이 담합하여 타이완과 한반도에서 동시 전쟁을 일으키는 시나리오다.[185] 중국 인민해방군은 통일 명분과 해양 패권 세력이 되기 위해 타이완을 침공할 것이다. 중국 인민해방군과 북한국은 타이완과 한반도에 대한 미군의 증원을 차단하기 위해 주일 미군기지 및 괌에 대해서 미사일 공격을 감행할 것이다. 또한 중국은 반접근·지역거부전략(A2/AD, Anti-Access & Area Denial) 일환으로 제해권을 장악하기 위해 서해에 2개 항모단을 투입할 것이다. 이 틈을 이용하여 북한도 한국에 전면전을 감행한다.

북한은 중국 인민해방군이 승리를 위해 주한미군이 타이완 전쟁에 투입하지 못하도록 주한미군 기지를 타격하면서 DMZ에서 대대적인 공격을 개시할 것이다.

중국과 북한은 미국에게 2개의 전쟁을 강요하거나 또는 1개 전쟁에 집중하도록 한다. 한국에게는 최악의 시나리오인 2개 동시 전쟁에서 미국은 전략적으로 더 중요한 타이완전쟁에 집중하고, 일본도 타이완전쟁을 지원하고 있어, 한국은 동맹국과 일본의 지원이 없이 스스로를

---

[185] Chung Kyung-young and Zmire Zeljana, "The Two Simultaneous Wars Scenarios in Northeast Asia and Implications to South Korea's Security," *Global IN Commentary*, East Asia Institute (June 8, 2024),

방어해야 하는 상황이다.

타이완·한반도 동시 전쟁 시나리오는 군은 물론 학계에도 주목받지 못했다. 전략적 사고를 하지 못하는 함정에 갇혀 있었기 때문이라고 본다. 양안사태와 한반도에 긴장이 고조되는 것을 고려할 때 타이완과 한반도에서 전쟁이 동시에 발생할 수 있다는 가정하에 진지하게 고민해야 할 것이다. 개별 전쟁이 아니라 상호 연동된 전쟁을 일으킬 수도 있기 때문에 중국과 북한의 군사동향을 포괄적으로 예의 분석, 평가하여 대비해야 한다.

타이완이나 한반도에서 개별 전쟁보다 타이완과 한반도 동시 전쟁 가능성이 높다. 중국과 북한 간에 타이완과 한국에 협조된 공격을 감행한다면 이들에게는 승산 있는 전쟁이 될 수도 있을 것이다. 그 이유는 다음과 같다.

첫째, 북중 간 동시 공격을 감행한다면 미국으로 하여금 2개 전쟁을 동시 수행하는 상황으로 몰고 갈 것이다. 미군 전력을 분산 운용시 미국은 어느 전쟁에서도 제대로 승리할 수 없을 것이다.

둘째, 미국이 전략적으로 중요하다고 판단되는 타이완전쟁에 주일미군과 괌의 전력은 물론 미 본토로부터 미군 전투력을 집중할 수도 있을 것이다. 심지어 타이완사태가 급속히 나빠진다면 주한미군은 F-16전투비행단, 대(對)상륙작전을 위한 스트라이커여단, AH-64아파치 헬기대대, OA-10전투비행단이 타이완전쟁에 투입될 가능성도 배제할 수 없다, 중국군이 타이완 상륙작전과 제1도련선에서 제해권 장악을 시도할 경우, 미국은 한국에게 미 해병과 연합상륙훈련을 해왔던 한국 해병과 제주해군기지의 전력 전개를 요청할 수도 있을 것이다. 약화한 한미연합전력을 역이용하여 북한은 전면 공격을 감행할 것이다. 이때 한국은 재앙적인 전쟁을 겪게 될 것이다.

셋째, 러시아는 최근 맺은 북러 포괄적 전략동반자조약에 따라 북한에 군사적 지원을 할 가능성이 높다. 특히 러시아-우크라이나전쟁에 전투병을 파병한 북한은 한반도 유사시 러시아 파병을 요구할 수 있는 명분을 확보하여, 블라디보스토크의 태평양함대 전력이 동해와 남해상에 투입되고, 하바롭스크의 동부군관구사령부의 지상군이 개입할 것이다. 중국은 북부·동부전구의 지상군 개입 가능성을 배제할 수 없으며, 2개 항모전단이 서해지역에서 제해권을 장악한다면 북한에게는 원군이 되어 단기결전을 수행할 수 있을 것이다. 1894-1895년 청일전쟁, 1904-1905년 러일전쟁은 물론, 1950-1953년 6·25전쟁에서 한결같이 서해상에서 제해권을 장악한 측이 승리하였다.

넷째, 북한이 미 증원전력과 일본의 개입을 차단하기 위해 주일미군과 괌기지와 일본기지를 다양한 장거리탄도미사일로, 미 본토를 대륙간탄도미사일로 공격을 감행한다면 중국에게는 외부세력의 개입이 없는 상황에서 타이완전쟁을 수행할 수 있을 것이다. 타이완전쟁에 주한미군 전력의 차출이나 한국군의 지원은 한미연합전력의 약화를 초래하여 이를 북한이 이용, 전면 전쟁을 감행할 수도 있을 것이다.

이러한 상황 하에 북한 무력 침공을 감행한다면, 한국은 동맹국과 일본의 군사지원이 없이 고립무원이 된 상황에서 북·중·러 연합군과 싸워야 하는 상황이 될 것이다.

물론 한국군은 6·25 때의 그런 나약한 군이 결코 아니다. 세계 5위의 군사력, 재래식 전력에서 압도적으로 우위에 있는 한국군, 번영된 자유대한민국을 지키겠다는 5천 2백만 한국 국민의 결기로 한국은 군사력 37위,[186] 2천 5백만 북한과 맞서 싸울 것이다.

3.3 북한 급변사태

3.3.1 북한 급변사태 유형

북한의 급변사태는 김정은 유고, 반군에 의한 내전, 민중봉기, 천재지변 등으로 분류할 수 있을 것이다.

첫째, 박정희 대통령의 시해사건이나, 아이티 대통령 암살, 일본 아베 총리의 저격처럼 김정은 유고사태가 벌어져 핵미사일 등 대량살상무기의 통제불능사태가 발생할 수 있다. 유엔 결의에 의해 한미군을 투입하여 미군은 WMD 북한 유출을 방지하고 한국군은 경비작전을 수행하면서 평화강제작전을 수행하는 것이다.

둘째, 반군세력이 권력을 장악하는 과정에서 내전이 발생하는 상황이다. 군부 간 충돌 시 친한세력과 연대하여 반군세력을 지원하고 북한주민을 보호하는 역할을 수행하는 것이다.

셋째, 억압과 경제적 고통을 당하고 있는 민중이 봉기하는 상황이다. 북한 사회와 체제의 안정을 지탱하는 버팀목은 북한 엘리트 집단이다. 1997년 7월-2011년 12월 김정일 집권기에 54명보다 2012년 1월-2024년 6월 김정은 집권기간 2배가 많은 134명의 당·정·군간부, 외교관, 해외주재원 등 고위 엘리트의 탈북자들가 발생했다.[187] 엘리트 계층에서 실제로 다수가 이탈하고 흔들린다면 체제 안정은 심각한 위기에 봉착할 것이다.

또한 북한의 심각한 경제난이 체제 불안정성을 증가시키고 있다.[188]

---

[186] Global Firepower 2024, "Military Ranking in the World," https://www.globalfirepower.com/, (검색일: 2024. 6. 26),

[187] "엘리트 탈북, 김정은 때 2.5배로 급증,"《조선일보》, 2024년 8월 22일.

[188] 윤영관 아산정책연구원 이사장과의 인터뷰, "북러 동맹조약은 서로가 급해서 한

주민들의 불만 고조와 체제 불안정이 민중봉기로 폭발할 수도 있다. 북한 정권, 인민군, 보위대에 의한 북한 주민 대규모 학살을 방지하기 위해 봉기지역에 대한 주민을 보호하는 평화강제작전을 실시한다.

마지막으로 백두산 화산 폭발이나 집중적인 폭우와 태풍으로 수십만의 이재민이 발생하는 상황이다. 유엔 PKO 파병 결의 후, 피해지역에 대한 인도적 지원과 재난구조작전을 수행한다.

3.3.2 북한 급변사태 이전, 중, 이후 국제협력과 한국의 대응전략

북한 급변사태의 발전추이를 국가통제력이 급격하게 약화되는 급변사태 이전단계, 국가 기능이 부재한 급변사태 단계, 외부의 개입과 내부 참여로 정치적 안정이 회복되고 새로운 정치 리더십이 등장하는 급변사태 이후 단계로 구분하여 논의하고자 한다.[189]

3.3.2.1 제1단계 급변사태 이전

북한 급변사태 관련 단계별 원인과 급변사태 관리를 위한 철저한 대비가 필요하다. 급변사태 자체는 북한 내부의 국내문제일 수 있으나 대규모 난민 발생으로 인한 한국 내의 사회, 경제, 정치적 불안정을 초래할 가능성이 크다. 또한 급변사태 관리를 효율적으로 수행할 수

정략결혼, 동북아 정세 영향 크지 않아," 『통일과 나눔』, 아카이브 8천 만 웹진 제3호, 2024년 8월 6일.

[189] 정경영, "북한 급변사태와 한국의 전략," Strategy 21, 통권 제24호(2009); Paul B. Stares and Joel S. Wit, "Preparing for Sudden Change in North Korea," Council Special Report 42, Council on Foreign Relations, January 2009; Robert Kaplan, "When North Korea Falls," The Atlantic (October, 2006); Bonnie S. Glaser and Scott Synder, "Responding to Change on the Korean Peninsula: Impediments to China-South Korea-United States," CSIS (May, 2010) 등을 참조하여 작성하였다.

없을 경우 전쟁으로 비화 될 가능성도 배제할 수 없기 때문에 이에 대한 정치, 경제, 군사, 외교적인 대비가 요구된다.

먼저, 급변사태 이전단계의 유발요소는 북한의 지도력이 약화되어 당의 통제력이 제 기능을 발휘하지 못하거나 당과 군의 부패가 만연하고, 북한 주민들에게 식량 등 생존을 위한 기본여건이 제공되지 못할 경우, 대규모 암거래와 사회질서를 문란시키는 범죄가 만연할 경우 식량이 부족하여 약탈하는 사태가 발생되고, 당원과 비당원간 정치적 차별이 극심하여 북한 주민의 소요사태로 비화되는 것을 예의 주시할 필요가 있다.

급변사태 이전 상황에 대한 최선의 전략은 급변사태가 발생하지 않도록 유엔안보리 결의를 통해 북한정권에 대한 제재 등의 예방외교 전개 등 제반 조치를 취하는 것이다. 동시에 경제적 지원을 병행하면서 북한 주민을 보호하기 위한 반란진압군과 북한주민을 분리시키는 인도주의적인 개입 방안을 검토해야 할 것이다. 특히 북한 군부가 이들이 보유하고 있는 대량살상무기를 통해 무력도발을 자행하지 않도록 WMD기지에 대한 선점계획 점검을 포함하여 기지에 대한 감시활동을 강화해야 할 것이다.

이러한 상황이 발생할 징후가 보일 때 미국과 한국은 북한에서 급변사태로 인한 한반도는 물론 동북아의 긴장과 불안이 증폭되지 않도록 유엔안보리 상임이사국이자 북한의 동맹국인 중국과 긴밀한 협의가 필요하다. 인도주의적인 개입이 불가피할 경우 중국과 전략대화를 통해 중국이 지켜야 할 레드라인에 대한 합의를 통해서 동시 개입에 따른 지역분쟁으로 비화되지 않도록 한다. 한미 양국의 개입이 중국 등 주변국 이익을 해치지 않을 것임을 분명히 할 필요가 있다.

한미 공동의 목표와 결과를 외교계통으로 제시하고 자유민주 통일 정부를 수립하며, 북한의 정치, 군사 분야를 통합하는 포괄적 계획을 수립해야 할 것이다. 한미 NSC는 물론 국방부와 외교·국무부에서는 관련국들과 양자 및 다자차원에서 효과적인 외교안보협력을 추진한다. 인도주의적인 개입을 위한 유엔안보리 결의안을 통과시키기 위한 노력은 물론 인도주의와 군사 및 정치적 이슈를 분리하는 것이 중요하다. 또한 북한 지역에서 인도주의적인 지원활동에 혼란이 없도록 한미는 물론 국제 인도주의적인 단체의 지원활동이 통합되도록 해야 할 것이다.

한국 국내의 북한 난민 유입을 차단하기 위해 DMZ 일대의 서부, 중부, 동부전선 지역에 수용 캠프를 설치하고, 동서해 및 남해를 끼고 있는 도는 1개 난민 수용소를 지정, 운영하도록 하는 시행계획에 대비해야 할 것이다. 북한 내 의심스러운 동향을 파악하기 위한 총체적인 정보활동과 북중 국경선, 동서해에 대한 감시활동을 강화해야 할 것이다.

3.3.2.2 제2단계 급변사태 중

두 번째 단계로써 북한 급변사태가 발생하였을 경우 아래와 같은 상황을 상정할 수 있을 것이다. 북한의 통치력이 마비되거나 치안질서를 확보하지 못하고 식량제공을 못하게 될 경우 북한 주민들이 조직적으로 폭력화하여 자원을 약탈하거나 주민봉기에 의한 북한의 공공기관을 장악하고 국경선이나 동해 서해로 대규모 탈북자가 발생함으로써 북한의 정치, 사회적 혼란이 극에 달하는 상황을 상정할 수 있을 것이다. 루마니아 차우세스쿠가 처형당하였듯이 최악의 경우 김정은이 처형되는 상황도 예상할 수 있다.

이 상황 하에서 급변사태관리 수단은 외교와 제재를 병행하면서 한국군이 주도적으로 개입하여 소요진압 인민군과 북한 주민을 분리시키는 안정화작전을 실시한다. 이때 미군은 정보감시 및 침투자산을 제공하고 한국군이 주도적인 작전을 수행한다. 한국군의 PKO 경험과 이라크전과 아프간전에서 평화재건작전 경험을 살려 미군과 협조된 작전이 이루어지도록 통합된 지휘가 요구된다. 북한 내 철도, 도로 인프라 구축과 가스 파이프 라인 구축 등 에너지 안보 대책도 강구한다.

한미는 중국의 개입을 어떻게 차단할 것인가가 최대의 과제일 것이다. 또한 북한 주민이 NLL을 통과하여 남한지역으로 유입되는 것을 북한군이 차단하려 할 때 남북한 해군 간 충돌에 대처해야 할 것이며 이 때 북한 난민의 희생이 최소화되도록 대책이 강구되어야 할 것이다.

이 단계에서는 한국은 유엔사와 어떠한 협조된 작전체제를 구축하여 주도적으로 북한지역의 안정화작전을 수행할 것인가. 일본의 경우 인도주의적인 NGO의 참여와 재정적 지원에 국한시킨다. 모든 PKO 병력은 평화유지 작전을 종료한 후에는 철수토록 협조한다.

또한 북한 급변사태가 진행되어 개입 시 중요한 작전은 핵시설에 대한 안전과 북한군의 무장을 해제하도록 한다. 한미 간에 안정화 노력이 중국의 이익을 해치지 않도록 하고, 일본이 소외되지 않도록 한다. WMD 관련시설은 국제감시 하에 무력화하여 해체시킬 수 있도록 한다. 미 특수전부대 투입이 불가피하다 하더라도 작전이 종료되면 현 DMZ 이남으로 복귀하도록 한다.

이 단계에서 북한 주민의 협력과 지원이 필수적이다. 한국은 단기적으로 한국군이 주도적으로 북한 급변사태 위기를 극복하고 장기적으로 국가재건을 위해 국제기구, 국제금융기구, 기여국가, NGO, 외국군

등이 단일 협의 기구를 통해 운용하도록 리더십을 발휘해야 할 것이다.

3.3.2.3 제3단계 급변사태 이후

세 번째 단계로써 급변사태 이후 급변사태 해결과 평화구축을 위해서는 급변사태로 인한 새로운 불만세력을 우호세력으로 전환시키고 북한 난민에 대한 통제대책이 필요하다. 이를 위해 우호세력에 대해서는 파격적인 시혜를 베풀고 저항세력은 분리하여 통제하고, 인프라 구축과 사회복지시설을 확대하면서 정상화시켜 나간다.

급변사태 이후 작전의 주안은 북한군의 무장해제와 경제재건, 사회통합에 주안을 둔다. 안전과 안보, 개발목표를 통합하는 평화재건작전이 요구되며, 북한군의 해체와 군사시설을 민간시설로 전환, 유엔 개발계획에 의한 북한 사회 재통합을 위해 한국이 강력한 정치적 의지를 발휘하여 관련국의 참여와 국제적지지 하에 사회적, 경제적 통합을 추진한다. 군인의 재교육과 사회 경제적 통합, 공무원의 부정부패를 차단할 수 있는 방책을 강구해야 한다.

북한 사회질서의 완전한 회복과 법질서 유지, 식량, 에너지 등 경제개혁을 단행해야 할 것이다. 대한무역투자진흥공사(KOTRA), 수출입은행, 유엔개발계획(UNDP), 세계보건기구(WHO), 유엔아동기금(UNICEF), 세계은행(World Bank), 국제통화기금(IMF), 아시아개발은행(ADB), 아시아인프라투자은행(AIIB), 국제무역기구(WTO) 등의 국내외 기구들을 통한 직접투자와 기술지원, 인프라 구축 등과 북한에 대한 교육, 재정, 인프라, 무역, 공공서비스 등에 대한 재건계획과 통합된 노력이 이루어지도록 해야 할 것이다.

이를 통해 북한을 시장경제체제로 전환하고, 경제개발전략과 남북

경제협력, 국제경제기구에 의한 북한경제통합, 자유민주선거를 통한 통일 등 구체화된 총체적인 계획을 발전, 시행하여야 할 것이다.

북한 급변사태 관련 전 과정에서 한국은 유관기관 간 효과적인 협력이 요청된다. 북한에 대한 정보를 공유하고, 군사, 비군사분야의 구분이 어려워 북한상황을 평가하는 것이 용이하지 않기 때문에 한미 정보기관 간 긴밀한 공조체제 구축이 긴요하다.

3.4 시사점

자유평화 통일한국 건설을 위한 미·중·일·러 등 주변국 대상의 통일외교와 유엔, World Bank 등의 맞춤형 통일외교전략이 필요하다. 또한 북한의 남침 및 타이완·한반도 동시전쟁 발발에 대비하여 군사동향을 주시하고 조기 반격하여 승리할 수 있는 작전계획을 발전시키고 훈련하면서 사태에 대비해야 한다.

북한의 내부 동향을 주시하면서 급변사태 발생 시 한미 간에 북한의 최종상태에 대한 합의가 요구된다. 한국의 동의 없는 외세의 개입을 금지하고, 이해 당사국과 국제기구와 협의하여 통합된 평화재건작전을 실시할 수 있도록 해야 할 것이다.

제4절 통일외교안보 추진전략

앞에서 논의한 통일 추진방안, 즉 평화통일 추진, 북한 남침 및 타이완·한반도 동시 전쟁 발발 시, 그리고 북한 급변사태 시 각각 어떠한 전략을 구사할 것인가를 구체적으로 살펴보고자 한다.

4.1 평화통일 추진전략

4.1.1 일관성 있는 대북·통일정책 추진

정부의 일관성이 있는 대북·통일정책 추진은 남북관계 발전과 통일에 결정적으로 기여한다. 남북한의 합의에 대해서는 국회의 비준을 필요로 한다. 국민적 지지와 협조를 위해서 정부는 끊임없이 전략적 소통을 해야 한다. 동시에 동맹국과 공조를 통해서 탄력성 있게 대북정책을 추진한다.

다차원에서 남북교류와 협력은 통일을 실현하는 데 기여한다. 자유민주주의와 시장경제를 추진해 온 한국이 자유롭고 번영된 통일한국을 어떻게 건설할 것인가를 실증적으로 제시하면서 대북 통일정책을 추진할 수 있을 것이다.

4.1.2 한반도국제협력플랫폼 설치 운용

2023년 8월 18일 캠프 데이비드에서 한미일 정상은 "자유롭고 평화로운 한반도 통일을 지지한다"고 선언하였다. 캠프 데이비드 정신과 8·15 통일 독트린에 의거 한국 대통령 직속의 한반도국제협력플랫폼을 설치, 운영한다.

국회 여·야당 국회의원, 외교안보국방 정책입안자 및 전문가, 민주평화통일자문회의 및 재외동포청 인사, 북한이탈주민 및 권역별 해외동포 대표, 미·중·일·러 한반도 전문가로 편성하여 8·15 통일 독트린인 자유, 평화, 번영의 통일대한민국 통일 비전과 전략, 행동계획을 추진한다. 국제사회의 협조 및 연대를 위한 전략을 개발하고, 주변국 및 권역별 역할을 정립하며, 통일외교를 지원한다. 북한주민의 정보 접근권을 확대하며, 인도적 지원 및 인권을 개선한다.[190] 국제사회의 공감과 지지를 얻기 위해 해외동포 및 글로벌 시민과 연대하여 국제통일운동을 전개한다.

4.2 한반도 전쟁 시 한국의 응전전략

타이완과 한반도는 그 어느 때보다도 안보정세가 불안하고 불확실하다. 타이완과 한반도 위기를 제대로 관리하지 못하면 동북아 지역에서 2개 전쟁이 동시에 발발할 수도 있다. 총력전 대비태세와 안보플랫폼 확대 등이 요구된다.[191]

4.2.1 총력전 대비태세

한국은 총력전 대비태세를 구축해야 한다. 전쟁지도체제 확립은 물론 한국군 주도의 전쟁수행체제와 전략·작전술·전술에 능한 실전적인 훈련, 실전상황을 상정한 예비군 동원훈련과 민방위훈련 등 총력전 태세를 구축해야 전쟁을 예방할 수 있고, 전쟁이 발발하면 최소의 희생으로 승리하여 자유통일한국을 실현할 수 있다.

특히 북한이 발사지점으로 시간당 6,120km를 비과(飛過)하는 극초음속미사일에 탑재한 전술핵무기로 100km 이내에 있는 수도권을 1분 이내에 공격해 올 경우 대응할 방법이 없다. 국가존망이 걸려 있는 북핵 공격에 대해 핵으로 맞설 수밖에 없다. 한국 독자 핵무장이 절실

---

[190] 최용호·정경영, "한국의 코리안드림·통일비전 구현전략," 한국글로벌피스재단 AKU교수협회 편, 『코리안드림&통일한국 비전과 국제협력』(서울: GDC Media, 2023), pp.75-100.

[191] Kyung-young Chung and Zmire Zeljana, "Two Simultaneous Wars Scenario in Northeast Asia and Implications to South Korea's Security," *Commentary Global NK*, East Asia Institute (July 8, 2024),

한 이유다.

4.2.1.1 국가안보회의

정부 차원에서는 국가안보회의 기능을 강화하고, 국가급 차원의 전쟁지도체제 확립을 통해 국가안보역량을 강화한다. 국가안위와 국민안전에 심대한 위기가 발생할 때 대통령이 즉각적으로 회의를 주관하여 대처한다. 국내외 안보정세에 대한 지속적 평가와 대응을 위해 대통령 주관 격월제 국가안전보장회의와 국가안보실장이 주관하는 월간 상임위원회회의를 정례화하고, 사안별로 유관부서 장관과 전문가가 참석하는 안보정책회의를 내실있게 추진한다.

4.2.1.2 전쟁지도

을지자유방패훈련(UFS, Ulchi Freedom Shield) 등을 통해서 싸워 이길 수 있는 전쟁지도체제를 구축한다. 전쟁지도란 평화시 전쟁을 억제하고 유사시 승리하기 위해 통수권을 행사하는 것으로 국가전략과 군사전략을 통합, 조정, 통제하여 국가 총역량을 조직화하는 지도역량이다. 국가통수권은 대통령이 행사하며, 국방부 장관의 보좌를 받아 평시에는 합참의장에게, 전시에는 한미 안보협의회의(SCM, Security Consultative Meeting)와 군사위원회회의(MCM, Military Committee Meeting)를 통해서 연합사령관에게 전략지시와 작전지침을 하달하여 군사작전을 지도한다.

또한 민간방위 책임기구로서 국무총리를 중심으로 행정안전부 등 국가행정기관을 통합하여 전시 국민을 통제한다. 산업동원책임기구는 경제부총리를 중심으로 경제관련 부처를 총괄하여 경제적으로 전쟁을 지원한다.

전쟁수행 시기별로 개전기, 전쟁 수행기, 전쟁 종결기로 분류한다. 먼저 개전기에 전쟁지도기구를 설치·운용하고 전쟁목적 및 목표를 설정하며 국민 지지를 획득한다. 전쟁자원을 확보하며 군사목표를 선정하고 미 증원전력을 협조하며 국제사회의 지지와 지원을 확보한다. 전쟁 수행기에는 적의 전략 및 작전적 중심을 무력화하고, 제3국 개입을 차단하며, 국경선을 조기에 확보한다. 전쟁 종결기에는 종전방법과 전후처리, 종전시기를 결정하고, 자유민주 통일정부 완성을 목표로 전쟁을 지도한다.

이러한 시스템이 작동되도록 을지자유방패훈련 등을 통해 전쟁지도체제를 구축한다. GDP 대비 국방비 3%를 책정한다. 자주국방 및 방위역량확충을 위한 국방혁신은 선택이 아닌 필수다. 이를 위해 재정적 지원이 필요하다.

4.2.1.3 한국군

군 차원에서는 공세전략을 발전시키고, 전쟁지휘·정보판단·작전기획·작전지속 등 전쟁 수행능력을 제고하며, 사이버전, 우주전, 전자전, 정보전 수행능력 배양은 물론 과학기술군을 육성한다.

전작권 전환 이후 전작권 전환의 완전성을 보장하고, 상부구조를 슬림화 최적화하기 위해서 상부지휘구조를 개편하여 합동군사령부를 창설한다. 현재는 합참의장과 연합사령관의 국적이 달라서 부득이 전·평시로 작전통제권이 이원화되어 있지만 전작권 전환이 된 이후에는 서로 다른 한국군 대장 두 사람이 전·평시 작전통제권을 나누어 행사하는 것은 군사적으로 비효율적이며, 상부구조의 비대화는 물론 기능이 중복된다.

따라서 평시에는 합동군사령관인 한국군 대장이 평작권을 행사하고 전시에는 동일한 인물이 미래연합사령관의 자격으로 전작권을 행사하도록 전평시 지휘권을 일원화한다. 그렇게 되면 합참은 군령보좌, 군사외교, 군사전략수립, 군사력 건설 등 합참 고유의 기능을 충실히 수행하면서 미래 연합사에 전략지시와 작전지침을 하달하는 한미군사위원회(MC, Military Committee) 기능을 온전히 수행하고, 합동군사령부 겸 미래연합사령부는 전평시 한국군 및 한미연합군에 대한 작전지휘에 전념함으로써 지휘통제의 효율성을 극대화할 수 있다.[192]

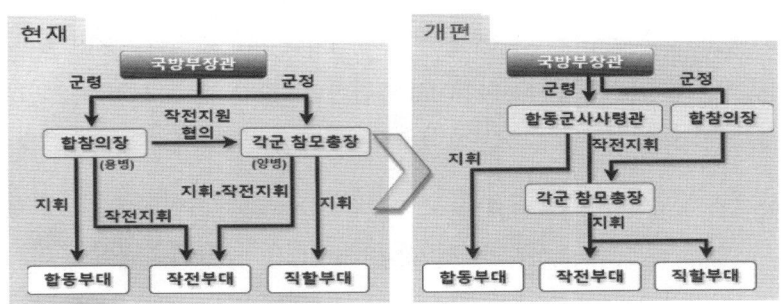

〈그림 2-3〉 상부지휘구조 개편(안)

합동군사령관이 육·해·공군참모총장을 작전지휘하고, 각군 본부와 각급 작전사령부를 통합해 각군 참모총장 아래 지상·해상·공중작전본부를 설치한다.[193]

합동군사령관은 위기조치, 국지도발, 전면전 등과 관련한 의사결정

---

192 심동현, "안보분야 국정성과와 과제," 「문재인 정부 5년 성과와 과제, 평화와 번영의 한반도」 국회연속 토론회, 공군호텔, 2021. 11. 17.

193 "상부지휘구조개편"을 참조해 보완하였다. https://www.konas.net/article/article.asp?idx=24801, (검색일: 2024. 10. 20).

권한을 행사한다. 합참의장은 군무회의, 전력소요 검증위원회, 방위사업추진위원회 등을 주관한다.

합동군사령관이 각군 참모총장을 작전지휘함으로써 효율적으로 전력 통합 운용이 가능하다. 지상·해상·공중작전본부는 작전지휘계선 안에 포함된 각군 참모총장의 지휘를 받아 현재 육군 지작사와 해·공군작전사령부 역할을 대신한다. 새로 편성하는 지상작전본부장은 지상작전사령관이, 해상작전본부는 해군작전사령부에, 공중작전본부는 공군작전사령부에 각각 위치한다.

국군군수사령부와 국군교육사령부 등 합참의장이 작전 관련 통제할 수 있는 새로운 국직부대도 추가로 창설한다. 국군군수사령부는 각군의 고유 군수 기능은 현재처럼 유지하는 가운데 수송·장비·물자·탄약 등 3군 공통기능 위주로 통합한다. 또한 각군의 양성교육과 위관급 이하 보수교육 기능은 3군에서 각자 유지하면서 영관급 이상 보수교육과 합동교육 발전 기능은 신설되는 국군교육사령부로 통합한다. 이와 함께 국군군수사·교육사의 사령관은 육·해·공군 공통직위로 지정한다.

또한 우리 군 간부의 합동 및 연합작전 지휘능력을 제고시킬 수 있어야 한다. 육·해·공군의 능력과 한계는 물론 연합전력의 강점과 제한사항 등에 정통해야 하며, 고도의 전략과 작전술을 겸비한 전장지휘능력을 계발해야 한다.

작전·전술정보 못지않게 전략정보 판단능력을 제고시키고, 종심작전과 장차작전을 예측하면서 근접작전과 현행작전에서 전장을 주도하는 작전기획능력은 물론 병력 및 물자의 중단없는 지원을 보장해야 한다. 이러한 군사전략과 전쟁지휘, 정보판단과 작전기획, 작전지속성

보장 등 전쟁수행능력을 함양하는 것은 전쟁을 주도하여 승리하는 데 무엇보다 요구된다.

4.2.1.4 동맹 차원

동맹차원에서는 전작권 전환을 통해서 한국 주도의 전쟁수행체제를 구축해야 한다. 타이완과 한반도 전쟁이 동시에 발생했을 때 한반도 전구작전을 미국이 주도하는 현 연합사체제는 많은 도전이 예상된다. 한국 합참, 유엔사, 미래연합사, 주한미군사 간의 상호관계와 역할을 규정할 필요가 있다. 한미 합참의장으로 구성된 군사위원회는 연합사에 전략지시와 작전지침을 하달하고, 한국 합참은 국지도발작전을 지휘한다. 유엔사는 정전협정을 관리하고 유사시 전력을 제공한다. 미래연합사는 작전계획을 발전시키고 연합연습을 주관하며 전시에는 주한미군과 미 증원전력을 작전통제하고 유엔사의 전투부대를 전술통제하여 전쟁을 지휘한다. 한국군 대장을 사령관으로 미군 대장을 부사령관으로 하는 연합사 지휘구조 재편을 통해 전시 작전통제권을 전환하여 한국 주도의 전쟁 수행 체제를 구축한다.[194]

미래연합군사령부의 지휘구조(안)를 제시하면 다음과 같다. 한국군 대장을 사령관, 주한미군사령관을 부사령관[195]으로 하고 참모조직으

---

194 정경영, "트럼프 재집권시 안보정책 전망과 한국의 대비방향," 『군사논단』, 통권 117호 (2024년 봄),

195 Chung Kyung-young, "An Analysis of ROK-US Military Command Relationship," Master Thesis, U.S. Army Command General Staff College (1989), pp.118-121: 본 논문에서 연구자는 한국군 대장을 연합사령관으로 미군 대장을 부사령관으로 2년 윤번제 보직 후 작전통제권을 이양하는 지휘구조를 제안한다. 이 안은 2018년 한미간 합의한 신연합방위지침에서 한국군 대장을 연합사령관으로, 미군 대장을 부사령관으로 하는 미래연합사 지휘구조로 부활한다.

로 참모장은 미군, 부참모장은 한국군, 한반도 지상작전의 중요성을 고려하여 작전참모부장은 한국군 장성이, 기획참모부장은 장차계획 발전과 증원전력 전개 등을 고려시 미군 장성이, 정보참모부장은 미측 정보자산이 많은 것을 고려할 때 미군 장성이 맡는 편성안을 검토할 수 있을 것이다.

〈그림 2-4〉 미래연합군사령부 지휘구조

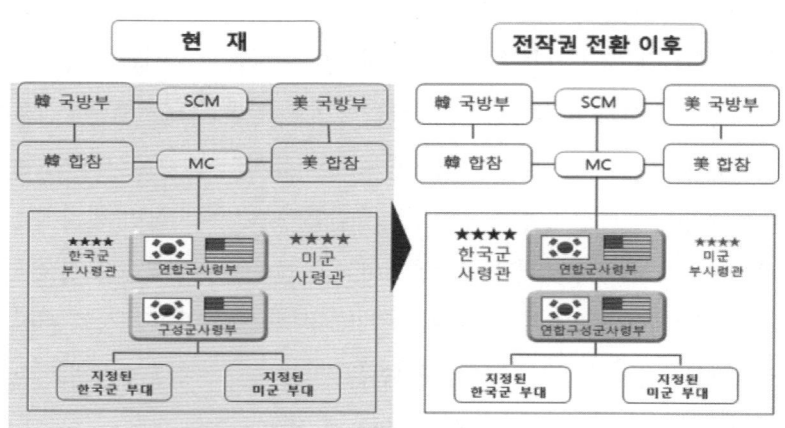

출처: "미래연합사 지휘구조," https://www.segye.com/newsView/20171012005674, (검색일: 2024. 10 20).

또한 지구사령관은 한국군 지상작전사령관이 수행하고, 공군구성군사령관은 한국군 공군작전사령관이, 해군구성군사령관은 항모를 포함 전개전력 등을 고려하여 미7함대사령관이, 연합특수전사령관은 한국군 특전사령관이, 연합해병대사령관은 한국군 해병대사령관이 수행하는 안을 검토할 수 있을 것이다. 장차전쟁에서 사이버 및 우주전의 중요성을 고려할 때 연합우주전사령관에 미군 장군을, 사이버전사령관에 한국군 장군을 보임할 수 있을 것이다.

미래연합사에 군사협조본부를 운용하여 본부장에 유엔사부사령관을 임명하고, 유엔사 회원국의 전투부대 파병시 미래연합사에 전술통제로 전환하고, 유사시 한반도에 인도적 지원을 위해 참여하게 될 국제기구(IGO, Inter-government Organization) 및 비정부기구(NGO, Non-Government Organization) 등과 협조 역할을 수행한다. 또한 연합사령관 직속 전략팀(CIG, Commander Initiative Group)을 운용하여 미래전략을 수립한다.

유엔사의 기능을 재활성화는 것이 미래 연합사를 대체하여 전시에 전쟁수행사령부 역할을 수행하는 것이 아닌가의 논란이 있다. 미래연합사와 유엔사의 두 개의 전쟁지휘사령부가 존재한다거나 유엔사가 연합사를 대체하여 전쟁을 지휘하는 상황이 발생한다면 재앙이 될 것이다.[196] 상대적으로 비좁은 한반도 전구작전에서 유엔사가 미 증원전력과 전력제공 병력을 작전통제하여 별도의 전쟁을 수행할 경우 많은 혼란이 예상된다. 유엔사가 유사시 한반도 전구작전을 지휘하는 사령부가 될 것이라는 의혹에 대해 현재 유엔사에 근무하는 각국 참모는 수십명에 불과하고 유엔군사령관 통제하에 작계를 발전시키고 한국군과 미군을 포함한 유엔군과 훈련을 하는 등 전쟁수행사령부로의

---

[196] Matthew B. Ridgeway, *The Korean War* (New York: Doubleday & Company, INC, 1967): 6·25전쟁 시에도 반격작전 시 미8군이 서부축선으로 북진하고 인천상륙작전에 투입된 미10군단이 원산으로 상륙하여 동북부전선으로 북진한 한국군과 합류하여 북한지역 작전을 수행하였다. 서부축선을 담당한 지상군은 8군사령관의 작전통제 하에, 동부지역은 미 10군단이 별도의 지휘체계에 의해 지상작전을 수행한 사실상의 이원화된 지휘체제였으며, 북한지역에서 유엔사는 동부·서부지역 우군 부대 간 협조된 작전을 실시하지 못했다. 북한지역작전에서 실패한 가장 큰 이유 중의 하나로 평가된다.

평소 임무를 수행하지 않는 한 유사시 유엔사가 한반도 전구작전을 지휘한다는 것은 지극히 억측에 불과하다.

전략적 유연성으로 주한미군의 일부가 한반도 이외지역으로 차출될 때(flow-out) 사전에 또는 동시에 대체전력을 전개한 후 나가도록 전략적 유연성의 조건을 한미 간 합의할 필요가 있다. 아울러 한반도 유사시 세계 전역에 나가있는 미군 전력이 한반도 전구로 유입(flow-in)하여 한미연합방위태세를 증강해야 할 것이다.[197]

4.2.1.5 안보 플랫폼 확대

억제전략이 실패할 경우에 대비해서 한·미·일 3국은 전쟁 승리를 위해 준비해야 할 것이다. 한국 합참과 미 인태사령부, 일본 통막의 전략기획요원과 3국 안보전문가로 편성된 한·미·일군사협력태스크포스(MCTF, Military Cooperation Task Force) 설립을 제안한다. 한·미·일MCTF는 지역내 도전, 도발, 위협에 대응하기 위해 협조하고, 정례적으로 지역 정보평가를 하며, 시나리오별 시뮬레이션 게임을 통해 3국의 책임과 역할을 정립하도록 한다.

유엔사 회원국[198]과의 관계를 강화하는 것이다. 정전협정 체결 당일에 워싱턴에서는 참전 16개국 대표들이 모여 한국전쟁이 재발할 경우 다시 참전한다는 워싱턴 선언을 발표했다. 유엔사는 일본 소재 7개의

---

[197] 전제국 전 국방정책실장과 인터뷰, "주한미군 전략적 유연성," 2024년 6월 22일.
[198] 2024년 8월 현재 유엔사 회원국은 18개국으로 전투파병국 16개국 중에서 룩셈부르크와 에티오피아 2개국이 탈퇴한 14개국(미국, 영국, 호주, 뉴질랜드, 캐나다, 남아공, 네덜란드, 벨기에, 그리스, 튀르기에, 필리핀, 태국, 콜롬비아)과 의료지원국 3개국(덴마크, 이탈리아, 노르웨이) 등 총 17개국과 의료지원국으로 참여한 독일이 2024년 8월에 가입함으로써 18개국으로 확대되었다.

후방기지와 JSA와 의장대 등 예하부대에 대한 작전통제, 정전협정 이행 감독, 유엔사 전력제공국의 전력 수용 등을 통합하여 연합사를 지원하는 임무를 수행한다. 2023년 말 정전협정 70주년을 계기로 한국·유엔사 회원국 국방장관회의를 개최하여 1953년의 워싱턴 선언을 재확인한 것처럼 한·유엔사 국방장관회의를 정례화한다.

NATO와의 협력을 강화한다.[199] 한국은 NATO+IP4(한·일·호·뉴질랜드 인태 4개국)로서 NATO 정상회의에 3년 연속 참석하였다. 2022년 11월 NATO에 한국 대표부를 개설하였으며, 2023년 NATO와 과학기술, 사이버 안보, 대테러협력, 군비 비확산, 군 훈련상호운용 실질 협력 등 11개 분야에 대한 한·나토 개별 맞춤형 파트너십 프로그램(ITPP, Individual Tailor Partnership Program)을 체결하였다. 2022년 NATO 사이버방위센터에 정회원으로 가입하였으며, NATO사이버훈련에도 참가하였고, 한·NATO 군사참모대화도 개최하였다.

한·미·일 안보협력과 한국, 일본, 호주, 뉴질랜드 간 협력 강화, 호·영·미(AUKUS) 필러 2인 인공지능, 양자컴퓨팅, 사이버안보, 극초음속 미사일 등 첨단 군사분야 기술 공유를 추진할 필요가 있다.

4.2.2 북핵·미사일 대응체제 구축

한국형 확장억제인 워싱턴 선언에 합의한 것은 유의미하다. 북핵미사일 위협에 대해서는 보다 포괄적인 대응책이 강구되어야 한다. 확장억제에 대한 신뢰성이 약화될 가능성에 대비해야 한다. 한국형 3축

---

[199] 김열수, "독립과 건국의 완성을 위한 국가 안보적 과제," 한국자유총연맹·한반도선진화재단·연세대학교 이승만연구원 공동 주최, <8·15 광복과 대한민국 건국의 역사적 의의> 학술대회, 2024. 8. 13, 한국프레스센터.

체계를 끊임없이 보완하고, 방위태세 격상시 전술핵 자동전개, 한반도 핵균형과 신평화안보전략 등 포괄적인 응전전략이 요구된다.[200]

4.2.2.1 한국형 3축 체계 보완

3축 체계의 효용성을 높이고 관련 예산을 절감하기 위해 고가의 정보·감시·정찰(ISR, Intelligence Surveillance Reconnaissance) 전력, 요격 미사일을 포함한 첨단기술전력과 드론을 포함한 재래식 전력의 적절한 균형이 필요하다. 3축 체계를 보완하기 위한 방안이자 핵의 민감도를 낮추는 방안으로 북한군에 직접적인 피해를 주지 않고 기능적 무력화를 유도할 수 있는 비살상무기체계의 사용이나 사이버전과 전자전, 정치심리전을 적극 고려할 필요가 있다.

사이버안보 차원에서 북한의 사이버 침투에 대비한 통합조정 대응력을 강화하기 위해 사이버기본법을 제정하고, 기능이 약화된 사이버 작전사령부를 사이버방첩사령부로 승격시켜 군사기밀이나 첨단기술이 북한이나 외국군에 유출되지 않도록 사전예방활동이 필요하다.[201]

4.2.2.2 워싱턴 선언과 일체형 확장억제 이행 및 통합억제

2023년 4월 26일 한미정상 간 합의한 한국형 확장억제를 내실있게 이행해야 할 것이다. 핵협의그룹(NCG, Nuclear Consultative Group)을 운용하고, 미국 핵전쟁과 한국 재래전 지원 실행계획 발전과 핵억제 연합 교육·훈련을 강화한다. 유사시 핵운용을 위한 범정부 도상

---

[200] 정경영, "북핵 도전과 한국의 응전전략," 『군사논단』, 제112호(2022년 겨울호),
[201] 김희철, "북한 사이버 해커 8100억원 탈취, 우리의 대응책은?," 한양대 국가전략연구소와 안보협업연구소 공동 주최 <최근 북한 ICT 현황과 전망> 학술회의, 2022년 11월 30일.

시뮬레이션, 전략핵잠수함, 전략폭격기 등 전략자산 전개를 정례적으로 시현한다. 또한, 한국군의 전략적 타격체계와 한미의 4D 대응개념을 전쟁의 영역 내 통합발전시킨다. 2024년 10월 1일 창설한 전략사령부와 미 전략사령부 간 핵전쟁 수행을 위한 작전체제를 구축한다.

또한 한미정상 간 2024년 7월 11일 서명한 한미 간 한반도에서의 핵 억제와 핵 작전을 위한 가이드라인 문서(U.S.-ROK Guidelines for Nuclear Deterrence and Nuclear Operations on the Koran Peninsula: Guideline Documents)[202]를 구체화한다. 한미 양국 간 정보공유를 확대하는 안보 프로토콜, 위기와 우발사태 시 핵협의 프로세스, 핵과 전략기획 한미 간 재래식-핵 통합, 우발사태 시 미국 핵 작전 시 한국 재래식 무기 지원, 전략대화, 훈련·연습·시뮬레이션·투자활동, 위험 감소를 위한 연습 등을 포함한 한미 핵협의그룹 워크프레임의 신속한 진행이 요구된다.

4.2.2.3 전략사 창설과 운용

2022년 1월 우리 군은 전략사의 모체 조직으로 합동참모본부에 핵·WMD대응본부를 창설했고, 이를 확대해 2024년 10월 1일 전략사령부를 창설하였다. 전략사령부는 전투를 주 임무로 하는 작전부대로서 합참의장이 지휘·감독하는 국군화생방방호사령부, 국군지휘통신사령부, 사이버작전사령부, 드론작전사령부 등에 이어 7번째 합동부대로 창설되었다.

---

[202] The White House, "Joint Statement by President Joseph R. Biden of the United States of America and President Yoon Suk-yeol of the Republic of Korea on US-ROK Guidelines for Nuclear Deterrence and Nuclear Operations on the Korean Peninsula," July 11, 2024.

전략사령부는 우리 군의 3축 체계, 킬체인(Kill Chain), 한국형 미사일방어체계(KAMD, Korean Air Missile Defense), 대량응징보복(KMPR, Korea Massive Punishment and Retaliation)으로 구성된 핵·WMD (Weapons of Mass Destruction) 대응체계를 총괄하는 성격의 기구로 현무 계열 탄도미사일, F-35 스텔스 전투기, 3000t급 잠수함 등 전략자산의 작전을 지휘한다. 군 정찰위성과 사이버·우주 주요 전력도 전략사가 담당하고 있다. 전략사령부는 한미 핵협의그룹(NCG, Nuclear Consultative Group) 운용과 연계해 핵·재래식 통합 작전개념과 방안을 발전시키고, 우주·사이버·전자기스펙트럼 등 신영역에서 전투발전을 주도한다.[203]

전략사령부의 임무는 우리 군의 전략적 능력을 통합 운용해 적의 핵 공격과 전략적 수준의 대량살상무기공격을 억제·대응하는 데 있다. 전략사령관은 국방개혁에 관한 법률 시행령에 따라 육·해·공군 장성을 순환보직해 각 군의 균형발전과 합동성을 강화한다.

4.2.2.4 방어준비태세 격상 시 전술핵무기 자동전개

한반도의 전략적 안정성을 유지하기 위해 평시 한반도에 전술핵을 순환배치 또는 유사시 전개하는 방식으로 유연반응을 통한 확장우세 전략을 추진한다. 한반도 안보가 긴장되어 방어준비태세(DEFCON)가 격상이 될 때 즉각적으로 전술핵무기를 전개한다.

이를 위해서는 사용 절차, 보관, 장착훈련, 비용 등에 대한 한미 양자협정을 체결하고, 전용 저장고(WS3) 건설, 전술핵무기 이동, 장착훈련 등의 단계를 밟아 추진한다.

---

[203] "'북핵 대응' 전략사령부 국군의날에 맞춰 창설," 《연합뉴스》, 2024년 9월 30일.

4.2.2.5 한반도 핵균형과 신평화안보전략

워싱턴 선언을 이행하지 않거나, 전술핵 재전개가 이루어지 않을 때는 한국의 핵무장은 불가피하다. 핵무장을 위한 컨트롤 타워를 구축하고 핵잠재력을 확보하는 1단계, 국가 비상사태시 NPT를 탈퇴하는 2단계, 대미 설득 및 미국의 묵인하에 핵무장을 추진하는 3단계, 남북 핵균형 실현 후 북한과의 핵감축 협상을 통해 핵을 폐기하고 평화협정을 체결하는 4단계로 추진한다.[204]

한국이 핵무장을 할 때 남북한 공히 상호확증파괴(MAD, Mutually Assured Destruction)에 따른 핵균형[205]으로 한반도 안정이 이루어지게 될 것이다. 한국이 자체적으로 핵을 개발, 보유하고자 하는 유일한 목적은 북한의 핵위협으로부터 대한민국을 보호하기 위한 것이다. 미국은 한반도에 전략자산을 전개하지 않고도 북핵 억제가 가능하고, 미국에게는 국방비 절약 효과가 있을 것이다. 핵무장한 한국과 일본이 중국과 러시아의 핵위협을 억제할 때, 미국은 인도-태평양 전략을 용이하게 수행할 수 있을 것이다.

4.2.2.6 한반도 비핵화와 통일프로세스 연계 전략

한반도 비핵화와 통일프로세스를 연계하여 추진한다.[206] 제1단계 남

---

[204] 정성장, 『왜 우리는 핵보유국이 되어야 하는가: 패권경쟁 시대, 전쟁을 막을 최선의 안보 전략』(서울: 메디치미디어, 2023), pp.119-139.

[205] Andrew Futter, 고봉준 역, 『핵무기의 정치』(서울: 명인문화사, 2016), p.115: 만약 국가가 보복 핵공격에 취약하다면 그 국가는 보복의 두려움 때문에 핵 1차 공격을 감행하지 않을 것이며, 만약 두 국가가 서로 동등하게 보복공격에 취약하다면 양자는 핵교전을 시도하지 않을 것이다.

[206] 이상철, "북한의 군사력 증강과 한반도 군비통제의 방향," 2015 북한연구학회 특별학술회의, 2015. 12. 21, 대한상공회의소 의원회의실.

북미중은 북핵 폐기 최종상태로 평화협정을 체결한다는 포괄적 합의를 한다. 2단계 영변핵시설 불능화 및 ICBM 폐기 시 경제제재를 완화하고, 평화협상 및 북미·북일수교 회담을 개시하며, 3단계 모든 핵 및 장거리탄도미사일 폐기 시 대북 제재를 전면 해제하고, 남·북·미·중 평화협정을 체결하며, 북미·북일 간 수교한다.[207] 지금까지 논의한 내용을 요약하면 다음과 같다.

〈표 2-4〉 한국의 북핵 도전 포괄적 응전전략 추진 로드맵

전략	단기	중기
한국형 3축 체계 보완	• 기능적 무력화를 위한 비살상 무기체계, 사이버-전자전, 정치 심리전 보완	• ISR전력, 미사일 포함 첨단 기술전력, 드론 포함 재래식 전력 균형
워싱턴 선언과 일체형 확장억제의 내실있는 이행 및 통합억제	• 핵협의그룹 운용 • 미국 핵전쟁과 한국 재래식 지원 실행계획 발전과 핵억제 연합교육·훈련 강화 • 핵 유사시 운용을 위한 범정부 도상 시뮬레이션, 전략핵잠수함, 전략폭격기 등 전략자산 전개 • 한국군의 전략적 타격 체계와 한미 4D대응개념 전쟁의 영역 내 통합발전	• 일체형 확장억제 이행: 정보 공유 확대 안보 프로토콜, 위기와 우발사태 시 핵협의 프로세스, 핵과 전략기획 한미 간 재래식-핵 통합, 우발사태 시 미국 핵작전시 한국 재래식 무기 지원, 전략 대화, 훈련·연습·시뮬레이션·투자 활동, 위험 감소를 위한 연습 등
전략사 창설 및 운용	• 한미 NCG 운용과 연계해 통합작전 개념·방안 발전 • 우주·사이버·전자기스펙트럼 등 신영역에서 전투발전 주도	• 2024년 10월 1일 창설한 전략사령부는 미전략 사령부와 핵전쟁수행 작전체제 구축

---

[207] 정경영, "트럼프 재집권시 안보정책 전망과 한국의 대비방향," 『군사논단』, 통권 제117호(2024년 봄).

전략	단기	중기
전술핵무기 유사시 자동 배치	• DEFCON 격상시 전술핵무기 자동 전개 합의	• 인프라 구축 유사시 전개
한반도 핵균형과 신평화 안보전략	• 핵무장을 위한 컨트롤 타워 구축·핵잠재력 확보 • 국가 비상사태시 NPT 탈퇴	• 대미 설득 및 미국의 묵인하에 핵무장 추진 • 핵무장 완료후 남북 핵폐기 협상, 평화협정, 미북·북일 수교
통일프로세스와 연계한 비핵화 추진	• 남·북·미·중 핵폐기 최종상태시 평화협정 체결 포괄적 합의	• 실질적 비핵화 진전 시 경제 제재 완화, 평화협상 및 미북 수교협상 • 완전 핵폐기시 대북 제재 해제, 남·북·미·중 한반도 평화협정 체결

출처: 정경영, "북핵 도전과 한국의 응전전략," 『군사논단』, 통권 제112호(2022).

4.2.3 전쟁예방을 위한 전략대화

전쟁을 예방하기 위한 대화가 필요하다. 남북간 핫라인 재개와 정치·군사대화를 재개하고, 한·중·일 정상회담의 정례화와 동북아 외교·국방장관 전략대화를 제안한다. 동북아안보레짐을 설립하여 안보이슈를 협의하고 동북아의 평화를 관리할 수 있는 메카니즘 구축이 요구된다. 이를 통해 역내 국가 간 상호신뢰를 증진시키고 지역내 전쟁을 예방하며, 초국가적 위협인 자연재해와 재난 발생시 공동 대처할 수 있는 동북아 인도적 지원 재난구조TF를 창설을 추진한다.

4.3 북한 급변사태 시 한국의 대응전략

북한 급변사태는 민족 내부의 문제이자 국제사회와 더불어 해결해야 할 국제적 문제다. 또한 북한 문제는 국제정치학에서 논하는 남의 나라 문제가 아니며 우리의 문제라는 인식이 요구된다. 동시에 남북분단을 야기한 미국, 러시아, 중국, 일본 등 책임 당사국이 북한 문제를 한국과 함께 해결해야할 책무가 있음을 인식시킬 필요가 있다.

4.3.1 위기관리체제 정비

북한이 반문화배척법 등을 통해 북한주민을 통제하고, 한국을 동족 관계가 아닌 교전 중인 적대관계의 두 개 국가론을 선언한 것은 북한주민에 대한 통치력의 급속한 약화와 주민들의 사상이완으로 체제에 대한 위기의식의 확산되고 있음을 알 수 있다. 압록강 일대의 집중적인 폭우로 수천 명의 사망자와 수만 명의 이재민이 발생했음에도 외부의 인도적 지원을 뿌리치는 해괴한 집단이다. 북한의 정국이 날로 예측 불허의 미궁으로 빠져들고 있다. 이러한 상황인식하에 우리 정부차원에서 대처해야 할 국가급 차원의 전반적인 위기관리체제 재정비를 위해 정책대안을 제시하면 아래와 같다.

첫째, 북한 급변사태 등 국가비상사태에 대처할 수 있도록 헌법에 명시된 NSC 사무처를 복원하여 그 기능을 강화하고, 외교·안보·대북정책 전반에 대한 경륜과 전문적인 식견이 있는 인사로 균형있게 편성할 필요가 있다. 국가비상기획위원회를 대통령 직속으로 운용하며, 미국의 국가정보국처럼 군사 및 민간정보를 포괄하는 국가안보정보원 신설[208]을 검토할 필요가 있다.

둘째, 대규모의 북한 난민이 한국 내로 유입되었을 때에 대비, 국가위기관리 차원에서 조기경보의 운용과 대량난민을 위한 수용시설 편

---

[208] 한희원, "또 문제는 두고 사람만 바꾸나," 『조선일보』, 2010년 5월 1일.

성, 식량 등 생필품의 조달 등에 대해 사전 대비가 필요하다. 특히 북한 난민이 휴전선을 넘는 과정에서 북한군이 무력으로 진압하려 할 때 과연 한국군이 개입할 수 있는가. 그 과정에서 남과 북의 군사적 충돌이 발생할 경우에 어떻게 대응해야 할까. 또한 대규모 북한 난민의 국내 유입에 대비하기 위해 DMZ일대와 동서 해안일대에 난민수용소를 선정할 필요가 있다.

동독의 경우 베를린 장벽의 붕괴를 전후하여 2개월 동안 18만 명이 서독으로 탈출하였는 바, 북한 급변사태 시 휴전선을 통해 한국으로 넘어오는 경우 20만 명, 이중 특히 경의선을 포함 서부전선에 15만, 중동부 전선에 5만 명, 해상으로 1만 5천 명 규모의 탈북자가 발생될 것으로 추정된다.[209]

따라서 정부 차원에서 DMZ를 이용한 탈북자에 대비하여, 서부지역은 장단반도, 중부지역은 철원일대, 동부지역은 간성 북방 일대에 난민 수용소를 설치하는 안을 검토할 수 있을 것이다. 동서해로 유입되는 탈북자에 대해서는 해안을 끼고 있는 도 단위로 특정지역을 선정하여 통제지역에 수용소를 설치할 필요가 있다.

4.3.2 전략적인 대북정책 추진

진보정부 집권기간 한미 양국정부는 북핵, 인권 등에 대해 자국의 편의에 따라 인식을 달리 해왔으며 전술적으로 접근, 한미 간 갈등을 노정하기도 했다. 북한의 비핵화 이후의 북한관리, 북한 주민의 생존권 향상, 남북경협과 대북 문제의 연관성, 북한 급변사태의 함의 등[210]

---

[209] 한관수, "북한 급변사태시 난민 규모 및 탈출경로 시뮬레이션: 총 70만 명 중 20만 휴전선 월경, 경의선에만 15만 집중,"『신동아』, 2010년 4월호.

을 종합적으로 고려하여 북한의 미래 모습에 대한 전략적인 구상 하에 대북정책을 추진할 필요가 있다. 이를 위해 외교, 안보, 대북 전문가로 구성된 전략팀을 서울과 워싱턴에 상주, 운용하여 큰 틀에서 대북 이슈들을 접근하여 양국정부에 정책자문하는 방안을 검토할 수 있을 것이다.

특히, 북한이 대한민국을 상대로 끊임없이 오물풍선을 날리는 그들의 의도가 무엇인가, 한국사회를 분열시키고 불안케 하고, 유사시 생화학전을 위한 제원산출은 아닌가를 분석하고 대응해야 한다. 최근 북한 고위 엘리트의 탈북과 북한 주민의 잇따른 귀순은 체제에 대한 불신과 경제난 등으로 인한 북한 내부의 동요나 민심 이반과 무관치 않을 수 있다. 군 정보와 민간정보기관의 협조된 대응책 마련이 요구된다.

4.3.3 유엔사의 위상과 미래 역할 정립

북한 급변사태가 발생할 경우, 유엔 안보리 결의를 거쳐 평화재건작전을 수행할 수 있도록 유엔사에 경찰과 NGO까지 포함하는 PKO를 결성하여 대비할 필요가 있다. 또한 중립국 감시위원회는 한반도 군비통제 시 감독과 평화협정 이행을 모니터할 수 있도록 그 기능을 활성화할 필요가 있다. 또한 북한지역의 대규모 재해재난 발생 시 이재민 구호를 위해 유엔 결의 하에 사전 지정된 신속대응군을 투입, 재난구조작전을 전개할 수 있는 시스템을 구축해야 한다.[211]

---

[210] 엄태윤, 『한미 양국의 대북정책과 남북경협』(서울: 집문당, 2007),

[211] Chung Kyung-young, "Building a Security Regime in Northeast Asia: Feasibility and Design," PhD Dissertation, University of Maryland (2005).

한편 한국 정부 주도하에 유엔사의 지원을 통해 북한 급변사태에 개입하는 작전의 성공을 보장하기 위해 유엔사 회원국 대표가 참가하는 연례 연습을 실시할 필요가 있다.

유엔사 참여시 누가 주도할 것인가, 개입 시기와 범위, 대상은 어떻게 할 것인가에 대해 심도있는 논의가 필요하다. 대안은 한국군과 유엔사가 역할을 분담하는 방안이다. 한국의 특전사 부대와 유엔사의 특수전 부대는 북한의 WMD를 선점하는 것으로 국한하고 한국 지상군이 유엔사의 정보와 해공군의 지원을 받아 투입하여 통일 민주정부를 수립하는 방향을 전략적 대안으로 제시한다.

한국은 북한지역 급변사태 발생 시 유관기관 협조단(ICG, Inter-agency Coordination Group)을 설치할 수 있을 것이다. 이 기구는 합참의장의 군사작전 목표 달성을 지원하기 위해 한국과 유엔사 회원국의 정부기관, 비정부기구, 국제기구 대표들로 구성된 협의 및 자문기구이다. 합참의장에게 전략적 차원의 현안과 유관기관의 지원능력, 전략상황 평가 등을 통해 조언하는 기관으로 합참과 대외기관과의 연락 업무를 수행하며, 북한지역에서 군사작전 지원을 위한 정치·외교·경제·정보분야 등 지원 관련분야를 협의하도록 하는 것이다. 한측은 한국의 국가통수군사지휘기구에서 지정한 기관이 협조를 주관하고 유엔사 회원국은 주한외교 사절이 협조하여 지원하는 개념이 바람직할 것이다. 한국군과 유엔사 간의 의견 조율을 통해 유관기관협조단의 지위와 구체적인 운용개념은 한미 간 협의를 통해서 발전시킬 수 있을 것이다.

4.3.4 對 주변국 네트워크 구축

북한 급변사태 관련 한국정부는 일·중·러 주변국들과 긴밀한 네트워크를 구축할 필요가 있다. 특히 한국은 북한 급변사태가 발생할 경우, 북한이 돌파구의 일환으로 직접적인 군사적 도발을 자행하지 않는 한, 일차적으로 북한 내부의 상황이기 때문에 내정 불간섭 원칙과 평화공존을 천명하면서 북한 내정에 중러가 개입하거나 간섭하지 않도록 해야 한다. 또한 군사적 충돌을 예방하면서 북한에 대한 인도적 지원, 탈북자 관리 등 대부분의 대응과제들이 한국 단독으로 수행하기보다는 주변국들과 공조체제에 의해 추진하는 것이 효과적이다.

우리의 최대 관심분야는 북한의 민중봉기나 체제 붕괴 등 급변사태 발생 때 중국의 군사개입 여부다. 중국의 군사개입은 상황 의존적이며, 특히 북한지역에 외세의 군사개입 여부에 크게 영향을 받을 것이다. 중국은 강대국 또는 강대국 연합에 의해 북한이 통제되거나 붕괴되는 것을 우려할 것이다. 따라서 중국이 북한에 대한 배타적 영향력을 행사하거나 친중국 정권을 세우기 위해 단독 군사개입을 할 가능성을 배제할 수 없다. 중국의 군사개입은 최악의 경우 주변 강대국들과의 군사적 대립이나 충돌로 번질 수 있는 위험을 안고 있다. 중국과 긴밀한 협력이 요구된다.

일반적으로는 중국 군사개입에 대한 억제 요인이 촉진 요인을 능가한다고 봐야 한다.[212] 그러나 중국의 단독 개입 가능성도 배제할 수 없기 때문에 북한 급변사태와 관련 유엔의 중재 하에 한·미·중 3자간 전략대화를 통해 역할을 분담하는 등 파국을 예방할 수 있는 한국정부

---

212 황병무, "中, 한국 주도 통일 반대 안해 北 급변사태 땐 조건부 개입," 『신동아』 2014년 9월호.

의 노력이 요구된다. 주변국으로 유입되는 탈북자는 현지 국가가 최종 상태까지 보호 및 구호활동을 하도록 유엔을 중심으로 국제공조체제 하에서 북한 난민 국제회의를 구성하여 공동 대처해야 한다. 과거 베트남의 경우, 난민의 주요 탈출 대상국이던 태국은 국제사회의 인도적인 책임분담을 강력히 주장하여 인도차이나 난민국제회의를 발족시킨 바 있다.

한편, 식량과 자원획득 차원에서 민간 사업가들을 통해 만주와 연해주 지역에 10만 명 정도의 인구를 수용할 수 있는 토지를 장기 임대하여 활용하다가, 북한 급변사태 시 대규모 탈북자가 발생할 경우, 이들을 정착시켜 하나의 한인타운을 건설하는 방안도 검토해 볼 가치가 있다. 예를 들면 시베리아횡단열도가 가로지르는 연해주에 17만 ha (제주도 크기)를 사들여 엄청난 곡물을 수확하는 대순진리회의 영농사업은 북한의 대규모 탈북자들을 운용할 수 있는 하나의 모델이 될 수 있을 것이다.

북한 급변사태 시 일본의 역할을 어떻게 할 것인가의 문제는 중국 못지않게 민감한 문제이다. 유엔을 통한 PKO결성 시 일본 자위대의 참여 문제는 역사적 경험과 민족 정서를 고려할 때 민족적인 정서가 수용하기 어려울 것이다. 그러나 인도주의 활동을 하는 일본 NGO의 참여를 고려할 수 있다. 특히 북한의 인프라 구축 등 경제를 재건하기 위해서는 재정적인 지원이 필요하므로 일본의 경제적 지원이 불가피하다.

4.4 시사점

자유평화 통일한국·문명공동체를 실현하기 위해서는 한국의 일관적이고 지속적인 평화통일 노력해야 한다. 또한 통일프로세스를 조정,

통제하는 한반도국제협력플랫폼 설치, 운용이 필요하다. 한반도의 엄중한 안보상황을 고려 시 북한의 남침에 대비 국민의 가치안보, 전쟁지도체제 구축, 총력전 대비태세가 요구된다.

북한의 급변사태에 대비 위기관리체제를 정비하고, 평소 인도적 지원 및 재난구조팀을 편성, 운용하고 유엔 및 주변국과 네트워크 구축이 필요하다. 실현 가능한 전략을 수립하고 이러한 전략을 실현할 수 있는 준비와 실제 상황이 발생하면 추진할 수 있는 시스템 구축이 요구된다.

제5절 소결론

5.1 요지

통일될 때까지 지속적으로 지불해야 할 분단비용과 통일이후 한시적으로 지불해야 할 통일비용을 합한 것보다 통일 이후 영구적으로 발생하는 통일편익이 압도적으로 크다. 한반도 분단으로 유발되는 인명살상, 불안, 불이익, 손실, 위험 부담, 남북이 서로 증오하는 데 쏟는 민족 에너지가 얼마나 큰가. 북한의 경우 GDP의 20-25%에 달하는 국방비를 쏟아 붓기 때문에 민생경제가 바닥이다, 천문학적인 통일비용을 우려하고 있으나 북한이 국제규범을 지키고 개혁 개방정책을 추진하면 국제금융기구가 대거 북한 개발에 참여할 수 있다. 일본도 청구권 자금으로 100억 달러를 지원해 줄 용의가 있다고 한다. 북한 자원 개발에서 얻는 수익이 엄청날 것이다. 통일비용이 천문학적으로 들어가지 않는다.

통일의 전략적 편익은 우리의 예상을 뛰어넘는다. 남북한에게 시장 확대에 따른 규모의 경제로부터 오는 이득은 크다. 과도한 군사비를 줄여 민생경제로 전환, 경제발전에 기여할 수 있다. 민족적 자존감과 국제적 위상의 격상은 수치로 환산할 수 없는 자산이다.

통일이 되었을 때 전쟁의 위험이 사라지는 것은 재론의 여지가 없다. 통일의 편익은 주변국에게도 온다. 자유롭고 평화로운 통일한반도의 출현은 미국에게 자유민주주의 시장경제가 한반도 북부지역까지 확산된다는 의미가 있다. 일본에게는 북핵·미사일 위협이 소멸되고, 북한지역 경제개발에 참여하여 새로운 시장을 확보하게 될 것이다. 중국에게는 통일한국과 막힘없는 경제교류 협력으로 양국의 지속적인 경제성장과 중국 동북부 지역의 발전에 기여하게 되고, 문화교류가 활성화될 것이다. 러시아에게는 극동러시아 개발에 적극 참여하게 되고 한반도종단철도-시베리아횡단철로(TKR-TSR)이 연결되고 가스파이프 라인을 구축하게 되면 상호 윈윈할 수 있는 경제협력의 토대가 구축된다.

자유통일한국의 건설은 동북아지역의 경제공동체와 안보협력체로 발전되어 평화와 공동 번영할 수 있는 토대가 구축된다. 통일한국을 건설하는 편익이 분단을 방치해 발생하는 분단비용과 통일비용을 합한 것보다 압도적으로 크기 때문에 통일은 수지가 맞는 투자이다.

그러나 자유롭고 평화로운 통일한국 건설은 거져 주어지는 것이 아니다. 우리의 소원을 꼭 이루어내고야 말겠다는 온 국민의 통일열기, 남북이 하나가 되겠다는 의기투합, 국제사회의 지지와 협력이 함께 어우러질 때 가능하다. 참으로 고통스럽고 불안한 분단시대의 삶을 청산하고 화목하고 안정된 삶으로 인도하는 통일한국을 실현하는 것이야말로 우리의 살길 아닌가.

한반도 통일은 한민족은 물론 동북아의 미·중·일·러 주변국 모두에게 평화와 공동번영을 보장하는 보험이다. 자유평화통일은 남·북·미·중이 참여하는 한반도 평화조약을 체결하여 불안정한 정전체제를 항구적 평화체제로 전환을 통해서 이루어진다.

그러나 평화협정 체결이 지속가능한 평화를 담보하지 않는다. 1949년 주한미군 철수 후 북한의 6·25 남침, 1973년 베트남전쟁 종결 파리평화협정 체결과 미군 철수 후 북베트남에 의한 평화협정 유린과 남베트남 점령 무력통일, 2020년 도하평화협정 체결 후 탈레반의 아프간 수도 카불 점령과 미군 철수 사례는 한반도 평화협정 서명만으로 평화통일을 보장하지 않음을 알 수 있다.

평화협정에 서명할 당사국인 남·북·미·중은 의회 등의 비준을 거치고, 주한미군이 북한 위협관리에서 평화유지군으로 지속 주둔하며, 정전체제를 관리해왔던 유엔사-중국·북한대표부로 구성된 군사정전위원회를 평화협정감시 역할로 조정하는 조치가 이루어졌을 때 한반도 평화체제를 구축할 수 있을 것이다.

한편 한반도 핵균형을 통한 신평화안보전략을 추진하는 것이 새로운 평화를 창출하는 길이다. 북한의 핵무장으로 전쟁위기가 증가하고 있는 엄중한 현실을 타개하는 길은 한국의 핵무장을 통해 북한의 핵사용을 무력화시키는 것이야 말로 핵전쟁을 예방하는 길이다. 이때 비로소 남북한 진정한 평화를 위해 핵폐기를 위한 군축회담과 평화협정을 체결할 수 있을 것이다. 동시에 동북아 평화체제 구축을 위한 동북아 안보대화와 북미·북일수교가 동시에 이루어질 때 항구적이고 확고한 한반도 평화체제가 구축이 될 것이다.

북한이 남북관계를 더 이상 동족관계가 아닌 교전 중인 적대관계로 규정하면서 두 개 국가론을 내세우고 있다. 통일을 포기한 것이 아니라 동족에게 핵무력을 사용할 수 없기 때문에 적대국인 대한민국에게 전술핵으로 공격하여 영토완정을 하겠다는 것이다. 전방에 극초음속미사일을 전진배치하고 축선별 전술핵무기를 투입하여 남한을 점령하는 북한군 전군 지휘훈련을 하고 있다. 북한주민들에게 영토완정을 위한 대사변을 독려하고 있는 현실을 직시할 필요가 있다. 또한 타이완 정세가 극히 불안정한 것을 고려할 때 시진핑과 김정은 간에 담합하여 한반도와 타이완 전쟁을 동시에 감행할 가능성을 배제할 수 없다.
　이러한 엄중한 현실을 무시하고 평화지상주의를 통해 통일을 추진하겠다는 것도 허망한 일이다. 어떠한 경우에도 전쟁이 일어나지 않도록 허점을 보여서는 안된다. 남침을 감행하지 못하도록 하는 유일한 길은 총력전 대비태세를 구축하는 것이다. 억제가 실패하여 전쟁이 났을 때 총력전 태세로 즉각 전환하여 조기에 반격, 군사작전에서 승리, 자유통일한국을 실현할 수 있을 준비를 해야 한다.
　동시에 북한의 내부사정이 심상치 않다. 코로나로 국경선이 폐쇄되고 대북 경제제재로 무역이 이루어지지 않아 장마당이 사라지면서 민생경제가 말이 아니면서 아사자가 속출하고 있다. 자유롭고 번영된 한류의 열풍이 북한 사회를 풍미하자 외부 문화 유입을 차단하기 위해 반문화배척법으로 북한 주민을 통제하고 있다. 민중봉기가 일어나든 군부 쿠데타로 김정은 체제가 붕괴하든, 자연재해로 수십만이 희생이 되든 북한의 급변사태가 발생할 가능성을 배제할 수 없는 상황이다. 북한 상황을 예의 주시해야 한다. 북한 급변사태 발생으로 수많은 북한 주민이 희생되는 것을 남의 일이라 방관할 수 없는 것이다. 북한 스스로 감당할 수 없는 급변사태가 발생했을 때 북한 동포를 돕는 것은 우리의 도리이다. 이를 통해서 북한을 억압과 생존권이 위협 받고 있는 동포를 해방시켜 통일의 기회로 전환하는 것은 한국이 추구할 사명이다.

5.2 정책제안

자유롭고 평화로운 통일한국을 실현하기 위해서 외교안보적으로 추진할 수 있는 정책제안을 제시하면 다음과 같다.

첫째, 통합과 상생과 협치의 정치를 구현해야 한다. 나라를 통치하는 대통령이나 국회나, 지자체나, 기업이나, NGO단체나, 심지어 친목단체에 이르기까지 분열의 정치가 아닌 통합의 진정한 민주주의 정치를 해야 한다. 국가를 포함한 모든 조직이 비전과 목표를 설정하고, 설정된 목표를 추진하는 일련의 과정이 민주적이어야 한다. 구성원이 의사결정에 참여, 치열한 논쟁을 거쳐서 결정하고, 결정한 것을 추진할 때 구성원은 최선을 다해 마음껏 역량을 발휘하는 통합의 정치문화가 뿌리를 내릴 수 있다. 이러한 통합된 힘이 남북이 하나가 될 수 있는 원동력이 될 것이다.

둘째, 종파와 진영, 세대와 지역, 계층을 초월해서 우리의 소원인 통일시민운동을 전개하자. 3·1독립운동이 일본의 압제로부터 해방이 되었고 비폭력저항운동이 인도의 독립을 안겨주었으며, 무틴루터킹 목사가 이끌었던 인권운동이 인종차별을 종식시켰던 것처럼 풀뿌리 통일운동을 전개할 때 통일을 이룰 수 있을 것이다.

셋째, 북한에 대화의 문을 열어 놓고 북한과 교류협력을 해야 북한의 변화를 이끌어낼 수 있다. 북한 주민의 변화를 위해서 인권 개선과 함께 다양한 외부 정보를 접할 수 있는 네트워크를 구축해야 한다.

넷째, 이미 정부가 구상한 한반도국제협력플렛폼을 발족, 운용할 것을 제안한다. 통일한국의 비전과 추진전략을 구체화하고, 미·중·일·러의 통일 역할을 발전시켜서 통일외교를 전개하고, 북한 인권과 인도적 지원, 글로벌 통일시민운동을 지원하도록 한다.

다섯째, 통일에 유리한 전략환경 조성을 위해 동북아평화협력체제 구축을 제안한다. 이를 위해 동북아 외교·국방장관회담을 개최하고 동북아평화협력플렛폼을 가동시켜 역내안보협력 로드맵을 발전시키고, 동북아다자안보회의를 운용하는 등 동북아안보협력체를 제도화한다.[213]

여섯째, 남·북·미·중이 참여하는 한반도 평화조약을 체결해야 한다. 평화조약 체결을 위한 조건이 성숙되어야 하는 데 남북한 신뢰구축과 군비통제, 미중 간 패권경쟁에서 전략적 협력관계로의 변환이 동시에 이루어질 때 평화조약을 체결할 수 있다.

일곱째, 북한의 무력침공에 대비하기 위해 총력전 대비태세를 구축하는 것은 절박하다. 이를 위해 한국 합동참모본부과 미 인도태평양사령부, 일본 통합막료부의 전략기획요원과 3국 안보전문가로 편성된 한·미·일군사협력태스크포스(MCTF, Military Cooperation Task Force) 설립을 제안한다. 한·미·일 MCTF는 지역 내 도전, 도발, 위협에 대응하기 위해 협조하고, 정례적인 지역 정보평가를 하며, 시나리오별 시뮬레이션 게임을 통해 3국의 책임과 역할을 정립하도록 한다.

---

[213] 전봉근, "한반도 비핵·평화체제전략," 김흥규 엮음, 김상배·김흥규·백재적·배기찬·부형욱·신범식·이상현·이수형·이승주·이왕휘·전봉근·전재성·최경준, 『신국제질서와 한국외교전략』(서울: 명인문화사, 2021), pp.315-355.

한국은 총력전 대비태세를 구축해야 한다. 군 통수권자에 의한 전쟁지도체제 확립은 물론 한국군 주도의 전쟁수행체제와 전략·작전술·전술에 능한 실전적인 훈련, 실전상황을 상정한 예비군 동원훈련과 민방위훈련 등 총력전 태세를 구축해야 전쟁을 예방할 수 있고, 전쟁이 발발하면 최소의 희생으로 승리하여 자유통일한국을 실현할 수 있다.

특히 북한이 극초음속미사일 전술핵무기로 1분 이내에 수도권에 공격해 올 경우 대응할 방법이 없다. 국가존망이 걸려 있는 북핵 공격에 대해 핵으로 맞설 수밖에 없다. 한국 독자 핵무장이 절실한 이유다.

여덟째, 전작권 전환을 통해서 한국 주도의 전쟁수행체제를 구축해야 한다. 한국 합참, 유엔사, 미래연합사, 주한미군사 간의 상호관계와 역할분담을 규정할 필요가 있다.

아홉째, 남북한 간 전략적 소통, 한·중·일 정상회담의 정례화와 동북아 외교·국방장관 전략대화를 제안한다. 역내 국가 간 상호신뢰를 증진하고 지역 내 전쟁을 예방하며, 초국가적 위협 등에 공동대처할 수 있다.

마지막으로 북한 급변사태에 대비하여 통일부는 해외개발협력민간협의회(KCOC, Korea NGO Council for Overseas Development Cooperation) 회장단과 대북협력민간단체협의회 회장단으로 구성된 인도적 지원을 위한 통합인도적지원·재난구호본부를 설립한다. 인도적 지원 협조체계 구축을 위해 4단계 접근이 요구된다. 1단계는 인도적 지원 행위자 분석으로 협조자(Coordinator)가 중요하며, 이에는 국제적십자기구, 유엔 등 국제기구(IGO, International Government Organization), 국내 비정부기구(NGOs, Non-government Organizations), 국제비정부

기구(INGOs, International Non-government Organizations) 등이 있다. 두 번째 단계는 국내외 인도적 지원 가버넌스 파악(Mapping)이다. Coordinator 단체와의 협력체계 구축은 유엔 인도적 업무협조국이 유엔 기구, INGO, 해외사업 국내NGO를 망라하여 네트워크가 구축되어야 한다. 3단계는 주요행위자 역량분석이다. 이 단계에서는 긴급 구호성 지원, 인도적 지원, 개발협력 3단계 구분하여 재난, 정전 및 전시로 유형화하여 주요 행위자를 분석할 수 있다. 4단계 협조체계 구축이다. 그룹별 Coordinator 중심의 정보공유·협력 체계 구축은 시민사회 협력 구축 과정의 핵심이다. 안정화 진행과정애서 각급 부대 민군관련 지휘관은 정부 및 IGO·NGO, 지방행정기관, 주민들과 협조체계를 구축하여야 한다, 한국은 북한지역 급변사태 발생 시 유관기관 협조단(Inter-agency Coordination Group)의 운용을 검토할 수 있을 것이다.

북한 급변사태 관련 한국 정부는 중·일·러 주변국들과 긴밀한 네트워크를 구축할 필요가 있다. 특히 한국은 북한 급변사태가 발생할 경우, 북한이 돌파구의 일환으로 직접적인 군사적 도발을 자행하지 않는 한, 일차적으로 북한 내부의 상황이기 때문에 내정 불간섭 원칙과 평화 공존을 천명하면서 북한 내정에 중러가 개입하거나 간섭하지 않도록 해야 한다. 또한 군사적 충돌을 예방하면서 북한에 대한 인도적 지원, 탈북자 관리 등 대부분의 대응과제는 우리나라 단독으로 수행하기 보다는 주변국들과 공조체제에 의해 추진하는 것이 효과적이다.

우리의 최대 관심분야는 북한의 민중봉기나 체제 붕괴 등 급변사태 발생 때 중국의 군사개입 여부다. 북한 급변사태와 관련 한미중 3자간 전략대화를 통해 역할을 분담하는 등 파국을 예방할 수 있는 한국정부의 노력이 요구된다.

5.3 제한사항

통일외교안보는 국내정치와 맥을 함께 하면서 추진되어야 한다. 통일외교안보정책에 대한 국민의 지지와 합의가 있을 때 훨씬 무게 있게 시행할 수 있다. 자유평화통일, 북한 무력 침공, 북한 급변사태 발생 시 국내 정치요소를 깊이 고민하지 못한 아쉬움이 있다.

또한 주변국을 포함한 국제사회가 한반도 통일에 대해 어떻게 인식하고 있고 통일을 위해 이들이 할 수 있는 영역이 무엇일까를 고민하는 데 있어서 제한된 관련국 한반도 전문가들의 시각만 고려했다는 한계도 있었다. 마침 통일부가 국제사회의 한반도 통일 의식 조사를 실시하고 있는 것으로 알려진 바, 이 결과를 포함하면 보다 실질적인 국제사회의 통일의 인식과 역할을 기대할 수 있을 것이다.

제3장

남북 경제협력·통합 추진전략

제1절 신기능주의 고찰과 선행연구
  1.1 신기능주의 고찰
  1.2 선행연구

제2절 남북 경제협력 현실태 분석
  2.1 역사적 배경 및 초기 협력
  2.2 개성공단사업
  2.3 경제협력의 중단 및 재개 가능성
  2.4 시사점

제3절 남북 통합과 북한경제의 민영화 정책
  3.1 민영화 정책의 대상
  3.2 민영화 정책의 추진 단계
  3.3 민영화 정책의 세부 형태

제4절 남북 통합 이전과 이후의 민영화 목표
  4.1 민영화 목표
  4.2 남북 통합 이전 민영화 초기단계
  4.3 남북 통합 이후 민영화 실행단계
  4.4 시사점

제5절 소결론

제3장

남북 경제협력·통합 추진전략

구필현

　이 연구는 북한경제의 자유화와 민영화, 안정화를 위한 정책 패키지 중 특히 민영화 정책에 초점을 맞추고, 민간 주도의 경제교류 활성화 전략을 구체화하는 데 있다.
　남북한 경제교류 활성화는 단순한 경제적 상호작용을 넘어서 정치적, 사회적 통합을 위한 중요한 전략적 접근으로 평가된다. 남북한 통일과 이에 따른 경제통합은 궁극적인 목표이며, 이를 달성하기 위해 북한경제를 시장경제로 전환하는 과정이 필수적이다.
　북한의 민영화 대상은 광범위한 국유 자산을 포함하며, 구체적으로는 국유기업, 협동농장과 국영농장 등의 토지, 광산과 같은 지하자원, 주택과 개인적 토지, 그리고 수송시설과 에너지 설비 등으로 나뉜다. 이 중 국가의 통제 하에 있어야 할 기반 시설을 제외한 자산들은 민영화가 원칙적으로 추진되어야 한다. 이러한 민영화 전략은 경제교류 활성화를 위한 기초 작업으로, 남북한 간의 경제적 상호의존성을 강화하는 데 기여할 것이다.
　남북 경제협력의 이론적 배경은 기능주의와 신기능주의에 기반한다. 신기능주의는 경제협력의 다차원적 효과를 강조하며, 경제적 상호의존성이 정치적, 사회적, 법적 통합으로의 확대를 촉진할 수 있음을 시사한다. 이러한 이론적 틀을 통해 경제협력의 다차원적 효과를 설명하고, 경제적 협력이 평화 구축의 핵심 요소로 작용할 수 있는 방법을 탐구한다. 특히 개성공단과 금강산 관광과 같은 성공적 경제협력 사례를 통해 경제적 상호의존성이 신뢰 형성 및 정치적 대화 촉진에 미치는 긍정적 영향을 살펴본다.

본 연구는 남북 경제협력의 활성화 방안을 모색하기 위해 단계적 접근과 기능적 우선순위 설정의 중요성을 제안한다. 초기 경제협력을 통한 신뢰 구축이 남북 간 정치적 긴장 완화에 기여할 수 있으며, 이를 바탕으로 점차 복잡한 경제 및 정치적 통합으로 나아가는 것이 필요하다. 따라서 신기능주의적 접근을 활용하여 남북한 경제협력이 단기적인 경제적 이익을 넘어 장기적인 정치적 통합과 평화 구축으로 이어질 수 있는 정책적 시사점을 제시한다.

마지막으로, 남북한 경제통합의 과정에서 예상되는 주요 과제들을 구체적으로 분석한다. 경제적 격차로 인한 통합 비용 문제, 법적·제도적 조율의 어려움, 노동시장 통합의 복잡성, 정치적 갈등과 외교적 도전, 인프라 현대화와 환경 보호, 그리고 안보 리스크 등 다양한 문제들이 포함된다. 이러한 복합적인 과제들은 단계적인 해결 방안과 우선순위 기반 접근이 필요함을 시사하며, 중앙정부 주도의 정책을 넘어서 지방정부 및 민간의 자율적 참여를 강화하는 분권형 대북정책이 중요한 정책적 대안이 될 수 있다.

제1절 신기능주의 고찰과 선행연구

1.1 신기능주의 고찰

기능주의는 주로 뒤르켐(Émile Durkheim)[214]과 말리노프스키(Bronislaw Malinowski)[215] 등의 초기 사회학자들에 의해 발전되었다. 이들은 사회 구조에 대해 사회는 상호 의존적인 부분들로 구성된 유기체로 보며, 각 부분은 사회 전체의 안정성과 통합을 유지하는 데 기여한다고 본다.

또한 사회의 기본 상태는 안정과 균형이며, 변화는 비정상적인 상태로 여겨질 수 있다. 즉, 기능주의는 변화에 대한 관점에서 변화보다는 안정에 초점을 맞추며, 변화는 균형을 유지하기 위한 적응 과정으로 본다.

신기능주의는 파슨스(Talcott Parsons)[216]와 머튼(Robert K. Merton)[217] 등 사회학자들에 의해 기능주의를 현대적으로 재해석 발전되었다. 이들은 사회 체계에 대해 사회는 다양한 하위 체계로 구성된 복합적인 체계로 보며, 각 하위 체계가 상호 작용하면서 사회의 기능을

---

[214] Werner Stark, *Émile Durkheim on Functionalism and Sociology of Knowledge* (Routledge & Kegan Paul, 1958): 뒤르켐의 기능주의 이론에 대한 깊이 있는 분석을 제공한다.

[215] Raymond Firth, *Malinowski's Functionalism* (Routledge & Kegan Paul, 1957): 브로니슬라프 말리노프스키의 기능주의 이론을 분석하고 그의 인류학적 접근이 사회 구조의 기능적 측면을 어떻게 해석하는지 설명한다.

[216] Talcott Parsons, *The Structure of Social Action* (Free Press, 1967): 파슨스의 초기 사회학적 이론을 설명하는 중요한 저서로, 기능주의를 현대 사회학의 틀로 발전시키는 데 기여했다. 신기능주의의 기초가 된 개념들이 이 책에 잘 나타나 있다.

[217] Robert K. Merton, *Social Theory and Social Structure* (Rawat, 2017): 머튼은 기능주의를 현대적으로 재해석하며, 기능의 역기능과 비기능적 요소를 강조하여 기존의 기능주의를 확장했다.

수행한다고 본다.

또한 신기능주의는 변화와 적응을 중요하게 여기며, 사회는 본질적으로 안정과 변화를 모두 포함한다고 본다. 변화에 대한 관점은 변화는 불가피하며, 사회는 변화를 통해 새로운 균형 상태로 적응한다고 본다. 즉, 신기능주의는 사회 구조와 기능 사이의 관계를 강조하며, 사회의 각 부분이 전체 사회의 유지와 발전에 이바지한다고 본다.[218]

기능주의는 안정과 통합 강조 부분에서, 남북한 경제교류 협력의 목적이 남북한 사회의 통합과 안정, 경제적 협력을 통한 평화 유지에 있다면 기능주의적 접근이 유용할 수 있다. 또한 기능적 요구 분석 측면에서, 남북한 각각의 경제체제가 어떻게 상호 보완적 역할을 하며 전체 한반도 사회의 안정에 이바지하는지 분석할 때 유용하다.[219]

신기능주의는 변화와 적응 강조 부분에서 남북한 경제교류 협력이 새로운 경제적, 사회적, 정치적 변화를 불러오는 과정을 연구하려면 신기능주의가 더 적합하다.

또한 복합적인 상호작용 분석 측면에서는 남북한 경제교류가 정치, 경제, 사회 등 여러 하위 체계에 어떻게 영향을 미치고, 각 체계가 이에 어떻게 적응하는지를 분석하는 데 유용하다.

현대적 재해석 측면에서 신기능주의는 현대 사회 및 남북관계의 복잡성과 변화를 더 잘 반영할 수 있어, 남북한 경제교류 협력의 동적이고 복합적인 특성을 이해하는 데 유용하다. 신기능주의는 전통적인

---

[218] Jeffrey C. Alexander, *Neofunctionalism* (SAGA Publications, 1985): 신기능주의의 변화와 적응에 대한 관점을 상세히 논의한다. 특히 Alexander는 신기능주의의 주요 학자 중 한 명으로, 기능주의의 재해석과 현대적 발전에 기여했다.

[219] Kim Sung-han, "The Functionalist Approach to Inter-Korean Economic Cooperation," *Korean Journal of International Studies,* vol.4, no.1 (2006), p.35.

기능주의 이론을 현대적으로 재해석하고 발전시킨 이론이다.

신기능주의 이론(Neo-functionalism)은 국제정치경제 관계 이론 중 하나로, 국가 간의 경제적 상호의존성이 정치적 통합을 촉진한다는 주장을 중심으로 한다. 그동안 줄곧 연방제를 주장해 온 북한과 주로 기능주의 원칙에서 통일을 생각해 온 한국이 대화할 수 있는 영역이 바로 신기능주의 통합이론이다.

기능주의의 특징인 파급효과(spill-over effect)로 교류와 협력이 통합의 중요과정이라는 점에서 사회 각 부문에서의 제도적 통합 노력이 실제로 통합을 촉진할 수 있다고 보는 점에서 독일식 연방주의의 본질적 특성을 함유하고 있다.[220] 한국의 통일정책에 있어서 연방제 시스템을 가진 기능주의적 특성을 활용한다는 차원에서 남북한이 수용할 수 있는 접근방법이라고 할 수 있다.

이상을 종합할 때 남북한 경제교류 협력 연구에 있어 신기능주의가 더 적합하다고 판단되며, 이는 남북한 경제교류가 단순히 경제적 협력 이상의 의미를 가지며, 정치적, 사회적 변화와 적응을 포함하는 복합적인 과정이기 때문이다. 신기능주의는 이러한 변화와 상호작용을 분석하는 데 유리한 틀을 제공한다.

1.2 선행연구

신기능주의(Neo-functionalism)와 남북 경제협력에 대한 선행연구는 신기능주의 이론을 통해 남북한 경제협력을 분석하고, 경제적 교류가 정치적, 사회적 통합으로 확장될 가능성을 탐구하는 연구들이 주를

---

[220] Philippe C Schmitter, "Neo-functionalism," in Antje Wiener and Thomas Diez, eds., *European Integration Theory* (Oxford University Press, 2004).

이룬다. 신기능주의는 단순한 기능적 협력이 정치적 통합으로 이어질 수 있다는 점을 강조하며, 남북한 관계에 적용할 때 유용한 틀을 제공한다.

아래는 신기능주의와 남북한경제협력에 대한 최근 10년간의 선행연구를 요약한 내용이다.

첫째, "신기능주의와 남북한경제협력의 정치적 파급 효과"[221]에 대한 연구로 신기능주의의 주요 개념을 바탕으로 남북한 경제협력이 경제적 이익을 넘어서 정치적 신뢰를 구축하고 점진적 통합을 촉진할 수 있음을 주장한다. 경제협력이 성공적으로 이루어질 경우, 이는 정치적 대화로 확대될 수 있으며, 이러한 과정은 신기능주의의 예측과 일치한다고 설명한다. 이는 남북한 경제협력이 경제적 교류 이상의 복합적 과정을 포함하며, 정치적 통합으로 이어질 수 있는 가능성을 제시한다.

둘째, "경제적 상호의존성과 정치적 긴장의 완화"[222]에 대한 연구로 경제적 상호의존성이 정치적 긴장을 완화시킬 수 있는 잠재력을 가진다고 주장하며, 남북한 경제협력이 제도적 신뢰 구축의 기초가 될 수 있음을 신기능주의적 관점에서 설명한다. 경제적 협력을 통해 평화 정착의 기회를 마련할 수 있으며, 이는 남북한 관계의 구조적 변화를 유도할 수 있는 가능성을 보여준다. 이러한 접근은 남북한 경제협력의 정치적 효과를 강조하며, 경제적 협력이 평화 구축에 기여할 수 있는 경로를 제시한다.

셋째, "스필오버 효과와 남북한 경제협력의 확장"[223]에 대한 연구에

---

[221] Kim Il-young., "Federalism as a Model for Korean Reunification: Lessons from German Unification," *Journal of Northeast Asian Studies*, vol.35, no.2 (2018), p.157.

[222] Marcus Noland, "Economic Integration and Cooperation on the Korean Peninsula," Peterson Institute for International Economics (2000).

서 신기능주의의 핵심 개념인 스필오버(spill-over) 효과를 개성공단과 금강산 관광 사례에 적용하여 분석한다.

경제적 협력이 다른 사회적 영역으로 확대되는 과정을 보여주며, 남북한 경제협력이 단순히 경제적 목표를 넘어서 더 광범위한 통합으로 이어질 수 있음을 강조한다. 구체적인 사례 분석을 통해 신기능주의가 남북한 경제협력에 어떻게 적용될 수 있는지에 대한 실증적 근거를 제공하며, 협력의 정치적 파급 효과를 실질적으로 설명한다.

넷째, "경제협력의 정치적 변화를 촉진하는 메커니즘"[224]에 대한 연구로, 신기능주의적 접근을 통해 경제협력이 남북한 정치적 변화를 촉진할 수 있는 메커니즘을 탐구한다. 경제적 상호작용이 증대되면 제도적 통합과 규범의 조화가 촉진될 수 있으며, 이는 궁극적으로 정치적 통합으로 이어질 수 있다고 주장한다. 경제협력이 남북한 관계 개선의 촉매제로 작용할 수 있음을 보여주며, 경제적 통합의 정치적 효과를 신기능주의 틀에서 분석함으로써 경제협력의 중요성을 부각시킨다.

다섯째, "경제협력의 도전과 기회: 지속 가능한 통합을 위한 조건"[225]에서 남북한 경제협력의 도전과 기회를 신기능주의적 관점에서 평가한다. 경제협력이 체제의 차이를 극복하고 상호 신뢰를 구축하는 데 어떻게 기여할 수 있는지를 설명하며, 성공적인 경제협력을 위해서

---

[223] Lim Kang-teag and Kim Kyu-ryoon, "Developing Inter-Korean Economic Relations for the Advancement of the Korean Peninsula," Korea Institute for National Unification (2009).

[224] Hwang Ji-hwan and Kim Sung-han, "Revisiting the Functionalist Approach to Korean Unification," *Journal of International and Area Studies*, vol. 22, no.1, pp.41-42 (2015)

[225] Yang H., "Challenges and Opportunities of Inter-Korean Economic Cooperation: A Neo-functionalist Perspective" (2021).

는 정치적 의지가 필수적임을 강조한다. 경제협력의 잠재적 장벽과 이를 극복할 수 있는 방안을 제시함으로써, 남북한 경제협력이 지속 가능하고 정치적으로 의미 있는 통합으로 나아갈 수 있는 경로를 탐색한다.

이러한 연구들은 신기능주의를 통해 남북 경제협력이 단순한 경제적 이익을 넘어서는 복합적 과정임을 설명하고, 경제적 협력이 사회적 및 정치적 통합으로 확장될 수 있는 가능성을 제시한다. 남북 경제협력 활성화를 위해서는 신기능주의적 접근을 통해 경제적 교류가 가져올 정치적 효과를 체계적으로 분석하고, 이러한 협력이 남북한의 지속 가능한 평화 구축에 어떻게 기여할 수 있는지에 대한 전략적 방안을 모색해야 할 것이다. 이를 통해 개성공단과 같은 경제협력 프로젝트가 남북한 상생의 대표적 모델로 자리매김할 수 있을 것으로 기대된다.

제2절 남북 경제협력 현실태 분석

남북 경제협력의 실태는 역사를 통해 여러 차례 변화를 겪었으며, 정치적 상황과 국제적 제재의 영향으로 그 진행 상태가 크게 달라졌다. 또한 한반도 평화와 남북 경제협력에 대한 기대가 높아지고 있지만, 제재 등 현실적인 장애물과 구체적인 실행 방안 부족으로 실질적인 논의가 미흡하다는 지적이 있다.

과거 남북경협은 큰 진전을 이루었으나, 현재는 사실상 중단된 상태다. 보수 정부나 진보 정부 등 정치 성향에 관계없이 남북경협의 필요성은 매번 강조되고 있으며, 이를 기반으로 한국 경제의 활성화와 중소기업의 발전을 도모할 수 있다는 긍정적인 전망이 존재한다. 하지만, 구체적인 경협 계획과 수익성 확보가 담보되어야 한다는 우려도 제기되고 있다. 주요 분석 요소를 중심으로 실태를 살펴보면 다음과 같다.

2.1 역사적 배경 및 초기 협력

남북 경제협력은 1988년 한국 정부의 7·7특별선언을 통해 공식적으로 시작되었으며, 이후 다양한 제도 개선과 정책을 통해 확대되었다. 1988년 7월 민족자존과 통일번영을 위한 특별선언(7·7선언) 발표와 10월 대북 물자교류에 관한 기본지침 발표를 계기로 시작된 남북경협은 36년의 역사를 가지고 있다.

1990년대 후반부터 2000년대 초반까지는 금강산 관광과 개성공단이 대표적인 성공 사례로 꼽힌다. 그러나 교역액 0(零)에서 시작했던 남북경협은 2024년 현재 정치·군사적인 요인에 직접적인 영향을 받으면서 교역액은 다시 0(零)에 가까워졌다.

한편 개성공단은 남북 경제협력의 상징적 프로젝트로, 남한의 자본과 기술, 북한의 노동력을 결합한 대표적인 남북 경제협력 모델이었다. 또한 현대그룹이 주도했던 금강산 관광은 남북 간의 인적 교류를 촉진하며 남북 간 경제협력의 기초를 다졌다.

2.2 개성공단사업

1998년 김대중 대통령의 대북포용정책이 본격화되면서 현대그룹이 운영하는 금강산 관광사업이 우선적으로 추진되었다. 2000년 5월 3일 현대와 북한의 조선아시아태평양평화위원회는 7대 경협사업[226]에 대한 잠정 합의서를 체결했고 8월 22일 베이징에서 남북 경제협력사업에 관한 합의서에 서명했다. 이후 현대그룹은 북한과의 협의를 통해 7대 경제협력사업을 추진하기로 하였으며, 그 중 하나가 서해안공단 건설이었다. 개성공단 사업은 이러한 서해안공단 건설의 연장선에서 시작되었다.

2.2.1 개성공단 사업의 초기 단계

2000년 8월 22일, 현대와 북한 조선아시아태평양평화위원회는 개성 지역에 대규모 공단을 건설하는 내용의 협약을 체결하였다. 이 협약에 따라 개성공단은 민간차원에서 시작되었지만, 현대아산의 재정 문제와 남북한 간의 특수한 관계로 인해 사업 진행이 어려워졌다. 이에 따라 남북 당국 간 협의가 필요해졌고, 2001년 제5차 남북장관급회담에서 개성공단 문제가 처음으로 협의되었다.

2007년 10월 노무현 대통령과 북한 김정일 위원장 간의 정상회담에서 채택된 남북관계 발전과 평화번영을 위한 선언(10·4정상선언)은 개성공단 사업의 중요한 전환점이 되었다. 선언에 따르면, 개성공단 1단계 건설의 조속한 완공과 2단계 개발 착수가 약속되었으며, 철도 화물수송 및 통행, 통신, 통관 문제 등의 제도적 보장 조치들이 마련되기로 했다.

2007년 말까지 남북 간 다양한 회담에서 개성공단 활성화 방안이 협의되었다. 이명박 정부 출범 직전인 2007년 12월에도 남북 당국은 개성공단 통행 문제를 해결하기 위한 전자출입체계(RFID)도입 및

---

[226] 7대 경협사업이란 공단(개성, 신의주, 통천) 건설, 철도·도로 건설, 전력·에너지 사업, 통천 비행장 건설, 임진강 댐 수력 이용, 금강산 수자원 개발, 칠보산 등 명승지 개발 사업 등이다.

북측 근로자 숙소 건설 등에 합의하였다. 그러나 2008년 이명박 정부 출범 후 북한의 대남 비난과 남북 당국 간 대화 단절로 인해 이러한 합의들이 이행되지 못했다.

초기에 민간차원의 경제협력 사업으로 시작된 개성공단은 현대아산의 재정 문제와 북한 당국과의 협상 필요성 등으로 인해 점차 남한 정부가 주도하는 사업으로 성격이 변화하였다. 현대아산의 재정적 어려움을 해결하기 위해 공기업인 한국토지공사가 파트너로 참여하게 되었고, 공단 운영과 관련된 문제들은 남북 당국 간 협의로 해결되는 구조로 전환되었다.

〈표 3-1〉 개성공단 주요 약사

일자	주요 내용
2000.8	개성공업지구 개발 합의서 채택
2002.11	北, 개성공업지구법 제정
2003.6	개성공단 1단계 개발 착공
2004.12	개성공단 첫 제품 생산
2007.1	누적 생산액 1억 달러 달성
2013.4	北, 개성공단 근로자 전원 철수
2013.9	개성공단 재가동
2016.2.10	개성공단 가동 전면중단

자료: 이해정 외, 『통일경제의 현재와 미래』(서울: 현대경제연구원, 2016), p.87.

개성공단은 2000년 개성공단 개발 합의서 채택 이후, 55,000여 명의 남북한 인력이 함께 생산 활동을 하는 상생(win-win)의 경협 모델 실험장으로 발전하였다.[227] 2015년 1-11월 개성공단 누적 생산액은

---
[227] 이해정·이용화, "개성공단 가동 중단 1년, 남북관계 현주소와 과제," 『현안과 과제』, 제17권 3호(2017), p.1.

5.2억 달러로, 2010년 3.2억 달러 대비 62.5% 증가했고, 근로자도 5만 5,000여 명(北 54,736명+南 803명)에 달했다.

개성공단사업은 2000년 8월 22일 현대아산과 북측 아시아태평양평화위원회(이하 아태) 간 개성공업지구 건설·운영에 관한 합의서가 체결되면서 시작되었다.[228] 양측은 개성시를 포함한 총 65.7㎢(2,000만 평)에 공장구역 26㎢(800만 평), 생활·관광·상업구역 등 40㎢(1,200만 평)을 개발하기로 하고, 1단계로 3.3㎢(100만 평)을 개발하기로 하였다.

〈표 3-2〉 개성공단 전체 개발 계획 대비 실제 운영 현황

구분	전체 개발 계획	실제 운영 현황	전체 계획 대비 비중
개발면적	총 2,000만 평 (공업단지 800만 평 + 배후도시 1,200만 평)	1단계 100만 평	5% 수준
업체 수	총 2,000개	125개	6% 수준
고용 인력	총 35만 명	53,000여 명	15% 수준

자료: 이해정 외, 『통일경제의 현재와 미래』(서울: 현대경제연구원, 2016), p.87.

현대아산은 2002년 12월 한국토지공사와 1단계를 공동 개발하는 개성공단사업 시행협약서를 체결하고 2003년 6월 30일 1단계 개발 착공식을 시행하였다.[229]

---

[228] 현대아산, 『개성공업지구 개발총계획 제1권』(서울: 현대아산, 2005), p.51: 1999년 10월 현대아산은 북측에 서해안 공단개발을 공식 제안하였으며, 당시 위치는 해주와 신의주 등이 거론되었다. 2000년 6월 김정일 국방위원장이 개성지역을 공단 후보지로 전격 제안함으로써 최종 결정되었다.

[229] "개성공업지구 개요," https://nk.chosun.com/bbs/view.html?idxno=4160&sc_category=참고, (검색일: 2024. 9. 8).

2.2.2 개성공단 사업의 활성화 단계 (2005.1-2015.12)

2004년 12월 개성공단에서 첫 제품이 생산된 이후 개성공단사업은 2015년 12월까지 양적·질적인 성장을 지속하였다. 특히 첫 제품 생산 이후 단 2년 만인 2006년 12월에 누적 생산액 1억 달러를 달성하였다.

〈표 3-3〉 개성공단 생산액 및 북측 근로자 현황

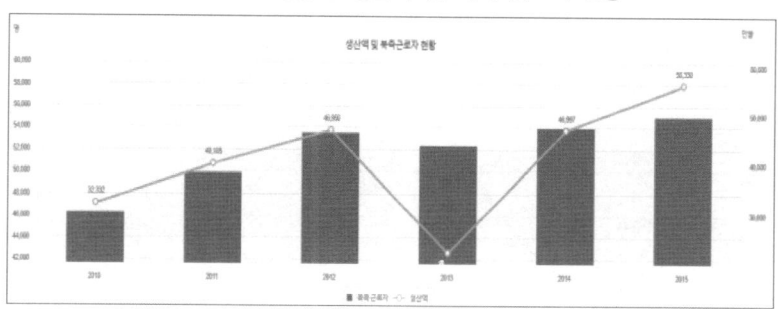

자료: 통일부(내부행정자료) https://www.index.go.kr/unity/potal/main/EachDtlPage Detail.do?idx_cd=2717, (검색일: 2024. 09. 15),

개성공단은 2004년 첫 제품 생산 이후부터 2016년 가동 중단 직전까지 눈에 띄게 성장하였다. 2015년 말 기준으로 124개의 기업이 운영 중이었으며, 섬유, 기계금속, 전기전자, 신발 및 화학 등 다양한 산업 분야에서 활동이 이루어졌다. 당시 북한 근로자 약 5만 4,763명과 남한 근로자 803명이 일했으며, 북한 근로자의 대부분이 40대 고졸 학력의 여성들이었다.[230]

개성공단의 누적 생산액은 2005년부터 2015년까지 약 32억 달러에 달했으며, 연간 생산액은 꾸준히 증가해 2015년에는 5억 2천만 달러

---

[230] 이해정 외, 『통일경제의 현재와 미래』, 창립 30주년기념 총서 (서울: 현대경제연구원, 2016), p.88 .

를 기록했다. 특히 2015년 남북한 간 교역액에서 개성공단 관련 교역이 99.0% 이상을 차지했으며, 2010년 이후 개성공단의 비중이 급격히 상승한 이유는 천안함 피격에 따른 5·24 대북 제재로 인해 다른 교역이 중단되었기 때문이다.

〈표 3-4〉 개성공단 근로자 현황 (2015년 11월말 기준)

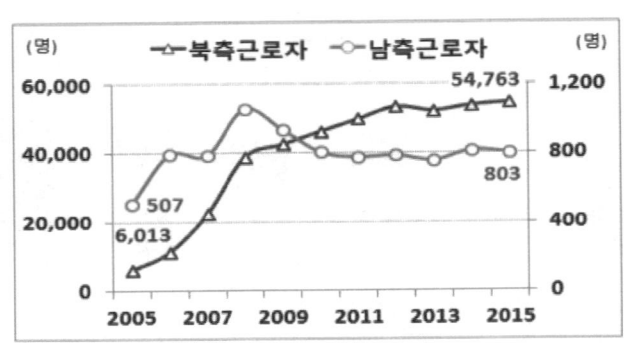

자료: 이해정 외, 『통일경제의 현재와 미래』(서울: 현대경제연구원, 2016), p.88

개성공단은 경제적 성과뿐만 아니라 정치적, 사회적 측면에서도 남북 관계개선과 한반도 긴장 완화에 기여한 것으로 평가된다. 경제적으로는 북한 주민의 소득 증대와 북한경제의 개방, 자본주의 학습의 장으로 기능하면서 북한경제 회복의 기반을 마련했다. 또한, 김정은 정권이 지정한 경제개발구의 법제도 구축에도 중요한 영향을 미쳤다. 남한 경제 측면에서는 중소기업에게 활로를 제공하고, 내수 경기 활성화에 기여했으며, 남한의 대기업과 중소기업이 협력할 수 있는 모델을 제시했다.

개성공단의 산업 연관 효과는 주로 남한에서 발생했으며, 원부자재 공급과 생산물 유통이 남한에서 이루어져 고용 창출에도 기여했다.

또한, 개성공단은 남북 간 군사적 대립을 완화하는 역할도 했는데, 실제로 개성공단 조성 후 북한의 장사정포 부대가 후방으로 이동하는 등 긍정적인 군사적 변화도 나타났다.

국제적으로도 개성공단은 한반도의 미래를 보여주는 상징으로 평가받았으며, 남북관계 제도화에도 기여했다. 예를 들어, 개성공단은 관리기구와 남북경제협력협의사무소를 통해 남북 간 경제 협력을 지속적으로 추진하는 창구 역할을 했으나, 2020년 남북관계 악화로 인해 남북연락사무소가 폭파되면서 협력의 어려움을 상징적으로 보여주었다.

제도적 진전도 이루어졌으며, 북한의 법제도 발전에 기여했다. 개성공업지구법은 북한의 법제 선진화에 영향을 미쳤고, 특히 라선경제무역지대법과 경제개발구법 등의 개정 및 제정에도 개성공단의 경험이 반영되었다. 또한, 개성공단에서 도입된 통관 절차 간소화와 전자출입체계(RFID)는 북한 행정의 선진화에 기여한 사례로 평가된다.[231]

〈표 3-5〉 개성공단 입주업체 및 생산 추이(2015. 11월말 기준)

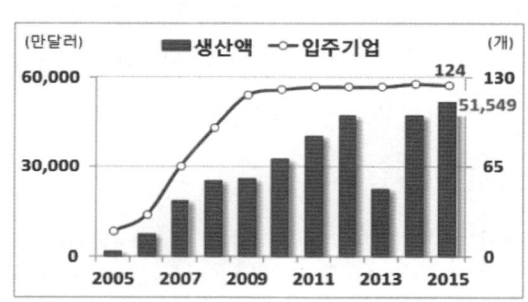

자료: 이해정 외, 『통일경제의 현재와 미래』(서울: 현대경제연구원, 2016), p.88.

2016년 2월까지 16년 간 지속된 개성공단 사업은 경제적 측면뿐

---

[231] 이해정, "남북경협 30년 평가와 과제," 『북한통계 해설자료』(2018. 7).

아니라 남북화해의 상징적 의미도 내포하고 있는 대표적인 남북경협 사업이다. 그러나 개성공단의 전체 개발계획 대비, 현재 개발 면적은 5%, 업체 수 6%, 고용 인력은 15% 내외 수준에 불과하며, 남북한이 합의한 2단계(150만 평) 및 3단계(350만 평)의 공단 개발은 착수하지 못한 상황이었다.[232]

2006년 10월 9일 북한의 1차 핵실험 이후 개성공단 사업은 지연되기 시작했다[233]. 2007년 분양은 재개되었지만, 남북관계의 불안정성과 북한 핵문제의 지속적인 영향으로 기업들의 입주가 주저되었다.

2.3 경제협력의 중단 및 재개 가능성

2016년 1월 북한의 4차 핵실험에 따른 남한 정부의 독자 제재로 가동이 전면 중단되어 2024년 9월 현재 공단이 멈춰선 지 8년이 지났다.

남북 경협의 주요 중단 원인은 2000년대 후반부터 정치적 긴장과 군사적 사건들, 예를 들어 2008년 7월 11일 금강산 박왕자 씨 관광객 피살 사건, 2010년 3월 26일 천안함 피격 사건, 11월 23일 연평도 포격전, 그리고 2016년 2월 10일 개성공단의 전면 중단 등으로 인해 남북 경제협력은 사실상 중단되었다.

---

[232] 이해정 외, 『통일경제의 현재와 미래』(서울: 현대경제연구원, 2016), p.87.
[233] "북핵 1차 핵실험," https://www.index.go.kr/unity/potal/main/EachDtlPageDetail.do?i dx_cd=2717, (검색일: 2024. 9. 15): 북한의 1차 지하 핵 실험은 2006년 10월 9일 오전 10시 30분경 평양으로부터 동북 방면으로 약 385km 떨어진 함경북도 김주시 풍계리의 험준한 산악지대에 자리 잡은 핵실험장에서 행해졌다. 핵실험의 폭발력이 TNT 5백 톤 분량에 해당하는 5백 킬로톤에 이른 것으로 판명되었다. 이는 미국이 1945년 8월 일본 나가사키에 투하했던 플루토늄 원자폭탄보다는 훨씬 더 큰 규모였다.

특히 북한의 지속적인 핵 개발과 미사일 시험 발사는 남북한 간의 긴장을 고조시키고 국제사회의 제재를 불러왔다. 이는 남북 경제협력의 주요 걸림돌이 되었다. 예를 들어, 2016년 2월 10일 개성공단 폐쇄는 북한의 2016년 1월 6일 4차 핵실험과 2월 7일 장거리 미사일 발사에 대한 한국 정부의 대응 조치였다. 북한의 핵 개발에 대응한 유엔 안보리의 경제 제재와 미국, 일본 등의 독자적 제재는 남북 경제협력을 심각하게 제한하고 있다.

특히, 대북 제재는 남북 간의 물자 이동, 금융 거래, 투자 등을 제약하며, 협력 재개를 어렵게 만들고 있다.

남북관계는 한국과 북한의 정부 간 정책 변화에 따라 급격히 변동해 왔다. 한국의 정부 성향에 따라 대북정책이 달라지고, 대화를 지향하는 정부와 대립을 택하는 정부 간의 정책 차이가 협력의 지속 여부에 영향을 미쳤다. 예를 들어, 김대중, 노무현 정부 시절에는 햇볕정책을 통해 경제협력이 활발했지만, 이후 이명박, 박근혜 정부 시기에는 대북 제재와 경색된 관계가 지속되었다. 그러나 김대중, 노무현 정부의 햇빛정책을 계승한 문제인 정부 시절에도 남북 정상회담이 3차례에 걸쳐 개최되면서 남북경협이 재개하는 듯했으나, 2019년 2월 미북 하노이 정상회담이 결렬되면서 남북 경협이 중단되었다.

남북 간 경제협력은 정치적 신뢰에 기반해야 하지만, 상호 신뢰 부족이 협력 중단의 주요 원인 중 하나였다. 개성공단의 경우, 북한의 일방적인 근로자 임금 인상 요구나 전력 차단 등의 문제로 갈등이 발생하기도 했다.

한편 남북 경제협력의 재개는 무엇보다도 북핵 문제의 해결에 달려 있다. 북한이 핵 개발을 중단하거나, 비핵화 협상이 긍정적으로 진전될 경우 남북 경제협력의 가능성도 크게 증가할 것이다. 비핵화 협상이 성공적으로 이루어진다면 국제사회의 대북 제재가 완화될 것이며, 이는 남북 간 경제 교류와 협력에 중요한 기반이 될 것이다. 따라서 북핵 문제의 해결 여부는 남북 경제협력 재개를 결정짓는 가장 중요한 변수로 작용한다.[234]

또한 남북 경제협력의 재개를 위해서는 남북한 정상 간 대화와 협력에 대한 정치적 의지가 필수적이다. 2018년 문재인 정부 시기 남북 정상회담을 통해 경제협력에 대한 긍정적인 협의가 이루어졌으나, 이후 북미 간 비핵화 협상 실패로 인해 협력은 중단되었다. 향후 남북 정상이 다시 경제협력에 대한 강한 의지를 표명하고, 구체적인 경제적 이익을 공유할 수 있다면, 협력은 다시 시작될 수 있을 것이다. 이는 남북 간 신뢰 구축과 경제협력의 지속 가능성을 담보할 수 있는 중요한 요인이다.

국제사회의 대북 제재는 남북 경제협력 재개에 있어 결정적인 장애 요인으로 작용하고 있다. 경제협력이 재개되기 위해서는 이러한 제재가 완화되어야 하며, 이는 북한이 국제사회의 요구에 부응하는 실질적인 변화가 전제되어야 한다. 특히 미국, 중국, 한국 등 주요 국가들 간의 협력이 필수적이며, 이를 통해 대북 제재 완화의 가능성을 높여야 한다. 제재 완화가 이루어진다면, 남북 경제협력은 보다 폭넓게 확대될 수 있을 것이다.

향후 남북 경제협력이 재개되기 위해서는 상호 이익을 기반으로 한 실질적인 협력 모델이 필요하다. 과거 개성공단과 금강산 관광 사

---

[234] 박찬모, "북한 핵 개발과 남북 경제협력의 관계," 『북한연구』, 제29권 1호(2017). pp.87-92.

업과 같은 경제협력 사업들은 그 실효성이 입증된 바 있다. 이와 같은 협력 모델을 기반으로 북한의 경제 인프라 개발에 대한 남한의 지원을 확대한다면, 남북 경제협력은 보다 안정적으로 유지될 수 있을 것이다. 특히, 경제특구 재개와 관광 사업 복구는 실현 가능성이 높은 협력 모델로 평가된다.[235]

남북 경제협력의 재개는 한국 정부의 대북정책 방향에 크게 의존할 것이다. 한국 정부가 남북관계 개선을 위한 정책적 기조를 지속할 경우, 남북 간 경제협력의 실질적인 방안이 도출될 가능성도 높아진다. 대북정책이 남북 간 신뢰 구축과 협력 강화에 초점을 맞추게 된다면, 경제협력은 보다 원활하게 이루어질 수 있을 것이다. 이에 따라 한국 정부는 경제협력을 위한 정책적 일관성을 유지하며, 국제사회의 대북 제재와 남북 간 경제적 상호 의존을 조화시키는 방안을 모색해야 할 것이다.

2.4 시사점

남북 경제협력의 재개는 크게 다음의 다섯 가지 요건의 필요충분조건으로 분석할 수 있는데, 첫째로 북핵 문제의 해결, 두 번째로 남북 정상 간 대화와 협력 의지, 세 번째로 남·북·미 3국 간 신뢰도 구축을 바탕으로 한 대북 제재 완화, 네 번째로 실질적인 협력 모델의 도출, 그리고 한국 정부의 대북정책 방향에 따라 크게 좌우될 것이다. 이러한 다섯 가지 요인들이 긍정적으로 작용할 경우, 남북 경제협력은 재개될 가능성이 크며, 이는 한반도 평화와 경제 발전에 기여할 수 있을

---

[235] 김정은, "남북한경제협력의 중단 원인 분석," 『한국정치학회보』, 제49권 2호 (2015), pp.45-49.

것이다.

　세부적으로 살펴보면, 남북 경제협력의 재개는 한반도의 비핵화 문제와 긴밀하게 연결되어 있다. 북한의 핵 개발은 국제사회의 제재를 초래하였고, 이는 경협의 지속 가능성에 부정적인 영향을 미쳤다. 따라서 비핵화 협상이 진전되어 제재 완화가 이루어지지 않는 한, 남북 경협의 재개는 현실적으로 어려울 것이다.

　이는 남북 경협이 단순한 경제적 문제에 국한되지 않고, 국제정치적 문제와 불가분의 관계에 있음을 시사한다. 향후 남북 경협이 재개되기 위해서는 북한의 실질적인 비핵화 조치가 필요하며, 이에 대한 국제사회의 긍정적인 반응과 제재 완화가 동반되어야 한다.

　경협 재개의 또 다른 중요한 요소는 남북 정상 간 정치적 의지의 중요성이다. 과거 김대중 정부와 노무현 정부 시절, 남북 정상 간의 긴밀한 대화를 통해 개성공단과 금강산 관광 같은 구체적인 경협 모델이 운영되었다. 그러나 이명박, 박근혜 정부 시기에는 북핵 문제로 인해 경협이 급격히 축소되었고, 2016년에는 개성공단이 폐쇄되는 사태까지 이르렀다. 문재인 정부는 2018년 남북 정상회담을 통해 경협 재개 가능성을 높였지만, 북미 비핵화 협상의 실패로 경협이 다시 중단되었다.

　이는 남·북·미 3국간의 신뢰성 구축이 없는 상태에서 남측의 일방적인 북한 퍼주기 방식의 남북 경협의 한계성이 분명하게 드러난 결과였다. 향후 경협이 재개되기 위해서는 남북 정상이 경제협력에 대한 강한 의지와 투명한 경협 프로세스에 대한 신뢰를 구축하는 것이 필수적이다.

　국제사회의 대북 제재는 남북 경협 재개의 중요한 장애물이다. 북한이 비핵화에 대한 구체적인 조치를 취하지 않는 한, 유엔을 비롯한 국제사회의 제재가 완화되기는 어렵다. 경협 재개를 위해서는 남북한 뿐만 아니라 미국, 중국, 일본 등 주요 국가들과의 다자간 협력이 필요하다. 특히, 북미 간의 관계 개선은 남북 경협에 직접적인 영향을 미칠 수 있으며, 이를 통해 경협 재개에 대한 국제사회의 지지를 확보할 수 있을 것이다. 따라서 남북 경협의 성공적인 재개를 위해서는 다자간 협력과 제재 완화가 필수적인 요소로 작용할 것이다.[236]

남북 경협이 성공적으로 재개되기 위해서는 경제적 상호 이익을 기반으로 한 협력 모델의 필요성으로 상호 경제적 이익을 창출할 수 있는 협력 모델이 필요하다. 과거 개성공단과 금강산 관광 사업이 경제적 상호 의존성을 증대시키며 성공을 거두었듯이, 향후 경협도 남북한 모두에게 실질적인 이익을 제공할 수 있어야 한다.

예를 들어, 철도 및 도로 연결, 에너지 협력, 농업 및 산림 협력과 같은 분야는 경협 재개 시 중요한 협력 분야로 부각될 수 있다. 이러한 협력 모델은 한반도의 경제적 번영을 도모하고, 장기적으로 남북한 간의 경제적 통합을 이루는 데 기여할 수 있다.

한국 정부의 대북정책 일관성 유지는 남북 경협 재개의 중요한 변수로 작용한다. 그러나 2000년대 이후 한국 정부의 대북정책은 정권교체에 따라 크게 변화하였고, 이는 남북 경협의 지속 가능성에 부정적인 영향을 미쳤다. 특히 2000년대 이후 대북정책의 변화는 남북 경협의 중단과 재개를 반복하게 만들었으며, 이는 남북 간 신뢰 구축을 저해하는 요인이 되었다. 대북정책의 일관성은 북한과의 협력 관계에

---

[236] 정세현, "남북 경협의 현실과 전망," 『남북관계연구』, 제12권 3호(2014), pp.123-129.

서 신뢰를 확보하고, 장기적으로 경제 협력을 지속할 수 있는 기반을 제공한다.

지난 반세기 이상 계속되어 온 북의 핵개발과 이에 대한 국제사회의 제재와 더불어 한국의 정권교체와 무관하게 정책의 일관성을 유지하기 위해서는 적어도 한국 정치권의 초당적 합의가 필요하며, 경협과 비핵화를 동시에 추진할 수 있는 유연하고 지속성 있는 정책이 요구된다. 남북 경협의 성공적 재개를 위해 한국 정부는 정치적 안정성과 국제사회의 신뢰를 바탕으로 일관성 있는 대북정책을 추진해야 한다.[237]

제3절 남북 통합과 북한경제의 민영화 정책

남북한의 통일과 북한경제의 민영화는 한반도의 장기적 안정과 번영을 위한 중요한 과제로 인식된다. 통일의 최종 목표는 한반도에서 평화와 정치적 안정, 경제적 번영을 이루는 것이다. 이는 오랜 기간 지속된 갈등과 불안을 해소하고 남북한의 협력을 통해 긍정적인 시너지를 창출하려는 노력으로 해석될 수 있다.

현재 북한은 중앙집권적 계획경제에 의존하고 있으며, 이로 인해 경제적 비효율성과 자원 부족 문제가 발생하고 있다. 이러한 문제를 해결하기 위해서는 민영화가 필수적인 과제로 대두된다.

민영화는 시장경제의 원리를 도입해 기업의 자율성과 효율성을 높여 북한경제의 성장과 주민 생활 수준 향상을 목표로 한다. 하지만

---
[237] 김정은, "남북한경제협력의 중단 원인 분석," 『한국정치학회보』, 제49권 2호 (2015). pp.62-68.

민영화 과정에서 급격한 체제 변화는 경제적 충격, 사회적 저항, 정치적 불확실성을 불러일으킬 수 있기 때문에, 민영화 정책은 체계적이고 점진적으로 추진되어야 하며, 이를 위해 법적 및 제도적 기반이 먼저 마련되어야 한다. 또한, 국제사회의 지원과 협력은 민영화가 성공적으로 이루어지기 위한 중요한 요인이 될 것이다.

남북 경제통합 과정에서 남한의 자본, 기술, 그리고 경제 발전 경험은 북한 경제개혁에 중요한 기여를 할 수 있다. 이러한 협력은 남북한 모두에게 이익을 가져다줄 수 있는 기회로 활용될 수 있으며, 통합 과정의 중요한 추진력으로 작용할 것이다.

이 연구는 남북한 통일과 북한경제 민영화 정책의 필요성과 잠재적 효과를 분석하고, 전략적 접근과 정책적 대안을 제시하고자 한다. 이를 통해 한반도의 지속 가능한 발전을 촉진할 수 있는 방향으로 나아가고자 한다. 이를 위해, 민영화 대상이 되는 기업, 토지, 기타 국유자산을 분석하고, 단계별 민영화 추진 계획과 민영화 정책의 세부적 형태를 고찰할 것이다.

3.1 민영화 정책의 대상

북한의 민영화 정책은 모든 국유 자산을 포괄하며, 주요 자산군은 다음과 같이 구분할 수 있다. 첫째, 국유 기업, 둘째로는 협동농장과 국영농장과 같은 토지 자산이 포함된다. 셋째로는 광산 등 지하자원이 있으며, 넷째는 주택 및 개인 소유의 토지 등 개인 자산을 들 수 있다. 마지막으로 수송시설과 에너지 설비 등과 같은 기반 시설이 있다. 이 중에서 기반 시설은 국가 소유를 유지하는 것이 바람직하지만, 나머지 자산들은 민영화를 원칙으로 정책이 추진되어야 한다.

3.1.1 기업

북한 민영화 정책의 주요 대상은 북한의 국유 기업이다. 민영화의 시기, 방식, 속도, 그리고 참여 대상을 결정하기 위해서는 북한의 기업을 다양한 기준에 따라 분류할 필요가 있다. 우선, 기업의 관리 소속에 따라 중앙정부가 관리하는 중앙공업과 지방정부가 운영하는 지방산업공장으로 나눌 수 있다. 대규모 국영기업은 중앙공업에 속하며, 대표적으로 김책제철소와 평양화력발전소가 있다.

지방산업공장은 각 지방에 위치한 중소규모의 기업으로, 주로 음식료품, 섬유, 의복, 신발, 가구, 학용품 등의 분야에서 운영되고 있다. 이러한 지방산업공장에는 평산장공장과 삭주직물공장이 대표적이다. 북한의 기업은 규모에 따라 대규모와 중소규모로 나뉘며, 대규모 기업은 연합기업소나 종합기업소와 같은 형태로 조직된다. 연합기업소는 금속공업, 기계공업, 화학공업, 건설부문 등의 기업들이 모여 형성되며, 대표적으로 김책제철연합기업소와 승리자동차연합기업소가 있다.

또 다른 형태의 연합기업소는 석탄과 광업 부문에서 조직되며, 안주지구탄광연합기업소가 그 예이다. 이 외에도 기업은 등급에 따라 특급기업, 1급, 2급, 3급 기업으로 나뉘며, 주요 연합기업소는 대부분 특급기업으로 분류된다.

3.1.2 토지

토지 자산은 크게 두 가지로 분류될 수 있다. 첫째는 협동농장과 국영농장과 같은 집단농장 소유의 토지이다. 형식상 협동농장은 농민들의 소유이며, 국영농장은 국가 소유이지만, 실질적으로는 둘 다 국가 소유로 간주된다. 따라서 민영화 시 이들 농장의 토지에 대한 접근

방식은 크게 다르지 않을 것이다.

두 번째 범주는 개인 경작지로 분류되는 텃밭과 개간지이다. 1990년대 경제위기 이후, 북한 주민들은 생존을 위해 다양한 형태의 개인 경작지를 확보해왔다. 이들 경작지는 개인이 개간하고 소유하며, 경작된 토지의 수확을 독점하는 점에서 실질적으로 개인 토지로 볼 수 있다.[238]

3.1.3 기타 국유자산

기업 형태가 아닌 국가 기관 및 사회단체와 관련된 자산 역시 민영화의 대상이 된다. 예를 들어, 북한의 식량 배급은 기업이 아닌 행정 조직에서 담당하는데, 양정사업소와 같은 기관이 그 예이다. 통일 후 이러한 국가 기능이 상실되면, 해당 자산은 매각 또는 처분될 것이다. 공적 기능을 지속하는 기관들은 여전히 국가 자산으로 남겠지만, 기능이 사라진 조직의 자산은 민영화될 가능성이 크다.[239]

3.2 민영화 정책의 추진 단계

남북 통합과 관련된 민영화는 두 단계로 나누어 진행될 수 있다. 첫 번째 단계는 정치적 통일 이전, 북한이 한국의 도움을 받아 민영화 정책을 일부 시행하는 단계이다. 이를 초기단계의 민영화라고 정의한다. 두 번째 단계는 남북한이 경제적으로 완전히 통합된 이후의 완전

---

[238] 김병욱, "북한 경제개혁의 일환으로서의 농업개혁: 현황과 전망," 『북한연구학회보』, 제10권 2호(2011). pp.87-91.
[239] 김병욱, "북한의 경제개혁과 국가 자산 민영화," 『동북아경제연구』, 제13권 1호 (2010), pp.87-91.

통합단계이다. 이 단계에서 북한의 민영화 정책은 최종적으로 완성될 것이다.[240]

초기 단계의 민영화는 북한경제 체제가 크게 변하지 않는 상황에서 진행될 것으로 예상된다. 북한 정부는 시장경제로의 전환 의지를 보이겠지만, 기존 경제 질서를 근본적으로 개혁하기에는 어려움이 있을 것이다.

따라서 대형 국영기업의 민영화는 보류되며, 주로 주택과 개인 경작 토지 등 개인 소유 자산의 합법화와 소규모 국영기업의 민영화가 이루어질 것이다. 이 단계에서는 사적 재산의 법적 구조를 확립하고, 사적 기업 설립 및 운영을 가능하게 하는 법적 기반 마련이 중요하다.

완전 통합 단계에서는 민영화의 장애가 모두 제거된 상태에서, 민영화 정책이 경제적 고려에 의해 결정될 것이다. 이 단계에서는 국유 자산의 신속한 민영화가 원칙이 되어야 하며, 북한 주민의 자산 형성, 실업 문제 대응, 산업 육성 등 다양한 정책 목표를 고려하여 세밀하게 설계될 필요가 있다.

따라서 남북 경제통합이 이루어질 경우, 북한경제 체제의 시장 중심 전환과 효율적 경제 구조 구축을 위해 민영화가 핵심 과제로 떠오를 것이다. 민영화는 공기업이나 국유 자산을 민간에 매각하고, 민간 부문이 경제 활동을 주도할 수 있도록 지원하는 과정을 의미하며, 단계적으로 추진되어야 한다.

이와같이 남북 경제통합이 이루어질 경우, 북한의 경제 체제를 시장 중심으로 전환하고 효율적인 경제 구조를 만들기 위해 민영화 정책이

---

[240] 임을출, "북한 경제개혁의 일환으로서의 민영화 정책에 관한 연구," 『북한연구학회보』, 제11권 3호(2007), pp.101-105.

중요한 과제로 부각될 것이다. 또한 민영화는 공기업이나 국유 자산을 민간에 매각하거나 민간 부문이 경제 활동을 주도할 수 있도록 지원하는 과정을 의미한다. 이 과정에서 민영화는 단계적으로 추진되어야 하며, 다음과 같은 주요 단계들이 고려될 수 있다.[241]

3.2.1 기초 조사 및 사전 준비 단계

첫째 단계로, 기초 조사 및 사전 준비 단계로서 북한 내 국유 기업 및 자산 현황을 정확하게 파악하고, 경제 구조 및 법적 환경을 분석하는 현황 파악 단계이다. 현황 파악 단계에서는 민영화를 추진하기 위해 법적, 제도적 기반을 구축해야 한다. 이는 사유재산권 보호, 기업법 제정, 계약법 마련 등을 포함할 수 있다. 또한 민영화를 위한 장기적인 전략과 세부 계획을 수립하는 경제개혁 로드맵 작성이 필요하다. 경제 발전 목표와 개혁 방향을 명확히 하고, 우선순위를 정해 단계적으로 추진하는 것이 중요하다.

3.2.2 국가 자산의 평가 및 분류 단계

두 번째 단계는 국가 자산의 평가 및 분류 단계로써, 북한의 공기업 및 국유 자산을 공정하게 평가하는 자산 평가 과정으로 자산의 시장 가치를 정확하게 산정하고, 자산 매각의 우선순위를 정해야 한다. 또한 민영화를 추진할 기업과 산업을 분류하고, 전략적으로 중요한 산업, 예컨대 에너지, 국방, 교통 등은 단계적으로 민영화하거나, 공공 부문이 일정 부분 관여하는 기업 및 산업 분류 방식으로 접근할 수 있다.

---

[241] 최완규·이석기, "남북한 경제통합 과정에서의 민영화 정책 연구," 서울대학교 경제학부 연구보고서(2009), pp.12-18.

3.2.3 점진적 민영화 추진 단계

세 번째는 시범 민영화 실시 단계로, 먼저 일부 소규모 기업이나 비핵심 공공 자산을 대상으로 시범 민영화를 추진하여, 시장 반응과 민간 부문의 수용성을 확인하는 과정이다.

이는 시범 프로젝트에서 얻은 결과를 바탕으로 대형 공기업의 민영화를 추진한다. 이 과정에서는 주식 매각 방식, 공개 입찰, 해외 투자자 유치 등이 포함될 수 있다.

또한 민영화 과정에서 발생할 수 있는 사회적 문제를 완화하기 위해 재교육 프로그램, 실업 대책, 사회 안전망 강화 등의 제도적 지원 강화 등을 병행해야 한다.

3.2.4 민간 경제 활성화 및 사후 관리 단계

네 번째 단계는 민영화가 성공적으로 이뤄지기 위해서는 민간 경제가 활성화될 수 있도록 금융, 기술, 인프라 지원 등 민간 부문 지원이 필요하다. 민간 기업이 북한경제의 새로운 주체로 자리 잡도록 법적, 재정적 지원을 강화할 수 있다.

또한 민영화 이후에도 기업의 경쟁력을 강화하기 위한 지속적인 경쟁력 강화 및 지속적인 개혁이 필요하다. 이는 기업 지배구조 개선, 경영 투명성 강화, 효율성 제고 등을 포함할 수 있다. 민영화가 완료된 후에는 그 성과를 평가하고 필요시 정책을 조정하는 사후 평가 및 조정 과정도 중요하다.

경제 안정성 및 사회적 영향 평가 등을 통해 추가적인 개혁이나 수정이 이뤄질 수 있다.

무엇보다 이 모든 과정에서 민영화가 급진적으로 이루어지면 각계

이익집단의 반발 등을 포함한 사회적 혼란이 발생할 수 있기 때문에, 사전에 철저하게 계획적이고 합의에 의해 도출된 접근이 필요하다.

3.3 민영화 정책의 세부 형태

북한의 민영화 정책은 향후 경제개혁과 시장 개방을 위한 중요한 과제로 부상할 수 있다. 국유자산의 민영화는 체제 전환 및 경제 발전의 핵심 요소로, 성공적인 정책 수립을 위해 민영화 대상 국유자산의 선정, 민영화 추진 방법 설정, 그리고 민영화 추진 기구의 설계 등 세 가지 주요 주제를 분석하고자 한다.[242]

3.3.1 민영화 대상 국유자산의 선정

민영화 대상 국유자산의 범주는 다음과 같이 설정할 수 있다. 기반시설 부문을 제외한 제조업 및 서비스 기업은 모두 민영화 정책의 대상이 된다. 그리고 토지 부문에서는 협동농장 및 국영농장 등 집단농장 소유 토지는 기본적으로 민영화의 대상이 되며, 개인 경작지와 개인 소유 주택 및 부속 토지도 민영화 대상이다. 기업 소유 토지 역시 기업의 민영화를 통하여 민영화된다.

실질적으로 개인 자산인 주택, 주택 부속 토지, 텃밭 및 개인 경작 소토지, 실질적인 개인 소유 자산도 민영화 대상이다. 마지막으로 국가기구, 사회단체, 정치조직 등의 소유 자산 중 국가기구의 성격 변화에 따라 더 이상 국가가 관리해야 할 필요가 없는 자산이거나 애초부터 공적인 기능이 약한 자산도 민영화 정책의 대상이 되는 자산이다.[243]

---

[242] 홍순직, "북한의 민영화 과정에서 국가 자산의 역할과 한계," 『통일정책연구』, 제14권 2호(2005), pp.62-84.

3.3.2 민영화의 추진 방법 설정

다양한 형태의 민영화 방법이 존재한다. 국유자산의 종류 및 성격, 추구해야 할 정책목표 등에 따라 가장 적절한 민영화 방법이나 민영화 방법의 조합을 선택해야 한다.

3.3.2.1 기업 민영화의 방법

기업의 민영화는 다양한 방법으로 이루어진다. 개별 기업의 민영화 방법은 주식 혹은 자산의 직접적 매각, 복지상품권 제도에 의한 민영화, 자본 희석(capital dilution), 내부자에 의한 민영화(MBEO, Management and Employee Buyout), 그리고 임대 등 간접적 방법에 따른 민영화 등으로 구분할 수 있다. 가장 전통적인 민영화 방식은 국유기업의 주식이나 자산의 일부 혹은 전부를 직접 매각함으로써 소유권을 민간 부문으로 이전하는 것이다.

이 방법에는 증권거래소에서의 주식공모, 주식 및 자산에 대한 경쟁입찰, 그리고 주식이나 자산의 비경쟁적인 배분 등이 포함된다. 자본희석(capital dilution) 또는 자본화(capitalization)는 국가가 국유자산의 주식을 처분하는 대신 민간투자가 현금, 설비, 경영 등으로 국유기업에 참가하는 것을 허용함으로써 민간의 지분을 증가시키는 방법으로 민영화를 추진하는 방법이다.

3.3.2.2 국유토지의 처분 방식

토지는 국유기업의 민영화와는 다른 접근이 필요하다. 가장 대표적인 문제가 원소유권의 회복 문제이다. 북한은 무상몰수, 무상분배 방

---

243 임을출, "북한경제개혁과 민영화: 국유자산 재편 과정 분석," 『통일정책연구』, 제16권 1호(2011), pp.78-82.

식을 통한 토지개혁을 실시하였다. 통일 이후 이 과정에서 몰수당한 토지에 대한 원소유권 회복 문제가 당연히 제기될 것이다. 협동조합 농지를 제외한 북한의 토지는 국유자산이기 때문에 원소유권 회복 문제도 북한 국유토지 민영화의 한 방안으로 검토되어야 할 것이다.

두 번째는 일정 기간의 토지 임대 방식의 활용 여부이다. 농지, 주택 부속 토지 등 북한 주민이 민영화의 주된 대상이 되는 토지를 일시적으로 매각하면 지급 능력이 없는 북한지역 주민들이 이를 감당하기 어려울 수 있다. 따라서 일정 기간 토지를 임대하는 방안이 고려될 수 있다.[244]

3.3.2.3 국유자산 매각의 대상

북한의 국유자산의 매각에 참여하는 주체는 일단 북한 주민, 북한의 기업 및 한국 기업, 외국 자본, 그리고 한국의 정부 및 공기업 등으로 구분할 수 있다. 북한 주민 중 국유자산의 유상 매각에 참여할 정도의 자산을 축적한 주민은 많지 않을 것으로 추정되는 만큼, 민영화 과정에 북한 주민이 참여하는 것은 협동농장의 토지, 주택 등 개인 자산의 민영화와 내부자 매수를 통한 소규모 민영화 등에 한정될 것으로 보인다.

한국 자본과 외국 자본은 원칙적으로 동등한 조건으로 국영기업의 매각에 참여할 수 있어야 할 것이지만, 기간산업이나 전략적 기업의 민영화에 있어서는 외국 자본의 참여가 일부 제한적으로 참여할 필요가 있을 것이다. 이들 전략적 의미가 있는 기업의 민영화 과정에서는

---

[244] 정은이, "북한의 민영화 가능성에 대한 고찰: 국유자산의 민영화 문제를 중심으로," 『북한연구학회보』, 제13권 3호(2008), pp.145-149.

정부부문이나 공기업도 일정한 역할을 할 필요가 있을 수 있다.[245]

3.3.3 민영화 추진 기구의 설계

민영화는 경제적인 측면을 포함해 정치 사회적 측면으로도 매우 복잡한 과정이다. 따라서 기존의 이해관계와 질적으로 다른 새로운 이해관계를 발생시킨다. 북한 국유자산의 민영화는 기존의 법규 체제와 국가기구를 통해서는 효과적으로 처리하기 어렵다. 국유자산의 민영화라는 새로운 과제에 대응하기 위하여 관련 법규를 제정하고, 이 법규에 기초하여 민영화를 전담할 추진 기구를 설립하고, 이 기구가 민영화 전반을 담당하는 것이 효과적일 것이다.

다만, 모든 민영화 과정을 처리할 단일의 기구를 설립할 것인지, 토지, 기업, 개인 자산 등 민영화 대상에 따라 별도의 기구를 설립할 것인지는 민영화의 기본성격에 따라 달라질 수 있을 것이다.

3.4 시사점

제3절에서 다룬 민영화 정책의 대상, 추진 단계, 세부 형태는 남북 경제통합 시 다음과 같은 중요 요소로 작용할 수 있다. 첫째, 북한의 기업, 토지, 기타 국유자산을 어떻게 민영화할 것인지는 남북한 경제 격차를 해소하고 통합의 경제적 효율성을 높이는 데 중요한 역할을 할 것이다. 특히 북한의 자산을 민영화할 때 남한의 자본과 기술이 효과적으로 투입될 수 있는 방안을 모색할 필요가 있다.

---

[245] 홍민, "북한경제개혁과 국유자산 민영화의 경제적 효과 분석," 『동북아경제연구』, 제20권 2호(2015), pp.123-127.

또한 통합 초기 단계에서 기초 조사 및 사전 준비를 통해 북한 자산의 평가 및 분류가 필수적이다. 남북한 간의 경제 구조 차이를 극복하기 위해 점진적인 민영화와 민간 경제 활성화 단계를 조정할 필요가 있다. 북한경제의 민영화는 급격한 변화보다는 단계별 접근이 통합의 성공 가능성을 높인다.

그리고 남북 통합 과정에서 민영화를 원활하게 추진하려면 독립적이고 신뢰할 수 있는 민영화 기구의 설립이 필요하다. 남북한의 이질적인 경제 체제를 통합하기 위해서는 상호 협력과 조정 기능을 담당하는 통합 기구가 필수적이다. 이러한 기구는 남한의 경험과 북한의 상황을 반영하여 합리적인 민영화 전략을 구상할 수 있어야 한다.

이러한 시사점은 남북 경제통합이 성공적으로 이루어지기 위해서는 북한 민영화 정책이 남한의 경험을 바탕으로 체계적이고 점진적으로 추진되어야 함을 보여준다.

제4절 남북 통합 이전과 이후의 민영화 목표

남북 경제통합 과정에서 북한의 국유자산을 민영화하는 데 있어 목표와 단계별 접근이 어떻게 달라져야 하는지를 분석한다. 남북 통합 이전의 초기 단계에서는 북한의 경제 체제에 대한 이해와 준비가 중점이 되어야 하며, 통합 이후에는 실제 민영화 정책이 구체적으로 실행되는 과정이 중요해진다.

이를 위해 민영화 정책의 목표 설정, 단계별 접근, 그리고 남한 정부의 역할이 핵심 요소로 작용한다. 본 절에서는 민영화의 목표를 먼저

규정하고, 통합 이전과 이후의 민영화 과정을 비교하면서 구체적인 정책 실행 방안을 다루고자 한다.[246]

4.1 민영화 목표

4.1.1 민영화 정책의 목표

민영화는 체제 전환의 핵심 단계이자 궁극적인 과정으로 간주된다. 동유럽의 체제 이행기 동안 민영화 정책의 주요 목적은 계획경제를 해체하고, 시장경제를 확립하는 데 있었다. 북한 역시 이러한 시장경제로의 원활한 이행이 민영화 정책의 주요 목표로 설정될 필요가 있다.

현재 북한에서는 이미 시장경제로의 이행이 상당히 진전된 상태이며, 이러한 흐름은 앞으로도 더욱 가속화될 가능성이 크다. 중앙집권적 계획경제 시스템은 그 기능이 크게 약화된 상태이며, 시장경제의 영역은 점차 확대되고 있다. 북한의 당과 국가가 시장 활동에 대한 통제를 강화하려는 움직임도 관찰되고 있다.

결과적으로, 2012년 기준 북한의 경제 체제는 전통적인 사회주의 경제 체제에서 크게 벗어났으며, 계획경제와 시장경제가 상호 대립하면서도 동시에 상호 보완적인 관계로 공존하는 혼합적 구조를 보이고 있다.[247]

재정 자금의 확보 측면에서 민영화는 주로 국유 기업과 자산의 매각을 통해 이루어질 가능성이 높다. 이 과정에서 발생하는 재정 수입은

---

[246] 홍순직, "남북한경제통합과 민영화: 통일 이전과 이후의 민영화 정책 비교,"『통일경제연구』, 제17권 3호(2012), pp.55-57.

[247] 이석기, "한반도 통일 과정에서의 북한 국유재산 민영화 방안,"『통일정책연구』, 제14권 2호(2005), pp.23-25.

통일 이후 발생할 재정적 부담을 일부 완화하는 데 기여할 수 있을 것으로 기대된다.

그러나 북한 민영화 정책의 주요 목표 중 하나로 재정 자금 확보를 설정할 것인지는 신중한 검토가 필요하다. 이는 북한 기업을 민영화함으로써 얻을 수 있는 재정 자금의 규모가 상대적으로 크지 않을 가능성이 있기 때문이다.

대부분의 북한 기업은 1990년대 이후 투자 부족으로 설비가 노후화되었고, 일부는 공식적 또는 비공식적으로 해체된 상태이다. 또한, 가동 중인 설비 역시 대부분 기술력이 낮고 비효율적인 상태에 머물러 있다. 북한의 국영기업 중 기술적 자산이나 영업 자산을 보유한 기업은 거의 없다고 할 수 있으며, 이로 인해 기업 매각 시 자산 가치가 크게 낮을 것으로 예상된다.

다만, 토지나 지하자원 개발권, 네트워크 사업 진출권 등은 상대적으로 높은 재정 수입을 기대할 수 있는 분야로, 이들의 처리 방식은 향후 북한 지역 개발 방향과 밀접하게 연계될 필요가 있다.

민영화 과정에서 추구하는 정책 목표에 따라 국영기업 매각 대금의 규모는 달라질 수 있다. 예를 들어, 대형 국영기업을 고용 유지 조건부로 매각하는 경우와 조건 없이 매각하는 경우, 확보할 수 있는 재정 수입은 상당한 차이를 보일 수 있다.

중소 규모 기업이나 토지 매각에서도 주된 목표가 재정 수입의 확보인지, 혹은 북한 주민의 자산 형성인지에 따라 매각 수입의 규모는 크게 달라질 것이다. 자본 유치 측면에서 재정 수입 확보와 별도로 통일 이후 북한 지역의 경제 성장을 촉진하기 위해서는 외부 자본 유치가 필수적이다.

따라서 민영화 정책은 이러한 자본 유치의 관점에서도 접근할 필요가 있다. 특히 대형 국영기업이나 지하자원의 민영화 과정에서는 이러한 목표를 충분히 고려해야 한다.

또한 고용 유치와 일자리 창출 측면에서 통일 이후 남북 경제를 통합하는 과정에서 가장 우선적으로 해결해야 할 과제 중 하나는 북한 지역의 대규모 실업 문제를 해소하는 것이다. 1990년대 경제위기 이후 다수의 북한 기업이 가동을 중단했고, 가동 중인 기업들도 생산률이 매우 낮은 상태에 있다. 그로 인해 많은 노동자들이 실업 상태에 있거나 불완전 고용 상태에 처해 있다.

통일 후 대형 국영기업이 민영화되면 추가적인 실업이 대규모로 발생할 가능성이 높다. 이는 한국으로의 대규모 이주로 인한 사회적 부담과 함께 북한 지역에서 새로운 사회경제적 문제를 야기할 수 있다. 따라서 통일 이후 북한경제 정책의 핵심은 이러한 실업 문제를 해결하는 데 있어야 하며, 민영화 정책 역시 예외일 수 없다.

북한 지역 산업 육성과 민영화 측면에서 기업의 민영화 방식과 속도는 향후 북한 지역의 산업 육성 정책과 밀접하게 연관되어 있다. 북한에서 노동집약적인 산업을 우선 육성할 것인지, 혹은 자본 및 기술 집약적인 산업을 육성할 것인지에 따라 민영화 방식이 달라질 것이다.

만약 노동집약적 산업을 우선적으로 육성하려면 북한의 임금 상승을 적절히 통제하여 임금 경쟁력을 확보하는 것이 필수적이다. 국유자산의 민영화는 이러한 산업 정책과 연계하여 추진되어야 하며, 자본 및 기술 집약적 산업 육성을 우선한다면 외부 자본의 유치가 가장 중요한 목표가 되어야 한다.[248]

4.1.2 단계적 목표: 민영화 우선순위

남북한이 정치·경제적으로 통합되기 이전 단계의 민영화는 북한 경제를 안정적으로 관리하면서 다음 단계의 민영화를 위한 기반 조성을 주된 목적으로 추진되어야 할 것이다. 갈등의 최소화와 추진력의 확보가 필수적이며, 민영화에 대한 심각한 반발과 그에 따른 사회적 혼란을 초래할 수 있는 대형 국영기업의 급격한 민영화는 일단 배제할 필요가 있다.

따라서 민영화를 통한 체제 전환의 완료보다는 사적 재산권 제도의 확립을 통하여 체제 전환을 위한 기반을 확보하는 것이 우선적인 목표가 되어야 할 것이다. 사적 소유권을 바탕으로 사기업의 설립과 경영에 대한 법적 근거를 마련함으로써 새로운 소유 형태의 기업들이 설립되고 성장할 수 있는 기반을 마련하는 것도 중요한 정책목표가 되어야 할 것이다.

아울러 고용유지 및 창출과 주민 생활의 안정 도모도 이 시기 민영화 정책이 추진해야 할 핵심적인 정책목표이다. 경제성장을 위한 한국 및 외국 자본의 유치도 이 시기 민영화 정책의 주요 목표의 하나가 되어야 할 것이다.

반면, 이 시기 민영화는 개인 자산의 법적 확인과 소규모 민영화가 주가 될 것인데, 이러한 민영화를 통하여 확보할 수 있는 매각 대금은 크게 기대하기 어려울 것이다. 주민 이동의 억제나 복지 제도 통합에 따른 비용 증가 대처 등은 이 단계에서는 주요한 정책목표는 아니다.

---

[248] 홍순직, "남북한 경제통합과 민영화: 통일 이전과 이후의 민영화 정책 비교," 『통일경제연구』, 제17권 3호(2012), pp.63-65.

4.2 남북 통합 이전 민영화 초기단계

이 단계에서 북한 기업의 민영화를 통한 재정자금의 확충은 크게 기대할 것이 못 된다. 소규모 민영화는 북한 내부자에 대한 매각의 비중이 클 것인데, 북한 주민들의 자산 규모를 고려할 때 이를 통하여 확보할 수 있는 재정자금의 규모는 크지 않을 것이다.

대형 국영기업도 그 자체로 경쟁력을 갖추고 있는 기업은 많지 않다. 따라서 이들 대형 국영기업의 매각 수입도 크게 기대하기 어려울 것으로 보인다. 뿐만 아니라 대형 국영기업의 매각 시에는 매각 수익의 극대화보다는 고용유지나 경쟁력 확보를 위한 추가적인 투자 등의 정책적 목표를 추구할 필요가 있다. 시장 확립이나 불가역적인 과정으로의 진입은 의식적인 정책이 아니라도 걸림돌만 제거하면 자연스럽게 이루어질 것들이다.

북한지역이 그 자체만으로 시장경제로 이행하는 것이 아니라 남북한 통일을 통하여 시장경제로 이행해 가기 때문에 통일 이후에 과거 체제로의 회귀는 우려할 필요가 없을 것이다. 결국 완전 통합 단계 민영화 정책의 우선순위는 고용의 유지와 창출, 북한지역 산업육성, 북한지역 주민의 생활안전 및 자산 형성, 한국 및 해외 자본의 유치 촉진 등이 될 것이다.[249]

4.2.1 민영화 대상 국유자산

이 단계의 민영화 대상 자산은 실질적인 사적 자산과 식당, 상점

---

[249] 이석기, "한반도 통일 과정에서의 북한 국유재산 민영화 방안," 『통일정책연구』, 제14권 2호(2005), pp.32-36.

등 소규모 시설물과 지방산업공장 등 중소규모 기업이다. 구체적으로 살펴보면, 이미 사적 재산의 성격이 강해지고 있는 텃밭, 개간지 등 개인 경작 토지와 개인 간에 거래의 대상이 되는 주택, 거래의 대상은 아니지만 점유권의 인정이 필요한 공공주택 등이 일차적인 민영화 대상 자산이다.

그런데 이들 범주의 자산은 좁은 의미의 민영화 대상 자산이라기보다는 사적 재산권의 법적 확인 대상 자산이라고 할 수 있다. 최근 늘어나고 있는 기업 내 사적 자산도 이 범주에 속한다고 볼 수 있다.

즉, 개인 소유 설비나 자산을 기업에 제공하고, 이 설비나 자산의 활용을 통하여 획득한 수익을 기업과 개인이 분배하는 형태의 기업이 늘어나고 있는데, 이때 개인이 기업에 제공한 설비나 자산도 개인 소유 주택이나 토지와 같이 사적 자산으로 법적 보호를 받을 필요가 있다. 다만, 주택과 해당 주택의 토지는 다르게 접근할 필요가 있다.

현재 북한에서 주택이 사실상 사적 자산으로 변화되고 있다고는 하지만, 해당 주택의 토지까지 거래의 대상이 되었다고 보기는 어렵다. 따라서 이 단계에서 주택의 소유권 확인은 토지를 제외한 건물에 제한된다고 보아야 할 것이다. 토지의 경우 중국과 같이 장기 임대와 같은 제도의 도입이 필요할 것으로 판단된다.

두 번째 민영화 대상 범주는 기업 부문이다. 식당이나 상점 등 중소규모의 서비스 부문의 국가자산이 일차적인 민영화의 대상이 될 것이다. 지방에 소재한 공장이나 설비를 보유한 가내 작업반 등 중소규모 기업이나 작업 조직, 그리고 중대형 국영기업 자산 중 분사 형태로 독립적인 소규모 기업이 될 수 있는 기업 자산 등도 민영화의 대상이 될 수 있다.

여기에는 국영기업의 유통망이나 기업의 주력 제품이 아닌 소비재를 생산하는 8·3일 용품 생산 공정 등이 해당할 수 있다. 이 범주의 자산 중 특별한 고려가 필요한 자산이 있다. 형식상 국유 자산이지만 실질적으로 사적 자산이거나 부분적으로 사적 자산인 경우이다.

서비스 부문에는 공식적으로는 국유기업이지만 실제로는 개인이 투자하고 운영하는 사업체가 적지 않다. 식당이나 상점 등에서 이런 경우가 가장 많다. 국가 행정기관 소속 운수사업체 중에서도 상당수는 개인이 투자하고 운영하는 사실상의 사기업이다.

이 정도는 아니지만 소규모 국유 제조업도 설비 및 운영 자금의 일부를 개인 자본이 담당하는 경우가 있다. 이러한 기업체 혹은 사업 단위의 경우는 민영화보다는 사적 소유의 확인 및 인정 절차가 필요할 수 있다. 혹은 내부자 매수 형태로 빠르게 사적 소유를 확립시키는 방식이 효과적일 수 있다.

세 번째 범주는 국가기구가 그 기능을 수행하기 위해서 보유하고 있는 자산 중 국가기구의 기능 변화에 따라 공적 기능을 수행하지 못하게 된 자산이다. 북한은 여전히 식량 배급제를 부분적으로 실시하고 있는데, 이를 위한 기구가 양정사업소이다.

이 단계에서 식량 배급이 전면적으로 폐기되면 양정사업소는 기능을 상실하게 될 것이기 때문에 매각을 통하여 그 자산을 처분할 필요가 있다. 사회주의 국가의 광범위한 국가 서비스를 제공하기 위한 기관들이 다 여기에 해당한다.

또한 행정기관, 군사 부문, 노동당 등은 애초에 그 공적인 기능과는 관계없는 자산을 보유하고 있는데, 이 자산 중 기업이 아닌 자산이 이 범주의 민영화 대상이다. 다만, 이러한 자산의 민영화는 군부나 당의 저항을 초래할 수 있는바 조심스럽게 접근할 필요가 있다.

4.2.2 민영화 방법

이 단계 민영화의 일차적인 목표는 사적 재산권 제도의 확립을 통하여 체제 전환을 위한 기반을 확보하는 것이다. 따라서 이 단계 민영화 추진 시 가장 우선해야 할 것은 사적 재산권을 제도적 및 실질적으로 확립하는 것이다.

이를 위해 먼저 사적 소유를 제약하고 있는 헌법을 개정하고, 민법, 물권법 등을 개정하거나 제정할 필요가 있다. 이를 통하여 소유권 체계를 명확하게 해야 할 것이다. 특히 북한지역에 존재하는 자산 가운데 사적 소유를 인정하는 자산을 명확하게 하고, 이들 자산에 대해서는 실사를 통하여 신속하게 소유권을 인정함으로써 사적 재산권을 확립해야 할 것이다.[250]

개인재산으로 인정될 수 있는 자산은 다음 범주의 자산이다. 첫째, 특정 개인이 해당 자산의 형성에 실질적으로 기여하거나 시장가격으로 매입한 자산이다. 최근 북한에서 개인이 건축하거나 매입한 주택이 대표적이다. 둘째, 개인이 해당 자산의 형성에 기여하지는 않았지만 오랫동안 점유해 오고 있어 그 점유권이 인정되는 자산이다. 정부가 개인에게 공급하는 공공주택이 해당한다.

세 번째 범주는 국유기업 혹은 국유자산의 형태를 띠고 있지만, 해당 기업 혹은 자산에 개인이 상당한 정도의 투자를 하고, 이를 기반으로 개인이 해당 자산을 사용하여 그 결과를 책임지는 자산이다. 개

---

[250] 홍순직, "남북한 경제통합과 민영화: 통일 이전과 이후의 민영화 정책 비교," 『통일경제연구』, 제17권 3호(2012), pp.67-72.

인이 투자하고 운영하는 상점, 식당, 운수회사 등이 여기에 해당한다.

이러한 사적 소유권의 인정 대상은 개인이다. 기업이나 단체 등은 비록 오랫동안 해당 자산을 점유하고 있거나, 사용하고 있더라도 소유권을 인정받을 수 없다. 사적 재산권에 대한 이러한 법적 기반을 바탕으로 소규모 토지, 주택, 기업 내 사적 자산 등의 소유권을 법적으로 확정을 지어 나간다. 이들 자산의 법적 소유권 확정을 위해서 사적 자산의 실질적인 소유권자에 대한 실사가 필요할 것이다. 이를 통하여 실제 소유권자가 확인되면 별도의 금전적인 대가 없이 소유권을 확정함으로써 사적 재산을 광범위하게 확산시켜야 할 것이다

개인 수준에서의 사적 자산 제도의 확립과 함께 기업 부문에서는 국유기업과는 소유권 구조가 다른 사적 기업 부문을 창설해 나가는 것이 먼저 추진되어야 한다. 이를 위해서는 먼저 사적인 기업의 설립 및 운영을 가능하게 하는 기업법을 제정한다. 이후에 식당, 상점 등 소규모 시설물의 소유권을 내부자 매수(MEBO)를 통하여 주민들에게 이전한다.

아울러 지방 산업공장이나 작업반 등 생산조직, 그리고 대기업 비핵심 자산의 민영화를 통하여 새로운 중소기업을 창출한다. 이러한 방식의 민영화, 즉 소규모 민영화는 경제주체들 간의 갈등이나 특정 계층의 저항이 크지 않기 때문에 신속하게 그리고 대규모로 추진할 수 있다.

소규모 민영화 프로그램을 가격자유화 등 시장경제로의 이행 조치들과 보조를 맞추어서 수립하고, 전 산업, 전국에 걸쳐 추진한다. 이 단계 민영화의 또 다른 주요 방식은 합작기업의 설립을 통한 비국유기업의 창설이다. 원칙적으로 대규모 국영기업의 민영화는 이 단계에

는 서두르지 않되, 한국 기업이나 외국 자본의 투자 유치를 통하여 설비를 확장하고, 경영 능력을 향상시켜 국제경쟁력을 확보할 수 있는 기업에 대해서는 외국 기업과의 합작을 통한 새로운 기업의 설립을 적극 추진할 필요가 있다.

이렇게 설립된 합작기업은 자연스럽게 시장 메커니즘에 부합되게 운영될 수밖에 없다. 대형 국영기업의 직접적인 민영화에 따르는 갈등 요인을 최소화하면서 국영기업의 효율화와 자금 유치를 도모할 수 있다.

중국이 개혁·개방 이후 지속해서 활용해 온 방식이기도 하다. 그리고 다음 단계의 민영화를 위한 준비 작업도 이 단계에서 추진해야 할 주요 과제의 하나이다. 특히 본격적인 민영화를 대비해 국영기업의 실질적인 자산이나 노동자 등에 대한 실사가 필요하다. 형식적으로 기업에 소속되어 있는 노동자와 실제 생산활동을 하는 노동자에 대한 구체적인 실사 자료는 향후 민영화 전략을 수립하면서 주요한 자료가 될 것이다.

마지막으로 당이나 군부가 장악하고 있는 기업을 내각 소속 기업으로 되돌리는 것은 직접적인 민영화 정책은 아니지만 경제관리체계를 정상화하여 경제 전반의 효율성을 제고시키고, 다음 단계의 본격적인 민영화가 효율적으로 추진될 수 있도록 하는 기반이 될 수 있을 것이다.

아울러 비정상적으로 강력한 군사 부문이나 당의 경제적 기반을 약화시킴으로써 시장경제로의 이행에 대한 잠재적인 장애를 제거하는 효과도 기대할 수 있을 것이다. 이러한 과정은 군수 부문이나 당의 반발을 초래할 수 있기 때문에 한국정부의 일정한 지원이 필요할 것이다. 이 단계에서 군수공장의 전면적인 민수화까지 추진하는 것은 무리가 있을 것으로 판단된다. 대형 국영기업과 함께 집단농장 토지의 민영화도 다음 단계로 넘기는 것이 효과적일 것이다.

4.2.3 민영화 추진 기구

이 단계 민영화 정책의 핵심은 국영기업의 전면적인 민영화가 아니라 사적 소유권 제도를 확립하고, 사적 기업 부문을 창설하는 것이다. 따라서 이 시기의 민영화 추진 기구의 성격은 통일독일의 신탁청과 같은 성격을 지닌다기보다는 기업 관리 및 육성 기구의 성격을 더 강하게 지니게 될 것이다.[251]

따라서 이 단계 민영화의 추진 기구로 가칭 기업청을 설립하고, 이 기구가 민영화 대상 국가자산의 선별, 민영화 방식의 결정, 그리고 민영화 등을 통하여 설립된 새로운 기업의 지원을 담당하게 될 것이다.

말하자면 이 기구는 통일독일의 신탁청과 한국 중소기업청의 성격을 동시에 가지게 될 것이다. 이 기구는 다음 단계의 전면적인 민영화를 위한 대형 국영기업의 자산 및 노동자 실태를 파악하는 역할도 담당할 것이다. 한편, 개인 소유의 사적 자산을 확정하기 위해서는 사적 재산 실사 위원회를 설립하여, 개인 소유 사적 자산을 실사하고, 그 결과에 의해 각 자산의 소유자를 확정한다.

4.2.4 한국 정부의 역할

이 단계의 민영화에 대한 한국 정부의 역할은 다음과 같다. 첫째, 사적 재산제 관련 법규를 제정하고, 민영화 전략을 수립할 때 인력이

---

[251] 김병욱, "남북한 경제통합 과정에서의 민영화 전략 연구: 동유럽 사례를 중심으로," 『북한연구학회보』, 제15권 1호(2010), pp.87-89.

관련 경험을 지원하는 것이다. 이 단계에서 소규모 국유자산이 주로 민영화되지만, 많은 국유자산을 민영화하는 것은 상당한 행정 능력과 자원을 요구한다. 한국 정부는 북한지역에 인력이나 관련된 재정을 지원함으로써 북한의 민영화를 촉진할 수 있을 것이다.

둘째, 민영화를 통하여 새롭게 형성되는 중소기업 부문에 대한 지원 역할이다. 새롭게 설립되는 중소기업들은 자금, 인력, 기술, 경영 역량 등 경영 자원이 전반적으로 열악하다. 특히 자금이 가장 큰 관건이 될 것인데, 북한지역의 행정당국은 새로운 중소기업 부문에 대한 자금지원 여력이 크게 부족할 것이다. 한국의 정부나 공공부문 혹은 민간부문이 직접 북한지역의 중소기업 부문을 지원할 수 있을 것이며, 북한지역 행정당국에 대한 자금지원을 통하여 간접적으로 지원할 수도 있을 것이다. 자금지원과 함께 한국지역에서 시행되고 있는 중소기업 지원제도를 북한에서 활용할 수 있도록 인적, 기술적 지원도 효과적일 것이다.

셋째, 외국 자본의 북한 기업에 대한 투자와 합작기업 설립지원 역할도 한국의 몫이다. 북한과 해외에서의 남북한 공동 투자 설명회 등이 이 범주에 속할 것이다.

마지막으로 군수 부문의 구조조정에 대한 재정적 지원 역할이다. 먼저 북한의 체제 전환이 원활하게 이루어지기 위해서는 군사적인 측면에서의 태도 변화가 선행되어야 한다. 정치적 통일이 되었다고 해도 특별한 인센티브 없이 군부가 대량살상무기를 폐기하는 등 적극적인 행위를 할 것으로 기대하기 어렵다.

따라서 군수 부문에 대한 재정적 지원을 통하여 북한 군부의 전향적인 태도 변화를 이끌어 내야 하는데, 북한지역 당국은 이를 위한 충분한 재원을 확보하지 못하고 있을 가능성이 크다. 따라서 한국지역으로부터의 재정지원이 필요할 것이다.

그리고 앞에서 언급한 군부 및 당 소속 기업의 내각 소속으로의 전환 등을 통하여 기업 관리체계를 정상화하기 위해서도 일시적으로 이들에 대한 일정한 보상이 필요하다.[252]

4.3 통합 이후 민영화 실행단계

4.3.1 민영화 대상 국유자산

일부 토지와 기간시설을 제외한 모든 국유자산이 민영화의 대상이다. 먼저 협동농장과 국영농장 등 집단농장의 토지는 소속 농민들에 대한 배분을 통하여 민영화된다. 그리고 이전 단계에 유보되었던 중대형 국영기업의 민영화도 미루지 말고 신속하게 추진해야 한다. 광산, 국가기구 등의 공적인 기능과 무관한 비기업 국가자산 등도 민영화의 대상이다.

통신 부문도 이 단계에서 본격적으로 사적 자본의 참여를 통하여 확충되어 나갈 것이다. 다만, 수송, 에너지 등 기간시설 부문은 일단 국유상태를 유지한다. 향후 해당 분야의 한국 기업의 관리체계에 편입되어야 할 것이다.

그리고 협동농장 토지와 기업 토지, 그리고 개인 경작지와 일부 주택 부속 토지 등을 제외한 토지는 일단 국유상태를 유지한다. 이 국유토지는 통일 이후 북한지역의 도로, 철도나 기간시설의 건설을

---

[252] 홍순직, 남북한 경제통합과 민영화: 통일 이전과 이후의 민영화 정책 비교, 『통일경제연구』, 제17권 3호(2012), pp.69-72.

위하여 활용될 수 있을 것이다.

그리고 북한지역 주민을 위한 대규모 공동주택의 건설에도 활용되어 건설비용을 낮추는 데 기여할 수 있을 것이다. 또한 주택의 건설이나 산업단지의 개발, 신규 기업의 설립, 관광지 개발 등이 민간 주도로 이루어질 때 적절한 가격으로 매각함으로써 해당 부문의 지원과 재정수입 확보라는 두 가지 목표를 추구할 수 있을 것이다.[253]

4.3.2 민영화 방법

민영화 정책의 목표를 효과적으로 달성할 수 있는 민영화 방법이 채택되어야 할 것이다. 이 단계 민영화 정책의 주요 목표는 고용의 유지와 창출, 북한지역 산업육성, 북한지역 주민의 생활안정 및 자산형성, 한국 및 해외 자본의 유치 촉진 등이다.

이들 목표를 경제통합 과정에서 발생하는 문제의 해결·완화와 관련된 정책목표와 북한지역 산업육성을 위한 정책목표로 구분할 수 있다.

이러한 정책목표의 범주화는 자산별로 민영화 정책의 주된 정책목표를 달리할 필요가 있기 때문이다. 경제적 측면에서의 통일은 경제제도의 통합과 분업구조의 심화에 의해서 완성될 것이다. 그런데 소득수준이 크게 차이 나는 남북한 지역의 경제통합은 원치 않는 문제를 발생시킨다.

첫째, 복지 제도의 통합은 막대한 재정 부담을 초래한다. 통일 이후 복지 제도의 통합이 관련된 핵심적인 복지 제도는 기초생활 보장 제도

---

[253] 이석기, "한반도 통일 과정에서의 북한 국유재산 민영화 방안," 『통일정책연구』, 제14권 2호(2005), pp.42-46

이다. 최저생계비와 소득 간의 격차를 보전해 주는 이 제도가 북한지역에 수정 없이 전면적으로 실시되면, 북한주민 대부분이 이 제도에 의한 수급자가 될 것이다.

이는 막대한 재정부담을 초래할 뿐만 아니라 북한지역의 임금을 끌어올리는 작용을 할 것이다. 최저임금제도는 북한지역 노동자의 임금을 끌어올리는 작용을 할 것이다. 따라서 별도의 대책 없이 복지제도 및 노동제도를 통합할 경우 막대한 재정자금이 소요될 뿐만 아니라 북한지역에 막대한 실업자가 존재하는 상황에서 임금이 빠르게 상승하는 상황이 초래될 것이다. 일시적으로 복지 및 노동제도를 부분적으로 분리하거나, 최저생계비 및 최저임금 산정기준을 달리하는 등 대책이 필요하다.

문제는 이러한 대책이 북한 주민의 대량 남하나 북한주민의 소위 2류 시민화를 초래할 위험이 있다는 점이다. 따라서 북한 주민이 자발적으로 북한지역에 머무르고, 남북한 지역의 부분적인 제도 분리를 북한 주민들이 받아들일 수 있도록 하는 경제적 인센티브의 제공이 필요하다. 민영화 정책도 이러한 정책과제에 기여해야 할 것인데, 주로 소규모 자산의 민영화 방법의 선택시 이러한 정책목표가 중점적으로 고려되어야 할 것이다. 농지, 주택, 식당 및 상점 등 소규모 시설물 등의 민영화 시 북한 주민의 자산형성을 우선적으로 고려할 필요가 있다.

이에 따라 협동농장 및 국영농장의 토지는 구성원에게 무상으로 배분하는 것을 원칙으로 한다. 다만, 농지를 배분받은 농민이 배분된 토지를 바로 매각하고, 도시나 한국지역으로 이동하는 것을 막기 위해 일정 기간의 보유 및 경작 의무를 부과할 필요가 있다.

다만, 모든 집단농장의 배분을 민영화 관련 기구가 일률적으로 결정하기는 어렵기 때문에 가칭 집단농장의 토지배분에 관한 법을 제정하여 토지배분의 기본원칙을 규정하고, 이 규정에 따라 각 집단농장 소속원들이 구체적인 토지배분방식을 결정하도록 하는 방식이 현실적일 것으로 판단된다.[254]

집단농장 토지 이외의 국유토지는 유상매각을 원칙으로 한다. 그리고 토지의 원소유권자에 대한 반환 문제는 다양한 의견이 존재할 수 있으나, 여기에서는 일단 이를 고려하지 않는 것으로 가정한다.

다만, 원소유권자 확인을 위한 일정한 절차를 규정하고, 확인된 자에 대해서는 국가가 상징적인 차원에서의 보상을 하는 방안을 모색한다.

주택의 경우 실질적인 사적 주택에 대해서는 실사를 통하여 신속하게 소유권을 인정할 필요가 있다. 공공주택의 경우에도 낮은 가격으로 주택을 매각하고, 주택을 구매할 수 없는 입주자에게는 임대권한을 부여한다. 토지와 달리 택지의 민영화는 거의 진행되지 않았기 때문에 사안별로 민영화를 추진한다. 개인이 소유권을 주장하는 주택에 대해서는 적절한 가격으로 해당 택지를 구매할 권한을 부여한다.

택지를 구매할 자금이 없는 주택소유자에 대해서는 토지를 장기임대한다. 공공주택의 경우에는 원칙적으로 택지는 국유상태로 유지하고, 해당 토지는 임대한다. 그런데 북한지역에 존재하는 주택 중 통일 이후에도 지속적으로 사용할 수 있는 주택은 많지 않을 것이다. 공공주택의 대부분은 재건축 혹은 재개발이 필요할 것이다. 이들 공공주택을 재건축 혹은 재개발하고, 기존의 입주민이나 해당 지역 주민들에게

---

[254] 정은이, "북한 토지제도와 농업개혁," 『통일정책연구』, 제16권 1호(2007), pp.128-132.

주택을 낮은 가격으로 분양함으로써 북한 주민의 생활을 안정시키고, 자산형성을 촉진할 필요가 있다.

특히 공공부문이 국유토지를 기반으로 도로, 전력, 통신, 편의시설 등을 개발하여 새롭게 건축되는 주택의 가치를 상승시킴으로써 주민들의 자산가치를 상승시키고, 개발 가능성을 제고시킬 필요가 있다.[255] LH공사와 같은 공공기관이 주택을 건설할 수도 있을 것이며, 택지를 공공기관이 개발하고, 건축은 민간사업자가 하는 방식도 고려할 수 있을 것이다.

이 경우에도 토지비용이 매우 낮기 때문에 저렴한 가격으로 주택을 공급할 수 있을 것이다. 이렇게 주택을 공급할 경우에도 일정 기간의 거주 의무를 부과할 필요가 있을 것이다.

초기 남북통합 이전 단계의 민영화 이후에도 소규모 민영화의 대상이 될 수 있는 국유자산이 남아 있으면, 이들 자산에 대해서는 초기 민영화와 같이 내부자 매수를 주로 하여 민영화를 마무리한다. 북한 주민의 자금력이 높지 않을 것이기 때문에 매각대금은 낮게 책정하거나, 무료로 매각할 필요가 있다. 중대형 국영기업과 이들 기업 부속 토지, 지하자원 등은 경제통합에 따른 문제보다는 북한지역의 산업개발 촉진이라는 관점에서 민영화 방법을 선택할 필요가 있다. 따라서 중대형 국영기업은 기본적으로 매각방식에 의한 민영화를 추진한다. 바우처 등의 방식은 주민의 자산형성에 크게 기여하지 못하고 외국자본의 유치에도 걸림돌이 되는 등 부정적인 측면이 강하므로 활용하지 않는다.

---

255 김병욱, "북한 경제개혁의 일환으로서의 농업개혁: 현황과 전망," 『북한연구학회보』, 제10권 2호(2011), pp.95-101.

이때 신속한 민영화를 원칙으로 한다. 대규모 국영기업의 민영화가 구조조정을 촉발하여 노동자의 해고를 초래할 수 있지만 남북한 경제가 완전히 통합된 상황에서 북한지역 국영기업은 국유상태의 유지를 통해서는 경쟁력을 회복하는 것이 사실상 불가능하다.

일부 전략적인 중요성을 지니는 기업을 제외하고는 국가가 경쟁력이 떨어지는 국영기업들의 설비와 자본을 확충하는 것은 불가능하다. 따라서 신속한 민영화를 통하여 조기에 이들 국영 기업을 구조조정하는 것이 피해를 줄일 수 있는 길이다.

더구나 1990년대와 2000년대에 이미 상당한 구조조정과 노동자 감축이 이루어졌으며, 이전 단계의 시장화와 가격자유화 등을 통하여 추가적인 구조조정도 진전되었을 것이므로 민영화에 의한 충격은 상대적으로 적을 수 있다.

지하자원도 채굴권을 매각하는 방식으로 민영화하는 것을 원칙으로 한다. 다만, 통신이나 금속 등 전략적인 중요성을 지니는 산업, 그리고 특정 지하자원의 경우 외국기업의 참여를 부분적으로 제한할 수 있다.[256] 또 고용의 유지나 북한지역 산업육성을 위해서 필요할 경우 기업의 매각보다는 해당 기업에 대한 민간기업의 자본참여를 허용하여 국가의 지분을 낮추는 방식인 자본 희석이나 자본화 민영화 방식도 활용할 수 있을 것이다.[257]

한편, 국유기업 및 부속 토지의 처분 시 도로 및 철도, 항만, 통신,

---

[256] 김준영, "북한 지하자원 개발의 민영화 방안: 남북한경제 협력의 새로운 모델," 『동북아경제연구』, 제15권 1호(2011), pp.82-86.
[257] 김성수, "북한 지하자원의 경제적 가치와 민영화 가능성 연구," 『북한연구학회보』, 제18권 2호(2014), pp.103-108.

전력 등 인프라가 매우 열악하고, 청산 대상 기업이 매우 많은 북한경제의 특수한 상황을 고려할 필요가 있다. 특히 특정 지역에 청산 대상 기업들이 다수 존재할 때 이들 기업들을 개별적으로 매각하거나 청산하는 것은 별다른 의미가 없다.

개별 기업들이 매각된다 하더라도 이들 기업들이 경쟁력을 가지기 위해서는 도로나 전력, 통신 등 인프라에 대한 추가적인 개발이 필요한 경우가 많다. 따라서 일정 지역의 기업들을 민영화하지 않은 채 청산하고, 해당 지역을 공공산업단지로 개발하여 민간에 분양하는 방식을 통한 국영기업의 처분 및 토지의 민영화 방안도 고려할 필요가 있다.

북한지역의 산업개발을 위해 공공부문에 의한 인프라 개발은 피할 수 없고, 공공산업단지의 개발시 토지 수용비용의 비중이 크다는 점 등을 고려하면, 국유토지를 기반으로 공공산업단지를 개발할 경우 낮은 비용으로 산업단지를 개발하여 분양할 수 있을 것이다. 이러한 공공개발을 통한 산업용 부지 공급을 위해서 토지의 상당 부분은 일정한 기간까지는 국유상태를 유지할 필요가 있다.

4.3.3 민영화 추진기구

독일의 신탁청과 같은 국유자산 민영화를 위한 전담기구의 설립을 통하여 민영화를 추진하는 것이 효과적일 것이다. (가칭)북한지역 국유자산 관리청이 토지, 기업, 비기업 국가자산, 광산, 기반시설 등 국유자산을 일괄적으로 넘겨받아서 민영화를 추진해 나가야 할 것이다. 토지와 기업의 사유화가 민영화의 대상이나 방법 등에 있어 여러 면에서 다르기 때문에 토지에 대해서는 별도의 기구를 통하여 민영화를 처리할 필요가 있다는 의견도 있다.[258]

4.4 시사점

남북 통합 과정에서 북한의 민영화 추진전략은 통일 이후의 경제통합을 성공적으로 이끌기 위한 중요한 과제이다. 제4절에서 다룬 민영화 목표와 단계별 추진전략은 통일 이전과 이후 각각의 시기에서 구체적인 접근방식을 요구한다. 민영화 정책의 목표는 단순히 자산을 매각하는 데 그치는 것이 아니라, 북한경제의 시장화와 지속 가능한 경제성장을 위한 발판을 마련하는 데 있다.

통합 이전의 민영화 초기 단계에서는, 민영화 대상 국유자산을 신중하게 선정하고, 적절한 방법과 기구를 통해 체계적인 추진이 이루어져야 한다. 이 단계에서 중요한 것은 북한의 경제 현실을 정확히 진단하고, 단계별 우선순위를 설정하여 남한의 자본과 기술을 효과적으로 투입하는 것이다. 한국 정부의 역할 또한 매우 중요하며, 남북한 경제 격차를 줄이고 경제적 안정을 유지할 수 있는 조정자 역할을 해야 한다.

통합 이후의 민영화 실행 단계에서는, 보다 본격적인 자산 매각과 함께 민간 경제 활성화를 목표로 삼아야 한다. 이를 위해서는 효율적인 민영화 추진 기구가 필수적이며, 외부 자본 유치를 촉진하고 북한 지역의 경제 재건을 위한 구체적인 방안을 마련해야 한다. 민영화 과정에서 발생할 수 있는 대규모 실업 문제를 해결하는 것도 중요한 과제가 될 것이다.

결론적으로, 남북 통합의 민영화는 경제통합을 촉진하는 핵심 수단

---

258 김준영, "북한 지하자원 개발의 민영화 방안: 남북한경제 협력의 새로운 모델," 『동북아경제연구』, 제15권 1호(2011), pp.85-89.

이 될 수 있으며, 이를 위해 초기 준비 단계부터 통일 이후 실행 단계까지의 체계적이고 신중한 접근이 필요하다. 북한의 경제 특성과 남북한 경제 격차를 고려한 단계별 민영화 전략을 통해, 경제적 안정과 지속 가능한 성장의 기반을 구축해야 할 것이다.

제5절 소결론

5.1 요지

본 연구는 남북한 교류 협력의 활성화를 위한 분권형 대북정책을 제안한다. 이 정책은 남북한의 정치적 이질성을 고려하면서도 경제적 협력을 중심으로 한 접근을 통해 상호 의존성을 강화하고, 통합의 효율성을 제고하고자 한다. 기존의 중앙집권적 대북정책이 갖는 한계를 극복하고, 정권교체 시기마다 반복되는 정책 변화와 논쟁을 최소화하기 위한 대안으로서 제시된다.

신기능주의 이론에 따르면, 남북한 경제협력은 상호의존성을 강화함으로써 정치적 통합과 평화 구축의 토대를 마련할 수 있다. 경제적 협력은 점진적인 신뢰 형성을 촉진하여, 궁극적으로 정치적 갈등의 완화와 장기적 평화로 이어질 가능성을 높인다.

본 연구에서는 신기능주의 이론을 바탕으로 남북한 경제협력이 정치적 통합과 평화 구축에 기여할 수 있는 방식을 탐구하였다. 연구 결과 이질적인 남북한을 경제적 협력으로 연결하는 과정에서 중앙집권적 대북정책의 한계를 인식하고, 보다 효율적이고 안정적인 분권형 대북정책의 필요성을 제안하였다. 이는 남북한 교류 협력의 활성화가 단순한 경제적 수단을 넘어, 정치적 통합의 핵심 기제로 작용할 수 있음을 강조한다.

연구의 결과는 향후 대북 통합정책이 지향해야 할 올바른 방향을 제시하고, 구체적인 정책 형성과 집행에 실질적인 도움을 줄 수 있을 것으로 기대된다. 본 연구는 남북한 경제협력을 단계적이고 기능적인 우선순위에 따라 분석하고, 신기능주의 이론을 적용하여 경제협력이 평화 구축과 정치적 통합을 위한 핵심 요소로 작용할 수 있는 방안을 모색하였다.

신기능주의적 통합이론의 관점에서, 남북한 교류협력은 특정 정치적 목적을 위한 수단이 아니라, 그 자체로서 중요한 통합의 기제이다. 이 이론은 정치와 경제의 분리와 병행 전략을 강조하며, 남북한 통일 문제를 해결하는 과정에서 두 가지 핵심 요소를 제시한다. 첫째, 정치적 층위에서의 남북한 간 이질성, 둘째, 경제적 층위에서의 남북한 간 상호 연결성이다. 이 두 요소는 상호 연결되어 있으나, 통합의 핵심은 경제적 협력의 활성화에 있다.

정치적 노력이 경제적 협력의 활성화를 위한 토대를 제공하며, 이를 통해 경제적 협력이 남북한의 공존과 통합을 촉진하는 주요 수단이 될 수 있다. 따라서, 남북한 경제 협력은 단순한 정치적 목적을 넘어서는 전략적 중요성을 가진다.

특히 북한 민영화는 경제적인 면을 포함하여 정치적이며 사회적 측면으로 매우 복잡한 과정이다. 기존의 이해관계와는 질적으로 다른 새로운 이해관계를 발생시킨다. 이에 따라 북한 국유자산의 민영화는 기존의 법규 체제와 국가기구를 통해서는 효과적으로 처리하기 어렵다. 국유자산의 민영화라는 새로운 과제에 대응하기 위하여 관련 법규를 제정하고, 이 법규에 기초하여 민영화를 전담할 추진 기구를 설립하고, 이 기구가 민영화 전반을 담당하는 것이 효과적일 것이다.

결론적으로, 남북한 경제 협력의 활성화는 통합의 과정에서 단순한 수단이 아닌 핵심 기제로서 기능할 수 있으며, 이를 위해 분권형 대북정책의 채택이 필요하다. 이는 남북한의 정치적, 경제적, 사회적 통합을 더욱 실질적이고 지속 가능하게 만드는 데 기여할 것이다.

남북한 교류 협력을 활성화하기 위한 효과적이고 안정적인 접근 방안으로, 기존 중앙정부 중심의 대북정책으로부터 탈피한 분권형 접근은 중앙정부뿐 아니라 지방정부, 민간 기업, 시민사회가 협력하여 다양한 차원에서 남북한 경제통합을 이루고자 하는 것이다.

5.2 정책 제안

신기능주의 이론에 기반한 남북 경제통합 전략은 경제적 협력을 우선시하여 정치적 통합을 촉진하는 데 중점을 둔다. 단계적인 경제협력을 통해 남북한 간 상호 의존성을 강화하고, 이를 기반으로 정치적 긴장을 완화하며 평화를 구축한다. 경제통합을 촉진하는 과정에서 공동 경제특구 설립, 인프라 개발 등 구체적인 협력 방안을 실행하여 통일을 위한 실질적 기반을 마련하는 전략이 중요하다. 남북한 경제통합 시 예상되는 주요 이슈와 이에 대한 정책적 제안을 다음과 같이 요약할 수 있다.

5.2.1 경제적 격차와 통합 비용 관리

남북한 간 경제 수준 차이를 줄이기 위해 대규모 재정 투자가 필수적이다. 이를 실현하기 위해 남북 간 재정 협력 기구를 설립하고, 국제기구 및 주변국으로부터의 지원을 적극적으로 유치하는 것이 중요하다. 특히, 경제 인프라 개선과 생산성 향상을 위한 장기적인 재정 계획이 필요하다. 이를 통해 남북한 간의 경제적 격차를 줄이고, 통합 과정에서 발생할 수 있는 경제적 불평등을 완화할 수 있을 것이다.

통합 비용 분담 및 조달 측면에서, 남북한의 통합 과정에서 발생하는 인프라 재건, 산업 구조 조정, 사회 복지 강화 등을 위한 통합 비용은 남북한과 국제사회가 공동으로 분담해야 한다. 이러한 재정 투자가 투명하고 효율적으로 집행되기 위해서는 독립적인 관리 기구의 설립이 필요하며, 이를 통해 자금의 적절한 분배와 집행을 보장할 수 있다.

5.2.2 법적·제도적 통합의 단계적 접근

남북한의 법적, 행정적 차이를 통합하기 위해 단계별로 법적 조정을 추진해야 한다. 우선 경제 활동에 필수적인 법률을 먼저 통합한 후, 차차 노동법, 재산권 문제 등으로 확대하는 방안이 적절하다. 법적 조화는 경제통합의 원활한 진행을 위해 필수적이며, 이를 통해 남북 간 법적 충돌을 최소화할 수 있을 것이다.

제도적 조정과 정책 통합을 위해 남북한의 경제 제도와 정책 차이를 극복하기 위해 공동 연구 및 실무 협의체를 구성하여 통합을 추진해야 한다. 이 과정에서 시장경제와 계획경제의 장점을 조화롭게 반영할 수 있는 새로운 경제 모델을 개발할 필요가 있다. 이러한 제도적 조정은 남북한 간 경제통합의 기틀을 마련하는 중요한 요소가 될 것이다.

5.2.3 사회적 통합과 노동시장 적응

노동시장 통합 측면에서, 남북한 노동시장 간의 격차를 줄이기 위해

교육 및 훈련 프로그램을 강화하는 것이 필수적이다. 남한의 노동시장에 대한 북한 주민들의 단계적 적응을 돕고, 임금 및 노동 규율의 조정을 통해 일자리 이동에서 발생할 수 있는 부작용을 최소화해야 한다. 이를 통해 노동시장의 안정성을 확보할 수 있을 것이다.

사회적 신뢰와 문화적 통합측면에서, 경제통합이 사회적 통합으로 이어지기 위해서는 남북한 주민 간 신뢰를 구축하고, 문화적 이해를 증진하는 것이 필요하다. 이를 위해 다양한 교류 프로그램과 공동 교육 사업을 추진하여 사회적 자본을 형성하고, 사회적 갈등을 완화하는 정책적 지원을 강화해야 한다.

5.2.4 정치적 갈등 완화와 외교적 조정

정치적 안정성 확보 측면에서 남북한 간 경제통합 과정에서 발생할 수 있는 정치적 갈등을 최소화하기 위해서는 경제협력을 우선적으로 추진하고, 이를 통해 신뢰를 쌓은 후 정치적 협력으로 확대하는 단계적 접근이 필요하다. 이를 통해 남북 간 정치적 긴장 완화를 도모할 수 있다.

외교적 조율 측면에서, 남북한 경제통합은 주변국과의 외교 관계에도 큰 영향을 미친다. 특히 중국, 일본, 미국과 같은 주변국의 경제적, 안보적 이해관계를 조정하기 위해 다자 협력 플랫폼을 구축하고, 외교적 도전에 대한 대응전략을 수립하는 것이다.

5.2.5 인프라 통합과 환경 문제 해결

인프라 현대화 측면에서, 철도, 도로, 전력망 등 남북한의 주요 인프라를 연결하고 현대화하는 과정에서 기술적, 재정적 협력을 강화해야 한다. 이를 위해 남북 공동 인프라 개발계획을 수립하고, 국제적 지원을 유치할 방안을 검토한다.

통합 과정에서 발생할 수 있는 환경 문제를 해결하기 위해 남북한이 공동으로 환경 보호 및 복구 프로젝트를 추진해야 한다. 특히 지속 가능한 발전을 목표로 환경 규제의 일치와 협력적 대응이 중요하며, 이를 통해 통합 과정에서 발생할 수 있는 환경 피해를 최소화해야 한다.

5.2.6 안보와 규제 통합

안보 리스크 관리: 경제통합의 안정성을 저해할 수 있는 안보 위협을 최소화하기 위해 남북 간 신뢰 구축 조치와 비핵화 협상을 병행하여 추진하는 것이 필요하다. 또한 군사적 긴장을 완화할 수 있는 경제협력 방안을 개발하여 남북한 간의 안보 리스크를 줄여야 한다.

경제 규제 조화: 남북한 기업 간 공정한 경쟁을 보장하기 위해 공동 규제 기구를 설립하고, 북한 기업의 경쟁력을 강화할 수 있는 기술 지원 및 규제 완화 방안을 마련해야 한다. 이를 통해 남북한 기업 간 상호 경쟁력 있는 시장 환경을 조성할 수 있을 것이다.

5.3 제한 사항

남북한 경제통합을 위한 정책 제안 사항을 실제로 집행할 때 예상되는 제한 사항은 크게 경제적 격차와 통합 비용 관리, 법적·제도적 통합, 사회적 통합과 노동시장 적응, 정치적 갈등 완화와 외교적 조정, 인프라 통합과 환경 문제 해결, 그리고 안보와 규제 통합의 측면에서 나타난다.

먼저, 경제적 격차를 해소하기 위한 대규모 재정 투자는 남한 정부에 과도한 재정 부담을 줄 수 있으며, 국제사회의 지원을 유치하는 데에도 제재와 정치적 이슈로 인한 어려움이 따를 수 있다. 통합 비용을 분담하는 과정에서도 남북한 간 격차로 인해 공정성 문제와 국제사회의 부담 회피 가능성이 존재하며, 재정 관리 기구의 투명성을 확보하는 데 북한경제 구조의 불투명성으로 인한 어려움이 예상된다.

법적·제도적 통합 측면에서는 남북한의 법적, 행정적 차이가 크기 때문에 법적 체계를 조화하는 데 복잡성이 따르며, 북한은 체제 변화를 경계하면서 정치적 저항을 보일 수 있다. 또한, 북한의 계획경제와 남한의 시장경제를 조화시키는 새로운 경제 모델을 개발하는 것도 신뢰 부족과 내부 불안으로 인해 어렵다.

사회적 통합과 노동시장 적응에서는 북한 노동자들이 남한의 노동시장에 적응하기 위한 교육과 훈련 자원이 부족하며, 임금 격차와 노동 규율 조정에서 양측의 이해관계가 충돌할 수 있다. 사회적 신뢰 구축과 문화적 통합도 분단으로 인한 오랜 불신과 문화적 차이로 인해 시간이 많이 소요될 수 있다.

정치적 갈등 완화와 외교적 조정에서는 경제 협력 과정에서 정치적 신뢰 부족이 걸림돌이 될 수 있으며, 중국, 일본, 러시아 그리고 미국 등 주변국들의 경제적·안보적 이해관계를 조정하는 것도 어려운 과제가 될 것이다.

인프라 통합 측면에서는 기술적 협력과 재정적 부담이 크며, 특히 북한의 낙후된 기술과 국제 제재로 인해 인프라 현대화가 지연될 수 있다. 환경 문제 해결에 있어서는 남북한 간 환경 규제 차이가 크기 때문에 조정 과정이 복잡할 수 있다.

안보와 규제 통합 측면에서는 비핵화 협상의 실패가 경제통합 안정성에 부정적인 영향을 미칠 수 있으며, 북한 기업들이 남한식 공정 경쟁 규칙을 받아들이는 데 저항할 가능성이 있다. 이러한 모든 제한 사항들은 남북한 경제통합이 단기간 내에 실현되기 어려우며, 장기적인 협력과 신뢰 구축이 필수적임을 시사한다.

제4장

남북 군사통합 추진전략

제1절 제도주의 이론 고찰과 선행연구
    1.1 제도주의 이론 고찰
    1.2 군사통합에 대한 선행연구
    1.3 군사통합의 단계와 핵심 과제
    1.4 남북한 군사통합의 목표와 접근 방법
    1.5 통일한국의 안보전략과 군사통합
    1.6 군사통합 유형
    1.7 시사점

제2절 현실태 분석
    2.1 남북한 군사분야 합의에 대한 재조명
    2.2 한반도 군사통합에 대한 주변국의 영향 요인
    2.3 남북한의 내부적 영향 요인
    2.4 북한군 내부의 입장과 저항 요인
    2.5 남북한 군사통합 시 예상되는 갈등과 해소 방안
    2.6 시사점

제3절 군사통합 방안
    3.1 군사통합 추진의 전제조건
    3.2 통일한국의 군사정책 영향 요인
    3.3 통일한국의 군사적 요구와 통일한국군의 정형
    3.4 시사점

제4절 남북 군사통합 추진전략
    4.1 남북한 군사통합의 원칙
    4.2 남북한 군사통합의 단계
    4.3 남북한 군사통합 주요 과제의 단계별 추진
    4.4 시사점

제5절 소결론

제4장
남북 군사통합 추진전략

박동순

　통일은 국민의 생존과 번영에 밀접하게 연관되어 있음에도 불구하고 한반도 분단이 장기화됨에 따라 요원하다고 생각할 수 있다. 특히 북한이 핵을 개발하고 사실상의 핵보유국(de factor nuclear state)으로서 행세하고 있으며, 대한민국을 제1의 적대국가, 불변의 주적으로 적대시하면서 전쟁의 위협을 계속하고 있다. 북한은 장기간 지속된 국제사회의 경제제재와 내부적으로 주민들의 사회·문화적 통제에 대한 불만 등이 자칫 우발 상황으로 진전될 수도 있을 것이다.
　북한의 급변사태 또는 전면전이 발생할 경우, 또는 남북한 합의에 의한 통일의 경우에도 군사통합의 안정적 시행은 통일에 결정적인 영향을 미칠 것이다. 대한민국이 추구하는 통일은 한반도에 평화를 유지하고 한반도와 동북아지역의 공동 번영을 보장하는 미래 지향적으로 추진되어야 한다. 호프만(Stanley Hoffmann)은 "군사통합이 성공적으로 이뤄지지 않는다면 제반 분야의 기능적 통합이 난관에 봉착하고, 통일 또는 통합이 수포로 돌아갈 수 있다"[259]고 했다. 이처럼 통일의 성패는 군사통합의 성공 여부에 달려 있다고 보아야 한다.

연구 가정으로, 한반도의 통일은 반드시 한국정부가 주도하고, 군사통합 또한 한국군이 주도하여 남북한의 군사력을 통합하여 통일한국군의 건설을 전제로 했다. 그리고 통일의 형태는 첫째, 상호협의를 거쳐 점진적으로 여건을 성숙시킨 후 한국정부가 주도하는 흡수통합의 방식, 둘째, 남북한 간 군사적 전면전 또는 무력충돌의 발생에서 한국군이 승리함에 따른 통일 방식, 셋째, 북한 지도자의 갑작스런 유고나 군부 쿠데타, 주민 폭동 등 급변사태 발생으로 한국정부가 주도하는 통일 방식 등으로 보았다. 어느 경우든 한국정부가 주도하여 통일을 추진하는 것이므로 군사통합도 한국군이 주도권을 가진 상태에서 북한군을 통합하여 통일한국군을 정형화하는 과정으로 보았다.

따라서 연구 목적은 남북한의 군사통합에 대한 준비와 통합의 과정, 통합 후의 새로운 통일한국군의 군사력 유지 및 배치 방안을 제시하는 데 두었다. 이를 구체화하기 위해 북한군의 무장해제와 감축을 어떻게 할 것인가, 통일 후의 국방목표에 따른 군사전략과 군사력 유지에 대한 규모와 형태 등이 함께 논의되어야 할 것이다. 연구의 범위는 통일 후의 군사독트린과 군사통합의 추진 단계 및 내용, 통일한국군의 군사적 정형(定型)을 달성하기 위한 과정을 구체화하는 데 두었다. 이를 통하여 각 군사통합의 단계 추진에서 예상되는 문제점을 분석하고 혼란의 조기 안정과 손실의 최소화를 기하고자 하였다.

연구 주안점은 먼저 군사통합에 대한 선행연구를 통해 군사통합에 대한 개념과 사례를 정리한 후, 주변국의 영향과 남북한 군사력에 대한 현실태를 분석할 것이다. 이후 통일 과정에서의 남북한 군사통합

---

259 Stanley Hoffmann, *Gulliver's Troubles, Or the Setting of American Foreign Policy* (New York: Mc Gran-Hill, 1968), pp.387-458.

방안과 추진전략에 대해 각 단계의 시행과 군사통합의 주요 과제를 단계별로 추진방안을 논의한 후 정책 제안을 제시할 것이다.

제1절 제도주의 이론 고찰과 선행연구

1.1 제도주의 이론 고찰

인간 사회는 제도에 의해 발전해 왔다. 제도란 개인행위에 영향을 미치는 구조적 제약요인(structural constraints)이라는 의미를 갖는다. 제도의 영향력 하에서 이뤄지는 인간의 행위는 안정성(stability)과 규칙성(regularity)을 띠게 된다. 제도가 존재하는 경우 개인의 행위나 개인 간 상호작용은 무작위적으로 이뤄지는 것이 아니라 일정한 패턴과 예측 가능성을 보이게 된다.

제도주의(institutionalism)는 사회적 동물인 사람과 그들이 만들어낸 조직들의 행위를 사회, 즉 제도의 관점에서 설명하는 이론이다. 따라서 제도주의는 인간의 합리성을 존중하는 기존의 이론들을 거부한다. 개인의 합리성은 절대적인 것이 아닌 한계를 가진 불완전한 것이며, 우리가 주목해야 하는 것은 조직 및 개인의 합리성을 결정하는 사회, 즉 제도인 것이다.[260] 이에 비해 신제도주의는 단일체로서가 아니라 복합체로서 제도를 인식하고 이러한 인식변화에 기반하여 제도 구성요소들 간의 상호작용과 갈등 양상 분석을 통해 제도의 지속과 제도의 변화를 설명하고 있다.[261]

---

[260] 유호연, "제도주의(Institutionalism)," 『LG주간경제 경영교실』(2007. 1. 10), p.1.

제도주의의 시각에서 조직들이 영속하기 위해서는 사회가 요구하는 목적(social goal)을 신뢰성 있게(reliability), 꾸준히 안정적으로(accountability) 이행해야 한다. 신뢰성 있게 꾸준히 안정적으로 실행한다는 것은 사회 구성원들에게 그만큼 정당성(legitimacy)을 획득할 수 있는 것이고, 이것이 사회 내 조직의 영속을 보장하기 때문이다. 이러한 관점에서 남북한 간의 군사통합을 통한 통일한국군의 창출은 제도주의적 차원으로 접근해야 할 것이다.

통일은 통합을 이루기 위한 하나의 과정으로 정치통합을 포함하여 군사통합, 경제통합, 사회통합, 문화통합 등은 비교적 시차를 두고 중첩적으로 추진될 것이다. 또한 일반적으로 군사통합은 정치통합에 종속된다고 인식하고 있다. 그 이유는 정치적 통합 방식에 따라 군사 분야의 통합 과정과 방법이 결정될 수 있기 때문이다. 정치통합은 군사통합과 매우 긴밀한 관계에 있고, 진정한 군사통합 없이 정치통합은 유지될 수 없다. 그러나 군대는 정치기능을 수행하는 국가에 종속적으로 보일 수 있지만 실제적으로는 그 속성상 독립적이고 자족적인 집단으로 구성되어 전문기능을 수행하고 있다.

따라서 군사통합 업무는 정치통합 방식에 따라 종속되지 않을 수도 있다. 이러한 차원에서 군사통합이 정치통합에 종속되었다기보다는 상호 영향을 미치는 관계에 있다고 봐야 할 것이다. 남북한 간에 합의에 의한 통합은 군사적 통합을 추진하는 가운데 정치적 통합을 달성하고, 통일 후 군사통합을 완결하는 방식으로 추진될 가능성이 크다. 군사통합이 제대로 이뤄지지 않으면 제반 분야의 기능적 통합은 어려

---

261 하연섭, "신제도주의의 이론적 진화와 정책연구," 『행정논총』, 제44권 2호(2006), p.218.

움에 봉착하게 되고, 나아가 전체적 통합 또는 통일 자체가 수포로 돌아갈 수 없다. 군사통합은 통일에 합의하기 전에도 상황에 따라 일부가 이루어질 수가 있으나, 통일 합의 시까지 완결하기는 어려울 수도 있다. 그 이유는 통일을 위해 필요한 군사통합의 일부가 통일 합의 이전에 이루어질 수는 있으나, 세부적인 사항들은 통일이 발효된 이후에 진행되어 시간을 두고 종결될 것으로 예상되기 때문이다.

1.2 군사통합에 대한 선행연구

기존 연구문에서 군사통합(軍事統合)은 "둘 이상의 이질적인 군사조직 체제를 하나로 묶어 새로운 군사조직 체제로 구성하는 일련의 과정이나 상태"로 정의하고 있다. 이는 군사통합을 "단순히 여럿을 하나로 끌어모으는(integration) 의미보다는 체제를 일원화하는(synchronization) 의미"로 보았기 때문이다.[262]

먼저 윤진표(1996)는 군사통합을 "국가통합의 핵심과정으로 결속하려는 국가 상호 간의 군 조직, 지휘명령체계, 병력과 무기체계 등을 통합하여 결속지역 내 국민들에게 새로운 통합체제에 대한 일체감을 형성시키는 과정"으로 정의하였다.[263]

제정관(2003)은 "군사전반의 제반기능과 조직체계를 하나로 결합시키는 과정이며, 군사 활동의 일원화와 공동화를 위한 조직적 결합과정"이라고 정의하였다.[264] 종합적으로 군사통합이란, "서로 다른 군사

---

[262] 형성우·이승철·이영근, "바람직한 군사통합방안 사례분석 및 교훈 연구,"『軍史』, 제97호(2015), p.313.
[263] 윤진표, "남북한 군사관계와 군비통제 전망,"『사회과학』, 제35호 제2권(1996), p.134.

사상 위에 수립된 조직, 기능 및 제도를 통일 국가의 이념과 목표로 단일화하고, 구성원의 내면상태까지 일체감을 갖게 하는 과정 및 상태"라고 정리할 수 있다.

한편 권양주(2008)는 군사통합을 위한 과제로 3가지를 강조하고 있다.[265] 첫째, 통일기 군 구조를 마련하는 일이다. 통일기 군 구조는 국방정책과 군사전략에 따라 지배되며, 이는 남북한 군을 통합하는 목표이자 가이드라인이 된다. 통일 시 전장 환경과 위협은 크게 달라지게 될 것이므로 통일기의 군 구조는 현재의 상태에 대한 근본적 검토가 필요하다.

둘째, 군사통합의 계획을 정교하게 수립해야 한다. 대규모의 군을 통합하는 과업은 간단한 작업이 아니며, 군사통합은 군만의 문제도 대한민국만의 문제도 아니기 때문이다. 국제사회로부터 통일에 대한 지지를 받으려면 핵과 대량살상무기(WMD, Weapons of Massive Destruction) 처리와 관련하여 국제기구의 협력과 협조가 필요하다. 또한 군사통합은 그 자체로도 어려운 과업이지만 무엇보다 국가 전 분야에 미치는 영향이 지대하고 통일과업의 성패를 가름할 수 있다는 점이다. 통일의 과정에서 군사문제로 인한 혼란을 방지하려면 군사통합 계획을 국가안정에 우선을 두고 관련 부처 협의를 통해 치밀하게 수립해야 한다.

셋째, 남북한의 군을 적정규모로 크게 감축해야 한다. 이미 통일을 한 국가들을 보면 하나같이 통일주도국의 군이 우세 또는 최소한 동등

---

264 제정관, "남북한 군사통합 및 통일한국군 건설 쟁점들,"『한국과 국제정치』, 제19호 제1권(2003), p.128.
265 권양주, "남북한 군사통합 추진 방향,"『군사논단』, 제55호(2008), p.34.

한 수준에 있었으나, 남북한은 심각한 불균형 상태에 있다. 남북한이 비록 합의를 통해 평화적으로 통일을 한다고 하더라도 북한이 현재의 군 규모를 그대로 유지하게 된다면 통합에도 그만큼 노력과 비용이 많이 들게 된다. 따라서 남북관계가 개선되면, 북한군을 최소한 한국군 규모로 감축하는 일을 서둘러야 할 것이다.

이 외에도 독일, 베트남 및 예멘의 통일시 군사통합에 대한 연구로는 김도태(1993), 하정열(1996), 유지호(1997), 김동명(2010), 정홍모 외(2011), 손한별(2014), 형성우(2016), 김법현(2017)의 연구가 있다. 또한 박균열(2000)은 군사 통합과 군대문화에 대하여, 김관호(2012), 정훈(2018), 황인석(2018)은 군사통합 과정에서의 갈등해소에 관해 연구하였다. 한편 정충열(2013)은 군사통합의 전략적 추진을, 조성욱(2018)은 한반도 비핵화의 단계적 해법을, 조정규(2018)와 성윤환(2021)은 군사통합에서의 무장해제를, 김의식(2013)은 군사통합 간 안정화 방안을, 문성준(2018)은 병력통합에 대해 각각 연구하였다.

이러한 국내외적인 군사통합 사례와 방안 등에 대한 연구를 요약하면 다음과 같다.

〈표 4-1〉 군사통합 관련 선행연구 종합

연구자 (년도)	연구 제목	연구내용 요약
윤진표 (1996)	남북한 군사관계와 군비통제 전망	국가 상호 간의 군 조직, 지휘명령체계, 병력과 무기체계 등을 통합
제정관 (2009)	한반도 통일과 군사통합	남북한 통일과정의 주요 변수분석, 통일 후 군사통합 방안과 통합과정, 통일한국군 건설 방향 등

연구자 (년도)	연구 제목	연구내용 요약
권양주 (2009)	남북한 군사통합 구상	군사통합 유형 제시, 예상되는 남북한 군사통합 접근 방향, 군사통합의 내·외부적인 환경 요인을 제시
김도태 (1993)	베트남 통합사례 연구	베트남 통일과정, 통일정부의 권위획득 과정, 경제개혁정책 추진 과정, 가치통합 과정 등을 제시
하정열 (1996)	한반도 통일 후 군사통합 방안	서독 연방군의 동독 인민군 지휘권 인수 등 군사통합과정, 통일독일의 신 국방정책 및 군사전략
유지호 (1997	예멘의 남북통일	남·북예멘의 분단 경위와 1차 통일과정, 재분단의 원인과 무력에 의한 재통일 과정을 제시
김동명 (2010)	독일 통일, 그리고 한반도의 선택	독일 통일의 성격 규명, 정치·경제·대외정치·국방 및 사회 분야에서의 통합과정과 문제점들을 분석
정홍모외 (2011)	분단국의 통일사례와 한반도 통일과제	독일·베트남·예멘의 분단과 통일과정을 분석하고, 남북한 통일방안을 제시
손한별 (2014)	남북한 군사통합과 연구쟁점	독일 군사통합 사례 연구, 한반도 통일양상과 군사통합 방안의 연계성 등 제시
형성우 (2016)	통일 한국의 남북한 군사통합 방안에 관한 연구	독일, 예멘의 군사통합 사례분석, 군사통합 유형의 선호도 분석, 남북한 군사통합 유형과 방향 제시
김법현 (2017)	분단국 군사통합 과정에서의 이념갈등 극복	독일의 군사통합 사례 분석을 통해 본 한반도 적용방안 제시
박균열 (2000)	통일한국의 군 통합과 군대문화	북한군의 군대문화 연구를 통해 북한 군인들의 태도·가치관·세계관·인성·행위 패턴 등을 제시
김관호 (2012)	군사통합과정에서 갈등해소 방안	남북한의 군사통합 모델을 제시, 군사통합의 준비·실행·완료에서 예상되는 갈등요인과 해소방안 제시
정훈 (2018)	남북한 군사통합 시 갈등관리 연구	군사통합의 사례연구를 통한 군사통합 갈등 및 해소방안 제시

연구자 (년도)	연구 제목	연구내용 요약
황인석 (2018)	남북한 군사통합과 갈등해소 방안	독일 군사통합 사례, 남북한 군대 복무기간, 진급, 복제, 복무제도 등 군사통합 갈등 해소방안 제시
정충열 (2013)	남북한 군사통합의 전략적 추진방향 연구	남북한의 군사실태와 주변국 영향요인, 북한 급변사태와 절충형 흡수통합 방안 제시
조성욱 (2018)	한반도 비핵화의 단계적 포괄적 해법 연구	한반도 비핵화를 위한 단계적 포괄적 이행 방안(3단계: 평화체제 준비-평화체제 구축-평화체제 정착 제시)
조정규 (2018)	남북한 군사통합에 따른 무장해제 방안 연구	군사통합에 따른 무장해제 사례 분석(독일, 예멘, 베트남, 이라크), 남북한 무장해제의 문제점과 방안
성윤환 (2021)	남북통일 과정에서 군사통합 수행을 위한 군사행동 개념	무장해제, 동원해제, 사회로의 재통합(DDR, Disarmament, Demobilization, Resocialization)을 중심으로 한 군사행동개념 제시
김의식 (2013)	남북한 군사통합 시 북한군 안정화방안 연구	남북한 군대 현실과 통일한국군 조직방향, 남북한 군사통합 시 예상 문제점, 북한군 조기 안정화
문성준 (2018)	남북한 군사통합 발전방안	병력통합을 중심으로 한 외국의 사례와 한국과 북한의 현실태 및 발전방안 제시

1.3 군사통합의 단계와 핵심 과제

통일을 안정적으로 추진하려면 사전에 군사부문의 통합에 대한 치밀한 준비가 긴요하다. 이를 위해 통일한국군의 정형(定型)을 설정하고 이에 맞는 군 구조를 고려하여 군사통합 계획을 설계해야 하며, 북한군을 감축하는 노력을 병행해야 한다. 추가적으로 북한군과 군사통합에 관한 이해를 공유하고 폭을 넓혀야 한다.

그동안 한국군은 북한군을 전투력 발휘 요소에 중점을 두고 분석·대응해 왔다. 이는 남북 분단 및 대치상황에서 당연했으나, 통일에 대비하기 위해서는 북한군의 작동 체제와 각종 제도 등에 대해 심층적으로 접근하여 분석해야 한다. 그리고 군사통합의 개념과 사례, 추진 단계, 과제 및 각 과제별 통합 방향 등에 대한 연구도 선행돼야 한다.

군사통합 단계는 일반적으로 분단국가의 국내외적 상황과 여건에 따라 다양하게 정리될 수 있지만, 형성우(2016)는 3단계(① 군사통합 준비단계, ② 군사통합 선행단계, ③ 군사통합 완료단계)를 거치게 된다고 주장하였다.[266] 한편, 백종천(1999)은 남북한 군대의 통합은 그 충격을 완화하기 위해 어느 정도 단계적으로 실시되는 것이 바람직하다고 보았다. 군사통합은 가능한 한 신속히 마무리 짓되 그 과정이 지나치게 무계획적이거나 혼란스럽지 않도록 하여야 함을 의미하는 것이며, 남북한 군사통합은 5단계(① 기초단계, ② 준비단계, ③ 진행단계, ④ 선언단계, ⑤ 정착단계)로 설정하였다.[267]

이 연구에서는 군사통합 단계에 대한 선행 연구자들의 주장들에서 주로 언급된 3단계(준비단계-선행단계-완료단계)와 5단계(기초단계-준비단계-진행단계-선언단계-정착단계)의 의견을 고려하여 다음의 그림과 같이 적용하고자 한다.

〈그림 4-1〉 군사통합의 진행 단계

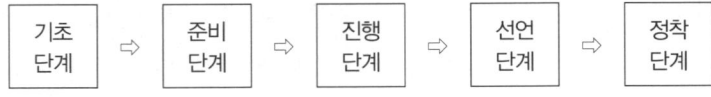

---

[266] 형성우, "통일한국의 남북한 군사통합 방안에 관한 연구," 한남대학교 박사학위 논문(2016), p.103.
[267] 백종천, "통일한국의 군사정책," 세종연구총서 99-04, 백종천 편저, 『통일한국의 외교안보 전망과 대책』(판교: 세종연구소, 1999), p.172.

군사통합의 핵심 과제에 대해 백종천(1999)은 ① 동북아 전략차원의 군사 독트린 설정, ② 일원화된 지휘체계의 신속한 확립, ③ 과감한 병력감축의 시행, ④ 무기·장비·시설의 선택적 통합, ⑤ 인사 및 교육 등으로 제시하고 있다. 한편, 권양주(2009)는 군사통합의 과제를 10가지로 제시하였다.[268] ① 국방정책과 군사전략을 수립하고, ② 군사지휘체계의 통합(일원화)과 군 조직의 통합, ③ 병력의 통합, ④ 장비, 무기체계 및 물자 등의 통합, ⑤ 시설(군사시설, 통신시설, 군수시설, 훈련장 등)의 통합, ⑥ 교리 및 교육훈련체제(양성교육, 보수교육 등)의 통합, ⑦ 동원/병역제도의 통합, ⑧ 방산 업체와 군사기술 조정 및 통합, ⑨ 관련 법규 및 제도의 통합 ⑩ 통합된 군이 일체감을 갖도록 하기 위해 통합에 따르는 동화교육과 복지 대책을 제안하고 있다.

이 연구는 선행연구를 참고하여 군사통합의 핵심 분야(과제)에 대해 백종천(1999)이 제시한 5개 과제를 중심으로 기술할 것이다.

1.4 남북한 군사통합의 목표와 접근 방법

1.4.1 남북한 군사통합의 목표

남북한 군사통합을 추진함에 있어 군사통합 목표는 정당해야 하고, 안정적이어야 하며, 효율적이어야 한다는 점을 전제로 하였다.[269] 이를 보다 구체적으로 제시하면 다음과 같다.

첫째, 정당성이란 정통성과 목표성을 가져야 한다는 것이다. 정통성

---

[268] 권양주, "남북한 군사통합의 유형과 접근전략 연구," 『북한학 연구』, 제5권 1호 (2009), p.70.
[269] 정충열, "남북한 군사통합의 전략적 추진방안 연구," 명지대학교 박사학위 논문 (2014), p.61.

을 인정받지 못한 군대는 하나의 무력집단에 불과하다. 그리고 국가가 지향하는 바를 수호하는 뚜렷한 목표가 있어야 한다. 통일 이후 목표가 뚜렷하지 않을 때는 그 자체로 존재하기도 힘들 뿐만 아니라, 국가가 위기 상황에 처하게 될 때는 국력과 군력을 한 방향으로 지향하기도 어렵다. 남북한 간에 군사통합이 이루어지는 경우에는 군대를 단순히 합치는 것이 중요한 것이 아니라 군의 체제를 일원화하고 지향하는 목표를 명확히 해야 한다.

둘째, 안정성이란 군사통합 과정에서 그리고 통합 후에 군이 안정적으로 관리되고 정착되어야 한다. 특히, 군사통합 초기에 군을 어떻게 안정적으로 관리할 수 있을 것인가가 군사통합의 성패는 물론, 국가통합 내지 통일의 성패까지 좌우하는 관건이 될 것이다. 따라서 대규모의 병력을 보유하고 있는 북한군이 안정을 유지하도록 하는 데에 군사통합의 중점을 두어야 한다.

셋째, 효율성이란 군사통합 과정에서 일사 분란한 지휘체계가 확립된 가운데 일관성을 가지고 추진되어야 한다. 통합의 과정에서 혼란을 방지하기 위해서는 통합 초기에는 군제 및 조직 변화가 최소로 이루어져야 하며, 통합 이후에는 군을 운용하는 데 있어서 가장 적은 비용으로 최대의 효과를 창출할 수 있어야 할 것이다. 이와 관련해 통합기간도 중요하다. 통합관리가 제대로 되지 않을 경우에는 지지부진한 통합작업으로 막대한 비용과 불필요한 갈등을 초래할 수도 있을 것이다.

1.4.2 남북한 군사통합의 접근방향

남북한 군사통합을 위한 기본 접근 방향도 명확하게 설정되어야 한다. 이는 세계정세와 주변 국가들의 입장, 그리고 남북한 간의 군사통합에 대한 명확한 통합계획(master plan)을 먼저 준비해야 한다는 것이며 군사통합의 기본 접근 방향을 6가지로 정리할 수 있다.

첫째, 남북한 군사통합을 위해 주변국과의 협력 체제를 잘 갖추어야 한다. 둘째, 남북한 군사통합은 남북 간 신뢰구축과 구조적 군비통제가 이뤄져야 한다. 셋째, 북한의 핵과 화생무기 등 대량살상무기(WMD)에 대한 한미동맹의 정책이 명확히 수립되어야 한다. 넷째, 남북한이 합의 통일 시에 대비하여 군사통합 방안을 결정해야 할 시기와 적정한 절차에 대한 구체적인 방안이 필요하다. 다섯째, 군사통합 초기 북한군에 대한 안정화 대책이 수립되고 이행되어야 한다. 여섯째, 군사통합 초기 각종 우발대책이 구체적으로 수립되어야 한다. 일곱째, 남북한의 군사통합에 대비하여 사전에 세부적인 연구와 정책수립이 필요하다.

1.4.3 남북한 군사통합을 위한 군비통제

남북한 군사통합의 전제조건인 군비통제는 매우 중요하다. 군비통제의 기조는 한반도의 비핵화 진전에 따라 추진해야 하며 상호주의에 입각하여 국민적 공감대가 형성되어야 할 것이다. 남북한 군비통제의 추진방향은 군사적 신뢰구축, 운용적 군비통제, 구조적 군비통제, 그리고 주한 미군을 포함해야 할 것이다.[270]

이를 바탕으로 남북한과 주한 미군까지를 포함하는 군비통제를 추진하기 위해서는 군사정전위원회 및 중립국감독위원회 기능을 부활시키고 감시기능 복원을 선행해야 할 것이다.

---

270 정경영, "군비통제 추진전략," 『피스 크리에이션: 한미동맹과 평화창출』(파주: 한울, 2020), pp.240-244.

<표 4-2> 남북한 군비통제 추진전략

구 분	분 야
군사적 신뢰구축	· 군사대화 정례화·제도화 · 남북군사공동위원회 구성 및 운영 · 대규모 훈련 통보 및 참관 · 군 교류(인사교류, 태권도 및 축구 경기 교류 등)
운용적 군비통제	· 사이버 공간 적대행위 중단 · 대규모 군사훈련 및 부대활동 중단 · 공동 해상구조 및 수색훈련, 남북 재난관리 협력 · 군사정보 교환 · 장사정 포병 후방 재배치 및 갱도포병 폐쇄
구조적 군비통제	· 북한 핵 폐기 · 생화학무기 폐기 및 중단거리 미사일 제한 · 목표시기를 설정하여 남북한 상호 병력 감축 · 특수전 부대, 전차 및 기계화부대 후방 재배치

주한 미군	· 한반도에서의 주한 미군 역할 조정(지역 안정자)
	  - 평화체제 구축기 : 잠재적 군사도발 억제
	  - 통일 이후 : 주변국의 한반도 군사개입 차단

출처: 정경영, "군비통제 추진전략," 『피스 크리에이션: 한미동맹과 평화창출』(서울: 한울, 2020), p.241.

1.5 통일한국의 안보전략과 군사통합

분단의 대립적 위치로부터 통일한국의 국방정책과 군사전략을 어떻게 할 것인가에 대해서도 깊은 고민과 치밀한 준비가 필요하다. 통일한국은 영토를 수복함에 따라 국경선과 해안선이 크게 확장될 것이다. 이는 인접 국가들의 군대와 마주서는 기회와 접촉면이 많아진다는 것을 의미한다.

국가의 안전이 보장되었다고 하는 것이 걱정과 근심이 없는 상태라고 할 때, 남북 분단 시에 비해 통일 후에는 훨씬 광범위한 위협이 예상된다. 통일 이전에는 정도의 차이는 있지만 군사 분야의 위협이 중요한 부문이었던 데 반해, 통일 이후에는 불확실성과 유동성이 증대되고 비군사적 위협이 커지는 현상이 도처에서 나타나게 될 것이다.

한편, 영유권, 민족적 이익, 경제, 기술 문제 등 국가이익과 관련된 갈등과 잠재적 분쟁 요인이 표면화될 가능성이 크다. 이와 같이 위협의 요인과 대상이 확대되고, 위협의 질적 변화도 예상된다. 우방국과 동맹, 혹은 잠재적 분쟁대상국이 혼재하는 상황에 처하게 될 것이다.

국방정책은 국가의 안전보장을 뒷받침하는 개념으로 의존적 국방정책, 독자적 국방정책, 고립적 국방정책, 협력적 국방정책, 중립적 국방정책 등으로 대별된다. 현재 대한민국의 국방목표는 "외부의 군사적 위협과 침략으로부터 국가를 보위하고, 평화통일을 뒷받침하며, 지역의 안정과 세계평화에 기여하는 것이다."[271]

이와 같은 변화된 안보환경 등을 고려할 때, 통일한국의 국방목표는 현재의 국방목표 중에서 평화통일을 뒷받침한다는 부분을 제외하면 무리가 없을 것이다. 통일한국의 국방정책은 통일한반도가 맞이하게 되는 대내외 환경을 고려하여 국방목표를 실현할 수 있도록 협력적 국방정책을 기본으로 최적의 방안이 마련되어야 할 것이다.

통일한국군은 국가의 평화와 안전 그리고 독립을 위협하는 제반 요소를 제거하고 예방하기 위한 물리적 생존수단을 확보하는 한편, 주변국과 협력하여 연합작전 태세를 유지하고 능력을 배양하여 지역의 안정에도 기여해야 한다. 그리고 더 나아가 통일한국의 국가위상에 맞게 평화유지활동 등 세계질서 형성에 적극적으로 참여하고 이를 통해 국가의 국제적 위상을 제고해야 한다.

---

[271] 대한민국 국방부, 『2022 국방백서』(서울: 국방부 정책실, 2022), pp.36-40.

구체적인 통일한국군의 역할을 정리하면, 첫째, 전쟁억제력, 또는 견제 및 저지 능력을 확실히 갖추어야 한다. 둘째, 지역안보에서의 역할을 증대하고, 인접 국가와 협력을 유지해야 한다. 셋째, 국제평화유지군 파견과 같이 국제적 평화유지에 기여해야 한다.

1.6 군사통합 유형

군사통합의 유형은 통합 당사국 간의 강제성(무력사용) 여부와 통합방식에 따라 상호합의에 의한 흡수통합, 상호합의에 의한 대등한 통합, 무력에 의한 강제흡수 통합으로 구분할 수 있다.[272]

첫째, 상호합의에 의한 흡수통합은 두 개 이상의 국가가 통합협상에 합의함에 따라 주도권을 가진 국가의 군대가 나머지 군대를 흡수하고, 동일한 군사체제로 단일화 하는 유형이다. 이런 유형의 군사통합은 독일의 통합사례에서 보는 바와 같이 양쪽의 군대가 모두 정상적인 지휘통제 체제를 유지하고 있는 가운데, 협상 주체들 간에 합의가 이루어짐으로써 어느 일방이 주도하여 단일체계로 통합을 추진하는 것이다.

통합이 완료되면 주도권을 가지고 있었던 측에서 지휘체계상 주요 직위와 병력의 다수를 차지하고, 무기 및 통신체계, 교육훈련체계, 새로운 국방정책 등을 결정하게 된다. 이때 통합대상 군대의 군인들에게는 적절한 보상을 제공함으로써 통합과정이 순조롭게 진행되도록 한다. 상호 합의 하에 비교적 장기간에 걸쳐 점진적으로 통합이 진행되므로, 통합주도국의 군대가 통합대상 군대의 주둔지역으로 진입하

---

[272] 권양주, "남북한 군사통합 추진 방향," 『군사논단』, 통권 제55호(2008), p.35.

더라도 해당 지역주민들에 의한 거부감도 상당부분 감소시킬 수 있다. 그러나 이런 유형의 통합을 추진하기 위해서는 협상과정에서 상당한 시간과 노력이 필요하며, 통합대상 군대의 군인들에게 지불해야할 보상금 등으로 인해 경제적 부담이 크게 증가할 수 있다.

둘째, 상호합의에 의한 대등한 통합은 당사국 간 합의에 의해 서로 1:1로 대등한 입장에서 단순히 합치는 방식으로 통합하는 유형이다. 가장 이상적인 유형이나 예멘의 1차 통합사례에서 보듯이 완전히 성공하기에는 쉽지 않은 유형이다. 왜냐하면 통합을 추진하는 과정에서 쌍방이 군사사상과 군사제도 면에서 유사한 조직체계와 병력규모, 무기 및 통신체계를 보유하고 있다면, 상호 비슷한 부분부터 시간을 두고 순차적으로 공감대를 형성하면서 완전한 통합을 추진할 수 있다. 그러나 서로 상이한 조직과 제도를 가지고 있다면, 어느 쪽이 주도권을 가지고 통합할 것인가를 두고 갈등이 발생할 여지가 많기 때문이다. 특히 통합 직후에는 지휘체계상 상층부 구성을 두고 양쪽 군대 지휘부 간에 갈등이 발생할 수 있으며, 점차 군사력을 축소 조정해 나가는 과정에서는 병력감축 대상과 규모, 무기체계 운용, 제대군인에 대한 보상 문제, 새로운 국방정책 수립 등에서 갈등요소가 나타날 수 있다.

따라서 이런 유형의 통합방안도 추진과정에서 많은 시간과 노력이 필요하다. 통합을 안정적으로 완료하기 위해서는 협상 초기부터 양쪽 군대 지휘부가 공동 참여하는 통합추진 기구를 만들어 충분한 의견 조율이 이루어지도록 해야 한다. 그리고 양쪽 군대의 상층부부터 통합한 다음 하층부를 통합하도록 계획을 수립함으로써 통합진행 과정에서의 마찰을 예방할 수 있다.

셋째, 무력에 의한 강제 흡수통합은 베트남의 사례에서 보듯이 당사국 간의 전쟁에서 승리한 국가가 패전국의 군대를 일방적으로 흡수하여 통합하는 유형이다. 패전국 군대는 무장 해제당한 가운데 대부분의 군인들은 불충분한 보상을 받으면서 강제로 전역을 당하고, 무기 및 통신체계는 승전국의 체계로 흡수되거나 도태당하며, 군 시설도 일부만 재활용된다.

이런 유형의 통합을 주도하는 측에서는 광범위한 분야에 걸쳐 신속한 통합을 실시하는 것이 통합의 성공여부에 큰 영향을 미치게 된다. 왜냐하면 패전국 군인들이 소규모라도 병력과 무기 그리고 지휘체계를 보존하고 있다면, 비록 전쟁에는 졌지만 통합대상으로 전락함에 따라 한꺼번에 모든 것을 잃어버리는 것에 대해 불만을 가지고 통합에 반대하는 저항세력으로 변할 수 있기 때문이다.

그러므로 이런 유형의 통합을 주도하는 국가는 군사통합과정에서 패전국 지역주민들과의 관계에 많은 주의를 기울여야 한다. 지역주민과의 관계를 무시한 채 점령군으로서 약탈행위를 하거나 억압적인 점령지 관리정책을 시행한다면, 주민들에게 패전국에 대한 향수를 유발시켜 저항세력을 보호함으로써 군사통합을 완료하는 데 많은 시간과 비용을 소모할 수도 있다.

1.7 시사점

남북한의 군사통합을 위해 먼저 제도주의적 이론을 검토해 보았고, 그동안 활발하게 이뤄진 선행 연구들을 고찰해 보았다. 기존 연구는 대부분 1990년 독일의 통일사례인 합의에 의한 평화적 통일을 다루고 있으며 한반도 통일과정에서의 남북한 군사통합에 대한 교훈들을 제시하고 있다. 부분적으로는 베트남의 전쟁을 통한 통합사례와 남북예멘의 합의에 의한 통합 후 재분열되어 무력으로 통일한 사례도 참고할 만하다.

기존 연구들에서 군사통합의 단계는 기초단계-준비단계-진행단계-선언단계-정착단계 등 5단계가 바람직한 것으로 판단하였다. 또한 군사통합 주요 추진 과제는 군사독트린을 설정한 후, 일원화된 지휘체계 확립, 병력의 감축, 무기 및 장비의 선택적 통합, 인사 및 교육의 통합 순으로 진행하는 것이 무난할 것으로 인식하였다. 이를 위해 선행되어야 할 사항으로 통일한국의 안보전략을 수립한 후 여기에 맞는 군사통합을 추진해야 한다.

제2절 현실태 분석

통일 시 적용 가능한 군사통합 유형은 처해진 상황과 현장 여건 등에 따라 다양하게 적용될 수 있다. 남북한 간에 군사통합이 충분한 논의를 거쳐 차분하게 추진된다면 합의에 의해 통합될 가능성이 높다. 반면, 현재와 같이 교류가 단절되어 있고, 통합에 대한 사전 협의가 제대로 이뤄지지 않은 상황에서 북한이 붕괴되어 갑자기 통합을 추진하는 경우 한국이 북한을 강제적으로 흡수 통합할 가능성이 높다.[273]

가장 평화적이고 바람직한 군사통합 유형은 상호 합의에 의한 합의적 흡수통합 또는 합의적 대등통합이다. 그러나 북한의 대남전략에서

---

[273] 권양주, "남북한 군사통합 추진 방향," 『군사논단』, 통권 제55호(2008), p.75.

도 나타나고 있는 바와 같이 북한이 체제를 전환하지 않은 상태에서는 남북한이 합의에 의해 대등한 입장에서 군사통합을 하는 것은 현실적으로 가능성이 높지 않다. 북한이 기도하고 있는 통일은 사회주의로의 통일이므로 남북한의 통일을 위해 북한이 사회주의 체제를 포기할 가능성은 없다고 봐야 할 것이다. 따라서 북한 정권이 안정화되어 있는 상황 하에서는 스스로 체제를 전환할 가능성은 매우 낮고, 북한이 체제를 전환하지 않는 한 합의에 의한 대등통합은 현실성이 낮다.[274]

2.1 남북한 군사분야 합의에 대한 재조명

2018년 9월 남북 간에 체결된 9·19남북군사합의는 그동안 추진해 왔던 인도적 대화나 경제적 교류협력의 한계를 확장시키기 위한 조치였다. 1953년 정전협정 이후 한반도의 전쟁 억제체제는 제2의 계획적인 전면전을 제외하고 남북 간 발생할 수 있는 우발적 충돌 등 다양한 전쟁 발생 유형을 방지하는데 한계를 보여 왔다. 이를 해소시키기 위해 남북 사이에는 군사합의의 필요성이 제기되어 왔다. 북한은 김정은 집권이후 그동안 인정하지 않았던 우발적 충돌 문제에 대한 인식을 변화시켰으며 김정은의 군사행보에서는 핵개발 이외에 우발적 충돌에 대한 회피 행보를 보여주었다, 이것이 북한의 9·19남북군사합의 체결의 배경이 되었으며 이후 북한은 한미연합군의 대북 압박의 완화, 대내 경제정책 집중, 대남 협상유도 목적의 수단 활용이라는 9·19 남북군사합의에 대한 수용을 보여주었다.[275]

---

[274] 고유환, "남북한 통일전략과 통일방안의 접점," 『북한조사연구』, 제5권 제1호 (2001), p.106.
[275] 고재홍, "남북 '9.19 군사합의'의 유지 및 발전 전망," 『INSS 연구보고서 2021-01』

그러나 북한은 2019년 2월 28일 하노이 북미 정상회담 결렬 이후 대미 관계가 급속히 냉각되고, 대한민국에게 더 이상 기대할 것이 없어지자, 남북군사합의를 위반하고 무시하는 행위를 반복했다. 북한은 미사일 발사시험과 2023년 11월 21일 군사정찰위성 발사를 감행하여 대한민국 정부는 이에 대한 대응으로 일부 효력 정지를 결정하자 북한은 기다렸다는 듯이 합의 파기를 선언했다. 이후 2024년 5월 28일 제2차 군사정찰위성을 발사하였을 뿐만 아니라 오물풍선을 살포하자, 한국정부는 2024년 6월 4일부로 전부 효력 정지를 선언했다.

북한은 군사합의의 파기를 선언한 데 비해, 대한민국은 전부 효력정지를 발표한 배경에는, 북한은 이 군사합의 자체를 없었던 것으로 하자는 의도로 분석된다. 하지만 대한민국은 북한이 2018년 9월의 군사합의를 할 때의 자세와 합의의 정신으로 돌아온다면 다시 합의를 유효화시키겠다는 숨은 의지를 엿볼 수 있다.

남북한은 6·25전쟁이라는 동족상잔의 비극을 경험하였고, 그 상흔을 고스란히 안고 장기간 군사적으로 대치해 왔다. 그동안 남북한은 휴전선을 중심으로 지상, 해상, 공중으로 첨예화되어 수많은 갈등과 도발과 분쟁을 경험했다. 따라서 9·19남북군사합의와 유사한 남북한 간의 충돌을 방지하고 갈등을 조정하며 분쟁을 해결할 수 있는 장치는 통일의 준비단계에서, 그리고 군사통합의 시작단계에서 반드시 필요한 제도적 규범이 될 것으로 판단된다.

(서울: 국가안보전략연구원, 2001), p.6.

2.2 한반도 군사통합에 대한 주변국의 영향 요인

역사적으로 한반도를 둘러싸고 있는 주변국들은 한반도 문제를 자국에게 유리한 방향으로 유도하기 위해 적극적으로 개입해 왔다. 현재의 최대 급선무인 북한 핵문제에 대해서도 1997-1999 남·북·미·중 4자회담과 2003-2007 남·북·미·중·일·러 6자회담의 사례처럼 미국을 비롯한 주변 4국 모두 한반도 문제에 대해 관심 수준을 높이면서 보다 적극적으로 관여하려는 경향을 나타낼 것이다.

헌팅턴(Samuel P. Huntington) 교수가 지적한 바와 같이 한반도 주변의 4국은 어느 나라도 한반도 통일이 자기 나라의 이익에 긍정적으로 작용하지 않을 것으로 생각하고 있고, 주변의 어느 국가도 한반도의 통일을 우선적으로 고려하지 않고 있다.[276] 이처럼 주변 4국의 대(對)한반도 정책은 현상유지라는 개념에 기초하고 있으며, 미국, 중국, 일본, 러시아 등 한반도 주변의 4개국은 한반도가 현재와 같은 분단이 지속적으로 유지되는 가운데 평화와 안정이 유지되기를 바라고 있을 것이다.

미국의 한반도 정책 중에서 가장 중요하면서도 급한 문제는 북한에 대한 핵문제 해결과 한반도 상황의 안정적 관리이다. 미국은 한반도의 안정과 평화를 원하고 있는 한편, 한국과 북한에 대한 영향력을 확대하려 하고 있다.

중국의 대북정책은 북한의 평화와 안정, 북핵문제의 평화적 해결을 공식목표로 하고 있고, 김정은 일가의 정권과 북한체제의 유지, 대북 영향력 강화를 비공식목표로 추진하고 있다. 이러한 정책에 따라 북한

---

[276] 문태성, 『한국통일과 주변4국의 겉과 속』(서울: 건국대학교 출판부, 2006), p.171.

의 안정이 위태로워지는 경우에는 김정은 일가의 정권을 도울 것으로 예상된다.

일본은 미국의 대(對)한반도 정책에 동조하고 있지만, 미국보다는 한반도의 현상유지를 더 바라고 있는 것으로 보인다. 통일한국군이 대군(大軍)화 되면 일본도 군사력을 강화할 가능성이 높다. 따라서 통일과정에서 일본은 미국과 공조하거나 비공식적인 채널을 통해 통일한국군을 압도할 수 있는 군사력 건설을 추진하며, 통일한국군의 군사 대국화를 막기 위한 노력을 기울일 것이다.

러시아의 한반도 정책은 북한 동향, 한러관계, 중러관계, 미러관계에 따라 변화할 것이다. 러시아는 북한의 핵보유에 반대하며 동북아 정세의 악화 방지를 위해 관련국들의 자제와 책임을 촉구할 것으로 보인다. 또한 한국과 일본에 대해서는 경제협력을 병행하면서도 국제현안에 대해서는 철저한 이익 확대 개념에 의거 전략적 반대 또는 선택적 공조의 입장을 취할 것이다.

2.3 남북한의 내부적 영향 요인

한반도에서 이념의 차이로 인해 동족상잔의 6·25전쟁 상흔을 안고 있다. 이로 인해 남북한 군대는 동·서독 장병보다 더 깊은 내적갈등을 안고 있어 큰 갈등이 예상된다.

첫째, 남북한 장병은 한국의 자유민주주의 체제와 북한 공산주의 체제 간의 분단 속에 오랫동안 교류가 없었다. 또한 자국의 체제유지와 통치를 위한 이질화된 이념교육으로 남북한 통일국가의 정체성 혼란이 예상된다. 특히 북한군은 사회주의 체제의 허구성에 대한 내적갈등을 스스로 겪을 것이다. 둘째, 북한군은 외부와의 정보를 차단하고, 역사를 왜곡한 정치사상교육으로 자유민주주의 시장경제에 대한 거부감이 있을 것이다. 셋째, 한국의 자유민주주의는 인간의 존엄성과 자유·평등·복지를 존중하지만, 북한의 사회주의는 당에 충성하고 수령에 충성하는 우리식 사회주의이므로, 이와 같은 서로 다른 가치관으로 인하여 혼란과 내적갈등이 대립할 것이다.[277]

또한 이질적 군대문화와 체제 간 이념의 차이로 형성된 적대감이 강하게 작용하게 될 것이다. 남북한은 1945년 분단된 이후 자유민주주의 체제와 사회주의 체제로 나뉘어져 상호 적대의식을 고양시키는 이념교육을 지속적으로 실시해 왔다. 남북한 군인들에게 형성된 적대감은 상호 심한 갈등으로 표출될 수 있다. 한국군은 북한군을 주적개념에 포함하고 있지만, 적을 먼저 공격해 말살시켜야 하는 대상이 아니라, 도발해 오면 강력히 응징해야 할 대상으로 인식시키고 있다.

반면 북한군은 당의 군대와 혁명세력의 전위대로서 전쟁을 통해서라도 한국군은 반드시 말살시켜 남한주민들을 해방시켜야 한다고 강조하고 있다. 또한 집단주의와 주체사상을 통치이념으로 하는 김일성 일가와 노동당 독재체제를 결사옹위하기 위한 수령의 군대로서 필요한 정치사상 교육을 집중해 왔다.[278] 특히 북한군은 외부로부터의 정보유입이 철저히 차단되어 한국군과는 복무여건을 비교할 수 없을 뿐만 아니라, 오직 북한군 수뇌부가 의도하는 방향으로 통제된 내용만을 반복 학습함으로써 김씨 일가의 세습체제를 옹위하는 핵심세력으로서

---

[277] 김법헌, "남·북한 군사통합 이후 이념교육에 관한 연구," 한남대학교 박사학위 논문(2017), pp.78-79.
[278] 김용현, "북한의 군사 국가화에 관한 연구," 동국대학교 박사학위 논문(2001), p.89.

의 역할에만 충실할 수밖에 없었다.

남북한 군인들은 전후 세대로서 성장과정에서 자기 체제의 우월성만 교육받아 왔기 때문에 양자 간 차이로 인해 나타나는 생활의 실상을 알기가 어려운 실정이다. 특히, 북한군의 상당수는 1990년대 고난의 행군 시기, 장마당 시대에 출생하였으므로 북한정권 수뇌부가 국가정책을 잘못 시행함으로써 오늘날에 총체적인 어려움을 겪고 있음을 제대로 인식하기 어렵다.

더 나아가 뒤따르는 북한군은 6·25전쟁뿐만 아니라 1968년의 1·21사태와 울진·삼척지역 무장공비 침투사건, 1987년 KAL기 폭파사건, 1996년의 강릉 잠수함 침투사건, 2010년의 천안함 피격사건, 연평도 포격전 등 끊임없이 무력도발을 자행하여 많은 인명피해를 유발시킨 집단이다. 그리고 국제사회의 반대에도 불구하고 대량살상무기를 개발하면서 대한민국의 생존과 발전을 끊임없이 위협하고, 북한주민들의 인권을 유린하는 한편, 김정은 일가를 결사옹위하는 핵심세력으로서 우리민족 전체의 행복과 번영에 가장 큰 위협세력으로 인식되고 있다.

이 같은 맥락에서 우리 군에게도 6·25전쟁 이후 반복되는 북한의 도발로 인해 동료 중에 전·사상자가 다수 발생함에 따라 북한군에 대한 적개심이 강하게 심어져 있다고 볼 수 있다.[279] 특히, 최근의 무력충돌에서 발생했던 전·사상자를 통해 북한의 만행을 확인함에 따라 북한군에 대한 적개심이 고조되어 있으므로, 남북한 군사통합 및 무장

---

[279] 정전협정이후 2022년 12월 31일 현재까지 북한은 침투 2,022건, 국지도발 1,119건을 자행했다. 대한민국 국방부, 『2022 국방백서』(서울: 국방부 정책실, 2022), p.352.

해제 과정에서 발생할 수 있는 사소한 무력충돌도 걷잡을 수 없는 혼란으로 확대될 개연성이 크다..

2.4 북한군 내부의 입장과 저항 요인

남북이 통일에 합의할 경우 또는 한국군의 주도로 북한군에 대한 무장해제를 시행할 경우, 북한 정권과 체제 유지를 위해 목숨을 바치려 했던 인민군들이 과연 민주주의 이념과 자본주의 체제를 무리 없이 받아들일 수 있을 것인가가 가장 문제점으로 보여진다. 북한군은 사회적인 위상이 상대적으로 높고, 체제를 지탱하는 핵심적인 역할을 담당해 왔기 때문에 기득권이라는 것을 포기하기는 쉽지 않을 것이다. 그리고 김씨 일가를 떠받쳐온 권력집단도 남예멘처럼 북한 권력의 힘의 원천인 북한군의 붕괴를 원하지 않을 것이다. 막상 통일의 시점이 다가오면 정치적으로는 통일에 합의를 할 수 있을 것이나, 이를 시행하는 단계에서는 권력집단과 무력집단이 결합된 저항이 예상된다. 여기에 미래에 대한 불확실성이 더해지면 새로운 체제에 대한 두려움과 더불어 저항의식이 더욱 강하게 표출될 가능성이 있다.

북한의 독재정권 80년 동안 형성된 기득권 세력들은 남북한의 통일에 적극적으로 반대하고, 군사통합에 부정적인 입장을 취할 가능성이 매우 높다. 이들은 북한군에 대한 무장해제 수행 간 상당한 장애요인으로 작용할 것이다. 또한 북한의 산악지역을 이용하여 저항하거나, 해외 망명정부 등에 의하여 북한지역에 대한 분란을 조장하는 행위 등을 통해 저항을 지속할 가능성이 크다.

한편, 무장폭동 및 군사반란은 군사통합 시행 초기에 제대했던 북한군 수뇌부와 정치장교들에 의해 발생할 수도 있다. 북한군 수뇌부와 정치장교들은 북한정권에서 누리던 특권들을 완전히 상실한 상태일 것이므로 과거로 회귀하고 싶은 욕구가 잠재되어 있을 것이다. 그리고 한국군과 통일한국 정부에 대해서도 불만이 다양하게 축적되어 있을 가능성이 높다. 따라서 어떠한 계기가 마련될 경우에는 군사행동을 통해 정치적 통일을 무효화하려고 시도할 수가 있다. 이들은 북한군 출신 제대군인들을 규합하여 무장 조직화한 다음, 기존의 지휘체계와 통신망을 복구하고, 회수 되지 않았거나, 은닉되어 있던 구 북한군의 무기, 탄약, 폭발물을 활용하여 무장폭동을 일으킬 수도 있다.

또한, 잔존하는 북한군과 준군사 집단에 의해 유격전식의 저항이 발생하거나, 무장해제 수행 간 이에 순응하지 않는 저항세력에 의한 무력투쟁, 테러 및 폭동유발 등과 같은 불안정한 상황이 다양하게 발생될 가능성이 높다. 아울러 북한의 잔존 군사세력과 무장집단의 위해 (危害)행위는 중요시설에 대한 습격 및 폭파, 주요 저항거점 구축 및 병참선 차단, 그리고 아군을 지지하는 저명인사에 대한 테러활동 등을 자행할 수도 있을 것이며, 저항세력에 의한 아군의 통신 및 교통망의 방해활동은 무장해제 수행에 막대한 영향을 미칠 것으로 예상된다.

북한이 현재 보유하고 있는 핵을 비롯한 대량살상무기에 대한 통제의 어려움이 크게 예상된다. 북한은 전(全) 지역에 핵 및 생화학무기 등 다수의 대량살상무기를 보유하고 있다. 이러한 대량살상무기는 북한의 잔존세력뿐만 아니라 주변국이 통제하는 과정에서 충돌이 예상된다. 북한은 약 11,000여 개 이상의 다양한 형태의 지하시설이 구축되어 있으며, 이러한 시설들은 무장해제에 불응하고 저항하는 잔존세력들의 지휘 및 은거시설로 사용되거나, 대량살상무기 및 회수되지 않은 무기에 대한 은닉 장소로 활용될 수 있으며, 장기적인 저항을 위해 물자를

보급하는 기지 또는 거점 등으로 이용될 수 있을 것이다.[280]

또한 핵 및 미사일, 화생방 무기 등의 대량살상무기에 대한 통제 및 처리 시에 대규모 인명피해와 재산손실 및 환경오염 등이 발생할 수 있다. 대량살상무기는 폭발력과 살상력이 크기 때문에 이로 인해 막대한 인명피해와 재산손실이 발생할 수 있다. 이로 인해 발생하는 피해는 무장해제가 수행되는 당시뿐만 아니라 장기간에 걸쳐 지속될 수 있다. 특히 핵 및 대륙간탄도미사일(ICBM, Intercontinental Ballistic Missiles)은 미국 측과 협조하여 별도의 통제대책을 강구해야 할 것이다.

이와 더불어 무기고 및 탄약고에 대한 경계가 소홀하여 저항세력에게 약탈되는 경우와 무장해제 수행 간 유기되거나 방치된 무기와 탄약들을 불순세력들이 사용하게 될 경우에는 많은 피해와 혼란이 발생될 수가 있다. 무기와 탄약, 폭발물은 취급을 잘못할 경우에 인명사고와 재산손실 등의 피해를 입을 수 있으며, 불순세력에 의하여 사용될 경우에는 대량피해가 발생될 수 있다. 그 뿐만 아니라, 장기적인 저항수단으로 악용되어 무장해제 수행에 상당한 방해요인으로 작용할 위험성이 매우 크므로 최대한 조기에 통제해야 하고, 회수된 무기와 탄약, 폭발물에 대한 철저한 관리가 요구된다.

2.5 남북한 군사통합 시 예상되는 갈등과 해소 방안

남북한은 장기화된 이념적 갈등과 한반도에서의 주도권 쟁취를 위한 투쟁 속에서 각각 융합할 수 없는 대립과 갈등관계가 계속 되어왔다. 특히 체제 보존을 위해 핵심 역할을 수행해 온 북한군과 자유민주

---

[280] 육군교육사령부, 『교육회장 15-3-1 안정화작전』 (대전: 교육사령부, 2015), p.6.

주의 환경 속에서 지내온 한국군의 이질성은 외형적인 면 뿐만 아니라 정서적 측면에서도 공존할 수 없는 차이점을 보여주고 있다.

먼저 가장 중요한 이질적 요소는 북한의 군사문화 그 자체이다. 북한은 국가 전체가 김정은을 중심으로 한 나라의 정치, 경제, 사회, 문화 등 모든 분야에 있어서 역량의 총화라고 할 수 있는 병영국가 체제이다. 또 군은 노동당을 받치고 있는 힘의 근원으로 소위 주체사상을 기반으로 한 백두혈통이라고 하는 김정은 개인에 대한 숭배사상에 젖어있는 집단이다. 이와 같은 이유로 남북한 군대를 구성하는 구성원 개개인의 의식과 군대의 위상, 제도, 이념 등에 있어서도 자유민주주의 환경 속에서 지내온 한국 군대와 현격한 차이가 발생하는 것은 너무나 당연할 것이다.

한국군이 정치적으로 중립을 지키도록 되어 있는데 반하여 북한군은 정치 조직화 되어 있다. 노동당 당 규약에 의하면 국방사업 전반을 당적으로 지도할 권한을 명시하고 있는데 이는 국방사업에 대해서도 당 중앙군사위원회가 깊이 관여하고 있으며 중대급까지 정치부 중대장을 운영하고 있는 점에서 확인할 수 있다. 또 북한군은 선군정치를 명시적으로 내세워 정권의 체제유지를 위한 역할과 강성대국 건설의 임무를 명시하고 있다. 소위 북한 군부는 권력엘리트 주변에 포진하여 김정은 유일체제를 떠받들고 있는 핵심 중추 세력이라고 할 수 있다.

이러한 북한 군대는 군 지휘체제의 양대 축인 군정기능과 군령기능이 완전히 분리되어 각각의 지휘 및 관리체제를 유지하고 있다. 정치군관은 군사 분야에서 지휘계통상 지시는 받지 않으며 총정치국으로부터 명령을 받아 수행한다. 이들의 주요 업무는 군내에서 노동당 조직의 의결사항 집행, 주체사상 전파를 비롯한 정치사상 교육, 심리전 등을 전담한다.

　남북한의 군사력 운용 측면에서도 큰 차이가 있다. 먼저 병력운용 면을 살펴보면 한국은 50만여 명의 병력을 방어 작전 위주로 운용한 반면, 북한은 128만여 명의 병력을 공격 또는 비정규전의 비대칭 전력으로 유지하고 있어 병력 규모와 함께 운용 개념에서도 현격한 차이를 보이고 있다.[281] 군사장비 면에서도 한국은 미국을 중심으로 한 연합전력을 바탕으로 한 반면 북한은 공산권 중심인 러시아제 위주로 장비가 편성되어 있어 그 상이성과 다양성은 군사통합에 큰 걸림돌로 작용할 수도 있다.

　남북한 군의 특징은 단순 통합을 시도할 수 없는 매우 이질적인 것으로 결국 남북한의 단순 군사통합은 많은 갈등과 후유증이 발생할 수 있음을 시사한다. 이러한 배경 속에 북한의 기득권 세력이라고 할 수 있는 노동당 간부와 군 수뇌부들은 남북한 군사통합이 이루어진다면 협력을 통한 참여보다 조직적인 저항을 시도할 가능성 또한 높다고 할 수 있다.[282]

　남북한은 80년간 적대적 관계 속에서 지내 온 두 집단이므로 통합은 점진적, 단계적으로 이루어져야 함은 말할 필요가 없다. 통일대한민국 국방정책의 틀 속에서 세계 평화와 동북아 안정을 위한 국가대전략에 대한 외형적 통합을 구상하되 우선적으로 내면적, 정서적 통합에 주안을 두고 군사통합을 추진해야 한다. 정서적 통합의 첫째 조건은 통일 후 남북한 당사자 간 상호 신뢰를 구축할 수 있는 다양한 수단과 방법을

---

281 대한민국 국방부, 『2022 국방백서』(서울: 국방부 정책실, 2022), p.334.
282 정훈, "남북한 군사통합 시 갈등관리 연구," 『군사논단』, 통권 제95호(2018), pp.132-133.

찾아야 하고, 이를 바탕으로 기존의 북한군 기득권 세력의 적극적인 참여하에 자유민주주의 체제의 정당성을 지킬 수 있는 통합을 이행해야 한다.

군사통합의 시행에 앞서 정치적 측면에서 우선 군사통합에 대한 법적·제도적 시스템을 구축한 가운데 관계되는 모든 구성원 간에 신뢰가 형성되도록 투명하고 공개적인 가운데 통합을 추진해야 한다. 군사통합에 대한 정당성 확보는 물론 발생할 수 있는 갈등 요소들을 최소화 또는 제거하기 위한 실질적인 노력이 선행되어야 국토방위의 임무수행이 보장된 가운데 실질적인 군사 분야의 통합이 달성될 수 있을 것이다.

진정한 군사통합이란 통일 이후의 대한민국을 구상하는 큰 틀에서 대주변국과의 관계 속에서 주권유지 및 영토보존, 국민 보호의 국가대전략 하에서 생각해야 한다.

그리고 세부 추진계획 속에 국방전략을 수행할 수 있는 국방의 기본책무가 효과적으로 수행될 수 있도록 남북한 군사기능과 조직체계를 일원화하여 통합시키는 과정이 될 것이다. 이는 남북한 군(軍)의 외형적인 통합과 함께 임무수행의 효율성을 보장할 수 있는 실질적인 정서적·내적통합이 이루어져야만 국방의 기본책무를 효과적으로 수행할 수 있는 통일한국군의 건설이 가능해지기 때문이다.

2.6 시사점

한반도 통일은 국제정치적 영향에 의한 국토 분단과 전쟁 수행의 상흔으로 더욱 풀기 어려운 문제가 되었다. 그렇게 세월은 80년이 흘러 분단과 전쟁을 경험한 세대들은 거의 떠나고 전후의 세대들이 이 땅에 살아오고 있다. 그렇기 때문에 한반도의 통일은 주변국들의 통일된 한반도 국가에서 형성될 군사통합의 큰 관심과 영향력을 행사하고자 할 것이다. 또한 남북한 내부적인 영향과 군사통합이 순조롭게 진행되지 못할 경우에 대비 북한군의 저항과 폭동을 비롯한 갈등과 해소방안이 긴요하다.

따라서 군사통합의 선행 준비단계로서 남북한 간에는 9·19남북군사합의와 같은 완충장치의 복원이 반드시 필요하다. 이와 병행하여 주변 국가들을 설득하는 한편, 남북한 내부적으로도 세심한 인식과 준비가 필요한 부분이다. 따라서 군사통합은 단계적으로 충분히 시간을 가지고 추진되어야 할 것이다.

제3절 군사통합 방안

대한민국과 북한은 군사통합에 앞서 상호간에 군사적 통제조치가 선행되어야 한다. 이를 위해서는 상호간에 신뢰를 구축하는 것과 군비통제를 통해 전쟁 가능성을 막아야 한다. 그리고 군비축소 조치를 통해 군사적 안정성을 달성해야 할 것이다.

이러한 바탕 위에 통일될 한국의 군사정책을 먼저 수립해야 한다. 통일 한반도의 지리, 전략적 환경과 한미동맹 및 주한미군의 지위, 통일 한반도의 군사적 변환을 통해 통일한국군의 정형을 설정해야 한다. 통일 한국군은 어떠한 국방목표와 군사전략을 취할 것인가, 지휘체계는 어떻게 정비할 것인가, 적정 규모의 군대는 어떻게 설정할 것인가, 통일 후 군사력의 배치와 운용은 어떻게 할 것인가를 구체적으로 준비해야 할 것이다.

3.1 군사통합 추진의 전제조건

남북한 통합을 통해 통일한국이 당면하게 될 세계는 격변의 환경을 맞이할 것이다. 지정학적 변화(geopolitical trends), 인구 및 사회적 압력(demographic and social pressures), 상호의존적인 세계시장 형성(emergence of a global, interdependent marketplace), 기술혁명(technological revolution) 등에 의해 영향을 받게 될 것이다.[283] 이처럼 복합적 변화 속에서 한국 통일과 더불어 예상되는 한반도를 둘러싼 전략 환경의 특징을 예상하고, 다음과 같은 요소를 고려하여 통일한국의 군사정책을 구상해야 할 것이다.

첫째, 안보환경의 지정학적 분석은 지리적 측면과 정치적 측면을 동시에 살펴보아야 한다. 한반도의 지리적 특징은 통일 이전이나 통일 이후에도 남북한이 통일된 국가로 되는 것 외에는 별다른 변화가 있을 수 없을 것이다. 그러나 한반도의 통일은 단순한 지리적 융합 이상의 엄청난 정치적 의미를 갖게 될 것이다. 그렇기 때문에 통일한국은 한반도뿐만 아니라, 동북아시아는 물론 더 나아가서 인도·태평양 지역에서의 국제정치적 차원에서도 지대한 영향을 미치게 될 것이다.

둘째, 한반도의 통일과 더불어 예상할 수 있는 국제정치적 영향 요인은 주한미군의 위상과 관련한 문제가 될 것이다. 미국과 중국 간의 정치·군사적 관계의 변화, 주한미군의 규모와 배치, 이에 대한

---

[283] Report of the National Defense Panel, *Transforming Defense: National Security in the 21st Century* (December 1997), pp.5-8.

일본과 러시아의 반응, 새로운 동북아의 안보 메커니즘, 한국과 미국의 주한미군과 한미동맹관계 재정립 등이 주요 이슈가 될 전망이다.[284]

셋째, 통일 이후의 군사정책에 대해 충분한 사전 연구와 논의, 준비가 긴요하다. 외부적으로 통일한국의 군사정책은 통일 안보에 중요한 영향을 미칠 뿐만 아니라, 주변국과의 대외관계에도 커다란 영향을 미칠 것이다. 따라서 국가안보를 공고히 하면서도 주변국의 경계와 우려를 불식시킬 수 있는 군사통합이 필요하다.

내부적으로는 통일방식에 대한 일반적 합의가 군사통합의 구체적 실천으로 저절로 이어지는 것은 아니기 때문에 군사통합의 원칙, 단계, 방식, 속도 등을 별도로 치밀하게 준비해야 한다. 비록 군사통합이 정치통합, 경제통합, 사회통합 등과 연계되어 상호보완적으로 추진되어야 하겠지만, 군사통합 자체의 독자성을 간과해서는 안 될 것이다. 왜냐하면 통일국가가 정치, 경제, 사회, 문화적으로 통합을 확대, 심화하기 위해서는 체제안정이 필수적인 전제이며, 체제안정의 핵심은 바로 군사통합이 안정적 지속성을 유지해야하기 때문이다. 이는 곧 확고한 군사통합이 통일의 내면화, 공고화의 토대가 될 것임을 의미하며, 군사통합은 통일 후에도 주요한 관심사가 될 것이다.

따라서 먼저 통일한국의 군사 환경을 분석하고 이를 토대로 통일한 국군의 정형(定型, ideal type)을 모색해 보아야 할 것이다. 이를 구현하기 위해 남북한의 군사통합은 통일한국군의 건설이라는 차원에서 바람직한 군사통합의 단계를 설정하여 구조적·기능적 영역에 대한 군사통합의 방안을 정리하게 될 것이다.

---

[284] 백종천, "통일한국의 군사정책," 세종연구총서 99-04, 백종천 편저, 『통일한국의 외교안보 전망과 대책』(경기: 세종연구소, 1999), p.129.

3.2 통일한국의 군사정책 영향 요인

3.2.1 지리·전략적 환경

한반도 통일과 관련하여 결정적으로 중요한 역할을 수행할 수 있는 나라는 당사자인 남북한 외에 미국과 중국이다. 그리고 통일한국은 통일의 과정과 통일단계, 그리고 통일 이후의 안정단계에서 미국과 중국으로 하여금 직접적으로 전략적 관계를 조정하지 않으면 안 될 상황에 처하게 될 것이다.

일차적으로 미국은 북한의 와해로 한반도의 통일이 이뤄지게 되면 한미상호방위조약에 근거하여 한반도 전 지역에 대한 안보상 의무를 이행해야 하는 상황에 직면할 것이다. 통일한국에 대한 미국의 안보 공약은 중국 국경까지 확대됨을 의미하게 되며, 미국과 일본 등 해양세력의 동북아 진출을 매우 용이하게 할 것이다.

반면 중국은 그 동안 완충지대로서의 역할을 해 왔던 북한을 상실함으로써 동북아에서 군사적으로 미국과 직접적으로 접촉하게 될 것이다. 또한 전통적으로 한반도에 대한 이해관계를 갖고 있는 일본과 러시아도 한반도 통일에 커다란 영향을 미치게 될 것이다.

통일한국은 통일 이전의 지상군부대 위주에서 새로운 안보환경에 적절히 대응하기 위해 해·공군 위주의 전략군을 강화할 것이다. 이는 자연스럽게 일본과 중국, 러시아에 대해 관심을 불러일으키게 될 전망이다. 이처럼 한반도의 주변국들은 지역의 안정과 평화를 유지하는 것이 자국의 이익에 부합한다고 볼 수 있다. 따라서 한반도의 통일 환경은 탈냉전 진영에 의한 세력균형(balance of power)과 역내 국가간의 새로운 역학관계가 형성됨에 따른 세력제휴(concert of power)가 혼재하는 상황이 될 가능성이 크다.

3.2.2 한미동맹과 주한미군의 지위

통일한국은 인구, 면적, 경제적 잠재력 등 국력요소 면에서 통일 전과 마찬가지로 주변국들에 비해 상대적 열세를 면할 수 없을 것이다. 그럼에도 불구하고 통일한국은 분단시기와는 달리 역내 역학관계에서 중요한 역할을 수행하게 될 것이다. 경제적으로 번영하고 정치·사회적으로 안정을 유지하는 통일한국은 미국의 이익에도 도움이 될 것이다.

이러한 이유로 통일한국은 미국과 전략적 관계를 지속함으로써 국력의 상대적 열세를 보완해야 할 것이다. 미국은 동북아 지역에서 지속적인 균형자 역할을 수행함으로써 국익을 추구하게 될 것이다. 그러한 통일한국이 중국이나 일본과 전략적 제휴관계를 형성하게 된다면 미국의 이익은 침해받을 것이며 미국은 중국이나 일본과 마찰을 빚게 될 가능성이 크다.

이와 관련된 가장 중요한 문제가 주한미군이다. 미국은 이 지역의 안정과 평화를 유지하기 위해서는 여전히 미 지상군을 한반도에 전진 배치 해야 할 필요성을 강조하고 있다.[285] 미국의 입장은 통일 이후에도 한국 국민이 원하는 한 한반도에 미군을 존치하고자 할 것이다. 또한 미국은 통일한국에 대한 미국의 이익을 강조하면서 한미동맹관계의 존속과 적정 미군의 지속 주둔을 포함한 이 지역의 안정과 평화를 유지하려는 미국의 공약을 과시할 것이다. 동시에 미국은 지역 국가들과의 다자간 안보협력 체제의 구축을 추진할 것이다.

그러나 주한미군의 문제는 통일 이후 한국과 미국의 국내정치적 역학

---

[285] Robert Dujarric, *Korean Unification and After: U.S. Policy Toward a Unified Korea* (Washington, D.C.: Hudson Institute, 2000).

과 미국과 중국의 관계 등에 따라 가변성이 클 것이다. 특히 주한미군의 문제는 중국의 위상과 전략에 따라 영향을 받을 것이다. 미중 간에 갈등관계가 형성될 경우 중국은 동북아에서의 미국의 군사적 역할을 인정하지 않고 기존의 군사관계에 대한 변경을 요구할 가능성이 크다.

중국은 통일한국과 더불어 조성되는 지정학적 문제에 대해 비상한 관심을 가질 것이다. 그리고 중국 주변의 군사적 환경 변화에 대해 주도적 역할을 하려고 할 것이다. 중국은 통일한국의 주권을 침해하지 않겠지만, 한반도에서 정치·군사적 위험이 발생할 가능성에 대해 예의 주시할 것이다. 한반도 통일 이후 한미 방위조약이 통일한국으로 승계될 경우 중국과 주한미군 사이의 완충지대가 사라진다는 점에 대해 심각하게 대응할 것으로 보인다. 이 경우 중국은 미군의 철수를 주장하거나 주한미군의 규모 감축을 강하게 요구하게 될 것이다.

반면 미국의 입장에서는 중국의 도전이 예상되는 이 지역에서의 미군 주둔의 필요성을 더욱 실감하게 될 것이다. 미국의 주요 안보전략서는 21세기 미국과 미국의 동맹국의 이익에 위협을 가할 수 있는 지역 국가로 중국을 공통적으로 지목하고 있다. 그 이유는 바로 중국의 민족주의와 경제적 잠재력, 군사적 투사력의 증강, 미국과 타협할 수 없는 이해관계를 들고 있다.[286]

3.3 통일한국의 군사적 요구와 통일한국군의 정형

통일한국이 당면하게 되는 전략적 환경은 통일한국군으로 하여금 군사혁신을 필수적 전제조건으로 요구하게 될 것이다. 통일한국은 주

---

[286] 한국군사문제연구원, "미 바이든 행정부의 국가안보전략서 발표," 『한국군사문제연구원 뉴스레터』, 제1342호(2022. 10. 18).

변 국가들에 비해 상대적 열세를 면할 수 없을 것이기 때문에 선진 과학기술과 정보화를 기반으로 사전에 군사혁신을 도모하여 합리적으로 대처해야 한다. 이에 대한 대략적인 방향은 병력 집약적 대규모의 군대를 유지하는 것으로부터 소수 정예의 과학기술군을 필요로 하게 될 것으로 보인다.

또한 사회적인 문제인 인구절벽과 노령화 추세 등으로 인해 지원병 제도의 도입이 필요하게 될 것이다. 통일한국은 기존의 남북 양측이 경쟁적으로 안고 있었던 군의 제반 비효율성과 문제점들을 해소하고 통합전력을 극대화하는 통합군제로의 전환도 검토해야 한다. 마지막으로 이를 뒷받침할 수 있는 재정적 문제가 해결되어야 할 것이다. 군사통합의 과정에서 남북한이 가지고 있었던 무기체계와 장비에 대해서도 전반적으로 운용의 효율성과 경제적 효과성 등을 고려하여 적절하게 통합과 폐기를 결정해야 할 것이다. 이를 통해 통일한국은 기존의 장비를 최대한 활용하면서도 군사 독트린과 조직은 군사혁신의 결과를 극대화할 수 있는 방향으로 통합을 추진해야 한다.

통일과 더불어 한반도는 군사적으로 볼 때 서울을 중심으로 하는 인구 집중 현상과 도시로의 인구 집중 현상 등으로 인하여 남북 분단 시대와는 전혀 다른 군사독트린이 요구된다. 통일한국은 잠재적 적국의 변화, 인구적 특성, 해안선과 내륙 국경선의 증대 등을 고려하여 병력의 규모와 배치, 무기체계, 군사전략 등을 새롭게 구상해야 할 것이다. 이러한 의미에서 남북한의 군사통합은 단순히 군사적 의미를 넘어 통일의 완성이라는 측면에서 고려되어야 한다.

통일한국군의 전통적 위협과 새로운 형태의 저강도 위협에 대처할 수 있는 군대가 되어야 한다. 통일한국군의 군사 독트린은 군사 기술적 측면에서 뿐만 아니라, 통일한국의 국가전략과 외교정책을 군사적 차원에서 보장하고 통일한국에서의 군의 역할을 제시해야 한다.

통일한국군의 군사전략은 방위충분성에 기초한 억제로 설정해야 할 것이다. 그리고 억제 실패 시 공세로 전환할 수 있는 공세적 방어(offensive defense)를 기본으로 발전시켜야 한다. 또한 유사시에 군사적 지원을 얻을 수 있는 전략적 동반관계를 구축해야 한다. 전략적 동반관계는 전략적 의존관계, 군사기술의 협력관계, 군사정보의 공조관계 등을 고려해야 한다.

그리고 주변국 특성을 고려할 때 통일한국의 군사작전은 영토의 확보보다는 영도의 보존과 인구의 보호, 국가 기간산업 등 전략적 중심을 고려해야 할 것이다. 만약에 불가피하게 전쟁을 수행하게 된다면 한반도 밖에서 수행하여 인명과 재산의 피해를 최소화할 수 있는 전략과 작전이 요구된다.

또한 통일한국은 한반도 중심의 군사안보를 확장하여 경제, 외교, 문화 등과 연계된 포괄적 안보이익을 확보하기 위해 노력해야 한다. 즉 전략자원의 안정된 해상보급로 확보, 해외 시장으로부터의 자유로운 접근 보장, 외교적 협상에서의 유리한 국면 조성, 군사적 교류와 협력을 통한 대외친선 관계의 확산 등에도 기여함으로써 통일한국의 국력신장에 군이 기여할 수 있어야 한다.

3.3.1 통일한국의 국방목표와 군사전략

통일한국군의 국방목표는 외부의 군사적 위협과 침략으로부터 국가를 보위하고, 평화의 지속을 뒷받침하며, 지역의 안정과 세계평화에 기여하는 것이다.[287]

이를 위해서는 첫째, 우리를 위협하는 모든 세력으로부터 국가와 국민을 지키는 것이다. 이는 재래식 위협뿐만 아니라, 우리의 국익을 침해하는 미래 잠재적 위협, 재난과 감염병 등 비전통적 안보위협 등 다양하고 복합적인 안보위협으로부터 주권과 국토를 수호하고 국민의 생명과 재산을 보호하는 것이다.

둘째, 한반도 및 역내 평화와 번영의 핵심축인 자유, 민주, 인권이라는 보편적 가치를 지켜 나간다. 이를 위해 자유민주주의 가치와 공동 이익에 기반한 동아시아 협력을 증진하고, 국제사회의 책임 있는 일원으로서 자연재해, 테러 등 신안보 위협 대응, 국제개발 협력 등 글로벌 현안 해결에 적극 기여한다.

통일한국의 국방목표를 지원하기 위한 군사전략 기조는 첫째, 통일한국의 전략적 환경은 주변국으로부터의 위협을 상정하지 않을 수 없는 군사적 관계를 전제로 하기 때문에 통일한국이 보유할 수 있는 인구, 경제, 기술 등을 가장 효과적으로 활용해야 할 것이다. 공군 및 해군력의 증대, 저강도 분쟁에 대비할 특수부대의 발전, 예비전력의 정비 등이 긴요하다.

둘째, 최소한의 독자적인 억제전략을 유지함으로써 자주적인 안보정책을 전개해야 한다. 지금까지의 미군의 첨단 정찰위성과 전략무기의 의존에서 탈피하여 자주적 첨단전력을 운용할 수 있어야 할 것이다. 핵전력에 대해서도 군사통합의 과정에서 미국과 중국을 비롯한 주변국들이 개입할 것으로 예상되나 한국만의 독자적인 억제 전력 시스템을 구축하는 방안도 검토할 필요가 있다.

---

287 대한민국 국방부, 『2022 국방백서』(서울: 국방부 정책실, 2022), pp.36-40.

셋째, 가능한 한 모든 주변국과 우호 선린관계를 유지하되 유사시 적극적인 군사지원을 해 줄 수 있는 국가와 군사동맹을 유지해야 할 것이다. 그러나 특정국가와의 군사동맹관계가 다른 주변국과의 군사적 긴장관계를 조성하지 않도록 하는 신중함도 필요하다. 만일 동북아에서 미·일·중·러의 세력관계가 지금과 별 차이 없이 유지된다면 미국과의 기존 군사동맹을 유지하는 것이 바람직할 것으로 본다.

넷째, 통일한국과 주변국들이 함께 참여하는 동북아 다자간 안보협의체를 발전시켜 이해관계를 포괄적으로 조정할 수 있게 하는 것이 바람직하다. 다자간 안보협의체는 기존의 질서가 갑작스럽게 와해되거나 특정 국가에 의해 변경되지 않도록 안정과 지속성을 유지시키게 될 것이다. 통일한국의 경우 가능하면 동북아의 평화체제가 깨어지지 않도록 하는 대외정책이 긴요하기 때문이다.

3.3.2 군 지휘체계의 발전

통일한국군의 지휘체계는 통일의 과정과 통일이후에 큰 변화가 불가피할 것이다. 외부적으로 유엔군사령부와 한미연합군체제 정리가 필요하다. 우선 남북한 간 적대관계가 해소됨에 따라 그동안 정전협정의 감독이행을 주 임무로 존재했던 유엔사령부의 해체 논의가 있을 것이다. 또한 한반도의 위기상황이 사라짐에 따라 한미연합군체제를 지속할 것인가에 대해서도 논의가 불가피할 것이다. 주한미군의 존재의의가 상당부분 감소되어 주한미군의 규모가 축소되거나 완전 철수도 협의될 것이다.

이러한 점에서 볼 때, 통일한국군은 통일한국에 대한 미국의 동맹적 안보 공약을 유도하기 위한 방편으로 유사시 미국이 대규모 병력파견을 할 경우 조건적으로 지휘권을 공유하는 방안으로 전략협조체제를 구축할 수 있을 것이다.

내부적으로 통일한국군은 육해공군의 지휘체제를 통합전략의 발휘하는 차원에서 재정립해야 한다. 합동참모본부의 기능을 강화하여 통합군체제로 발전시켜야 하며, 이를 뒷받침하기 위해서는 육해공군의 군사력 운용 및 배치를 상호 유기적으로 재검토해야 한다. 통일한국군의 경우 기존의 북한을 주적으로 한 육상위협에 중점적으로 대비하였으나, 통일 후에는 주변국으로부터의 육상, 해상, 공중, 우주적 위협에 종합적으로 대처해야 하기 때문이다.

3.3.3 적정 군대 규모의 판단

인도·태평양 지역에서 미국은 전략적·군사적 우위를 유지하고 있으며, 중국, 러시아, 일본도 해·공군을 중심으로 군사력을 경쟁적으로 증강하고 있다. 한반도를 둘러싼 미국, 일본, 중국, 러시아 등 주변 4국의 군사력을 정리하면 다음과 같다.

〈표 4-3〉 한반도 주변국 군사력 비교(2022년 2월 현재)

구 분	한국	북한	미국	일본	중국	러시아
국방비(억$)	440	45	7,540	493	2,073	458
병력(천명)	500	1,280	1,395	247	2,035	900
잠수함	10	70	67	22	59	49
항공모함			11		3	1
전투항공기	410	810	2,894	139	2,921	1,391
전력 증강		핵전력	핵전력		핵전력	핵전력

출처: 대한민국 국방부, 『2022 국방백서』(서울: 국방부 정책실, 2022), p.14; IISS, *The Miliary Balance 2022* (London: IISS, 2022. 2).

통일한국군이 어느 정도의 병력을 유지할 것인가는 매우 중요한 문제로, 통일이 되더라도 통일한국은 중견국이다. 그러나 과다한 병력을 유지할 경우 주변국을 자극하여 군비경쟁을 야기할 수도 있을 것이고, 과소할 경우 최소한의 억제력을 확보하지 못해 안보 불안이 조성되고 경제적 투자의 위축 등이 뒤따를 수 있다.

따라서 적정수준의 병력 규모 판단은 군사적 위협의 정도, 동맹관계, 경계선의 길이와 조기 경보 시간, 가용한 군사비 지출의 규모 등이 고려되어야 한다.

첫째, 한 나라가 인식하는 군사적 위협의 정도는 안보위협 대상국이 어느 정도의 전쟁수행 능력을 갖는가에 달려있다. 클라인(Ray S. Cline)은 한 국가의 전쟁수행 능력은 그 나라의 인구, 영토, 경제력, 군사력에 의해 일차적으로 좌우되며, 전쟁수행 의지와 전략적 선택에 의해 승수효과가 나타난다고 보았다.[288]

둘째, 군사 동맹관계를 통일 이후에도 어떻게 유지하느냐에 따라 병력의 적정규모는 달라질 것이다. 미·일·중·러 등 주변국들이 통일한국의 중립적 위치를 인정하고 안보위협을 불식시킨 다면 상비군의 감축을 검토할 수 있다. 그러나 역사적으로 한반도가 갖는 지정학적, 전략적 가치에 따라 통일한국은 상당한 수준의 상비 병력을 유지할 수밖에 없을 것이다. 또한 통일한국은 통일 후 특정한 국가에 밀착되는 새로운 동맹관계를 추구할 경우 여타 주변국들의 경계심을 자극하여 새로운 긴장이 형성될 수도 있을 것이다. 따라서 기존의 한미동맹 체제를 그대로 존속시키면서 주변국들과 선린우호관계를 유지함이

---

[288] Ray S. Cline, *World Power Assessment* (Washington, D.C,: The Center for Strategic and International Studies, 1975).

바람직하다. 그러나 통일한국은 유사시 확실한 안보협력을 지원받을 수 있는 동맹체제의 유지와 자주적 억제 및 전쟁수행 능력을 강화해야 할 것이다.

셋째, 통일한국은 남북 DMZ 길이인 237km 보다 훨씬 긴 중국과의 지상국경선이 1,352km로 길고 러시아와는 18km로 비교적 짧다. 따라서 지상군의 경우 중국으로부터 위협에 대한 경보시간이 짧을 것이다. 해상 위협은 중국, 러시아, 일본의 경우가 비슷할 것이나 중국은 서해, 러시아는 동해, 일본은 동해와 남해에 위협이 집중될 것이다. 종합적으로 보면 남북 대치의 상황에 비해 해공군의 전력이 더욱 긴요하게 될 전망이다.

통일한국군의 적정 무장력은 억제능력 확보를 우선시하는 전략적 군대가 되어야 전쟁의 발생을 사전에 억제할 수 있을 것이다. 또한 무기체계의 자동화와 자주와 정밀화, 첨단화를 통해 과학화된 군대가 되어야 한다. 변화된 작전환경을 고려한 육·해·공군 전력의 증강으로 군별 균형을 추구해야 할 것이며, 잠재적 안보위협에 융통성 있는 대응을 위해 기동화된 군대가 되어야 할 것이다.

이와 같은 논의를 통해 통일한국의 적정군사 규모를 결정하는 고려요소는, ① 외부 동맹에 의한 안보 공약이나 군사지원이 약화되더라도 심각한 안보위협을 느끼지 않을 수준, ② 통일한국군에 대해 주변국들이 크게 경계하지 않아도 되는 수준으로 불필요한 긴장관계를 조성하지 않는 수준, ③ 통일 후 국경선과 조기경보 시간 등을 고려할 때의 적정 군사규모, ④ 통일 후 한국경제에 심각한 부담을 주지 않을 정도의 군사비 지출 등이다.

통일한반도가 될 경우 주한미군의 역할과 규모에 변화가 예상되고 한미동맹과 한미연합방위체제도 조정의 과정을 겪게 될 것이다. 또한 중국과 일본, 러시아는 인구 7천 7백만여 명(2024년 기준 한국 5천175만 명, 북한 2천585만 명[289])의 통일한국이 지상으로는 중국과 러시아를, 해상으로는 중국, 러시아, 일본과 경계선을 마주하게 될 것이기에 적정한 군사력의 규모를 유지해야 한다. 또한 현재의 남북한이 부담하는 국방비의 지출규모를 최대한 삭감하여 경제와 복지에 활용하는 등의 가성비 높은 국방운영을 해야 할 것이다. 이러한 조건들을 종합적으로 고려해 보았을 때, 통합된 한반도의 인구 1% 수준인 70만 명으로 제안하고자 한다.

그러면 총 병력 70만 명중에서 각 군별 비율은 어떻게 배분할 것인가? 국방부가 발간한 『2022 국방백서』에 의하면, 2022년 12월 기준으로 한 남북한의 군별 비율을 다음 표와 같다.

〈표 4-4〉 남북한 각 군별 병력 비율 비교[290]

구분	상비군 (현역)								예비군
	소계	육군		해군		공군		전략군	
한국군	50만	36.5만	73%	7만	14%	6.5만	13%		310만
북한군	128만	110만	86%	6만	0.5%	11만	0.8%	1만	762만
소계	178만	146.5만	82%	13만	0.7%	17.5만	1.0%	1만	1,072만

출처: 대한민국 국방부, 『2022 국방백서』(서울: 국방부 정책실, 2022), p.334.

통일한국군의 군대는 지상군의 위협보다는 해·공군의 위협에 보다 민감하게 대처할 필요가 있음을 감안할 때, 통일한국군의 비율은 군별

---

[289] "남북한 인구," 국가통계포털, https://kosis.kr/index/index.do, (검색일: 2024. 10. 28).
[290] 한국군은 해군에 해병대(2.9만 명)가 포함된 숫자이며, 북한군은 별도의 전략군이 있다. 이러한 비율은 남북한 지상군을 중심으로 대치하고 있기 때문이다.

비율은 60 : 20 : 20 수준으로 상정하고자 한다.

3.3.4 군사력의 배치 및 운용

통일한국의 잠재적 안보위협은 동서남북 모든 방면에서 존재하게 될 것이다. 그러나 각 방면에서 육·해·공군의 위협정도는 상이할 것이기 때문에 이에 대한 고려가 필요하고, 주변국과의 외교관계나 이해관계의 충돌 가능성 등에 따라 상대적으로 전력의 집중 운용과 기동력의 강화가 필요하다. 통일 한국군의 각 군별 배치(안)는 아래 표와 같다.

첫째, 통일육군의 경우, 휴전선 부근에 집중된 전력을 국경선 위주와 전 영토에 재배치해야 한다. 군사통합의 준비단계에서 현재 휴전선을 중심으로 집중 배치된 병력, 장비, 탄약 등을 분산 조치하여 남북한 대결구도를 신속히 소멸시켜야 한다. 이를 위해 각 도 단위의 행정구역에 준하여 육군을 분산 배치하고 이를 지휘하는 지역사령부를 설치하도록 한다.

육군은 본부를 개성지역에 두되, 제1지역사령부는 서울, 경기, 황해남북도를, 제2지역사령부는 평안남북도와 자강도를, 제3지역사령부는 함경남북도와 양강도를, 제4지역사령부는 강원도 및 경상남북도를, 제5지역사령부는 충청도 및 전라남북도, 제주도를 평시에 관할하도록 한다.

한편 각 지역사령부는 2-3개의 정규사단과 2-4개의 향토 및 예비사단을 두어 상비 및 동원전력이 조화될 수 있게 편성하고 배치한다. 추가적으로 국경선방위사령부를 운용하여 통일한국과 중국 국경인 평안북도·자강도·양강도 및 러시아 국경인 함경북도를 담당하도록 한다.

둘째, 해군은 중국의 북해, 동해 함대와 러시아의 태평양함대, 일본의 자위함대라는 주변의 막강한 해군력을 상대하면서 8,500km라는 해안을 방어하게 될 것이다. 따라서 외부로부터의 해양위협이 분산되어 있는 점을 감안하여 해군력을 분산 운용해야 한다. 해군은 중국, 일본, 러시아의 해양위협에 대처하기 위해 3개 해역으로 구분하여 해역사령부를 운용해야 할 것이다.

해군본부는 개성지역에 위치하고, 제1해역사령부는 육군의 제1지역, 제2지역사령부 관할 하의 해안선을 방어하며 중국의 해양 위협 억제에 초점을 맞춘다. 제2해역사령부는 육군의 제3지역사령부 관할 해안선을 방어하며 러시아의 해양위협 억제에 대응한다. 제3해역사령부는 육군의 제4 및 제5지역사령부 관할 해안선을 방어하며 일본과 중국의 해양위협에 대응하도록 배치 운용한다. 그 예하에는 수상전전단, 호위전단, 잠수함전단, 상륙전단, 소해전단, 지원전단, 함대항공단 등을 편성하도록 한다.

셋째, 공군은 기동력보다는 방호력이 더욱 중요할 것이다. 유사시 공군력은 방호력 차원에서 여러 지역에 분산 배치하여 운용하는 것이 유리할 것이다. 따라서 육군의 5개 지역사령부와 상응한 운용체계를 구축하기 위해 5개 지역에 전투비행단을 편성하고 육, 해, 공군의 통합작전이 효율적으로 전개될 수 있도록 해야 할 것이다. 공군본부는 개성지역에 두고 제1전투비행단은 서울, 경기, 충청도 일부지역을, 제2전투비행단은 평안남북도 및 자강도 지역을, 제3전투비행단은 함경남북도 및 양강도 지역을, 제4전투비행단은 강원도 및 경상남북도지역을, 제5전투비행단은 충청도 및 전라남북도지역을 담당하도록 배치하여 운용하는 방안으로 이를 정리하면 다음의 표와 같다.

<표 4-5> 통일한국군의 각 군별 배치 및 운용(안)

군별	각 지역별 부대 배치(안)						비고
육군	국경방위사	1지역사	2지역사	3지역사	4지역사	5지역사	지역사별 정규사단 (2-3), 향토/예비사단 (2-4)
	강계	용인	평양	원산	대구	계룡	
	중국·러시아 국경지역	서울, 경기, 황해 남북도, 개성 직할시	평양 직할시, 평안남도, 남포 특별시	함경남도, 강원도	경상 남북도	충청·전라·제주도	
해군	1해역사 (인천)		2해역사 (원산)		3해역사 (부산)		각 해역사가 함대사 역할
	해안선 방어, 중국의 해양위협 대비		해안선 방어, 러시아 위협 대비		해안선 방어, 일본·중국의 해양위협 대비		
공군	1전투 비행단 (오산)	2전투 비행단 (평양)	3전투 비행단 (함흥)	4전투 비행단 (대구)	5전투 비행단 (군산)		육군 책임지역과 연계, 통합작전
	서울, 경기, 황해도	평안남북도 지역	함경남북도 지역	강원도, 경상남북도 지역	충청도, 전라남북도 지역		

출처: 백종천, "통일한국의 군사정책," 세종연구총서 99-04, 『통일한국의 외교 안보 전망과 대책』(판교: 세종연구소, 1999); 대한민국 국방부, 『2022 국방백서』(서울: 국방부 정책실, 2023).

3.4 시사점

통일한반도는 동북아시아의 국제정세에 큰 영향을 미치게 될 것이다. 그 중에서도 현재의 북한과 한국의 군사력의 어떤 규모로 어떻게 변환되어 배치, 운용하게 될 것인가는 매우 민감하다. 따라서 지리, 전략적인 환경을 고려하고, 지금까지 70년 동안 한반도 안보의 중요한 역할을 해 온 한미동맹과 주한미군의 지위에 대해서도 새로운 정립이 필요하다.

통일한국의 국방목표를 "외부의 군사적 위협과 침략으로부터 국가를 보위하고, 평화의 지속을 뒷받침하며, 지역의 안정과 세계평화에 기여"하는 것으로 설정해야 한다. 군 지휘체계 면에서도 유엔군사령부와 한미연합군체제 정리가 필요하다. 내부적으로는 합동참모본부의 기능을 강화하여 통합군체제로 발전시켜야 하며, 이를 뒷받침하기 위해서는 육해공군의 군사력 운용 및 배치를 상호 유기적으로 검토해야 한다.

통일 이후의 한반도 병력 규모는 인구의 약 1%인 70만으로 현재 남북한의 170여만 명 중 100만여 명이 감축된 상태로 산정하였다. 군사력의 배치와 운용은 각 군 본부를 한반도의 지리적 중앙인 개성지역에 두고, 지상군은 국경선위주로, 해군은 동·서·남해에, 공군은 지상군의 책임지역과 연계하되 지상군 및 해군을 지원할 수 있도록 배비하는 것으로 연구하였다. 그러나 이는 더 많은 전문가 및 전략가들과 함께 좀 더 구체적인 시뮬레이션을 통해 과학적, 분석적으로 정교화 작업이 필요한 부분이다.

제4절 군사통합 추진전략

통일한반도의 군사통합은 통일한국군의 정형을 달성하면서도 군사통합의 추진과정에서 발생할 수 있는 제반 문제점들을 해소하기 위해 원칙과 역할을 중심으로 한 접근전략을 상정해 볼 수 있다.

4.1 남북한 군사통합의 원칙

남북한 군사통합의 전제는 북한 내부적 급변사태나 군사적 도발이 패배로 진행되어 체제의 붕괴와 이에 따른 한국 주도의 통일 및 군사통합에 대한 북한 내부의 수용 태도를 가정한 것이다. 남북한의 군사통합을 성공적으로 추진하기 위해서는 군사통합에 대한 일련의 원칙적 합의가 존재해야 한다. 이를 통해 일관성 있는 군사통합 정책이 추진되어야 할 것이다.

남북한의 군사통합 원칙은 다음과 같다. ① 자유민주주의와 시장경제체제를 토대로 통합군대의 이념적 일체성을 공고히 해나간다. ② 단일화된 지휘체계를 확립함으로써 통합군대의 지휘혼란을 극복하고 실질적인 통합력을 제고시킨다. ③ 단계적 군사통합으로 통합과정에서 나타나는 부작용을 최소화해 나간다. ④ 군사통합에 대한 남북한의 상호합의를 가능한 한 최대로 이끌어 낸다. ⑤ 통일한국군의 정형에 부합하는 방향으로 군사통합을 추진한다. ⑥ 군사통합이 민족통일의 안정성과 지속성의 기초로 활용될 수 있도록 유도한다.[291]

4.2 남북한 군사통합의 단계

남북한 군대의 통합은 그 충격을 완화하기 위해 단계적으로 추진되어야 한다. 군사통합은 가능한 한 신속히 마무리되는 것이 바람직하지만, 예멘의 교훈처럼 그 과정이 지나치게 무리하거나 혼란스럽지 않도록 시행되어야 한다.

---

[291] 백낙청, "통일한국의 군사정책," 세종연구총서 99-04, 『통일한국의 외교안보 전망과 대책』(판교: 세종연구소, 1999), p.171.

따라서 남북한의 군사통합은 5단계(기초단계-준비단계-진행단계-선언단계-정착단계)로 추진되어야 하며 각 단계별 주요 통합내용이 차질 없이 이행되어야 한다. 또한 하나의 단계가 완성되어야 다음 단계로 진입하는 것이 아니라, 동시적으로 맞물려서 순차적·복합적으로 진행될 수도 있음을 밝혀 둔다.

4.2.1 기초단계

북한 정권이 와해되어 혼란한 가운데 한국이 주도하는 평화적 군사통합을 추진하기 위해서는 북한 주민과 군부의 저항을 무마시키고 동의를 확보해야 한다. 그 뿐만 아니라, 주변 국가들의 우려를 불식시키고 이들의 적극적인 협조를 이끌어 내는 것이 필수적이다. 이러한 면에서 군사통합의 기초단계는 한국 주도의 군사통합에 대한 대내외적 합의를 도출하는 것이 중요하다.

기초단계에서 가장 선행해야 할 것은 북한 주민과 군부의 동의 유도를 위한 조치이다. 한국주도의 군사통합이 무력에 의한 강제점령으로 인식되지 않도록 북한 주민과 군부의 체면을 살려 줄 수 있어야 한다.

이를 위해서는 첫째, 군사통합이 북한체제의 와해에 따라 불가피해진 흡수통일의 한 과정임을 강조할 필요가 있다.

둘째, 한국군이 주도적으로 역할을 수행하면서 군사통합을 진행할 것임을 천명함으로써 북한 주민이나 군부의 반외세 감정을 자극하지 않도록 해야 한다. 이와 병행하여 북한 주민이나 군부의 반외세 감정을 명분으로 한국군이 군사통합의 주도권을 강화할 수 있어야 한다.

셋째, 군사통합을 통하여 북한 주민이나 군부가 얻을 수 있는 보상적 이익을 밝힘으로써 군사통합에 대한 지지를 공고히 한다.

넷째, 군사통합의 원칙을 천명함으로써 군사통합이 일관성 있게 추진됨으로써 궁극적으로 성공할 것이라는 확신을 줘야 한다.

기초단계에서 또 다른 중요 요소로 한국군 주도 통합에 대한 주변국 동의와 협조를 유도하는 것이다. 한국 주도의 통일과 군사통합이 일차적으로 한반도 내에서 일어나는 한민족의 문제이지만, 동북아시아의 이해관계에 커다란 지각변화를 가져올 수 있을 것이다. 이에 따라 관련 국가들의 저항과 반발도 예상할 수 있다. 특히 군사통합으로 인한 통일한국의 군사 대국화, 동맹관계의 변화에 의한 동북아시아 안정구조의 변화 등은 주변국들의 불안감 또는 우려로 작용하여 통합에 부정적인 영향을 미치게 될 것이다. 따라서 다음과 같은 조치가 필요하다.

첫째, 통합된 군사력을 일정 기간에 걸쳐 단계적으로 감축함으로써 동북아의 세력균형 및 평화체제가 유지되도록 노력할 것임을 천명한다.

둘째, 평상시에는 현재의 한미군사동맹관계만 유지하고 중국, 러시아, 일본과는 기존의 우호 협력관계를 지속할 것임을 선언한다. 이로써 동북아 질서의 안정에 대한 통일한국의 의지를 표명해야 한다.

셋째, 한국군 주도로 군사통합을 추진함으로써 북한 지역에서의 미군 주둔이 없을 것이며 주한미군을 한강 이북지역으로 배치하지 않을 것임을 표명한다. 이를 통해 중국과 러시아로 하여금 남북한 군사통합이 자국에 대한 미군의 군사적 위협의 증가로 나타나지 않을 것임을 인식시켜야 한다.

넷째, 한국과 미국, 중국, 러시아, 일본 등이 참여하는 동북아 안보회의를 개최하여 위의 사항에 대한 국제적 합의를 도출해 낸다.

다섯째, 한국군 주도의 군사통합을 실시하기 위해서 한국군이 북한 지역에 합법적으로 진출할 수 있도록 하기 위한 국제법적 근거를 제공하는 유엔안보리 결의안이 채택되도록 유도한다.

4.2.2 준비단계

기초단계에서 군사통합에 대한 대내외적 합의를 도출한 다음에는 군사통합과 연관된 실무차원의 준비를 하게 된다. 북한지역에 군사통합을 담당할 북부사령부를 설치·운용하며, 북부사령부의 통합준비를 체계적으로 뒷받침하기 위하여 한국 국방부의 각 부서에 통합실무반을 설치·운용해야 한다.

군사통합을 위한 북부사령부는 평양에 위치하며 2개 사단으로 구성한다. 1개 사단은 개성 근방에서 기존의 전방 배치군의 통합을 담당하며, 1개 사단은 평양근교에서 기존의 후방 배치군을 통합하는 업무를 수행한다. 각 사단은 2-3개의 보병 여단으로 구성하고, 공병, 의무, 통신, 항공, 민사, 군사경찰, 심리, 군수 등과 필요시에는 특수부대도 참여시킨다. 북쪽 지역의 안전과 질서를 유지하기 위해 파견된 부대는 기존의 인민위원회 등 지방행정조직과 연계하여 배치·운용한다.

한국 국방부에 설치된 통합실무반은 각 정부 부처 및 분야별로 통합과제를 선정하고 우선순위에 따라 북부사령부의 통합임무수행을 지원한다. 준비단계에서 통합실무반의 과제는 북한군 통합에 대한 저항요소 해결, 북한군 지휘권 접수, 북한군 병력의 감축방안, 무기·장비·시설 등에 대한 현황파악 및 처리방안, 인수되는 북한군 장병에 대한 인사 및 교육 방안 등을 마련한다.

4.2.3 진행단계

군사통합의 진행단계는 이미 설치된 북부사령부를 통하여 군사통합을 실질적으로 이뤄나가는 것이다. 따라서 북한군의 지휘권을 접수하고, 병력을 감축하며, 무기·장비·시설 등의 관할권을 장악하는 데 초점이 맞춰져야 한다. 진행단계에서는 북한군의 기존 상층 지휘조직인 최고사령관, 보위국, 호위사령부, 총정치국, 국방성, 총참모부를 공식적으로 해체하고 북부사령부가 이를 대체한다. 병행하여 각급 제대의 지휘권을 접수하여 한국군 장교가 지휘하든지 아니면 군사통합을 지지하는 북한군 장교가 지휘하도록 위임한다. 이런 과정에는 군사통합에 저해가 되지 않는 범위에서 북한군의 지휘조직을 최대한 활용하는 것이 바람직하다. 왜냐하면 새로운 조직이나 명령계통을 수립하기 위해서는 많은 시간이 소요될 수 있으며 통합과정에서 지휘체계의 혼란이나 취약성이 드러날 수도 있기 때문이다.

한편 진행단계에서 북한군의 병력을 실질적으로 감축시키는 조치를 시작해야 한다. 이를 위해 북한군의 징집률을 낮추고 현역 병사들의 복무기간을 단축하는 조치가 필요하다. 이 같은 병역의무의 감축 내지는 면제 조치는 해당자들로 하여금 군사통합을 지지하도록 유도하는 보상적 조치가 될 수 있을 것이다. 군 간부들에 대해서는 자율적 전역을 권유하면서 보상안을 제시하되, 통일한국군에 편입을 원하는 자들에게는 원칙적으로 허용하되 제한된 기간만을 보장하는 방안을 제시한다. 특수무기 운용 요원을 통일한국군으로 편입하는 것도 필요하다. 이러한 조치는 북한군 간부들이 군사통합에 저항하지 않도록 하기 위한 것이다.[292]

또한 진행단계에서 북한의 무기, 장비, 시설에 대한 접수를 시작하

---

[292] 유명기, "통독과 동서독군 통합과정 연구,"「주독한국대사관 무관부 보고서」(1991), pp.50-51.

고 사용, 잠정사용, 미사용 등의 처리기준을 마련하여 조치해야 한다. 이러한 과정에서 고려할 사항은 통일한국군의 군사교리와 무기체계, 교육 및 훈련 내용 등이다. 한국군 주도의 군사통합이 이루어질 경우 북한군이 보유하고 있는 상당수의 무기, 장비, 시설 중 오직 일부만이 잠정 사용되거나 영구적으로 사용될 것으로 보인다.

4.2.4 선언단계

선언단계는 북한군의 지휘권을 인수하여 통일한국군의 단일화된 지휘체계 아래 남북한의 모든 군대를 편성한 상태에서 군사통합이 이뤄졌음을 선언하는 것이다. 그러나 다양한 이유로 북한군의 지휘권을 접수하는 것이 지연될 경우에도 미리 군사통합을 선언함으로써 북한군의 해체와 인수를 촉진시켜야 한다. 군사통합의 선언은 실질적이든 명목적이든 기존 북한군의 공식적인 해체를 의미하는 것이다.

군사통합이 선언되는 시기를 기점으로 통일한국군에 편입되는 북한군의 병력을 최소화하기 위하여 북한군 사병의 일정비율에 대해 복무단축을 명분으로 귀가시키는 조치를 고려할 수 있다. 편입되는 기존 북한군의 장병에 대해서는 한정된 기간 동안의 잠정적 복무를 허용하되, 추후 심사과정을 통해 계속복무 여부를 판단할 것임을 천명해야 한다. 또한 기존 북한군의 무기, 장비, 시설에 대한 모든 관할권이 통일한국군에 귀속되었음을 천명할 필요가 있다. 군사통합의 선언단계는 결국 새로운 통일한국군의 출발을 의미하는 것이다.

4.2.5 정착단계

정착단계는 새롭게 출발한 통일한국군의 조직과 임무를 활성화하고 미흡한 군사통합의 부문을 지속적으로 수정 보완하면서 통일한국 군의 정형으로 촉진하는 단계이다. 정착단계가 어느 정도 필요하고 지속할 것인지는 제반의 상황적 요인에 의해 영향을 받게 될 것이다. 정착단계에서는 군사통합에 따른 새로운 안보환경에 부응하는 군사독트린을 정립하고, 새롭게 단일화된 지휘체계의 효율성을 제고하는 데 집중해야 한다.

또한 통합군대의 병력을 순차적으로 조정하여 최적의 규모에 도달하도록 효율적으로 감축하고, 무기·장비·시설의 효율적 운용체계를 마련하여 통합군대의 내면적 일체성을 제고하기 위한 제반 인사 및 교육정책이 전개되어야 한다. 이러한 정착단계가 성공적일 때 군사통합의 지속성이 보장될 것이며, 통일에 따른 정치통합, 경제통합, 사회통합의 안정성도 견고해 지게 될 것이다.

4.3 남북한 군사통합 주요과제의 단계별 추진

남북한의 군사통합은 매우 어려운 조건하에서 극적으로 추진될 수밖에 없을 것이다. 왜냐하면 분단의 동기가 국제정세 속에서 강대국들의 논리가 작용하였고, 이후 자유민주주의와 공산사회주의라는 이념적 경쟁으로 동족 간에 전쟁까지 치루었기 때문이다. 그 뿐만 아니라, 종전이 아닌 정전의 상태로 장기간을 체제경쟁과 상대방을 적대시해 왔기 때문이다.

이후 세계적으로 공산주의는 실패한 이념으로 이미 판명되어 다수의 국가들이 이념을 버리고 개혁과 개방을 선택했으나 북한은 특수한 체제를 유지해 왔다. 따라서 한반도의 분단 특성을 고려하여 다음과 같은 5개의 주요 군사통합의 과제들을 선정해 각 단계별로 추진해야 할 것이다.

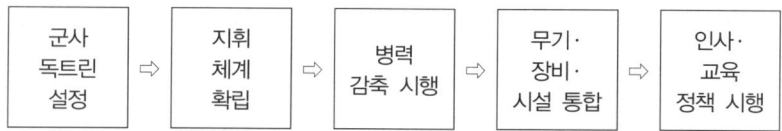

〈그림 4-2〉 남북한 군사통합 추진의 주요 과제

4.3.1 통일한국군의 군사독트린 설정

군사통합의 과정에서 남북한 군대는 그 동안의 적대적 관계에서 벗어나게 될 것이며, 이에 따라 안보정책의 목표와 적 개념, 군사동맹 관계 등에 있어 커다란 변혁을 맞이하게 될 것이다. 군사통합의 전 단계에 걸쳐 기존의 남북한 간의 상호 적대개념을 해소하고 상대방을 민족의 정당한 일원으로 인정하는 조치가 필요할 것이다.

이러한 적 개념의 변화는 자연스럽게 주변국의 군사적 위협에 대한 우려를 고조시키게 될 것이며 이에 따라 새로운 안보정책의 설정이 제기될 것이다. 이러한 과정에서 기존의 군사동맹에 대한 재해석과 이에 따른 동맹관계의 일정한 변화를 수반할 수도 있을 것이다. 그렇지만 군사통합의 임무 그 자체가 막중하기 때문에 전반적인 새로운 군사독트린의 설정은 군사통합이 실질적으로 이루어진 통합의 선언단계나 정착단계로 미루는 것이 현명할 것이다. 그러나 군사통합이 상당히 진전되어 안정단계에 들어선 이후에는 앞서 제시한 통일한국군의 바람직한 군사독트린을 제시하고 이에 따른 제반 조치를 강구해야 한다.

4.3.2 일원화된 지휘체계의 확립

군사통합의 과정에서 안정적이고 효율적인 지휘체계를 확립하는 것은 군사통합의 성패를 결정하는 중요한 요인이다. 특히 북한의 상층부가 해체되어 지휘체계가 마비된 상황에서 북한군의 지휘체계를 일사불란하면서도 효율적으로 인수하는 것은 매우 복잡하고 어려운 일이지만 반드시 해결해야 할 핵심과제이다.

첫째, 기초단계에서는 북한의 불안정한 상태에서 한국군이 주도하는 흡수통합이 불가피하다는 인식을 북한주민과 북한군이 갖도록 유도해야 한다. 이를 위해서는 통일 및 군사통합으로 인하여 북한주민과 북한군이 받게 될 보상적 이득이 무엇인가에 대한 전략적 소통을 다양한 수단을 통해 강하게 추진해야 한다. 만약 기초단계에서 일원화된 지휘체계로의 통합에 대한 북한측의 동의를 이끌어내는 데 문제가 있다면 일단 지휘체계 문제는 논의를 유보하고, 한국군이 북한 지역에 신속하게 그리고 평화스럽게 진출할 수 있는 여건을 보장하는 데 초점을 맞춰야 한다.

둘째, 준비단계에서는 군사통합을 실무적으로 지휘할 2개 사단 규모의 북부사령부를 토대로 북한군을 수습해 나가면서 일원화된 지휘체계의 통합에 대한 북측의 지지를 이끌어 내야 한다. 군사통합의 진행단계에서는 파견된 북부사령부가 북한군의 기존 상층 지휘조직을 해체하고 이를 대신하도록 해야 한다. 한편 북한군의 중하층부에 대한 지휘권을 인수하기 위해 한국군 간부 2,000~4,000명 정도를 필요에 따라 예하부대에 파견하여 지휘관 및 참모로 임명하도록 한다. 다만 유의해야 할 점은 기존 북한군 간부들이 저항하지 않도록 우호적 분위기를 조성해야 할 것이다.

셋째, 선언단계에서는 북부사령부가 인수한 지휘권을 토대로 북한군의 공식적인 해체를 선언해야 한다. 그 후 정착단계에서는 통일한국군 지휘체계를 정비한다. 강계에 중국과 러시아 국경지역을 담당하는 국경방위사령부를, 그 예하에 평안북도, 자강도, 양강도와 함경북도, 나선특별시에 각각 1개 사단사령부를 설치하여 지휘하고, 용인에 서울, 경기, 황해남북도, 개성직할시를 담당하는 1지역사를, 평양에 평양직할시, 평안남도, 남포특별시를 담당하는 2지역사를, 원산에 함경남도와 강원도를 담당하는 3지역사를, 대구에 경상도를 담당하는 4지역사를, 계룡에 충청·전라·제주도를 담당하는 5지역사를 설치 운용한다.

4.3.3 과감한 병력감축의 시행

통일한국군의 적정 병력 규모를 70만 명의 수준으로 설정할 경우, 군사통합을 통해 현재의 한국군 50만, 북한군 128만 총 178만 명의 2/3 이상을 감축시켜야 하며, 한국 주도의 군사통합이 이루어질 경우, 감축이 완료된 통일한국군의 병력은 통합 전 한국군 40만 명 대 북한군 30만 명으로 통합하는 안을 고려할 수 있을 것이다. 이러한 병력의 현저한 감축은 군대 그 자체가 심각한 변화의 소용돌이에 휩싸이게 됨은 물론, 정치, 경제, 사회적 분야에도 큰 영향을 미치게 될 것이다. 병력의 감축과정에서 가장 유의할 점은 군사통합에 대한 군 내부의 저항을 봉쇄할 수 있는 적절한 조치를 사전에 마련해 둬야 한다.

병력의 감축은 그 대상에 따라 북한군의 감축과 한국군의 감축, 계급에 따라 병사의 감축과 부사관 및 장교 등 간부의 감축, 감축의 양식에 따라 보상적 감축과 강제적 감축 등의 유형으로 구분할 수 있다. 이러한 유형을 군사통합의 각 단계에서 어떻게 적절히 조합하느냐에 따라 군사통합의 핵심인 병력감축이 무리 없이 진행되느냐, 그렇지 못하느냐가 결정될 것이다.

북한군을 인수하여 군사통합을 이룩한다는 전제하에 다음과 같은 병력감축의 원칙을 마련하여 적용해야 한다. ① 병력감축은 군사통합의 단계에 따라 점진적으로 진행하되, 통일 후 3-5년 이내에 최종 병력 유지선에 도달할 수 있도록 해야 한다. ② 군사통합의 전반부에서는 북한군 감축을 우선적으로 실시하되 후반부에서는 한국군의 감축을 병행함으로써 병력면에서 한국군 중심의 통합이 이뤄지도록 해야 한다. ③ 병사의 감축을 선행시킨 후 자연스러운 후속조지로서 군 간부에 대한 감축을 시도하여 간부의 감축에 대한 명분을 축적하고 예측되는 저항을 약화시켜야 한다. ④ 병사의 감축은 복무기간 단축, 징집면제 등의 보상적 방법에 주로 의지하면서 일관성있게 추진하고, 군 간부에 대해서는 보상적 감축과 강제적 감축을 필요에 따라 병행해야 한다.

첫째, 기초단계에서는 통일한국의 최종 병력 유지선에 대해 개략적인 합의를 대내외적으로 도출하고, 병력감축의 토대를 마련해야 한다. 이를 통해 북한군 내부에서 군사통합에 대한 저항세력이 형성되지 않도록 미연에 조치를 취해야 한다. 먼저 과감한 병력 감축을 위해 3년 이상 장기 복무한 병사들에 대한 제대조치를 고려해 볼 수 있는데, 이를 통해 장기간 군복무 중이던 상당수의 북한군 병사를 감축시킬 수 있을 것이다. 한편 북한군 내에서 군사통합에 대해 저항세력이 형성되는 것을 방지하기 위해 변화에 거부감이 강한 고 연령층 및 장군급 장교에 대한 전역조치를 시행한다. 또한 북한군을 이념적, 정치적으로 강력하게 통제해 오던 각급 제대의 정치사찰, 보안부대를 해체하고, 이에 종사하던 모든 장사병들을 강제 전역 조치함으로써 더 이상 군에 대한 영향력을 행사하지 못하도록 차단해야 할 것이다.

기초단계에서 전역하는 군 간부에 대해 일정한 보상안을 마련함으로써 불만을 완화시켜야 한다. 한편 기초단계에서는 북한지역에서의 장사병에 대한 신규충원을 잠정적으로 보류 조치한다. 기초단계의 조치를 통해 한국군은 기존의 50만여 명을 그대로 유지하고, 북한군의 경우 현재의 절반 수준인 65만여 명의 수준으로 감축을 추진해야 한다.

둘째, 준비단계에서는 북한군 병사들의 복무기간을 한국군 병사들의 복무기간 수준으로 과감하게 단축시킴으로써 북한군의 병력을 더욱 감축시켜 나가야 한다. 북한군 간부들에 대해서는 자율전역을 계속 권장하면서 보상안을 제시하되, 전역을 희망하지 않는 간부들에 대해서는 통일 후 1-2년까지만 근무하도록 조건부로 수용하고, 그 이후에는 계속 복무 여부에 대한 심사를 통해 복무를 결정한다는 원칙을 제시한다.

이 단계에서도 신규 충원을 보류하도록 하며, 한국군도 약간의 병력 감축을 시도함으로써 북한군측이 일방적 패배감을 느끼지 않도록 하며 나아가 장기적인 병력감축의 기조에 부응할 태세를 보여주어야 한다. 이 단계에서 한국군은 45만 명 수준으로 약간을 감축하고 북한군은 40만 명 수준까지 감축한다.

셋째, 진행단계에서도 북한군 병력 감축에 대한 지속적 노력을 시도하고 특히 군 간부의 감축에 초점을 맞춘다. 군사통합에 순응하지 않는 군 간부에 대해 보상이 제공되는 자율전력을 권장하거나 일방적인 강제전역 이후 소정의 보상을 제공하는 방식을 채택한다. 이들 전역자들에 대해 새로운 직장을 알선해 주는 적극적 방안도 병행 강구해야 한다. 이 단계를 통해 통합군대에 잠정적으로 합류하는 북한군 간부의 수를 5만 명 이내로 제한하도록 한다. 한국군의 경우 인수단계에서는 군사통합에 대한 주도권을 유지할 필요가 있으므로 약간의 병력 감축만 실시하여 40만 명 수준을 유지함으로써 군사통합을 선언하는 시점에서의 남북한 통합군대의 규모는 70만 명 수준이 될 것이다.

넷째, 정착단계에서는 통합군대 아래서 교육·훈련된 장사병이 충원되기 시작하면서 기존 남북한군의 장사병을 점차 대체해 나간다. 일반 병사의 경우는 이 단계를 거치면서 대부분 교체되겠지만, 간부의 경우는 기존 남북한군의 출신들이 중상층부의 대부분을 차지할 것이다. 따라서 정착단계에서는 군 간부를 주 대상으로 하여 구 북한군 출신은 선별적으로 심사를 통해 일부는 복무를 허용(1만-1.5만 명 정도)하고 나머지는 자율 또는 강제전역 조치를 하게 될 것이다. 한국군 간부들도 명예퇴직, 조기퇴직, 진급률 하향조정 등을 통해 감축을 추진해야 한다. 이처럼 정착단계를 거치면서 통일한국군의 규모는 70만 명 수준으로 감축하고, 유사시를 대비한 병력동원체제를 정비하면서 총력전 체제를 구축한다.

4.3.4 무기 및 장비, 시설의 선택적 통합

군사통합으로 인해 남북한 군대의 무기, 장비, 시설이 합쳐지게 되면 그 규모는 상당해 질 것이다. 하지만 군사통합으로 인해 병력이 감축될 경우 이에 따라 무기 및 장비, 시설 모두를 계속 사용할 수가 없게 된다. 또한 일부는 노후화되어 장기적인 관점에서 볼 때, 무기와 장비, 시설의 계속적 사용이 전투력 발휘는 물론 향상에 저해요소가 될 수도 있을 것이다. 그 뿐만 아니라, 한국군 위주의 군사통합으로 인하여 북한군의 무기와 장비, 시설의 상당 부분이 통합군대에 적합하지 않을 수도 있을 것이다.

이러한 면에서 군사통합 이후 계속 사용하기 어려운 무기와 장비, 시설에 대한 적절한 처리는 군사통합과 연관된 매우 중요한 과제 중 하나가 될 것이다. 이런 점을 감안하면서 군사통합의 각 단계에서 다음과 같은 조치를 취해야 할 것이다.

첫째, 기초단계에서는 통합군대의 무기와 장비, 시설 수준에 대해 개략적인 합의를 대내외적으로 도출해 내야 한다. 또한 북한군의 병력 감축이 상당부분 진행됨을 이유로 북한군의 각종 무기와 장비, 시설에 대해서는 기존의 주둔지에 고착시키고, 이를 경비하는 수준으로 군사활동을 제한해야 한다. 특히 이 단계에서의 혼란스러운 정치, 사회적 상황에 편승하여 일부 불순세력에 의한 북한군 무기와 장비, 시설 등이 유출되어 비공식적인 무장으로 이어질 가능성도 배제할 수 없다. 이를 사전에 예방하기 위한 치밀한 통제대책을 마련해 두어야 한다.

둘째, 준비단계에서는 한국에서 파견한 북방사령부를 통하여 북한군의 무기와 장비, 시설 등에 대해 정확한 현황과 상태를 파악토록 해야 한다. 이를 토대로 한국 국방부에 설치된 통합실무반에서는 군사통합 이후 계속 사용하게 될 것, 잠정적으로 사용한 후 사용하지 않을 것, 전혀 사용하지 않을 것 등에 대한 목록을 작성하도록 해야 한다.

셋째, 진행단계에서는 전혀 사용하지 않을 무기와 장비, 시설에 대해서는 최소한의 병력만 할당하여 보관, 경비토록 관리한다. 필요시에는 전혀 사용하지 않을 품목들을 일정한 장소에 집결시켜 중앙관리식, 혹은 지역관리식으로 보관토록 조치한다. 한편 지속적으로 사용할 무기와 장비, 시설 등에 대해서는 그대로 운용하도록 하되 그 관할권을 북방사령부가 인수하도록 한다. 이와 같은 조치를 통해 대부분의 북한군 무기와 장비, 시설 등이 인수, 관리된 상태에서 군사통합이 선언되면 이상적이라고 볼 수 있다.

넷째, 정착단계에서는 계속적으로 사용하거나, 한시적으로 사용할 대상을 제외한 미사용 대상의 무기와 장비, 시설의 처리에 초점을 맞춘다. 미사용 대상의 무기와 장비, 시설에 대해서는 보관처분, 폐기처분, 민수용 전환, 대외적 증여나 판매 등의 방법 중에서 가장 효율적인 방법을 사용한다. 이 중 보관처분 대상의 경우에는 현지저장소, 지역저장소, 또는 중앙저장소를 운용하도록 한다. 폐기처분 대상은 더 이상 보관할 필요가 없는 것으로 민수용 전환이나 대외 증여 및 판매의 대상이 될 수 없는 것을 해체하는 것을 말한다.

군에서는 사용하지 않지만 민간에서 사용하거나 개조를 통해 민수용으로 전환하면 보관이나 폐기에 따른 비용을 절감할 수 있게 될 것이다. 또한 일부에 대해서는 타국에 무상으로 증여하거나 판매할 수 있는 방법을 강구하면 좋을 것이다. 이와 같은 일련의 조치들을 통해 군사통합에 따른 최종 병력규모인 70만 명 선에 합당한 수준의 무기와 장비, 시설 등을 유지할 수 있도록 조정해 나가면서, 장기적으로 이들 무기와 장비, 시설에 대한 질적 향상을 통해 전투수행능력의 제고에 초점을 맞춰야 할 것이다.

4.3.5 인사 및 교육을 통한 내면적 통합

군사통합과정에서 가장 중요한 과제 중 하나는 서로 적대시하던 장병들의 내면적 통합을 이루는 것이다. 내면적 통합이 원활하지 못할 경우 군사통합은 전체적으로 불안정하게 되고 때로는 와해의 국면으로 발전할 수도 있다.

인사정책의 기본 방향은 군사통합에 대한 지지요소를 강화하고 저항요소를 약화시키는 것이다. 이를 위해 설득 또는 보상 방안을 중시하면서도 필요시에는 강제적 방안의 채택도 고려해야 한다. 과도하게 설득·보상 방안에만 치중하면 군사통합이 지연되거나 군사통합의 비용이 과중해 질 우려가 생기고, 지나치게 강제적인 방안에만 의존하면 저항세력이 형성되어 군사통합이 불안정해 질 수 있다는 점을 감안해야 한다.

교육정책은 군사통합의 불가피성, 군사통합의 방향에 대한 정당성, 군사통합에 따른 부대 운영 및 군사교리에 대한 이해의 증진, 북한군 출신 장병에 대한 자유민주주의적 이념교육 강화 등에 초점을 맞추어야 한다. 이와 같은 군사통합에 따른 인사 및 교육정책은 앞서 기술한 군사 독트린, 지휘체계, 병력감축, 무기 및 장비, 시설의 조정 등과 직간접적으로 연관이 되어 추진해야 한다.

첫째, 기초단계에서는 한국군 주도의 군사통합에 저항하지 않는 한 처벌적 제재를 하지 않는다는 인사원칙을 천명한다. 그러나 장기적 관점에서는 북한군의 병력감축이 상당할 수밖에 없기 때문에 이 점을 밝히면서 일정한 보상조건에서 자발적으로 전역을 선택하도록 권유해야 한다. 한편, 기초단계에서는 북한군 장사병에 대한 직접적 접근이 제한되는 상황이어서 직접적인 접촉을 통한 대면교육이 어려울 것이다. 따라서 각종 커뮤니케이션 수단과 통로를 마련하여 한국군 주도의 군사통합의 불가피성, 군사통합에 따른 북한군의 변화 전망, 자유민주주의 이념의 기초에 대한 이해 등의 간접교육에 집중해야 할 것이다.

둘째, 준비단계에서는 비록 강제적 요소가 있지만 군사통합에 저항할 만한 군 간부를 정리해야 한다. 따라서 예상되는 병력감축에 대비하여 자율적인 전역을 강력히 유도하는 인사정책을 시행해야 한다. 그러나 시기적으로 자율전역을 유보하거나 통일군대에 편입되기를 희망하는 군 간부에 대해서는 호의적인 수용태도를 견지할 필요가 있다. 그러나 장기적으로 볼 때, 통일군대에 편입되더라도 일정한 심사에 따라 장기복무가 최종 판정됨을 미리 밝혀 두어야 한다. 이 시기에는 북방사령부가 설치되어 북한군의 각급 제대에 통합요원을 파견하는 시기이기 때문에 북한군 장병으로 하여금 북방사령부의 임무와 역할에 대해 잘 이해하도록 함으로써 통합요원들의 임무수행이 원만하도록 유도할 필요가 있다.

셋째, 진행단계에서는 북한군 간부의 자율적 전역을 적극 유도하되, 일정한 보상안을 제시함으로써 불만을 무마하는 데 집중해야 한다. 또한 통일군대에 편입을 희망하는 자들에 대한 계급 조정의 원칙, 보수체계의 기준, 직위 부여의 원칙 등을 명확하게 제시할 필요가 있다. 또한 통일군대에 편입을 희망하는 자들을 대상으로 소정의 이념교육과 정신교육을 실시함으로써 편입 이후 신속히 적응할 수 있는 토대를 마련한다.

넷째, 선언단계에서는 북한군의 공식 해체를 선언하면서 편입된 북한 군인들이 새로운 신분아래 놓이게 되었음을 천명하며, 이로서 통일군대에 대한 충성심을 강화하도록 유도한다.

다섯째, 정착단계에서는 통일군대에 잠정적으로 편입되었던 북한군 간부들에 대해 적성검사 등을 실시하여 필요한 인원에 한해 잔류토록 조치한다. 잔류인원에 대해서는 한국군 간부들이 이수하였던 핵심적 내용의 양성 및 보수교육을 단축해서라도 실시함으로써 통일군대의 내적 일체성을 강화시켜야 한다. 동시에 이들이 인사정책상의 불이익이나 차별적 대우를 받지 않도록 함으로써 새로운 통합군대의 환경에 적극 동참하도록 유도한다.

4.4 시사점

남북한의 군사통합 원칙은 자유민주주의와 시장경제체제를 토대로 통합군대의 이념적 일체성을 공고히 해나가는 것이다. 이를 위해 단일화된 지휘체계를 확립함으로써 통합군대의 지휘혼란을 극복하고 실질적인 통합력을 제고시켜야 한다. 따라서 단계적 군사통합을 추진함으로써 통합과정에서 나타나는 부작용을 최소화해 나가야 한다.

군사통합의 단계는 한국 주도의 군사통합에 합의하는 기초단계-군사통합사령부와 실무반을 설치하는 준비단계-북한군을 해체하여 인수하는 진행단계-군사통합의 완료를 공유하는 선언단계-내외부적으로 군사통합을 완성하는 정착단계 등 5단계를 적용하되, 이는 순차적으로 진행되는 것이 아니라 경우에 따라서는 복합적·중층적으로 이뤄져야 한다. 남북한의 군사통합을 추진함에 있어 주요과제는 먼저 통일한국군의 군사독트린을 설정한 후, 신속하게 일원화된 지휘체계를 확립하며, 과감한 병력감축을 시행하고, 병행하여 무기와 장비, 시설의 선택적 통합을 추진하는 것이다. 내부적인 통합과 마무리를 위해서는 인사 및 교육의 통합을 거쳐 남북한 군사통합을 완성해야 한다.

남북한 군사통합의 단계별로 추진해야할 주요 과제에 대한 내용을 종합적으로 정리하면 다음 표와 같이 요약할 수 있다.

〈표 4-6〉 남북한 군사통합 단계별 주요 추진 과제

구분	기초단계	준비단계	진행행단	선언단계	정착단계
군사 독트린 설정	적대개념 해소 상대방 인정치	군사동맹 재인 식	군사 독트린 설정	군사 독트린 발표	군사 독트린 후속조치
지휘 체계 확립	한국군 주도 통합 주지, 북한군 동의 유도	북부사령부 파견(2개사단), 북한군지지 유도	북한군 지휘권 인수	북한군 공식 해체 선언	통일한국군 지휘체계 정비
병력 감축 시행	감축 합의 도출 보상방안 논의	장기복무자 우선 전역 신규보충제한 (50:65만)	복무기간 단축 자율전역 유도 (45:40만)	강제전역 취업조치 (40:30만)	통합군대 유지 (70만) 동원체제 정비
무기· 장비· 시설 통합	통합합의 도출 통제대책 마련	현황·상태 파악 상세목록 작성	통합·통제대책 관리·관할권 조정	인수 및 관리 전환 선언	시행조치(계속 사용, 보관, 폐 기, 전환)
인사· 교육 정책 시행	인사원칙 제시 보상조건 천명	간부우선 인사 조치, 일부 간부는 통합단계 활용	전역군인 보상 확대, 이념교육 강화	남북한 군대 통합 선언, 충성심 유도 교육 강화	내적 일체감 강화 교육, 통일군대 적응 유도 조치

제5절 소결론

이 연구는 한반도의 통일에 따른 군사정책을 모색하기 위해 통일과 관련된 몇 가지 전제를 기반으로 하여 통일한국의 군사정책과 통일한 국군의 정형(定型)을 도출한 다음, 군사통합을 추진하는 정책과 방법을 논의하였다.

5.1 요지

통일한국의 군사정책을 결정하는 요인으로는 지리·전략적 환경, 군사기술과 무기체계, 경제 및 사회적 조건 등에 대해 살펴보았다.

한반도의 통일은 지리·전략적으로 엄청난 변화를 초래하여 통일한국과 주변국들과의 관계는 물론, 주변 국가들과의 전략적 관계에도 큰 영향을 미치게 될 것이다. 이 문제는 통일한국의 외교안보정책에 직접적으로 영향을 미치는 사안이다.

군사기술과 무기체계의 차원에서 통일한국의 군사통합은 현재 남북한이 유지하고 있는 대규모의 병력중심의 노동집약적 군대를 기술중심의 미래지향적 과학기술군으로 전환시킬 수 있는 기회가 될 전망이다. 통일한국군은 군사통합과정을 거치면서 소수정예의 첨단 기술군을 육성함으로써 주변국들의 우려를 불식시키고 잠재적 안보의 위협에 효과적으로 대처할 수 있는 새로운 군대의 모습으로 탄생해야 할 것이다.

인구구조의 변화는 한국의 병력제도, 군사력의 배치와 운용, 민군관계 등에 지대한 영향을 미치게 될 것이다. 통일한국군의 병력제도는 지원병이 중심이 되는 혼합형으로, 군사력의 배치는 전국적으로 영토와 영해, 영공에 균형적으로 배비해야 할 것이며, 미래의 민군관계는 민족통합을 지향하는 방향으로 이루어져야 할 것이다.

따라서 통일한국군의 정형은 하나의 방향 설정이자 최종상태(end-state)라는 측면에서 통일한국군의 군사독트린 설정, 바람직한 지휘체계 정립, 적정 병력규모의 조정, 적정 무장력 수준 유지를 위한 무기 및 장비, 시설의 조정, 통일후 군사력의 배치 및 운용 등에 대한 제안적인 차원에서 논의를 진행하였다.

그렇지만 이러한 내용들은 실제의 상황에서 군사통합이 어떻게 진행될 것이냐에 따라 크게 달라질 수 있음을 감안해야 할 것이다. 따라서 이 연구는 상황적 가정들을 전제하였는데, 상황적 가정의 범위 내에서는 그 타당성을 갖게 될 것이나, 그렇지 않을 가능성도 얼마든지 상정해 볼 수 있다는 점을 열어두어야 한다.

그럼에도 불구하고 이 연구는 다음과 같은 의의를 찾을 수 있을 것이다. 첫째, 일정한 가설적 상황을 설정함으로써 정책적 적용 범위는 제한적일 수 있으나 연구의 타당성은 제고되었다. 둘째, 장차 남북한 간에 유사한 상황이 발생할 경우 즉각적으로 적용할 수 있는 실용적 정책대안을 제시하였다. 셋째, 남북한의 군사통합에 대해 기존의 개념적 연구보다는 보다 구체적이며 실질적인 시행 방안을 제안했다는 점이다. 넷째, 이후 또 다른 상황 하에서의 남북한 간의 군사통합을 연구하는 데 의미 있는 틀을 제안했다는 점이다.

5.2 정책제안

정책 제안으로 첫째, 남북관계가 부침을 겪거나 경색됨에도 불구하고 통일을 대비해 통합한국군 시대를 준비해야 한다. 남북한이 통일될 경우 상호간 위협 감소를 위해 신뢰 구축 등 여건 조성, 군비통제, 군축, 군사통합에 대비해야 할 것이다. 한반도의 비핵화 정책을 지속적으로 추진하고 남북한 간의 군비통제와 군비축소를 위한 경험과 준비가 필요하다.

둘째, 군사통합과정에서 북한의 무기 중 첨단의 무기체계를 제외하고 폐기될 것이며, 가장 핵심적인 요소는 인적통합이 될 전망이다. 따라서 북한군의 무기체계에 대한 이해를 바탕으로 이에 대한 세부적인 판단과 준비가 되어 있어야 할 것이다.

셋째, 국방혁신 4.0을 통해 통일한국군의 미래 모습을 지향하고 추진해야 한다. 통일한국의 지상군은 무인화, 신속 기동군이 되어야 하며, 해군은 원양 작전과 수송로 보호에 적합하도록 이지스함과 항공모함을 중심으로 운용되어야 한다. 공군은 장거리 작전과 전략임무에 적합하도록 해야 하고 독자적인 감시 정찰 능력을 구축해야 한다.[293]

5.3 제한사항

군사통합은 정치적 통합을 비롯해 경제, 사회·문화 통합 등과 함께 긴밀한 연관성을 유지한 상태로 추진되어야 하며, 주변국들의 전략과 한국의 군사동맹인 미국과의 연합방위체제의 정비, 주한미군의 역할과 규모, 주둔지역, 유엔사의 존치 등이 병행 정비되어야 하는 점에 대해 상세하게 접근하지 못한 한계점이 있다.

그 뿐만 아니라, 실질적으로 핵을 보유한 북한에 대해 한미동맹 차원에서 핵과 장거리 미사일을 비롯한 대량살상무기(WMD)의 처리 등 문제는 논외로 한 점에서 연구의 한계가 있음을 밝혀 둔다.

향후 통일한국의 군사통합은 연구하게 되면, 한미동맹과 연관된 제반 문제들과 최대의 현안인 북핵 문제 등을 함께 포함한 보다 포괄적인 연구가 이뤄지길 기대한다.

---

[293] 박용한, "통일한국 적정 군사력 추계와 남북한 군비통제 함의,"『북한연구학회보』제22권 제2호(2018),

제5장

남북 사회문화통합 추진전략

제1절 이론적 고찰과 선행연구
    1.1 구성주의 이론과 북한 사회문화 특징
    1.2 선행연구
    1.3 시사점

제2절 북한 사회문화 실태 분석
    2.1 김일성 정권의 사회문화: 전통문화 탈피
    2.2 김정일 정권의 사회문화: 대동강문명 성립기
    2.3 김정은 체제의 사회문화: 두 개 국가론

제3절 남북한 사회문화 통합 추진방향
    3.1 사회문화 통합에서 전쟁문화 극복
    3.2 남한의 군대문화와 순기능

제4절 남북한 사회문화 통합 추진전략
    4.1 남북한 언어의 이질화 극복
    4.2 남북한 문화적 이질화 극복
    4.3 남북한 교류협력의 지속
    4.4 한반도형 프라이카우프와 사회문화 통합

제5절 소결론

제5장

남북 사회문화통합 추진전략

안찬일

이 장에서는 남북한 사회문화의 이질성과 공통성을 분석하고 그 통합을 위한 방안을 제시하는데 있다. 남북한은 분단과 전쟁, 서로 다른 체제 아래서 한민족 공통의 사회문화가 분화되는 과정을 통해 문화의 이질화가 심화되었다.

김일성 정권으로부터 김정일 정권을 거쳐 오늘날 김정은 정권의 사회주의 과정을 파헤쳐 서로 다른 길을 걸어온 남북한 사회문화의 이질화 실태를 살펴보고, 사회 문화를 통합하기 위한 방안을 모색하고자 한다.

연구의 주안점은 사회 문화적 현상이 발생하게 된 배경과 목적을 심도있게 파헤침으로써 서로 다른 길을 걸을 수밖에 없었던 이질화 과정을 재조명하고자 한다.

한반도가 미국과 소련에 의해 군사작전 목적으로 38도선을 경계로 분할되었고, 두 개의 체제가 들어서면서 정치적으로 분단되었으며 6·25전쟁을 거치면서 사회문화적으로 다른 모습으로 발전되어 갔다. 분단 80년이 지나면서 서로 다른 두 개의 사회문화 체제로 고착화되어가고 있다.

　오늘날 한반도는 에릭 홉스봄이 말하는 지구상 가장 오래된 단일종족 정치단위인 역사적 국가(historical states)임에도 불구하고 한반도의 분단으로 남과 북의 민족적 공동체를 둘로 쪼개고 적대적 공생, 또는 공생적 적대(symbiotic antagonism) 관계가 확대 재생산되고 있다. 한반도에서 신민으로서 국민(subject)은 서구보다 더 오랜 역사가 있으나, 시민으로서의 국민(citizen)은 끊임없이 지체되고 있다. 그렇다면 그 지체는 어디서 오는가. 다름 아닌 분단이다.

　한반도의 사회 문화적 분단구조는 남과 북 양쪽의 권력 형성과정에서 민족의 고유한 역사를 굴절, 왜곡한다. 그뿐만 아니라 거기에서 살아가는 사람들의 삶과 사고방식을 사정없이 변질시켜 놓는다. 특히 오늘날처럼 세계화와 함께 탈민족, 탈국민 국가의 형상이 드러나는 시점에서 북한이라는 폐쇄·고립주의 체제와 통일을 모색해야 하는 대한민국으로서 더욱 그러하다.

　20세기가 과학의 시대였다면 21세기는 과학과 문화의 접합시대란 점에서 예술과 과학의 통섭은 시대적 필연이다. 문화 예술적 상상력과 고도로 각성한 의식 속에서 예술과 과학의 창의성은 최고도로 발휘된다. 통섭은 영성과 물성을 소통하는 지성 차원의 기술이기에 기계론적 세계관에서 시스템적 세계관으로의 근본적인 패러다임의 전환을 전제한다. 이러한 사실을 부정하며 이런저런 정책을 내놓고 세상이 바뀔 것으로 생각하는 것은 마치 상상하는 지도를 그려놓고 세상이 바뀔 것으로 생각하는 것만큼이나 몽상적이다.

　오늘날 북한 정권은 인민들의 눈과 귀를 가리기 위해 인터넷을 가로막고 있다. 적어도 1970년대 초반부터 세계를 관통하는 인터넷 시대의 개막 그즈음 북한은 2대 세습으로의 체제 고착화를 단행하였다. 그리고 지금 다시 4대 세습의 시도를 숨기지 않고 있다. 따라서 남북한 분단 시대는 화석화되어 가는 느낌이다. 그러나 유유히 민족의 마음에 내재하여 흐르고 있는 하나의 문화를 한쪽의 정권이 일방적으로, 물리적으로 단절시킬 수는 없다. 거기에 희망을 걸고 남북한 사회통합의 대안을 제시하고자 이 글을 시작한다.

제1절 이론적 고찰과 선행연구

1.1 구성주의 이론과 북한 사회문화 특징

과학철학에서 표현하는 구성주의(Constructivism)는 전통적으로 과학적 실재론(Realism)과 대치되는 주장으로, 반실재론(Anti-realism)의 한 갈래로 여겨진다. 과학적 실재론으로 과학이론이 세계의 참된 모습 자체를 그대로 드러낸다고 하는 주장이라면, 구성주의는 모든 이론이란 결국 인간에 의해 만들어진 것이며 인간이 만들어낸 어떤 도식과 틀로써 보편적이며 참된 과학적 진리 자체를 나타내는 것은 아니라고 주장한다.

대부분의 구성주의적 학자들은 세간의 오해와는 달리 과학적 법칙의 존재 그 자체에 대해서는 긍정적인 견해인 경우가 많다. 구성주의자들의 입장을 단순히 정리하자면 이렇다. 인간인 우리는 정확한 실재에 대해서는 알 수 없다. 과학이론이라는 것은 인간이 만들어낸 주관적인 인과관계를 인식하는 어떤 방식으로 만들어진 것이기 때문이다.

불변하는 정확한 실재가 존재하는지는 알 수 없지만, 적어도 우리는 겉으로 보기에 드러나는 사회활동에 대해서는 말할 수 있다. 그리고 사회활동은 서로 다른 학자들 사이에서의 논쟁과 토론 그리고 적당한 선의 합의를 통해 이루어진다는 점에서, 사회학은 현실적인 실재 그 자체라기보다는 의식에 의해 만들어진 이론적 틀과 현실에 대해 사고하는 방식이자 특정한 방식들로 이루어진 기술들이다.

외부에 객관적인 실체가 있다고 하더라도 사회이론은 사회학자들이 만들어내는 이론적 틀과 인식방식에 따라 서로 다른 방식으로 구성될 수 있다는 것이다. 사회학적 구성주의에서 보는 사회활동이란 구성주의 심리학에서 인간의 심리작용을 보는 관점과 비슷하다.

예를 들면 현대에는 한 물체가 지나간 거리를 시간으로 나누는 속도라는 개념을 당연하게 여기지만 중세시대만 해도 시간과 공간이라는 것이 서로 다른 속성이라고 여겨졌기에 그중 하나를 다른 하나로 나눈다는 것을 부자연스럽고 의미 없는 일로 여기곤 했다. 이렇게 현대의 사람들은 갈릴레이가 제시한 속도라는 개념을 통해 이전의 중세 사람들이 생각하지 못했던 시간과 공간을 연결 짓는 방식으로 세상을 다시 보게 되었다.

구성주의 학자들이 바라보는 사회활동이란 이미 주어져 있는 것을 그대로 받아들이면서 만들어지는 것이 아니라 서로 다른 개념들을 연결 짓고 연관관계를 생각해내면서 만들어가는 극히 창의적이고 독창적이며 인간적인 과정이라는 것이다.

구성주의적 관점을 취한 대표적인 철학자는 흄(David Hume)[294]과 쿤(Thomas S. Kuhn)[295] 그리고 후기 비트겐슈타인(Ludwig Wittgenstein)[296]

---

[294] David Hume, *An Enquiry Concerning Human Understanding* (Hackett Publishing Company, Inc. 2020).

이 있다. 흄은 철학사에서 구성주의를 주장한 최초의 예라고 할 수 있는데, 그는 인과관계를 부정했으며 자연법칙이 인간의 습관으로부터 비롯되는 것이라고 보았다.

흄의 견해를 칸트가 계승한 것이 이른바 인식론적 관념론이라 불리는 근대철학의 종합이었다. 패러다임 설을 제시한 토머스 쿤 같은 경우, 비록 본인은 구성주의적 입장에 반감을 표했지만, 그의 패러다임 이론이 현대적 구성주의의 단초가 된다는 사실은 부정하기 어렵다.

분단체제의 한반도에서 정치적 통합 이전에 사회 문화적 접근이 선행되어야 분단을 극복하고 통일로 갈 수 있다. 한반도의 통일은 단계적 접근보다는 어느 날 갑자기 찾아오는 새벽형 통일이 될 수밖에 없는 현실이 더욱 북한 사회문화 연구를 절실하게 요구하고 있다.

북한은 우리와 문화에 대한 인식 자체가 다르다. 북한의 문화는 노동계급이 정권의 주체가 되어 혁명과 건설을 진행하기 위해 목적의식을 가지고 의도적으로 창조된 문화를 말한다. 그 원초적 출발은 마르크스 레닌 사상에서부터 발아되었으나 북한에서는 김일성의 영도 아래 추진되는 교육, 과학, 문학, 예술 등 전반적인 분야에 걸친 주체사상을 구현한 우리식 문화를 이른 총칭이다.

이는 사회주의, 공산주의 사회를 건설하기 위한 노동계급의 혁명투쟁과 건설사업을 효과적으로 진행하기 위해 주민을 당의 유일사상, 공산주의 사상으로 무장하고 혁명화, 노동계급화하여 그들의 수준을 높이는 것을 목적으로 한다. 다시 말해, 정권을 잡은 노동계급이 일체

---

[295] Thomas S. Kuhn, *The Structure of Scientific Revolutions* (University of Chicago Press, 2012).

[296] Ludwig Wittgenstein, *Philosophical Investigations* (Wiley-Blackwell, 2009).

의 착취와 억압을 청산한 사회경제적 토양을 마련하고, 그 토대 위에서 당과 혁명에 이바지하는 혁명적인 문화건설을 계획적으로 추진할 때 전면적인 발전의 틀을 마련할 수 있다고 보고 철두철미하게 당과 인민을 중심 단위로 형성된 문화를 일컫는 것이다. 따라서 문화의 척도는 공산주의적 당성, 노동계급성, 인민성이 되며 또한 이를 본질적 특성으로 한다.

프롤레타리아 국제주의를 지향하는 사회주의의 근본 취지와는 달리 북한은 민족적 차이를 인정하고 또 이를 근간으로 하여 문화 자체가 건설되며, 그 형식에서도 민족이나 국가를 단위로 한다는 점이다. 따라서 그들의 중요한 과업 중 하나는 제국주의 문화적 침투에 항거하여 투쟁하는 일이라고 보고 있다. 구체적인 방안으로는 착취사회의 전근대적인 문화와 자본주의를 바탕으로 형성된 반동문화에 반대하여 투쟁하는 것이라고 보고 있다. 왜냐하면 문화적 침투는 제국주의자들의 신식민지 정책으로 민족자주의식과 혁명정신을 마비시키는 교활한 수법이라고 판단하기 때문이다.

북한에서는 그 예를 남한에서 찾고 있는데 미 제국주의자들과 일본 군국주의자들의 사상·문화적 침투는 부르죠아 반동문화를 형성시켜 타락된 문화사회를 형성하는 자극제가 되었다고 본다. 그러므로 인해 그들이 말하는 남조선은 건전한 민족문화의 보존과 유지발전을 기대할 수 없는 삭막한 공간이 되었다고 매도하고 있다. 또 사회주의적 민족문화를 건전하게 발전시키기 위해서는 사회주의가 형성되기 이전의 복고주의적 경향에 항거하는 투쟁을 지속해서 진행해야 하며, 나아가 민족문화 유산에 대해서도 비판적인 안목을 통해 선택적으로 수용하여 계승 발전시켜야 한다고 본다.

김정은 시대 들어와 북한에는 3대 악법이 등장했다. 이른바 반동사상문화배격법(2020년), 청년교양보장법(2021년)과 함께 평양문화어보호법(2023년)[297]이다. 평양문화어보호법은 북한 역대 최악의 법으로 불리기도 한다. 김정은 특유의 문화보수주의 사상, 나아가 본인의 사고 방식이나 기준에 맞지 않는 사람은 저항하지 않더라도 제거해야 한다는 전체주의 통치를 단적으로 보여주고 있다는 평가를 받고 있다. 마치 조지 오웰의 소설 『1984』[298]에 나오는 신어사전처럼 당국이 검열한 문화어만 일상 회화에서 사용하게끔 유도하고 외부 문화, 특히 자본주의 문화로부터 유입되었거나 그렇게 여겨지는 말을 사용할 경우 처벌한다는 것이다. 뿐만 아니라 평안도나 함경도 등의 지방 사투리도 북한 이전 문화에 담긴 자유를 내포한다고 여기는지 사용하면 안 된다고 강요한다.

---

[297] 평양문화어보호법: 제1조(평양문화어보호법의 사명) 조선민주주의인민공화국 평양문화어보호법은 괴뢰말투를 쓰는 현상을 근원적으로 없애고 비규범적인 언어요소를 배격하며 온 사회에 사회주의적언어생활기풍을 확립하여 평양문화어를 보호하고 적극 살려나가는데 이바지한다. 제2조(정의) 이 법에서 용어의 정의는 다음과 같다. 1. 평양문화어는 우리의 고유한 민족어를 현시대의 요구에 맞게 발전시킨 가장 순수하고 우수한 언어로서 우리나라 국어인 조선어의 기준이다. 2. 괴뢰말은 어휘, 문법, 억양 등이 서양화, 일본화, 한자화되여 조선어의 근본을 완전히 상실한 잡탕말로서 세상에 없는 너절하고 역스러운 쓰레기말이다. 3. 비규범적인 언어요소는 국가적으로 승인되지 않은 외래어와 일본말찌꺼기, 리해하기 힘든 한자말을 비롯하여 평양문화어규범에 맞지 않는 언어요소이다. 제3조(평양문화어보호의 기본원칙) 평양문화어를 보호하고 적극 살려나가는 것은 우리 사상, 우리 제도, 우리 문화를 고수하고 빛내이기 위한 중차대한 사업이다. 국가는 언어생활령역에 돌아가고 있는 괴뢰말투를 말끔히 쓸어버리는것을 주되는 과녁으로 정하고 전사회적인 투쟁을 강도높이 벌려나가도록 한다. 주체112(2023)년 1월 18일 최고인민회의 법령 제19호로 채택.

[298] George Orwell, *1984* (Signet Classic, 1961).

오늘 북한은 지도마저도 북한만 따로 있는 지도를 만들고, 자녀들이 태어나면 통일이나 평화 같은 활자가 들어간 이름을 절대 짓지 못하게 하면서 분단 고착화·두 개의 국가전략으로 치닫고 있다. 가뜩이나 이질화된 한 민족의 남과 북은 영원한 분단국가로, 두 개 민족으로 갈라서지 않을까 우려의 목소리가 높다. 북한 사회문화에 적극 다가서는 데서부터 통일운동이 출발해 하루빨리 코리안드림에 의한 홍익인간의 한 뿌리를 되찾는 노력이 절실하다.

1.2 선행연구

북한 사회문화의 선행연구들을 살펴보면, 우선 『또 하나의 북한사회』를 작성한 서재진은 시민사회에 대비되는 사회를 신민사회라고 한다면 1990년대 이전의 북한 사회는 국가-사회관계에서 엄연한 신민사회라고 분석하고 있다. 북한은 사회주의 체제 이식과정에서 지주와 상공인들을 모두 해체하고 그 밖의 노동자와 농민은 체제 내로 포섭 내지 흡수하였다.[299]

북한의 국가-사회 관계를 규정하는 가장 중요한 요인은 북한의 수령 및 당을 전위로 하는 유일사상체계일 것이다. 북한의 유일사상체계는 이미 1967년에 성립되어 김정일 체제와 오늘날의 김정은 체제를 거치며 북한 사회에 뿌리 깊게 내재화했다. 정치적인 국가와 당에 의한 유일지배체제의 확립은 곧 사회문화 발전이 멈추어졌음을 나타내는 지표라고 할 수 있다. 특히 김정은 체제로 전이 이후 이와 같은 현상은 더욱 화석화하고 있다.

---

[299] 서재진, 『또 하나의 북한사회』(서울: 나남, 1995), pp.120-121.

박경숙은 『북한 사회와 굴절된 근대』에서 북한의 가부장적 문화를 심도있게 다루고 있다. 가부장제란 남성에 의해 여성이 지배되는 관계, 제도, 이데올로기의 총체로 정의할 수 있다.[300]

전통적 가부장제의 성격은 역사적 문화적 다양성을 갖지만 젠더와 세대의 위계를 통해 장년 가부장이 가산과 재생산을 통치하는 제도로 인식한다. 가부장제는 근대 이전 사회에 일반적으로 존재하였다고 여기지만, 근대 사회에서 가부장제가 지속되고 있는지, 또한 존재한다면 그 원리나 양식은 무엇인가에 대해서는 다양한 시각이 혼재한다. 북한 사회에서 흔히 수령을 어버이로 노동당을 어머니로 대하면서 그들에게 절대복종하라는 새로운 가부장적 문화가 확대하여 가정과 사회마저 가부장적 문화를 지속하고 있다.

홍규덕 등은 『통일한국의 비전과 군의 역할』에서 "준비된 통일은 축복이다"라면서 착실한 통일준비를 촉구하고 있다. 특히 정치권이 통일을 외면하는 현실 속에서 독일과 캐나다, 러시아 등의 통합과정을 제시하면서 향후 통일 시 남북한 군사통합 방안도 구체적으로 제시하고 있다.[301]

정철현은 『북한의 문화정책』을 통해 민족문화 정책을 잘 다루고 있다.[302] 즉 북한도 민족문화유산을 항상 강조하고 있지만, 그 본질은

---

300 박경숙, 『북한 사회와 굴절된 근대』(서울: 서울대학교출판문화원, 2013), pp.137-138.
301 홍규덕·류우익·박명규·최진욱·문성묵·김태우·김인수·김우상·권태환·이규형·정태익·신각수·Nina Leonhard·Jean-Francois Macoux·문양호, 『통일한국의 비전과 군의 역할 : 육군사관학교 개교 70주년 기념 기획』(서울: 육군사관학교, 통일연구원, 2016).
302 정철현, 『북한의 문화정책』(서울: 서울경제경영, 2013), p.251.

수령님을 모시고 살아가는 자부심 등 가부장적 수령 지배를 합리화하는 논리로 변질되었다는 것이다.

이우영 등의 『북한연구의 성찰』에서는 기존의 북한 사회연구 문헌들을 비교·분석하면서 가정 및 사회에 대해 보다 진지한 접근이 전제되어야 한다는 점을 강조하고 있다.[303]

김흥수·류대영의 『북한 종교의 새로운 이해』는 남한 종교인들은 종교 교류를 통해서 북한 종교의 성격과 현실을 더 잘 이해하게 되었으며 북한 종교단체들은 국제 및 남한의 종교단체들로부터 신뢰와 인정을 받기에 이르렀다고 평가하고 있다.[304] 물론 북한의 종교는 많은 탄압을 받았으며, 현재도 그 진행형인 것만큼은 확실하다. 하지만 대남관계를 무시할 수 없는 북한은 나름대로 헌법에 종교의 자유를 넣고 종교시설을 부분적으로 허용하고 있다.

이우영 교수는 최근 『남과 북 사회이야기』를 통해 남북한 사회문화의 차이를 잘 분석해 내고 있다.[305] 남과 북은 애초에 문화에 대한 해석부터 다르다는 것이다. 북한의 경우 문화에 대해 "력사발전의 행정에서 인류가 창조한 물질적 및 정신적 부의 총체이며, 문화는 사회발전의 매 단계에서 이룩된 과학과 기술, 문학과 예술, 도덕과 풍습 등의 발전 수준을 반영한다"라고 했다. 문화는 사회생활의 어떤 영역을 반영하는가에 따라 물질문화와 정신문화로 구분된다. 나라의 문화는 대부분 고유한 민족적 특성이 있으며, 계급사회에서 문화는 계급적 성격을 띤다.

---

[303] 이우영 외, 『북한연구의 성찰』(서울: 경남대학교 북한대학원, 2005), pp.155-156.
[304] 김흥수·류대영, 『북한 종교의 새로운 이해』(서울: 2002), pp.291-300.
[305] 이우영, 『남과 북 사회이야기』(서울: 2024), pp.337-338.

한편 남한에서 문화는 "인류가 모든 시대를 통하여, 학습으로 이루어 놓은 정신적·물질적인 일체의 성과, 의식주를 비롯하여 기술·학문·예술·도덕·종교 따위 물심양면에 걸치는 생활형성의 양식과 내용을 포함한다"라고 정의한다.[306] 남과 북의 문화에 대한 정의가 크게 다르지는 않지만, 북한의 경우 거기에 계급적 성격을 부여한다는 점이 특징이다.

전영선은 『북한의 사회와 문화』에서 북한의 민족 허무주의에 대해 분석하고 있는바, 민족 허무주의는 결국 다른 나라의 것을 쫓아 국가와 인민을 팔아먹는 반역행위로 이어져 제국주의자들의 침략정책을 정당화하고, 반동적 세계주의를 수용하는 처지에서 자국의 문화유산을 부정하는 태도로 민족문화 예술발전을 저해한다는 것이다.[307]

1.3 시사점

현존하는 한 사회의 역동성과 삶의 모습을 제대로 이해하기 위해서는 그 체제의 사회문화를 알아야 한다. 정치 문화적 현상은 통치행위와 순응 과정을 통해 형이하학적으로 드러나지만 사회 문화적 현상은 그 사회 깊이 내재하여 마치 강 밑의 물줄기처럼 대대손손 이어지는 특성을 보인다.

연구자가 북한의 사회문화 분야를 집필하고자 여러 자료를 찾았지만 쉽지 않았던 고충을 토로하지 않을 수 없다. 남북의 통합을 위한 사회문화의 중요성에도 불구하고 북한 및 통일연구에서 가장 뒤떨어

---

306 이우영, 『남과 북 사회이야기』(서울: 선인, 2024), p.338.
307 전영선, 『북한의 사회와 문화』(서울: 도서출판 역락, 2005), p.216.

진 분야가 북한의 사회문화 영역이다. 이것은 북한 사회가 지닌 폐쇄성과 북한의 공식 문헌자료가 지닌 정치성과 교조성으로 자체 한계가 있으며, 문헌 분석을 통한 사회문화 접근의 난해함 때문이다.

현지 조사를 통한 북한 사회 분야의 실제적 연구를 할 수 없는 물리적 제한도 또 다른 이유이다. 그러나 2024년 현재 한국 사회에는 북한 사회를 탈출하여 온 3만4천여 명의 탈북민들이 살고 있다.[308] 오늘날의 북한은 심각한 경제난으로 체제 위기에 처해있다. 따라서 북한 체제의 내구성 정도와 미래를 전망하기 위해서는 북한 사회 저변의 문화적 변화를 분석해 내는 것이 중요한 과제로 대두하고 있다. 즉 북한의 사회문화에 관한 연구 필요성이 절박하게 제기되고 있다.

북한 사회는 북한체제 이전 전통적 사회문화의 연속성 상에서 이어져 오는 사회주의 대가정이라는 명제를 이탈한 적이 없다.[309] 한 마디로 북한은 여전히 가부장적 질서가 유지되고 있다. 이것은 혁명적 수령론에서 진화한 주체사상을 통치 이데올로기로 하는 데서 확인할 수 있다.

북한은 2021년 노동당 제8차 당 대회[310] 때부터 김일성과 김정일의 초상화를 대회장 주석단에서 내리는 파격적 조처를 했고, 2024년 4월

---

[308] 현재 한국에 사는 탈북민은 3만4천여 명이다. 이 숫자는 강원도 인제군 인구보다 2,000명이 많고 경상북도 봉화군보다는 4,000명이 많은 엄청난 규모다. 이들을 통하여 한국의 학자들은 북한 사회문화 및 권력구조, 정치문화 연구를 진행하고 있지만, 상대적으로 사회문화 연구는 크게 뒤쳐져 있다.

[309] 한민족의 가장 두드러진 사회 문화적 특징 중 하나가 대가족제다. 강력한 사회적 규범으로서 오랜 세월 유지되어 온 대가족제는 세대 간의 긴밀한 유대가 친족은 물론 넓게는 사회, 국가로까지 확장된다. 문현진, 『코리안드림』(마음서재. 2020년), pp.75-76.

[310] 제8차 당 대회는 2021년 1월 5일부터 1월 12일까지 8일간 평양에서 진행되었다. 8차 당 대회는 1961년 9월에 열린 제4차 당 대회와 함께 역대 2번째로 긴 회기를 기록한 만큼 향후 북한의 대내외 정책을 엿볼 수 있었다.

15일 김일성 생일 때부터 김일성 신격화의 절정을 이루던 태양절까지 삭제하였다. 태양절의 삭제는 곧 김일성 시대의 종막을 의미하며 이제 김정은이란 새로운 통치자의 새로운 신격화가 막을 올리고 있다는 방증이다. 좀 더 쉽게 말하면 이제 북한에서 사회주의 관성이 드디어 멈추고 있다는 사회 문화적 종말 현상으로 평가할 수 있다.

이런 사회 문화적 변화가 주는 엄청난 프로세스와 의미를 북한 연구자들은 제대로 분석해 내지 못하고 있다. 이렇듯 다이나믹하게 변화하는 북한의 환경을 예의주시하면서 사회문화에 대한 보다 진전된 연구 성과를 낼 필요가 있다. 특히 문헌 분석을 넘어서 북한 이탈주민의 생생한 증언을 제대로 활용하며 실제 사회적 변동과 생활문화를 분석할 과제가 대두하고 있다. 특히 분단시대 남북한 사회 문화적 이질화가 심하게 촉진되고 있는 현실이 북한 사회문화의 심도 있는 연구를 더욱 요구하고 있다.[311]

어느 사회라도 갈등과 통합이라는 양면성을 동시에 지니기 마련이다. 그 갈등과 통합을 녹여내는 사회문화의 영향력으로 단합된 사회를 만들어 낼 수 있다. 뒤르껭(E. Durkheim)은 개인의 독립성을 부정하고 사회에 대한 개인 결정론을 강조한다. 그의 사회구조 문화론은 사회적 연대 양식을 기계적(mechanical)인 것으로부터 유기적(organic)인 것으로의 전환을 의미하고 있다.[312]

반면 갈등이론은 마르크스 (Karl Marx)와 베버(Max Weber)[313]가 제

---

[311] 북한은 시대가 바뀌어도 사회주의 대가정의 전제 아래 자라나는 새세대에게 수령과 당에 대한 충성심을 끊임없이 강조하면서 이를 통한 체제 재생산과 사회결속력을 추진하고 있다. "사회주의 대가정," 『김일성종합대학 학보』, 2022년 1월호, pp.3-4.

[312] Émile Durkheim, *The Division of Labor in Society* (Digireads.com, 2019).

기했으며, 상부구조의 이데올로기는 하부구조의 주요 요소로부터 영향을 받게 된다. 이에 대하여 뒤르껭은 사회적 갈등의 기원은 경제적 불평등이며, 경제적 불평등은 사회 문화적 갈등의 핵심 요소임을 주장하였고, 마르크스와 베버는 사회 문화적 갈등의 요인이 다차원적임을 강조하였다.[314]

제2절 북한 사회문화 실태 분석

2.1 김일성 정권의 사회문화: 전통문화 탈피

북한은 한국 사회와 달리 조선시대 500년, 일제 식민지 35년을 경험한 후 곧바로 전체주의 체제로 출발하였다. 해방기와 분단 공고기로 구분되는 김일성 정권 시절 북한의 문화는 민족문화유산의 계승이란 구호와 함께 전통으로부터의 탈피과정으로 요약할 수 있다. 원래 사회주의 체제 자체가 과거로부터의 단절을 주된 목표로 하고 있다. 정치체제 자체는 물론 사회 문화적으로 전통을 구악으로 규정한 가운데 김일성을 비롯하여 항일투쟁을 경험한 리더 그룹이 가진 유격대 국가

---

[313] Karl Marx and Frederics Engel, *The Communist Manifesto* (International Publishers Co, 2014); Max Weber, *The Protestant Ethic and the Spirit of Capitalism* (Cherry Hill Publishing, 2017).

[314] 위 이론에 근거해 남북한 사회문화 체제상의 장, 단점을 살펴보면, 남한에서는 사회 문화적으로 상대적 자율성이 높지만, 전통문화 의식에 대한 감소추세와 상업주의와 퇴폐성이 증대하고 있다. 이에 비하여 북한에서는 체제 재생산을 위해 문화의 긍정적 역할이 중요시되고, 문화의 전통적 요소에 대한 주체적 관심을 강조하는 반면, 문화의 도구화로 개인 숭배가 강조되면서 문화의 다양성과 창의성이 상쇄하고 있다.

론이 북한 사회문화 형성의 이론적 기반이 되었다.[315]

해방 직후 북한 주민의 문자 해득률(Literacy: 15세 이상 인구 중 글을 읽고 쓸 수 있는 인구)은 남쪽 지역보다 높아 거의 87% 이상이었다. 북한은 해방 직후 강력한 문맹 퇴치 운동을 전개해 고령자들도 글을 잘 읽고 쓰게 되었는바 특히 전체주의 국가인 북한에서 글은 사상교육, 체제 선전·선동과 연결돼 있어 문맹률이 낮을 수밖에 없었다. 한자 쓰기를 거의 완벽하게 폐지한 것 역시 문맹률을 낮춘 요인 중 하나로 거론된다.

북한은 1949년 3월 한자를 폐지했는데 일정 기간 학술용어 등에서의 부분적인 한자 사용을 제외하면 지금까지 한결같이 한글만을 쓰도록 하고 있다.[316]

당시 토지개혁의 정당성과 의의를 농민을 설득하기 위해 대부분 문맹이었던 농민을 계몽하는 것이 급선무였고 어느 정도 한글을 읽고 쓰게 된 농민들을 위해서는 어려운 한자를 폐지해야만 했다는 것이다. 북한은 교육 수준의 향상과 전인민의 지식인화를 위해 1956년 초등의무교육제에 이어 불과 2년 후인 1958년 중등의무교육제를 시행하고

---

[315] 김일성을 비롯한 해방기 북한에 등장한 리더 그룹은 항일무장투쟁을 커다란 공적과 위훈으로 내세웠지만, 그것은 많이 조작된 면이 적지 않았다. 즉 오늘날 1932년 4월 25일로 기념되는 조선인민혁명군은 애초에 없었고 중국공산당의 무장투쟁 노선에 호응하여 궐기한 것이 전부였다. 림춘추, 『항일무장투쟁시기를 회상하여』(평양: 조선로동당출판사, 1960), pp.23-24.

[316] 해빙 직후 북한에서는 각 분야에서 김일성의 개인 숭배가 거의 존재하지 않았다는 점을 중시할 필요가 있다. 즉 1956년 출판된 『해방 후 조선음악』이란 책에서 이희림 작곡가는 "1945년 8월 15일 조선 인민은 위대한 쏘베트 군대에 의하여 해방되었다"고 쓰고 있다. 조선작곡가동맹중앙위원회, 『해방 후 조선음악』(로동신문출판사, 1956), pp.3-4.

사회주의 경제가 기반을 갖춘 1959년부터는 완전무료교육제를 도입하였다.[317]

한편 남북한을 비교해 보면, 보편적인 교육제도의 도입으로 누구나 읽고 쓸 수 있는 시대가 됐지만, 한국 사회에는 여전히 글을 제대로 읽거나 쓸 수 없는 사람이 적지 않다. 바로 고령의 노인들이다. 2008년 국립국어원의 국민 기초 문해력 조사 결과에 따르면 문장 이해 능력이 거의 없는 19세 이상 인구는 전체의 7%인 약 260만 명에 달하는 것으로 추정된다. 이 가운데 읽고 쓰는 능력이 전혀 없는 비문해자가 62만 명(1.7%), 낱글자나 단어를 읽을 수 있지만, 문장 이해 능력이 거의 없는 반(半)문해자는 198만 명(5.3%)으로 분류한다.[318]

이들 대부분은 과거 사회적 편견과 경제적 형편 탓에 학교를 다니지 못해 한글을 배우지 못한 노인들이다. 미국 역시 반문해자 비율은 21-23%(약 4천만 명)에 달하는 것으로 알려져 있다. 그렇다면 경제·사회·문화 모든 면에서 남한과 미국에 뒤져 있는 북한은 어떨까. 2012년 10월 8일 미국 중앙정보부의 The World Factbook[319]에 따르면 북한의 문자해득률은 1991년 기준으로 99%(남성 99%, 여성 99%)였다.

또 유엔 역시 2022년 11월 발표한 *Human Development Report 2021/22: Uncertain Times, Unsettled Lives: Shaping our Future in a Transforming World* [320]서 북한의 문맹률을 0%로 집계했다. 북한은

---

[317] 한국정치연구회, 『북한정치론』(서울: 백산서당, 1990년), p.249.
[318] "북한 문맹률이 0%에 가까운 까닭은," 《연합뉴스》, 2012년 10월 8일.
[319] CIA, *The CIA World Factbook 2012-2013* (Skyhorse, 2012).
[320] United Nations, *Human Development Report 2021/22: Uncertain Times, Unsettled Lives: Shaping our Future in a Transforming World* (United Nations, 2021).

국가통계를 거의 공개하지 않아 이들 기구가 발표하는 북한통계도 전적으로 신뢰하기 어렵다는 의견이 있지만, 탈북자들 역시 북한의 문맹률이 매우 낮다고 입을 모은다. 2000년대 남한에 정착한 한 탈북자는 "북한에 있을 때 글을 못 읽거나 못 쓰는 사람을 본 적이 없다"라며 "아주 나이가 많은 노인 중에서도 문맹자는 찾아보기 어려웠다"라고 말했다.

북한에서 문맹률이 낮은 이유는 두 가지 정도로 추정한다. 북한 출신인 연구자의 입장에서는 "북한은 해방 직후 강력한 문맹퇴치 운동을 전개해 고령자들도 글을 잘 읽고 쓰는 것"이라며 "특히 전체주의 국가인 북한에서 글은 사상교육, 체제 선전·선동과 연결돼 문맹률이 낮을 수밖에 없다"고 설명했다.[321]

이후 1962년에는 내각명령 '성인교육사업을 개선할 데 대하여'를 채택하여 성인 근로자들이 일반 지식수준을 초급중학교 졸업 정도 이상의 수준으로 끌어올리며 그들이 한 가지 이상의 기술을 갖게 하는 정책을 취하였다. 이와 같은 교육혁명을 통해 1967년부터 9년제 의무교육을 시행했다. 1970년에 이르러 129개의 대학과 약 500여 개의 고등기술학교에서 20만 명의 학생들이 공부하게 되었다.

또 기술자, 전문가 양성사업을 활발하게 진행하면서 1960년에 비해 4.3배나 더 많은 49만7천 명의 기사, 기술자와 전문가들이 일하게 되었고, 전체 종업원 중 기술자, 전문가의 비중은 1960년의 7.2%에서 1969년에는 15.8%로, 협동농장 당 기술자, 전문가의 수는 1.2명에서 17.5명으로 늘어나게 되었다.

---

[321] "북한 문맹률이 0%에 가까운 까닭은," 《연합뉴스》, 2012년 10월 8일.

또 1966년에 이미 2만3천여 개의 탁아소와 1만5천여 개의 유치원에서 전체 탁아소 연령기 어린이의 70%인 87만 명과 유치원 연령기의 60%인 79만 명의 어린이가 국가와 사회의 부담으로 보육·교양되고 있었다.

바로 이런 복지제도를 사회주의 관성으로 계속 확대 재생산한 것이다. 여기에 김일성의 항일무장투쟁에 대한 신화의 창조는 우상화 교육으로 이어져 북한 신세대들에게 김일성 정권에 대한 통치의 용이성을 배가시켜 주었다.[322]

그러나 북한 정권의 과거와 단절 노력은 여러 가지 장애에 부딪히지 않을 수 없었다. 실례로 북한 사회에 1960년대 초반까지 매춘이 남아 있었는데 6·25전쟁 이후 기독교를 비롯한 종교를 깨끗이 청산한 것과 대조를 이룬다. 특히 일본의 자본주의 문화를 그대로 가지고 북한 사회에 진입한 재일동포의 경우 단순히 먹고 살기 위해 매춘을 선택한 여성들이 꽤 있었다.[323] 북송 교포 처녀들은 강제적인 노동현장에 적응하지 못하고 꾀병을 부리면서 숙박시설이 없는 데로부터 주로 자기 가정집에서 남자들을 유인해 매춘하였는데, 소개비까지 주어도 북한의 사회주의 경제 현장에 나가 육체적으로 고생하는 것보다 수입이 좋았다고 한다. 이들의 행실을 배운 북한의 처녀들도 그런 행위를 하

---

[322] 1960년대 북한 문화의 중심세력은 박금철과 박 달 등이었다. 박달은 갑산파의 핵심 인물로 일본 경찰의 잔혹한 고문으로 인해 서대문형무소에서 휠체어를 타고 나와 평양으로 올라갔으나 건강 때문에 고위직에 오를 형편이 못되었다. 그는 김일성 우상화를 위한 장편소설을 써 김일성 정권에 기여했는데 대표적 작품이 <서광>이다. 박달, 『서 광』(평양: 민청출판사, 1963년).

[323] 가와사키 에이코, 리소라 역, 『일본에서 북한으로 간 사람들의 이야기』(다큐스토리, 2021), pp.280-282.

는 현상이 늘어나자 북한 정권은 1997년을 기점으로 일체 개별적 상행위 근절이란 구호 아래 매춘을 근원적으로 제거하는 새생활 기풍확립운동을 전개하였다.

2.1.1 북한판 문화대혁명: 갑산파 숙청의 내막

북한사에서 김일성 정권과 마지막까지 동거하며 동고동락했던 갑산파의 숙청은 단지 정치파벌의 소멸이 아니라 사회주의 문화가 유일독재 문화로 전락하는 순간으로 평가해야 한다는 주장을 펴고 싶다. 갑산파는 만주 항일무장세력의 한 계파로, 1950년대 말까지는 북한 노동당 내 요직을 맡는 등 김일성 권력 기반의 중심으로 자리를 잡았으나 1960년대 후반 김일성 후계 구도에 연계되면서 숙청 대상이 됐다.

북한의 이른바 갑산파 숙청 당시인 1967년 중국 정부가 김일성 주석의 결정에 내심 불쾌감을 표시했다는 내용의 외교문서가 최근 공개됐다.[324] 특히 당시 숙청된 갑산파는 김일성 유일체제와 우상화를 비판하고 대중문화 발전과 협력을 통한 경제발전을 주장했다는 점에서 2013년 12월 처형된 장성택과 유사점이 있는 것으로 평가돼 중국의 반응에 더욱 관심이 쏠렸다.

미국 우드로윌슨센터(WWC)가 공개한 외교문서에 따르면 평양 주재 루마니아 대사관은 1967년 7월 28일 본국에 보낸 전문을 통해 중국 대사관 측과 전날 만찬 간담회 내용을 보고했다. 이 자리에서 중국 측 고위 외교관은 박금철과 리효순, 김도만 등 갑산파 3인이 완전히 사라졌다면서 숙청 사실을 확인했다. 그는 특히 과거 국내 항

---

[324] "중국, 1967년 김일성 갑산파 숙청때 불쾌감," 《연합뉴스》, 2013년 12월 17일.

일운동을 주도했던 박금철로서는 북한의 혁명과 사회주의 국가 건설의 공로가 모두 김일성에게 돌아가는 것을 용납하지 못하는 게 아주 당연하다면서 갑산파를 두둔하기도 했다.

중국 외교관은 이어 "이들에 대한 숙청으로 인해 친(親) 중국 성향의 인사들이 언론이나 선전물에서 목소리를 내지 않게 됐다"라면서 "반면 북중 관계 발전에 부정적인 역할을 한 이들의 움직임이 빨라지고 있다"라고 지적했다. 그러면서 6·25전쟁 당시 중국이 엄청난 재원을 북한에 투입했다는 점을 지적한 뒤 "북한이 이를 갚았느냐"라는 루마니아 측의 질문에 "우리는 돈을 요구하지도 않았지만 어떤 돈도 보지 못했다"라면서 "북한의 현 지도부는 이런 희생에 대해 감사도 표시하지 않았다"라고 비판했다.

그는 한반도에 또 전쟁이 발발한다면 중국이 북한에 대해 군사 지원을 하겠느냐는 질문에도 궁극적으로 개입하겠지만 북한에서 근본적인 변화가 있어야 가능하다고 말했다. 이에 대해 루마니아 외교관은 전문에서 "그는 아마 북한 지도부 내의 변화를 의미한 것으로 보인다"라고 설명했다. 이에 앞서 같은 해 6월 13일 자 평양 주재 루마니아 대사관의 외교 전문에서도 갑산파 숙청에 대한 보고가 있었던 것으로 나타났다.

전문에 따르면 헝가리 대사관 관계자는 박금철, 리효순, 고혁, 김도만 등이 노동당 지도부에서 축출됐다고 확인했다면서 이런 소식을 전한 북한 측 인사는 "지도자 김일성에 대한 존경이 없는 것은 참을 수 없다"라고 이유를 설명했다. 결국 갑산파는 김일성의 유일사상체계 수립에 반대하다 숙청된 것이다. 이밖에 같은 해 8월 3일 자 외교 전문에는 박금철이 농촌의 한 공장 책임자로 임명됐다고 전했다.

우드로윌슨센터의 제임스 퍼슨 연구원은 "박금철은 자신이 (김일성의) 후계자로 더 적격이라고 여기고 자체적인 우상화 작업을 했다"라면서 "김일성으로서는 이를 권위에 대한 도전이라고 여겼을 것"이라고 지적했다.[325] 그러면서 박금철 등이 주민들의 삶의 질 향상을 위해 소비재 생산과 경공업 투자를 늘릴 것을 요구하면서 김일성의 이른바 국방·경제 병진노선에 반발한 것도 숙청의 이유였다고 진단하면서 장성택 처형과의 유사성을 우회적으로 언급했다.

박금철이 사실상 노동당을 장악하고 있던 1960년대 중반 이전까지 북한의 문화예술은 전성기를 누렸다고 해도 과언이 아니다. 갑산파가 사라지기 전까지 북한 사회문화는 비교적 자유분방한 면이 없지 않았다. 그래서 박금철과 이효순을 중국의 유소기와 덩샤오핑에 비교하여 북한판 문화대혁명으로 봐도 된다는 주장이다.[326] 갑산파가 노동당을 장악하고 있던 1956-1967년 기간은 북한경제가 성장기를 달리던 시대이다. 이때 북한의 청년들은 비교적 연애를 즐겼고 일과가 끝나면 저녁 식사 후 반드시 모여 노래와 춤을 추며 하루 피곤을 풀었다. 당시 대표적인 연애소설이 『청년전위』다.[327]

---

[325] 박금철은 김일성을 흉내를 내며 자신의 와이프를 주인공으로 하는 영화를 만들어 보급했던 것도 숙청의 죄목이 되었다.

[326] 갑산파는 북한의 갑산지역을 중심으로 박금철과 이효순, 박달 등이 1930년대 중반부터 지하조직을 만들어 일제와 싸운 파벌을 가리킨다. 결국 일경에 체포된 이들은 해방 직후 서대문형무소에서 출옥하여 평양으로 올라가 박금철은 북한의 2인자의 지위에까지 오르게 된다.

[327] 림춘추, 『청년전위』(근로단체단위출판사, 1970): 저자는 부주석까지 지내고 사망한 림춘추다. 혁명1세대인 림춘추는 길림성(吉林省) 연길현(延吉縣)의 빈농 가정 출신으로, 1930년대 초반 항일유격대에 입대했다. 동북항일연군 제1로군 제6사 제7단 제8련의 당비서를 지냈으며, 유격대 내 의관(醫官) 노릇도 했다. 1942년 7월 소련에서 설립된 항일연군 교도려(敎導旅, 소련극동방면군 제88보병여

북한의 이와 같은 사회문화의 전성기는 1960년 말을 기점으로 반환점을 찍게 된다. 1967년 5월 노동당 제4기 15차 전원회의에서 박금철과 이효순 등 갑산파가 제거되면서 북한 정치는 유일사상체계로 전환하고 주민들의 생활양식, 즉 사회문화는 경직된 통제 문화로 전락하고 만다.

한편 1962년 소련 하르코프 대학의 리베르만(Lowell Liebermann) 교수가 창안한 리베르만 이론이 북한에도 전파되면서 사회주의 경제 발전 방식을 놓고 치열한 논쟁이 벌어지게 되는 데 이때도 김일성은 자기주장을 고집하면서 시장경제의 부분적 도입을 강하게 거부하였다. 리베르만 방식은 이윤 도입 방식으로 종합적 능률 지표로서 이윤을 도입하고 이윤율이 높고 적음에 따라 종업원에게 보상금을 주는 방식으로 사유화의 영역을 확대할 수 있는 일종의 계획경제와 시장경제의 경계선을 넘어 보자는 방식이다. 만약에 1960년대 중반 이후 김일성 정권이 갑산파의 주장을 수용하고 리베르만 방식을 부분적으로 도입하였더라면 북한 사회문화는 훨씬 다양하고 포용적으로 변화되었을 것이다.

2.1.2 북한의 단군신화 복원의 내막

북한은 1990년대 초반 단군신화를 깨우는 작업으로 단군문화를 복

단)에서 배장이 되었다. 해방 후 동만주 지구의 해방사업을 위해 연변(延邊)으로 이동했다. 곧 귀국하여 1945년 12월 조선공산당 북조선분국 평남도당 제2비서가 되었다. 1949년 6월 조선노동당 강원도당 위원장이 되었다. 1950년 12월 노동당 중앙위원회 제3차 전원회의에서 6·25전쟁 후퇴시기에 "후퇴를 계획적으로 조직하지 못하고 비겁하게 도망쳤다"는 이유로 비판받고 도당학교 교원으로 좌천되었다. 1954년 노동당 연락부 부부장으로 재기했다.

원하게 되는데 이는 한반도의 역사적 정통성이 평양에 있다는 대동강 문명의 창시라는 거대 프로젝트의 일환이라고 할 수 있다. 한 마디로 김일성 시대의 북한 사회문화는 단군신화 복원과 함께 막을 내리게 되는 셈이다. 그러나 1990년대 초반까지도 북한의 역사학계는 단군을 부정하고 있었다.

북한의 역사학자 리지린은 단군이 죽은 뒤 하늘에 올라가지 않고 아사달의 산신이 되었으므로 그 존재는 천군이 아니라 지상의 군주라고 보았지만 어디까지나 신화상의 인물이기에 고조선의 창건자라는 역사 인물은 될 수 없다고 했다.[328] 나아가 단군을 부인하던 시기에는 한국의 단군 찾기나 숭배까지 비난했다. 조선력사(1963)에는 "미제에 복무하는 남조선 반동들은 마치도 단군신화가 그대로 역사 사실인 것처럼 왜곡하면서 인민들의 과학적인 사고를 마비시키려 하고 있다.[329] 그들의 목적은 조선 민족의 기원을 신비화시킴으로써 우리 인민의 계급의식을 마비시키고 배타적인 민족주의 사상을 고취함으로써 공산주의를 반대하는 수단으로 이용하는 데 있다"라고 한다.

이후 북한 역사학계에서는 1965년부터 1986년까지 20여 년간 단군 관계 기사가 일체 나타나지 않았고 이 공백기를 거치면서 나온 북한의 공식 역사책이라 할 조선전사에서도 단군 관계 기사는 33권 중 제2권에서 "고조선의 건국 사실을 전하는 단군신화"라는 항목으로 겨우 5면을 차지할 정도였다.[330]

---

[328] 리지린, 이덕일 번역, 『리지린의 고조선 연구: 대륙 고조선을 찾아서』(2018): 북경대 박사학위 논문(1961).
[329] 임채욱, 『북한 문화』(도서출판 JMG, 2023), p.17.
[330] 사회과학원 력사연구소, 『조선전사』(과학백과사전종합출판사, 1991).

그런데 1987년부터 강인숙이란 역사학자가 나타나서 단군신화가 후세에 조작된 것이 아니라 고조선 건국 당시에 이미 나온 신화로 그것은 역사의 사실을 반영한다고 주장하기 시작한다.[331] 이어 1993년에 이르러 단군 관계 논문이 15편이 나오더니 이듬해 27편, 또 그 이듬해 38편, 이렇게 해서 3년 동안 무려 80편이 쏟아졌다.

계속해 북한은 1993년 10월 2일 평양시 강동군 강동읍 대박산 동남쪽 경사면 기슭에서 고구려 양식의 돌간흙무덤을 발견, 여기서 두 사람분의 남자와 여자 뼈가 나왔고, 이를 '전자상자성공명법'이라는 첨단 기술을 이용하여 측정한 결과 5011년 전의 단군 유골이라고 발표하였다. 김일성 주석은 결국 자신의 전주 김 씨가 대동강 문명의 창시자로써 향후 한반도에서 500년, 1000년을 집권하겠다는 야망을 단군릉 복원으로 마무리하고 세상을 떠났다.

2.2 김정일 정권의 사회문화: 대동강문명 성립기

김일성 시대 뒤에 등장하는 북한의 사회문화 현상은 이미 김정일 세습기에 그 토대가 마련된 연속성 상에서 분석되어야 한다. 영원한 세습국가를 꿈꾸는 북한은 한반도 역사의 중심론을 강하게 들고나오게 된다.

2.2.1 고구려 중심의 삼국시대론

고구려 중심의 삼국시대론은 1950년대 후반부터 단초를 보였다. 평양의 재건과 더불어 그 역사와 문화를 주목하였던 것이 그 계기였

---

[331] 강인숙, "단군 신화의 형성," 『역사연구』(1987).

다. 그 후 1950년대 후반-1970년대 고고학·고대사 연구의 축적과 더불어 평양 중심의 한국사 인식이 심화되었는데, 1974년 동명왕릉의 발굴은 그에 중요한 근거를 제공하였다. 그 결과 1980년대 전반에 고구려 중심의 삼국시대론이 정립되었다. 평양 중심의 한국사 인식은 경화(stiffening)되었다.

1990년대 전반 일련의 사업으로 복원된 단군릉·동명왕릉·왕건릉이 이를 잘 보여준다. 특히 단군릉의 발굴이 주목된다. 이로써 평양은 반만년의 수도로 격상하였고, 대동강 유역은 인류 문명의 발생지·중심지로 부상하였다. 그렇지만 동명왕릉·단군릉에 대한 북한 학계의 주장은 무리했다. 동명왕릉은 1970년대 주체사상의 확립 과정에서 민족주의적 고고학·고대사 연구가 제기된 데 대한 응답이었다. 따라서 동명왕릉·단군릉 발굴은 북한 역사학계가 중심이 된 전통복원 사업이 아니라 노동당이 기획하고 추진한 일종의 정책사업이었다.

이를 근거로 북한은 남북의 분단 속에서 민족사의 정통성은 평양에 수도를 둔 북한이 계승되었다고 주장한다. 동명왕릉 발굴에 기초한 고구려 중심의 삼국시대론이 평양에 민족사의 정통성을 부여하였다는 주장으로 그 정점이 김일성이었다. 1993년 발굴된 단군릉도 마찬가지였다. 민족사의 정통성은 김일성·김정일의 정치 권력과 계승을 정당화하였다. 평양에 민족사의 정통성을 부여하고 이를 정치 권력이 독점한 것이다.

"전반적 12년제 의무교육강령"의 정통국가론은 평양을 중심으로 하는 민족사의 정통성을 일원적인 한국사 체계로 확립시킨 것으로, 지금은 김정은의 정치 권력과 계승을 정당화하고 있다. 이처럼 "전반적 12년제 의무교육강령"의 정통국가론은 평양에 부여된 민족의 정통

성과 정치 권력의 정당화 시도를 함의하는데, 이를 묶어 평양 정통론이라고 부를 수 있다.[332]

2.2.2 혁명가극과 주체예술

김정일 시대 사회문화의 핵심은 5대 혁명가극과 주체예술로 자리매김하게 된다. 김정일은 자신을 예술의 천재로 부각하며 1970년대 초반부터 5대 혁명가극 창작에 몰두했다.[333]

5대 혁명가극은 곧 김정일 집권기 음악정치의 토대가 되기도 한다. 김정일은 1970년대 초반까지 자신에 대해 쏟아지는 세습의 곱지 않은 시선을 불식하기 위해 5대 혁명가극 창작에 몰두했다. 드디어 1972년 4월 15일, 김일성 생일 60주년을 맞으며 2시간이 넘는 혁명가극 피바다의 막을 올리게 된다. 웅장한 음악과 무대 배경, 배우들의 열정적인 연기는 2,000석 규모의 평양 대극장에 모여 앉은 김 일과 오진우, 최 현, 오백룡, 백학림, 이을설 등 혁명 1세대들 모두가 눈물바다를 이루었다. 5대 혁명가극 중 선두 주자인 피바다는 곧 눈물바다로 북한 사회문화에 데뷔하였다.[334]

5대 혁명가극은 현재까지 북한 사회주의 80년 문화예술 역사에서 음악정치의 개막이었으며 동시에 북한 인민들의 공명과 호응을 불러

---

[332] 국립통일교육원, 『2024 북한이해』(서울: 국립통일교육원, 2024), pp.341-345.
[333] 북한의 혁명가극 중에서 가장 작품 완성도가 높다는 <피바다>, <꽃파는 처녀>, <당의 참된 딸>, <밀림아 이야기하라>, <금강산의 노래> 등 5개 작품을 일컫는 용어다. 김일성 주석이 1930년대 항일 빨치산 투쟁 당시 직접 각본을 썼다는 피바다 연극을 1960년대 말부터 김정일 국방위원장이 직접 창작을 지도했다는 작품들이다.
[334] 강명도, 『평양은 망명을 꿈꾼다』(중앙일보사, 1995), pp.64-65.

일으킨 북한판 문화예술르네상스였다.

김정일이 음악정치로 통치기반을 다졌다면 김정은은 미사일정치로 3대 세습 기반을 공고히 하고 있다는 상반된 점이 있다. 그와 같은 응집력과 호응성을 가진 북한의 문화예술은 1994년 7월 8일 김일성 주석이 쓰러지기 전까지 북한 사회를 지탱시켜 주며 사회주의 관성을 유발하였으나 1995년부터 시작된 고난의 행군으로 북한 체제는 붕괴를 시작할 수밖에 없었다.

2.2.3 항일유격대식 슬로건의 확대

항일유격대식 슬로건은 김정일 국방위원장이 1974년 "생산도 학습도 생활도 항일유격 대식으로"라는 구호를 제시하면서 일반화되기 시작했다. 이후 정치, 경제, 사회 등 제 분야에서 항일유격대식 사업방법, 항일유격대식 학습 태도, 항일유격대식 생활기풍 등을 강조하고 있다. 특히 북한은 1980년대 말 소련과 동유럽 사회주의 국가의 붕괴를 비롯해 1994년 김일성 사망에 따른 체제 위기와 극심한 경제난에 직면하면서 항일유격대식 삶의 방식 체득을 더욱 강조함으로써 주민들의 사상적 해이를 방지하고 사회주의 혁명 열의를 고취하려 하고 있다.[335]

김정일 체제의 사회문화를 한마디로 요약하면 문화예술은 전성기를 누렸으나 경제에 투자되어야 할 예산이 문화예술로 경도되면서

---

[335] 유격대 국가론을 요약하면 북한은 김일성의 만주항일유격대 정신에 기초해 인민들에게 유격대식 학습과 훈련, 정신무장을 요구하는 국가라는 것이다. 물론 그 중심에는 위대한 수령 김일성이 자리를 잡고 있다. 북한이 이러한 유격대국가로 본격 체제개편되는 시점을 와다 교수는 김일성 유일주체사상이 전개되는 1967년 이후 1972년 무렵으로 잡고 있다. 와다 하루끼 저, 이종석 역 『김일성과 만주항일전쟁』(창작과 비평사, 1992년).

사회주의 경제의 고갈로 인민 생활이 봉건 시대로 후퇴하는 국가 재앙의 절정기였다고 평가할 수 있다. 오늘도 북한 인민들은 김일성 시대의 경제발전과 김정일 시대의 문화예술 전성기를 하나의 향수로 간직하고 고통의 언덕을 넘어가고 있다.

2.2.4 김정일 정권의 문화적 혼란기

북한의 문화예술은 곧 노동당 선전·선동의 최고수단이다. 1990년대 중반에 바로 이 선전·선동의 컨트롤 타워인 노동당 선전선동부가 혼란에 빠지는 일이 발생하였다. 후에 노동당 조직지도부 제1부장이었던 리제강은 한 비밀자료를 통해 당시 당 선전선동부의 비리와 갈등을 저술하여 당 비밀자료로 당 내부에 배포하였다.[336] 당시 노동당 선전선동부장은 정하철이었는데 그는 동상이몽, 양봉음위의 대명사로 숙청되었다.

그 이유는 김일성 주석이 사망한 직후 김정일 위원장은 중앙방송위원회에 김일성의 영도업적과 고매한 풍모를 보여주는 영화문헌을 내보낸 다음 이어 취주악으로 형상한 혁명송가 김일성 장군의 노래를 화면음악으로 내보낼 데 대한 지시를 내렸다. 그때부터 중앙방송위원회에서는 TV로 영화문헌 방영에 이어 김일성 장군의 노래를 내보내는 것이 철칙으로 되었고 또한 시청자들과의 약속으로 자리 잡았다. 그러나 당시 중앙방송위원장 정하철은 이에 반기를 들었다.[337]

정하철은 1997년 12월에도 다음 해 1월 1일에 방영하게 될 텔레비

---

[336] 리제강, 『혁명대오의 순결성을 강화해 나가시는 나날에』(노동당출판사, 2012년).
[337] 정하철은 김일성종합대학을 졸업한 후 노동신문사에 취직하여 기자와 논설위원을 거쳐 조선중앙방송위원회 간부, 위원장, 당 선전비서까지 오른 입지전적 인물이다.

전 신년경축무대를 시사 합평하면서 경축 무대가 시작되기 전에 김정일 동지께 드리는 노래를 화면음악으로 내보내도록 한 것이 음악편집물 같은 인상을 주어 경축 무대 성격이 살아나지 않는다고 주장하면서 김정일 동지께 드리는 노래를 빼라고 하였다. 우상화의 중복 현상을 간소화하고자 한 지극히 온당한 지시였으나 관계 간부들은 거세게 반발하였고 후에 이런 것들이 정하철의 죄목으로 나열되었다.

당시 북한 사회문화의 충격을 드러내게 만든 사건 한 가지를 더 지적하면 일명 심화조 사건을 들 수 있다. 이 심화조 사건은 권력투쟁의 일환이지만 사회문화 분야에 미친 영향력 또한 지대하다.[338] 오늘날 김정은 시대에서는 상상조차 하기 어려운 일이다. 북한 사회문화의 맥락은 2012년 김정은 체제 등장으로 완전히 끊기고 족벌세습의 합리화, 정당화의 수단으로 더욱 무지몽매한 암흑시대에 돌입하게 된다.

2.2.5 심화조 사건이 북한 사회문화에 미친 영향

북한에서 고난의 행군으로 불리는 경제난과 더불어 전대미문의 대규모 숙청사건이 시작된 것은 1996년이다. 당시 최고지도자였던 김정일의 기발한 착상으로 시작된 일명 심화조 사건은 2만여 명의 무고한 피해자를 낸 2년 후에야 그 막을 내렸다.

원래 심화조라는 용어는 "주민문건을 심화한다"라는 의미로 현대판 노예사회의 계층별 구분을 통해 충성분자와 적대분자를 확실히 가르

---

[338] 심화조 사건은 사회안전성 정치국장으로 있던 채문덕이 자신의 과거 처벌에 대한 앙심을 품고 그 뒤 많은 당과 안전기관의 간부들을 고문하고 처형한 북한판 옥쇄사건이다. 북한에서 사회안전성 정치국장이면 우리 경찰청 부청장 급에 해당하는 자리다. 리제강, 『혁명대오의 순결성을 강화해 나가시는 나날에』(조선로동당출판사, 2013),

려는 시스템이다. 사건이 일어난 배경은 북한의 경제난과 큰 연관이 있다. 북한의 식량사정은 1996년에 들어서면서 더욱 극심하게 악화했고, 1997년경에는 지방에서 아사(餓死)로 인한 떼죽음이 발생했다.

주민들의 불만이 점점 고조되자 김정일은 매제인 장성택과 인민보안성(당시 사회안전부) 채문덕 정치국장을 불러 대내외의 관심을 딴 곳으로 돌리는 방편으로 이 사건의 조작을 논의한다. 이후 채문덕은 6·25전쟁 시기 최고사령부를 해치우기 위해 건지리 부근에 잠복해 있던 적 특수부대 요원들이 후퇴하지 못하고 이력을 기만해 국가요직에 자리 잡았다는 정보를 입수한 평양 용성구역 안전부 주민등록부원 최덕성과 부부장 윤계수에게 이 사건의 담당 명령을 하달한다. 이후 사건명도 심화조 사건 또는 용성사건으로 불린다.

심화조 사건이 발발하면서 모든 주민은 물론 당중앙위원회 전 현직 고위층에 대한 인적 조사에 들어갔다. 6·25전쟁 때 무슨 일을 했는지, 경력에서 빈 공백이 없는지를 세세히 훑기 시작했다. 제일 먼저 나라의 농사를 망쳐놓고 대량 아사자를 발생시켰다는 구실을 만들어 당중앙위원회 농업비서인 서관희를 체포해 총살했고, 이어 애국열사릉에 안치되었던 북한 전(前) 농업상이었던 김만금의 시신에 총질을 가해 부관참시했다.

심화조 사건 지도부는 노동당 내의 대규모 간첩망도 적발했다고 공표했다. 중앙당 본부 책임비서 문성술, 전 평양시당 책임비서 서윤석, 중앙재판소 초급당비서였던 피창린, 개성시당 책임비서 김기선, 강원도당 책임비서 림형구 등이 연이어 체포됐다.

전 주영북한대사관 공사였던 태영호 회고록에서 북한 외교관들도 심화조 사건의 사태를 피해갈 수 없었다며 "문성술의 사위, 피창린의 사위, 부관참시 된 김만금의 조카딸, 전 자메이카 주재 북한대사관 참사를 지녔던 림형구의 아들 등이 외무성에서 근무하다가 수용소로 끌려갔다"라고 증언했다.[339]

이 사건이 확대되면서 채문덕의 공로를 높이 평가한 김정일은 그에게 공화국영웅 칭호를 수여하였다. 이처럼 인민보안성 수장들은 날이 갈수록 승승장구하는 반면 중앙, 지방기관 간부들은 공포에 떨었고, 본분을 회피하며 주민 생활을 돌보지 않았다. 이는 또 다른 부작용을 만들어냈다. 주민 생활이 피폐해지면서 황해제철연합기업소 등에서 노동자들이 공장의 강판과 설비를 뜯어내 중국에 고철로 파는 사건이 일어나자 곧바로 군대와 탱크가 투입되기도 했다. 나라 안팎의 정세로 인한 사회적 피해와 후유증이 커지고, 주민의 원성이 터져 나오는데 심화조 사건이 불을 붙여준 셈이다.

계급사회의 주민 갈등이 폭발하고 점차 최고지도부의 불만으로 번지는 마당에 특이한 사건이 터지고 말았다. 중앙당 본부당 책임비서였던 문성술이 조사과정 중 자살한 것이다. 1980년대 중반 무렵 평양시 안전국장을 지낸 채문덕은 중앙당 담당 책임자인 문성술과 평양시당 책임비서였던 서윤석(평안남도 당 책임비서)이 불충성이라는 정치적 평가에 의해 지방의 파출소장으로 쫓겨난 시기를 활용했다. 천재일우(千載一遇)의 기회를 잡은 채문덕은 비밀리에 젊은 요원들을 시켜 이들에 대한 조사를 단행했고, 주민 문건상의 하자를 발견하게 되자 즉시 체포했으며 전기고문과 물고문 등 정신적, 육체적 피해를 입혔다.

고문이 얼마나 가혹했던지 서윤석은 정신이상자로 전락하면서 허

---

[339] 태영호, 『3층 서기실의 암호』(서울: 기파랑, 2018).

위자백을 했고, 고통을 이겨낼 수 없었던 문성술은 자살을 선택했다. 문성술의 죽음으로 이 사건은 난관에 봉착하게 되었다.

김정일은 암행어사 부서로 불리는 조직지도부 4과를 시켜 인민보안성에 대한 전면조사를 지시한다. 수령의 권위를 훼손하려는 채문덕 일당의 죄행을 밝히기 위해 김정일이 무려 3년 8개월간 투쟁했다는 것이다. 리제강은 "1996년부터 1999년까지 3년 8개월 기간에 위대한 장군님께서 채문덕 일당을 적발 분쇄하기 위한 투쟁을 현명하게 이끄신 내용이 하도 방대했다"라면서 1,000페이지나 되는 문건을 김정일이 하룻밤에 보고 비준했다고 썼다.

최고지도자의 지시 한마디에 엘리트들의 생사가 오가는 판국에서 채문덕의 죄행을 수년에 걸쳐 조사했다는 것은 이해하기 힘든 대목이다. 전국적 범위에서 본 사건으로 수백 수천 명이 처형되고 수용소로 끌려가는 것을 노동당 지방담당 요원들을 통해 김정일은 직접 보고받았을 터인데, 인민보안성에 책임을 묻는 것은 주민 달래기용으로밖에 달리 해석할 수 없는 내용이다.

실제 북한에서는 심화조 사건에 대해 많은 의구심을 낳고 있다. 역할 분담이 분명한 북한 권력기관에서 일반범죄 취급을 전문으로 하는 인민보안성이 국가보위성이나 군총정치국이 담당하는 간첩이나 반체제세력 소탕작전에 나섰다는 것도 달리 해석할 수 없는 대목이다.

이 사건이 장기화로 접어들자 아첨분자들의 행태도 노골화되었다. 황해도 벽성군 안전부의 박모 정치부장은 심화조 사건으로 많은 간첩을 색출했다며 제2의 룡성구역 안전부로 만들겠다는 내용의 편지를 김정일에게 보냈다. 그 후 보름이 지나 김정일은 그의 편지 표지에 "당은 계급투쟁의 전초병들인 동무들을 믿는다, 김정일"이라는 내용

으로 화답했다. 전국 보안기관에서는 심화조 성과로 당을 받들겠다는 궐기모임이 자주 열렸다.[340]

이어 월 1천여 건의 김정일 지시문이 하달되면서 이를 집행하기 위한 보안요원들의 충성경쟁이 가속화되었다. 또한 인민보안서를 해산하는 사상 초유의 사태도 벌어졌다. 사후약방문도 있었다. 전당회의를 열어 심화조 사건의 부당성을 알리고 생존한 피해자들을 복권시켰다. 당시 사회안전부는 김정일의 지시로 2000년 4월 인민보안성으로 개칭됐다.[341] 김정일은 자신이 직접 억울한 희생자의 누명을 벗겨준다는 명목으로 정치범수용소에 갇혀 있던 이들을 최고사령관 훈령으로 석방했고, 2000년 2월 평양 인민문화궁전에서 연회를 열고 자그마한 선물보따리를 하사하며 그들의 마음을 달랬다.

그러나 이미 큰 상처를 입은 피해자들에게는 아무런 의미가 없는 조치였다. 심화조 사건이 날조(捏造)로 판명되면서 인민보안성에 대한 대대적인 조사가 시작되었고, 채문덕을 비롯한 지도부 12명에게 사형이 판결되었고 각 지방 1,200여 명의 관련자들에게는 중형이 언도되었다.

2.2.6 북한 사회통제와 마약 실태

북한 사회통제의 심각한 이완 현상으로 마약 복용 실태를 들 수 있다. 모든 나라는 마약을 금한다. 하지만 국가가 나서서 마약을 생산하고 판매하는 나라가 있다. 바로 북한이다. 북한은 외화벌이를 위해

---

340 황해남도 사회안전국 소좌로 근무하다 탈북한 곽명일 박사와의 인터뷰(2021년 4월 21일).
341 안희창, "김정일 시대 북한의 사회통제 연구," 동국대학교 박사학위 논문(2014), pp.199-201.

1970년대에는 비교적 감시가 허술한 대사관과 외교관을 통해 중계무역 형태로 마약 밀수와 판매를 해오다 발각되어 국제사회에서 망신을 당했다.

북한을 탈북한 황장엽씨의 증언에 따르면, 1980-90년대 북한은 직접 양귀비를 재배하여 헤로인을 만드는 백도라지 사업에 나선 것으로 알려졌다. 그 결과 1990년대 중반 북한은 여의도의 약 25배에 해당하는 7,206ha에서 양귀비를 재배해 40t의 아편을 생산했으며, 연간 4t의 헤로인을 만들었을 것으로 한국 정부는 추정하고 있다.

고난의 행군으로 사회주의 허리가 부러진 북한이 1990년대 유일하게 성공한 두 분야가 핵무기와 마약이었다. 가장 반인륜적인 방식으로 체제 재생산의 길을 선택한 것이다. 핵무기 개발로 인해 경제 제재를 당하여 상품의 수입과 수출이 제한된 북한은 마약 판매에 더욱 열을 올렸다. 마약 특성상 거래가 불법이기에 무역 제재의 영향을 덜 받았고 마약은 무기보다 부피가 작아 밀수도 쉬웠다.

북한제 최고 상품은 핵무기나 미사일이 아니라, 마약, 그중에서도 필로폰(메스암페타민)이다. 필로폰 결정이 얼음처럼 투명해 얼음, 아이스, 크리스털 등으로 불리는데, 중국과 북한에서는 빙독(冰毒, 얼음독)이라고 한다. 특히 1990년대 중반 고난의 행군 시절 북한의 경제가 급속히 악화하면서 의약품의 생산은 거의 가동을 멈추었지만, 헤로인과 필로폰은 라남제약공장(청진)과 흥남제약공장(함흥)에서 여전히 쉬지 않고 생산한 것으로 알려졌다.

두 곳 모두 항구에 위치해 배로 밀수출하기에도 쉽다. 마약 판매 규모가 커서, 중국의 삼합회, 일본의 야쿠자, 러시아 마피아 등과 같은 국제 범죄 조직들과 거래하다 발각되어 몇 차례 국제 뉴스가 되기도

했다. 한 연구에 따르면 북한은 무기 거래로 연간 2-5억 달러, 마약 생산과 밀매를 통해 1-2억 달러를 벌어들이는 것으로 추정된다.

현대 의학의 혜택을 잘 누릴 수 없는 북한에서는 아편을 가정상비약으로 쓰기 위해 계속 양귀비를 키우고 있다. 특히 1990년대 중반 고난의 행군으로 수많은 이들이 아사하고 전염병으로 고통받자 북한 주민들은 집에서 본격적으로 양귀비 재배를 시작했다. 실제로 국제앰네스티 한국지부가 인터뷰한 탈북자들이 이런 사실을 증언하고 있다.

"한국에는 아편보다 훨씬 효과 좋은 약이 많겠지만, 북한에서는 아편이 최고의 약이다. 치료용으로 제일이다. 통증도 금방 없어진다. 북한 사람들은 아편만 있으면 뭐든지 다 고칠 수 있다고 생각한다. 아편 같은 것은 보통 집에서 밭농사하는 사람들이면 다 기른다. 북한에 약이 없다 보니 아편을 만병통치약으로 본다. 그래서 농사짓는 사람치고 아편을 안 가지고 있는 사람이 없다."[342]

북한 주민들 사이에서 퍼져나간 건 아편만이 아니다. 북한 정부가 제약 회사에서 필로폰을 생산하면서, 직원들이 필로폰을 빼돌리거나, 전문 인력들이 돈을 벌기 위해서 자체적으로 필로폰을 생산하기 시작했다. 필로폰 생산이 본격화된 2000년대부터 필로폰이 북한 주민들 사이에 광범위하게 퍼지기 시작했다. 한 탈북자는 마약을 "쌀보다 더 구하기 쉬운 상품"이라고 할 정도였다. 주로 산간 지역이라 양귀비를 기르기 쉬운 양강도 쪽은 아편을, 필로폰을 생산하는 제약 회사가 있는 함경도 쪽에는 필로폰을 많이 만든다.

---

[342] 북한의 가정에서는 아예 마약류를 가정의 상비약으로 보관하고 있다고 한다. 갑자기 어린이가 배가 아프거나 토해도 약간의 마약을 먹여 진통을 멈추게 한다는 것이다. "탈북민 박oo씨와 인터뷰," 2023년 4월 14일.

1회용 주사기조차 구하기 어려운 북한에서는 주로 필로폰을 은박지 위에 올려놓고 열을 가해 연기를 마시는 방식으로 투여한다. 필로폰의 원료가 되는 물질인 슈도에페드린은 콧물 감기약으로 사용한다. 필로폰을 하면 실제로 코가 뻥 뚫린다. 이런 복합적인 이유로 북한 사회에는 아편과 필로폰이 널리 퍼져 있다.

한 탈북자는 국제앰네스티 한국지부와 인터뷰에서 "마약은 만병통치약으로 알려져 있다"며 "전당, 전군, 전민이 다 한다"고 말했다. 또 다른 탈북자는 KBS 추적 60분 인터뷰에서 "배가 아파도, 머리가 아파도, 무릎이 아파도, 감기에 걸려도 마약을 한다. 아예 현금처럼 쓰이기도 한다. 결혼식 축의금으로 돈이나 선물 대신 빙두(필로폰) 10g을 주면 신랑과 신부가 좋아한다"라고 했다.

대검찰청 『마약류 범죄백서(1990년-2021년)』[343]에 따르면 2016년 기준으로 필로폰 1g이 북한에서 대략 1만7,000원이지만, 한국에서는 38만 원이었다. 북한 주민들이나 탈북자 입장에서 필로폰의 유통과 판매는 매력적인 사업이 될 수밖에 없다. 북한에서 생산된 필로폰이 중국 국경을 넘기만 해도 가격이 5배가량 오른다고 한다. 이제 마약은 북한에서 가정상비약인 동시에 만병통치약, 심지어 화폐를 넘어 매력적인 사업 분야가 되었다. 마약을 생산하는 정부, 경제 및 의료 시스템의 붕괴, 여기에 주민들의 무지와 가난이 더해져 북한의 마약 문제는 그 어느 나라보다 심각한 것으로 보인다.

고향을 떠나 타지에서 사는 것은 모든 면에서 쉽지 않다. 여기에 한반도만의 특수한 상황이 낳은 이민자가 있다. 탈북자, 다른 말로

---

[343] 대검찰청, 『마약류 범죄백서(1990년-2021년)』(서울: 대검찰청, 2022).

북한이탈주민이다. 과거에는 망명형 탈북이 대부분이었지만, 1990년대 고난의 행군 이후 식량난에 의한 생계형 탈북이 주류를 이루고 있다. 머나먼 길을 돌아 한국에 왔지만, 모든 것이 다른 낯선 상황에 적응하기는 쉽지 않다. 그러다 보니 탈북자는 쉽게 범죄의 피해자가 되기도 하고, 가해자가 되기도 한다.

탈북자들이 어떤 범죄를 가장 자주 저지를까? 놀랍게도 마약 관련 범죄다. 법무부 자료에 따르면 2022년 기준으로 탈북자 수감자 수는 166명으로, 그중 마약류 관련 범죄가 53명(31.9%)으로 가장 높은 비율을 차지했다. 이는 한국인 수감자 중 마약류 사범 비율인 6.3%(『2023년 교정연보』)에 비해 5배 이상 높았다. 탈북자의 마약 범죄율이 높은 이유는 북한에서 마약에 익숙해져 있고, 낯선 체제에서 어려움을 겪는 것 등과 연관이 있는 것으로 추정한다. 또 탈북 경로가 통상 북한-중국-동남아-한국인데, 이 경로와 마약 유통·거래 경로가 비슷한 것도 영향을 미치는 것으로 알려졌다.

2.3 김정은 체제의 사회문화: 두 개 국가론

2.3.1 김정일의 죽음과 김정은의 승계

북한 노동당 총비서이며 국방위원장인 김정일의 죽음은 2011년 12월 17일 오전 8시 30분, 열차에서 과로로 인한 급성 심근경색과 심장 쇼크로 사망하였다고 알려졌다. 북한의 방송사들은 김정일이 희천발전소 현지지도 방문 도중이었다고 특별 방송을 통해 밝혔다. 그의 사망 소식은 2일 동안 극비에 부쳐졌으며, 이틀이 지난 12월 19일 정오에 특별 방송을 통하여 사망 소식이 공식 발표되었고, 시신은 금수산기념궁전에 안치되었다.

북한은 12월 28일에 영결식을 시작으로, 29일까지 애도기간을 갖기로 하였으며, 김정은 당 중앙군사위원회 부위원장이 군 최고 사령관으로 추대되어 장의위원장을 맡는다고 발표했다. 장의 의원은 232명으로, 김정은이 첫 번째로 나열되었으며 동지로 불렸다.

그의 시신은 20일, 조선중앙TV를 통해 공개되었으며 외국 조문단은 받지 않기로 했다고 조선중앙TV는 보도했다.[344]

김정일은 이미 1974년 2월 후계자로 지명된 이후부터 지속해서 북한을 통치해 온 사실상 북한의 통수권자였기에 그의 죽음은 곧 새로운 시대를 갈망하는 북한 인민들에게 희망의 순간이다. 그러나 이미 2009년에 등장한 김정은 노동당 제1비서 체제가 확고한 상태여서 사실상 3대 세습으로 이어진 김일성 정권의 연장에 불과했다.

김정은 정권의 취약성은 세습의 준비 기간이 부족했다는 것이다. 김정일이 1961년 김일성종합대학 입학 후 1964년 졸업과 동시에 노동당 중앙위원회 조직지도부 지도원으로 들어가 후계자 수업을 체계적으로 쌓았던 반면 김정은은 아버지가 너무 갑자기 사망하는 바람에 당과 군대에서 후계자 수업을 받을 기간이 없었다. 김정은의 학력은 현재 스위스 국립학교 중학유학과 김일성군사종합대학 포병학부 단기반 공부가 전부인 것으로 알려졌다.[345]

---

[344] "[김정일 사망] '가장 비통한 심정으로 알린다'," 《조선중앙통신》, 2011년 12월 19일.

[345] 김일성군사종합대학은 학부제 군사대학이 아니라 소좌 이상이 재입학해 공부하는 북한군 대대장 이상 간부양성 고급군사학교로 김정은은 여기서 포병학을 단기 수학했을 뿐이다. 하여 북한의 지식인들속에서는 "김 총비서는 학력도 김일성처럼 중학교 중퇴, 외모도 김일성"이란 말이 유행하고 있다.

2.3.2 김정은의 두 개 국가론 선언과 배경

여기에 김정은은 집권 이후 한국과 남북정상회담에 이어 미국과 정상회담을 하는 등 나름대로 국제사회로 나가려는 듯 자세를 취했지만, 그로부터 5년이 흐른 오늘 두 개 국가론이란 해괴한 구호를 들고나와 영구 분단의 길을 줄달음치고 있다. 이유는 그리 복잡하지 않다. 바로 한국의 문화 열풍에 항복한 것이다. 오늘 북한의 신세대치고 한류 열풍, 즉 K-culture에 매료되지 않는 이는 한 명도 없다. 즉 한류열풍을 막고자 평양 정권이 제시한 것이 한류의 만리장성인 두 개 국가론이다.[346]

김정은의 두 개 국가론을 요약 설명하자면 첫 번째로, 김 위원장은 역대 한국 정부가 추진한 대북정책과 통일정책이 북한에 대한 '정권붕괴'와 '흡수통일'을 추구했으며 정권교체와 상관없이 '자유민주주의체제 하의 통일' 기조에 변함이 없었다고 비난했다. "우리(북한)를 주적으로 선포하고 외세와 야합하여 정권붕괴와 흡수통일의 기회만을 노리는 족속들을 화해와 통일의 상대로 여기는 것은 더는 범하지 말아야 할 착오"라는 것이다. 사실 우리 언론은 이 부분을 제대로 전달하지 않고 있다.

두 번째로, 김 위원장은 남북관계가 "더 이상 동족관계, 동질관계가 아닌 적대적인 두 국가관계, 즉 전쟁 중에 있는 완전한 두 교전국 관계"라고 주장하였다. 그는 최고인민회의 시정연설에서 "대한민국은 화해와 통일의 상대이며 동족이라는 현실 모순적인 기성 개념을 완전

---

[346] 김정은 위원장은 2023년 12월 30일 개최된 조선로동당 중앙위원회 전원회의와 2024년 1월 15일 최고인민회의에서 진행한 시정연설에서 남북관계와 통일정책에 대한 '새로운' 입장을 제시하고 '단호한' 정책 전환을 주장하였다. "김정은 총비서 최고인민회의 시정연설,"《로동신문》, 2024년 1월 16일.

히 지워버리고 철저한 타국으로, 가장 적대적인 국가로 규제한 이상 독립적인 사회주의국가로서의 조선민주주의인민공화국의 주권 행사 영역을 합법적으로 정확히 규정짓기 위한 법률적 대책"을 세울 것을 요구했다.

세 번째로, 김 위원장은 결론적으로 적대적 두 국가관계를 인정하고 근본적인 투쟁원칙과 방향전환을 모색할 것이라 강조했다. 관련하여 "조선 반도에서 전쟁이 일어나는 경우에는 대한민국을 완전히 점령, 평정, 수복하고 공화국 영역에 편입시키는 문제를 반영"할 필요가 있으며, 이 밖에도 "헌법에 있는 '북반부', '자주, 평화통일, 민족대단결'이라는 표현들이 이제는 삭제"되어야 한다고 주장했다.

또한, 당중앙위원회 통일전선부를 비롯한 대남사업 부문의 기구들을 정리하고, 동족, 동질관계로서의 북남조선, 우리 민족끼리, 평화통일 등의 상징으로 비쳐질 수 있는 과거 시대의 잔여물들을 처리할 대책을 요구하였다.[347]

정리하자면, 김정은 위원장은 첫째, 한국 정부, 특히 윤석열 정부 출범 이후 강화되고 있는 대북·통일 정책을 북한 정권의 붕괴와 흡수통일 전략으로 인식하고 둘째, 남북을 더 이상 동족관계, 즉 같은 민족이 아닌 전쟁(교전) 중인 적대적 두 국가관계로 규정하였으며, 셋째, 이러한 규정에 따라 기존의 대남, 통일정책을 전환하는 조치를 추진하겠다고 주장한 것이다.[348]

---

[347] 이와 같은 김정은의 엄명에 따라 올해 2월 평양시 남쪽에 설치되었던 김일성·김정일 유훈이기도 한 조국통일 3대 헌장이 폭파되었다. 화강암 수천 톤으로 만든 조국통일 3대 헌장을 한 방에 날려보내는 김정은의 결기에서 그의 두 개 국가론의 의지를 읽을 수 있다.

[348] 김정은의 두 개 국가론 등장 후 2개월 만에 노동당 통일전선부는 노동당 10국(대

2024년 5월 30일 통일부의 발표에 따르면 북한 당국은 적대적 2국가 관계 규정과 함께 "자녀들의 작명 시 '통일·한국·하나' 등의 사용을 금지"하는 지시를 내린 것으로 나타났다. 이와 관련해 통일부 당국자는 "근래에 북한에서 이런 명칭을 쓰지 말라는 지시가 내려가고, 이런 지시에 따르는 동향이 있다"라고 설명했다.

아울러 북한의 해외공관 내에 보관하던 통일 관련 서적도 모두 폐기한 것으로 전해졌다. 북한 외무성 홈페이지 안에서 '지리' 등의 메뉴도 삭제됐는데, 당초 여기에는 "조선은 삼면이 바다로 둘러싸인 해양국"이라는 내용이 들어있었다. 북한 선전 사이트인 내 나'에서도 "사회주의 헌법 9조, 자주 평화통일 민족대단결 원칙에서 조국통일을 실현하기 위해 투쟁"한다는 내용이 삭제된 것으로 나타났다,

그러나 평양시의 통일선전탑이 여전히 존치되고 있고, 신미리 애국열사릉'의 석판에 쓰여 있는 통일 문구가 여전히 남아있는 등 북한 내부적으로 대남 흔적 지우기가 체계적으로 진행되지 못한 측면도 있는 것으로 파악됐다.[349]

2.3.3 김정은 시대 사회문화의 특징

김정은 시대에 들어와 북한 사회문화정책의 특징은 크게 백두혈통을 통한 정통성 확보, 정상국가를 추구하는 현대화·국제화, 사회주의 문명강국 달성, 영원한 두 개 국가로 구분 지을 수 있다. 김정은 시대의 북한 문화는 기존의 민족적 전통과 현대적 문화가 결합한 복합적 성격

적국)이란 기구로 개편돼 주로 심리전으로 진행하고 있다고 알려졌다.
[349] "北, '자녀 이름 작명 때 통일·하나·한국 사용 금지 지시'," 《노컷뉴스》, 2024년 5월 30일.

을 띠고 있다고 볼 수 있다.

이와 같은 김정은 시대 문화정책의 특징을 바탕으로 본 글은 음악, 공연예술, 무용, 체육 등 각 문화별 현황을 살펴보고, 남북 주민 간 동질성 형성을 위한 교류 추진과 동질성 회복을 위한 교류 추진 등 2가지 남북 문화교류 방향을 제시하고자 한다.

우선 남북한 사회 모두에서 전쟁의 기억이 없는 새로운 세대가 사회 주역으로 성장하고 있으므로 미래세대가 새로운 동질성 회복을 이루어 통일과 통합의 과정을 주도하도록 하여야 한다. 또한 우리 민족이 공유하는 민족의 역사를 함께 되새겨 민족의 동질성 회복 역시 함께 추진되어야 한다.

김정은이 집권하면서 마주한 북한 사회문화 체제는 유일지배체제가 지속되고 있지만 고난의 행군 경험으로 국가에 대한 인민들의 신뢰 하락과 시장화의 결과로 이념보다 물질을 중시하는 개인주의 확산이라는 특징을 갖고 있었다. 변화하는 환경에 대응하기 위하여 김정은은 경제·사회·문화 차원에서는 전략적인 변화를 추구하였다. 김정은 인민대중제일주의를 주창하면서 사회주의 문명강국 건설을 목표로 삼는다. 이런 내용은 뒷부분에 더욱 구체적으로 언급하고자 한다.

시장화에 따른 북한 인민들의 성격 변화와 외부문화 유입, 새로운 세대의 등장과 같은 새로운 사회 환경에 대응하기 위해서 수용적인 정책과 더불어 전통적인 사회통제도 강화하였다. 사회적 차원에서 변화의 배경은 시장화 진전, 외부문화의 유입, 정보화의 진전이다. 시장화로 주민들의 소득 수준은 높아졌지만, 양극화가 심화하고 있고, 외부문화 유입이 확대되면서 다양한 범죄도 증가하고 있다. 장마당 세대로 일컬어지는 새로운 세대의 등장, 계층적·지역적 불평등의 확대는 체제 전반의 변화를 유인할 수밖에 없다. 다양한 통제 정책을 시행하고 있지만, 기술적 진보로 외부문화 유입의 원천적인 봉쇄는 점차 어려워지고 있다.

또한 시장화와 정보화의 진전은 물리적 사회이동을 자극하고 정보 전달의 활성화를 동반하게 된다. 현 체제 유지를 위한 북한당국의 노력과 상관없이 사회구조적 변화의 압력은 점차 축적되고 있다.[350]

김정은시대 북한 문화정책에서 특징적인 것은 영화예술 분야가 침체되었다는 점이다. 알려진 대로, 김정일의 영화에 대한 높은 관심은 김정일 개인의 문제를 넘어 영화의 정치·교육적인 측면을 높이 산 사회주의 국가 최고지도자들의 일반적인 경향으로 이해할 수 있다. 그렇다면 현재 북한 최고지도자 김정은의 영화에 관한 관심은 어떨까? 우리는 그 단초를 김정은 집권 후 영화 제작 편수에서 찾을 수 있다. 연구자가 2012년 1월 1일부터 2020년 12월 31일까지 조선로동당 기관지 《로동신문》과 조선문학예술총동맹 기관지 『조선예술』에 드러난 영화예술 제작 현황을 전수 조사한 결과, 다음과 같은 점이 주목된다.

우선 예술영화의 경우 침체의 골이 깊어지고 있다. 김정은 집권 초기에는 3편이 제작됐지만 2013년 0편, 2014년과 2015년에는 각 1편씩만 제작됐다. 2016년에는 8편이 제작돼 회복되는 듯싶었지만, 2017년부터 2020년까지 한 편도 공개하지 않고 있다. 체제 선동의 강력한 무기였던 예술영화 제작이 이렇게 저조한 건 왜일까? 적어도

---

[350] 현재 북한의 핸드폰 보급률은 700만대로 거의 3-4명 중 1명이 소유하고 있다. 심지어 군부대 대대장 이상에게도 핸드폰이 지급되는가 하면 부모가 부자인 경우 핸드폰을 사 부대로 보내면 지휘관들이 환영하는 실정이다. 당연히 정보 소통과 의사소통이 빠른 속도로 이루어질 수밖에 없다. "판문점 귀순 '총탄 영웅' 오청성 하사와의 인터뷰," 2021년 7월 15일.

경제적 이유는 아닌 것으로 보인다. 왜냐하면 극심한 경제난을 겪었던 고난의 행군 직후에도 매년 10여 편 내외가 꾸준히 제작됐었기 때문이다.351

이러한 위기감을 반영하듯 2015년 5월 18일 자《로동신문》1면에는 "백두의 칼바람으로 침체를 쓸어버리고 하루빨리 명작 폭포를 창작해야 한다"라는 논평이 실렸다.《로동신문》과 같은 당 기관지 1면을 통해 문학예술 부문을 대대적으로 비판하는 것은 대단히 이례적 현상이다.352 북한 영화를 비롯한 문학예술계 전반에 드리워진 북한의 위기감을 반영하고 있다. 이미 장마당을 통해 자본주의 영상 콘텐츠가 광범위하게 유통되는 상황에서 문학예술계의 침체 그 자체보다는 패배주의적 관점의 유포를 보다 더 우려한 것이라고 볼 수 있다.

기록영화의 제작 패턴은 흥미로운 양상을 보여준다. 매년 20-30여 편이 꾸준히 제작되다가 점차 그 제작 편수가 확연히 줄어든 것이다. 북한은 기록영화를 선전성과 정론적 호소성이 있는 직관적 장르로 인식하고 있다. 제작 방향도 당보의 사설을 영상으로 제작하는 것에서 찾고 있다. 작년 한 해 동안 북한은 주민에게 두 국가론 등의 선전을 위해 기록영화를 활용했어야 했다. 그런데도 기록영화의 제작 편수로만 볼 때 사명을 다했다고 보기 어렵다. 김정은의 현지 지도를 수록한 『영화문헌』의 제작 편수가 대폭 줄어든 이유도 있지만, 기록영화의

---

351 김 승, "김정은 시대, 북한 영화 변천사 파헤치기," 통일부, 2021. 9. 1.
352 김정은은 어느 한 자리에서 "남조선 영화 근처에도 못 가는 허접한 영화를 만들려면 아예 영화제작 자체를 걷어치우라"라는 발언까지 했다는 것이다. 노동당이 영화 제작에 대한 투자는 않으면서 다른 나라 영화수준과 비교하여 투정만 부리는 행동이다. 김정은 집권 후 영화보다 드라마 제작에 편중하는 모습을 드러내고 있다. "북한 문화예술 분야에 근무했던 탈북민 이○○ 씨와의 인터뷰," 2021년 4월 3일.

정책 효과성에 대한 북한 선전 당국의 인식 변화가 있는지 주목할 필요가 있다.

예술영화와 기록영화보다 과학영화와 아동영화는 꾸준히 제작되고 있다. "사회주의는 과학이다"라는 테제처럼 역사적으로 북한은 과학영화 보급에 심혈을 기울여 왔다. 과학적 현상에 대한 전통적인 과학교양자료 제작과 더불어 최근에는 북한 주민의 웰빙에 대한 관심을 반영한 듯 건강을 소재로 한 과학영화도 많이 제작되고 있다. 특히 주목되는 것은 아동영화의 비약적인 성장이다.

아동영화는 평균 10-20여 편 정도가 꾸준히 제작되고 있다. <소년장수> 시리즈는 2020년 12월호 100부를 제작 발표했고, 현재 <고주몽> 시리즈가 제작되고 있다. 북한은 "김정은시대 영화혁명의 포성을 울리는 데 역사물 주제 만화영화를 사상 예술적으로 완벽하게 창작하는 것이 매우 중요하다"라고 강조하고 있다.

<소년장수> 제작 사업은 만화영화 창작을 불씨로 하여 영화혁명의 불길을 다시 일으키고자 하는 북한 당국 의지의 표상이기도 하다. 이처럼 김정은 시대 문학예술의 특징은 장르의 쏠림 현상에 있다. 예컨대 모란봉악단과 공훈예술합창단, 삼지연관현악단 등은 당국의 전폭적인 후원 아래 활발한 활동을 펼치고 있다.

영화예술 부문에서도 이와 유사한 현상이 포착된다. 아동영화의 경우에는 최신식 컴퓨터 제작시스템을 최우선으로 지원받고 있다. 이에 비해 대 주민 선전 효과가 갈수록 떨어지고 있는 예술영화의 침체는 근본적인 변화를 꾀하지 않는 한 상당히 오랫동안 지속될 것으로 보인다.

김정은 시대의 영화적 특징 중 하나는 텔레비전 연속극의 활성화다. 이미 <포성없는 전구>와 <북방의 노을> 같은 연속극은 대성공을 거두었다. 2018년에는 <임진년의 심마니들>을 8부까지 방영했다. 이 연속극은 연속촬영과 동시녹음으로 제작되었다.

연속촬영은 성격을 창조하는 배우들의 감정선을 해치지 않아 깊이 있는 연기를 선보임으로써 리얼리티를 극대화할 수 있다. 또한 동시녹음으로 진행했기 때문에 작품 전반에서 배우들의 대사가 생동감 있게 재현될 수 있었다. 대부분의 예술영화가 아직도 후시녹음으로 제작되는 북한의 현실을 고려할 때 인민들이 왜 예술영화를 외면하고 드라마에 열광하는지 유추해 볼 수 있는 대목이다.

북한은 텔레비전 연속극이 넓은 범위에서는 연극적인 시공간적 집중화 방식에 따르면서도 좁은 범위에서는 영화적인 기능성 들도 지니고 있다고 보고 있다. 일반 연극보다 더 풍부한 조형적 표현력을 지니고 있으며 영화보다는 대사를 통한 감정 전달이 쉽다고 판단하고 있는 것이다. 이렇게 북한은 텔레비전 연속극을 가성비 높은 장르로 인식하고 있어서 예술영화의 공백을 빠르게 채워나갈 것으로 예상된다.

제3절 남북 사회문화 통합 추진방향

3.1 사회문화 통합에서 전쟁문화 극복

6·25전쟁은 북한의 사회문화에 어떤 영향을 미쳤을까. 희대의 트라우마를 가져다주고 또다시 전쟁이 일어날 수도 있다는 공포의 문화를 가져다주었다. 만약 6·25전쟁이 없었다면 우리 민족은 문화의 이질화를 지금처럼 걱정하지 않아도 될 것이다. 북한은 그와 같은 문화가 지배하도록 선전·선동 사업을 조직적으로 진행하였다. 6·25전쟁 시

기 북한에서는 기록영화 23편, 시보영화 83편이 만들어졌다. 전쟁 중 제작된 기록영화는 주제별로 미제 침략자를 무찌르는 애국적 투쟁을 다룬 영화, 미제국주의자의 만행을 폭로한 영화, 인민의 승리를 묘사한 영화, 행사 관련 영화로 나눌 수 있다. 이중 「정의의 전쟁」은 미제 침략자를 무찌르는 애국적 투쟁을 다룬 영화로 분류된다.

미국이 1950년 7월 공식적으로 참전을 결정하자 북한은 6·25전쟁을 북한 대 미국의 구도로 재정립하고 미국의 참전으로 약세의 처지에 있음을 세계에 호소하기 위해 당시 제작한 다큐멘터리를 영문판으로 제작했다. 작품들은 이후 UN 등 국제사회에 보내져 적극적으로 반제국주의에 맞서는 약소국가 북한의 이미지를 선전했다. 「정의의 전쟁」도 영문판으로 이때 배포된 영화 중 한편이다. 이후 북한의 다큐멘터리가 미 제국주의로부터 남한을 해방하는 내용의 주제로 수렴되는데 기여했으며, 체코슬로바키아에서 개최된 제7회 카를로비바리 영화제에서 기록영화상을 수상했다.

연구자는 북한의 3대 정권이 계속해서 영웅을 배출하는 것을 보면서, 영웅이 북한 사회주의체제 지속과 연관성이 있을 것이라는 문제의식을 느꼈다. 북한에서 사회주의를 건설, 유지하고 위기극복을 도모할 때마다 내세웠던 영웅정치를 북한정권이 행하는 통치전략의 하나로 규정했다.[353] 먼저 북한 전 시대를 관통하는 영웅정치 작동 메커니즘은 "시대의 요구 - 영웅 만들기 - 영웅신화 만들기 - 영웅 따라 배우기" 방식이었다.

북한정권은 정치·경제·사회적 필요에 따라 영웅을 만들고, 영웅의

---

[353] 이현희, "북한 여성 군인의 군복무 실태에 관한 연구," 고려대학교 박사학위 논문 (2018), pp.53-55.

모범을 전체 사회에 확산하기 위해 다양한 방식의 동의 기제를 활용해 영웅이 영웅을 낳는 메커니즘을 작동시켰다.[354]

북한의 영웅 만들기는 정권의 정치, 경제, 사회적 필요에 따라 이루어졌다. 지도자의 현 지지도와 대중운동을 연계시키고, 시대별 영웅주의를 담론화하여 시대적 요구에 걸맞은 주제의 영웅이 탄생했다. 북한 당국은 만들어진 영웅을 신화화하는 영웅화 작업을 추진하였다. 영웅을 기념과 상징으로 재탄생시켰으며, 다양한 선전·선동, 학교교육, 성인교육을 통해 영웅신화를 만들고 대중의 일상에 영웅을 접합시켜 나갔다. 더 나아가 영웅이 받는 각종 보상과 특별대우를 부각하거나 영웅과 수령의 인격적 관계를 드러내는 것을 통해 영웅숭배 작업을 시행하였다. 만들어진 영웅을 북한사회 전체로 확산시키기 위해 영웅 따라 배우기 운동을 전개하고, 체제수호와 정권유지를 위한 중요한 국면에 영웅대회를 비롯한 각종 대회를 개최하여 영웅을 총궐기시켜 당면한 위기를 극복하고 있다.

김일성 시대는 전쟁시기 영웅칭호를 제도화하고, 각종 대중운동을 펼치며 영웅정치를 발전시켰다. 이 시대 영웅은 북한정권과 주민 모두에게 중요한 가치를 지녔으며, 영웅은 새로운 사회 인간의 전형으로, 전 사회가 따라 배워야 할 모범이었다. 특히 전쟁영웅은 국가의 주인이 어떤 삶을 살아야 하는지를 안내하는 상징적 존재였다. 북한경제를 사회주의 경제로 전변하는데 앞장섰던 생산혁신영웅은 모든 근로자의 본보기로 북한주민이 사회주의 건설에 자발적으로 참여하는데 기여했다. 공산주의 인간의 모델로 이를 확산시킨 인간개조영웅도 이 시대를

---

[354] 송현진, "북한 영웅정치 연구," 이화여자대학교 박사학위 논문(2019). pp.5-6.

대표했던 영웅이다. 이처럼 김일성 시대 영웅의 긍정적 경험은 북한에서 영웅정치를 정착시키고 발전시킨 요인이었다.

김정일 시대는 강성대국을 목표로 선군정치를 펼치며 군인영웅을 모범으로 내세우고 혁명적 군인정신을 담론화하며 전 주민의 영웅화를 강조했다. 사회주의권 몰락과 심각한 경제난이라는 총체적 위기 속에서 수령결사옹위영웅을 앞세워 김정일을 중심으로 전 사회를 단결시키고자 했다. 과거 영웅을 적극적으로 호명하고 우리시대 영웅, 선군시대 영웅을 계속해서 만들어내며 체제를 수호하였다. 대량 아사자 발생으로 인구가 감소하자 모성영웅을 배출하여 공동체사회를 유지하고자 했다. 가장 시급한 식량문제와 전기문제 해결을 위해 국가기획과 집중지원으로 영웅을 만들어 확산시켜 나갔다. 하지만 배급제 붕괴, 자원부족, 시장을 통한 생계문제 해결 등의 문제로 인해 대중운동을 통한 영웅의 확산은 이루어지지 못했다. 군대를 중심으로 제한적 동원만 이루어졌고, 이것은 영웅의 사회적 가치를 감소시킨 결과를 가져왔다.

김정은 시대는 강성국가 건설과 인민생활 향상을 목표로 내세우면서 천리마시대와 1970년대처럼 많은 영웅을 배출하며 활발한 영웅정치를 펼치고 있다. 1970년대 중반부터 지속된 경제침체와 국제사회로부터 고립은 김정은 정권에게 큰 위기다. 이러한 위기상황에서 체제를 수호하고 정권을 유지하기 위해서는 인민대중 속에서 지지와 동원을 확보해야 해서 대중영웅을 내세우는 영웅정치가 통치전략으로 중요하다. 따라서 핵·미사일영웅, 체육영웅, 건설영웅을 탄생시키며 영웅열풍을 이어가고 있다. 하지만 북한주민의 삶이 국가적 의존에서 벗어나 개인적 차원으로 옮겨갔기 때문에, 인민대중에게 영웅은 더 이상 존경하는 대상도, 도전하고 싶은 모범도 아니다.

이처럼 연구자가 시대별 영웅정치를 추적하면서 북한 영웅정치의 몇 가지 특징을 발견하였다. 첫째, 혁명주체로서 영웅은 북한 초기에는 아래로부터 자발적 동인에 의해 탄생하였다. 대중독재 특성상 대중영웅 탄생이 대중의 자발적 선택일 수 있으며, 노동자·농민을 영웅으로 만든 것은 꼭 권력의지나 기획으로만 볼 수 없기 때문이다. 하지만 북한에서 수령·후계체제가 확립되면서 영웅은 위로부터 기획과 지도로 만들어지며 영웅정치가 변질하기 시작했다. 영웅을 지도자의 은혜 아래 놓이게 하면서 보답으로 충성을 바치는 영웅을 지도자를 중심으로 단결하게 했다. 영웅의 국가에 대한 충성은 점차 당과 수령에 대한 충성으로, 다시 수령에 대한 충성으로 굴절되었다. 결국 북한에서 수령체제를 확립하고 3대 세습이 이루어지면서 영웅은 자발적 선택보다 북한정권의 통치전략 안에서 선택된 동의나 강제된 동의를 했던 측면이 크다고 볼 수 있다.

둘째, 영웅과 인민대중의 관계도 변화하고 있다. 전쟁영웅, 천리마 시대 영웅은 북한주민의 사랑과 존경을 받았던 것으로 볼 수 있다. 북한정권의 위기가 커질수록 영웅의 가치와 영웅정치의 필요성은 더욱 중요해졌다. 그 시기 영웅은 아래로부터 자발적으로 탄생하지 못하고 북한정권에 의해 만들어지면서 영웅의 사회적 가치는 감소하고 있다.

셋째, 시대의 변화에 따라 영웅의 자격조건이 달라지고 있다. 수령제가 확립되기 전까지 영웅은 국가에 대한 사랑과 인민에 대한 헌신이 중요했다. 하지만 수령체제 확립 후 영웅의 조건은 수령에 대한 충실성으로 규정되었다. 체제붕괴 위기에 처했던 김정일시대는 충성심을 극대화한 수령결사옹위, 수령을 위해 목숨을 바칠 것을 요구하였다. 영웅의 자질도 경제부흥기에는 생산혁신, 경제침체기부터는 자력갱생이었다가 과학기술중시정책을 강조하면서 과학기술 지식과 능력을 갖추고 활용하는 사람으로 변화하고 있다.

결론적으로 북한은 북한식 사회주의를 건설하고 유지하는 과정에서 영웅정치를 제도화하고 지속하고 있음이 드러났다. 국가에 대한 주인의식과 공동체의식, 최고지도자에 대한 영웅의 충성심이 북한주민의 이탈과 강력한 저항을 막으면서, 위기를 극복하며 체제와 정권을 유지하고 있다. 물론 북한주민의 체제와 지도자에 대한 지지 및 동의는 김정일 시대 이후 약해졌으며, 영웅에 대한 북한주민의 선망도 크게 줄었다.

앞으로 김정은 정권이 어떤 선택을 하든 영웅정치는 지속할 것으로 보인다. 계획경제를 고수한다면 믿을 것이 인민밖에 없으므로 영웅정치를 지속할 것이다. 대다수 인민이 혁명의 열정이 사라지고 개인과 가족의 삶을 추구하고 있어 애국심과 충성심으로 무장한 영웅의 역할이 더 중요해졌다. 특히 청년영웅과 과학영웅의 역할은 앞으로 더욱 유용할 것으로 보인다. 반면 시장경제를 선택한다면 그것을 발전시키기 위해 앞장서 모범을 창출하는 새로운 유형의 영웅이 등장할 것이다. 특별히 북한 사회문화에서 영웅상의 확대재생산은 전쟁문화의 연속성을 촉구하고 경제분야에도 노력적 성과를 창조하는 기제로 확대되었다.[355]

---

[355] 북한(조선민주주의인민공화국)에서 체제 보위와 사회와 집단을 위해 기여한 사람과 사물에 수여하는 칭호로, 공화국 영웅과 노력 영웅 두 종류가 있다. 공화국 영웅 칭호는 1950년 6월 30일 최고인민회의 상임위원회 정령으로 제정된 북한

북한에서 사회적으로, 또 문화적으로 내세운 공화국 영웅은 6·25전쟁 영웅인 리수복과 안영애, 강호영, 조군실 등이다. 1990년대의 영웅은 폭발하는 수류탄을 자기 몸으로 덮어 동료들을 구했다는 김광철, 추락하는 공군기를 민간 주거지역 밖으로 유도한 후 사망한 길영조 등이다.[356]

리수복 영웅은 6·25전쟁 시기 최대의 격전지였던 강원도 금강군의 1211고지 좌측 작은 고지 전투에서 불을 뿜는 화구를 몸으로 막아 1952년 4월 공화국 영웅 칭호를 받은 리수복이다. 리수복이 대표적인 영웅으로 받들어지는 것은 전투에 나가기 직전에 남긴 짤막한 시 한 편 때문이다.

"나는 해방된 조선의 청년이다. 생명도 귀중하다. 찬란한 내일의 희망도 귀중하다. 그러나 나의 생명, 나의 희망, 나의 행복, 이것은 조국의 운명보다 귀중치 않다. 하나밖에 없는 조국을 위하여 둘도 없는 목숨이지만 나의 청춘을 바치는 것처럼 그렇게 고귀한 생명, 아름다운 희망, 위대한 행복이 또 어데 있으랴"

리수복의 이 시가 알려지면서 많은 청년이 리수복 영웅을 따라 배우는 운동이 크게 벌어졌다. 1999년 북한은 공동신년사설을 통해 "리수

최고의 칭호로, 이 칭호를 받은 자에게는 북한 최고훈장인 국기훈장 제1급 및 표창장이 각각 수여된다. 이 칭호를 받은 사람으로는 과거 김일성 주석과 김정일 국방위원장, 오진우 전 인민무력부장, 노동당 김용순 비서 등이 있으며, 1999년에는 스페인 세비야 세계육상선수권대회 여자 마라톤에서 우승한 정성옥이 체육인으로는 이례적으로 공화국 영웅 칭호를 받았다. 또한 2012년 8월에는 북한 최고인민회의 상임위원회에서 2010년 연평도 포격 도발을 주도한 것으로 알려진 무도방어대와 무도방어대 해안포병중대 1포에 '공화국 영웅' 칭호와 금별메달, 국기훈장 제1급을 수여한 바 있다.

356 전영선, 『북한의 사회와 문화』(서울: 도서출판 영락. 2005), pp.81-82.

복과 같은 육탄영웅이야말로 신념의 강자, 의지의 강자"로 규정하면서 인민으로 하여금 리수복과 같은 육탄영웅이 될 것을 강조하였다.

안영애는 6·25 때 간호병으로 1951년 강원도 법동군 일대의 한 군의소에서 폭격당한 부상병을 구하다가 전사했다. 그녀는 숨을 거두기 직전 가슴속에 있던 피묻은 당원증을 당중앙위원회에 바쳐달라는 말을 남김으로써 영웅으로, 노동당원의 귀감으로 부각했다. 1971년에 안영애를 소재로 한 예술영화「한 간호원에 대한 이야기」가 만들어졌고 조선인민군협주단에서 혁명가극「당의 참된 딸」로 만들어졌다. 당의 참된 딸은 혁명가극 피바다, 꽃파는 처녀와 함께 3대 혁명가극으로 평가되고 있다. 이와 같은 영웅문화는 사회에 널리 일반화되어 삶의 현장에서 자신의 목숨을 바치는 희생정신을 강요하였다.

북한의 영웅상이 사라질 때 군사문화도 사라질 것이다. 이어 북한군 간부제도에 대해 참고할 필요가 있다. 북한에는 3대 군 간부 양성학교가 있다. 강건종합군관학교, 김일성정치대학, 이을설보위대학 등이 그것으로 강건종합군관학교는 우리의 육군사관학교와 유사하고 김일성정치대학은 정치군관, 보위대학은 보위군관(우리 방첩사)을 양성하는데 이들의 출신성분 조사과정을 살펴보면 얼마나 체제유지에 고심하는지 잘 알 수 있다. 강건종합군관학교는 출신성분 조사 시 가족 내력에서 8촌까지, 김일성정치대학은 10촌까지, 그리고 보위군관은 12촌까지 따진다. 그만큼 현재의 충성심보다 출신성분 위주로 군 간부를 양성하고 있다 보니 엘리트의 군 편중을 탈피하지 못하고 있다.

3.2 남한의 군대문화와 순기능

한국의 군대문화는 창군 76년의 역사뿐만 아니라 대륙을 지배해 오던 고구려인의 상무 기상과 신라 화랑도의 임전무퇴 정신, 그리고 초개와 같이 자신을 희생한 의병들의 끈질긴 투쟁정신과 독립운동에서 보여준 민족정신 등 5000여 년의 유구한 역사를 가꾸어온 역사적 전통과 해방 이후 건설된 대한민국 국군의 전통 속에서 형성되고 발전되어 왔다.[357]

대한민국 국군으로 창군 이래 6·25전쟁과 남북 간 군사적 대치상황, 베트남전쟁 참전, 민주세대의 장병 입대 등은 한국 사회의 군대식 조직문화를 형성하고 변화하게 한 주요 요인들이다. 특히 일본 제국주의 시대 일본군의 군대문화[358]는 대한민국의 국군을 창설할 때 초기 조직문화에 큰 영향을 미쳤고 그 문화는 사회로 쉽게 전이되었다.

혹자는 한국의 군대문화와 박정희 대통령을 무조건 부정적인 현상으로 평가하기도 하지만 조국근대화와 한강의 기적을 폄훼하려는 의도가 농후하다고 봐야 할 것이다. 개발독재가 무엇인가? 경제개발에 의해 정치권력의 정당화를 도모하는 정치체제를 말한다. 특히 제2차 세계대전 후 동아시아와 동남아시아에서 한국의 박정희 대통령, 태국의 사리트(Sarit Thanarat), 필리핀의 마르코스(Feedinand Edralin Marcos), 인도네시아의 수하르토(Suharto) 등 강권적인 지도자 아래에서 공업화가 진행되었기 때문에 이러한 체제를 총칭하여 개발독재라

---

[357] 민 진, 『한국의 군사조직』(서울: 대영문화사, 2017), pp.306-307.
[358] 일본 제국주의 시대 일본군식 군대문화는 인간 존엄성의 경시와 개인의 권리와 복지 소홀, 계급과 서열을 중시하는 권위주의, 강압에 의한 지휘통솔, 지나친 외형과 형식의 강조, 특권 의식, 그리고 민주군대상 정립의 장애 등을 지적할 수 있다.

고 하는 경우가 많다.

경제개발을 우선하여 관료기구의 정비 등도 이루어진다는 점에서 단지 군사정권, 일당 지배나 개인독재와는 다르고, 선거나 의회의 기능이 현저하게 제약되기 때문에 민주정치와도 다르다. 보다 넓게 경제성장을 위해서는 독재가 필요악이라는 의미에서 이용되는 경우도 있지만, 정치체제로서의 개발독재가 안정적인가 하면 반드시 그렇지도 않다.

경제성장에 의존하기 때문에 경제위기가 진행되면 정치적 안정이 무너져 1998년의 수하르토 퇴진과 같은 정권 붕괴에 이르는 경우가 있으며 또한 성장이 실현된 경우에도 도시 중간층의 민주화가 주장되어 1993년의 태국 군정의 붕괴와 같은 위기가 발생한다. 박정희 대통령에 대한 일방적 평가에도 불구하고 한국에서는 조국 근대화가 시작되면서 군대의 많은 엘리트들이 사회로 진출하여 경제발전에 기여한 반면, 북한의 경우 이런 기회를 갖지 못함으로써 남북 체제경쟁에서 질 수밖에 없는 상황에 직면하게 된 것이다.

미국과 영국 등 서구 유럽국가의 군대는 공사의 구분이 비교적 명확하나 한국과 중국, 일본 등 동북아시아권 국가의 군대 조직에서는 그것이 애매하며 이런 문화는 사회문화에 영향을 미치거나 혼용되어 집단주의 문화를 선호하는 행태로 변화되기도 한다. 물론 전체주의 국가와 민주주의 국가 간에는 확실한 군대문화의 차이가 존재하게 된다.

한국 사회는 박정희식 개발독재가 추진되는 동안 많은 인재가 군대로부터 사회 및 경제계로 진출해 새로운 조직문화 정착의 계기를 만들게 되었다. 물론 그 영향은 부정과 긍정의 양면적인 평가를 받기도

하지만 그와 같은 조직적인 문화 발전 없이 한강의 기적은 기대할 수 없었다고 해야 할 것이다.

제4절 남북한 사회문화 통합 추진전략

한민족은 반만년의 유구한 역사를 가졌다. 민족의 뿌리 단군과 그의 이념적 기초인 홍익인간[359]의 휴머니즘은 오늘날에도 큰 틀에서 변함이 없고, 분단된 조국을 통일하고자 하는 통일운동에서도 철학적 이념적 지침이 되고 있다. 하나의 민족이 나라를 이루고 살아가는데 역사와 문화의 뿌리를 제대로 알고 있어야 하지만 역사책은 과거를 사실 그대로 기록하는데 한계가 있다. 사대주의에 따라 과거의 역사와 문화를 기록하다 보면 한민족사를 재해석할 수밖에 없을 것이다. 그 기록은 감출 것은 감추고 낮춰야 할 것은 낮추고, 깎아야 할 것은 깎아야 했을 것이다. 한민족의 역사를 취사선택하여 버릴 것은 버리고 유익한 것만 골라 후대에서 전하려 한다.

오늘 남북한의 체제경쟁에서 사회문화는 그 중요한 모토가 되고

---

[359] 『고기(古記)』에 이르기를, 옛날에 환인(桓因)의 아들인 환웅(桓雄)이 자주 세상에 뜻을 두어 인간 세상을 탐내므로(數意天下 貪求人世), 아버지가 아들의 뜻을 알고 삼위태백(三危太伯)을 내려다보니 널리 인간을 이롭게 할 만했다(下視三危太伯 可以弘益人間), 이에 천부인(天符印) 3개를 주고 가서 다스리게 하였다. 환웅(桓雄)이 무리 3천을 이끌고 태백산(太佰山) 꼭대기의 신단수(神檀樹) 아래로 내려와 그곳을 신시(神市)라 이르니 이가 환웅 천왕(桓雄天王)이다. 그는 풍백(風伯), 우사(雨師), 운사(雲師)를 거느리고 곡식(穀)·생명(命)·질병(病)·형벌(刑)·선악(善惡) 등 무릇 인간의 360여 가지 일을 주관하여 인간 세상을 다스리고 교화(敎化)하였다(在世理化).

있다. 이른바 주체문화를 강조하는 북한은 철저하게 주체사상에 기초한 개인숭배와 우민화 정책으로 사회문화를 조작하고 있다. 또 한국은 자본주의 문화에 너무 경도돼 민족 고유의 문화를 경시하는 결함이 있다. 통일국가의 사회문화는 한민족의 나라가 국조 단군께서 BC 2333년 개국한 이래 5000년간 이어져 온 법통을 중시하고 그 하나의 뿌리에 사회문화 발전의 근거를 두어야만 한다. 우리 역사의 법통은 전설시대를 거쳐 고조선과 부여, 고구려 백제 신라와 통일신라 발해와 고려 조선과 일제 식민지 시대를 거쳐 오늘의 분단 시대에 살고 있다.[360]

그러나 우리 민족은 5000년을 함께 살았고 이제 겨우 80년을 갈라져 살아가고 있다. 더구나 북한의 절망적인 김씨 왕조 시대는 자기모순으로 파멸의 길을 치닫고 있다. 바야흐로 통일의 시대가 온 것이다. 이 역사적 시대의 통일 분위기 고취를 위해 우리 민족은 사회 문화적으로 힘찬 통일운동을 전개해 나가야 할 것이다.

4.1 남북한 언어의 이질화 극복

남북한 언어의 이질화에 관한 연구 결과를 바탕으로 그 실상과 허상을 지적하고 그 극복방안을 제시하는 것은 매우 어렵고도 조심스러운 일이다. 북한어의 실체를 객관적으로 보기 위해서는 북한의 언어정책과 북한주민의 언어생활에 관한 충분한 자료가 있어야 하고 또 편견 없이 사실적으로 접근하고 기술하려는 태도도 필요하다. 그러나 얼마 전만 해도 우리는 충분한 자료를 가지고 객관적으로 접근할 수 있는

---

[360] 김천식, 『통일국가론』(서울: 늘품플러스, 2018), pp.132-133.

여건을 갖추지 못했던 것이 사실이다.[361]

따라서 자료를 제시하고 설명하는 글에서는 자료의 제약으로 사실과 다르게 기술한 부분도 다소 있을 것이고 또한 편견을 가지고 북한어를 대할 경우도 있을 것이다. 그리고 이질화를 깊이 우려한 나머지 민족어의 장래를 너무 비관적으로 보거나 사실 이상으로 침소봉대한 경우도 있을 것이다.

동질성의 확인보다는 너무 이질화에 집착한 점도 문제라면 문제라 할 것이다. 여기서는 이질화의 요인과 배경을 간단히 언급하고 지금까지 피상적인 관찰에 머물렀던 이질화에 관련된 몇 가지 문제를 짚어봄으로써 북한어의 실상에 좀 더 가까이 다가가 보고자 한다. 특히 사용 빈도가 높은 어휘에서 발견되는 동질성, 북한의 방언이 북한어 형성에 미친 영향, 어휘체계의 변화 등을 북한의 방언과 관련지어 말해보고자 한다.

먼저 이질화의 요인과 실상으로 광복과 함께 국토가 분단되면서 남북은 서로 다른 이념과 정치체제를 갖게 되었다. 그 결과로 이념과 단절은 민족어 이질화의 주요한 변수로 작용하게 된다. 남한은 자유민주주의와 자본주의를, 북한은 사회주의 이념을 수용하여 각기 다른 세계관과 제도를 갖게 되면서 북한은 유물론과 기능적 관점, 남한은 이성주의적 관점의 언어관을 견지하게 되었다.

북한은 "사회주의 건설과 혁명의 힘 있는 무기"라는 그들의 말대로 언어를 의사소통의 도구로 보았다. 이러한 언어관에 바탕을 두고 남과 북은 서로 다른 언어정책을 수립해왔다. 북한은 사회주의 종주국인

---

[361] 오기성, 『남북한 문화통합론』(서울: 교육과학사, 1999), pp.222-223.

소련의 언어이론과 언어관을 수용하고 그 바탕에서 사회주의 국가건설에 필요한 신어를 양산하여 기존의 어휘에 새로운 의미를 부여하였다. 사회주의 이념을 빠르고도 광범위하게 전파하고 동시에 그 체제를 굳건히 다지기 위해 새로운 세계관을 반영하는 사회주의 용어가 필요했다.

한편, 남한은 민족어의 보존과 개선이라는 관점에서 일제의 잔재를 청산하고 외국어나 비표준적인 말을 순화하여 보급하려는 노력을 기울였다. 또한 미국을 비롯한 서구자본주의 국가의 영향으로 영어 중심의 외국어가 대량으로 들어와 쓰이게 되었다. 남/북에서 흔히 쓰이는 '마이너스/미누스, 트랙터/뜨락또르, 그룹/그루빠, 매트리스/마다라스, 캠페인/깜빠니야'와 같은 외래어가 그것을 상징적으로 말해준다.[362]

한편, 해방 이후 과학·기술의 발달과 정치·경제·사회·문화의 발전으로 이와 관련된 새 용어가 쏟아져 나왔다. 그러나 남과 북은 독자적으로 신어를 만들어 씀으로써 남북한의 언어적 차이는 더욱 벌어지게 되었다. 또 신어를 생산하는 방식도 달라서 남은 한자에 많이 의존하고 북은 고유어에 의존하는 경우가 많았다. 다만, 북도 정치, 군사, 과학, 기술용어나 김일성 부자에 대해 충성심을 나타내는 말 등은 한자 조어가 많다.[363]

때문에 남한에서는 북한 사람들이 알 수 없는 한자어 가전품(家電品), 교도소(矯導所), 교통체증(交通滯症), 부도(不渡), 예식장(禮式場),

---

[362] 주성하, 『평양 자본주의 백과전서』(서울: 북돋움, 2018), pp.212-213.
[363] 박노평 씨는 북한 김책공업종합대학 교수 출신으로 대한민국으로의 탈북 후 북한의 언어와 문화를 우리 사회에 알려준 북한의 대표적 지식인이다. 박노평·김봉기, 『평양말·서울말』(서울: 메인파워, 2016), pp.111-112.

운전기사(運轉技士), 영안실(靈安室), 파출부(派出婦), 학점(學點)과 같은 한자어가 생겨났고, 반대로 북한에서는 남한 주민이 알 수 없는 가두녀성(街頭女性), 보양소(保養所), 점적대(點滴臺), 망원초(望遠哨), 적구(敵區), 타승(打勝), 합영법(合營法)과 같은 한자어가 생겨났다.

또 남북한에서 다 함께 쓰이는 한자어지만 그 의미가 약간 달라진 것도 있다. "군중(群衆), 긴장(緊張), 담보(擔保), 사업(事業), 장악(掌握)"과 같은 말이 그것이다. 북은 사회주의 이념에 바탕을 두고 반자본주의, 반봉건주의, 반제국주의 등의 슬로건을 내세우고 그와 관련된 기존의 관념이나 제도를 부정하고 배척하게 됨으로써 기존의 단어가 의미변화를 겪게 되거나 혹은 아예 폐기되기도 하였다.

그러나 북한 정권이 평양문화어보호법을 만들어 일체의 한국말을 못 쓰게 하는 가운데 최근 김정은 국무위원장이 신의주 수해 현장을 찾아 마치 자랑이라도 하듯 남한 말을 사용해 모두를 어리둥절하게 만들었다. 김정은은 2024년 8월 10일 홍수피해를 본 의주군을 찾아 수재민 앞에서 "어르신" "TV"라는 등의 한국식 표현을 사용하며 연설을 했다고 자유아시아방송(RFA)이 보도했다.[364]

통일부 북한인권기록센터가 2024년 6월 말 발간한 『2024 북한인권보고서』[365]에 따르면 북한당국은 반동사상문화배격법(2020), 청년교양보장법(2021), 평양문화어보호법(2023)' 등을 근거로 공개 처형 등 강화된 처벌을 통해 적극적인 주민 통제에 나서고 있다. 특히 "북한당

---

[364] 당시 김정은은 연설에서 흔히 사용하던 동지 혹은 인민이라는 말 대신 주민을 사용했고, 노인이나 늙은이 대신 어르신, 텔레비죤이나 텔레비 대신 TV라는 한국식 표현을 사용했다고 한다.

[365] 통일부의 보고서는 근간이 된 탈북민 508명의 증언에, 2023년 조사한 141명의 증언을 추가해 이를 바탕으로 편찬했다. .

국이 주민들의 휴대전화기를 수시로 검열해 주민들이 주소록에 '아빠', '쌤' 등 한국식 말투나 표현을 사용하고 있는지 단속하고 있는 것으로 나타났다"라고 통일부가 전했다.

한국의 드라마와 영화, 노래를 즐겨 부르는 북한의 MZ세대들 모두 한국말에 너무 친숙해 있어 남북한 언어 이질화는 그리 걱정할 일은 아니라고 보며, 우리의 대북확성기 방송이나 기타 전달 매체를 통해 표준 한국말을 북한 쪽에 줄기차게 전하는 것이 무엇보다도 중요할 것이다.

남북한 사회 문화적 접근에서 성과들도 나타나고 있다. 우리 민족의 고유 언어의 뿌리를 찾고자 겨레말큰사전을 준비하고 있는데 이는 남북한의 언어 통일을 목적으로 남북한 국어학자들이 공동으로 만드는 국어대사전이다. 겨레말큰사전의 편찬 목적과 의의를 살펴보면, 겨레말큰사전 편찬은 남북 분단으로 인해 달라진 단어나 뜻뿐 아니라 해외 지역에 흩어져 있는 우리말을 정리하여 민족의 언어 유산을 한데 모으는 사업이다. 이는 말과 글을 통일하는 것을 목적으로 하는 남북 최초의 민간교류 사업이다.

겨레말큰사전의 편찬 과정을 살펴보면, 2004년 4월 5일 남한의 통일맞이와 북한의 민족화해협의회의 약속에 의해 처음 시작되었으며, 이후 편찬 과정은 남북공동편찬위원회의 심의와 합의에 의해 이루어졌다. 남한의 『표준국어대사전』과 북한의 『조선말대사전』을 바탕으로 남북의 공통 단어를 추리고 서로 차이가 나는 단어는 합의 과정을 거쳐 올림말을 선정하였다. 또한 남북 및 해외동포 사회에서 많이 사용되는 단어도 조사하여 새 어휘도 선정하고 뜻풀이를 하였다. 남과 북의 서로 다른 어문 규정 등을 통일하기 위해 서울, 평양 등지에서 남북공동편찬회의가 2015년까지 총 25회 개최했다.

이후 2024년 12월 현재까지 회의는 열리지 못하고 있다. 남한에서는 남북공동편찬회 재개에 대비하여 남북이 합의한 원고 12만 5천 개 외에 남아있는 원고 18만여 개를 남측에서 집필하였고 2021년 3월, 30만여 개 단어가 수록된 북측 협의용『겨레말큰사전』가제본을 제작하였다. 법정 사업 연한인 2028년 4월까지 남북공동회의를 통한 『겨레말큰사전』종이사전 완간,『전자 겨레말큰사전』과 분야별『전문용어 사전』편찬사업을 추진할 계획이다.

4.2 남북한 문화적 이질화 극복

남북한의 문화 간 이질성은 사회적 특성과 심미적 문화를 뒷받침하는 제도적 차이에서 기인한다고 볼 수 있다.[366] 먼저 남북한의 문화예술을 뒷받침하는 제도적 차이와 관련하여 그 이질적 측면을 보면 다음과 같다. 첫째, 남한에서는 다양한 문화가 존재하는 반면, 북한은 획일화된 문화만이 허용되고 있다는 점이 근본적 차이이며 이질화의 본질이라고 할 수 있다. 둘째, 창작의 주체에 있어서 남북한 간에 큰 차이가 있다. 한국에서는 누구나 창작에 참여할 수 있으니 북한에서는 문화예술 창작은 특정 집단의 전문가들에 의해서만 이루어질 수 있다. 북한에서 문화예술은 당의 선전·선동 수단의 일환으로써 노래는 물론, 시와 영화 등 모든 문화예술 작품은 당의 사전 검열을 거쳐야 무대에 오르고 대중에게 다가갈 수 있다.

남과 북은 1980년대부터 문화예술 교류를 해왔다. 남과 북은 정치

---

[366] 통일연구원, "북한 변화 실태 연구," 통일연구원(2018).

적 대화는 어렵더라도 문화예술교류만이라도 진행한다면 그만큼 통일에 다가갈 수 있지만, 북한은 여기서도 문을 굳게 걸어 잠그고 있다. 남북협력기금을 활용하여 남북 사회문화 교류를 발전시켜 나가면 금상첨화일 수 있다.

남북협력기금(南北協力基金)은 대한민국과 조선민주주의인민공화국간의 경제협력·교류를 위해 대한민국 정부가 설치한 기금이다. 1990년 8월 1일 제정한 남북협력기금법을 기초로 1991년 3월 조성한 대북정책자금이다. 재원 마련은 정부출연금·민간단체의 기부금, 재정융자특별회계·금융기관의 장기차입금, 국채관리기금의 예수금, 기금 운용과정에서 발생하는 수입금 등으로 이뤄진다.

해당 기금은 크게 문화·학술·체육 분야와 같은 인적교류사업의 지원, 남북 간 경제 교류사업에 대한 손실보조융자, 조선민주주의인민공화국과 경제협력을 하려는 개인이 타 금융기관으로부터 대출받을 때 지급보증을 하는 채무보증, 금융기관이 남북경협기업에 자금을 대출해준 타 금융기관의 손실을 보전하거나 자금을 지원하는 업무가 있다. 이 들 중 이산가족교류·대북 비료지원과 같은 사업은 무상으로 지원한다. 반면 경수로사업 공사에 드는 비용의 경우 3년 거치 20년 상환 방식의 유상대출로 활용된 바 있다.

지자체 중 인천시의 사례는 다음과 같다. 인천시가 남북교류협력기금으로 추진하는 대북협력사업은 남북관계 경색이 장기화하면서 2022년부터 3년째 올스톱된 상태다. 인천시가 2021년 인천문화예술회관에서 북한 미술작품 전시회를 열고 북한 취약계층에 항생제를 비롯한 의약품을 지원하는 데 총 3억5천만 원의 기금을 집행한 게 마지막 협력사업이었다.

인천시는 북한과 가까운 지리적 특성을 살려 한때 남북교류 사업을 활발하게 진행하며 남북화해 전진기지의 역할을 충실히 이행해 왔다. 그러나 대북협력사업이 전면 중단된 2022년부터 인천시는 평화통일 교육 등 통일공감대 형성사업으로만 기금 운용의 명맥을 겨우 이어가고 있다.

인천시는 2020년 6월 14일 북한의 개성공단 남북공동연락사무소 건물 폭파 이후 남북관계가 급격히 나빠지자 남북교류협력기금 조성액을 더 늘리지 않고 있다. 시가 해마다 10억-40억 원씩을 출연해온 남북교류협력기금은 2018년 26억 원에서 2019년 60억 원, 2020년 94억 원까지 늘었다가 2021년 83억 원, 2022년 79억 원, 2023년 79억 원 등으로 감소세를 보이고 있다. 시가 2005년부터 조성을 시작한 남북교류협력기금의 용도는 관련 조례에 따라 북한에 대한 인도적 지원사업과 통일공감대 형성사업으로 한정돼 있다.

시 안팎에서는 남북관계 경색 국면에서는 남북교류 사업을 추진하기 어려운 점을 고려, 기금 용도를 북한이탈주민 정착 지원사업 등으로 확대하는 방안도 검토해야 한다. 인천시 관계자는 "가변적인 남북관계의 특성과 남북교류협력기금의 조성 취지를 고려할 때 기금은 유지할 필요가 있다"라며 "조례 개정을 통해 기금 용도를 확대할 분야가 있는지 검토할 예정"이라고 말했다.[367]

남한에서는 상호 유익한 윈윈(win-win) 문화를 강조한다. 북한도 철학에 보면 "하나는 전체를 위하여 전체는 하나를 위하여"라고 수십 년간 강조하여 상호주의가 넘치고 있는 것으로 보인다. 하지만 그 주

---

[367] "남북관계 경색에 인천시 교류협력기금 80억 3년째 '쿨쿨'," 《연합뉴스》, 2024년 8월 19일.

장 내면을 살펴보면 이 또한 질적 차이가 크다. 원원문화는 결과적으로 상대의 입장을 이해하고 배려하며 협력을 흔쾌히 하는 문화이다. 어떻게 보면 "상대가 살아야 내가 산다"라고 할 수 있을 정도로 상대주의를 지향한다. 고객중심, A/S 시스템, 서비스산업, 이들은 원원의 다른 말이라고도 할 수 있다.

북한의 상호주의는 그 내면을 들여다보면 사실상 찾아볼 수 없다. 철저히 국가가 부여해 준 과업을 수행하면 끝이다. 권력이 세습되고 어떻게 보면 직업도 세습된다. 농사꾼은 농사만 짓는다. 대학도 지정해 주는 사람만 갈 수 있고 군대도 일괄 가야 하며 제대 후에도 직업마저 정해준다. 지금은 일부 자율이 주어진다고 하나 큰 물줄기는 변함이 없다. 이렇게 상호주의는 어떤 곳에서든 배제되고 일방만 존재하는 곳이다.

"어버이 수령을 위하여, 수령님께 영광을 돌린다"라는 구호성 말들이 홍수를 이루고 있지만 사실 북한 정부와 그 제도는 인격체가 아니므로 상대에게 배려가 필요 없는 것이다. 남북 간의 교류사를 보더라도 상호주의보다는 북한의 일방주의만 드러나고 있다. 국가가 개인의 모든 면을 관리하여 잘 알고 있으므로 능력을 극대화해 준다고 하지만 이는 말장난일 뿐이다.

그런데 오늘날 북한 주민들은 상당수가 자본주의 즉 한국 문화에 눈을 돌리고 있다. 2023년 11월 탈북한 리일규 전 쿠바 주재 북한대사관 정무참사가 "북한 일반 주민의 경우 자본주의를 경험한 사람들이 절반 이상"이라고 말했다.[368] 리 전 참사는 민주평화통일자문회의(민

---

[368] '탈북외교관' 리일규, "北 주민 절반 이상이 자본주의 경험," 《TV조선》, 2024년 8월 28일.

주평통) 사무처에서 열린 특별강연에서 이같이 밝힌 뒤, "이는 김정은이 공포 정치를 시작한 이유"라고 설명했다. 리 전 참사는 북한 주민 인식 변화를 통한 사회변화 가능성에 대해 "엘리트층은 많은 정보를 접하면서 세계 변화를 알고 있다"라며 "김정일 시기부터 엘리트층의 이반이 시작됐다"라고 전했다.

리 전 참사는 정부의 북한이탈주민의 날 제정에 탈북민의 한사람으로 감사의 마음을 전한다며 대북 외부 정보 유입 강화, 북한 해외 파견자 대상 정보전달 확대 등을 위해 힘써야 한다고 강조했다. 다행스러운 것은 3만 4천 명의 탈북민 중 북한에서 문화예술 및 선전·선동 분야에 종사하던 북한 오리지널 예술인들이 적지 않게 포함되어 있어 그들이 평양예술단 등 여러 예술단을 만들어 자주 공연함으로써 남북한 문화의 이질성을 극복하고 한 민족이라는 긍지와 통일의식을 적극 고취하고 있다는 점이다.

남한에 있는 북한의 예술단을 잘 활용하여 남북 사회문화통합의 길을 열어나가야 한다고 본다. 이들의 수준은 북한의 만수대예술단이나 삼지연관현악단에 비해 별 손색이 없다. 한국 사회의 풍요로움이 북한의 지방예술단을 평양의 중앙예술단 수준으로 한꺼번에 끌어올린 것이다. 김정은 국무위원장이 좋아하는 단번 도약은 아마 이런 것이 아니었을까.

4.3 남북한 교류협력의 지속

누적된 남북교류협력 기금을 탈북자들을 위해 사용한다는 반가운 소식도 있다. 서울시가 대북 교류사업과 북한 지원 단체 등에 주던 남북교류협력기금을 서울에 사는 탈북민과 북한 인권단체 지원에 주로 쓰기로 했다. 관련 업무를 하던 담당 부서 이름도 내년부터 남북협력과에서 평화기반조성과로 바꾼다. 박원순 시장 시절, 남북교류협력기금을 활용해 친북 단체 퍼주기를 한다는 논란이 끊이지 않았다. 기금은 총 327억 원이다. 박 시장 시절인 2019-2020년에는 남북교류, 통일 교육 등 사업에 연간 70억 원 이상씩을 썼다. 올해는 집행액이 4억5,000만 원으로 줄었다.[369]

서울시 등에 따르면, 서울시는 이러한 내용의 남북교류협력에 관한 조례 개정을 추진 중이다. 현행 조례는 남북교류협력기금을 남북교류와 통일 교육 사업 등에 쓰게 돼 있는데, 이를 탈북민 정착 지원과 북한 인권 증진·인식 개선 사업에도 쓸 수 있게 하는 것이 개정안의 핵심이다. 개정안에는 "인도주의에 기초한 상호 협력을 통해 민족 동질성 회복 및 평화통일 기반 조성에 이바지함을 목적으로 한다"라는 내용도 명시했다.

조례 이름도 '남북 교류협력 및 평화통일 기반 조성에 관한 조례'로 바꾼다. 서울시 관계자는 "남북관계가 얼어붙은 상황에서 기금의 외연을 확대하려는 것"이라고 했다.

서울시에 따르면, 서울시에 사는 탈북민은 총 6,473명이다. 전국 탈북민 5명 중 1명이 서울에 산다. 노원구, 양천구, 강서구, 강동구 등에 많이 살고 있다. 탈북민 3명 중 1명이 1인 가구로 특히 60대 이상 탈북민은 61%가 혼자 사는 것으로 조사됐다. 탈북민 4명 중 1명은 생계급여 수급자로 형편이 어렵다.

서울시는 남북교류협력기금을 활용해 탈북민이 시민으로 정착할

---

[369] "대북 단체 퍼주던 남북교류협력기금, 탈북자 위해 쓴다," 《조선일보》, 2023년 11월 29일.

수 있도록 중장년 탈북민 취업·창업 교육, 탈북민으로 구성된 자원봉사단 운영 등 사업을 추진한다는 계획이다. 북한 인권 상황을 알리는 행사 등을 개최하는 방안도 검토 중이다. 서울시처럼 남북교류협력기금을 운영하는 시·도는 전국에 15곳이다. 총 1,734억 원 규모다. 대구시(53억 원)와 울산시(20억 원)는 지난해 기금을 폐지했다.

4.4 한반도형 프라이카우프와 사회문화 통합

독일 통일의 촉진에 프라이카우프가 있었다는 것은 자타가 공인하는 사실이다. "프라이카우프(Freikcuf)는 자유를 산다"라는 뜻의 독일어로, 통일 전 서독이 동독에 돈을 주고 동독의 반체제 인사들을 데려왔던 방식을 말한다. 당시 서독은 동독의 정치범들을 데려올 목적으로, 현금과 현물을 동독 측에 제공했다. 이때 동독과 서독 당국은 직접 나서지 않은 채 교회, 변호사 등 민간이 주도하는 사업으로 진행하게 했고 언론도 이에 협조하면서 해당 사업은 철저히 비밀리에 이뤄졌다.[370]

이는 1963년 첫 사업을 시작한 이래 베를린 장벽이 무너지던 1989년까지 이어졌는데, 서독은 3만3,755명을 송환한 대가로 34억6,400만 마르크에 해당하는 현물을 동독에 지불한 것으로 알려졌다. 최초 1962년 서독 개신교회는 트럭 3대분의 칼리비료와 옥수수, 석탄 등을 동독 측에 전달하고 정치범 명목으로 구금돼 있던 동독지역 교회 관계자들을 데려왔다.

1963년이 되자 아예 서독 정부가 나섰다. 서독 정부는 프라이카우

---

[370] 양창석, 『독일 통일의 성공과 교훈』(서울: 박문사. 2011), pp.124-125.

프를 단순하고 단편적인 정치범 석방 또는 이산가족 교류로만 보지 않았다. 분단체제 아래에서도 동독 주민의 삶의 질 향상을 도모할 수 있으며, 인권 개선에도 큰 역할을 할 것으로 전망한 것이다. 정책 시작부터 길고 멀리 본 셈이다. 반면 동독 정부는 공산주의 체제에 대한 부정적 영향은 최소화하면서 경제적 이득을 최대화하는 데 관심을 기울였다. 동서독의 이해관계가 맞아 떨어졌고, 서독은 동독의 지극히 은밀주의적 방식을 존중해 프라이카우프 결과물을 통독 때까지 공개하지 않았다. 우파 기독교민주연합(CDU)이 집권할 때도, 좌파 사회민주당(SPD)이 집권할 때도 이 원칙은 결코 부정하지 않았다.

실질적으로는 정부 대 정부 방식이었지만 서독 교회와 동독 민간단체들을 프라이카우프의 주체로 내세웠다. 프라이카우프로 합의된 물자 지원 실무는 서독 슈투트가르트의 독일교회협의회(EKD) 산하 사회구호복지 기구인 디아코니가 담당했다.

먼저 서독 교회가 동독 자치단체를 지원하면서 긴밀한 유대가 형성됐다. 동독 정부도 서독 교회와 동독 자치단체를 오가는 돈·물품을 계속 묵인했다. 디아코니는 석방될 정치범의 수와 물품이 확정되면 서독 내 5개 회사에 위탁해 동독이 원하는 물자를 국제시장 가격으로 구매해 동독에 공급했다. 동독은 물자를 받으면 아무런 제한조건 없이 이를 국제시장에 되팔아 외화를 확보했다.

그 결과 1963-89년 26년간 서독은 이를 통해 정치범 3만3,755명을 데려오고, 25만 명의 이산가족을 상봉시켰다. 사용된 금액은 17억 3,000만 달러(약 1조8,400억 원)였다. 프라이카우프를 시작할 당시 동독에는 약 1만2,000명의 정치범이 투옥돼 있었지만, 통일 직전에는 그 수가 2,000-2,500명에 불과했다. 1991년 냉전시대 양강이었던 미

·소 간 힘의 균형 붕괴로 갑작스레 베를린 장벽이 무너졌지만, 실질적으로 통독을 가져온 원인은 프라이카우프였다고 해도 과언이 아니다.[371]

북한 전문가들은 프라이카우프의 필요성에는 대체로 동의하고 있다. 하지만 그 현실성에 대해서는 회의적인 반응도 적지 않다. 전쟁을 치르지 않아 상호 적대의식이 적은 데다 통일 이전부터 동서 간 인적 교류와 협력이 비교적 활발했던 독일과 달리 한반도에서는 장애물이 많다는 지적이다. 전문가들은 납북자 또는 이산가족, 국군포로 송환 부분에서부터 프라이카우프를 추진하는 게 현실적일 것이라고 제안했다.

독일의 경우 이와 같은 프라이카우프 영향에 힘입어 이산가족의 왕래와 상봉도 제대로 이루어졌다. 동서독 분단 이후 서독 주민들은 30일간 동독지역을 여행할 수 있었다. 동독 주민이 서독으로 이주하는 것도 어렵지 않았다. 1956년 헝가리 혁명과 폴란드 민주화 운동에 대한 폭력적인 진압이 이뤄지자 위기의식을 느낀 동독 주민 수십만 명이 서독으로 향했다. 1958년부터 1960년까지 동독에서 농업 부문의 집단화 및 국유화가 진행된 점도 서독으로의 이주를 부추겼다.

동독 정부가 1961년 8월 베를린 장벽을 세운 것은 주민의 탈출을 막기 위한 목적이 컸다. 이후 서베를린 지역 주민이 자유롭게 동베를린을 방문할 길이 막혔다. 베를린 장벽으로 이산가족이 만날 수 없게 된 후 서독 측은 동독 측에 요구해 1964년 11월에는 동서 베를린 자유왕래 협정이 체결됐다. 동독에 거주하는 65세 이상 남자와 60세

---

[371] "'한국式 프라이카우프'로 통일 길 연다," 《국민일보》, 2015년 10월 3일.

이상 여자는 1년에 4주간 서독에 머물 수 있도록 하는 내용이다. 60세 미만이더라도 서독에 거주하는 직계가족의 출생 및 결혼식, 60세·65세·70세 생일잔치 등에 참석할 수 있었다. 이로 인해 양측에서 연간 100만 명 정도가 각각 상대 지역을 찾았다.

1972년 5월 교통조약 체결에 이어 1973년 동서독 기본조약을 체결한 후에는 동서독 주민이 각각 일정 조건만 갖추면 상대 지역에서 30일간 체류할 수 있게 됐다. 양측 주민 간에는 전화통화도 가능했다. 서독 정부는 전화통화가 원활하도록 동서독 간 통신시설을 확보하기 위해 자금을 지원했다. 서신도 대부분 5일 안에 도착할 정도로 양측 간 네트워크가 갖춰져 있었다.

현재 한국에는 3만4,000명의 탈북민이 살고 있다. 북한인권정보센터는 『2023 북한이탈주민 경제사회 통합실태조사』 결과 지난해 대북 송금을 1회 이상 한 탈북민 비율은 20.0%로 나타났다고 2023년 12월 4일 밝혔다. 17.8%보다는 소폭 상승했지만, 코로나19 이전인 2019년의 28.5%와 비교하면 8.5%포인트가량 낮다. 국내 입국 후 북한에 있는 가족·지인에게 1회라도 송금한 경험이 있는 탈북민은 63.5%로 조사됐다. 1인당 연평균 송금 횟수는 1.5회, 송금액은 367만 원이었다. 2022년(289만 원)과 2019년(161만 원)보다 많이 늘었다.[372]

대북 송금 중개 수수료는 계약 기준으로 송금액의 평균 41.8%였지만 실제 청구는 평균 48.1%까지 높게 나타났다. 코로나19 이전인 2019년 같은 조사에서는 계약 수수료율과 실제 수수료율이 각각 평균

---

[372] "2023 북한이탈주민 경제사회통합 실태조사 결과 발표," https://nkdb.org/activitynews/ 한 인권정보센터, (검색일: 2024. 11. 15); "탈북민 '대북 송금' 곳곳서 이례적 경찰 수사 논란,"《연합뉴스》, 2023년 12월 4일.

30.9%와 33.5%로 파악됐다. 응답자의 23.7%는 북한에 있는 가족·친지와 연락을 주고받는다고 답했다. 대북 연락 비율은 2018년 46.9%와 비교하면 절반 수준이다. 연락 수단으로는 73.6%가 직접 통화를 이용했다.

팬데믹 이후 북한당국의 통제 강화로 탈북민의 대북 연락도 위축된 것으로 북한인권정보센터는 추정했다. 탈북민의 직업은 단순 노무 종사가 30.7%로 가장 많았고, 서비스 종사(19.9%), 사무 종사(14.0%), 기능원 종사(8.2%) 등의 순이었다. 과반이 단순노무직이나 서비스직에 종사하는 셈이다. 응답자 중 국민기초생활보장제도 생계비 수급자 비율은 29.0%로 조사됐다.[373]

제5절 소결론

5.1 요지

한반도는 제2차 세계대전의 결과에 의한 군사적 분단으로 출발하여 이어 정치적 분단, 사회 문화적 분단으로 80년 단절의 역사를 되풀이하고 있다. 과연 평양과 서울의 두 개 정권이 이른바 정상회담이나 정치 경제적 협력으로 분단시대를 종결할 수 있을까? 또 정치권력을 제치고 남과 북의 군대가 하나의 통일된 군대를 만들어 낼 수 있을까? 모두 아니다. 그러나 사회 문화적 접근과 문화통일은 매우 가능하

---

[373] 이번 조사는 북한인권정보센터가 북한이탈주민 전문조사기관 엔케이소셜리서치와 함께 북한이탈주민 패널 400명(기존 패널 297명, 신규 패널 103명)을 대상으로 2024년 9월 19일-10월 13일에 전화조사 방식으로 진행했다.

다. 정치권력과 상호 안보에 지장을 주지 않으면서 한민족의 뿌리를 되찾고 남북한 주민통합의 길을 열어갈 수 있는 사회 문화적 접근이야 말로 진정 가능한 남북통합의 지름길이다. 그 해답을 찾아보고자 코리안드림 실현을 위한 남북한 사회문화 통합의 길을 제시해 보았다. 결과로 얻은 해답이 있다.

다른 영역에 비해 남북한 사회문화 분야에는 아직 공통분모가 가장 크게 남아있다는 곳이다. 북한 신세대 MZ세대는 대한민국의 한류문화에 열광하고, 서울을 비롯한 한국의 노래방에서는 북한의 "반갑습니다" 등 평양노래가 구성지게 울려 퍼지고 있다. 윤석열 대통령의 통일 독트린은 통일이 우리의 궁극적 목표이며, 이를 평화롭고 점진적 방식으로 추진한다는 민족재결합 방안의 통일 청사진이다.

통일 대신 남북 간 평화 공존을 최종 목표로 삼자는 주장도 있다. 그러나 이는 해결책이 아니라 함정에 가깝다. 비정상 국가이자 남한을 적대하여 핵 무장한 북한과 평화공존은 어렵다. 북한 내부의 취약성은 핵을 직간접적으로 사용하려는 유혹을 배가한다. 북한발 위험 때문에 해마다 우리 국민은 보이지 않는 세금을 내고 있다. 이런 분단 비용이 수십 년 쌓이면 남한 한 해 국민소득의 절반 이상이 될 수 있다. 또 남한의 핵무장으로 핵 균형을 이루면 통일 없는 공존이 가능하다는 견해도 있으나, 그 현실성은 차치하고 외환위기 몇 배 이상의 경제적 충격을 초래할 것이다.

아예 북한 붕괴를 추진하자는 더 용감한(?) 주장도 있다. 그러나 남북 충돌의 가능성뿐 아니라 경제적 격차가 큰 지역 간 급진통일은 핵무장보다 훨씬 큰 경제적 비용을 수반한다. 이른바 남북 연합을 살펴보면, 북한이 사회주의 경제를 유지하는 한 북한은 발전할 수 없다.

이 상태로 남북이 연합하면 남한 경제는 밑 빠진 독에 물 붓기처럼 크나큰 짐을 지게 된다.

일국양제(一國兩制)가 아니라 양국일제(兩國一制)가 되어야 남북 모두 급성장한다. 따라서 기존의 남북 연합단계를 시장경제에 기반한 경제공동체로 대체하는 것이 필수적이다. 또 민족공동체 방안의 화해·협력 단계 이전에 북한 비핵화가 이루어져야 한다. 혹은 비핵과 협력을 병렬하여 비핵·협력 단계를 1단계로 설정할 수 있다.

북한의 비핵화에 연동하여 제재를 해제하고 경협을 진행하는 방식이다. 그리고 경협은 경제공동체 형성의 마중물이자 디딤돌이 되도록 설계돼야 한다. 통일은 시장경제와 민주주의를 북한 지역으로 확장하는 과정이다. 통일을 위해 자유를 포기하자는 우리 국민은 없을 것이다. 북한 주민의 인권과 번영을 위해서도 시장경제와 민주주의로의 전환은 필수 불가결하다. 새로운 통일방안은 북한 주민과 관료의 역량을 끌어올려 북한이 이 방향으로 나아가도록 도움을 주어야 한다. 이를 위해 대립 중에서도 대화하고 군사적 억제를 추진하면서도 관여를 포기하지 않아야 한다.

지정학 바람이 반대로 불 때, 북한이 다시 우리에게 돌아올 다리를 만드는 작업도 필요하다. 그래서 통일을 떠밀려 택하지 않고 만들어가도록 해야 한다. 이 복합적 과정에 대한 인식이 올바른 통일정책의 첫걸음이다. 예전처럼 하나의 악기만으로 교향곡을 연주하려는 정책은 또 실패한다. 통일방안이라는 지도가 있어도 동력이 없다면 목적지로 갈 수 없다. 우리는 민족이란 전통적인 동력에 가치와 편익(국력)을 더한 삼두마차를 몰아야 한다. 민족의 호소력은 아직도 작지 않지만, 과거와 같은 힘을 내기는 어렵다. 북한 주민을 향한 공감은 우리 사회가 더 일궈야 할 가치다.

통일 편익은 또 하나의 추동력이다. 그러나 통일대박 같은 미시적 계산으로써는 통일이란 거대한 산을 움직이기 어렵다. 통일은 강선국(强善國)이라는 큰 비전으로 승화돼야 한다. 우리는 한 세기 내에 민주화와 경제발전, 그리고 통일까지 완성한 성공의 대서사시로 세계에 선한 영향을 끼치겠다는 꿈을 가져야 한다. 통일은 대한민국의 정체성과 국력의 완성이다. 그리고 대한민국이 왜 세계에 존재하는지에 대한 가슴 뛰는 답이다. 이 역사적 시대 전환의 방식 중 남북한이 사회문화적으로 접근하는 것이 최선의 방법이 아닐까. 사회 문화적으로 다가가는 일은 상호 체제에 타격을 주지 않으면서 민족 고유의 전통을 복원하는 사업부터 시작하면 될 것이다.

5.2 정책 제안

5.2.1 북한 두 개 국가론 방어 전략 수립 방안

북한의 두 개 국가론으로 통일의 길은 멀어지고 있다. 북한의 움직임은 영구분단으로 가겠다는 것이다. 2024년 10월 8일 막을 내린 북한 최고인민회의에서 두 개 국가론이 헌법에 삽입되리라던 예측은 빗나갔다. 물론 개정 헌법 전문이 나와 봐야 알겠지만 북한 언론의 보도 수위를 보면 짐작이 간다. 북한은 오히려 조용한 "조선민주주의인민공화국 사회주의헌법" 개정을 한 것으로 알려지고 있다. 통일 문구 삭제, 영토 명기 등을 할 것이란 정부 예측과 달리 노동 연령과 선거 나이 등에서 소폭의 수정보충(북한식 개정 표현)만 한 것으로 알려졌다.

앞서 김정은 북한 국무위원장이 2024년 1월 최고인민회의 시정연설, 6월 노동당 중앙위원회 전원회의 등에 참석해 '큰소리' 친 것과 다르다. 김 위원장은 "헌법에 대한민국을 철두철미 제1의 적대국으로, 불변의 주적으로 확고히 간주하도록 한다"라고 말해 왔다.

김 위원장의 의지는 2024년 10월 7-8일 평양 만수대의사당에서 열린 북한 최고인민회의가 아닌 다른 곳에서 재확인됐다. 북한 노동당 기관지 《로동신문》의 10월 8일자 보도에 따르면 최고인민회의가 열린 10월 7일, 김 위원장은 북한 국방과학 인재양성의 산실인 김정은국방종합대학을 찾았다. 이곳에서 "우리가 남녘해방이라는 소리도 많이 했고, 무력통일이라는 말도 했지만 지금은 전혀 이에 관심이 없으며 두 개 국가를 선언하면서부터는 더더욱 그 나라를 의식하지도 않는다"라며 "대한민국을 공격할 의사가 전혀 없다"라고 말했다. 김 위원장은 '두 국가론'은 여전히 강조하면서도 이를 위한 헌법 개정 회의에는 참석하지 않았다.

김정은 위원장의 모순된 행보는 두 국가론을 둘러싼 북한의 복잡한 속내를 드러낸다. 당장 김 위원장의 두 국가론은 김일성·김정일이 온갖 노고와 심혈을 다 바쳤다는 조국통일위업부터 부정해야 함을 넘어 선대수령을 딪고 올라서야 하는 부담이 뒤따른다. 김정은이 선대수령들을 짓밟으며 자기기만의 결단을 내리기에 그의 리더십은 너무 청순하고 오로지 조국통일만 기대하며 살아온 북한 주민들을 설득하기에도 이르다고 노동당은 판단한 것 같다.

우리 정부는 북한의 두 개 국가론 공세를 상쇄하기 위해 한반도 통일론을 더욱 분명히 천명하면서 북한 주민들에게 하나의 국가론을 상기시키는 문화적 공세를 펼쳐야 한다. 대북확성기 방송도 강화하고 필요하다면 대북 전단에도 북한 정권의 두 개 국가론 분쇄의 톤을 높여가야 한다. 뿐만아니라 이와 같은 문화공세를 국제사회에 전파하는 노력도 아울러 경주해 나갈 것을 제안한다. 윤석열 대통령의 8·15통일독트린을 구체화하는 통일방안을 빨리 만들어 실천에 옮겨야 한다.

5.2.2 대한민국 선진문화 북한 확산노력 강화 방안

오늘 북한의 MZ세대는 한국문화, 즉 한류열풍을 위로 삼아 고난의 행군을 인내하고 있다. 이들에게 한류열풍을 전하는 일은 심리전도 아니고, 대북공작도 아니다. 사회 문화적 통일을 앞당기려는 동족의 애국애족 사상의 발현이다. 수단이 문제가 아니다. 제3국을 통한 전달 방식도 있고 직접 투하하는 방식도 얼마든지 있다. 공해상에 선박을 띄우고 전파를 날리는 방식도 있다. 다만 안타까운 것은 정부가 이런 애국애족활동을 외면하는 것이다. 먼저 민족의 동질성을 하나로 만드는 일에 투자하는 일은 경제발전 내지 국방력 강화에 버금가는 일이라는 것을 당국자들이 인식해야 한다.

한국 정부는 3만4,000명 탈북민의 북한 내 가족·친지 등을 매개로 대북 문화전달 노력에 투자하고 장려해 나가야 한다. USB와 CD 외에도 영상기, 녹음기 등 제3국을 통한 한류문화 흡수 수단들을 적극 개발하고 그 수단들이 북한 사회에 침투되도록 공세적 정책을 펼치기를 제안한다. 분단 비용의 최소한 10분의 1만이라도 사용해 북한 주민들에게 한류문화를 전달한다면 통일은 그만큼 앞당겨 질 것이다.

5.2.3 한국 지자체의 북한 진출 장려 방안

대한민국은 개방된 민주국가이며 지방과 중앙이 비교적 균형 있게 발전된 나라다. 중앙이 직접 나서면 북한은 기피현상을 보이지만 지방

정권들이 나서 북한과의 교류 협력에 정진한다면 작은 성과를 얼마든지 낼 수 있다. 물론 중앙에 비해 지방이 낙후되어 있는 북한 정권이 이를 선뜻 수락할 수 없음은 자명한 사실이다. 따라서 예를 들어 안동 지방의 경우 하회탈춤을 내세우며 북한 황해도 봉산탈춤과 교류하자면 이건 또 달라질 수 있다. 물론 북한의 경우 교류협력에는 마땅히 댓가를 요구하고 있다. 여기에 남북협력기금을 쓰면 되지 않을까.

또 전주 김씨 가문을 내세워 북한의 평안남도 대동군에 뿌리내린 김일성의 조상 김계상 일가와 교제하고 싶다고 하면 북한 정권의 태도는 변화할 수 있다. 그리고 청천강 살수대첩 연구를 위해 북한 청천강 유역 탐사 사업 공동 전개, 백두산 화산 폭발 연구를 위한 공동연구 프로젝트, 서해지구 대륙붕 연구 공동조사 사업 등 남과 북이 사회문화적으로 함께 할 문화사업들은 많다고 볼 때 평양 정권을 설득할 수 있는 명분을 개발해 나가야 한다.

5.2.4 종교를 통한 북한 사회문화 접근 방안

북한은 해빙과 함께 대부분 말살하였던 종교를 1988년부터 복원하기 시작해 현재 평양에 기독교 교회 3개와 성당 2개가 있으며 불교의 절은 10여 개가 넘게 보존되고 있다. 종교적으로 북한에 다가가는 일은 과거의 경험으로 볼 때 제일 수월한 일이라고 보인다. 북한도 어느 정도 정상국가를 지향하고 있다보니 향후 최소한 교회 10여 곳 정도는 더 복원할 것으로 전망되는 바, 교회 건축비 등은 외부의 후원 없이 불가능하다는 점에 착안하여 교회건축 및 관리비를 지원하는 제안을 북한 정권에 할 수 있다고 본다.

특히 북한이 근래 러시아에 급속하게 접근하는 태도를 놓고 볼 때 러시아 정교회 신축 증가가 예상되는 바, 여기에 대한 지원제안을 서두를 필요가 있다. 러시아 정교회는 그리스도교의 한 파로서, 동방정교회(東方正敎會)의 중핵을 이루는 러시아의 자치(自治)교회로서 비잔틴에서 러시아에 처음 정교가 들어간 키이우시대의 러시아정교회는 콘스탄티노플 대주교(大主敎)의 관할하에 있었다. 그러나 실제의 신앙행사는 수도원에서 행해졌으며, 이를 통해 주기도에 의거한 독자적인 겸허한 정신을 쌓아 나갔다. 뒤이은 타타르인(人)의 지배 시대에도 수도적 신앙은 숲속에서 은밀히 유지되었다.

16세기 모스크바 시대가 되어, 비잔티움 교회가 이슬람의 지배하에 들어가게 되었으므로, 러시아정교회가 대신 정교회의 구심점으로 대주교구로 격상됨에 따라, 모스크바는 콘스탄티노플을 대신하는 제3의 로마로서 동방정교회의 중심적 존재가 되었다. 그러나 러시아정교회는 신앙의 성지(聖地)라기보다는 제사주의적(祭祀主義的)·권위주의적 장소로 바뀌어, 민중 사이에 미신이 유행하는 한편, 반권위적인 교회분열과 광신적인 종파가 생겨났다.

18세기 표트르1세가 총주교좌(總主敎座)를 폐지한 후 관허(官許)의 정교회는 약체화하여, 그 후 명맥만이 유지되었다. 특히 1917년 러시아 볼셰비키혁명 후에는 반종교적인 소비에트 정권에 의해 10여 년에 걸쳐 박해를 받았으나 1930년대에 절정에 이르렀고, 그 후에도 교회는 종교적 행동을 제한해 포교·종교교육·자선사업 등을 할 수 없었으며, 개인적 기도만 허용해왔다. 소련의 연방체제 붕괴 이후 모스크바·상트페테르부르크 등을 중심으로 교회가 서서히 되살아났으며, 교역자(敎役者) 양성도 모스크바·상트페테르부르크에서 담당하고 있다.

5.3 제한사항

북한 체제는 아직 전체주의의 극단을 달리는 체제다. 2020년 제정된 반동사상문화배격법이 말해주듯 북한 체제를 뚫고 들어갈 사회문화적 공간은 희박하다. 그러나 문화는 공기와도 같은 점을 중시해야 한다. 북한 정권이 한국의 드라마를 보았다고 청소년들을 수용소로 보내고 심지어 총살까지 하지만 북한 주민 모두를 쏴죽일 수는 없지 않을까. 또 한국 문화에 열광하는 계층이 누구인가? 바로 평양의 고위층이 열광의 선두에 서 있다는 점이 중요하다.

북한 정권이 휴전선을 국경으로 선언하고 분단의 장벽을 쌓는다고 하더라도 그것을 넘나드는 공기마저 막을 능력은 없다. 그 와중에 계속 민간인과 북한 군인들이 그 벽을 넘어 대한민국으로 찾아오고 있는 데서 북한의 차단정책은 실패하고 있음을 보여주고 있다. 이제 체제통일은 당분간 어렵다는 것이 현실이지만 그렇다고 사회 문화적 접근마저 포기한다면 우리 체제가 북한 체제와 무엇이 다른가? 계속 두드리면 열리는 것이 사람 사는 세상이다. 우리는 군사력 강화 및 경제력 발전에 노력하면서 저 폐쇄와 고립의 왕국 북한을 변화시킬 문화폭탄과 수단을 계속 개발해 나가야 한다.

제6장

남북 국토통합 추진전략

제1절 신제도주의 고찰과 선행연구
    1.1 신제도주의 이론의 개념과 유용성
    1.2 선행연구
    1.3 시사점

제2절 현실태 분석
    2.1 국토정보
    2.2 국토관리
    2.3 국토개발
    2.4 시사점

제3절 추진방안
    3.1 남북 국토통합 목표 설정
    3.2 인프라구축 수요 추정
    3.3 국토통합 재원조달
    3.4 남북 국토통합 마스터 플랜 수립

제4절 추진전략
    4.1 단계적 접근 측면
    4.2 법적·제도적 기반 구축 측면
    4.3 경제적·사회적 협력 강화 측면
    4.4 국제 사회의 협력 구축 측면

제5절 소결론

제6장
남북 국토통합 추진전략

조병현

    이 장의 연구목적은 통일한국 건설을 위한 남북 국토통합 추진전략을 제시하는 데 있다. 남북 국토통합은 근대 한국의 역사와 정치에서 중요한 과제이다. 이 문제는 여러 측면에서 논의될 수 있으나, 정치·경제적 요소를 포함하여 통합의 편익과 문제점을 살펴봐야 한다. 중요한 것은 국토통합으로 남북한의 국토자원과 인프라를 통합하면 경제적 시너지를 창출할 수 있겠지만, 이에 대한 초기 투자와 구축에 대한 논의가 먼저 이루어져야 한다.

    남북한의 국토통합은 분단을 극복해야 가능하다. 한반도는 1945년 8월 15일 일본의 항복으로 해방되었으나, 국토는 소련과 미국이 일본군의 무장해제를 위해 주둔함으로써 군사적 분단이 시작되었다. 이후, 1948년 남쪽에는 대한민국 정부가, 북쪽에는 조선민주주의인민공화국이 수립되었고, 6·25전쟁을 거치면서 분단이 고착되었다. 북한 영역은 1953년 7월 27일 정전협정으로 설정된 한반도 중에서 군사분계선 이북지역이다.[374]

    분단된 한반도는 통합되어야 한다. 통합은 분단의 역순으로 진행된다. 통행·통신·통관 등 이른바 3통을 통한 교류와 정치적 통합, 지리적 통합으로 이루어질 것이다. 통합을 준비하면서 다양한 분야가 검토되어야 하고, 그중 기본 설계도 역할을 하는 것이 국토통합이다. 지리적 분단이 80여 년 동안 지속하여 남북의 국토개발은 이질적인 제도를 두고 있다. 만약, 국토통합을 이루지 못하면 토지 소유권 처리와 투자 및 개발, 행정구역 개편, 국토의 동질성 확보에도 많은 문제점이 발생할 것이다.

남북 국토통합의 가장 중요한 요소는 인프라 구축으로 도로, 철도, 통신 등을 통합하고 현대화하는 것이다. 지리적 통합은 물류와 교통의 원활한 흐름을 보장하고, 북한의 자원과 노동력, 남한의 기술 및 자본을 효율적으로 결합하여 투자 확대와 일자리 창출에 이바지할 것이다.

이러한 상황에서 기존의 접근방법으로는 남북 국토통합 문제를 해결하는 데 한계를 가질 수밖에 없으므로 이를 해소하기 위한 해결책을 찾고자 한 것이 연구 배경이다.

이런 의문점을 해소하기 위해 행위와 구조의 상관성에 주목하는 제도주의 이론을 토대로 북한 국토에 대한 현실태를 분석하고, 문제점을 해소하려는 추진방안과 전략을 제시하였다.

연구의 목적을 달성하기 위하여 접근방법은 일반화된 이론개발보다는 사례분석과 비교분석방법을 활용하는 역사적 신제도주의 이론을 사용하고, 조사방법은 문헌 조사법과 인터넷조사법을 병행하였다.

연구대상은 남북 국토통합으로 제한하였으며, 제1절에서 국토통합에 대한 이론적 근거와 연구 방향을 제시하고, 제2절에서는 남북한

---

374 조병현, 『북한의 지적제도』(용인: 대한지적공사 지적기술연구소, 2001), p.6.

국토관리에 대한 실태를 분석한다. 제3절에서는 남북 국토통합 추진 방안을 모색하고, 제4절에서는 세부적 추진전략을 논의하며, 제5절 결론에서 연구 요지와 정책제안 및 한계를 제시한다. 분석방법은 비교분석방법과 기술적(記述的) 분석방법을 사용하기로 한다. 연구대상이 되는 남북 국토통합에 대하여 일정한 통계적 분석을 할 수 없으므로 선행연구에서 이루어진 문헌과 사례를 기술적 분석방법을 통해 전개하였다.

제1절 신제도주의 고찰과 선행연구

이 절은 연구의 목적을 효율적으로 달성하기 위하여 이론적 근거를 탐구하는 절이다. 남북 국토통합 연구에 대한 접근방법으로 채택한 신제도주의에 대해 살펴보고, 선행연구와 본 연구의 차별성과 독창성을 알아보기 위하여 선행연구를 고찰하여 시사점을 도출한다. 이를 통해 남북 국토통합에 대한 이론적 근거와 연구 방향을 모색하고자 한다.

1.1 신제도주의 이론의 개념과 유용성

20세기 중반부터 정치학과 경제학 등 여러 분야에서 제도적 접근이 이루어졌다. 제도란 단일체가 아니라 복합체로 인식해야 한다는 것이 제도를 이해하는 최근의 지배적인 경향이다. 무엇보다도 이렇게 제도를 다양한 요소들로 구성된 복합체로 인식함으로써 제도의 형성과 변화를 설명하는 데 있어서 기존 제도이론이 갖고 있었던 한계를 극복

할 수 있는 분석적 틀을 갖추게 되었다.[375]

제도란 이익을 형성하고, 그 이익의 관철을 위한 절차 양식을 제공하며, 특정 행위맥락에서 이념에 타당성을 부여한다. 1960년대 초 실증주의 논쟁을 거치며 제도주의가 새롭게 등장하였으며, 1970년대부터 소위 신제도주의로 통칭하는 역사적 제도주의, 사회학적 제도주의, 합리적 선택 제도주의가 대두되었다.[376]

역사적 신제도주의는 주로 정치학에서 발전한 신제도주의이며, 제도를 공식적 측면과 비공식적 측면 모두를 다루지만, 주로 공식적 측면에 초점을 맞추는 경향을 보인다. 역사적 신제도주의는 제도가 행위자의 전략을 형성하기도 하지만, 행위자의 선호형성에 중대한 영향을 끼친다고 본다. 또한, 제도의 형성과 발전을 역사적 맥락 중심으로 바라보기 때문에 일반화된 이론개발보다는 사례분석과 비교분석방법을 활용한다. 즉, 인과관계를 설명할 때 맥락을 강조하며, 동일한 변수들의 결합이라 하더라도 이들이 결합하는 역사적 시점과 상황에 따라 결과가 서로 다르게 나타날 수 있다고 본다. 역사적 신제도주의는 제도형성과 변화과정을 설명하는 데 있어 역사적 과정, 특히 역사의 우연성과 경로 의존성(path dependence)을 강조한다. 경로 의존성에 의해 한번 형성된 정책은 지속하고, 미래의 정책에도 영향을 미친다는 것이다.[377]

---

[375] 하연섭, "신제도주의 이론적 진화와 정책연구," 『행정논총』, 제44권 2호(2006), p.217.
[376] 합리적 선택 제도주의는 이익 추구를, 사회학적 제도주의는 이념을 각각 중시하며, 역사적 제도주의는 양자의 중간적 입장을 보인다. 김학성, "한반도 문제의 해결방법에 관한 제도주의적 접근," 『한국과 국제정치』, 제32권 제2호(2016), pp.4-5.

이와 같은 역사적 신제도주의를 채택하면, 남북 국토통합 문제를 제도주의적 시각으로 설명하고, 이해하는 데 유용하다. 남북 국토통합은 역사성을 가진 현존 남북한 제도와 불가분의 연관성을 가지고 있으므로 해결의 실마리를 찾을 수 있고, 역사적 맥락에서 제도의 형성과 지속성을 분석, 과거의 결정들이 현재의 정치적, 경제적 결과에 어떻게 영향을 미치는지를 파악할 수 있다. 그리고 통일정책 결정자들에게 정책의 안정성을 높이는 방향으로 제도의 설계를 지원하고, 정책의 지속성과 변화 가능성을 평가하여 기존 제도의 강·약점을 파악하고, 필요한 경우 수정할 수 있는 기반을 마련해 준다. 또한, 정책 결정 과정에서 다양한 이해관계자와 전문가들의 아이디어를 반영하여 제도의 수용성을 높이고 정책의 성공 가능성을 높일 수 있다. 그뿐만 아니라 정책 시행 이후 제도의 효과를 평가하고, 피드백을 통해 개선점을 도출하는 등 정책 조정이 가능하다. 남북 국토통합의 특수성에 비추어 볼 때 단기적인 성과보다는 장기적 변화와 발전을 목표로 하는 정책을 설계할 수 있는 장점이 있다.

따라서, 역사적 신제도주의는 남북 국토통합에 대하여 장기적 비전을 가지고 정책을 추진하는 데 유용한 이론으로 정책의 성공 가능성을 높이는 데 이바지할 것이다.

1.2 선행연구

국토통합은 국가의 영토나 지역을 통합하여 정치·경제·사회적 단위로서의 일체성을 강화하는 과정으로 정의한다. 남북 국토통합은 한

---

377 조덕훈, "신제도주의 접근에 의한 부동산 중개윤리제도의 발전방안 연구," 『공간과 사회』, 제18권 1호(2011), p.193.

반도의 남쪽과 북쪽 지역이 정치·경제·사회적으로 통합되는 과정을 의미한다.

남북 국토통합 연구는 다양한 부문에 다수의 연구가 이루어졌지만, 국토통합 추진전략과 정책에 관한 연구는 부족한 측면이 있다.[378] 이 중 대부분은 통일 이후 경제와 토지제도 및 정책, 토지 소유권과 이용제도 등 부분적 연구로 한정되어 있어 남북 국토통합 전략에 대하여 전반적으로 다룬 연구는 드물다. 남북 국토통합 전략 및 정책에 가장 근접한 연구는 학위논문 4건, 단행본 2건, 연구보고서 1건으로 연구자와 주요 내용은 요약하여 정리하면 다음과 같다.

이수경(1997)은 남북통일이 어떤 방식으로 전개될지는 현재로서 알 수 없지만, 최근까지 북한은 전 세계적인 변화의 추세에 역행하여 기존의 폐쇄적인 노선을 고집해온 결과 경제적 침체가 극도에 달한 상태로 보았다. 북한의 새로운 집권세력이 적극적인 개방을 추진하는 경우 우리의 통일정책에 따른 점진적인 통합이 이루어질 수도 있다. 그러나 북한이 시장경제의 시험단계를 거치지 않고 돌연히 붕괴할 경우 통합과정에서의 심각한 사회적 혼란과 과중한 경제적 부담이 예상된다. 따라서 이에 대한 사전 준비와 다각적인 대응 방안이 조속히 강구되어야 할 것으로 보았다.[379]

조병현(2002)은 분단 이후 남한과 다른 이념과 체제를 가진 북한은 지난 80년 동안 나름대로 독자적인 토지제도를 구축해왔기 때문에

---

[378] 현재 학술연구정보서비스(RISS)에 '남북한 국토통합 전략'을 검색키워드로 입력하면 전체 160건 중에 국내학술 논문 10건, 학위논문 31건, 단행본 103건, 연구보고서 16건 등으로 검색된다. (검색일: 2024.9.10)

[379] 이수경, "統一 後 北韓 地域의 土地所有制度에 관한 硏究," 한양대학교 석사학위논문(1997).

북한의 토지제도는 자본주의 국가들의 토지제도와는 너무나 거리가 멀고 특히 우리의 지적제도와는 전혀 다른 모습을 하고 있다. 북한의 지적제도는 통일 후 국토의 동질성 회복과 경쟁력 강화를 위하여 지적조사에 의한 전면 개편이 필요한 것으로 분석하였다. 따라서 이에 드는 인력과 기간, 예산을 산출하였으며, 북한 지적조사사업을 추진할 조직구성안과 지적조사사업 수행방안을 설계하였다. 또한, 신속한 지적조사를 위한 특별법 제정 방향과 기준점 정비, 지적조사 및 일필지측량 등 지적조사 실행방법을 세부적으로 제시하였다.[380]

공민달(2015)은 북한의 부동산 소유와 이용에 관한 법, 제도와 경제주체들의 활동에 대한 분석을 통해 북한 경제체제 변화의 정도를 규명하였다. 그리고 국토 이용과 관리에서 사회주의 도시계획 이념의 영향을 받은 것 외에 개발도상국으로서의 국토개발도 실행하였는지도 분석하였다. 이러한 분석과 체제 개혁을 선행한 중국과의 비교를 통한 시사점을 바탕으로 북한 부동산제도의 발전을 전망하였다.[381]

유홍재(2016)는 통일이 언제 이뤄지더라도, 통일과 동시에 북한의 토지를 최대한 활용하여 경제를 조기에 활성화하고 갑작스러운 체제전환으로 주민들이 겪을 수 있는 사회·심리적 불안을 안정시켜 질서있는 통일시대를 열어가기 위한 통일 정책방안을 연구하였다. 구체적으로 통일 이후 북한의 토지 소유권과 권리문제 등의 토지처리와 이를 기반으로 한 산업단지 거점화와 신도시건설 방안을 신속하게 추진해야 한다. 북한경제를 적극적으로 개발하고, 고용을 창출하여 주민들에

---

380 조병현, "統一 以後 北韓 地域의 地籍制度 改編 方案 硏究," 연세대학교 석사학위 논문(2002).
381 공민달, "북한의 부동산제도에 관한 연구," 동국대학교 박사학위 논문(2015).

게 많은 일자리를 제공하고 사회를 안정화해야 한다. 이를 통해 모든 국민이 고심하고 있는 과다한 통일비용을 절감하여 발전적 통일이 이뤄질 수 있도록 하는 방안을 제시하였다.[382]

김석종·장ㅇㅇ·조병현·백승렬(2017)은 김석종·장준복·조병현·이동희의 『북한 토지론』을 보완한 단행본으로 북한의 토지와 관련된 다양한 측면을 연구하는 학문 분야를 최초로 다루었다. 먼저 국토 개황으로 국토의 위치와 지리적 특성, 행정구역 현황, 사회간접자본을, 이어서 토지 관련 법령체계, 토지 소유권 제도, 토지이용제도, 국토개발현황, 주택 및 환경정책, 토지 소유권 처리 등을 다루었다. 그리고 분단 당시 지적제도와 북한의 지적제도 변화와 현황, 남북한 지적제도 비교를, 북한의 지적제도 방안과 북한 지적재조사사업 추진 방향을 다루고 부록에 다양한 자료를 수록하고 있다.[383]

그리고 학술연구 정보서비스에는 검색되지 않지만, 대한지적공사에서 북한의 지적에 대하여 최초로 발간한 연구보고서 조병현(2001)의 『북한의 지적제도 연구』가 있다. 여기에는 북한의 지적제도 현황에서 북한의 토지제도, 국토 개황, 행정구역 현황, 토지이용현황, 북한의 지적제도 및 평가를 통하여 시사점을 도출하고 이를 토대로 북한의 지적제도 개편방안, 북한 지적조사사업 추진계획 수립 및 대한지적공사의 역할 및 향후 추진과제를 제시하였다.[384]

---

[382] 유홍재, "통일 이후 북한 토지 활용과 경제 활성화 방안 연구 (산업단지 거점화를 중심으로)," 명지대학교 박사학위 논문(2016).
[383] 김석종·장ㅇㅇ·조병현·백승렬, 『북한 토지학』(대구: 일일사, 2017), 『북한 토지학』의 공동저자 중에 장ㅇㅇ은 실명을 밝힐 수 없는 불가피한 사정으로 본래 책자에도 장ㅇㅇ으로 기재되어 있어 그대로 표기하였다.
[384] 조병현, 『북한의 지적제도』(용인: 대한지적공사 지적기술연구소, 2001).

엄수원(2002)은 "통일 한반도 북한의 국토정책 및 토지제도" 보고서에서 북한의 경제체제와 계획 및 실적, 북한경제의 현황과 당면과제 및 북한의 국토개발정책, 북한·중국의 경제특구개발, 통일시대의 한반도 국토개발과제를 다루었다. 이어서 북한의 토지제도 및 이용체계, 북한의 토지이용현황 및 실태, 통일 후 북한토지문제의 현안과 해결방안과 통일 독일의 국토정책을 살펴보았다. 마지막으로 21C 통일 한반도의 국토환경 이슈와 전망을 다루면서, 통일 한반도의 산업정책 방향, 북한의 주거실태와 주택정책 방향, 통일 한반도의 통합국토 축 형성과 SOC 구축방안 등을 제시하였다.[385]

〈표 6-1〉 남북 국토통합에 관한 선행연구 동향

연구자 년도	연구 제목	연구 내용
이수경 (1997)	「統一 後 北韓 地域의 土地所有制度에 관한 硏究」	북한의 경제적 침체와 붕괴로 남북한 통합과정에서 심각한 社會的 혼란과 과중한 경제적 부담에 대한 대응 방안을 연구하였다.
조병현 (2002)	「統一 以後 北韓 地域의 地籍制度 改編 方案 硏究」	통일 후 남북 국토의 동질성 회복과 경쟁력 강화를 위하여 북한 지적제도 개편방안을 제시하고, 남북 국토통합에 필요한 특별법 제정 방향을 연구하였다.
공민달 (2015)	「북한의 부동산제도에 관한 연구」	북한의 부동산 소유와 이용에 관한 법, 제도와 경제주체들의 활동에 대한 분석을 통해 북한 부동산제도의 발전 전망을 연구하였다.

---

[385] 엄수원, "통일 한반도 북한의 국토정책 및 토지제도," 한국토지공사 토지연구원 (2002).

연구자 년도	연 구 제 목	연 구 내 용
유홍재 (2016)	「통일 이후 북한 토지 활용과 경제 활성화 방안 연구: 산업단지 거점화를 중심으로」	통일 이후 북한의 토지 활용과 경제 활성화 등 통일 정책방안을 연구하여 토지처리와 산업단지 거점화, 신도시건설 방안을 제시하였다.
김석종 장○○ 조병현 백승렬 (2017)	『북한 토지학』	북한의 토지와 관련된 다양한 측면을 연구하는 학문 분야를 최초로 다루었다. 북한의 국토 개황과 토지제도, 지적제도를 분석하고, 북한 지적재조사사업 추진 방향을 다루었다.
조병현 (2001)	『북한의 지적제도 연구』	북한의 지적에 대하여 최초로 발간한 연구보고서로서 북한의 지적제도 현황과 평가를 통해 지적제도 개편방안과 지적조사사업 추진계획을 수립하였다.
엄수원 (2002)	"통일 한반도 북한의 국토정책 및 토지제도"	북한의 경제 구조와 특성, 통일 한반도의 국토정책과 비전, 토지제도와 통일 후 정책 방향을 연구하여 통일 한반도의 국토환경을 전망하였다.

1.3 시사점

선행연구 동향을 조사 분석해 본 결과, 선행연구들은 통일 이후 국토정책 및 부동산공시제도에 집중되어 있고, 남북 국토통합에 관한 연구는 부족한 것으로 나타났다. 그중에서도 북한의 토지 소유권 및 토지이용제도, 지적제도에 관한 연구가 대다수를 차지하고 있어 부동산공시제도가 주요 관심사인 것을 알 수 있다. 그동안 북한의 부동산공시제도는 거의 알려지지 않았으나, 연구자가 저술한 "북한의 지적제도 연구(2001)"와 "통일 이후 북한 지역의 지적제도 개편방안 연구(2002)" 논문 이후 조금씩 알려지기 시작하여 2017년『북한 토지학』을 통해 종합적으로 연구되었다.

북한의 부동산공시제도를 정확히 파악하는 일은 통일 이후 남북 국토통합과 국토개발을 통한 국토경쟁력 강화에 매우 중요한 부분이다. 남북한의 이질적인 국토에 대한 제도는 국토의 동질성과 연계성 회복에 중요한 장애 요인으로 작용하여 통일비용 증가와 함께 통일에 대한 부정적인 영향을 줄 가능성이 크다.

선행연구에서 나타난 시사점으로 통일 이전에 남북 국토통합에 대한 전략을 마련하지 않으면 통일 이후 북한 개발과 국토정보 인프라 구축에 어려움이 발생하게 된다. 선행연구에서는 남북한 제도 비교와 흡수통합에 대비한 토지 소유권 문제, 국토 인프라 구축의 최적화, 통일대비 토지 활용과 공시제도 개편 등 단편적인 연구가 이루어졌다. 그리고 국토통합과 추진전략 수립에 새로운 이론을 적용하고자 하는 시도가 없었고, 구체적인 남북 국토통합에 대한 비전과 목표를 제시하지 못했다. 또한, 북한 지역 인프라 구축에 대한 종합적인 기본계획을 마련하지 못해 정책의 실효성을 주지 못한 것으로 나타났다.

따라서 본 연구와 선행연구들과의 차별성은 선행연구에서 부족했던 부분인 국토통합 전략에 초점을 맞추어 연구를 진행하고, 역사적 제도주의 이론에 기초하여 남북 국토통합을 위한 추진전략과 정책을 수립하는 데 기여하고자 한다.

제2절 현실태 분석

본 절은 제1절의 역사적 제도주의 이론을 토대로 제4절에서 남북 국토통합 추진방안을 제시하기 위한 근거를 마련하기 위한 내용이다.

북한의 국토정보와 국토관리와 이용, 국토개발 실태를 순차적으로 분석하여 시사점을 도출하고자 한다.

2.1 국토정보

2.1.1 위치와 특성

남북한의 국토는 아시아 대륙의 동북쪽에 있는 한반도와 부속 도서로 이루어졌다. 위도상으로 북위 33°-43°에 속한다. 동해를 사이에 두고 일본과 서쪽으로는 서해를 사이에 두고 중국과 마주하고 있으며, 북쪽으로는 압록강과 두만강을 경계로 만주와 연해주 지방과 접하고 있어 대륙과 해양을 잇는 교량적 기능을 수행함으로써 전략적 요충지 역할을 해왔다.

북한은 1953년 7월 27일 체결된 정전협정으로 설정된 군사분계선 이북지역에 해당하며 남북의 길이는 약 1,100㎞다. 동서의 폭은 좁은 곳이 200㎞, 넓은 곳은 320㎞이다. 북한 지역 면적은 2022년 현재 123,214km²로 알려져 있다. 이 면적은 세계 96위, 한반도의 55%에 해당된다. 이는 1953년 휴전 직후보다 약 466㎢가 증가한 것으로 서해안 지역을 중심으로 이루어진 간척사업의 결과다. 지역별 면적의 순위를 살펴보면, 함경남도 18,535㎢, 자강도 16,765㎢, 함경북도 15,980㎢와 양강도 13,880㎢의 순이다.[386]

---

[386] 이 자료는 2019년에 특별시로 승격된 개성특별시는 반영되지 않은 면적 비율이다. "통일부 북한정보포털," https://nkinfo.unikorea.go.kr/nkp/main/portalMain.do, (검색일: 2024. 9. 10): "통계청 북한통계포털 북한의 주요지표 (2023)," https://kosis.kr (검색일: 2024. 9. 10); 최진웅, "남북한 부동산 공시제도 통합방안 연구," 대진대학교 박사학위 논문(2020). 한국의 면적은 2020년 100,413㎢, 2021년 100,432㎢, 2022년 100,444㎢로 매년 조금씩 늘어나고 있다.

북한의 국경은 1,369㎞로서 북부 국경선의 대부분은 중국과 접하고 있으며, 함경북도 선봉군 두만강노동자구 지역에서 16.5㎞에 걸쳐 러시아와 접하고 있다. 해안선은 서해안 2,017㎞와 동해안 974㎞로 대부분이 해양과 접하고 있으나, 동서로 양안이 분리되어 있다.[387]

북한의 위치는 극동은 나선특별시 선봉구역 우암동으로 동경 130° 41′ 45″, 극서는 평안북도 신도군 비단섬으로 동경 124° 10′ 45″, 극남은 황해남도 강령군 등암리로 북위 37° 41′ 00″, 극북은 함경북도 온성군 풍서리로 북위 43° 00′ 33″로 되어 있다.[388]

〈표 6-2〉 북한의 위치

방향	경·위도	해당 지명
극동	동경 130도 41분 45초	나선특별시 선봉구역 우암동
극서	동경 124도 10분 45초	평안북도 신도군 비단섬
극남	북위 37도 41분 00초	황해남도 강령군 등암리
극북	북위 43도 00분 33초	함경북도 온성군 풍서리

출처: "국가통계포털," http://kosis.kr, (검색일: 2024. 11. 6).

북한은 국토의 약 80%가 산지이고, 20% 정도가 평지를 이루고 있다. 일반적으로 산이 급하고 강의 흐름이 빠르며, 주요 강들의 강우량에 따른 계절적인 수량 변화가 많지만, 수량이 비교적 풍부하며, 많은 호수와 더불어 동력자원, 농업용수, 양어, 수상운수 및 관광 휴식처 등으로 이용하고 있다. 북한에 있는 강·하천들은 이러한 고산지역

---

[387] 김석종·장ㅇㅇ·조병현·백승렬, 『북한 토지학』(대구: 일일사, 2004), pp.9-10.
[388] "통일부 북한정보포털," https://nkinfo.unikorea.go.kr/nkp/main/portalMain.do, (검색일: 2024. 9. 10).

의 경사가 심한 지형을 따라 흐르고 있으므로 유속이 빠르고 수량도 풍부하다. 그리고 크고 작은 자연호수와 인공호수가 많이 있다.[389] 특히, 평안북도의 묘향산과 함경남도의 함흥을 연결하는 선의 이북 지방은 고산지대를 형성하여 백두산(2,750m)을 비롯하여 2,000m가 넘는 산이 50여 개에 이른다. 이에 따라 고원지대가 발달하여 백무고원과 개마고원 등 10여 개의 고원지대가 있으며, 분지지형도 고루 발달하여 있다.[390]

북한지역 국토실태는 국토교통부 국토지리정보원 홈페이지에 「위성영상기반 국토실태 DB」가 소개되어 있다. 해상도 1m 및 5m 위성영상을 기반으로 주제 유형에 따라 주택·도시, 산업·에너지, 농지, 산지, 환경부문의 데이터베이스를 보여 준다.[391]

북한은 행정구역을 "나라의 령토를 국가관리체계에 따라 구분한 지역적 단위 또는 그 구획이다"라고 정의하고, 행정구역을 도(직할시), 시(구역), 군, 리(읍, 로동자구, 동)로 구분하고 있다.[392]

---

[389] 김석종·장ㅇㅇ·조병현·백승렬, 『북한 토지학』(대구: 일일사, 2004), pp.11-14.
[390] "통일부 북한정보포털," https://nkinfo.unikorea.go.kr/nkp/main/portalMain.do, (검색일: 2024. 9. 10).
[391] "국토실태 DB," https://www.ngii.go.kr/kor/contents/view.do?sq=1370&board_code=contents_data (검색일: 2024. 9. 20): 국토실태 DB는 5개 부문 21개 레이어로 구성되어 있으며, 각 항목 속성정보가 입력되어 있다.
[392] 북한은 조선민주주의인민공화국 행정구역법을 2008.10.02 주체97 제정, 최고인민회의 상임위원회 정령 제2906호로 채택하였다. 행정구역이 달라졌을 경우 제때 수정 보충하여 행정구역도를 작성하고 배포하는 사업은 리고 국가측지기관에서 담당하고 있다.

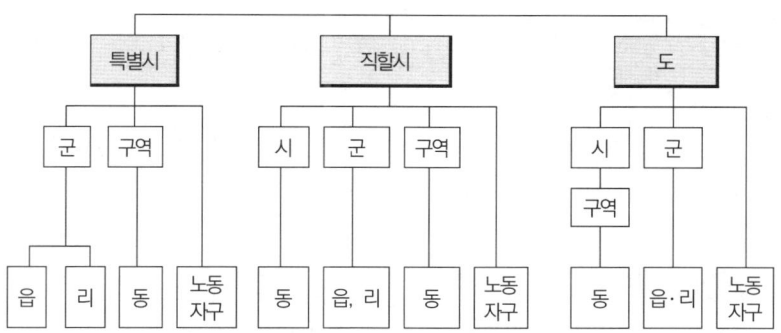

<표 6-3> 북한의 행정구역 체계도

출처: 조병현, 『북한의 지적제도 연구』(용인: 대한지적공사, 우리인쇄소, 2001), p.10.

1945년 해방 당시 6도, 9시, 89군, 810읍·면이었으나, 1952년 12월 행정구역 개편을 통해 도(특별시), 시·군(구), 읍·면, 리(동)의 4단계 중 면을 폐지하여 도(직할시), 시(구역)·군, 읍·리(동·노동자구)의 3단계로 개편하고 군(郡) 지역을 재분할하였다.[393]

북한의 행정구역은 2023년 현재 1직할시(평양직할시), 3특별시(나선특별시, 개성특별시, 남포특별시), 9도(평안남도, 평안북도, 황해남도, 황해북도, 함경남도, 함경북도, 자강도, 강원도, 양강도)로 구성되어 있다.[394] 그리고 하부단위로 24시, 145군, 37구역, 2구, 5지구, 145읍, 3,230리, 1,135동, 267노동자구가 있다. 시·군 아래에 있는 기초 행정구역 중 도시화·산업화를 이룬 도시는 동으로, 낙후한 농업지역은 리로 구분된다.[395]

---

[393] 김석종·장○○·조병현·백승렬, 『북한 토지학』(대구: 일일사, 2004), pp.9-10.
[394] "통일부 북한정보포털," https://nkinfo.unikorea.go.kr/nkp/main/portalMain.do, (검색일: 2024. 9. 10).
[395] "통일부 북한정보포털," https://nkinfo.unikorea.go.kr/nkp/main/portalMain.do, (검색일: 2024. 9. 10).

<표 6-4> 북한의 행정구역 현황

구분	시	군	구역	구	자치구 아닌 구	읍	면	동	리	노동자구
북한	25	146	42	-	-	146	-	1,179	2,955	314
한국	75	82	-	69	32	234	1,177	2,113	-	-

출처: "국가통계포털," http://kosis.kr, (검색일: 2024. 10. 3).

2.1.2 철도와 지하철 현황

북한의 육상수송망은 주철종도(主鐵從道)로 철도가 주축을 이루고 있으며, 도로와 해운은 철도와 연계하여 보조적인 기능을 맡고 있다. 육상수송에 대한 기본적 목표는 자력갱생 및 안보에 최우선 순위를 두고 있다.

따라서 철도교통 또한 북한 내부에서 자체적으로 조달할 수 있는 자원을 이용함으로써 유사시에는 전쟁 수행을 위한 자원 동원이 가능하도록 하였다. 이에 따라 북한의 철도정책은 전철화, 표준궤화, 중량화의 3대 정책을 축으로 추진되었다.

<표 6-5> 북한의 주요 철도망 현황

교통축	노선	구간	연장(km)
서부	경의선	평의선 : 평양 - 신의주	225.7
		평부선 : 평양 - 판문점	187.3
	평덕선	대동강 - 덕천 - 구장청년	189.7
	평북선	정주 - 청수	131.0
	평남선	평양 - 평남온천	89.3
	청년팔원선	구장 - 팔원	40.0
	은율선	은파 - 철광	118
	황해청년선	사리원 - 해주	73.3
	배천선	장방 - 은빛	60.0

교통축	노선	구간	연장(km)
동서	혜산만포청년선	혜산청년 - 만포청년	252.0
	청년이천선	평산 - 세포청년	140.9
동부	평라선	평양 - 나진	801.9
	함북선	청진 - 나진	325.1
	강원선	고원 - 평강	145.8
	신흥선	함흥 - 부전	91.6
	허천선	단천 - 홍군	80.3
	금골선	여해진 - 무학	83.4
	무산선	고무산 - 무산	58.0
	삼지연선	위연 - 삼지연못가	81.8
	덕성선	신북청 - 상리	52.0
내륙	만포선	순천 - 만포국경	303.4
	백두산청년선	길주 - 혜산	141.7
	백무선	백암 - 무산	191.7

출처: KDB 산업은행, 『북한 분야별 실태분석 및 향후 대북정책추진 방향』(서울: ㈜늘품플러스, 2009), p.103.

철도 중심 수송체계는 1970년대 후반 철도수송 능력 향상, 전철화, 철도 신설 등의 투자가 이루어졌다. 2023년 7월 현재 북한은 화물수송의 90%, 여객수송의 62%를 철도가 분담하고 있다.[396]

해방 이후 북한은 철도망의 구조를 평양 중심으로 개편하였다. 국토의 동서 간 연결 확대와 대륜환 교통망 확보, 중국 및 소련과의 연결을 고려하였다.[397] 북한의 철도는 98%가 단선이며 70% 이상이 일본강점기에 건설되어 노후화가 심각하다. 그리고 북한은 유럽과 아시아 간 국제철도 운행을 위해 창설된 국제철도협력기구(OSJD, Organization

---

[396] "통일부 북한정보포털," https://nkinfo.unikorea.go.kr/nkp/main/portalMain.do, (검색일: 2024. 9. 10).
[397] 김석종·장ㅇㅇ·조병현·백승렬, 『북한 토지학』(대구: 일일사, 2004), p.41.

for Cooperation of Railways)의 회원국으로서 압록강과 두만강을 경계로 중국, 러시아와 국제철도를 운영하고 있다.

현재 중국과는 신의주-단둥, 만포-집안, 남양-도문 3곳이 연결되어 있으며, 러시아와는 두만강-하산 1곳이 연결되어 있다. 일본강점기에는 4개 노선 외에 청수-상하구, 삼봉-개산둔, 훈융-훈춘 간 철도 노선이 운영되었으나 현재는 교량시설 대부분이 파괴되어 운영이 중단된 상태이다.[398]

이로 인하여 1990년대 중반 에너지난이 심각했던 시기 북한 화물열차의 평균 속력은 30Km 이하를 유지했었다. 최근에는 일부분 개선되었으나, 여전히 철도부문 시설 노후화 해결은 중요한 과제이다.[399] 2023년 7월 현재 북한의 철도 총연장은 5,311km이며 이 중 80.8%가 전철화되어 한국의 78.1%에 비해 전철화율이 높다.

북한이 전철화에 힘을 기울이고 있는 이유는 전기기관차의 마력이 디젤기관차에 비해 높으므로 경사가 심한 북한 산악지형에 적합하기 때문이다. 또한, 전적으로 수입에 의존해야 하는 석유류를 연료로 하는 디젤기관차에 비해 수력발전 등으로 전력을 자급할 수 있는 전기기관차를 통해 동력의 자급화를 꾀하고자 하는 의도도 있다.[400]

---

[398] "통일부 북한정보포털," https://nkinfo.unikorea.go.kr/nkp/main/portalMain.do, (검색일: 2024. 9. 10).

[399] "통일부 북한정보포털," https://nkinfo.unikorea.go.kr/nkp/main/portalMain.do, (검색일: 2024. 9. 10).

[400] "통일부 북한정보포털," https://nkinfo.unikorea.go.kr/nkp/main/portalMain.do, (검색일: 2024. 9. 10).

<표 6-6> 남북 전철 총연장 및 전철화율 현황

시점	한국		북한	
	전철 총연장 (km)	전철화율 (%)	전철 총연장 (km)	전철화율 (%)
2020	3,043.0	73.2	4,293.0	81.2
2021	3,273.7	78.1	4,293.0	80.8
2022	3,292.1	78.5	4,305.0	80.9

출처: "국가통계포털," http://kosis.kr, (검색일: 2024. 10. 5).

북한의 철도 전철화율이 높은 것은 전철화된 기관차를 도입할 경우 열차 편당 수송능력이 2배 이상 증가할 뿐만 아니라, 석유 연료가 아닌 수력 등을 통해 자체 조달 가능한 전력을 에너지원으로 사용할 수 있기 때문이다. 따라서 북한은 신규 철도 건설이나 복선화보다 투자비와 공사 기간을 줄일 수 있는 전철화 작업을 집중적으로 실시하였다.[401]

<표 6-7> 남북 철도연장 현황(단위 : km, %)

시점	한국				북한
	철도거리 (한국철도공사)	철도거리 ((주)SR)	선로연장 (한국철도공사)	선로연장 ((주)SR)	총연장
2020	4,093	61	9,777	0.121	5,296
2021	4,131	61	9,874	0.121	5,311
2022	4,131	61	9,912	0.121	5,323

출처: "국가통계포털," http://kosis.kr, (검색일: 2024. 10. 5).

남북은 2018년 4월 27일 판문점 선언과 6월 28일 남북고위급회담 철도협력 분과회담에서 남북철도·도로 연결 및 현대화에 합의하였다.

---

[401] "통일부 북한정보포털," https://nkinfo.unikorea.go.kr/nkp/main/portalMain.do, (검색일: 2024. 9. 10).

이에 따라 동해선과 경의선 철도 연결구간을 공동점검하고, 남북철도 공동연구조사단 회의를 두 차례 진행, 공동연구조사단 구성·운영에 관한 합의서, 북한 철도 현지 공동조사 등에 대해 협의하였다. 그러나 2024년 북한은 10월 15일 남북 협력과 교류의 상징이자 관문이었던 경의선과 동해선을 폭파하였다.

2.1.3 도로와 고속도로 현황

북한의 도로는 1977년 발표한 토지법에 따라 고속도로와 1등급에서 6등급까지의 일반도로로 구성되어 있다. 고속도로와 1등급-3등급 간선도로는 중앙정부에서 직접 관리하고 4등급-6등급 지방도로는 지방에서 관리하고 있다.[402]

북한의 도로는 철도역과 주변 지역 간의 연결기능을 담당하며 주로 150-200km 내 단거리 운송 위주로 건설되었다. 북부는 고산지대로 이루어져 있고 중앙부에는 동고서저의 낭림산맥이 남북으로 지나고 있어 동서 간 연결 도로가 적다.

또한, 대부분 도로는 계곡이나 하천을 따라 건설되어 교량과 터널이 많다. 북한은 초기 도로건설의 기본 방침으로 산간지대의 교통문제 해결, 농촌경지의 기계화 실현, 농경지를 침범하지 않는 도로건설, 도로운송은 30km 이내의 단거리 운송에 국한하는 것으로 원칙을 수립하였으며, 국토건설총계획에 근거하여 도로를 건설하고 있다.[403]

주요 간선도로는 대부분 주요 도시와 산업, 공장지대에 철도와 함께

---

402 김석종·장ㅇㅇ·조병현·백승렬, 『북한 토지학』(대구: 일일사, 2004), p.47.
403 "통일부 북한정보포털," https://nkinfo.unikorea.go.kr/nkp/main/portalMain.do, (검색일: 2024. 9. 10).

해안선을 따라 건설되어 있으며, 중국과 연결되는 국제노선과 동서 횡단노선 등은 모두 평양을 중심으로 방사상으로 뻗어 있다. 그리고 남포와 라선 지역의 도로망 밀도가 높은 편이며, 도중에서는 황해남도가 높고, 지형 여건상 양강도와 자강도는 산악지형이기 때문에 도로 밀도가 낮은 편이다.[404]

〈표 6-8〉 북한의 주요 도로망 현황

도로	구분	구간	연장(km)	노폭(m, 차선)	비고
고속도로	동해안축	원산 - 나진	660	2차선	1급도로
	동서축	평양 - 원산	193	4차선	
	서해안축	평양 - 남포(구)	15		
	서해안축	평양 - 남포(신)	44	6차선	
	서해안축	평양 - 개성	168	4차선	-
	서해안축	평양 - 향산	138	6차선	
	서해안축	평양 - 신의주	228.8	2차선	-
	서해안축	평양 - 만포	361.5	2차선	1급도로
		계	680.3		
간선도로	동해안축	고성 - 온성	867	2.7-7.3	-
	동해안축	원산 - 김화	143	4.6-5.5	비포장
	동해안축	청진 - 원정리	113	4.6-7.3	비포장
	동 서 축	평양 - 원산	204	7	콘크리트
	동 서 축	신의주 - 고무산	861	2.7-6.1	비포장
	서해안축	개성 - 신의주	461	4.9-7.3	콘크리트
	서해안축	사리원 - 해주	7.2	5.2-7.6	자갈길
	서해안축	평양 - 남포	53	5.5	포장도로
	서해안축	정주 - 삭주	100	4.6-6.1	비포장
	서해안축	안주 - 만포	291	3.7-4.9	비포장
		계	3100		

---

[404] "통일부 북한정보포털," https://nkinfo.unikorea.go.kr/nkp/main/portalMain.do, (검색일: 2024. 9. 10).

도로	구분	구간	연장(km)	노폭(m, 차선)	비고
1급 도로	동해안축	북청 - 혜산	186	2.7-4.9	평양 중심 방사형
	동 서 축	개성 - 해주	88	6.1	
	동 서 축	금천 - 휴전선	150	3.7-6.1	
	동 서 축	평양 - 금양만	242	3.7-7.3	
	동 부 축	양덕 - 평산	145	2.7-4.9	
	동 부 축	희천 - 양덕	58	-	
	서해안축	평산 - 토산	142	3.1-5.5	
	서해안축	재령 - 남포	47	5.5-7.6	
	서해안축	순천 - 의주	194	-	
	계		1,252		
2급 도로			2,560		1급 도로 간 연결
3급 도로			13,100		

출처: 김석종·장○○·조병현·백승렬,『북한 토지학』(대구: 일일사, 2004), p.51.

    2022년 기준 북한의 도로 총연장은 26,203km로 한국의 113,405km 대비 23.1% 수준이다. 그리고 고속도로는 658km로 한국의 4,939km 대비 13.3%이며, 질적인 면에서도 고속도로를 제외한 도로 포장률은 10% 미만이며 간선도로 대부분이 왕복 2차선 이하이다. 또한, 노면의 균열이 심하며 평탄성이 낮아 평균 주행속도가 50km/h 이하로 제한적이고, 도로 안전시설 설치도 부족하다.[405]

---

[405] "통일부 북한정보포털," https://nkinfo.unikorea.go.kr/nkp/main/portalMain.do, (검색일: 2024. 9. 10).

〈표 6-9〉 남북 도로 총연장 및 고속도로 현황(단위 : km)

시점	한국		북한	
	도로 총연장	고속도로 길이	도로 총연장	고속도로 길이
2020	112,977	4,848	26,202	658
2021	113,405	4,866	26,203	658
2022	114,314	4,939	26,203	658

출처: "국가통계포털, http://kosis.kr, (검색일: 2024. 10. 5)."

　북한의 주요 도로망은 지형의 영향을 크게 받아 서해안의 평지와 동해안의 해안선을 따라 발달함에 따라 서부와 중부지역에 밀집되어 있고 동부와 북부내륙 산지에는 도로 밀도가 낮으며 동서 간 단절이 심한 편이다. 그 이유는 중앙부에 낭림산맥이 남북방향으로 뻗어 연결 도로의 건설을 어렵기 때문이다. 서부는 도로들이 평양을 중심으로 방사상으로 뻗어 서부의 주요 도시들과 연결되어 있고, 동부에는 원산을 중심으로 청진, 고성 등 해안 도시들이 연계되어 있다.[406]

2.1.4 해운 및 항공

　북한의 수운은 해운 및 내륙수운으로 구분하고, 해운은 서해와 동해로 나누어볼 수 있다. 북한은 지리적 조건과 휴전선에 의한 동서의 분리로 동서해안 간의 효율적인 운항이 불가능하고 폐쇄적인 자립경제체제를 추구하여 서방 세계와의 해상무역에 대한 의존도가 극히 낮으며, 북한의 주 무역대상국인 중국과 소련은 육지로 연결되어 있다. 동해안은 동남아 중동지역으로의 진출할 때 대한해협을 통과해야 하는 여건으로 운수 정책의 주요 대상이 되지 못했다.[407]

---

[406] 김석종·장ㅇㅇ·조병현·백승렬, 『북한 토지학』(대구: 일일사, 2004), p.52.

북한의 항만시설은 동해의 청진과 나진, 선봉, 단천, 흥남, 원산항과 서해의 남포, 송림, 해주의 9개 무역항과 신의주, 신포 등 15개 연안항을 보유하고 있다. 동해안은 수심이 깊어 선박 접안여건이 양호하나 서해안은 수심이 얕고 조수간만의 차이가 심해 불리한 조건을 가지고 있다.[408] 북한의 총 하역능력은 꾸준히 증가하였지만, 2022년 현재 연간 43,611만 톤으로 한국의 1,343백만 톤의 약 3.2% 수준에 불과하다.[409]

〈표 6-10〉 북한 항만 하역능력

시점	한국	북한
2020	1,294,998	43,611
2021	1,296,818	43,611
2022	1,342,821	43,611

출처: "국가통계포털," http://kosis.kr, (검색일: 2024. 10. 5).

최근 국제관광에 의한 외화벌이를 중심으로 항공교통의 중요성을 강조하여 금강항공이라는 민간항공회사를 설립하여 대일본 관광객의 유치에 나서고 있으나, 전반적으로 민간항공 관련 시설 및 규모가 매우 낙후되어 있다. 북한의 민항은 조선민항과 금강산국제항공회사가 있다. 공항은 33개이며, 민간이 활용할 수 있는 공항은 10개이다. 대표적인 순안공항을 비롯하여 선덕, 원산, 청진, 삼지연, 혜산, 어랑, 개천

---

407 조병현, 『북한의 지적제도』(용인: 대한지적공사 지적기술연구소, 우리인쇄사, 2001), p.33.

408 "통일부 북한정보포털," https://nkinfo.unikorea.go.kr/nkp/main/portalMain.do, (검색일: 2024. 9. 10).

409 "통일부 북한정보포털," https://nkinfo.unikorea.go.kr/nkp/main/portalMain.do, (검색일: 2024. 9. 10).

등으로 공군기지로도 활용하고 있는 것으로 알려져 있다. 국제공항은 순안공항 하나뿐이며, 국제정기노선으로 4개국 5개 도시에 취항하고 있으며, 나머지는 부정기적인 소수의 노선이 있다.

국제선으로는 주 1-2회의 평양-북경, 평양-모스크바-동베를린, 평양-불가리아의 소피아, 평양-하바롭스크 간의 정기노선과 평양-동구, 중동, 아프리카 지역 간 비정기노선에 취항하고 있다.[410] 북한이 보유한 민간항공기는 2023년 7월 현재 24대로 남한의 732대와 큰 차이가 있다.

〈표 6-11〉 남북 자동차등록 및 항공기 보유 현황

시점	한국		북한	
	자동차등록 (천대)	민간항공기 대수(대)	자동차등록 (천대)	민간항공기 대수(대)
2020	24,366.0	745	264.0	24
2021	24,911.1	726	253.0	24
2022	25,503.1	732	247.0	24

출처: "국가통계포털," http://kosis.kr, (검색일: 2204. 10. 5).

2.2 국토관리

2.2.1 법령체계

북한의 국토관리 체계는 헌법을 기반으로 민법에 제시하고 있다. 헌법에 "사회주의적 생산 관계와 자립적 민족경제의 토대에 의거, 생산수단은 국가와 사회협동단체가 소유한다"라고 규정하고 있다.[411]

---

410 조병현, 『북한의 지적제도』(용인: 대한지적공사 지적기술연구소, 우리인쇄사, 2001), p.34.
411 조선민주주의인민공화국 사회주의헌법은 주체 61(1972)년 12월 27일 최고인민회의 제5기 제1차 회의에서 채택하였고, 주체 108(2019)년 8월 29일 최고인민회의 제14기 제2차 회의에서 수정 보충하였다. 생산수단에 관한 규정은 제2장 경제

국가 소유는 전체 인민의 소유이고, 국가소유권의 대상에는 제한이 없다. 나라의 모든 자연 부원(富源), 철도, 항공운수, 체신기관과 중요 공장, 기업소, 항만, 은행은 국가만이 소유한다. 그리고 사회협동단체 소유는 해당 단체에 들어있는 근로자들의 집단적 소유이다. 토지, 농기계, 배, 중소공장, 기업소 같은 것은 사회협동단체가 소유할 수 있다. 북한 헌법에는 개인소유를 인정하고 있다. 개인소유는 공민들의 개인적이며 소비적인 목적을 위한 소유로 로동에 의한 사회주의 분배와 국가와 사회의 추가적 혜택으로 이루어진다. 터밭 경리를 비롯한 개인 부업경리에서 나오는 생산물과 그 밖의 합법적인 경리활동을 통하여 얻은 수입도 개인소유에 속한다.[412]

한편, 민법 제2편 소유권 제도에서 "재산에 대한 소유권은 그 소유 형태에 따라 국가 소유권, 사회협동 단체 소유권, 개인 소유권으로 나누어진다"라고 헌법의 규정을 뒷받침하고, 국가 소유권과 사회협동단체 소유권, 개인 소유권에 대하여 상세히 규정하고 있다.[413]

헌법과 민법을 기초로 국토에 관한 법령은 국토계획법과 도시계획법, 부동산관리법, 토지법 등을 근간으로 하고 있다. 북한의 국토계획법은 "국토계획의 작성과 비준, 실행에서 제도와 질서를 엄격히 세워 국토관리를 계획적으로 하는 데 이바지한다"라고 규정하고 있다. 국토계획은 국토와 자원, 환경의 관리에 관한 통일적이며 종합적인 전망계

에 나와 있다. 사회주의헌법 제19조-제20조 참조.
[412] 사회주의헌법 제21조-제25조 참조.
[413] 조선민주주의인민공화국 민법은 주체 79(1990)년 9월 5일 최고인민회의 상설회의 결정 제4호로 채택하고, 주체 96(2007)년 3월 20일 최고인민회의 상임위원회 정령 제2161호로 수정 보충하였다. 소유권 제도에 관한 사항은 제2편에 나와 있다. 민법 제44-제63조 참조.

획으로 전국 국토건설 총계획과 중요지구 국토건설 총계획, 도(직할시) 국토건설 총계획, 시(구역), 군국토건 설총계획으로 구분한다.[414]

북한의 도시계획에 관한 사항은 도시계획법에 규정하고 있다. 사명으로 '도시계획의 작성과 비준, 실행에서 제도와 질서를 엄격히 세워 도시와 마을을 전망성 있게 건설하고 인민들에게 더욱 훌륭한 생활환경을 마련하여 주는 데 이바지한다.'라고 규정하고 있다. 도시계획은 도시와 마을계획령역의 토지를 리용하며 건물, 시설물, 록지 같은 것을 건설, 개건, 정비하는 것과 관련한 통일적이며 종합적인 계획으로 도시, 마을총계획과 그에 따르는 세부계획, 구획계획으로 구분한다.[415]

북한은 부동산을 토지와 건물·시설물·자원으로 나누고, 토지에는 농업토지, 주민지구토지, 산업토지, 산림토지, 수역토지, 특수토지가, 건물·시설물에는 산업 및 공공건물, 시설물, 살림집 건물로 자원은 지하자원·산림자원으로 구분한다. 국가는 부동산을 형태별·용도별로 정확히 등록하고, 부동산의 리용에서 정해진 질서를 엄격히 지키도록 하고, 부동산가격과 부동산사용료는 과학적인 평가에 기초하여 정확히 적용하도록 규정하고 있다.[416]

---

414 조선민주주의인민공화국 국토계획법은 주체 91(2002)년 3월 27일 최고인민회의 법령 제12호로 채택하였고, 주체 93(2004)년 10월 26일 최고인민회의 상임위원회 정령 제742호로 수정 보충하였다. 국토계획법의 사명과 국토계획의 분류, 국토계획의 작성원칙에 관한 사항은 제1장 국토계획법의 기본에 나와 있다. (국토계획법 제1조-제3조).

415 조선민주주의인민공화국 도시계획법은 주체 92(2003)년 3월 5일 최고인민회의 상임위원회 정령 제3627호로 채택하였고, 주체 98(2009)년 5월 5일 최고인민회의 상임위원회 정령 제37호로 수정 보충하였다. 국도시계획법의 사명과 도시계획의 분류, 도시계획의 작성원칙에 관한 사항은 제1장 도시계획법의 기본에 나와 있다. (도시계획법 제1조-제3조).

416 조선민주주의인민공화국 부동산관리법은 부동산을 토지와 건물, 시설물, 자원 같

토지는 전체 농민들이 조선로동당과 인민 정권의 현명한 영도 밑에 《밭갈이하는 땅은 밭갈이하는 농민에게로》라는 원칙에서 실시한 위대한 토지개혁 법령에 따라 민주주의 혁명단계에서 이룩한 혁명의 고귀한 전취물로 정의하고 있다.

토지에는 토지개혁을 위하여 고귀한 생명을 바친 혁명 선열들의 붉은 피가 스며있으며, 제국주의 침략으로 나라를 지키기 위하여 영웅적으로 싸운 인민들의 혁명정신이 깃들어있다고 명시하였다. 토지법에 국토건설총계획과 토지보호, 토지건설, 토지관리 등에 대하여 자세히 규정하고 있다.[417]

〈표 6-12〉 북한의 국토 관련 법률체계

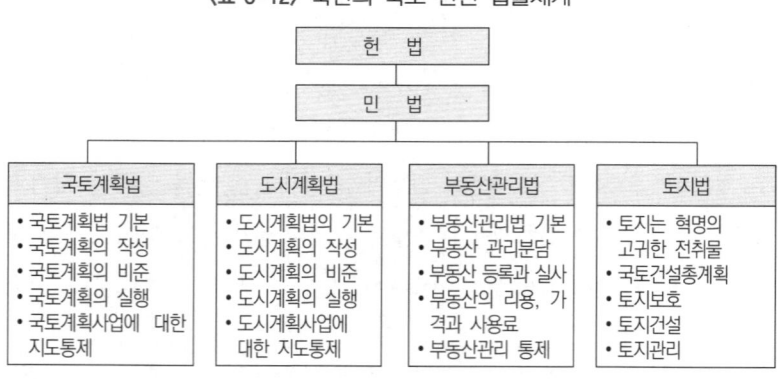

출처: 김석종·장준복·조병현·이동희, 『북한 토지론』(대구광역시; 일일출판사, 2004), p.29.

은 것으로 정의하고 있다.(제2조 제1항).
[417] 조선민주주의인민공화국 토지법은 주체 66(1977)년 4월 29일 최고인민회의 법령 제9호로 채택하였고, 주체 88(1999)년 6월 16일 최고인민회의 상임위원회 정령 제803-1호로 수정 보충하였다. 제1장 조선민주주의인민공화국의 토지는 혁명의 고귀한 전취물, 제2장 토지 소유권, 제3장 국토건설총계획, 제4장 토지건설, 제5장 토지관리를 규정하고 있다. (토지법 제1조-제4조).

2.2.2 부동산공시제도

토지에는 지적(地籍, cadastre)[418]이 있다. 근대적 지적제도는 조선토지조사사업에 의거 확립되었다. 일제 강점기에 완성되었지만, 한반도에는 통일적이고 체계적인 지적제도가 유지되어 오다가 남북 분단으로 서로 다른 길을 걷게 되었다.

북한은 일본 강점기 토지조사사업에 의하여 작성된 지적공부를 부르주아적 산물로 인정하여 무효화시켰으며, 등기부는 폐기하였다. 사회주의 체제가 확립되고, 토지의 협동농장화가 완료됨에 따라 토지의 사적 소유권 개념이 사라져 부동산공시제도가 의미를 상실하게 되었다. 분단 당시 북한지역 지적도는 279,609장이며, 면적은 110,766,508 ㎢이다. 당시 작성한 지적원도는 국가기록원에 보관되어 있으며, 보관상태는 양호하다.[419]

〈그림 6-1〉 북한지역 지적원도와 지적도

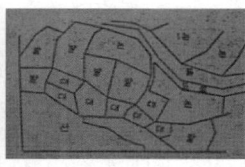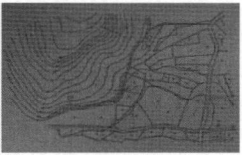

출처: 대한지적공사, 『한국지적백년사』(서울: 서울특별시 인쇄정보산업협동조합, 2005), p.1258.

---

[418] 지적은 토지에 대한 물리적 현황에 대한 공적인 기록 또는 정보를 의미한다. 국가 운영에 필요한 세금을 징수하기 위하여 출발한 지적제도는 소유권 보호를 위한 법지적으로 발전하였다. 오늘날에는 토지의 물리적 현황과 권리적 현황, 가치적 현황, 이용규제적 현황을 종합적으로 공시하여 국민의 재산권 보호와 국토의 효율적인 관리뿐만 아니라 토지에 대한 종합정보를 제공하는 정보지적으로서 역할을 담당하고 있다.

[419] 대한지적공사, 『한국지적백년사』(서울: 서울특별시 인쇄정보산업협동조합, 2005), p.1258.

일본인 토지 소유와 조선인 지주들의 토지 소유 및 소작제를 철폐하고, 몰수한 토지는 모두 무상으로 농민의 영원한 소유로 넘기기 위해 1945년 10월 16일 토지문제에 대한 결정과 1946년 3월 5일 북조선토지개혁에 대한 법령의 발효를 통해 동년 3월 8일부터 3월 30일 사이에 토지개혁을 하였다. 이 법령을 보완하기 위하여 형사법 성격의 토지개혁실시에 대한 임시조치법(1946. 3. 5)과 토지개혁법령에 대한 세칙(1946. 3. 8)을 제정하고, 토지와 농촌인구에 대한 실태조사사업을 추진하였다.[420]

이를 근거로 몰수대상 토지를 확정하고, 토지의 비옥도 등을 고려하여 토지분배안을 확정하였다. 1946년 5월 22일 발표된 토지 소유권 증명서 세칙에 의거 토지를 농민에게 분배하고, 토지 소유권 증명서를 내주었다. 1947년 2월 22일 대지세법을 제정하고 대지세를 징수하기 위하여 시·군인민위원회에 비치한 토지대장 등록사항을 기초로 대지세 대장을 작성하였다.

1958년 농업협동화 과정에서 토지이동에 따른 지적측량과 제증명 발급이 필요하게 되어 국가 수수료에 관한 규정을 정하여 시행하였다. 이때까지는 분단 이전의 지적공부에 정리하였으나, 농업협동화 완료로 지적공부가 불필요하게 되어 무효화시키고, 1958년 4월 4일 지적문건보관관리규정을 제정하여 측량원도와 산정부 등 지적문건을 인민보안성에 보관하였다.[421]

---

[420] 북조선토지개혁에 대한 법령(1946년 3월 5일) 제1조, 『김일성저작집』 2권 (평양: 조선노동당출판사, 1979), pp.101-104.
[421] 조병현, "統一 以後 北韓 地域의 地籍制度 改編 方案 硏究" 연세대학교 석사학위 논문(2001), p.27.

현재 북한은 새로운 형식의 지적도와 토지대장을 작성하여 사용하고 있다. 러시아 등 사회주의 국가의 지적제도 영향을 받아 토지대장은 토지의 질적인 상태와 이용 측면을 강조하는 방향으로 작성하였다.[422]

〈표 6-13〉 북한 토지법 제정 경위

시 기	법 령	형 식
1945. 10. 16	토지문제에 대한 결정	결정
1946. 3. 5	토지개혁에 대한 법령	법령
1950. 3. 25	국유건물 및 대지관리에 관한 규정	결정 제71호
1958. 4. 4	지적문건관리규정	결정
1963. 12. 17	조선민주주의 인민공화국 토지법	정령
1972. 12. 28	사회주의헌법	헌법
1977. 4. 29	토지법	법령

출처: 김석종·장ㅇㅇ·조병현·백승렬,『북한 토지학』(대구: 일일사, 2004), pp.147-149.

1960년 7월 5일「토지관리규정」제정과 1963년 12월 17일「조선민주주의 인민공화국 토지법」을 제정하여 토지법령을 체계화하였다. 그리고 1972년 12월 28일 사회주의헌법 제정으로 세금제도가 완전히 폐지되고, 1977년 4월 29일 토지법에 지적 관련 조항이 일부 규정화됨으로 기존의 지적제도는 완전히 폐지되었다.[423] 현재 부동산관리는 2009년 제정한 부동산관리법에 의하여 운영하고 있다.

북한에서 부동산의 정의는 민법(1990)에서 최초 사용(제141조, 현행민법 제94조)하였고, 대외민사관계법(1995) 등에 나와 있다. 사회주

---

422 이재송,『지적』, 1999년 10월호, pp.36-37.
423 조병현, "統一 以後 北韓 地域의 地籍制度 改編 方案 硏究," 연세대학교 석사학위 논문(2001), p.27.

의재산관리법(1996)에서 부동산과 동산으로 재산을 분류하기 시작하여 민사법사전(1997)에 "토지나 집과 같이 움직여 옮길 수 없는 재산, 동산에 대치되는 개념"으로 정의하고, "부동산의 등록과 실사, 리용, 사용료납부에서 제도와 질서를 엄격히 세워 사회주의적 소유를 공고 발전시키며, 경제건설을 다그치고 인민들의 물질 문화생활을 높이는 데 이바지한다"라고 규정하고 있다.[424]

〈표 6-14〉 남북 부동산공시제도 운영 현황

구 분	세부내용	한 국	북 한
지적제도	목적	개인 재산권보호 및 국토 균형적 개발에 기여	토지의 분류, 이용 등에 단순 활용
	발전과정	지적공부 전산화, 지적재조사사업 추진	사적 소유배제, 조세제도 폐지로 사실상 토지제도에 흡수
	관련 법령	지적법	토지법에 일부 규정
	교육기관	대학교, 전문대학, 고등학교	측량관련학과에서 측량 교육
등기제도	분단 당시 등기부	사용	폐기
지적공부	토지·임야대장	사용	무효화
	지적·임야도	사용	무효화

---

[424] 조선민주주의인민공화국 부동산관리법은 주체 98(2009)년 11월 11일 최고인민회의 상임위원회 정령 제395호로 채택하였고, 주체 100(2011)년 12월 21일 최고인민회의 상임위원회 정령 제2052호로 수정 보충하였다. 부동산관리법의 사명과 부동산의 구분, 부동산의 등록과 실사 원칙, 부동산의 이용원칙, 부동산사용료 제정 및 적용원칙 등에 관한 사항은 제1장 부동산관리법의 기본에 나와 있다. 부동산관리법 제1조-제6조 참조.

구 분	세부내용	한 국	북 한
등록사항	행정구역	분단 이전 체계 유지	3단계로 조정(면 폐지)
	소유자	사적 소유권 보장	국유지, 협동농장, 기업, 단체
	지번	분단 이전 체계 유지	지번(번지) 없음
	지목	실제 이용에 따라 구분	단순하게 토지용도 구분
	경계	지적도경계와 현지경계 일치	지적도와 상관없이 경계 설정

출처: 조병현, "통일 이후 북한의 지적제도 개편방안 연구," 연세대학교 행정대학원 석사학위 논문(2001), p.42.

2.2.3 토지이용제도

토지이용에 관한 사항은 토지법에 세부적으로 규정하고 있다. 토지법에 국가는 국토를 보호 개발하고, 국가와 사회가 공동으로 리용하여 사회주의의 물질 기술적 토대를 더욱 튼튼히 하며, 나라의 사회주의 건설을 힘있게 다그칠 수 있도록 필요한 대책을 강구하도록 하고, 토지를 이용하는데 맞게 농업토지, 주민지구토지, 산림토지, 산업토지, 수역토지, 특수토지로 가르고 관리하도록 규정하고 있다.[425]

그리고 도시계획은 계획 기간에 따라 총계획, 세부계획, 순차 및 연차 건설계획, 구획설계로 나눈다. 도시계획의 작성과 비준에서 지켜야 할 원칙으로는 국가가 도시계획 작성에서 도시 성격과 규모, 형성 방향을 정확히 규정하며 도시계획 영역을 도시·마을 총계획에서 확정하도록 하고 도시의 건설, 개건, 정비사업을 도시계획에 엄격히 준하여 실행하도록 명시하였다. 도시·마을총계획은 국토건설총계획에 세부계획은 도시·마을총계획에 기초해 작성하며, 도시·마을총계획은

---

[425] 토지법 제1조-제7조 참조.

20년 후를 목표연도로 설정해 수립하도록 하였다.[426]

관리조직은 중앙에 정무원 산하의 국가건설위원회가, 지방에는 도 인민위원회 산하의 지방행정경제위원회가 토지 및 계획문제를 통일적으로 관리한다. 정무원은 기존의 토지용도 변경 및 기타 중요 사안만을 관장하고, 현실적인 토지관리의 핵심기관은 지방행정경제위원회라 할 수 있다.[427]

시(군)인민위원회의 경우 국토관리부에서 국토관리를 담담한다. 국토관리부는 1명의 부장과 2명의 부부장(국토, 산림)이 있다. 부서로는 종합과·계획과·지령실, 강·하천·산림·해양·농업토지·도로·국토감독대, 경리과·자재과·운수과 등이 있으며, 시(군)내의 국토사업 전반을 책임지고 관리한다. 국토관리부는 시(군)내 농업토지와 공업토지의 이용 및 유실 방지, 산림조성, 도로건설 및 보수, 강·하천·연해·호수 등에 대한 관리·감독을 한다. 매년 봄과 가을에 국토관리 기간에 산하기관과 기업소, 공장, 협동농장 등에 배분하며, 시(군)의 전반적인 국토관리를 감독하고, 감독기관을 통해 산림경영소, 도로관리소, 해안방조제사업소 등에 대한 정기적인 국토관리를 진행한다.[428]

---

[426] 도시계획법 제1조-제3조 참조.
[427] 김석종·장ㅇㅇ·조병현·백승렬, 『북한 토지학』(대구: 일일사, 2004), p.28.
[428] 한국행정연구소, 「북한 지방행정 구조에 관한 연구: 시와 군의 비교를 중심으로」 통일평화연구원 2019 통일기반구축사업 보고서, p.29.

〈표 6-15〉 북한 토지이용계획 체계

대항목	세부항목	구 체 적 내 용
토지이용 계획	국토계획	전국계획으로 전국국토건설총계획을 수립 • 한국의 국토건설종합계획과 유사 • 계획 기간을 30-50년의 매우 장기간으로 설정 • 필요한 경우 이를 단축할 수 있도록 융통성 부여
	지역계획	지구계획: 중요지구 국토건설총계획 • 한국의 특정지역개발계획(수도권계획 등)에 상응 • 지역 간 균형발전의 달성을 위해 동·서·북구의 3개 지역으로 나누어 지구계획 수립·진행 지역계획 : 지역 국토건설총계획 • 한국의 도종합개발계획에 상응 • 도행정기관이 작성, 도인민회의가 승인
	도시계획	북한의 도시계획은 비법정계획 토지이용과 관련하여 3가지 내용을 포함 • 도시영역의 선택 • 용도별 지역의 배치 • 주택소구역계획

출처: 김석종·장ㅇㅇ·조병현·백승렬, 『북한 토지학』(대구: 일일사, 2004), p.43.

그리고 시(군)인민위원회 도시경영부에는 1명의 부장과 1명의 부부장이 있으며, 직제는 계획, 종합, 도시경영 감독, 도로관리, 공공건물관리, 원예, 주택관리, 상하수도관리 등이 있다. 산하 도시경영사업소와 난방사업소, 도로보수사업소, 공공건물보수사업소, 원림사업소, 도시설계사업소, 상하수도사업소 등의 기업소를 통해 전반적인 도시경영을 진행하고 있으며, 시(군)내의 도시경영을 통제하고 관리·감독한다.

시(군)인민위원회 건설·운수부에는 1명의 부장과 1명의 부부장이 있다. 직제는 종합, 도시건설, 운수, 도로 유지, 농촌건설, 건설감독 등이 있으며, 산하에 도시건설사업소, 농촌건설사업소, 자동차사업소, 도로 유지 및 감독대가 있다. 건설운수국은 시(군)내의 주택과 각종 건설·시설물, 부동산, 자원 등을 조사해 등록하고, 보호·통제하며 관리·감독하는 역할을 담당한다. 도시건설과는 농촌건설을 전문으로 하는 기업소를 산하에 두고 있으며, 산하 우마차사업소에서는 수송업무를 담당한다. 이밖에도 시(군)내의 모든 건물에의 보수 및 건설·유지에 대한 관리와 건물의 신축·증축 및 건설, 심사 등을 총괄하고 있다.[429]

시(군)농촌경영위원회 토지 감독부의 토지 감독원은 지역의 농업용 토지에 대하여 기록하고, 이용계획을 작성하여 집행한다. 특히, 해마다 진행되는 토지조사를 통하여 토지등급을 재정비하고, 토대로 토지유실, 토지이용 정형을 감독하며 토지정책집행에 대하여 책임을 진다.[430]

북한의 경우 중앙과 지방조직의 관계는 중요한 의사결정에 관한 한 지방은 중앙의 결정에 복종해야 하고, 일반 행정업무에 관해서는 도인민위원회로 대폭 이양되어 있다. 그러나 의사결정은 철저한 수직적 관계로서, 중앙과 지방간의 협의는 있을 수 없다.[431]

---

[429] 한국행정연구소, "북한 지방행정 구조에 관한 연구: 시와 군의 비교를 중심으로," 통일평화연구원 통일기반구축사업 보고서(2019), pp.29-30.
[430] 한국행정연구소, "북한 지방행정 구조에 관한 연구: 시와 군의 비교를 중심으로," 통일평화연구원 통일기반구축사업 보고서(2019), p.40.
[431] 조병현, "統一 以後 北韓 地域의 地籍制度 改編 方案," 연세대학교 석사학위 논문(2002), p.40.

2.3 국토개발

2.3.1 자연개조사업

북한의 국토개발은 다른 분야와 마찬가지로 민족 자력갱생이라는 커다란 틀 내에서 이루어지고 있으며, 이를 실현하기 위한 기본 방향으로 자연개조 및 지역 간의 균형을 강조하고 있다. 북한은 해방 이후 강조해온 자연개조사업 역시 농업생산과 밀접하게 관계된 영농의 수리화, 간석지 개간, 고지대 개발, 산의 종합적 이용, 물의 종합적 이용, 새 땅찾기, 토지정리 및 개량사업 등이며 이중 식량 증산과 직결된 간석지 개간, 새 땅찾기 운동, 서해갑문 건설 및 태천발전소 건설은 4대 자연개조사업으로 지정되어 있다.[432]

북한의 법률 중 국토개발과 밀접한 관계를 맺고 있는 것은 토지법으로 국토의 개발과 이용 및 관리에 관한 포괄적 법률로, 제15조에서 국토건설 총계획 수립의 원칙을 제시하고 있다. 여기서는 농경지 보호의 원칙, 작은 도시형태의 유지, 기후·풍토에 맞는 개발의 추진, 인민경제발전 전망과 각 지역 경제발전 전망계획에 부합된 계획수립 등을 국토개발의 기본원칙으로 제시하고 있으며, 계획의 전망 기간은 30-50년 정도가 적절하다고 제시하고 있다.[433]

북한의 국토개발사업 중 대표적인 것은 4대 자연개조사업을 들 수 있다. 4대 자연개조사업은 1981년 10월 노동당중앙위 제6기 4차 전원회의에서 제기, 추진되고 있는 △서해갑문 건설 △태천발전소 건설 △30만 정보 간석지개간 △20만 정보 새 땅 찾기를 종합하여 일컫는

---

[432] 조병현, 『북한의 지적제도』(용인: 대한지적공사 지적기술연구소, 우리인쇄소, 2001), p.21.
[433] 토지법 15-18조.

말이다. 이 사업은 만성적인 식량난에 시달리는 북한이 경지면적을 늘려 식량을 증산한다는 목표하에 추진되었다.

4대 자연개조사업의 내용을 보면 서해갑문 및 태천발전소 건설을 통해 북한의 주요 곡창지대인 대동강·대령강 유역의 홍수를 조절하고 농업용수의 공급을 원활히 하였다. 간석지개간은 20% 수준인 6만여 정보, 새 땅찾기 사업은 다락밭 개간과 개마고원·백두고원을 중심으로 진행하였으나 부작용으로 홍수피해를 입고 있는 형편이다. 2022년 12월 말 노동신문 보도에 의하면 평안북도 서해 앞에 월도 간석지 공사를 2019년 6월에 시작해서 코로나19 대유행에도 공사를 계속했고 3,300여 정보, 약 990만 평 규모의 경작지를 확보했다. 북한은 4대 자연개조사업을 통하여 북한 전체면적의 18% 경지면적을 늘렸다.[434]

북한은 이에 앞서 1976년 10월 노동당중앙위 제5기 12차 전원회의에서 △밭 관개 완성 △토지정리·토지개량 △다락밭 건설 △치산치수 △간석지 개간 등을 내용으로 하는 자연개조 5대 방침을 결정하여 식량 증산을 목적으로 자연개조사업을 추진하였으나, 별다른 성과를 거두지 못하고 특히 다락밭에 의한 홍수 등 오히려 부작용만 일으켰다. 4대 자연개조사업은 1986년 완공한 서해갑문 건설을 제외하고는 전반적으로 사업추진 초기 북한이 대대적으로 선전했던 것과 같이 부진을 면치 못하고 있다.[435]

김정은 위원장은 2016년 국가경제발전 5개년 계획에서 간석지 개발을 역점 과제로 꼽았으며, 2021년 8차 당대회에서도 대자연 개조

---

[434] 김석종·장ㅇㅇ·조병현·백승렬, 『북한 토지학』(대구: 일일사, 2004), p.96.
[435] 김석종·장ㅇㅇ·조병현·백승렬, 『북한 토지학』(대구: 일일사, 2004), p.96.

사업을 중점으로 내세웠다. 미국 북한 전문매체 38노스에 따르면 김 위원장 집권 10년간 북한이 개간한 면적은 약 200㎢(약 6천 50만평)으로 추정된다. 서울시의 3분의 1 정도 넓이로 새만금 개발 면적이 약 4만 헥타라고 보면 엄청난 간석지 개발이다.

주요 간척사업은 총 12곳으로, 대계도와 홍건도 사업이 가장 규모가 크다. 대계도는 2010년 88㎢를 매립했다. 이외에 다사도, 곽산, 안석, 금성, 운촌, 서해리-능금도, 용매도, 월도, 싸리섬, 강령 등이 있다. 평안북도의 동림군 안산리로부터 선천군 신미도, 황해남도의 청단군 신생리로부터 신풍리까지 연결시켜 홍건도간석지건설을 결속하고, 룡매도간석지 3, 4구역건설을 짧은 기간에 끝냄으로써 날바다우에 1만 3,000여 정보의 새 땅을 떠올렸다.[436]

〈표 6-16〉 대자연개조사업 추진 실적

구 분	실 적	비 고
간석지개간 및 새 땅찾기	50만 정보	
김 위원장 집권 10년간 개간한 면적	200㎢(약 6천50만 평)	미국 북한 전문매체 38노스 보도
2010년 간척사업	대계도와 홍건도 사업 88㎢ (8,800정보) 매립	총 12곳
2019년-2023 새 땅찾기	월도 간석지 3,300여 정보, 약 990만 평	2022년 12월 《로동신문》 보도

이런 노력에도 벼 재배면적은 2021년 통계청 기준 54만4천6ha(1ha

---

[436] "홍건도 간석지 2단계와 룡매도 간석지 3, 4구역 건설 완공에 관한 조선중앙통신 사상보,"《조선신보》, 2021년 5월 1일.

=1만㎡)로 남한 재배면적의 74.3% 수준에 그친다. 비료와 농사기술이 부족해 실제 생산 능력은 더 떨어지는 것으로 알려졌다.[437]

2.3.2 토지정리사업

토지정리는 올망졸망한 논밭을 규격화해 바둑판처럼 펼쳐 정리하는 경지정리의 북한식 표현이다. 토지정리사업은 1998년 5월 김정일이 최전방 시찰을 위해 강원도 창도군을 지나던 중 거미줄 같은 뙈기밭을 보고 현지에서 관계 부문 일꾼 협의회를 조직하여 강원도 토지정리를 지시한 것이 시발점이 되어 이후 전국으로 확대된 사업이다.

토지정리사업은 애초 감자 농사, 종자 개량, 이모작 확대와 함께 먹는 문제 해결을 위한 대책의 하나로 제시됐다. 등고선처럼 늘어선 논두렁과 밭둑, 뙈기밭과 같은 자투리땅을 정리함으로써 농지를 확대하고, 곡물 생산을 늘리는 것이 일차적인 목적이자 가장 현실적인 이유였다.[438]

북한은 또한 토지정리를 위해 각 도(道) 단위로 돌격대를 조직해 1개 군(郡)씩 맡겼고, 기계화군단으로 불리는 불도저·굴착기 등 각종 중장비를 집중적으로 투입했다. 또한, 공병부대와 인근 지역 군부대에서 군인들을 동원하기도 했다. 조선콤퓨터센터도 토지정리와 계획작성 프로그램인 천지개벽을 개발하여 토지정리를 강조했다. 한 마디로 국가적인 지원 아래 토지정리가 추진되었다.

---

[437] " "대자연 개조해 식량 증산" … "북한, 간석지개간 안간힘," "《연합뉴스》, 2022년 11월 10일.
[438] "통일부 북한정보포털," https://nkinfo.unikorea.go.kr/nkp/main/portalMain.do, (검색일: 2024. 9. 10).

북한의 토지정리 사업에는 컴퓨터산업의 산실인 조선컴퓨터센터가 개발한 건설계획 작성 컴퓨터 프로그램(S/W) 천지개벽이 도입되어 평북 토지정리 공사에서 많은 재원과 자재, 인력을 절약하는 데 이바지하였다.[439]

　북한은 토지정리사업의 대상이었던 뙈기밭이 장마당을 활성화하고, 주민들의 사상 이완의 요인이 된다고 판단하여 토지정리 명분으로 협동농장에 합병시켰다. 북한 농민들도 북한당국이 토지정리사업을 핑계로 협동농장 주변 2-3채 규모의 살림집을 헐고 문화주택 구역을 조성하고 있지만, 이를 살림집 부근의 소토지들을 뺏으려는 조치라고 불신을 표출한 것으로 알려 있다.[440]

　1998년 강원도부터 시작한 토지정리 사업은 2003년 4월까지 5년간 20만 정보의 토지를 정리하고 강원도(1760정보), 평안북도(2,000정보), 황해남도(2,310정보) 등지에서 모두 6,000여 정보의 새 땅을 확보하였다. 또, 평안남도와 평양시의 토지정리를 통해 9만 4,400여 정보를 정리하였다.[441]

---

[439] 김석종·장ㅇㅇ·조병현·백승렬, 『북한 토지학』(대구: 일일사, 2004), pp.103-104.

[440] "통일부 북한정보포털," https://nkinfo.unikorea.go.kr/nkp/main/portalMain.do, (검색일: 2024. 9. 10).

[441] 김석종·장ㅇㅇ·조병현·백승렬, 『북한 토지학』(대구: 일일사, 2004), pp.103-104.

〈표 6-17〉 토지정리사업 추진 실적

지역 및 추진 기간	면 적 (정보)	논두렁 정리 (감소율)	경지증대 (증대율)	비 고
강 원 '98.9-'99.4	30,000	12,000-5,600km (53.3%)	1,760정보 (5.9%)	'99.4.3
평 북 '99.10-'00.5	51,500	29,000-16,000km (44.8%)	2,000정보 (3.9%)	'00.5.16
황 남 '00.10-'02.3	100,000	50,000-16,700km (66.6%)	2,310정보 (2.3%)	'02.4.1
평남, 평양 '02.2-'04.7	94,400	40,000-28,200km (29.5%)	1,530정보 (1.6%)	'04.7.17
합 계	275,900	131,000-66,500km (49.2%)	7,600정보 (2.8%)	

출처: 김석종·장ㅇㅇ·조병현·백승렬, 『북한 토지학』(대구: 일일사, 2004), p.105.

2.3.3 도시개발사업

북한의 도시개발은 도·농간, 지역 간 균형유지라는 원칙을 기초로 하고 있다. 도시와 농촌 간의 갈등이 자본주의의 사적 소유의 한계에서 발생하는 것으로 보고, 공업으로 대표되는 도시를 그 외의 다른 지역과 유기적으로 결합하게 함으로써 오히려 지역의 발전에 이바지할 수 있다는 것이다. 공간적으로 볼 때 도시의 개발은 두 가지의 기본 성향을 지향한다. 먼저 해방 직후 북한의 도시개발은 일본강점기에 형성된, 왜곡된 공간구조를 개조하는데 일차적인 목적을 두었다.[442]

북한은 해방 이후 신의주-해주, 청진-원산이라는 해안 축과 내륙지역의 도시건설에 큰 관심을 두고, 사회주의 건설사업과 직결시켜 추진하였다. 그리고 군사적 요인도 도시 공간적 분포에 영향을 미쳤다.

---

[442] 조병현, 『북한의 지적제도』(용인: 대한지적공사 지적기술연구소, 우리인쇄소, 2001), p.24.

즉 휴전선에 인접한 지역의 도시 성장은 될 수 있는 대로 억제하며, 특히 중공업 도시 형성을 더욱 촉진하는 결과를 야기하였으며, 전자의 경우가 현재로서는 무의미하지만, 후자는 아직도 도시개발 기본 방향의 하나로 잔존하고 있다.[443] 이러한 결과, 북한 도시의 공간적 분포는 분단 전에 비해 크게 세 가지의 특징을 보이게 되었다.

첫째, 북부내륙 지역의 도시개발을 들 수 있다. 서부와 북부보다 상대적으로 낙후된 북부내륙 지역의 성장을 촉진하고 군사적 차원에서 중요한 의미를 지니는 생산시설을 자리 잡게 하기 위한 것으로 강계, 희천과 같은 내륙도시가 육성되었다.

둘째, 군사적으로 불안한 사리원 이남 지역의 도시 성장 억제로, 현재 휴전선 인접 지역에는 개성, 해주를 제외하고는 인구 10만 이상의 도시가 존재하지 않는다.[444]

셋째, 동해안 지역의 인구집중 억제이다. 적 해군의 포격으로부터 주요시설물이나 주민을 보호하기 위한 것으로, 6·25전쟁 중 미 해군의 함포사격에 의해 큰 피해를 보았던 원산을 주요 대상으로 한다.

현재 북한의 도시는 개성-사리원-평양-신의주로 연결되는 서해안 축과 원산-함흥-청진의 동해안 축을 근간으로 하고 있다. 이는 함경산맥과 같은 지형적 요인 및 생산의 극대화를 위해 기존 산업집적지에 투자를 집중한 것 등에 기인한 것으로 보인다.[445]

---

443 통일정책협의회, 『북한 분야별 실태분석 및 대북정책 추진방향, 제3부 경제·환경 분야』(서울 : 2009), pp.13-14: 조병현, 『북한의 지적제도』(용인: 대한지적공사 지적기술연구소, 우리인쇄소, 2001), p.24.
444 조병현, 『북한의 지적제도』(용인: 대한지적공사 지적기술연구소, 우리인쇄소, 2001), p.24.
445 조병현, 『북한의 지적제도』(용인: 대한지적공사 지적기술연구소, 우리인쇄소,

북한의 도시건설은 20-30년간의 인구예측에 기반을 두고 계획적으로 건설하고, 도시의 규모가 과도하게 증가하는 것을 억제하며, 규모가 일정 한계를 넘을 때는 위성도시를 건설하여 기능을 분산시킨다.

북한의 도시들은 상당한 속도로 도시화가 진전되어 1950년 31%에서 매우 완만한 증가 내지는 정체 경향을 보인다. 1970년대 지방공업의 발달 및 영농의 기계화가 어느 정도 성과를 거두어 54%로 빠르게 증가하였으나 1970~80년까지 도시화율은 불과 2.7%의 증가에 그치고 있다. 이러한 경향이 최근까지도 계속되고 있다.[446]

한편, 유엔은 『2020 세계 도시 보고서』에서 2020년 기준 북한 전체 인구의 62.4%에 해당하는 약 1천 612만 명의 주민들이 도시지역에 거주하는 것으로 추정하였다. 2025년 북한 전체 인구의 63.8%에 해당하는 약 1천 682만 명, 2030년에는 65.6%인 약 1천 753만 명이 도시에 거주할 것으로 예측했다.

그리고 미국 중앙정보국(CIA) 월드 팩트북도 북한의 도시화율이 62.4%이며, 수도 평양에 308만 4천 명이 거주하는 것으로 추정하였다. 한국의 경우, 전체 인구의 81.4%, 2025년 81.6%, 2030년 82%가 도시에 거주할 것으로 추정돼 북한보다 훨씬 높았지만, 한국과 북한의 격차는 계속 줄어들 것으로 전망하였다.[447]

2001), pp.24-25.
[446] 조병현, 『북한의 지적제도』(용인: 대한지적공사 지적기술연구소, 우리인쇄소, 2001), p.26.
[447] 북한의 도시화는 2050년 74.2%에 이를 것으로 전망하는 자료도 있다. 김혜진, "북한 주요 도시개발 동향," KDB미래전략연구소 한반도신경제센터, *Weekly KDB Report*. 2022년 5월 16일; 전 세계 지속가능한 도시발전을 위해 설립된 유엔 해비타트(UN-Habitat), 즉 유엔인간정주계획이 최근 공개한 전 세계 지속가능한 도시화를 분석한 『2020 세계 도시 보고서, *World Cities Report*』(2020);

〈표 6-18〉 남북 도시화율 현황

구 분	한국(%)	북한(%)	비 고
2022	81.4	62.4(1천 612만 명)	평양에 308만 4천이 거주
2025	81.6	63.8(1천 682만 명)	
2030	82.0	65.6(1천 753만 명)	

출처: "국가통계포털," http://kosis.kr, (검색일: 2024. 10. 5).

2.3.4 주택건설사업

북한은 도시 내 주거지 건설과 개발의 기본단위로 주택소구역을 설정하고 있다. 주택소구역이란 도시 주거지역의 기본단위로 주택지와 각종 문화, 후생시설부지, 정원, 도로 등이 포함된다. 기본단위는 그 규모에 따라 주민 1,000-1,500명 혹은 2,000-2,500명이 거주하는 소구역을 축으로 한 4-5개의 주택군이다. 주택소구역 계획의 수립은 다음의 원칙에 따르도록 하고 있다.[448]

북한은 6·25전쟁으로 60만 호의 주택이 파괴되어 극심한 주택난에 직면하자 휴전 직후부터 주택건설에 주력해 왔다. 집단화·밀집화하기 위해 설계의 표준화 및 규격화 방침에 따라 고층아파트와 문화주택을 건설하였다.

이러한 정책에도 불구하고 주택난이 개선되지 않아 제2차 7개년계획(1978-1984년)과 제3차 7개년계획(1987-1993)을 세워 주택난 해소에 주력했다. 1993년 평양시 통일거리와 광복거리 3만 세대, 2012년 6월 평양 만수대거리 약 3만 세대, 창전거리 10만 세대를 건설하였다.

《자유아시아방송》, 2020년 11월 9일.
448 김석종·장ㅇㅇ·조병현·백승렬, 『북한 토지학』(대구: 일일사, 2004), pp.109-110.

2013년 김책공업종합대학의 교원·연구사들을 위한 살림집인 미래과학자거리를 준공하였고, 2020년 자연재해의 여파로 신축된 2만여 가구의 살림집, 제8차 당 대회의 평양 5만 세대, 검덕지구 2만 5천 세대 등 주택건설 정책을 지속해서 추진하였다.[449]

이처럼 대규모 아파트를 건설하는 등 주택난 해소에 주력하고 있지만, 북한은 주택보급률이 70%를 밑돌아 주택부족량이 약 1백50만 호 이상이나 되는 것으로 추계하고 있다. 이는 가구증가에 공급이 따르지 못하기 때문에 앞으로 더욱 낮아질 전망이다.[450]

한편, 북한에서는 주택 매매가 2000년대 중반 이후부터 활성화됐다. 국가가 지어서 배정해 준 주택에서 사용료를 내고 임대 형식으로 사는 것이 과거 북한 주민의 일반적인 주거생활이었다. 하지만 경제난 이후, 시장화가 진전되고, 다른 한편으로는 국가가 주택을 제대로 공급하지 못하게 되면서 주거생활이 많이 바뀌고 있다.

북한 사회에서 금지된 개인 간 주택 매매가 비합법적으로 이루어지고 있다. 이러한 비합법적 주택 매매는 살림집 이용 허가증(입사증) 발급 권한을 가진 부서의 간부들, 전문 부동산 중개인 등을 통해 이루어지고 있다.[451]

한편, 북한 주민들의 대규모 이동이 예상된다. 동서독간 통화·경제·사회통합이 발효된 1990년부터 2008년까지 동독주민의 서독지역으로의 순이주는 약 138만 명으로 1990년도 동독인구의 8.6%에 상당하

---

[449] "통일부 북한정보포털," https://nkinfo.unikorea.go.kr/nkp/main/portalMain.do, (검색일: 2024. 9. 10).
[450] 김석종·장ㅇㅇ·조병현·백승렬, 『북한 토지학』(대구: 일일사, 2004), p.111.
[451] 정은이, "북한 부동산시장의 발전에 관한 분석 : 주택사용권의 비합법적 매매 사례를 중심으로," 『동북아경제연구』, 제27권 제1호(2015), pp.304-308.

는 규모다. 통일 이후 이주의 주원인은 통일 이후 동독지역에서의 대량실업과 동서독 간의 소득격차에 기인한다.[452]

〈표 6-19〉 북한 주택형태별 가구 현황

구분	가구 수	단독주택	연립주택	아파트	기타
한국(2022)	21.773.507	6.318.910	2.478.854	11.403.769	1.571.974
북한(2008)	5.887.415	1.988.415	2.584.435	1.261.709	52.912

출처: (북)UNFRA (남) 통계청 인구조사과: "국가통계포털," http://kosis.kr, (검색일: 2024. 10. 5).

유엔인구기금(UNFRA, United Nations Population Fund) 2008년 자료에 따르면 북한의 주택은 단독주택 1.988.415가구, 연립주택 2.584.435가구, 아파트 1.261.709가구였다. 그러나 유엔인구기금과 북한 중앙통계국이 공동으로 2015년에 발간한 『2014년 북한의 사회경제, 인구통계, 보건 조사』에 따르면, 단독주택 32.8%, 연립주택 41.7%, 아파트 25.0%로 나타났다. 단독·연립주택 비중은 줄고, 아파트 비중은 늘어난 것으로 보아 점차 아파트 주거가 확대되고 있는 셈이다.[453]

---

[452] 김창권, "독일 통일 이후 구동독지역 인구이동 및 인구변화와 한반도 통일에 주는 정책적 시사점,"『경상논총』, 통권 제28권 1호(2010), p.28.
[453] "통일부 북한정보포털," https://nkinfo.unikorea.go.kr/nkp/main/portalMain.do, (검색일: 2024. 9. 10): 북한 거주개념은 한집에 한 가구만 살 수 있으므로 거처 수와 가구 수가 같다. 남한의 살림개념은 한집에 여러 가구가 살 수 있으며 일반 가구를 대상으로 하며, 일반연립주택에 다세대주택을 포함하였다.

2.4 시사점

북한지역의 국토 인프라는 매우 열악하다. 국토는 한국에 비해 넓지만, 도로와 철도, 항만시설 등이 부족하고, 낡아 현대화가 시급하고, 환경 개선을 위한 주택건설 등에 대한 개선 방안을 마련해야 하는 것으로 나타났다.

이처럼 북한의 취약한 인프라에 대한 현대화가 필요하지만, 북한의 대내외의 상황과 여건을 감안하면 자발성을 기대할 수 없다. 따라서 남북 국토통합은 한국의 지원이 불가피한 측면이 있다. 특히, 북한이 한국과 국토 분리를 위한 헌법 개정을 서두르고 있는 상황에서 남북 국토통합 추진방안을 수립하는 데는 한계가 있다.

〈표 6-20〉 남북한 국토경쟁력 현황

구분	한국(B)	북한(A)	B:A(%)
국토면적	100,444㎢	123,214㎢	122.7(223,658)
가구수	21.773.507	5.887.415	27%
도시화율	81.4%	62.4%	76.7
철도총연장	14,104.1㎢	5,323.0㎢	37.7
도로총연장	119,253.0㎢	26,861.02	22.5
자동차등록	24,911.1천대	247.0천대	0.99
하역능력	1,342,821	43,611만 톤	3.2

따라서 남북 국토통합 추진방안은 국토의 동질성 회복과 균형발전에 중점을 두고, 국토의 효율적 이용과 북한 주민의 삶의 질 향상에 기여할 수 있도록 목표를 명확하게 제시하여야 한다. 이러한 목표에 따라 대륙과 연결하는 개방형 국토개발로 국토경쟁력을 강화할 수

있어야 한다. 이와 함께 재원조달 방안과 장기적인 마스터플랜 수립도 동시에 고려해야 하는 것으로 나타났다. 이러한 시사점을 분야별로 제시하면 다음과 같다.

첫째, 남북 국토통합 목표를 명확하게 제시하여야 한다. 국토는 우리 민족이 영원히 살아갈 소중한 터전이다. 국민이 가진 잠재력을 펼칠 수 있는 공간이어야 하며, 모두가 같이 누릴 수 있는 행복의 공간이어야 하기 때문이다.

둘째, 북한지역의 열악한 인프라를 현대화하여야 한다. 남북 국토통합의 지름길은 도로와 철도 등 인프라를 연결하는 것이다. 장기적으로 대륙과 연결하기 위하여 북한지역의 국토 인프라에 대한 양적, 질적 실태를 정확하게 파악해야 한다. 그리고 인프라 구축의 목표 수준과 우선순위를 선정해야 한다.

셋째, 재원조달 방안을 수립해야 한다. 북한과 단절된 현 상황에서 수요를 반영한 투자와 건설 시장 조성에 한계가 있지만, 통일 이전이라도 국가 차원의 가능한 방안을 총동원하여 재원조달 방안을 수립하여야 한다.

넷째, 마스터 플랜 수립이다. 상이한 남북 간 법체계 및 행정구역, 국토정보와 관리, 개발 방식은 남북 국토통합의 핵심 요소이다. 이런 요소들에 대한 구체적인 통합 방식이 결정되기 이전이라도 종합적인 계획 수립이 필요하다. 무분별한 북한지역 개발을 차단하고, 지역균형발전과 국가경쟁력 극대화를 위해 지속가능한 마스터 플랜 수립과 실효성 확보가 중요하다.

제3절 추진방안

이 절은 제2절의 북한의 국토관리 실태를 분석한 결과를 토대로 역사적 제도주의 이론에 의한 남북 국토통합 추진방안에 대한 것이다. 따라서 국토통합 목표설정과 인프라 수요 추정 및 인프라 구축 목표설정, 재원조달 방안, 국토통합 마스터 플랜 수립으로 구분하여 제시하고자 한다.

3.1 남북 국토통합 목표 설정

남북 국토통합 추진에 가장 먼저 고려해야 할 사항은 명확한 목표 설정이다. 북한지역을 남한과 같이 난개발과 부동산 투기장으로 만들어서는 안 된다. 이 땅에 살고 있는 우리는 통합된 국토를 후손에게 물려주어야 한다. 국토계획은 모두를 위한 국토, 함께 누리는 삶터를 만들기 위한 출발점[454]이다.

〈표 6-21〉 남북관계 단계별 국토개발 계획

구분	1단계	2단계	3단계
남북관계 진전	제한적 교류	전면적 교류	통합 및 통일
개발대상지역	휴전선 이남	휴전선 이북포함	남북한 전역
개발과제	남북교류공간 조성	공동개발사업 추진 남북 협력공간 확대	남북균형개발 위한 국토축 형성

출처: 권기철, "통일을 지향한 북한지역 국토개발 과제,"『국토계획』, 제49권 제5호 (2014).

---

[454] "제5차 국토종합계획안 본보고서," https://www.molit.go.kr/USR/policyData/m_34681/ dtl.j sp?id=4453, (검색일: 2024. 9. 10): 2019년 4월 20일 국토종합계획 수립을 위한 국민참여단이 작성한 국토계획헌장 일부이다.

북한지역의 국토개발을 안정적으로 추진하기 위해서는 북한지역 국토개발 구상을 국토종합개발계획에 반영하여 구체적인 방향을 제시하여야 한다. 국토 균형발전과 경제성장을 촉진하고, 인프라의 현국토개발계획에 포함된 것은 제3차 국토종합개발계획부터다.

〈표 6-22〉 남북 연결 가능 철도

노 선	연결구간	비 고
경의선	군사분계선 부근	연결 완공
동해선	군사분계선 부근	연결 완공
경원선	철원-원산 구간	단절된 상태
금강산선	철원-내금강 구간	단절된 상태

출처: "국가통계포털," http://kosis.kr, (검색일: 2024. 10. 5).

통일을 전제로 중장기적 시각에서 관계개선 정도를 감안하여 단계적으로 접근하였다.[455]

제1단계는 경의선, 경원선, 금강산 등 철도망 복원을 추진하며, 남북연결 간선로망의 다변화를 추진한다. 또한, 해로 개설 및 관련 항만시설을 확충, 장기적으로 시베리아 철도와 연결하는 등 아시아 및 유럽 대륙과 연결되는 국제적 교류망 형성을 모색한다.

제2단계에서는 통일동산 계획 및 평화시 개발구상을 추진하고, 비무장지대 혹은 남북한 특정지역에 남북경제협력단지와 과학기술협력단지 등을 공동으로 개발한다. 금강산과 설악산을 연계하여 국제적 수준의 관광지대로 개발하는 한편, 비무장지대에 대한 공동조사를 실

---

[455] 1989년 '한민족공동체방안' 발표와 1991년 '남북기본합의서' 체결로 고조된 통일 분위기를 계획에 반영하여 남북통일에 대비한 국토기반의 조성을 비전 및 목표를 제시하였다.

시하여 보존지대를 설정하고, 남북한 지하자원 및 해양자원의 공동개발을 도모한다.

제3단계에서는 남북한이 공동으로 통일한반도를 대상으로 장기국토개발구상안 작성방안을 강구한다.[456] 이러한 계획에 의거 철도는 경의선과 동해선 일부가 연결되었으나, 북한은 2024년 10월 15일 낮 12시경 경의선·동해선 남북 연결 도로 MDL(군사분계선) 이북 일부 구간을 폭파하고, 견고한 방어축성물들로 요새화하는 공사를 진행하였다.[457]

제4차 국토종합계획(2000-2020)에 남북교류협력 기반 조성을 위해 남북한 교류거점과 사업을 적극적으로 발굴하고, 남북연계 교통망 복원이 반영되어 있다. 동해안(부산-강릉-속초-나진 선봉)과 서해안(목포-평택-인천-신의주)의 개방형 국토축 형성을 통해 유라시아와 연결하는 내용을 포함하였다. 제5차 국토종합계획(2020-2040) 추진전략 및 미래 비전에 과제 경쟁력 있는 통합국토, 세계로 향한 개방형 통합국토를 제시하고 있다.[458]

그리고 북한이 현재 추진하고 있거나, 계획 부분도 충분히 고려하여야 한다. 10년에 걸쳐 96억 달러를 투자하여 철도 2,386km를 복선으로 총 4,772km를 건설을 계획하고 있다. 철도망과 도로망을 이으면 평양을 중심으로 Y자형이 되며, Y자 끝에는 각각 신의주와 개성, 나선

---

[456] 권기철, '통일을 지향한 북한지역 국토개발 과제,' 『국토계획』, 제49권 제5호 (2014), pp.6-7.

[457] "북한, 경의선·동해선 연결도로 폭파⋯합참, 영상 공개," 《경향신문》, 2024년 10월 15일.

[458] "제5차 국토종합계획(2020-2040)안 본보고서: 국무회의 심의를 거쳐 최종 공고 (대통령공고 제295호)," p.6.

이 위치하게 된다. 평양을 중심으로 한국과 중국, 러시아와 연계하여 외자유치를 통해 인프라를 확충할 계획인 것으로 보인다.[459]

〈표 6-23〉 남북 연결 가능 교통망

노 선	연 결 구 간
1번국도	서울-개성-평양-신의주
3번국도	서울-철원-평강-곡산-희천-초산
5번국도	춘천-김화-평강
7번국도	강릉-원산-청진

3.2 인프라구축 수요 추정

북한지역의 인프라는 도로와 철도, 에너지 부족과 노후화, 성능 수준 미달 등 양과 질 모두 충족되지 않는 열악한 수준으로 조사되었다. 남북 국토통합을 위해서는 보다 면밀한 기본 실태 파악과 수요 추정이 선제적으로 이루어져야 한다. 소요비용 추정은 질적 기준이 전제되어야 가능하다. 양적 기준에 따라 수요가 추정되면 투자비용은 품질, 성능, 설계수명 등 질적기준에 따라 상당한 차이가 발생할 수밖에 없다.

따라서 북한의 인프라의 보유량뿐만 아니라 인프라의 성질과 품질 등 질적인 실태 파악이 동시에 이루어져야 하며, 인프라 유지관리 이력과 노후화 정도까지 파악해야 실제 필요한 구축 목표를 설정할 수 있다. 북한지역 인프라 구축의 목표는 소요비용에 따른 인프라 양과 질적인 실태에 따라 설정된다. 북한의 지역별 특성에 맞춘 양·질적 목표 수준 설정과 우선순위 선정이 필요하다. 북한이 개방되고 3통(통

---

[459] "제5차 국토종합계획(2020-2040)안 본보고서: 국무회의 심의를 거쳐 최종 공고 (대통령공고 제295호)," pp.13-14.

행, 통신, 통관)만 가능해진다고 해도 한반도에는 대규모의 인구 이동과 물류 이동이 예상되며, 이러한 수요변화에 대응하기 위한 남북 국토통합 국토 인프라 구축은 필연적이다.

대한민국 헌법에서 북한은 대한민국의 영토로 정의되어 있으며, 국가경쟁력 확보를 위한 재정 투입이 당연하다. 그런데도, 한국 정부는 북한지역 인프라 구축에 적극적으로 나서지 않고 있다. 현재 접근 가능한 방식부터 착수하여 인프라 구축의 우선순위에 따라 국가 차원의 지원체계를 마련해야 한다.[460]

남북 국토통합 추진 방향은 다양하게 검토되어야 한다. 국토경쟁력 강화 측면에서 4차 산업혁명 시대에 적합한 혁신적 생활공간 조성과 국토관리가 요구된다. 디지털 기술과 빅데이터 분석기술과 미래형 교통수단, 교통·물류·인프라 혁신, 인공지능·수소 경제 등 다양한 신산업 출현으로 전 국토의 변화에 따른 국토관리 방향을 적용하여야 한다.

경제적 효율성 측면에서 물류와 교통의 효율성을 높이기 위해 주요 교통망을 현대화하여 경제 중심지와 산업단지를 연결하는 인프라 개발에 집중한다. 지속 가능한 개발 측면에서 환경 친화적인 인프라 구축을 통해 자연 자원을 보호하고 지속 가능한 발전을 도모하기 위해 태양광, 풍력 등 신재생 에너지 활용을 늘려 에너지 자립성을 강화한다.

---

[460] 서울대학교 통일평화연구원, "통일한반도 국토인프라 구축의 최적화 정책 및 전략 제안 보고서," (2020), p.43.

〈표 6-24〉 남북 국토통합 추진 방향

분 야	추진방향
국토 경쟁력 강화 측면	4차 산업혁명 시대에 적합한 혁신적 생활공간 조성과 국토관리
경제적 효율성 측면	물류와 교통의 효율성을 높이기 위해 주요 교통망을 현대화하여 경제 중심지와 산업단지 연결
지속 가능한 개발 측면	유엔의 지속가능발전목표(SDGs)에 따라 환경 친화적인 인프라를 구축하여 지속 가능한 발전 도모
정보 통신 기술 발전 측면	인공지능 네트워크를 구축하여 정보의 접근성을 높여 스마트 시티의 미래를 제시
국제 협력 증진 측면	외국과의 협력을 통해 자본과 기술을 유치하고, 국제 기준에 맞는 인프라 구축

출처: 서울대학교 통일평화연구원, "통일한반도 국토인프라 구축의 최적화 정책 및 전략 제안 보고서," (2020).

정보 통신 기술 발전 측면에서 디지털 인프라를 강화하여 정보 접근성을 높이고, 경제의 디지털화를 촉진하기 위하여 통신망을 현대화하여 지역 간 정보 흐름을 원활하게 한다. 국제 협력 증진 측면에서 외국과의 협력을 통해 자본과 기술을 유치하고, 유엔의 지속가능발전목표(SDGs) 및 국제 기준에 맞는 인프라를 구축하여 교역과 외교 관계를 강화하는 방향으로 인프라를 발전시킨다. 이러한 구축 방향은 사회적 요구를 반영하여 주민의 생활 수준 향상을 위해 단계별로 개선하여야 한다.[461]

---

[461] "제 5차 국토종합계획(2020-2040)안 본보고서: 국무회의 심의를 거쳐 최종 공고 (대통령공고 제295호)," pp.17-18.

3.3 국토통합 재원조달

남북 국토통합에 따른 재원은 추계방법 및 기준에 따라 상당한 차이가 발생하므로 추정하기가 쉽지 않다. 또한, 남북 국토통합에 따른 재원은 통일비용과도 연동되어 있어 복잡한 구조로 되어 있다. 남북한의 통일비용은 소요기간 및 투자비 모두가 비교할 수 없을 정도로 차이가 크게 발생한다. 국토인프라 구축을 위한 소요비용도 예측이 100배 이상 차이가 날 정도로 북한 관련 정보의 신뢰성이 결여되어 있다. 북한의 주요 인프라 구축에 드는 비용은 높을 것으로 예측된다.[462]

〈표 6-25〉 북한 주요 인프라 구축 비용 추정

구 분	비 용	비 고
북한 당국 (2011년)	112조 원 (1,000억 달러)	국가경제개발 10개년 전략(2010~2020)
한국건설산업연구원 (2019년)	306조	10년간 북한 인프라 건설사업비 추정
삼성증권 (2018)	50조	남북경협 시작 이후 10년간 북한 인프라 프로젝트 예상 소요비용 추정

출처: 신승우, "북한 인프라 현실과 통일 한반도 국토 인프라 구축 선결과제," 대한토목학회 제23회 정책포럼(2019), p.35.

따라서 투자비 산정기준을 기반으로 전체 소요비용 예측과 동시에 현재 공공재정의 여력을 진단하여 투자 가능한 예산 정도를 산정하고, 부족 자금에 대해서는 다양한 재원조달 전략이 수립되어야 한다. 예상

---

[462] 신승우, "북한 인프라 현실과 통일 한반도 국토 인프라 구축 선결과제", 대한토목학회 제23회 정책포럼, (2019), pp.30-36.

가능한 재원조달 전략에는 세계은행(WB, World Bank), 아시아인프라투자은행(AIIB, Asian Infrastructure Investment Bank), 다자간개발은행(MDBs, The Multilateral Development Banks) 등과 같은 국제자금 활용은 물론 국내·외 민간자본 활용 등이 있다.

국제자금은 북한만을 위한 자금이 아니므로 많은 투자를 기대하기 어렵지만, 민간자본의 활용 가능 규모는 얼마나 매력적인 사업으로 구상해내느냐에 따라 달라질 수 있다. 민간자본 투자 확대를 위해서는 지금이라도 북한 개발사업의 타당성을 조사하여 개발 타당성을 높이기 위해 인프라 개발을 특구개발 또는 지하자원 개발을 함께 추진하는 등 건설공사에 국한되지 않는 투자자들에게 매력적인 사업의 구상이 필요하다.

한편 기존 연구에서는 북한의 주택공급을 위한 투자방안으로 임대형 민자사업(BTL, Build Transfer Lease)과 수익형 민자사업(BTO, Build Transfer Operate) 등 공적 자금에 의존하는 연구가 대부분이다. 북한의 주택 수요가 정확하지는 않더라도 공적자금으로 모두 충족시킬 수 없다는 것은 확실하므로 주택공급의 재원 마련을 위한 민간자본과 공공재정의 역할분담 기준을 사전에 수립하는 것이 필요하다.

〈표 6-26〉 북한지역 인프라 구축을 위한 소요 재원조달 절차

인프라 구축 절차	재원조달
1. 선(先)수요 추정	국민의 삶과 경계 성장을 위한 국가 차원의 인프라 추정
2. 구축시나리오 구상	인프라 구축의 목표 수준별 시나리오 기반의 단기·중장기 통합안(마스트 플랜) 구상
3. 구축방향 설정	소요 재원 규모에 따른 인프라 구축 원칙과 기술전략 수립

인프라 구축 절차	재원조달
4. 양·질적 목표 설정	소득수준과 요구수준을 고려한 인프라 구축의 양·질적 목표 수준 설정
5. 소요 재원 추정	인프라 구축 시나리오별 소요 재원 규모 추정과 재정 여력 검토
6. 재원조달 방안	소요 재원 규모와 인프라 구축 원칙에 맞춘 재원조달 방안 마련
7. 재정 운영 마스터플랜 수립	남북 국토통합에 필요한 재원과 통합방안, 추진전략, 효율적 지원 등에 대한 마스터 플랜 수립
8 플랫폼 시스템 구축	통합과정의 진행 상황을 지속해서 평가하고, 제도를 수정할 수 있는 피드백 메커니즘 구축

이같이 남북 국토 인프라구축에서 소요비용과 기간이 상당할 것이며, 예상되는 북한 개발사업에 민간자본 활용을 위해서는 기업들이 투자하고 개발사업에 진출하도록 유도할 수 있는 사업환경조성이 선행되어야 한다. 특히 국내 및 해외 투자자의 관심을 유도하기 위해서는 제도적인 인프라 뿐만 아니라 토지 및 주택, 교통, 수자원, 통신 등 물리적인 인프라 구축이 필수적이다. 동시에 국토 인프라 구축을 통해 투자자 또는 사업자의 위험부담을 완화하는 것도 정부의 역할이다.[463]

북한지역을 매력 있는 투자 시장으로서 실효성을 높여야 소요 재원 조달이 용이해 진다. 인프라 실태와 수요 조사, 마스터 플랜 수립 구상과 구축 방향에 따른 단계별 소요 재원 추정과 조달방안을 마련한다. 그리고 정보공유를 위한 플랫폼 시스템을 구축함으로써 계획의 실효성을 담보할 수 있다.

---

[463] 서울대학교 통일평화연구원, "통일한반도 국토인프라 구축의 최적화 정책 및 전략 제안 보고서"(2020), p.36.

3.4 남북 국토통합 마스터 플랜 수립

남북 국토통합을 위한 국토통합 마스터 플랜 수립은 체계적인 수립과 효과적인 실행이 중요하다. 그리고 북한의 국토 인프라 실태를 모두 파악한 이후에 구축 전략을 수립하기보다는 그 이전이라도 단계별로 추진하는 것이 바람직하다. 남북경제협력 또는 3통을 전제로 국토 인프라 마스터 플랜을 수립하고, 통합전략을 점차 보완해 나가는 방향으로의 전환이 필요하다.

「先 실태 파악 後 구축 전략 수립」에서 「先 구축 전략 수립 後 실태 파악」으로 패러다임의 전환을 의미한다. 또한, 한반도 국토 인프라 마스터 플랜의 완성도를 높이기 위해서는 인프라 수요 추정과 목표 설정, 재원조달 방안과 관련 연구의 전문성 강화와 함께 지원 예산의 지속성과 일관성이 뒷받침되어야 한다.[464]

남북 국토통합 마스터플랜의 핵심 요소는 제도적 기반 마련뿐만 아니라 인프라 개발, 환경 보호 및 관리, 경제통합, 사회 및 문화 통합, 정보 및 커뮤니케이션, 정치적 신뢰 구축과 국제 협력 등을 고려할 수 있다.

남북 국토통합을 위한 법적 및 제도적 기반 마련은 남북 국토통합을 위한 법적 체계 구축으로 남북한 법률의 조정 및 통합, 법률 및 제도의 상호 인정 방안을 마련하는 등 법률을 정비하고, 통합 행정의 효율성을 높이기 위한 공동 행정 기관 설립과 남북한 행정 절차의 통합 및 표준화 등의 행정 통합 방안을 포함한다.

---

464 서울대학교 통일평화연구원, "통일한반도 국토인프라 구축의 최적화 정책 및 전략 제안 보고서"(2020), p.43.

인프라 개발은 교통망 구축으로 경의선과 동해선 철도 연결과 고속도로 및 주요 도로의 현대화와 도로망 확장을 통한 물류 및 인적 교류를 촉진하고, 에너지 인프라와 남북한 전력망 연결 및 공동 발전소 건설을 통한 전력망 통합, 태양광 및 풍력 발전소 등 재생 에너지 공동개발 방안을 마련한다. 이때 산림자원의 지속 가능한 관리 방안을 마련하고, 수자원 공동 관리와 재난 대응 시스템을 구축하여야 한다.

남북한의 기술력 공유 및 공동 연구개발 프로젝트 추진과 함께 개성공단과 같은 산업단지 확대 및 새로운 단지 설계에 기술 협력, 무역장벽 제거와 관세 혜택 제공 등 투자촉진 정책을 고려한다. 그리고 정보공유 시스템과 남북 간의 정보 통신망 구축, 공동 데이터베이스 운영 및 관리를 위한 정보 및 커뮤니케이션 통합 방안을 마련한다. 무엇보다도 중요한 것은 군사적 충돌 방지를 위한 협정 체결과 남북 정상회담 정례화 등 대화체계 구축을 위한 정치적 신뢰 구축이 필요하다.

국제기구와의 협력과 UN 및 기타 국제기구와의 협력방안 마련, 국제적인 지원 및 자원 유치 전략 등 국제 협력방안도 반드시 포함하여야 한다. 이러한 핵심 요소들은 남북 국토통합 마스터 플랜의 성공적인 수립과 실행을 위한 기초가 되며, 각 분야의 협력과 통합을 통해 지속 가능한 발전을 도모할 수 있게 할 것이다.

지금까지 살펴본 바와 같이 남북 통합국토 국토 인프라 마스터플랜 수립은 현황 분석과 비전 및 목표 설정, 전략 수립, 재원확보 방안, 실행계획 수립, 커뮤니케이션 및 협력의 단계를 거친다.

〈표 6-27〉 남북 국토통합을 위한 마스터플랜 수립 절차

순번	항목	세부사항
1. 현황 분석	인프라 실태조사	남북한의 기존 인프라 현황을 조사하고, 데이터 수집 및 분석
	정책 및 법적 환경 검토	관련 법규 및 정책을 분석하여 통합의 법적 기반 마련
2. 비전 및 목표 설정	통일 비전 수립	통일 한반도의 인프라 비전 및 목표를 설정.
	우선순위 결정	필요한 인프라 프로젝트의 우선순위를 정립
3. 전략 수립	종합적 접근법	교통, 에너지, 통신 등 다양한 분야에서의 통합전략 수립
	기술적 해결책 모색	최신 기술과 혁신적인 해결책을 도입
4. 재원확보 방안	재원조달 계획	정부 예산, 국제기구, 민간투자 유치 방안 마련
	공공-민간 협력 모델 개발	PPP 모델을 통해 재원확보 및 효율적 운영
5. 실행계획 수립	단계별 실행계획	프로젝트별 구체적인 실행 일정과 책임자 지정
	모니터링 및 평가체계 구축	진행 상황을 점검하고, 필요시 조정할 수 있는 체계 마련
6. 커뮤니케이션 및 협력	이해관계자 소통	남북한 정부, 지역사회, 민간 부문과의 지속적인 소통
	국제적 협력	국제 사회와의 협력 체계 구축

제4절 추진전략

이 절에서는 제3절에서 제시한 남북 국토통합 추진방안을 달성하기 위한 신제도주의 이론에 근거한 추진전략으로 제도적 기반 구축 측면

과 단계적 접근 측면, 경제적 협력 강화 측면, 국제 사회와의 협력 구축 측면으로 구분하여 제시하고자 한다.

4.1 단계적 접근 측면

신제도주의는 제도의 변화 가능성을 인정하기 때문에 통합과정에서의 환경 변화에 유연하게 대응할 수 있는 장점이 있다. 남북 국토통합을 단시간에 이루기보다는 단계적으로 접근하여 작은 성공 사례를 축적하는 전략이 필요하다. 이를 통해 점진적으로 신뢰를 쌓고, 통합에 대한 긍정적인 인식을 확산시킬 수 있다. 전문가와 정치적 대화를 통해 상호 신뢰를 구축하고, 갈등을 해결하기 위한 협상 테이블을 마련해야 한다.

앞에서 언급한 바와 같이 남북 국토통합 사전단계로서 소요 재원 추정과 재원조달 방안 수립, 인프라 구축 양·질적 목표 설정, 국가 인프라 마스터 플랜, 플랫폼 구축 절차에 따라 차질없이 진행한다. 그리고 지방자치단체 간의 자매결연을 통해 법적·제도적 간격을 좁히고, 남북 간의 정치적 긴장을 완화하고, 통합의 기초를 다지는 단계로 나아간다.

이와 함께 통합과정에서 사회적 불안정을 최소화하고, 복지 제도를 통합하여 주민의 기본적인 권리를 보장하는 사회 안전망 구축, 정책 결정 및 실행 과정에서 투명성을 높이기 위해 정보공유 시스템을 구축한다. 그리고 통합과정에서 필요한 기술과 지식을 향상하기 위한 교육 프로그램을 운영하여 주민들이 새로운 제도에 적응하도록 지원하도록 한다. 이러한 단계별 추진은 정책의 수용성을 높이고, 통합과정에 대한 지지를 강화할 수 있다.

〈표 6-28〉 남북 국토통합을 위한 단계적 접근 전략

순번	항목	세부사항
1단계 (신뢰 구축)	대화와 협상	남북 간의 지속적인 대화와 협상을 통한 신뢰 구축
	인도적 지원	인도적 지원을 통해 북한의 인권 상황 개선 및 주민들의 생활 향상에 기여
2단계 (경제 협력)	경제 공동체 형성	남북 경제협력을 통해 상호 의존성 증대 (개성공단과 같은 공동경제구역 활성화)
	교역 확대	상호 교역을 통해 경제적 연결성 강화
3단계 (사회문화 교류)	교육 협력	남북 간의 문화 교류 통해 서로의 이해 증진
	문화 교류 프로그램	학생 및 전문가 교류 프로그램을 운영하여 인적 자원 개발에 기여
4단계 (정치적 통합 논의)	정치적 합의 도출	남북 간의 정치적 합의를 통해 통일의 방향성 정립
	제도적 장치 마련	통일을 위한 법적, 제도적 장치 마련
5단계 (통합 실행)	인프라 구축	교통, 통신 등의 인프라를 통합하여 국토 간의 연결성 강화
	행정적 통합	지방정부 및 행정 체계의 통합을 위한 구체적인 계획 수립
6단계 (완전한 통합)	정치적 통합	통일 정부 수립을 위한 절차 진행
	경제적 통합	남북 경제 통합하여 하나의 경제체제로 발전

그리고 북한 지역의 국토개발도 여러 단계로 접근하여야 한다. 기초 조사 및 분석으로 지형과 기후, 자원 및 인구 분포에 대한 기초 자료 수집. 경제적, 사회적, 정치적 요인을 분석하고, 국토 개발 전략을 수립

하여 단기와 중기, 장기 목표를 설정하고, 개발 우선순위 결정한다. 이를 기반으로 도로와 철도, 항만 등 교통 인프라 구축과 함께 전력, 수도, 통신 등 기본 시설 확충하고, 광물, 수자원 등 자원 개발 계획을 수립하는 등 지속 가능한 개발을 위한 환경 보호 방안을 마련한다.

또한, 지역 특성에 맞는 산업 육성과 농업 현대화 및 기술 도입, 교육, 보건, 주거 등 사회 서비스 개선, 지역 주민 참여를 통한 개발 계획을 수립한다. 그다음 북한 지역의 국토개발을 체계적으로 진행할 수 있도록 지속 가능성을 평가하여 피드백하고, 장기적인 지속 가능성 확보를 위한 정책 수정 단계를 거쳐야 한다..

이와 같은 국토통합 사전단계와 국토개발단계를 참조하여 남북 국토통합은 복잡한 과정을 거치므로 단계별 접근 전략을 치밀하게 수립하여야 한다. 단계들은 상호 연관되어 있으며, 각 단계에서의 성과가 다음 단계로 나아가는 기반이 된다.

4.2 법적·제도적 기반 구축 측면

신제도주의는 사회적 행동을 형성하고, 정책 결정에 큰 영향을 미치기 때문에 남북 국토통합을 원활하게 추진하기 위해서는 명확한 법적 및 제도적 틀을 마련하는 것이 중요하다. 따라서 남북 국토통합을 위한 법적·제도적 체계를 명확히 하고, 남북한의 법률을 조화시켜야 한다.

남북은 오랫동안 토지제도에 대한 이질적인 제도를 두고 있어 많은 분쟁과 갈등 요소가 잠재해 있다. 남북 국토통합에 대한 법적·제도적 틀을 마련하는 과정에서 발생할 수 있는 갈등을 최소화하고, 각종 규칙과 절차를 명확히 하여 안정성을 제공해야 한다. 그리고 남북한의 법체계 차이를 조정하고, 통합에 필요한 새로운 법률을 제정해야 한다.

특히, 제도적 설계에서 책임성과 투명성을 강조함으로써, 주민의 신뢰를 구축하고 통합 과정에서의 갈등을 줄일 수 있다. 북한 토지와 주택의 소유화, 재산권과 상속법, 노동법 등 기본적인 법률의 통합을 적극적으로 검토하여 통일헌법에 명시하여야 이로 인한 혼란을 방지할 수 있을 것이다. 그리고 남북 국토통합 시스템을 운영하기 위한 계획이 필요하다.

〈표 6-29〉 남북 국토통합을 위한 법적·제도적 기반 구축 전략

분야	항목	세부내용
법률 제정 및 개정	국토 개발 관련 기본법 및 시행령 제정	토지 이용, 도시 계획, 환경 보호 관련 법률 정비
정책 프레임워크 수립	국토 개발에 대한 종합적인 정책 방향 설정	개발 목표와 우선순위를 명시한 국가 개발 계획 수립
기관 및 조직 구성	국토 개발을 담당할 중앙 및 지방 정부 기관 설립	개발 관련 각 부처 간 협력 체계 구축
토지 관리 체계 강화	토지 등록 및 관리 시스템 구축	토지 사용 권한 및 거래 규정 마련
환경 보호 및 지속 가능성 기준 설정	개발 프로젝트에 대한 환경 영향 평가 제도 도입	지속 가능한 개발을 위한 기준 및 지침 수립
주민 참여 및 권리 보장	주민 의견 수렴 및 참여를 위한 제도 마련	개발 과정에서 주민의 권리 보호를 위한 법적 장치 마련
투자 유치 및 지원 정책 개발	외국인 투자 유치를 위한 법적 프레임워크 구축	개발 프로젝트에 대한 세제 혜택 및 지원 방안 마련
모니터링 및 평가 시스템 구축	개발 상황 및 성과에 대한 정기적인 평가 체계 마련	피드백을 통한 정책 수정 및 개선 방안 마련

이를 위해 각 지역의 정부 구조와 기능을 비교 분석하고, 효율적인 통합방안을 마련해야 한다. 법적·제도적 기반 구축은 가장 먼저 법률

제정 및 개정과 정책 프레임워크 수립이 필요하고, 국토통합을 위한 기관 및 조직 구성이 필요하다. 이를 기반으로 토지 관리 체계를 강화하고, 환경 보호 및 지속 가능성 기준 설정, 주민 참여 및 권리 보장, 투자 유치 및 지원 정책 개발, 모니터링 및 평가 시스템 구축 등이 요구된다. 법적·제도적 기반을 통해 북한 지역의 국토 개발을 체계적이고 효과적으로 추진할 수 있다.

4.3 경제적·사회적 협력 강화 측면

남북 공동 경제적·사회적 협력 강화 프로젝트를 추진하여 상호 의존성을 높여나가야 한다. 토지 소유권 문제 처리와 도시개발, 교통망 확충 등 인프라 개발 등을 통해 경제적 통합을 도모할 수 있다. 남북한 주민과 기업, NGO 등 다양한 이해관계자의 참여를 유도하여 통합 과정에서의 의견을 반영해야 한다. 이를 통해 정책의 수용성을 높이고, 통합에 대한 지지를 확보할 수 있다.

그리고 주민과 이해관계자의 참여를 보장하는 제도적 구조를 마련해야 한다. 통합 과정에 남북한 주민과 이해관계자들이 정책 결정 과정에 참여할 수 있는 구조를 마련해야 한다. 다양한 이해관계자 간의 상호작용을 촉진하고, 남북한 주민, 정부, 기업 간의 협력을 통해 통합의 기반을 강화할 수 있기 때문이다.

교육과 문화 교류, 인적 자원 개발 등을 통해 남북한 주민 간의 사회적 통합 추진도 빼놓을 수 없다. 공동 행사나 프로그램을 통해 소통의 기회를 늘리고, 상호 이해를 증진하는 사회적 통합 프로그램 개발도 서둘러야 한다. 서로 다른 문화적 배경을 가진 두 제도가 통합될 때, 서로 문화적 차이를 이해하고 존중하는 제도가 필요하다. 이는 갈등을 줄이고 통합을 촉진하기 위한 프로그램을 개발하고, 이를 통해 서로의 역사와 문화를 존중하고, 통합에 대한 인식을 높여야 한다.

통합 과정에서 필요한 정보를 투명하게 공유하고, 정책 결정 과정에 대한 접근성을 높이면, 신뢰를 구축하고, 불확실성을 줄일 수 있을 것이다. 이러한 법적 및 제도적 과제들은 남북 국토통합의 성공적인 추진을 위해 필수적이며, 각 과제를 해결하기 위한 체계적이고 포괄적인 법적 및 제도적 장치가 될 것이다.

북한지역의 국토통합을 위한 경제적·사회적 협력 강화 방안은 가장 먼저 경제 협력체계 구축과 인프라 공동개발, 산업 협력 프로그램 및 인적 자원 개발, 사회적 프로그램 및 교류, 지역 개발 프로젝트, 지속 가능한 개발 목표설정, 재정 지원 및 투자 유치 등이 요구된다. 이러한 경제적·사회적 협력방안을 통해 남북 국토통합을 체계적이고 효과적으로 추진할 수 있다.

〈표 6-30〉 남북 국토통합을 위한 경제적·사회적 협력 강화전략

분야	항목	세부내용
경제 협력 체계 구축	남북 경제 협력을 위한 공동 기구 설립	무역, 투자, 기술 교류 활성화를 위한 협정 체결
인프라 공동 개발	교통, 에너지, 통신 인프라 공동 개발 프로젝트 추진	북한 내 도로 및 철도 연결을 통한 물류 효율성 증대
산업 협력 프로그램	산업별 협력 프로젝트 수립 (예: 농업, 경공업)	공동 연구개발 및 기술 이전 지원
인적 자원 개발	교육 및 훈련 프로그램 운영을 통한 인력 양성	전문 인력 교류 및 장기 체류 프로그램 마련
사회적 프로그램 및 교류	문화, 체육, 과학 분야의 교류 프로그램 운영	주민 간의 상호 이해 증진을 위한 소통의 장 마련

분야	항목	세부내용
지역 개발 프로젝트	특정 지역을 대상으로 한 통합 개발 계획 수립	주민 참여를 통한 지역 맞춤형 개발 전략 추진
지속 가능한 개발 목표 설정	환경 보호 및 지속 가능한 발전을 위한 공동 목표 설정	개발 프로젝트에서의 사회적 책임 이행
재정 지원 및 투자 유치	국제 기구 및 외부 투자자를 통한 재정 지원 확보	개발 프로젝트에 대한 세제 혜택 및 지원 방안 마련

4.4 국제사회와의 협력 구축 측면

통합 과정에서 정책의 일관성을 유지하는 것이 중요하다. 신제도주의는 제도가 일관된 행동을 유도하므로, 이를 통해 통합정책의 신뢰성을 높이고, 통합을 원활하게 한다. 국토통합에 대한 신뢰와 제도의 효과성을 높여 국제사회의 지원을 끌어내는 전략이 필요하다. 국제법 및 외교적 협력을 위한 법적 장치를 마련하여, 통합과정에서 국제사회의 지원과 협력을 끌어낼 수 있어야 한다.

〈표 6-31〉 남북 국토통합을 위한 국제사회 협력 전략

분야	항목	세부내용
다자간 협력 기구 참여	유엔, 아시아개발은행 등 국제기구와의 협력 강화	북한의 개발 필요성 반영한 다자간 프로젝트 제안
기술 및 자원 지원	선진국의 기술 및 자원 지원 요청	농업, 에너지, 인프라 분야에서의 기술 이전 협력
인도적 지원 확대	국제 NGO·인도적 기구와 협력하여 식량, 의료 지원	주민 생활 개선을 위한 프로그램 공동 추진
투자 유치 및 경제 협력	외국인 투자 유치를 위한 법적·제도적 기반 마련	국제기업과의 파트너십을 통한 공동개발 프로젝트 추진
환경 보호 및 지속 가능성	국제기구와 협력을 통한 지속 가능한 개발 기준 설정	기후 변화 대응 및 환경 보호 프로젝트 공동 진행

분야	항목	세부내용
문화 및 인적 교류	국제 문화 교류 프로그램 운영을 통한 상호 이해 증진	교육 및 연구 분야에서의 국제 협력 강화
평화 구축 및 신뢰 조성	국제사회와 협력하여 평화 구축을 위한 대화 채널 마련	비핵화 및 군비 축소를 통한 신뢰 구축 노력
정책 대화 및 협상	국제사회와의 정책 대화를 통해 개발 전략 조율	북한의 개발 요구와 국제 사회의 지원 방안 논의

통합과정에 국경과 영토에 관한 명확한 규정을 마련하고, 한민족의 정체성 회복과 선양에 대한 국제사회 협조에 관한 정책도 마련해야 한다. 이러한 국제사회와 협력방안 설계는 신제도주의의 원칙을 기반으로 하여 남북 국토통합을 보다 체계적으로 추진하는 데 이바지할 수 있게 된다.

북한지역의 국토통합을 위한 국제사회와의 협력방안, 투자 유치 및 경제협력이 요구된다. 이와 함께 환경 보호 및 지속 가능성, 문화 및 인적 교류, 평화 구축 및 신뢰 조성, 정책 대화 및 협상이 선행되어야 한다. 이러한 방안을 통해 남북 국토통합을 체계적이고 효과적으로 추진할 수 있다.

제5절 소결론

지금까지 논의한 내용을 종합하여 연구결과를 실현하기 위한 정책적 제언과 함께 연구의 한계와 제한사항에 대한 해결방안을 제시하고자 한다.

5.1 요지

본 연구는 북한 국토에 관해 오랜 탐구 활동을 하면서 통일비용 절감과 통일 한반도의 정체성 회복 관점에서 발생하는 문제들을 해결하는데 난관이 많을 것이라는 판단 아래 시도되었다.

현실적으로 남북 국토통합 문제를 해결하는 데 한계를 가질 수밖에 없으므로 이를 해소하기 위한 해결책들이 존재할까?, 존재하면 어떤 정책들이 있으며, 그러한 정책들이 남북 국토통합에 어느 정도 이바지하고 있을까? 등에 대한 의문점을 갖게 되었다. 본 연구의 배경이다.

이런 의문점을 해소하기 위해 역사적 신제도주의 이론을 토대로 북한 국토에 대한 현실태를 조사·분석하고, 문제점을 해소하려는 추진방안과 전략을 제시해 보았다.

연구결과 북한 국토에 대한 실태는 국토정보의 제한과 부문별한 접근에 따른 부정확한 통계로 북한 인프라의 양적·질적 실태를 정확하게 파악하기 어려우므로 현재 접근 가능한 방식부터 착수하여 북한의 국토 인프라의 양적, 질적 실태 파악이 필요하다. 그리고 인프라 구축 목표 수준에 대한 기준조차 마련되지 않은 상태이기 때문에 인프라 구축의 양·질적 목표 수준 설정과 인프라 구축의 우선순위를 선정해야 한다. 그리고 우선순위에 따라 지원을 다각화, 확대해나가며, 지속해서 축적할 수 있도록 체계를 마련해야 할 것이다. 또한, 북한의 특성과 수요를 반영한 통합적 인프라 구축 계획이 어려우며 투자를 유인하기 어려운 실정이므로, 국가 차원의 가능한 경제적·효율적인 인프라 구축이 요구되었다.

이상을 토대로 남북 국토통합을 위한 역사적 신제도주의 이론에 의한 추진방안으로 정확한 국토통일 인프라 수요 추정은 북한의 인프라의 보유량뿐만 아니라 인프라의 성질과 품질 등 질적인 실태 파악이 동시에 이루어져야 하며, 인프라 유지관리 이력과 노후화 정도까지 파악해야 수요와 실태 간 격차를 파악하여 실제 필요한 구축 목표를 설정할 수 있다고 판단하였다.

그리고 재원조달 방안은 투자비 산정기준을 기반으로 전체 소요비용 예측과 동시에 현재 공공재정의 여력을 진단하여 투자 가능한 예산 정도를 산정하고 부족 자금에 대해서는 다양한 재원조달 전략이 수립되어야 할 것이다.

또한, 국토통합 마스터플랜 수립은 북한의 국토 인프라 실태를 정확하게 모두 파악한 이후에 구축 전략을 수립하기보다는 통일 이전이라도 남북경제협력 또는 3통을 전제로 한 한반도 국토 인프라 마스터플랜 수립과 그에 따른 구축 및 통합전략 수립을 먼저 수행하여 점차 보완해 나가는 방향으로의 전환하는 것이 바람직하다.

5.2 정책제안

본 연구는 남북 국토통합을 위한 국토실태와 관리, 개발에 대하여 조사·분석하였다. 이를 토대로 남북 국토통합 추진전략으로 단계적 접근 측면과 법적·제도적 기반 구축 측면, 경제적·사회적 협력 강화 측면, 국제사회와의 협력 구축 측면으로 구분하여 제시하였다. 이 네 가지 전략은 코리안드림과 통일 한국을 향한 남북통합 추진전략 수립에 적용될 것으로 판단된다.

첫째, 단계적 접근 측면에서 남북 국토통합을 단시간에 이루기보다는 단계적으로 접근하여 작은 성공 사례를 축적하는 전략이 필요한 것으로 나타났다. 이를 통해 점진적으로 신뢰를 쌓고, 통합에 대한 긍정적인 인식을 확산시킬 수 있다. 전문가와 정치적 대화를 통해 상호 신뢰를 구축하고, 갈등을 해결하기 위한 협상 테이블을 마련할 수 있다.

둘째, 법적·제도적 기반 구축 측면에서 남북 국토통합을 위한 법적·제도적 체계를 명확히 하고, 남북한의 법률을 조화시켜야 하는 것이다. 남북은 상이한 법적·제도로 많은 분쟁과 갈등 요소가 잠재해 있으므로 남북 국토통합 과정에서 발생할 수 있는 갈등을 최소화하고, 각종 규칙과 절차를 명확히 하여 안정성을 제공해야 한다.

셋째, 경제적·사회적 협력 강화 측면에서 상호 의존성을 높여나가야 한다. 토지 소유권 문제 처리와 도시개발, 교통망 확충 등 인프라 개발 등을 통해 경제적 통합을 도모하고, 남북한 주민과 기업, NGO 등 다양한 이해관계자의 참여를 유도하여 정책의 수용성을 높이고, 통합에 대한 지지를 확보한다.

넷째, 국제사회와의 협력 구축 측면에서 남북 국토통합에 대한 안정적 신뢰와 제도의 효과성을 높여 국제 사회의 지원을 끌어내는 전략이 필요하다. 남북 국토통합을 위한 국제법 및 외교적 협력을 위한 법적 장치를 마련하고, 통합 과정에 국경과 영토에 관한 명확한 규정을 마련하여 한민족의 정체성 회복과 선양을 위해 국제사회 협조에 관한 정책도 마련해야 한다.

따라서 내적으로 토지와 주택, 도로, 철도, 통신망 등 국가 인프라 구축과 산업단지 조성과 공동개발을 통한 지역 발전, 경제 협력 프로젝트 시행을 위한 제도적 통합을 준비해야 한다. 외적으로는 남북한 간 군사적 긴장을 완화하고, 남북 국토통합에 대한 국제적 합의 도출과 협력 확보를 위한 외교적 노력에 정부가 적극적으로 나서야 한다.

정부의 소극적인 태도가 지속될 경우 국제 사회에 신뢰를 얻을 수 없으며, 궁극적으로 통합도 기대할 수 없다. 지금 당장 남북 국토통합이 이루어지지 않더라도 언젠가 우리 다음 세대에서 통합할 수 있도록 자료를 수집하여 통계를 작성하고, 플랫폼을 구축하여 관리하는 것은 우리에게 부여된 당연한 책무이다. 따라서 정부는 국정의 최고 책임자가 결단을 내릴 수 있도록 정책적 지원을 아끼지 말아야 할 것이다.

5.3 제한사항

본 연구는 역사적 신제도주의 이론을 적용하여 남북 국토통합 추진전략으로 단계적 접근 측면과 법적·제도적 기반 구축 측면, 경제적·사회적 협력 강화 측면, 국제사회와의 협력 구축 측면으로 추진전략을 도출하면서 성과도 있었지만 기대에 미치지 못한 점이 있다.

그리고 북한 이탈주민의 면접과 위성영상에 의한 분석도 이루어지지 않았으며, 다른 분야와 연계성도 충분히 고려하지 못하였다. 그리고 국토통합 구축 시나리오 및 남북 행정기관 통합 방향, 국토통합 분야 통일 대비 비상계획 수립과 플랫폼 모형을 제시하지 못한 한계가 있다.

이상과 같은 한계성에 대해서는 본 연구자가 앞으로 심도 있는 연구수행을 통하여 수정·보완할 과제로 남겨두고자 한다. 지금까지 다양한 분야에서 남북통합에 관하여 연구를 수행한 학자들의 노력, 그리고 축적해온 연구결과물들에 힘입어 오늘의 연구성과를 더욱 발전시키고, 앞으로 다양한 분야에서 연구가 이루어질 수 있도록 정부의 관심과 후속 연구자들의 열정적인 탐구 정신을 기대해 본다.

제7장

분단국 통일·통합사례 연구

제1절 우리 역사 속에 이룬 민족의 통일사례
    1.1 신라의 통일사례
    1.2 고려의 통일사례

제2절 주요 분단국의 통일사례
    2.1 독일의 통일사례
    2.2 베트남의 통일사례
    2.3 예멘의 통일사례

제3절 우리 역사 및 분단국 통일사례 분석 시사점
    3.1 우리 민족의 통일사례 시사점
    3.2 주요 분단국의 통일사례 시사점

제7장

분단국 통일·통합사례 연구

박성기

본 장은 제2차 세계대전 종전 이후 해방되어 대한민국 정부수립이 된지 짧은 기간에 근대화와 산업화, 민주화를 달성하고 지금은 진화와 세계화를 향해 나아가 세계 10위권의 경제 강국으로 부상하였다. 하지만 세계 유일의 분단국가로 남아있다. 한국은 분단국가의 취약점과 한계를 극복하고 통일한국을 실현하는 것은 국가 발전과 재도약을 위한 시대적 과제이자 우리 민족의 오랜 염원이기도 하다.

본 연구는 우리 역사에서 이루어진 두 번의 통일사례와 주요 분단국의 통합사례연구를 통해 분단의 원인을 다시 한번 되돌아보고 통일을 달성하기 위해 선택했던 통일접근 전략의 실효성을 연구하는데 목적이 있다.

연구의 범위는 우리 민족의 역사 속에 이루었던 신라의 삼국통일과 고려의 후삼국통일 사례를 분석하고자 한다. 연구 주안은 우리의 민족사적 측면에서 통일의 의미와 한계점, 체제통합 과정에 적용할 시사점을 도출하고자 한다.

외국의 분단 사례를 연구하는 데 있어서 동서독의 통일은 준비가 부족한 상태에서 갑자기 맞이한 통일 후 체제통합 과정상 나타난 후유 증과 제반 문제점 위주로 살펴보고자 한다. 베트남은 무력 통일을 이룬 후 체제통합 과정에 이념이 다른 함께 싸웠던 적대세력과 사회통합 시 폐해를 극복한 통합전략의 교훈을 찾는데 주안을 두고자 한다. 예멘은 본질적인 합의 없이 정치적 통일을 한 이후 내적 갈등으로 전쟁을 통해 재통일 과정에서 나타난 시사점을 분석하는데 주안을 둔다.

연구의 방법은 미래의 불확실한 상황의 변화를 고려하는 동태적 관점에서 통일사례를 분석하여 통일 대안을 모색하고자 한다. 국내외 선행 연구한 문헌을 탐구하여 정성적 방법(Qualitative Analysis)과 사례연구 방법을 적용하여 분석한다.

본 연구의 초점은 첫째 우리의 통일국가 건설을 실현하기 위한 체제통합을 추진함에 있어 남북한의 구성원 모두가 공감하고 수용할 수 있는 새로운 통일국가의 비전을 모색하고자 한다.

둘째는 우리 민족의 역사에서 이룬 두 번의 통일과 주요 분단 3국의 사례를 분석하여 도출된 교훈을 통해 남북한 현 분단구조를 극복하기 위한 실효성 있는 접근 전략을 제시한다. 그리고 새로운 통일국가를 이룬 후에 내적 갈등을 최소화한 가운데 체제통합을 이루기 위한 방향성을 찾고자 한다.

셋째는 통일은 반드시 평화적인 통일을 이루어야 한다는 당위성을 찾는 데 있다. 넷째는 통일전까지 북한의 대남전략 전술에 의한 체제전복의 위험성이 무엇인지를 경고하고 평화 체제를 관리하면서 통일을 이루기 위해서 국가 차원의 정책적 조치 방안을 제시하는 데 있다.

제1절 우리 역사 속에 이룬 민족의 통일사례

　우리 민족은 기원전 2333년 단군왕검(檀君王儉)이 수도 아사달을 중심으로 고조선을 창건한 이래 유구한 역사 속에서 한민족으로 고유한 역사와 전통을 계승해 오면서 언어, 풍습, 신화, 신체적 동질성을 가진 일체감과 민족 공동체 의식을 지닌 민족이다.

　우리 민족은 고조선 후 삼한(三韓)을 거쳐 신라와 고려의 삼국통일로 이어져 오늘에 이르고 있다. 고조선이 멸망한 이후 우리 민족은 약 반세기 동안 한(漢)의 지배를 받았으나, 이를 피해 한반도 내륙으로 이동하여 마한(馬韓), 진한(辰韓), 변한(弁韓)의 부족 연맹을 구성하여 독자적인 세력을 형성하였다. 이후 약 7세기 동안은 고구려, 신라, 백제로 나뉜 이른바 삼국시대가 이어져 왔다.

　삼국으로 분열되어 대립하며 살아오던 우리 민족이 최초의 통일된 국가를 이룩한 것은 신라의 삼국통일이다. 우리 민족의 정신적 DNA는 인간을 이롭게 하라는 홍익인간 이념이다. 이 홍익사상의 건국 정신은 고조선 시대부터 고구려, 백제, 신라의 삼국시대를 지나 고려와 조선을 거쳐 오면서 한나라, 수나라, 당나라 등 대륙 세력의 침략, 몽골과 일본의 침략, 그리고 구한말의 혼란과 식민 지배를 겪는 시련에서 민족 구성원이 단결된 힘으로 민족의 정체성을 지키는 저항정신이었고 나라가 위기일 때는 나라 수호 정신으로 작용했다.

　한민족은 5천 년의 장구한 역사를 면면히 이어온 가운데 신라의 삼국통일(668년) 이후에 고려의 후삼국 통일시대를 거친 다음 조선으로 이어져 1,300여 여년을 같은 언어와 풍습 속에 한민족의 문화와 전통을 지키며 통일국가로 민족공동체를 유지해 왔다.

그러나 1910년 8월 29일 한일병탄조약으로 나라를 잃은 슬픔을 겪은 후에 1945년 8월 15일 광복을 맞이하여 일본의 식민 통치를 벗어나 국권을 회복하였다. 하지만 우리의 염원과 관계없이 강대국들의 힘의 논리에 의해 분단되어 남북한은 각각 3년 동안 미군과 소련군에 의해 군정 지배를 받았다.

이후 한국은 1948년 8월 15일 정부를 수립하였으나 2년이 지나지 않은 1950년 6월 25일 북한의 불법 남침으로 UN 깃발 아래 최초로 자유 수호 전쟁을 치렀으나 중국군의 개입으로 통일을 이루지 못하고 정전협정을 체결하였다. 정전협정 체결은 통일보다 더 긴요했던 평화를 위한 조치였으나, 결과적으로 분단으로 굳어진 결과를 가져왔다.

현대를 살아가고 있는 우리는 견고하게 고착된 분단의 구조를 평화적으로 극복하고 통일 한국을 달성하는 것은 우리에게 주어진 숙명이고 민족적 과업이다. 따라서 이 숭고한 과업을 위해 역사 속에 먼저 이룬 우리와 다른 민족의 통일사례를 분석하고 교훈을 도출하여 통일의 담론을 제시하고자 한다.

1.1 신라의 통일 사례

1.1.1 신라의 통일 배경과 과정

신라는 BC 57년 혁거세 거서간(赫居世 居西干) 1대부터 935년 경순왕 9대까지 56대 992년간 존속했던 고대국가로서 7세기 중엽에 백제·고구려를 평정하여 민족 최초의 통일국가를 이루고, 발해와 함께 위대한 남북국시대[465]를 열었던 나라이다.

---

[465] 남북국 시대(南北國時代, 698-926년)는 신라의 삼국통일부터 발해 멸망 때까지를 말한다. 남북국 시대는 발해사도 한국사에 넣어 발해를 북국(北國)으로, 통일신라

당시 한반도에는 고구려, 신라, 백제로 나누어져 경쟁하고, 북방에는 수나라가 618년 멸망하고 당나라가 새롭게 등장하여 인접한 고구려와 대립하고 있던 시기였다. 반면, 고구려와 백제보다 늦게 왕권을 확립한 신라는 빠르게 국가적 체제를 갖추어 갔다.

신라는 지증왕 때에 이르러 국호를 신라로 정하고 주변국인 가야와 부족 연맹을 통합하였고 법흥왕 때에 법령을 제정, 반포하는 한편 불교를 수용하여 호국불교로 승화시켰다. 진흥왕 시대에서는 삼한시대부터 내려오던 호국정신인 사군이충(事君以忠), 사친이효(事親以孝), 교우이신(交友以信), 임전무퇴(臨戰無退), 살생유택(殺生有擇) 등 세속오계를 화랑도 정신과 결합하여 사회의 안정과 삼국통일의 원동력을 키워갔다.

신라는 한민족의 부족 연맹이었던 마한, 진한, 변한을 "모두가 한민족이라는 민족공동체의 일체성을 강조하며 삼한통일을 강조하였다. 선덕왕 즉위 후에는 불교의 이상세계인 불국정토(佛國淨土)가 현실로 된다고 믿으며 황룡사 9층 석탑을 건립하고 신라 중심으로 삼한을 통일해야 한다는 통일 비전을 제시하여 삼한통일의 정당성을 다져 나갔다.[466]

신라가 삼한의 통일을 이루기 위한 접근은 우선, 신라와 백제, 고구려가 한민족이라는 민족공동체 의식을 갖고 하나가 되어야 한다는 통일 비전의 공감대를 형성하기 위해 노력하였다.

통일을 이루려는 힘이 부족했던 신라는 북방의 강대국이었던 당과

를 남국(南國)으로 부르자는 주장이다.
[466] 통일교육원, 『2015 통일문제 이해』(서울: 통일부 통일교육원, 2015), pp.36-38.

협력하여 백제를 우선 멸망시키고 이후 고구려를 멸망시켰다. 당시 백제와 고구려는 모두 700여 년을 이어 오면서 지배층이 비대해져 내분이 자주 일어났고 오랫동안 서로 통일의 주인이 되려는 경쟁을 벌이면서 피로해져 있었다.

백제와 고구려의 멸망 후 당나라는 약속을 깨고 일방적으로 두 나라를 모두 자국의 영토로 편입하고 군대를 주둔시켜 한반도를 통치하려 했다. 이에 신라는 당군을 몰아내고 실질적으로 삼국을 통일하여 민족공동체를 이루어야 한다는 과업이 남게 되었다.

당나라는 처음부터 백제를 점령한 다음 곧 신라도 병합하려는 의도였다. 소정방(蘇定方)이 회군하자 당 고종이 "어찌하여 신라는 정벌하지 않고 돌아왔는가?"라고 물은 것으로 보아, 당군은 출정할 때 이미 신라점령 계획도 함께 세우고 있었던 것으로 보인다. 그러나 신라는 이미 이 계획을 알고 대비책을 세우고 있었으므로, 당나라는 단념하고 고구려로 화살을 돌리게 된 것이다.

신라는 백제를 멸망시킨 다음 당군과 함께 백제 부흥군을 진압하는 한편, 당군을 부추겨 고구려를 공격하게 함으로써 백제 영토 안에 당나라가 뿌리를 내리지 못하게 하였다. 당나라는 신라의 속셈을 알고 백제 부흥군을 토벌한 후 의자왕의 장남인 부여융(扶餘隆)을 웅진도독(熊津都督)으로 삼아 백제를 통치하며 신라를 견제했다.

신라는 고구려가 멸망하기까지는 당군과 충돌을 회피하기 위해 백제 내에서 최대한 소극적 군사 활동을 하였다. 고구려가 멸망한 이후부터 적극적인 당군 축출 작전을 전개하였다.

신라는 고구려 부흥군을 지원하여 고구려지역에서 당군을 몰아내는 한편, 백제지역의 각 성읍도 차례로 점령해 나갔다. 660년 백제왕조가 멸망하였으나 당군과 신라군은 백제의 웅진과 사비만 점령하고 있었을 뿐 백제 전역은 각 성주에 의하여 독립적으로 방어하고 있었다. 670년(문무왕 10) 3월 설오유(薛烏儒)가 고구려 유민인 태대형 고연무(高延武)와 함께 압록강을 건너가 당군을 토벌하였고, 671년 4월에는 석성(石城: 林川)에서 당군을 공격, 5,300인을 참살하였다.

신라는 671년 7월에 당과의 동맹을 맺고 군사를 일으킬 당시 대동강 이남의 영토는 신라에 주겠다고 당 태종이 분명히 한 말을 상기시키면서 한반도지역은 신라가 점령하겠다는 뜻을 분명히 전하고 675년 9월 설인귀의 군사를 천성(泉城) 싸움에서 물리쳤다. 그리고 매소성 전투에서 이근행(唐軍 지휘관)의 군사 20만을 격파한 후 다음 해인 676년에 기벌포(伎伐浦, 지금의 장항)에서 대파함으로써 5년간에 걸친 당과의 싸움에서 승리하여 한반도 최초의 통일국가를 이루었다.[467]

1.1.2 신라의 통일 의미와 시사점

백제와 고구려의 멸망 후 신라가 한반도를 통일하고 삼국의 백성을 통합한 것은 한민족의 역사에 있어 의미하는 바가 크다. 당시 고구려 동북에는 발해가 건국되고 요동 지방은 당군에게 점령되었지만, 신라에 의하여 한민족이 최초로 통일한반도에서 이루었고 통일 후 우리 민족 고유의 문화를 융합 발전시켰다.

우리 민족 역사상 최초로 통일을 실현한 신라의 삼국통일을 이루게 한 교훈과 통합 과정이 우리에게 주는 의미는 다음과 같다. 첫째, 신라는 삼국을 같은 민족이라는 민족정체성을 갖고 통일은 신라를 중심으

---

[467] "삼국통일, 7세기 중엽 신라가 백제·고구려를 멸하고 통일 정부를 수립한 일," https://encykorea.aks.ac.kr/Article/E0026483, (검색일: 2024. 8. 26),

로 이루어야 한다는 명분과 당위성을 백성들에게 주지시키는 노력을 끊임없이 실천했다는 것이다.

둘째, 통일을 이루려는 의지를 결집하기 위해서 불교를 수용한 후에 호국불교로 승화시켰고 삼한으로부터 전해져 오는 세속오계(世俗五戒)의 민족정신을 화랑도 정신으로 발전시켜 통일의 대업을 짊어질 차세대 통일지도자를 적극적으로 양성하였다. 아울러 민족의 통합을 이루기 위한 삼한통일의 의지를 고양하고 통일 역량을 결집한 것이 통일을 이루게 한 원동력으로 작용하였다.

셋째, 신라는 삼한을 통일하는 과정에서 당시의 한반도 북방의 국제적 역학관계를 정확히 판단하고 삼한통일을 이루기 위해 당과 협력하였다는 것이다. 당시 최대 강국이었던 당나라와 협력을 통해 통일을 이루었지만, 당의 야욕을 간파한 후에는 고구려, 백제와 민족적 통합을 명분으로 적극 설득하여 통합된 힘으로 당나라를 물리치고 통일국가를 이룬 것이다. 통일신라가 이처럼 확고한 통일의 비전을 갖고 젊은 지도자를 양성한 가운데 민족 구성원들의 통일 의지를 결집하여 내부의 통일을 이룬 다음에 외세를 몰아내고 통일국가를 이룬 것은 오늘날 우리에게 시사하는 바가 크다.

넷째, 고구려의 멸망 원인은 당시 권력자였던 연개소문이 죽은 후 형제의 내분으로 망국을 자초하였다. 나라가 망한 후 장남인 연남생은 자신이 고구려 부흥을 꾀한다며 국내성을 포함한 3개 성(城)을 당(唐)에 바치고 당나라가 신라를 공격할 때 스스로 길잡이 역할을 하여 신라가 평양성 이남으로 물러날 수밖에 없도록 하였다. 조정 대신들 또한 자신의 안위(安危)를 당나라에 의탁하며 부역(附逆)한 사례는 한반도 통일 과정에서 북한 집권층 내부에서 일어날 수 있을 것으로 예상되며, 사전 면밀한 대비를 해야 할 과제이다.

다섯째, 신라는 통일 과정뿐만 아니라, 통일을 달성한 후에도 민족통합을 위해 적극적인 노력을 기울였다. 그 예로 전국을 단일행정체제로 개편하고 고구려와 백제의 지배층 인사를 설득하여 관리와 군인으로 등용하고 전란으로 피해를 겪은 유민을 포용하여 정착시켰다. 그리고 함께 제사를 지내는 등 정신적 통합에 힘쓰는 등 적극적인 민족융합 정책을 펼쳐 통일 간 대립하며 생겼던 반목과 갈등을 조기에 봉합하여 정서적 통합을 이루는 데 힘썼다.

특히 문화적인 통합을 위해 노력하였다. 예로써 신라는 과거 가야를 통합했을 때 우륵(于勒)의 가야금을 전수하였다. 당시 "가야금은 망국의 음악이므로 배워서는 안 된다"라고 반대하는 신하도 있었지만, 진흥왕은 "가야 왕이 방탕하여 스스로 망한 것이지 음악이 무슨 죄가 있겠느냐?"면서 이를 적극 장려하였다. 삼한통일 후에는 고구려 왕산악(王山岳)이 만든 거문고(絃樂)가 신라에 전해지고, 백제의 불상과 석탑 양식이 신라에 계승되고 발전된 것은 모두 신라의 적극적인 문화수용 정책 때문이었다.

또한 통일신라의 불교계 고승(高僧)들이 모두 고구려계인 것은 사상계·학계에서 백제와 고구려 유민들이 활약하고 있었음을 말해 준다. 전반적으로 삼국통일을 이룬 후 민족의 문화는 통일신라에 의해 융합되고 발전하여 우리 민족문화의 근간이 되어 이어져 오고 있다.

신라의 삼국통일이 현대를 살아가는 우리에게 주는 시사점은 수세기 동안 일정 지역을 거점으로 분열된 상태에서 때로는 경쟁하고 때로는 협력하며 독자적인 세력을 강화해 오던 한민족이 최초의 민족통일을 이룸으로써 평화롭게 살아갈 수 있는 터전을 마련하였다는 점이다. 무엇보다 신라의 삼국통일은 전쟁의 불안에서 벗어나 화합과 발전을 위해 민족의 역량을 집중하여 고유의 민족공동체를 형성하는 계기가 되었고 능동적인 외교로 대외적으로 국가의 위상을 드높이는 결과를 가져왔다는 사실이다.

신라의 통일은 고구려의 옛 영토를 부분 상실하여 평양 이남으로 축소됨으로써 섬 아닌 섬나라 형국이 되었다. 이런 의미에서 고구려의 일부 영토를 상실한 아쉬운 통일이라 하더라도 의미가 크다, 삼국시대와 통일신라시대의 영토 지도는 <그림 7-1>과 같다.

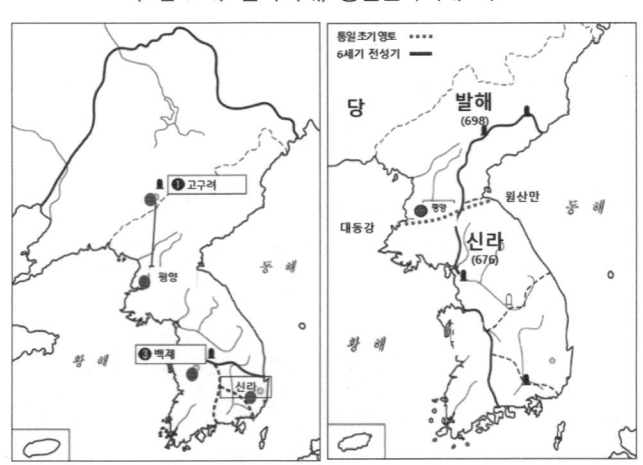

〈그림 7-1〉 삼국시대, 통일신라시대 지도

출처: "신라의 통일," 《우리 역사넷 역대 국사 교과서 지도》 편집.

통일 과정에서 외세인 당나라를 이용하여 같은 민족이 고구려와 백제를 멸망시켰다는 비판이 있다. 하지만 오늘날 강대국에 둘러싸인 한반도의 국제환경에서 주변국의 도움 없이는 통일을 이룰 수 없는 지정학적 여건을 고려할 때 비판적으로만 볼 수도 없는 것이다. 신라에 의한 삼국통일은 우리 민족이 최초로 하나가 되었다는 의미를 고려할 때 그 어떤 부정적 평가도 상쇄한다.

1.2 고려의 통일 사례

1.2.1 고려의 통일 배경과 과정

676년, 문무왕 16년에 삼국을 통일한 신라는 왕권이 강화되어 8세기 전성기를 이루었으나 9세기 말부터 왕권을 둘러싼 쟁탈전의 심화와 골품제에 따른 신분적 차별 대우는 중앙과 귀족에 불만을 품은 계층이 생겨 권력투쟁으로 이어졌다. 신라는 최고 관직에는 진골 귀족이 독점하고 6두품은 신분의 제약으로 인하여 중앙 관청의 최고위직이나 지방의 장관 자리에는 오를 수 없었다. 이러한 골품제도로 왕권이 약화하였고 신분 차별에 대한 불만은 사회적 분열이 가중되어 다양한 신흥세력이 생겨났다. 당시 부족적 전통이 강했던 지방호족 세력은 당(唐)과의 교역으로 경제적 성장을 이룬 후 사병(私兵)을 양성하여 중앙정부를 위협하는 세력으로 등장하였다.

가뭄과 흉년으로 국가재정이 고갈된 상황에서 귀족들은 백성들을 수탈하여 전국적으로 민란과 봉기가 일어나 사회적 혼란이 극심하였다. 무엇보다 골품제의 폐해 속에 사회적 통합을 이루었던 호국불교의 정신과 화랑도의 충효 정신의 약화, 그리고 민족정체성과 공동체 의식이 훼손되어 신라의 멸망으로 이어지는 원인으로 작용하였다.

후삼국의 성립을 살펴보면, 앞에서 설명한 사회 혼란 상황에서 부패한 신라 정권을 타도하고 통일 이전의 고구려와 백제의 민족정신과 정통성을 회복하겠다는 명분 아래 먼저 견훤이 무진주(광주)에서 후백제를 건국하였다. 후고구려는 신라 왕실 출신으로 승려로 성장한 궁예가 원주, 철원, 강릉 등 강원지역에서 옛 고구려 주민들의 향수를 이용하여 고구려를 다시 부흥시킨다는 명분으로 901년에 태봉국(마진)을 세움으로써 성립되었다.

당시 고려는 건국과 함께 친궁예 세력의 반발을 겪으면서 후삼국의 주도권을 견훤이 이끄는 후백제에 빼앗겼다. 왕건은 후고구려를 세운 궁예를 제거하고 권력을 장악한 후 지방호족 세력과 연합 정책을 펼침과 동시에 친신라 정책을 추진함으로써 신라의 지도층과 백성들에게 크게 민심을 얻었다. 반면 왕실과 백성들을 핍박하고 살육을 반복한 견훤은 민심을 잃어갔다.

그 결과 왕건이 이끄는 고려군은 고창전투 등에서 견훤을 따르는 후백제군을 물리치고 결정적인 승리를 거둘 수 있었다. 특히, 후계자를 정하는 과정에 첫째 아들 신검이 둘째 아들 금강을 지지하는 아버지에 불만을 품고 견훤을 금산사에 유폐하였다. 이후 견훤은 고려로 귀순하여 자청해서 고려군을 이끌고 전투에 나가 아들 신검에게 항복을 받아냄으로써 후백제는 멸망하였다. 신라의 경순왕도 통치권을 스스로 태조 왕건에게 바침으로써 후삼국은 고려 왕건에 의하여 통일이 이루어져 우리 민족은 두 번째 통일된 민족국가를 이루게 되었다.[468]

1.2.2 고려 통일의 의미와 시사점

우리 역사 속에서 두 번째로 이룩한 고려의 통일이 우리에게 주는 의미와 시사점은 다음과 같다. 첫째는 삼한통일을 달성한 신라는 민족

---

[468] 강경표, "한반도 통일과 독일 통일의 성격 비교: 고려의 후삼국통일 중심으로," 『접경지역 통일연구』, 제7권 제2호(2023), pp.223-255.

의 통합을 강조하며 화랑도와 세속오계 등 호국정신으로 삼국통일을 이루었지만, 통일을 이룬 후 시간이 지나면서 초기의 건국 정신을 잃고 지도층이 부패하고 민족정신이었던 호국불교 정신과 화랑도의 충효정신 약화 등 민족공동체 정신이 약해진 것이다. 즉, 통일 후에 지도층이 초심을 잃고 부패하거나 통합의 정신을 망각하게 되면 다시 내적으로 분열로 이어지고 대립과 갈등을 극심하게 겪게 되어 다시 후삼국 시대로 돌아갔다.

둘째는 후삼국을 통일한 가장 중요한 것은 왕건의 포용적 지도력을 통한 통합적 지도력이 통일의 원동력이 되었고 통일 이후 조기에 사회를 안정적으로 통합하는 힘이 되었다.

견훤은 후백제를 먼저 건국하고 경주까지 쳐들어가 궁성을 점령하여 유리한 국면을 맞이하였다. 하지만 견훤은 건국 초기의 개혁 정신을 잃고 동족을 죽이고 폭력을 일삼는 등 도덕성을 상실하여 신라 지도층과 백성의 민심을 잃게 되었다.

반면, 왕건은 신라 지도층을 괴롭힌 후백제 세력을 몰아내기 위해 싸워줬고 호족 세력과 신흥 불교 세력을 회유 포섭하는 포용 정책으로 신라인의 민심을 얻었다. 이러한 왕건의 포용성은 골품제의 모순을 극복하는 등 사회적 통합을 이루는 원동력이 되었고 신라 스스로 왕건에게 나라를 바치는 상황이 되었다.

또한 후백제를 일으켜 후삼국통일을 이루려고 했던 견훤 또한 적으로 치열하게 싸웠던 왕건에게 귀순하여 자신이 세운 후백제를 멸망시키는 데 앞장섰다.

후삼국을 통일한 왕건은 사회안정과 체제를 통합하기 위하여 취한 정책은 첫째는 지방의 호족과 혼인동맹을 맺는 정책을 추진하였다.

둘째는 고려의 옛 영토를 회복하려는 북진정책이었다. 셋째는 백성들의 마음을 안정시키기 위한 불교와 재래의 관습을 중시하는 숭불정책을 국가의 기본 3대 정책으로 삼은 것이다.

태조 왕건은 지방호족과 혼인 정책을 추진하면서 관직과 토지, 성씨(姓氏)를 내려 고구려와 백제의 유민을 구성원의 존재로 인정하는 통합정책을 추진하였다. 그리고 불교, 유교, 도교, 풍수지리설 등 다양한 사상이 공존하는 수용정책을 펼치면서 연등회와 팔관회를 성대하게 열어 민심을 하나로 모으는 사회통합에 힘썼다.

특히 태조 왕건은 각 지방의 독립 세력으로 성장한 호족들의 지원을 얻는 방법으로 혼인을 통한 동맹을 맺는 정책으로 무려 29명의 부인과 결혼하여 34명의 자녀를 얻었다. 이러한 왕건의 포용정책과 사회통합을 위한 통합적 지도력이 후삼국통일을 이루고 체제통합 후 안정을 조기에 이루게 된 배경이 된 것이다.

후삼국을 평정하고 통일한 고려는 외세의 영향력과 간섭없이 쉽게 두 번째 민족 통일을 이루고 민족공동체를 이루었다는 의미가 크지만 몇 가지 한계를 가지고 있다. 후삼국과 통일고려의 영토 지도는 <그림 7-2>와 같다.

체제통합에서 아쉬운 점은 다음과 같다. 고려가 건국될 당시의 정세는 907년 당나라가 멸망한 후 송나라가 오대십국(五代十國)[469]을 통일한 979년까지 중국 내부가 매우 혼란스러운 시기였다. 고려는 고구려

---

[469] 오대십국시대(五代十國時代, 907-979년)는 중국의 역사에서 주전충(朱全忠)이 건국한 후량에 의해 당나라가 멸망한 907년부터, 송나라가 십국을 통일한 979년까지, 황하 유역을 중심으로 화북을 통치했던 5개의 왕조(오대)와 화중·화남과 화북의 일부를 지배했던 여러 지방정권(십국)이 흥망을 거듭한 정치적 격변기를 가리킨다

의 서경(평양)을 북진정책의 전진기지로 삼고 옛 고구려 영토를 회복하고자 노력하였다.

〈그림 7-2〉 후삼국, 통일고려의 지도

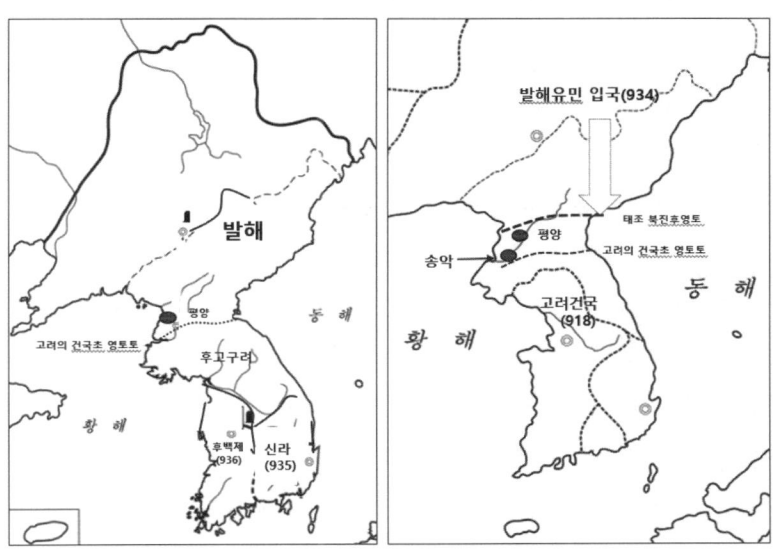

출처: "후삼국, 통일고려의 지도"《우리 역사넷 역대 국사 교과서 지도》편집.

하지만 이때, 좀 더 적극적인 노력을 기울였으면 큰 저항 없이도 옛 고구려 영토인 청천강까지 넓힐 호기였음에도 불구하고 이 기회를 활용하지 못한 것은 아쉬운 점이다. 그리고 926년에 발해가 멸망하고 불과 10년 후인 936년에 후삼국을 평정하고 고려가 건국한 시기였다. 당시 발해가 망한 후 흩어지는 발해 유민 전체를 포용하는 정책을 적극적으로 펼쳐 더 큰 민족공동체를 이룰 수 있었는데 이 기회를 놓친 점은 아쉬운 점이다.

이러한 한계에도 불구하고 후삼국통일을 달성하고 성립된 고려는 신라의 통일로 형성되었던 한민족의 정통성을 계승하여 우리 민족의 정체성을 회복하고 한민족공동체 정신이 이어지게 한 것은 민족사적 측면에서는 의미가 크다. 고려의 통일 후에 펼친 체제 안정화 정책들은 오늘날 남북한 통일을 이룬 후 체제통합 정책을 추진할 때 반면교사로 삼아야 할 교훈이다.

제2절 주요 분단국의 통일사례

분단국이었던 독일, 베트남, 예멘이 어떻게 통일을 이루었는가를 살펴보고자 한다. 동서독의 통일에 대해서는 준비가 부족한 상태에서 갑자기 맞이한 통일 후 체제통합 과정상 나타난 후유증과 제반 문제점을 고찰하고자 한다. 베트남은 북베트남이 무력 통일을 이룬 후 이념이 다른 적대세력과의 체제통합을 어떻게 추진하였는가에 주안을 두고자 한다. 마지막으로 예멘은 본질적인 합의 없이 정치적 통일을 한 이후 내적 갈등으로 전쟁을 통해 재통일 과정에서 나타난 시사점을 도출하는 데 집중하고자 한다.

2.1 독일의 통일사례

2.1.1 동서독 분단 원인

독일은 세계적으로 탈냉전의 시기를 맞이하여 동독이 서독 체제로 스스로 결정하고 서독이 이를 받아들임으로써 평화적으로 이룬 통일 사례이다. 제2차 세계대전을 일으킨 독일이 연합국에 항복함으로써 패전국 독일은 자국의 운명을 전승국들의 의사결정에 의존해야 하는 처지가 되었다. 미국, 영국, 프랑스, 소련 전승국은 전범국 독일을 응징하는데 일치를 보였다.

1945년 6월 5일 베를린 선언(Berliner Erklaerung) 때문에 전승 4국으로 구성된 연합사령부는 점령지역의 효율적인 행정 및 관리와 재무장을 방지하기 위해 얄타회담의 결과에 따라 패전국 독일의 베를린마저 4분할하였다.[470]

전범국인 독일은 국제사회를 대상으로 전쟁의 책임을 져야 했던 관계로 1945년 7월 26일, 트루먼(Harry S. Truman) 미국 대통령, 애틀리(Clement R. Attlee) 영국 수상, 스탈린(Joseph Stalin) 소련 공산당 서기장 간에 열린 3국 정상이 모인 포츠담회담에서 "독일을 동서독으로 분단하고 독일 수도 베를린을 동서 베를린으로 분할" 한다는 승전국의 의사에 따라 분할이 결정되었다.

동서독 통일문제만큼은 전쟁책임과 분할된 영토 문제로 전승국 4국의 동의 없이는 독일이 통일국가를 이룰 수 없도록 하여 독일 통일문제는 필연적으로 국제문제의 성격을 가질 수밖에 없었다.[471]

2.1.2 동서독 통일 추진 과정

독일 통일을 분석하는 데는 다른 국가들의 통일과 달리 3가지 특성을 우선 이해해야 한다. 첫째, 독일 통일은 유럽통합에 기반하여 지역공동체를 수립하고 유럽통합과 함께 이루어졌다. 독일의 통일은 냉전 시기에 시작된 것이긴 하지만, 일찍이 NATO 체계에 편입되어 오늘날

---

470 정주신, "분단 독일과 통일독일: 베를린 장벽의 구축과 해체에 관한 변증법," 『한국과 국제사회』, 제5권 제2호(2021), p.257.
471 통일교육원, 『2023 통일문제 이해』(서울: 국립 통일교육원, 2023), p.18.

EU라는 유럽연합에 통합되어 있었다. 따라서 독일 통일은 서유럽의 통합에 기반하여 추진될 수 있었고 전 유럽의 통합을 일원으로 통일추진이 정당화되었다.

둘째, 독일 통일은 적극적인 화해와 평화의 외교, 교류 협력의 확대와 지속에 의한 점진적 통일이다. 1960년대부터 냉전 갈등이 완화되고 유럽에서부터 화해, 협력이 시작될 때, 독일은 주변 국가들과 화해의 외교를 펼쳤다. 체제가 달랐음에도 불구하고 소련을 포함해 주변 동유럽의 이웃 국가들과 수교를 맺고, 차관을 제공하고 무역 등 다양한 교류를 30년간 지속했다.

셋째, 독일 통일은 성숙한 민주주의 체제에 기반으로 한 통일이다. 독일은 19세기 말에 민주주의 헌법을 가진 국가로 수립되어 20세기 초의 나치 히틀러라는 위기를 경험하고 전후에 성숙한 민주주의 국가로 재탄생했다 이는 미국이나 소련보다 훨씬 역사가 깊고 오래된 독일은 단순히 냉전의 체제경쟁에 휘말리지 않았다. 독일은 강력한 아래로부터의 정당체제, 의회제도, 분권형 연방제라는 뿌리 깊은 민주주의의 저력이 있었다. 동서독이 통일될 때, 동독은 서독의 연방 주로 쉽게 편입되었고, 이미 1945년 전까지 민주주의를 경험했던 동독에선 1990년에 다시 선거가 치러지고 다당제가 복원되었으며, 서독 수준의 복지가 동등하게 보장되었다. 통일 당시 동독 인구 1,600만 명이 서독 6,200만 명과 별 혼란 없이 같은 공동체에서 살게 되었다.

1955년 9월 서독 수상 아데나워(Konrad Adenauer)는 의회 연설에서 "서독과 외교관계를 맺고 있는 제3국이 동독과 공식적 외교관계를 맺을 경우 비우호적 행위로 간주할 것"이라고 밝혔다. 이는 서독만이 독일의 유일한 합법정부이며 동독과 수교를 일체 단절하는 할슈타인 원칙을 고수하여 서독과 동독은 교류가 단절된 상태였다. 이 정책은 1969년 브란트(Willy Brant)가 집권해 통일을 향한 작은 걸음의 동방정책(Ostpolitik)을 펼치면서 사실상 유명무실해졌고, 1972년 동서독 기본조약 체결과 함께 공식적으로 폐기되어 동유럽국가에 개방적인 정책을 시행하였다.

1972년에는 동독과 서독이 서로를 국제법상 승인하는 기본조약을 체결하면서 독일 통일에 변화가 시작되었다. 그 예로는 서독 청소년들의 동독지역 수학여행을 비롯하여 평화적 공존에 초점을 둔 정치교육의 시작을 들 수 있다.

1970년에는 서독이 동독을 소련 점령지이며 동독 체제가 비민주적이고 독재적인 체제라며 비난하였다. 1973년에는 사회 교과서에 이 같은 내용을 대폭 삭제하고 민족적인 관점에서 동독 체제를 소개하였다. 또한 서독은 당시 처해 있는 국제정세와 분단체제의 문제점을 인식하도록 함과 아울러 동독 주민이 처한 인권 문제를 강조하였다.

1976년 바덴 뷔르템베르크(Baden-Württemberg) 주(州)정치교육원이 보이텔스바흐에서 개최한 학술대회에서 서독의 진보와 보수 진영을 대표하는 정치인과 지식인들이 끝장토론을 통해 시민 정치교육을 함에 있어 3가지 원칙에 합의하였다. 3대 원칙은 ① 강압적 주입식교육 금지할 것 ② 사회의 논쟁적 주제는 수업 간에도 논쟁적으로 다루어야 함 ③ 학습자의 정치적 문제는 스스로 분석하고 실천 역량을 갖추는 것을 존중한다는 것이다. 보이텔스바흐 합의(Beutelsbacher Konsens)를 이루어 냈다.[472]

---

472 김상무, "민주시민교육 원칙으로서의 독일 보이텔스바흐 합의에 관한 연구," 제25권 6호(2019), pp 177-197.

서독 정부가 정권이 바뀌어도 정치지도자들은 통일이 완성될 때까지 이 합의를 지켰다. 독일의 통일에는 민주시민과 학생 정치교육을 간과할 수 없다. 특히 젊은 청소년은 학교 밖에서 클럽활동을 통하여 민주주의 체제의 우월성에 대한 의식을 공고히 하고 시민들의 통일의식을 증진하여 통일의 내적 기반을 축적하였다. 서독이 민주시민 정치교육 시 강조한 점은 자유민주주의 우월성에 대한 교육이었다. 이는 히틀러에 의해 겪었던 아픈 경험에서 비롯되었다.

1985년 3월 고르바초프(Michael Gorbachev) 소련 공산당 서기장의 개방(Glasnost)과 개혁(Perestroika)정책으로 냉전체제가 와해하고 동유럽국가들이 변화를 모색함에 따라 동독의 주민들도 변화를 요구하면서 동서독 통일은 새로운 전환점을 맞았다.

동독에서는 정치 경제 등의 문제로 시민들의 저항에 정권 초기에는 지도층을 교체하는 등 소극적으로 대처하였으나 철권통치를 하던 공산당 서기장 호네커(Erich Honecker)가 실각하고 크렌츠(Egon Krenz)로 교체된 후에는 개혁과 통일을 염원하는 동독 주민들에게 전향적인 조치를 단행하였다. 1989년 여름부터는 라이프치히에서 여행의 자유를 요구하는 대규모 시위가 발단되어 헝가리와 오스트리아 국경을 통한 주민들의 탈주가 급증하였다.

동독 주민들의 시위는 드레스덴과 동베를린 등을 포함한 전국 도시로 확산하였다. 1989년 11월 9일 분단의 상징이었던 베를린 브란덴부르그 장벽이 무너져 통일 독일의 결정적인 계기가 마련되었다.[473]

이후에도 동독 주민들은 통일된 독일 시민을 주장하면서 통일을

---

[473] 국립 통일교육원, 『2023 통일문제 이해』(서울: 국립 통일교육원, 2023), p.19.

외치기 시작하였으며, 새롭게 구성된 동독 정부는 개혁적인 조치로 비밀경찰 명칭을 국가보안청으로 바꾸었다. 그리고 동독 의회에서는 헌법 개정을 통해 공산주의 관련 내용을 삭제함과 아울러 고위급 인사들을 대상으로 직권남용과 수뢰 혐의 등의 비리를 조사하는 조치를 단행하였다.

서독에서는 동독 주민들의 의사표시와 요구사항을 적극적으로 반영하여 1989년 11월 28일 서독의 콜(Helmut Kohl) 수상은 독일 통일을 위한 10개 항 프로그램을 제시하는 등 동서독이 통일문제를 적극적으로 협의하기 시작하였다.[474]

이에 따라 동독과 서독은 협력 및 근린 공동 협정을 체결하여 통일 목표를 정하고 그동안의 협력적인 관계에서 통일로 방향을 전환하였다. 이러한 정부의 노력은 통일에 대한 주민들의 요구를 더욱 강화하였고 서로가 상호작용하여 통일 방향성에 탄력을 갖게 되었다.[475]

베를린 장벽이 무너진 이후 1990년 3월 동독에서 자유 총선거를 시행하여 새로 구성된 연립정부는 서독의 콜 총리와 신속한 협상을 펼쳐 1990년 3월 공식적인 통일을 이루게 되었다.

서독은 1969년 브란트 수상은 신동방정책을 표명하고 1972년에 동독과 경제, 기술, 과학, 문화, 통신, 스포츠, 환경 등의 기본조약을 체결하여 각각 상주 대표부를 설치하고 적극적인 교류 협력을 통해 무역 거래를 증가시켰다. 1987년 서독이 동독과 거래한 총무역액은

---

[474] 정용길, "독일 통일 과정에서의 동서독 관계와 남북관계에의 시사점," 『저스티스』, 제134권 제2호(2013), p.472.
[475] 박휘락, "독일 통일 과정의 함의와 한국의 통일 준비," 『한국과 국제사회』, 제4권, 제6호(2020), p.254.

1.5%에 불과하여 순위로 15위였으나 동독이 서독과 거래한 총무역액은 10%로 무역상대국 2위로 증가했다.

동독 정부는 방문 협정과 교통협정, 우편 및 통신 협정 체결에 동의하고 사회문화적 교류의 범위도 허용하여 1973년-1985년 사이 서독을 방문한 주민은 매년 130만-150만 명에 달하던 것이 베를린 장벽이 무너지기 직전인 1988년에는 700만이 왕래했다.

동서독이 합의한 통일조약에는 서독 기본법을 동독에 확대 적용하고 동독을 서독에 편입하는 형태로 통일을 이루자는 것이었다. 통일 진척시키는 과정에 서독이 동독과 교류 협력을 적극적으로 추진할 수 있었던 것은 첫째는 경제적 우위를 확보했기 때문이다.

둘째는 주변국의 통일독일에 대한 동의와 지지였다. 독일의 주변국가들은 베를린 장벽이 무너지고 동서독 주민들이 확고한 통일 의지를 표명하였음에도 불구하고 통일된 독일의 힘이 강화될 것을 염려하여 독일 통일에 반대하였다. 특히 소련은 독일이 통일되면 북대서양조약기구(NATO, North Atlantic Treaty Organization) 병력이 동쪽으로 이동하여 자국의 안보를 위협할 것을 가장 많이 경계했다.

1949년 유럽에 NATO가 구성되고 1975년 유럽안보협력회의(CSCE, Council for Security Cooperation in Europe)를 통해 마련된 헬싱키의정서가 채택되었다. 이러한 집단방위(Collective Defense)체제와 안보레짐(Security Regime)의 구성은 독일 주변국이 자국의 주권과 영토 존중에 대한 불안감이 해소됨으로 동서독의 통일에 동의하게 되었다.

독일의 통일은 역사적으로 4단계 과정으로 진행되었다. 제1단계는 1949-1960년 서독 기민당의 아데나워 정부가 힘의 우위를 갖고 서방 정책을 추진한 시기였다. 1947년부터는 미소 냉전이 시작되었다. 6월에 서방 연합국이 점령지역에서 화폐개혁을 단행하자 소련은 베를린을 봉쇄함으로써 동독과 서독은 분단이 시작되었다. 서독은 1968년 7월 먼저 헌법을 제정하고 1949년 5월 23일 본에서 기본법을 공포했다.

서방 연합국은 이 기본법을 승인하였고 독일의 각 주에 비준을 거친 후 공포와 함께 독일연방공화국(Federal Republic of Germany)이 수립되었다. 같은 해 8월 14일 총선 결과 기민당의 아데나워 정부가 출범하였다.

1949년-1963년까지 14년 1개월간 추진한 정책은 안보를 공고히 하고 주권을 회복하기 위해 친서방정책을 추진하고, 동독을 힘으로 누르고 통일을 이루려는 차원에서 동독과 외교관계를 맺은 나라와는 외교관계를 단절하겠다는 할 슈타인 독트린을 선언했다.[476]

제2단계는 1961년-1969년 키싱어(Kurt Georg Kiesinger) 수상은 1955년 11월 30일 기민당과 사민당의 대연정 정부를 수립한 후 동방정책의 기조를 반영하여 동독과 서독 간에 긴장 관계를 완화하려는 우호적 정책을 수립하고 추진하였다.

제3단계에서 브란트(Willy Brand) 수상은 1969년-1982년까지 동서독과의 통일을 단시간 내 해결하기 어려우므로 대결보다는 점진적 변화를 통해 작은 것부터 하나씩 해결하자는 생각으로 분단 고통의 완화를 위한 신동방정책을 추진하였다. 이후 동독과 긴장 완화를 통해 화해를 분위기를 마련하고 통일을 향한 장기적 준비를 시작하였다.

브란트의 뒤를 이은 슈미트(Helmut Schmidt)는 1969년-1982년까지 재임하며 앞 정부의 신동방정책 기조를 지속해서 추진하였다. 1970

---

476 김학재, 『독일 통일에서 무엇을 배울 것인가?』(서울: 통일아카데미, 2017), pp.4-5

년 후반 소련이 군비경쟁을 강화하여 중거리 핵 로켓을 체코에 배치하자 NATO가 서독과 서유럽에 핵무기를 배치한다는 것에 적극 찬동하여 서독에 퍼싱-2 미사일 108기와 쿠르드 미사일 96기를 배치하였다.

이러한 조치 하에서 소련이 아프카니스탄을 침공하여 냉전은 가속화되어 동서독의 관계 개선이 어려워졌다.

1981년 레이건이 취임한 후 소련의 미사일을 공중에서 요격하겠다는 전략방위구상(SDI, Strategic Defense Initiative)을 추진하였다. 1983년 제네바에서 미소 중거리 핵무기 감축 협상이 시작되었다. 1982년 10월 1일 헬무트 콜이 수상으로 취임하고 동서독 교류를 통한 통일방안은 지속하였다.

1983년 동독의 경제가 어려워지자, 서독은 두 차례에 걸쳐 20억 5천 마르크의 차관을 동독에 제공하였다. 이런 서독의 노력에 동독은 이산가족 재회 조건을 완화하고 동독의 연금 수혜자 방문 시 의무환전 금액을 내리고 방문 일수를 45일로 확대하였다. 또한 주민들이 서독으로 탈출을 막기 위해 설치했던 자동발사기도 모두 철수했다.

아울러 동독과 서독의 교류가 증가하여 동독이 서독과 거래한 무역액이 동독 전체 무역액의 10%로 증가하여 2위의 상대국이 되었으며 동서독 간 무역 교류가 대폭 늘었다. 1984년 2월 13일에는 서독의 콜 총리와 동독의 호네커 서기장과 모스크바에서 회담을 가진 후 1987년 9월에는 호네커 서기장이 서독을 방문해 제4차 정상회담을 가졌다. "호네커는 공동성명에서 독일영토에 두 번 다시 전쟁이 일어나지 않아야 하며 평화가 정착되어야 한다"고 강조했다.

이 정상회담을 통해 환경 보호, 방사선 보호, 과학 기술 협력 등 3개 협정이 동서독 장관들에 의해 서명되었다. 이때 호네커는 지방

도시들도 방문했는데, 호네커 방문 이후 인적 교류가 더욱 급증했다.

수십 년간 교류 협력으로 통일의 분위기가 익어갈 때 동유럽의 사회주의 국가들이 체제 전환을 시작하여 동유럽에는 자유화 바람이 일어난 것은 독일 통일에 긍정적으로 작용하였다. 이러한 변화에도 동독 집권층은 마르크스-레닌주의를 고수한 가운데 동독 주민은 휴가를 나와 오스트리아를 거쳐 서독으로 탈출하였고 동독 내부에서는 공산당과 지도층에 불만이 고조되어 시민운동단체가 결성되었다.

이후 1989년에 시위가 연속 일어났고 동베를린, 라이프치히, 드레스덴 등에서 집회의 자유와 선거, 여행 자유화를 요구하는 대규모 시위가 발생하여 시민들이 "우리가 시민이다(Wir sind das volk)!"라는 구호를 외쳤다.

시위는 10월 23일 30만 명이 참여하는 평화시위로 정점을 찍었다. 결국 호네커가 퇴진하고 1989년 11월 8일 내각이 총사퇴한 상태에서 공산당 제1서기인 한스 모드로프가 취임하여 여행 자유화 조치를 단행하였다. 11월 9일 동독의 대변인 샤보보스키는 기자회견에서 한 시민이 "여행 자유화는 언제 할 것인가?"라고 물었을 때 얼떨결에 즉시 여행 자유화를 한다고 공표함으로 그날 저녁 수많은 동독인이 장벽을 넘어서 서베를린으로 넘어왔다.

1989년 12월 19-20일 드레스덴에서 콜 수상과 모드로프 총리가 정상회담을 갖고 12월 12일 부란덴브르크문이 개방되어 사실상 통일이 이루어졌다.

2.1.3 동서독 통일 이후 체제통합 과정상의 문제점

독일의 통일은 체계적인 준비가 덜 된 상태에서 갑자기 이루어진 것으로 통일을 이룬 후에 통합의 과정에서 많은 시행착오와 갈등을 낳았다. 대표적인 것으로 분단 기간 불법행위 청산 작업, 동독의 재산권 처리 문제, 통일 과정에 동독 주민이 보유한 금전의 교환 시 환율적용 문제, 통일비용 조달 문제 등 다양한 문제들이 발생하였다. 이러한 문제들은 연방정부의 노력으로 통합 과정에서 점차 해소되어 갔지만 정리해 보면 다음과 같다.

첫째는 독일은 경제적 통합을 이루기 위해서 통일비용 중 사회복지 분야인 연금보험, 실업자 보험, 의료보험 등 경상비 지출이 너무 많아 통일 이후에 경제발전에 악영향을 초래하였고 통합 과정에서 가장 큰 후유증을 겪었다.

서독이 통일을 이룬 후 30년 동안 체제통합 과정에 지출된 통일비용은 약 2,600조 원에 달했다. 서독 주민들은 재정적자 심화와 조세부담률 증가, 실업률 증가, 국제수지 악화 및 외채 증가 등으로 경제적으로 큰 부담으로 작용하여 서독의 주민들이 왜 우리가 동독 주민들을 먹여 살려야 하나! 라며 불만의 목소리가 커졌다. 특히 1990년 7월 1일 정치통합과 동시에 화폐통합을 하면서 서독의 마르크화(DM)를 통일과 함께 공동의 화폐로 정해져 서독 화폐와 1대1로 교환 되었다.

동서독의 화폐 1:1 교환은 얼마 지나지 않아 독일경제에 어두운 그림자를 드리웠고 그 충격은 서독보다 동독 주민에게 더 크게 다가왔다. 1:1 화폐교환에 따라 동독기업은 생산성이 임금의 인상율을 따라가지 못할 것이 자명함에도 정치적 합의에 따라 동독 근로자의 임금을 서독 수준으로 맞춰야 했다.

이 때문에 기존자본은 파괴되었고 외부의 자본 유입이 방해받았다. 동독의 수많은 기업은 시장경제 체제에 적응하지 못하고 문을 닫아 근로자의 일자리도 잃게 되었다. 1:1의 화폐교환이 통일독일의 실업률 상승의 촉매 역할을 한 것이다.

그러나 한편으로는 만약 그렇게 하지 않았다면 동독의 노동자들은 고임금을 주는 서독으로 모여들어 동독을 공동화시켜 사회적으로 더 큰 문제가 생길 수도 있었다는 것을 고려하였을 때 화폐통합이 무조건 잘못된 것은 아니라는 의견도 있다.

둘째는 동독의 국영기업의 사유화 전환에 있어서 1990년 신탁청 (Treuhandanstalt, THA)을 설립하여 기업의 고용과 생산성을 높이려고 하였으나 최초 신탁청에서 추계한 자산의 가치를 잘못 판단하여 1조 3,650억 마르크가 600마르크로 떨어져 엄청난 손실이 발생하였다. 사유화 과정에 정부가 자산의 소유권을 동독이 공산화 이전의 소유권자에게 되돌려주는 반환 정책을 추진하여 수개월 만에 150만 건의 소송이 제기되어 소유권의 소재를 둘러싸고 엄청난 분쟁이 발생하여 투자자들의 투자를 꺼려 경제발전에 악영향을 미쳤다.

셋째는 투자가 부진했던 원인은 생산성을 훨씬 초과하는 고임금 정책이 문제였다. 경제 논리를 무시하고 높은 임금은 수많은 기업을 도산하게 한 원인이었으며 동독의 임금수준은 5-6년 만에 10배 이상 인상되었지만, 생산성은 서독의 1/3 수준이었다. 2005년 독일 전체 실업률은 11.3%였으나 동독의 실업률은 18% 수준까지 올랐다.

넷째는 주요 기업 본사가 서독 지역에 93%에 소재하고 있어 옛 동독의 실업률이 6.0%로 독일 전체 두 배에 달하였다. 또한 옛 동독지역 주민들은 동독과 경제적 격차와 새로운 가치와 생활 양식을 접하면서 정신적 혼란을 겪었다. 즉, 경제적 풍요가 기대한 만큼 충족되지 않는 것에 대하여 우리는 2등 시민에 불과하다는 심리로 연결되어

옛 동독 시절에 향수를 느끼는 오스탈기(ostagie) 현상이 발생하기도 하였다.[477]

동서독 통일 이후의 경제적 격차는 통일 초기에 우리는 하나의 시민이라는 생각이 지배적이었으나 통합이 진척되면서 동서독 주민 간 편견과 차별의식으로 갈등으로 분출되었다. 서독인은 동독인을 게으른 동쪽 것(Oessi), 반대로 동독인들은 서독인을 거만한 서쪽 것(Wessi)이라고 부르며 비하하는 정서적 갈등이 나타나 통일 이후 체제통합 과정에서 정치, 경제, 지리적 통합보다 더 어려운 것이 정서적 통합임을 실감하였다.

2.1.4 동서독 통일사례의 시사점

독일과 한반도의 상황은 같은 민족이 제2차 세계대전 종전의 결과로 분단되어 통일을 희망한다는 측면에서는 유사성이 크다. 하지만, 유럽과 동북아라는 지리적 위치와 동서양의 제도와 문화 차이를 고려하면 차이점이 크다.

독일 통일의 사례는 헌법에서 제시하고 있는 "자유민주적 기본질서에 입각한 평화적 통일"을 이루었다는 점에서 통일사례를 분석하고 교훈을 찾는 것은 앞으로 이루어야 할 남북한의 통일을 위해서라도 유의미하다.[478] 독일의 통일은 몇 가지의 특징을 갖고 있다.

첫째, 독일의 주변국인 유럽 국가가 미국의 적극적인 중재로 통일에

---

[477] 이대희·이재호, "독일 통일 최대 피해자는 동독 여성," 《프레시안》, 2018년 10월 17일.

[478] 박휘락, "독일 통일 과정의 함의와 한국의 통일 준비," 『한국과 국제사회』, 제4권, 제6호(2020), p.251.

찬동하여 통일이 이루어졌다는 것이다. 독일은 일찍이 NATO에 가입하여 전 유럽통합의 일원으로 지역공동체에 긍정적인 영향을 준 것이다.

둘째는 독일의 통일은 많은 어려움이 있었지만 같은 민족이라는 정체성을 잃지 않고 화해를 위한 교류와 협력의 확대를 지속한 결과로 이룬 통일이다. 서독은 1960년부터 포용과 화해 협력으로 동독과 교류했다. 그리고 주변국의 통일에 동의하고 협조를 얻기 위해 수교를 맺고 무역과 돈을 빌려주고 평화공존을 모색해 왔다.

셋째는 성숙한 민주주의 체제에 기반한 통일이다. 미국이나 소련보다 훨씬 오래된 역사 속에 냉전의 체제경쟁에 휘말리지 않았다는 것이다. 독일 통일을 이루게 한 가장 주요한 것은 1949년부터 2017년까지 5번의 정권교체에서 서방정책과 동방수교, NATO가입으로 주변국과 신뢰 구축 등 통일정책에 변함없는 추진으로 내적 조건이 있었기에 가능했다.

〈표 7-1〉 독일통일의 내적 조건

기 간	1947-1960	1961-1969	1969-1982	1982-1989	1990-2017
집권당 수상	아데나워 (기민당)	키싱어 (기민당)	브란트, 슈미트 (사민당)	헬무트 콜 (기민당)	슈뢰더, 메르켈 (사민당, 기민당)
서방정책					
NATO					
할슈타인	--------	-------→			
동방수교					
교류협력					
갈등위기	베르린 봉쇄 군사동맹	베르린 위기 쿠바위기		핵무기 배치 신냉전	

출처: 김학재, "독일통일의 내적 조건," 서울대 평화통일연구원 통일아카데미(2024. 8. 26).

독일은 19세기 말에 민주주의 헌법을 가진 국가로 수립되었다. 히틀러의 위기를 경험하고 전후에 성숙한 민주주의 국가로 재탄생했다.

강력한 아래로부터의 민의가 반영되는 정당 체제와 직접선거제도, 의회 제도를 통한 분권형 연방제를 실천하는 국가 형태를 유지한 민주주의 제도가 뿌리 깊이 경험한 나라였다. 또한 독일은 복지제도를 실행하는 국가로 동독을 통합한 후 복지혜택을 국민 전체가 균등하게 받게 하였다.

독일은 통일 후 체제를 통합하기 위해서 다음과 같은 정책을 추진하였다. ① 독일의 주권이 서독으로 결정 ② 독일 통일 후 미군 지속 주둔 ③ 군사분야 통합 ④ 헌법의 개정 ⑤ 의회와 연방 행정부의 베를린으로 이전 ⑥ 동독 행정기관 근무자 처리 방침 ⑦ 공산정권 시 불법 행위 청산 추진 ⑧ 동독의 재산처리 방침 ⑨ 뒤처진 동독의 경제 재건 추진 ⑩ 통일비용 마련 대책 강구 ⑪ 동독기업 국유화 조치 ⑫ 동독 주민 실업자 구제 정책 등 사회보장 대책 강구, ⑬ 동서독 간 환경문제 처리 ⑭ 내적 통합을 위한 조치 등의 실효성 있는 정책이 실천되었다.

넷째는 2차대전 히틀러의 전체주의를 경험하면서 자유민주주의 체제에 대한 확고한 신념을 갖고 청소년들이 정치학습을 통해 어떤 통일 국가를 이룰 것인가 하는 분명한 통일 비전을 공고히 하였다. 이에 대한 예로써 같은 민족이라는 정체성을 갖고 이념적 성향이 다른 정치지도자들이 한자리에 모여 끝장 토론을 통해 합의한 보이텔스바흐 시민 정치교육 3대 원칙을 베를린 장벽이 무너질 때까지 지켰다. 이에 서독의 젊은 세대들이 통일에 대한 담론에 편견과 갈등 없어 결집된 힘으로 통일을 위해서 노력했다는 점이다.

다섯째는 서독의 정치지도자들이 통일을 이루겠다는 진정성을 갖고 실현성 있는 정책을 수립한 후에 일관성 있게 지속해서 노력한 것이 통일을 이룬 계기가 되었다. 예로써 브란트 총리가 제안한 동방정책을 정치이념이 상의한 정권으로 바뀌어도 통일 정책만큼은 일관성을 갖고 지속적으로 추진하였다.

여섯째는 독일은 힘이 강하여 분단이 되었고 우리는 힘이 약하여 분단된 것으로 서로 다른 분단의 특성이 있지만, 통일을 이루려면 주변국의 동의와 협조 없이는 할 수 없는 환경은 같은 구조이다. 독일이 통일을 동의한 미국을 설득하여 통일 시 자국의 안보 위협을 우려하여 마지막까지 반대했던 소련과 프랑스, 영국 등 주변국을 설득하여 2+4 협의체를 결성함으로 통일을 이룰 수 있는 계기를 마련한 외교적 노력은 한반도 통일을 추진함에도 시사하는 바가 크다.

일곱째는 통일을 위한 충분한 준비 없이 급격하게 이루어진 통일의 후유증이다. 통일비용의 경상비 위주의 지출과 화폐교환 등 체제통합 과정에서 발생한 많은 문제점은 우리에게 큰 교훈이 될 것이다. 정치적, 경제적, 지리적 통합보다 정서적 통합이 더 어렵다는 사실은 우리의 통일 과정에 유의해야 할 점이다.

여덟 번째는 동서독의 통일보다 남북한의 더 어렵다는 것을 분명히 인식하고 통일정책을 수립하고 실천해야 한다. 우리가 독일보다 어려운 것은 서로 왕래가 거의 없는 가운데 분단 기간이 훨씬 길다는 것과 전쟁을 경험하여 서로 깊은 상처를 갖고 있다는 것이다.

또한 통일에 들어가는 비용면에도 독일의 인구 비중이 4:1인 것에 비해 남북한이 2:1로 두 배의 차이와 남북한 경제적인 격차가 너무나 커 통합 과정에 부담해야 할 통일비용이 독일보다 몇 배나 많게 소요될 수밖에 없는 것은 통일의 부담으로 작용한다.

〈표 7-2〉 한반도와 독일의 통일 여건 비교

구분	분단	교류	전쟁	핵	정치체제	인구	경제	주변국 환경
동서독	45년	많음	무	미보유	민주주의 경험(정권교체)	4:1	8:1	동유럽 (민주화 바람)
남북한	80년	제한적	유	북보유	북한: 민주주의 경험 전무 (세습·신정체제) 남한: 민주주의 (정권교체)	2:1	58:1	북중러 대 한미일 블록 (신냉전 구도)

출처: 박성기, "코리안드림 구현을 통한 통일 추진전략," 한국글로벌피스재단 AKU 교수협회 편, 『코리안드림 & 통일한국 비전과 국제협력』(서울: CDC Media, 2023), p.23.

통일 협상 과정에 가장 어려운 것은 동독과 달리 북한은 핵을 보유하는 가운데 정치적으로 지도자가 교체되지 않는 세습적 신정체제를 유지하고 있다는 것이다. 이는 통일의 합리적인 의사결정이 제한되어 통일의 어려움을 배가시킬 것이다. 또한 어떤 통일국가를 이룰 것인가에 대한 통일국가 비전의 문제이다.

서독의 청소년과 국민은 2차대전을 경험하며 전체주의 국가체제 대한 아픈 기억으로 자유민주주의에 대한 확고한 신념을 갖고 통일된 국가체제를 염원하며 통일을 준비하고 이룬 것은 오늘날 우리의 청소년 및 국민의 정치의식과 교육 현실과 비교되는 점이다.

2.2 베트남의 통일사례

2.2.1 베트남과 한반도의 유사성

한반도와 베트남은 지리적, 역사적, 분단구조 면에서 유의점이 많다. 베트남은 우리와 같이 중국과 국경을 접하고 있어 중국의 영향을 많이 받아 왔다. 그리고 중국의 왕조 세력 부침에 따라 침략을 받은 역사도 유사하다.

특히 통일 이전에 이념이 서로 다른 가운데 체제경쟁을 한 것이다. 이러한 유사점이 많은 베트남의 통일사례와 체제통합 과정의 교훈을 살펴보는 것은 의미가 남다르다.

BC 195년 연(燕)에서 망명한 위만(衛滿)이 고조선의 왕위를 찬탈해 위만조선을 세웠다. 그에 앞서 진(秦)나라 말기인 BC 207년에는 찌에우다(趙佗)가 중국 남부와 베트남 북부에 남비엣(Nam Viet, 南越)을 건국했다. 이어 중국의 한무제(漢武帝)가 BC 111년 남쪽의 남비엣을 침략해 7개의 군(한칠군)을 설치했으며, BC 108년에는 북동쪽의 위만 조선을 침략해 한사군을 설치했다.

베트남은 지리적으로 인도차이나반도 동단에 있는 국가로서, 북쪽으로는 중국의 광둥·윈난 지방과 국경을 이루고 서쪽으로는 라오스, 캄보디아와 접하고 있으며, 동쪽으로는 남중국해와 태국과 연하고 있다. 지형은 북부와 중부지역은 구릉과 고원의 산악지대로 형성되어 있고 남부는 평야 지대를 이루고 있어 전반적으로 북쪽은 높고 남쪽은 낮은 북고남저의 형상과 남북으로 길게 뻗은 지형은 한반도와 매우 유사한 특징을 갖고 있다.

한국과 베트남과의 관계를 살펴보면 한국이 1955년 10월에 월남공화국을 승인하고, 이듬해 5월 사이공에 외교공관을 설치하면서 친선 우호 관계가 수립되었다. 특히, 1964년 9월 22일 국군장병의 월남 파병후 양국은 긴밀한 협력관계를 유지하였다.

그러나, 1973년 1월 27일 미국과 자유월남, 공산 북베트남 사이에 전쟁 종결을 약속한 파리평화협정이 조인되고 그해 3월 24일 파월

한국군이 철수한 후 북베트남은 남베트남에 대한 대공세를 펼쳐 1975년 4월 30일 사이공을 함락하고 패망시킴으로써 우리나라와 베트남 간의 교류는 1992년 12월 22일 외교관계가 복원될 때까지 중단되었다.

이처럼 유사한 배경을 공유하고 있는 베트남의 과거와 현재를 살펴본다는 것은 매우 의미가 있다고 판단된다. 그 이유는 무엇보다도 국가를 위협하는 이념전쟁에서 공산 세력과 맞서 싸워 자유와 평화를 수호하고 국민의 생명과 재산을 보호하여 국가의 책무를 다한다는 점이다.

이는 한국과 베트남이 명확하게 비교될 뿐 아니라 이념전쟁에서 패하여 무력에 의한 통일이 되었을 때 일어나는 참혹한 결과를 살펴봄으로써 앞으로 우리가 어떤 통일을 이루어야 하는지의 목적과 통일국가의 비전을 정립하는 당위성을 제시할 수 있을 것이다.

2.2.2 베트남의 분단 배경과 과정

베트남은 오랜 기간 외세의 침략으로 지배를 받았지만, 국민의 저항 정신과 단결된 힘으로 외세를 물리쳐 독립 국가를 유지하였다. 역사적으로 베트남은 외세의 침략을 거부하고 독립을 유지하기 위한 조직적인 저항을 하여 일시적으로 독립을 쟁취하기도 하였지만 전반적으로는 중국의 복속상태에 있었다.

국제적으로 제국주의 식민지 개척이 한창이던 1858년에 아시아 진출을 노리던 프랑스가 군대를 동원하여 베트남 다낭(Đà Nẵng)을 점령한 후 아르망 조약을 체결함으로써 베트남은 프랑스의 보호국이 되었으며 1887년에는 라오스와 캄보디아까지 프랑스의 식민 지배를 받게 되었다.

제2차 세계대전 당시 태평양전쟁을 일으킨 일본군이 전쟁물자 조달과 전쟁의 주도권을 장악하기 위해 1940년에 베트남에 진주하여 큰 피해를 보았으나, 연합국의 승리로 전쟁이 끝나자 1945년 9월 2일 호찌민(Hồ Chi Minh)이 독립을 선언하고 임시 베트남민주공화국을 설립하였다.

제2차 세계대전이 막바지에 치닫던 1945년 7월 24일 미국의 트루먼 대통령과 영국의 처칠 수상, 소련의 스탈린 수상이 포츠담에서 전후 처리를 위한 회담을 개최하였다. 이 회담에서 3국의 정상들은 당시 베트남에 진주하고 있던 일본군의 무장해제를 위해 북위 16도 선을 경계로 북부는 중국군이, 남부는 영국군이 진주하기로 결정 함으로써 인도차이나 3국(베트남, 라오스, 캄보디아)에 대한 기득권을 주장하는 프랑스의 요구는 배제되었다.

일본이 1945년 8월 15일 무조건 항복을 발표하고 포츠담회담의 합의에 따라 중국군과 영국군은 베트남의 북부와 남부에 군대를 주둔시켰다. 이에 연합국의 일원이었던 프랑스는 협상 대표를 하노이(Hà Nội)와 사이공(SàiGòn, 현 호찌민시)에 파견하여 북부의 중국군과 남부의 영국군에게 프랑스의 복귀를 요청했다.

남부의 영국군은 프랑스의 요청에 즉각 호응해 일본군이 억류했던 프랑스군 1,400여 명을 석방·무장해 남부의 주요시설을 점령하게 했다. 이어 프랑스는 중국과 협상을 계속해 중국 관련 프랑스 이권과 맞교환하는 방식으로 중국군과 교대해 북부지역을 점령했다. 독립 정부 수립을 고대하고 있던 베트남은 또다시 프랑스의 식민지가 되고 말았다.

2.2.3 제1·2차 베트남전쟁과 무력에 의한 통일

21세에 중국으로 건너가서 공산혁명을 체험하고, 모스크바 국제레닌 학교에서 수학한 후 1930년에 홍콩에서 베트남 공산당을 창당했던 호찌민(Hồ Chí Minh, 1890-1969)은 1941년에 베트남으로 돌아와 제국주의의 침탈에 고통받고 있는 베트남의 독립을 실현할 목적으로 공산당과 민족부르주아 세력과 연합하여 베트남독립동맹(Vietminh, 越盟)을 결성하였다.

후에 베트남 해방군선전대를 조직하여 월맹군으로 발전시키는 등 전국 단위로 조직을 확대하고 북부지역에 해방구를 구축해 주민의 지지를 모으고 있었다.

호찌민은 일본의 항복과 함께 즉각 행동에 나섰다. 8월 16일 해방구 무장세력이 해방군으로 하노이에 침투해 8월 18일까지 모든 공공시설을 접수했다. 이어 9월 2일 베트남민주공화국(the Democratic Republic of Viet Nam) 수립을 선포하고 호찌민을 주석으로 선출되었다.

호찌민은 베트남을 장악하고 있던 프랑스와 협상을 시도했으나 프랑스는 성의를 보이지 않아 결국 1946년 12월 제1차 베트남전쟁이 일어났다. 베트남은 전쟁 초기 프랑스의 강력한 무력을 앞세운 것에 고전을 하였지만 프랑스는 베트남 주민의 게릴라전을 당해낼 수 없었다. 1954년 5월 7일 디엔비엔푸(Điện Biên Phủ) 전투에서 패배한 프랑스는 제네바에서 평화협정에 서명했다.[479]

---

[479] 최용호, 『한 권으로 읽는 베트남전쟁과 한국군』(서울: 국방부 군사편찬연구소, 2004), pp.114-120: 베트남에서 미군의 철수는 주변국에도 영향을 미쳤다. 북베트남군이 사이공을 점령하기 며칠 전인 1975년 4월 17일 캄보디아에서는 중국의 지원을 받는 크메르루주 군이 프놈펜을 점령해 친미주의자 론놀 정권을 대체했다. 그해 12월에는 라오스가 왕정을 폐지하고 라오스인민민주공화국을 수립하면서

프랑스와 전쟁에서 승리함으로 베트남은 북위 17° 선으로 분할 해 북쪽은 호찌민 정부가 통치하고, 남쪽은 프랑스가 세운 정부를 유지하되 1956년 7월까지 남북 총선거로 통일 정부를 수립한다는 내용의 사실상 프랑스의 항복을 선언함으로 항불전쟁은 베트남이 승리하였다.[480]

프랑스가 평화협정 후 베트남에서 철수하자 이 당시 베트남의 국민은 북부는 물론 남부에서도 호치민을 국부(國父)로 인식하고 있어서 총선거로 통일베트남 정부를 구성한다면 베트남 전체를 호찌민에게 넘겨주는 것이었다.

하지만 미국은 호찌민을 공산주의자로 인식하고 있었기 때문에 베트남이 공산화되는 것을 용인할 수 없어 친미주의자인 응오딘지엠(Ngô Đình Diệm)을 전면에 내 세워 베트남에 개입하게 되었다.

지엠(Diệm)은 1955년 10월 26일 베트남의 남부에 베트남공화국(The Republic of Vietnam)을 수립하고 자신이 초대 대통령이 취임하고 제네바 회담에서 합의한 1956년의 통일 선거를 거부함으로 베트남은 남과 북에 서로 다른 이념이 지배하는 분단구조가 형성되었다.

남베트남은 건국 초기 지엠의 강력한 통치로 안정을 찾는 듯했다. 그러나 지엠의 독재정치와 측근의 부정부패에 항의하는 시위가 전국적으로 격화하면서 지엠 정부는 혼돈에 빠지고 말았다. 그러자 군부 세력이 쿠데타로 지엠을 살해한 후 정권을 장악했지만, 쿠데타는 꼬리를 물고 계속되어 정부에 대한 국민의 신뢰는 나락으로 추락하고 말았다.

베트남·캄보디아·라오스 3국이 모두 공산주의 체제가 됐다.
[480] 최용호, 『물어보세요! 베트남전쟁과 한국군』(서울: 국방부 군사편찬연구소, 2004), pp.9-18.

이러한 남베트남이 혼란을 틈타 북베트남의 지원을 받는 남부의 공산주의자 조직인 남베트남민족해방전선(NLF, Nation Liberation Front)이 북부와 연합해 곳곳에서 게릴라전을 전개 테러와 파괴, 요인 납치 등으로 전쟁터를 방불케 하는 사회 혼란을 획책하고 남베트남 내 남남갈등을 일으켜 국론 분열을 초래하였다.

미국은 50만여 명의 미군과 함께 대한민국 등의 연합군을 편성해 제2차 베트남전쟁을 치렀지만, 남베트남 정부와 군인 등 지도층의 부정부패와 북베트남과 연대한 베트콩들의 게릴라전과 심리전에 굴복하고 항미 전쟁 또한 베트남의 승리로 끝났다.

남베트남은 미국을 비롯한 자유 진영에서 많은 지원을 받았지만, 지도층의 부정부패로 국가 통제력이 이완된 가운데 북베트남의 지령을 받는 베트콩의 활약으로 사회적 혼란이 만연한 틈을 타 1968년 1월 민족해방전선의 게릴라들은 월남의 100여 개 도시를 총공격하고 3-4일간 사이공 주재 미국 대사관을 점령하는 구정 공세를 펼쳤다.

이때 월맹군과 베트콩은 미군 병사들이 참혹하게 죽어가는 모습을 TV에 보도 하도록 심리전을 펼쳐 미국 국민은 "타국 전쟁에 더 이상 간섭하지 말라"며 격렬한 반전운동이 일어나게 되어 결국 존슨 대통령은 대통령 선거 출마를 포기하였다.

이후 당선된 닉슨 대통령과 키신저 국무장관은 베트남에서 미군을 철수하기 위한 명분으로 "미군이 참전하지 않는 가운데 월남 군인들이 주도하여 전쟁이 수행되어야 한다"라는 베트남 평화 정책을 발표하고 전쟁에 지친 미국은 1973년 1월 남·북베트남과 NLF와 한자리 모여 평화협정을 체결하고 철수했다.[481] 결국 세계 최강의 미군도 민심이 떠난 남베트남 정부를 지키지 못했다.

남베트남에서 미군과 연합군 25,000명이 남베트남에서 철수하면서 사회 혼란은 더욱 가중되었다. 당시 미군이 철수하면서 남베트남에 물려준 군사력은 세계 4위 수준의 막강한 전력이었으나 베트남 국민은 자신의 나라를 스스로 지키려는 의지가 없었다. 미군 철수 후에도 미국만을 의지하며 자신들이 위험에 처하면 미군이 달려와 지켜 줄 것으로 믿었다.

북베트남과 NLF 역시 미국과 체결한 평화협정에 따라 미국의 눈치를 살피다 1974년 12월 남베트남 중부지역을 시험 공격한 북베트남과 NLF는 미국이 북베트남의 무력 도발에 더 이상 개입하려는 반응을 보이지 않자, 이제는 미국이 자신들의 전쟁에 개입하지 않을 것임을 확신했다. 북베트남은 미군이 철수하며 맺은 파리 평화협정에 의한 휴전에도 불구하고 남베트남에 대한 공격의 수위를 늦추지 않았다.

1974년 1월부터 월남 정부와 민족해방전선 간의 갈등이 무력 충돌로 확대되었는데 이를 절호의 기회로 인식한 북베트남은 1975년 1월 대규모 공세를 벌여 그해 4월 30일 월남의 수도인 사이공을 점령하고 전쟁을 마무리했다.

1976년 7월 2일 남북 베트남을 통합한 베트남 사회주의공화국(The Socialist Republic Viet Nam) 수립을 선포하여 30여 년간의 전쟁에서 자유민주 세력이 패배하고 베트남은 공산화되었다. 1975년 4월 30일은 북베트남에서는 민족 해방의 날이고 남베트남은 패망의 날이 되었다.

---

481 최용호, 『통계로 본 베트남전쟁과 한국군』(서울: 국방부 군사편찬연구소, 2007), pp.5-7.

2.2.4 통일 이후 체제통합 과정

1975년 4월 30일 남베트남의 수도 사이공을 점령한 북베트남과 남베트남 임시혁명정부는 10개 항의 훈령을 발표하고 군관위원회(班軍官)와 접군위원회(班接軍)를 앞세워 활동했다. 군관위원회는 남부의 공권력을 장악하고 질서유지를 위해 무기 회수, 치안·공안 사범 처리, 저항·반란 세력 진압 등의 임무를 담당했다.

군관위원회가 안전을 확보하고 나면 접군위원회가 업무를 인수해 헌법과 법률에 따른 선거를 시행하였고, 입법·행정·사법 등 정상적인 3권 체제를 구성하여 인적 충원을 담당하였다.[482]

혁명정부는 남베트남의 정치·사회 체제통합을 위해 남베트남 연합정부를 수립해 북베트남과 5-10여 년간의 연방정부를 운영한 후 협상을 통해 완전한 통일국가를 수립한다는 복안을 갖고 있었다. 그러나 북베트남은 남부 공산주의자들의 의사를 무시하면서 급속한 사회주의 체제로 전환을 서둘렀다.

두 체제를 통합하기 위한 시도는 1975년 11월 5-6일 사이공에서 남베트남 민족해방전선 대표 24명과 각계 대표가 참석한 연석회의를 열어 전국 통일을 가급적 빨리 추진한다는 내용에 합의했다. 이어 11월 15-21일 각 25명으로 구성한 남북의 대표단 50명이 회동하여 조국통일 정치협상회의를 개최했다.

1976년 4월 25일에는 남북 총선거로 북부 262명, 남부 230명의 국회의원을 선출하였다. 새로 구성한 국회는 1976년 7월 2일 베트남 사회주의공화국을 수립하였다.

---

[482] 조재현, "전후 베트남 분단의 원인과 통합의 길,"『東南亞 硏究』, 제11호(2002), p.254.

남부 출신의 레주언(Lê Duẩn)을 총서기로 선출했다. 새로운 정부 출범과 함께 남베트남공화국 임시혁명정부를 해체하고 NLF를 북베트남 조국 전선에 통합하였다. 각종 사회단체도 통합하여 노동조합연맹, 농민회, 청년단, 부녀회 등을 북부의 동일 조직에 통합하였다.

그때부터 북부에서 내려온 인사들이 주도권을 장악하면서 남부에서 활동했던 임시혁명정부 인사들은 대부분 한직으로 밀려났다.[483] 경제통합을 위해 임시혁명정부는 1975년 8월부터 대지주, 매판자본가, 대자본가의 재산을 압수, 국가 소유로 귀속함으로써 단시간 내에 국가가 산업 대부분을 장악했다.[484]

베트남사회주의공화국으로 전환한 후인 1977년부터는 자본가들이 자진해 자기 재산을 국가에 헌납하도록 했고, 1978년 3월에는 1,500여 개의 기업을 국유화하여 650개의 국유기업으로 재편성했다. 임시혁명 정부는 기업의 국유화와 함께 기존 지배계급의 압박을 위한 화폐개혁을 단행했다.

1975년 9월 남부의 구권(피아스터) 500을 신권 1로 교환하는 사유재산의 몰수와 화폐개혁은 부분적인 성공만을 거두었다. 남부의 부자들이 재산을 화폐가 아닌 귀금속으로 보유하는 사례가 많았기 때문이다.

그러나 두 차례의 화폐개혁을 통해 과거 남부의 경제적 지배 계층은 몰락했다. 한편 화폐개혁 시 일부 주민은 교환 한도 초과분의 80-90%

---

[483] 이한우, "베트남 통일 후 사회통합 과정의 문제: 남부의 사회주의적 개조에 대한 주민의 대응과 그 변용," 『아세아 연구』, 제50권 제3호(2007), pp.41-42.

[484] 매판자본(Comprador Capital)은 외국자본과 결합하여서 자국의 이익을 착취하기 위해서 운영되는 반민족적인 토착자본을 의미한다. 남베트남의 매판자본가는 70%가 화교였다. 그들은 남부 경제의 핵심 부분을 장악하고 있었다. 특히 쌀 도매, 도정 사업, 운송 부문의 대부분을 장악하고 있었다.

를 지방 간부에게 헌납하는 조건으로 한도 이상을 교환하는 사례 등 부정부패가 많았다.[485]

남베트남의 지배 엘리트와 개인에게 가장 가혹한 것은 사회구조 전환을 위한 개조학습, 강제 이주, 방출 등의 조치였다. 새로운 지배세력이 된 북부의 정권 담당자들은 과거 남부의 지배층에 속했던 인사들에게 개조학습을 통해 사회주의 체제를 받아들이도록 강제했다.

그 대상은 전직 남베트남 군인, 경찰, 공무원 등으로 100-150 만여 명에 달했다. 그중 장기간 개조 학습장에 수용된 인원은 대략 10-20여 만 명으로 추정하고 있다.[486] 공산당 간부들은 반공산주의 사상을 지닌 교사, 작가, 성직자를 베트콩 살해자보다도 더 위험한 인물로 취급하였다.

그들의 행위가 유죄가 아니라면 사상에서 유죄로 취급하였다. 언론인, 지식인, 미국 관련 종사자, 외국어를 아는 사람 등은 CIA 첩자로 의심받았다. 과거 정권의 교사, 간호사, 기술자의 대부분은 직위를 유지할 수 있지만, 시간이 지나면서 공산주의 훈련을 받은 사람들로 교체됐다.

한편 베트남 정부는 통일 이후 20년간 과밀지역 인구 1천만 명을 인구가 희소한 산간 지역으로 분산할 계획을 수립했다. 남부의 인구 과잉 도시화 현상을 해소하고 산간 지대를 개발해 국토의 균형발전을 꾀하려는 조치였다. 이는 새 정권에 비협조적인 인사를 제거하는 일석

---

[485] David Lan Pham, *Two Hamlets in Nam Bo: Memoirs of Life in Vietnam Through Japanese Occupation, the French and American Wars, and Communist Rule, 1940-1986* (McFarland & Company, 2008), p.168.

[486] 개조학습 등과 관련해 다양한 자료를 참고할 수 있다. 일부 자료는 개조 학습장에 장기 수용되었던 숫자가 14만 5천 명이라고 한다. 다른 자료에 의하면 개조 학습장에 수용됐던 10만여 명 가운데 9만 4천여 명이 생존해 석방되었다고 한다.

삼조(一石三鳥)의 효과를 기대한 정책이었다.

이 계획에 의해 신경제 지구로 강제 이주한 숫자는 남부에서 농촌·산간 지역으로 이주한 100만여 명, 북부에서 남부로 이주한 50-60만여 명 정도로 추정하며, 1985년까지는 230만여 명이 이주한 것으로 알려져 있다.[487]

새로운 정부의 사회주의화 정책에 적응하지 못한 사람들은 공식·비공식 방법으로 국외 탈출을 시도했다. 1975년 이후 남베트남에서 25만여 명의 화교를 포함해 엘리트 계층의 150만여 명 이상이 체제에 적응하지 못하고 해외로 탈출했다고 한다.[488]

통일 직후 남부에서는 탈출이 일상화하면서 "전신주도 걸을 수만 있다면 탈출할 것"이라는 농담이 유행했다고 한다. 베트남 정부도 체제에 반대하는 세력을 제거하는 방편으로 해외 탈출을 묵인·방조했다. 또한 3-5냥의 금을 내면 탈출을 묵인하는 공산당 간부의 부정도 만연했다고 한다.

2.2.5 국가 주도 사회주의 계획경제의 실패와 시장경제로 전환

무력에 의한 강압적인 방법으로 남베트남을 흡수통일한 베트남사회주의공화국은 1976년부터 1980년까지 5년간 사회총생산량을 연평균 성장률 13-14%를 달성하는 야심에 찬 계획을 수립했다. 그러나 결과는 처참했다. 연평균 성장률은 0.4% 증가에 그쳤다. 물가 상승을

---

[487] 이한우, "베트남 통일 후 사회통합 과정의 문제: 남부의 사회주의적 개조에 대한 주민의 대응과 그 변용," 『아세아 연구』, 제50권 3호(2007), pp.46-47.
[488] 황병덕 외, 『사회주의 체제 전환 이후 발전상과 한반도 통일』(서울: 늘품플러스, 2011), p.200.

고려한다면 마이너스 성장이었다. 이에 따라 1980년 초 베트남은 극심한 경제 침체로 세계 최빈국 중 하나로 전락했다. 3-4모작이 가능한 쌀 수출국에서 아사자가 속출했다.

베트남은 경제 체질을 개선해 위기를 돌파하려 했다. 1980년대 초에 도입한 신경제정책이다. 베트남 경제는 신경제정책으로 부분적 개혁을 시작하면서 긍정적인 성과를 달성했다. 그러자 공산당은 탈사회주의 현상을 우려해 1983년부터 환원 정책을 펴면서 경제는 다시 침체의 늪에 빠졌다. 이 상황을 극복하기 위해 1985년 가격·임금·화폐개혁 조치를 단행했지만 1986년 물가상승률이 연간 600%에 달했다.[489]

베트남 공산당은 1980년 신경제정책을 교훈으로 삼아 미봉책으로는 위기를 수습할 수 없다는데, 합의하고 1986년 12월 전반적인 개혁개방에 착수했다. 이 정책을 도이머이(Đổi mới)라고 했다. 베트남어로 변경한다는 뜻의 도이(đổi)와 새롭게라는 의미의 머이(mới)가 합쳐진 용어로 쇄신(刷新, renovation)을 뜻한다.

시장 개방으로 외국의 투자를 유치하는 국제화와 함께 사적 소유를 과감하게 도입하는 정책이다. 그렇다고 베트남이 사회주의 체제를 포기한 것은 아니다. 공식적으로 굳건한 사회주의 체제를 유지하면서 경제발전을 위한 방편으로 시장 개방과 사적 소유를 도입한다는 것이다.

도이머이 정책 시행 이후 베트남은 굴곡을 겪기도 했지만, 연평균 경제성장률 7%라는 경이적인 성과를 달성했다. 도이머이 정책 이전 베트남의 경제 수준은 북한보다 낮았다. 그러나 2022년 말 기준 베트남의 1인당 국민소득은 4,163달러로 1,300달러인 북한을 크게 앞지르

---

[489] 황귀연, "베트남 共産黨의 改革·開放政策에 관한 硏究", 경남대학교 대학원 박사학위 논문(1996. 6), pp.60-74.

고 있다. 2024년에도 베트남의 성장률은 5-6% 정도가 될 것이며 잠재적인 성장 가능성과 한·베트남 우호 관계 또한 크게 발전할 것으로 기대된다.[490]

2.2.6 베트남 통일 이후 체제통합 과정상의 문제점

베트남의 통일 후 체제통합의 목표와 방향은 정치적으로 남부 지배층 해체, 남부의 사회경제 체제를 사회주의 체제로 전환, 경제적으로는 주요 기업의 국유화와 개인소유 철폐, 상공업의 국유화, 농촌지역의 지주토지 몰수 후 토지조정과 농업 집체화 등을 추진하였다. 북베트남은 통일 당시 북부지역의 지도자들은 갑작스럽게 통일이 이루어져 체제통합을 위한 충분한 복안을 갖고 있지 못하였다.

처음에는 1975년 4월 통일 직후 5년간의 분할 기간에 남베트남 임시혁명정부 하에서 부르주아 민주혁명을 달성 후 남북부를 통합하려고 1975년 두 번이나 남베트남 임시혁명정부와 북베트남 민주공화국이 별도로 UN에 가입하려고 하였다.

미국이 거부권을 행사하고 베트남에 대한 금수조치를 확대함에 따라 이에 대응하기 위해서 북베트남 민주공화국은 점진적 통합정책을 1975년 제24차 공산당 중앙집행위원회에서 폐기하고 이후 급진적인 통합정책으로 사회주의 체제로 전환을 촉진하였다. 첫 번째 조치가 남부지역의 지배층 해체로부터 시작되었다.

베트남이 통일 후 체제통합 과정에서 나타난 문제점은 첫째, 남부지역의 정치적 지배층의 해체를 통한 계급구조의 변경과 사회주의 체제

---

[490] 최용호, 『물어보세요! 베트남전쟁과 한국군』(서울: 국방부 군사편찬연구소, 2004), pp.127-128.

전환이었다. 북베트남의 승리로 남베트남이 공산화되자 남부지역의 문화가 북부 쪽으로 스며들고 통일 전에는 몰랐던 남베트남의 경제력을 직접 눈으로 본 북베트남 주민은 사회주의 체제에 대한 의구심을 표출하기 시작했다.

반대로 남베트남 주민들은 자유를 제한하고 열악한 북부지역의 곤궁한 상황에 회의를 느끼게 되었다. 이에 문제의 심각성을 직감한 공산당은 사회주의식 인간개조의 필요성을 느끼고 남베트남의 공무원과 군인 등 재교육에 등록을 명령하여 대대적인 사상 재교육을 단행하였다.

예로써 군사관리위원회는 남부 주민 중 정치인, 군인, 관료, 교사 160만 명을 특수계층으로 분류하여 사회와 분리된 수용소에 가두어 과거의 남베트남 정부의 부당성을 비판케 하고 사회주의 체제 우월성에 대한 의식화 교육에 집중했다.

이때 보복이 아닌 재교육을 통한 새로운 체제로 편입이라는 화해와 화합의 정책을 강요하였다는 것이 일반적 평가이지만 잭슨(Karl D. Jackson)과 데스버랫츠(Jacqueline Desbarats)는 1975-1983년 사이에 살해된 자가 적어도 65,000명에 이른다고 하였다.[491] 물론 이 숫자는 정확하지 않고 더 많을 수도 있지만 남베트남의 체제통합 과정에 재교육을 통한 포섭 정책은 진행되었고 이때 다양한 인권 유린 행위가 자행된 것은 사실이다.

둘째는 남베트남을 장악한 공산당원들은 생산수단을 국유화와 집단화를 강력히 진행하였다. 베트남 통일 후 1년 만에 남베트남으로부

---

[491] 이한우, "베트남 통합 이후 남부의 사회통합 과정에서 계급구조의 변화," 『국제·지역연구』, 제18권 4호(2009), pp.77-78, Potter & Roberts, 1988. p.303에서 재인용.

터 망명자가 약 200만 명 정도였고, 실업자 수가 300만 명 정도였다. 베트남 정부는 유휴 인력을 해안지역과 산간 지역에 정한 신경제지구로 반강제 분산정책을 추진하였다.

1976년 당시 북부인 50만 명 규모가 남부의 행정, 군사, 대중조직의 임무와 반혁명을 제압하기 위해서 이주하였다. 이중 약 20만 명이 남베트남지역에 잔류했다. 또한 남부지역의 주민 교육을 위해 북부지역 교수가 파견되고 모든 대학의 총장은 북부지역의 교수가 임명되었으며 지방 모든 행정조직을 공산당 통제하에 두도록 조직하는 등 주요 정부 기관의 직책은 북베트남 인사가 독식하고 남베트남 시민은 감시의 대상으로 전락하였다.

특히 유의할 점은 통일전에 남베트남 내에서 북베트남의 지령을 받고 전쟁을 도운 베트콩과 반정부활동을 하였던 반정부인사, 운동권 학생, 승려, 신부는 사회 혼란 죄를 뒤집어씌워 제거하였고 이에 반항하는 자는 정신 개조수용소에 수용시켰다. 또한 민족해방전선의 간부들도 이중간첩죄로 우선 처형 대상이 되는 경우가 많았다. 이는 한 번 배신한 자는 또 배신할 수 있다는 우려에서 한 조치였다.

무엇보다 베트남의 공산당은 체제통합 과정에서 사회주의적 인간형으로 만드는 사상 재교육을 진행하며 비위생적 환경에서 고문과 처형 등 공포심을 조장하고 의료기회 박탈을 비롯한 심각한 인권 유린의 반인륜적 범죄를 저질렀다.

그 결과 약 90만여 명의 베트남인들이 자유를 찾아 보트피플(boat people) 신세가 되어 조국을 버리고 탈출했다.[492]

---

[492] 김용욱, 『한민족 통일과 분단국 통합론』(서울: 전예원, 2008), pp.14-20.

셋째는 구조개혁은 이른바 x-1 켐페인과 x-2 캠페인을 통해 수행되었다. 1975년부터 x-1 캠페인을 통하여 매판자본가, 대지주 대자본가의 재산을 압류하고 국가의 주요 산업 부분을 장악하여 정부는 주요 공업, 상업, 서비스 부분을 장악할 수 있었다. 그리고 1977년 초부터 자본가들이 국가에 재산을 헌납하게 강요하고 캠페인을 통해 은닉한 귀중품을 색출하였다.

1978년에는 자본주의적 상공업을 철폐하기 위하여 x-2 캠페인이 시작되었다. 당시 1,500개의 기업을 650개의 국유기업으로 만들었고 주요 도정 시설과 창고, 운동 수단은 국유화하였다. 베트남 공산당과 정부는 2차에 걸쳐 화폐개혁을 취하여 기존 경제적 지배계급을 제거하는 조치를 단행하였다. 제1차 화폐개혁 시는 신구 화폐 비율을 500대1로 교환케 하였다. 이후 전국적인 단일 통화로의 화폐개혁은 1978년 5월에 이루어졌다. 이러한 화폐개혁과 사유재산 몰수는 부분적 성공을 거두었지만, 금과 귀중품으로 보관하는 것이 많아 성과는 제한되었다.

베트남의 통일은 전쟁에 의한 무력으로 이루어져 1980년 중반까지 사회주의 체제로 통합 과정에 경제발전의 한계를 드러냈고, 급격한 인플레이션은 국민의 삶을 더욱 궁핍하게 만들었다. 하지만 1986년에 여러 방면에서 개혁 정책을 단행하여 변화를 모색하였다.

예로써 경제적으로는 도이머이(혁신) 정책을 통해 시장경제 체제가 가능하도록 국가의 구조를 개편하였다. 그리고 그동안 통일전쟁 과정에서 적대국으로 싸워 국교가 단절되었던 미국과 한국 등 서방 국가와 수교를 맺고 경제적 개방과 다양한 정치제도 또한 변화를 주었다.

베트남의 이러한 변화는 1990년 이후 급속한 경제성장을 가져왔고

2000년도에는 미국과 무역협정을 맺었고 2007년도에는 세계무역기구(WTO)에 가입하여 개방을 가속화하고 있다. 베트남의 변화하는 모습을 보면서 국제관계에서는 영원한 적도 친구도 없다는 보편적 원리를 다시한번 느끼게 한다.

2.2.7 베트남 통일 사례의 시사점

앞서 서술한 바와 같이 베트남은 주변 강대국에 둘러싸여 자국의 의지와 관계없이 국가의 운명이 결정되는 국제적 역학관계와 지리적 여건을 비롯한 분단 과정, 공산주의와 자유민주주의의 이념적 대립구조로 인한 민족적 갈등 등이 우리와 유사한 점이 많다.

다른 대립적 이념 체제에서 공산주의를 체제 주도로 통일을 이루는 과정과 통일 이후 체제통합 과정을 연구하여 반면교사로 삼는 것은 현재 이념적 대립하에 통일을 이루어야 하는 우리에게는 의미가 크겠으며 베트남 통일의 교훈은 다음과 같다.

첫째는 북한에 시사하는 교훈이다. 오늘날의 북한은 핵무기를 움켜쥐고 경제발전을 모색한다는 소위 핵·경제 병진론을 내세우며, 비핵화, 개혁·개방, 시장경제 전환을 거부하는 체제 고수 전략에 집착하고 있다. 그러나 북한 정권의 안간힘에도 불구하고 세계적 추세인 변화의 물결을 언제까지나 막아내지는 못할 것이다.

시장경제를 무시한 국가는 예외 없이 무너졌다. 어떤 국가의 독재자도 국민의 생존과 직결되는 국민 경제를 이길 수는 없기 때문이다. 북한 역시 언제까지나 개혁·개방을 거부하면서 현 체제를 고수할 수는 없을 것이다.[493] 따라서 북한은 베트남이 무력 통일 초기 지향했던 국가 주도 계획경제 체제를 포기하고 과감한 개혁·개방정책을 채택할 수밖에 없었던 교훈을 외면해서는 안 된다.

둘째는 남북 모두에게 시사하는 교훈이다. 무력에 의한 통일과 흡수통일은 과도한 이념적 갈등과 대립으로 체제 전환 과정에 많은 희생과 통일비용이 발생한다는 것이다. 베트남은 미국과 체결한 평화협정과 달리 무력에 기초한 통합을 이루어 통일 이후 남베트남 주민을 사회주의 개조 운동 명분으로 재교육 수용소, 신경제지구, 집단농장 등에 강압적으로 수용·배치하여 남베트남의 엘리트와 개인은 생존을 위해 해외로 탈출하였고 보이지 않는 저항 등 민족 구성원들에게 많은 상처를 주었고 민족의 정체성을 훼손하였다.

베트남은 무력 통일로 외형상 단기간 내에 손쉽게 정치·행정 통합을 달성했지만, 사회·경제통합은 엄청난 사회적 비용에도 불구하고 지체되어 많은 문제를 낳았다. 결국 1980년 합작 생산방식의 완화 조치와 1986년 도이머이 정책을 시행하면서 사회주의 계획경제를 포기해야 했다. 1986년 이후 최고 엘리트 계층에 남부 출신 인사를 대거 등용한 것은 북베트남이 밀어붙였던 군사·무력 통일의 손실을 정치적으로 포장한 것이었다.

베트남 정부는 1986년 도이머이 정책 시행 이후 체제이탈자·부적응자에 대한 포용 정책도 시행했다. 베트남 난민을 수용했던 국가들과 장기적인 자국민 귀환 프로그램을 마련해 순차적으로 7만여 명의 복귀를 실현했다. 또한 해외에 거주하고 있는 체제이탈자들에게 정상적인 해외 거주 동포와 같은 지위를 보장하였다.

국제사회와 업무협약으로 난민 1인당 290달러의 정착지원금도 지

---

[493] 최용호·정경영, 『코리안드림&통일한국 비전과 국제협력』(서울: GDC Media, 2023), p.51.

급했다. 베트남 정부의 체제이탈자에 대한 포용정책은 체제이탈자의 많은 희생과 심리적 피해를 극복하면서 그들을 새로운 후원 세력으로 전환하는 데 이바지했다. 해외 체류자들은 연간 10-15억 달러의 외화를 국내로 송금하여 베트남에 투자한 해외 투자액의 10%를 점유하는 등 베트남 경제발전에 기여하고 있다.[494]

남부의 엘리트와 개인에게 공포정치의 상징이었던 재교육 수용소와 형무소, 개조 학습장 등도 1988년까지 모두 폐쇄하면서 국내의 부적응자들도 포용하는 정책으로 전환했다. 이어 엘리트 계층인 간부, 공무원, 교사 등과 함께 노동자들까지 국가 예산에서 보조금을 지급하는 노동조합 가입을 허용했다. 엘리트 계층이 노동조합에 가입하면서 이들이 당의 선봉대로 사회적 통제 기능을 담당한 것이다.

셋째, 북한의 핵무기 위협에 노출된 남한에 시사하는 교훈이다. 인류의 역사를 통해 수많은 국가가 흥망성쇠를 거듭했지만 망하고 쇠퇴한 국가들은 공통적인 원인이 있다면 국민에게 신뢰받지 못한 정부와 위정자, 국민의 이기주의, 나라를 지킬 의지가 없었던 군대 등이 그것이다. 1975년 북베트남에 점령되어 역사의 뒤안길로 사라진 남베트남도 예외가 아니었다.

1955년 미국의 전폭적인 지원을 받아 비교적 참신했던 젊은 지도자 응오딘지엠(Ngô Đình Diệm)이 강력한 개혁 정책을 펼치면서 남베트남 국민에게 새로운 희망을 안겨주는 듯했다. 그러나 족벌 독재정치로 바뀌면서 관리들의 무사안일과 부패로 인해 정부와 민심이 돌아서는 촉매가 되고 말았다. 국민의 불만이 높아지자 연이어 그들을 억압하기

---

[494] 황병덕 외, 『사회주의 체제 전환 이후 발전상과 한반도 통일』(서울: 늘품플러스, 2011), pp.199-201.

위한 강압적인 정책으로 악순환이 반복되면서 민심은 정부의 반대편이 되고 말았다.

정부의 실정과 함께 국민 사이에 잠재된 민족주의 의식이 고개를 들기 시작했다. "미국의 지원으로 유지되고 있는 남베트남 정부는 자신들의 정부가 아닌 미국의 꼭두각시 정권이며, 집권자들은 '미국의 주구(走狗)'다"는 발상이었다.

반면에 정부를 상대로 무장투쟁에 나선 공산주의자(베트콩)의 활동은 더욱 설득력을 얻게 되었고, 그들의 활동에 가담하는 주민들이 점차 늘어나기 시작했다. 남베트남보다 안정된 체제를 유지하고 있던 북베트남과 호찌민에 대한 동조자도 자연스럽게, 급속하게 늘어났다. 북베트남의 체제가 공산주의인지, 자본주의인지는 문제가 되지 않았다.

그들에게는 그들의 체제보다 호찌민이 주장하는 독립과 자유가 더 큰 이상이었다. 호찌민은 죽을 때까지 나는 민족과 결혼했다며 독신으로 민족 통일을 위해 헌신하는 모습을 보였고 폐타이어를 뜯어 만든 슬리퍼를 신고 생활한 검소한 모습은 베트남 구성원들에게 친근한 형으로 인식되어 얻은 민심은 통일의 원동력으로 작용했다.

넷째는 이념전쟁 결과와 무력에 의한 통일이 낳은 폐해와 평화협정의 허구성이다. 통일 과정에 서로 피를 흘리는 전쟁으로 동족 간에 깊은 상처를 남겼고 체제통합 과정에서도 승리한 쪽의 이념체계에 대한 사회화와 문화변동에 따른 억압과 희생을 강요받아 민족정체성과 공동체 정신을 크게 훼손하였다는 것이다.

그리고 탁상에서 종이로 약속한 평화협정의 허구성이다. 월맹군의 심리전에 의해 미국 내 반전 여론으로 더 이상 전쟁을 지속할 수 없는 상황에서 1973년 남·북베트남의 전쟁 종결을 약속으로 맺은 파리

평화협정은 남베트남의 전쟁 의지를 약화한 동시에 북베트남군에게는 통일의 확신과 시간만 주게 되어 2년 후 사이공이 함락되고 패망하는 직접적인 원인이 되었다.

남베트남은 1973년 체결한 평화협정으로 미군과 연합군이 철수하면서 넘겨준 세계 4위를 자랑하는 공군력 등 최신 장비와 함께 100만 명이 넘는 지상군의 막강한 군사력을 보유하고 있었다. 따라서 낡은 재래식 장비와 빈약한 보급체계를 가진 북베트남과 베트콩의 군사력은 남베트남과 결코 비교될 수 없는 수준이었으나 1975년 1월, 북베트남군의 공세가 시작되자, 이에 맞선 남베트남군은 전투다운 전투도 해보지 못한 채, 불과 4개월 만에 사이공이 함락되고 최후를 맞이했다.

그 원인은 여러 가지가 있을 수 있으나, 남베트남 군대가 무사안일에 빠져 확고한 국방 의지와 상무 정신이 없었다는 것이다. 파리협정을 체결할 때 북베트남이 전쟁을 다시 이어가면 언제든지 도와주겠다는 미국의 약속은 지켜지지 않았다는 것을 우리는 유념해야 한다. 이면합의만 있었을 뿐 파리평화협정에 대한 미 의회의 비준은 없었다.

다섯째는 이념전쟁과 혁명전략의 특성을 이해해야 한다. 북베트남은 남베트남과 전쟁을 치르고 있을 때는 남베트남 내의 반정부세력 및 베트콩과 연대하여 남베트남을 패망시키는 데 활용했지 만 전쟁 이후 체제를 통합하는 과정에서는 "한 번 배신한 자는 또 배신할 수 있다는" 이유로 북베트남 편에서 도움을 주었던 남베트남 많은 반정부세력은 배제하였다는 사실이다.

그리고 공산주의를 이루려는 이념전쟁은 상대가 항복할 때까지는 멈추지 않는 특성을 갖고 불포기의 원칙과 다양성의 원칙, 임기응변의 3대 원칙[495]을 구사한다는 것을 명심하고 우리의 통일 과정에서 유의해야 한다.

여섯째, 전쟁의 수행 방법 면에서 게릴라전과 심리전이 승리에 미친 영향이다. 파리 평화협정을 체결하기 전 월맹의 군사력은 거의 소진상태로 조금만 더 공격의 고삐를 당겼으면 끝날 수 있는 전쟁을 월맹군이 미군 병사에게 잔혹하게 저지른 영상을 미국의 TV에 방영시키는 심리전을 전개하여 반전 여론의 확산으로 파리협정을 체결함으로써 전쟁의 주도권이 북베트남에 넘어갔다.

북베트남의 승리는 심리전과 비정규전인 게릴라 전술의 결과로 결국 전쟁은 의지의 싸움에서 지면 끝난다는 것을 입증한 결과였다.

또한 남베트남은 당시 북베트남군과 베트콩은 산악과 늪지대에 은거하면서, 외부의 보급이 없더라도 생존은 물론 장기간에 걸친 전투 임무를 수행할 수 있었다. 반면 남베트남 군대는 미군이 철수한 후에도 미군의 전투방식에 젖어 있었다. 그들은 1개 분대의 베트콩을 상대하는데도 일단 전투기와 포병으로 대응했고, 헬기로 기동해 전과를 확인하는 방식의 작전을 수행했다. 헬기가 없다면 산악지역 작전이 불가능한 상태였다.

이는 가난한 나라가 부자(富者) 나라의 전쟁방식을 그대로 답습하는 전술과 사고방식으로는 결코 승리할 수 없었다는 점이다.[496] 한반도의 지형적 특성이 베트남의 작전환경과 닮아있다. 따라서 게릴라전, 심리전, 도시 시가전에 대한 대비책이 요구된다.

---

[495] 김창주, "세계에서 가장 긴 정전 협상과 휴전 그 속의 이야기," https://blog.naver.com/armynuri2017/223189396164, (검색일: 2024. 7. 23),

[496] 최용호, 『물어보세요! 베트남전쟁과 한국군』(서울: 국방부 군사편찬연구소, 2004), pp.116-121.

남베트남의 통일사례를 통해 분명하게 인식해야 할 교훈은 자유와 평화는 저절로 얻어지는 것이 아니라 국가 지도자와 국민이 분명한 국방 의지를 다지고 적과 싸워 이기겠다는 상무 정신이 있을 때 비로소 얻을 수 있다는 분명한 상식을 되새겨야 한다. 또한 어떤 통일도 통일만 된 좋다는 민족주의적 통일지상론을 경계하고 어떤 경우에도 평화적 통일을 이루어야 한다는 원칙을 명확하게 인식해야 한다.

2.3 예멘의 통일사례

2.3.1 예멘 분단의 원인과 통일 과정

예멘은 과거 오스만튀르크 제국의 속국으로 유지되어 오다 제1차 세계대전에서 오스만제국이 패하자, 영국의 영향을 받게 되었다. 영국은 북예멘을 우선 독립시켰지만, 남예멘은 제2차 세계대전 종전 이후까지 영국의 식민지 상태를 유지하였다. 남예멘은 1963년에 남아라비아 연방의 토후국 연맹으로 자치권을 획득하였으나 1967년 이집트의 나세르 정권과 소련의 지원으로 사회주의 국가로 독립함으로 남예멘과 북예멘으로 분리되었다.[497]

예멘은 사우디 반도의 남쪽에 있는 국가로 유럽과 아시아 아프리카를 연결하는 지정학적 면에서 매우 중요한 나라로서, 제2차 세계대전 종전 이후 이슬람을 신봉하며 자유주의 이념을 가진 북예멘 아랍공화국과 마르크스-레닌주의를 표방하는 사회주의 체제 남예멘 인민공화국으로 분단된 국가로 이어져 오다 독일의 통일보다 5개월 앞선 1990

---

[497] 배정률, "예멘 통일 과정이 한국에 주는 교훈과 통일 교육적 함의," 경성대학교 교육대학원 석사학위 논문(2002), pp.19-20.

년 5월 22일 최초로 양 당사자 간의 합의에 따라 평화적으로 통일을 이루었다.

<그림 7-3> 예멘의 지도

출처: "예멘," https://www.bing.com/maps, (검색일: 2024. 11. 14).

하지만 권력분배를 둘러싼 남북예멘의 지도자 간 정치적 갈등이 악화하여 4년 만에 자본주의 진영과 공산주의 진영으로 내전을 치르고 다시 재통일한 국가이다. 분단 이후 남북예멘은 서로의 정통성을 주장하며 무력으로 통일을 이루려고 하였다. 분단된 남북예멘은 충돌이 있을 때마다 아랍국가들의 중재로 평화협정을 체결하여 전면전으로 확전되지는 않았다. 하지만 무력 충돌이 일어나면 아랍국가의 중재에 의한 평화협정을 통해 잠시 통일방법을 논의하다가 다시 충돌로 갈등이 반복되는 불안한 분단 패턴이 지속되어 왔다.

이러한 분단구조 상황에서 통일에 이르게 된 계기는 남북예멘 정치지도자 간 권력의 분배에 대한 의견이 조율되면서 1989년 정상회담을 갖고 통일헌법에 합의하여 1990년 5월 22일 통일을 이루게 되었다.

하지만 통일 후에 합의한 대등한 권력의 분배 문제가 원활하게 이루어지지 않고 체제통합의 진행도 이루어지지 않은 가운데 갈등의 뇌관은 종교적인 갈등이 문제였다.

사회통합의 기조로 내세운 이슬람 교리에 대해 북예멘은 이슬람 율법을 모든 법률의 근원으로 삼기를 원했지만, 남예멘은 일부다처제 인정, 여성의 사회참여와 음주 허용 등에서 의견 대립으로 갈등이 증폭되었고 인구가 많은 북예멘 쪽으로 권력이 쏠리면서 남예멘의 불만이 누적되어 갔다.

그리고 예멘의 수도 사나(Sana'a)에 인구가 모여들어 주택문제와 식수 및 전력이 부족해지면서 주민 간 불신과 갈등, 노동자의 파업 등으로 주민들의 삶이 곤궁해지면서 폭등이 증폭되어 갔다.

이렇게 사회적으로 혼란한 가운데 남북예멘의 정치가들은 자신들의 세력을 과시하기 위하여 시위를 부추겨 내적 갈등은 더욱 가중되었으며 일부 남예멘의 지도자는 업무를 거부하고 남예멘의 수도인 아덴(Aden)으로 돌아갔다.

1990년 독일은 서로를 인정하고 민주주의 국가로 통일을 이루었지만, 통일 이후 서방의 지원을 받은 독일과 달리 예멘은 아랍권에서 가장 가난한 최빈국의 처지를 벗어나지 못하여 내적 갈등이 이어졌다. 1994년 남예멘 지도자들이 모여 권력 배분 문제를 해결하기 위하여 평화협정에 서명하였지만, 갈등이 계속되어 남예멘 세력이 독립을 선포하게 되자 예멘은 다시 분열되고, 2개월에 걸친 전쟁에서 북예멘이 승리하여 재통합을 이루게 되었다.

2.3.2 예멘 통일 체제통합 과정상의 시사점

합의에 따른 평화적인 통일을 이뤘지만, 내적 갈등으로 다시 전쟁을 통해 통일을 이룬 예멘의 사례는 우리에게 시사하는 바가 크다. 제도적으로 통일을 이루었지만 국민적 합의를 이루지 않은 상태에서 이룬 통일은 체제통합 과정에 어려움을 초래하게 된다는 것이다.

예멘은 수에즈 운하를 통제할 수 있는 지정학적 위치로 항상 강대국의 힘이 작용하는 것과 분단 과정에서 외세의 힘으로 분단이 이루어졌다는 것, 그리고 자본주의와 공산주의 이념이 서로 다른 체제로 분단 후에 내전을 두 차례나 겪었다는 것은 한반도 통일에 있어 유의할 점으로 예멘의 통일사례는 동서독과 베트남의 통일과 다른 시사점을 제시한다.

첫째, 예멘의 통일은 강대국 힘의 논리에 의해 분단된 후 이념이 서로 다른 체제로 많은 충돌이 있었고 두 차례의 전쟁을 겪어 상처가 깊지만, 통일을 위한 끊임없는 노력으로 화해하고 서로의 입장을 이해시켜 통일을 이루었다는 것은 우리가 반면교사로 삼아야 할 점이다.

둘째, 오랜 기간 분단된 국가로 있다가 어떠한 국가를 만들겠다는 분명한 비전을 마련하지 않고 권력 배분에 치중하여 성급히 통합을 추진하게 되면 체제통합 과정에서 갈등과 분열로 내전을 겪게 된다는 것이다. 즉, 우선 어떤 국가를 만들겠다는 분명한 새로운 통일국가의 비전을 우선 수립하고 민족 구성원이 비전에 대하여 공감대를 이룬 후에 구체적인 절차와 방법을 합의하고 단계별 접근해야 한다는 것을 보여준 사례이다.

셋째, 북예멘은 1947년 유엔에 단독으로 가입한 후 영국 지배하에 있던 남예멘을 지원하여 1967년에는 남예멘도 유엔에 가입하였다.

이념 체제가 다른 두 나라는 유엔에 가입 후 20년 만에 남북이 대화의 자리에 마주 앉았고 양측은 어떤 경우에도 남북 간의 통합문제를 유엔에 가져가지 않겠다는 합의를 한 후에 1975년, 1979년 두 번의 내전을 겪으면서도 약속을 지켰다.

두 나라는 치열한 갈등 국면에서도 서로 합의한 사항을 진정성을 갖고 지켜 신뢰를 쌓은 것이 통일의 밑바탕이 되었다. 남북 예멘은 우리와 같이 서로 다른 이념적 분단구조에서 남북한이 겪은 전쟁을 두 번이나 내전을 겪고도 통일을 이룩한 것은 우리가 배워야 할 사항이다.

제3절 통일사례 연구를 통해 도출한 시사점

우리 민족사에서 신라와 고려 통일, 그리고 외국의 분단국 통일인 독일의 합의통일, 베트남 무력통일, 예멘 합의 후 무력통일 사례 연구를 통해 분단된 한반도 통일에 시사점은 무엇인가를 살펴보고자 한다.

3.1 우리 민족의 통일사례 사사점

우리 민족은 오랜 역사 속에 숱한 시련을 겪으면서도 민족 고유의 전통과 민족공동체 정신을 계승하며 이어올 수 있었던 것은 한민족 탄생 시 "인간을 널리 이롭게 하라!"는 홍익이념(弘益理念)의 건국 정신이 있었기에 가능한 것이었다. 다른 민족에는 찾아볼 수 없는 고차원적인 국가통치의 이념인 홍익사상(弘益思想)은 우리 민족사에서 나라가 어려워 고난을 겪을 때마다 민족 구성원을 하나로 만드는 정신이었고 신라와 고려가 달성했던 통일의 원동력으로 작용한 것이다. 따라서 홍익이념을 오늘날 분단된 현실에서 민족의 통일 비전으로 삼는 것은 우리에게 유의미하다.

신라와 고려의 통일이 민족사적으로 어떠한 의미가 있는지 구체적으로 살펴보면 다음과 같다. 첫째는 신라와 고려의 통일은 단순한 영토확장이나 체제통합을 넘어서 분단으로 인한 상처와 고통의 폐해를 극복하여 민족공동체를 형성하고 민족 정통성을 회복하였다는 의미가 있다.

둘째는 통일을 이룬 원동력은 우선 국가 차원에서 통일을 왜 해야 하는지에 대한 확고한 비전을 갖고 통일을 이루려는 의지를 결집한 후에 차세대 통일지도자를 적극적으로 양성함으로 통일을 이룰 수 있었다는 것이다. 예로써 신라는 구성원들에게 삼국통일은 반드시 신라를 중심으로 이루어져야 한다는 비전을 신념화를 시켰다. 그리고 대대로 내려오는 세속오계 정신과 화랑도 정신으로 통일지도자를 양성하였다. 고려는 호국불교와 충효 사상으로 통일지도자를 양성하고, 민족 구성원들을 통일에 대한 공감대를 결집함으로 통일의 역량이 강화되어 민족 통일을 이룬 것이다.

셋째, 통일을 이루려는 국가 지도자의 통합적 지도력 발휘가 중요한 요인으로 작용하였다. 신라의 통일 과정에서 백제와 고구려를 멸망시킨 후에 민족 통일의 대의를 진정성을 갖고 이해시켰고 백제와 고구려 인재를 주요 직책에 등용하고 백성들을 차별 없이 포용하여 힘을 모아 외세인 당군(唐軍)을 물리친 것이다.

넷째, 통일 과정에 전쟁을 치르면서 겪은 반목과 상처를, 통일을 이룬 후 체제통합 과정에서 적극적인 민족화합 정책을 펼쳐 조기에 내적 갈등을 해소하였다는 것이다.

다섯째는 신라의 통일에 대하여 외세를 끌어들여 통일을 이루었다는 비판도 있지만 신라는 한반도를 둘러싼 국제관계를 정확히 파악하고 통일을 지원해 주도록 외교적 노력이 있었다는 것이다. 분단된 한반도는 지정학적 특성상 통일을 위한 국제협력이 관건임을 인식해야 한다.

오늘날 한반도를 둘러싼 국제환경은 주변국의 도움 없이는 통일을 이룰 수 없는 것이 현실이며 능동적인 외교를 통해 한반도 통일에 유리한 국제환경을 조성하는 것은 우리 민족의 필수과제이다.

특히 당을 이용하여 삼국을 통합한 후 민족화합과 내적 통합을 이루기 위해 백제와 고구려의 인재를 등용하고, 백성들에게 국가적 행사를 같이 치른다든지 정서적 통합을 통해 모두가 같은 민족이라는 정체성을 갖게 하였다. 이러한 정서적 융합 노력으로 서로 싸웠던 고구려와 백제의 군사들이 함께 힘을 모아 외세인 당을 축출한 것은 오늘날 우리가 처한 국제환경을 고려할 때 시사하는 바가 크다.

여섯째는 우리 민족이 신라와 고려의 두 번의 통일을 이룬 다음 체제를 통합하는 과정에 있어서 민족공동체의 정통성에 대한 분명한 인식과 민족 포용 차원의 체제통합 노력을 하였다는 것이다.

예로써 신라는 통일을 이룬 후 체제통합 과정에 백제와 고구려의 옛 지배층을 신라의 주요 관직을 주어 포용하였다. 예로서 백제와 고구려 유민들은 수도방위군인 9서당에 편성함으로 고구려, 백제 유민 모두가 삼국의 백성으로 하나가 되었다고 자부하게 되었다. 고려가 통일을 이룬 후에는 체제통합 과정에서 적극적인 포용 정책을 펼쳐 구성원들의 갈등을 최소화하고 민족공동체를 조성한 것은 우리에게 시사하는 바가 크다.

결론적으로 지난 역사 속의 통일을 이룬 것은 민족만이 가진 고유한 정체성을 잃지 않고 언젠가는 꼭 통일을 이루고 평화롭게 함께 살겠다는 강력한 명분과 의지가 있었다는 것이다. 그리고 민족적 정신과 문화 종교의 융합, 나라의 주요 직책의 배분 등의 체제통합 과정에 민족 구성원들의 마음을 진정성 있게 융합함으로 통일 후 빠른 시간에 사회적 안정을 찾을 수 있었다.

한편, 고구려가 망할 때 연개소문의 장남 연남생과 일부 고구려의 귀족들이 당나라의 신하가 되었다. 당나라가 나당 연합군 동맹을 맺을 당시의 약속을 버리고 신라를 지배하려는 속셈으로 공격하였을 때 그들은 스스로가 길잡이 역할을 자청하여 취약한 진격로를 안내함으로 통일신라는 광활한 영토를 포기하고 평양 이남으로 철수할 수밖에 없었다. 신라는 어쩔 수 없이 평양 이남의 영토만 차지한 채 통일을 이루었다. 이 교훈은 앞으로 남북한의 통일을 과정에 유의하고 대비해야 할 부분이다.

3.2 주요 분단국의 통일사례 시사점

독일과 베트남, 예멘의 통일사례 분석 결과에 대한 교훈과 시사점은 오늘날 우리 한반도의 통일에 시사하는 바가 크다. 주요 국가의 분단원인과 과정, 3국의 통일과정과 통합방법이 각기 다르다.

동서독의 통일은 서로 합의로 경제력이 우수한 서독으로 평화적 흡수통일을 이룬 사례이고, 베트남은 평화협정을 체결하였지만 지켜지지 않고 북베트남이 남베트남을 무력으로 정복하고 통합한 사례이다. 예멘은 오랜 기간 같은 민족이라는 정체성을 갖고 권력 배분의 정치적 합의를 통해 통합을 이루었으나 체제통합 과정에서 갈등이 심하여 다시 전쟁을 통해 재통합한 사례이다.

주요 분단국가의 통일을 이룬 역사적 사례를 살펴보면서 공통점이 있었다. 모든 통합은 경제적이나 군사적으로나 힘이 강한 쪽으로 이루어진 것을 알 수 있다. 독일 통일은 경제력이 월등한 서독이 동독을 흡수 통합하였고, 베트남은 통일을 이루겠다는 강한 의지로 결집한 북베트남이 1975년 힘에 의한 무력으로 남베트남을 통합하였다. 예멘은 1990년 국가 권력 배분의 합의를 통해 평화적인 방법으로 통일을 이루었으나 통일 이후 권력 배분의 갈등이 격화되어 다시 내전을 겪은 후 무력으로 재통일을 이루었다.

그리고 민족이 분단된 3개국 모두 강대국 힘의 논리와 영향력에 의해 이념을 달리하는 체제로 분단을 맞고 대립을 지속하다 통일을 달성한 공통점을 갖고 있었다. 3개국 모두 통일을 이루게 한 지배적인 요인은 사회지도층과 민족 구성원이 같은 민족이라는 정체성을 잃지 않고 꼭 통일을 이루겠다는 의지로 이룬 결과이었다. 남북한의 분단은 3개국의 분단 기간보다 훨씬 길어진 여건이 통일접근을 어둡게 하고 있다.

1939년 9월 1일 히틀러의 폴란드 침공으로부터 1945년 8월 15일 일본 쇼와 천황의 항복으로 제2차 세계대전이 종전되었다. 같은 민족이지만 분단 후 대립 해오던 베트남은 1975년, 독일은 1990년, 예멘은 1994년에 순차적으로 통일을 이룬 사례분석을 통하여 시사점을 살펴보았다. 본 연구에서 사례를 분석한 교훈은 남북한의 통일 과정과 체제통합 과정에 유용하게 참고될 것이다.

첫째는 통일은 반드시 평화적 방법으로 이루어야 한다는 것이다. 무력으로 통일이 이루어지면 통합 과정에서 반대편의 희생이 너무 크게 되어 민족의 정체성을 훼손하게 된다. 그 예로써 무력을 통해 통일을 이룬 베트남은 통일 후 체제통합 과정에서 사회주의적 인간형으로 만드는 사상 재교육을 진행하며 고문과 처형 등 심각한 인권유린의 반인륜적 범죄를 저질러, 공포를 느낀 90만여 명의 베트남인들이 자유를 찾아 보트피플(boat people) 신세가 되어 조국을 버리고 탈출을 감행했다. 또한 전쟁으로 새로운 통일국가체제를 이루어 통합과정에 많은 어려움을 겪었다.[498]

둘째는 통일의 분명한 비전을 마련하지 않은 채 통합한 베트남은 체제통합 과정에서 수많은 희생이 뒤따랐고, 예멘의 경우는 국가의 권력을 나누어 먹기식 합의로 이룬 체제통합은 결국 권력다툼과 갈등으로 이어져 다시 갈라선 다음 전쟁을 통해 재통합하는 희생을 겪었다는 사실이다. 따라서 이루려는 새로운 통일국가의 비전을 정립하는 것이 선행되어야 한다.

셋째는 세심한 준비 없이 급격하게 이룬 통일은 후유증이 크고 정서적 통합이 가장 어렵다는 것을 인식해야 한다. 동서독이 통일을 준비해 왔지만 1989년 베를린 장벽이 무너지고 급격하게 통일이 이루어졌다. 경제적 통합 과정에서 경제적 격차를 무시하고 동독과 서독의 화폐(마르크)를 1:1로 교환하고, 임금체계도 실제는 4:1 수준이었지만 1:1로 통합하였다. 그리고 서독이 전체 통일비용 중 연금, 노동시장 지원, 육아보조금 등의 사회복지 분야의 경상비에 6,300억 유로(49%)를 지출하여 통합 이후 재정적자 심화와 조세부담률 증가로 경제적 어려움을 겪었다.[499]

---

[498] 김용욱, 『한민족 통일과 분단국 통합론』(서울: 전예원, 2008), pp.16-18

통일은 점진적으로 단계별 평화적으로 이루어져야 한다는 사실을 올바로 인식해야 한다. 또한 통일 후에 동서독 주민 모두가 통합 이전에 꿈꾸고 바랐던 생활이 부족한 것에 불만이 쌓여 통일 이전이 좋았다는 오스탈기(ostagie) 현상이 발생하였다.

통일 초기에 우리는 하나의 시민이라는 생각이 지배적이었으나 통합이 진척되면서 동서독 주민 간 편견과 차별의식이 생겨 서독인은 동독인을 게으른 동쪽 것(Oessi), 반대로 동독인들은 서독인을 거만한 서쪽 것(Wessi)이라고 비하하는 정서적 갈등이 심했다. 따라서 동서독이 통일은 이루었지만, 통합은 이루지 못한 상태로 진행 중인 것을 고려할 때, 통일 후 통합 과정에서 정치, 경제, 지리적 통합보다 정서적 통합이 더 어렵다는 것을 직시해야 한다.

넷째는 통일을 이룬 분단국 3국 모두 자유민주주의 이념과 사회주의 이념으로 경쟁을 거쳐 통일을 이룬 나라이다. 동독은 체제싸움에서 자신이 없자 체제 유지를 위해 2민족론 주장하여 스스로가 독일제국의 민족 정통성을 폐기하였다. 반면에 끝까지 1민족론을 주장한 서독이 흡수 통일하였다는 것이다. 따라서 분단된 같은 민족이 통일하려면 같은 민족이라는 분명한 공동체 의식을 갖고 출발해야 한다. 그리고 체제의 정통성과 통일의 정당성을 유지한 세력이 통일한 것을 알 수 있다. 북한 김정은이 적대적인 2국가론을 주장하는 것은 동독의 실패한 2민족론을 따라 하는 것으로 김정은이 체제의 취약성이 높아져 더 이상 체제경쟁에서 위협을 느끼고 취하는 것으로 보이지만 앞으로 더 관찰이 요구된다.

---

499 이헌대, "통일 후 독일경제의 교훈," 『한국경제포럼』, 제6권 1호(2013), p.72.

〈표 7-3〉 주요 분단국의 통일사례 비교

구분	동서 독일	남북 베트남	남북 예멘
통일 방식	평화적 흡수통일	무력 통일	정치적 합의 통일
분단 기간	1945-1989 (장벽 붕괴) 1990. 10. 3. (공식 통일)	1955-1975	1967-1990 (합의 통일) 1994(전쟁 후 재통일)
양국 관계	경쟁적 대립 및 협력관계	적대적 대립 관계	적대와 협력의 반복
통일 체제	민주주의, 자본주의	사회주의, 공산주의	이슬람 공화국
후유증	통일비용 과다, 사회적 갈등	체제통합 희생 경제적 침체	전후 재건 사회 혼란
통일 시사점	통일전 교류 협력 통일비용 지원 경상비로 과다 지출 정서적 통합의 중요성	무력 통일의 폐해 공산주의 체제 통일의 후유증	국민적 합의 없는 정치적 통일의 한계 재전쟁 후 통일

다섯째는 베트남의 사례를 볼 때, 이념전쟁 중에 상대방과 종이로 맺은 평화협정은 평화를 지켜내지 못했다. 미국과 베트남이 파리평화협정을 맺은 후 2년 만에 북베트남은 남베트남의 사이공을 함락하였다. 평화협정을 맺을 때 미국은 북베트남이 공격해 오면 다시 참전하겠다는 약속 했지만 지키지 않았다.

에필로그

제1장 남북 체제통합 추진전략

요지

체제통합은 철저하게 당사자 협의주의에 기초해야 한다. 남북한은 1992년 남북기본합의서, 2000년 6·15남북공동선언에서 체제통합을 향한 기본 틀에 합의했다. 그럼에도 불구하고 남북한은 서로를 신뢰하지 못한 결과 북한의 핵무장과 위협이 계속되었고, 남한은 북한 비핵화와 연계해 냉·열탕을 반복하는 대북정책으로 인해 체제통합은 제자리를 맴돌고 있다.

남북이 다시 통합논의를 시작한다면 완전한 통일국가, 남북연방공화국과 같은 통합보다는 유럽연합의 사례를 참고한 국가연합의 시행에 방점을 두어야 한다. 국가연합 단계를 도입기와 심화기로 구분해 기존 합의를 기초로 도입기를 즉각 시행해 연합제도를 마련한 후 신뢰증진과 함께 초국가기구의 기능과 역할을 확대해 남북한의 전통적 지역단위의 역사성을 반영한 한국형 연방제를 발전시켜야 한다.

정책제안

남북한 체제통합에 대한 정책제안은 다음과 같다.

첫째, 정권교체 등 정권의 향배와 관련 없는 일관된 통일정책을 마련해야 한다. 이를 위해 국민적 합의를 바탕으로 여야가 폭넓게 참여한 통일정책을 수립하고, 일관된 정책을 추진할 수 있도록 제도 개선이 필요하다.

둘째, 민족공동체 통일방안의 2단계 국가연합제를 도입기와 심화기로 구분해 창의적으로 운영해야 한다. 도입기의 국가연합제는 통합논의 시작과 함께 2000년 6·15남북공동선언의 합의를 기초로 시간을 지체하지 말고 국가연합에 돌입한다. 이어 도입기 국가연합의 운영 경과에 따라 초국가기구의 기능과 역할을 확대하면서 심화기에 진입해 정치체제의 성격, 경제체제 및 소유권 관련 내용 등을 협의주의에 입각해 접점을 확대 시행한다.

셋째, 한반도형 연방제 통합전략을 추진한다. 심화기 국가연합제의 운영 경과를 반영해 전통적 지역단위 등 역사성과 한반도의 특수성을 반영한 지방정부의 연방을 구성한다. 남북이 다수의 지방정부를 구성하는 연방제에 합의하지 못한다면 국가연합단계를 지속하면서 통합의 요소를 축적해야 한다.

넷째, 북한 시민사회 지원전략 추진이다. 북한의 주민통제와 인권침해가 날이 갈수록 강도를 더하고 있어 방치하면 북한의 시민사회는 성장할 수 없다. 따라서 국제사회와 함께 북한 사회에서 건전한 시민(citizen)을 육성하고 시민사회(civil society)의 성장을 위한 노력을 배가해야 한다.

다섯째, 북한의 전면전·국지도발 위협에 대한 대응전략을 마련해야 한다. 대북 포용정책만으로 비핵·평화통일을 달성할 수 없다. 따라서 북한의 위협에 단호히 맞설 수 있는 우리의 의지와 능력을 확실하게 보여줄 필요가 있다.

〈표 에-1〉 체제통합 추진전략 로드맵

방안	단기 (5년 이내)	중기 (5-10년)	장기 (10년 이후)
일관된 통합전략 추진	·국민적 통합추진 정책 마련 ·범정부 통합추진 제도 마련 ·상호 신뢰 증진 추진	·신뢰증진 통합정책 추진	·신뢰증진 통합정책 추진
한반도형 연합제 추진	·연합제 공론화 ·대북 협상 제안/추진	·연합제 도입기 시행 ·연합기구 설치	·연합제 심화기 시행 ·초국가기구 확대
한반도형 연방제 추진	·연방제 공론화	·대북협상 제안·추진	·연방제 논의 확대 ·초국가기구 발전
북한 시민사회 지원	·북한 시민사회 지원 공론화 ·국제사회,민간기구 활성화 ·주민 자유왕래 추진	·언론·출판·방송 개방 ·태봉국 유적 공동 발굴 ·한국 근대사 공동 집필	·범정부차원 활동 확대 ·거주이전 자유 실행

북한도발
대응전략
추진
	·실시간 응전 3축 체계
	발전
	·자체 핵능력 확대
	위한 한미원자력
	협정 개정
		·신기술 도입 발전
		  - 레이저, 인공지능
		  - 양자역학
			·신기술 발전 확대
			  - 인공지능
			  - 양자역학

제2장 통일외교안보 추진전략

요지

오늘날 우리가 직면하고 있는 통일환경은 암울하다. 북한은 대한민국을 동족관계가 아닌 교전 중인 적대국가로 규정, 대사변을 독려하고 있다. 북한 주민은 인권이 유린되고 경제적으로 고통받고 있다. 한국은 북핵·미사일 위협으로 언제 전쟁이 터질까 불안해 한다. 보수·진보진영 간 갈등이 깊다. 경기가 좀처럼 회복되지 않고 있다. 미중

간 패권경쟁은 심화 격화되고 있다. 북·중·러 대 한·미·일 블록간 신냉전이 부상하고 있어 동북아 정세는 불안정하고 불확실하다.

통일에 대한 발상의 전환이 요망된다. 모든 문제의 근본 원인이 한반도 분단에 기인한다. 통일을 이루면 이러한 제반 문제를 한꺼번에 해결할 수 있다. 한반도에서 전쟁 위험이 사라지고, 폭발적인 경제성장도 가능하며 동북아 평화와 역내 국가와 공동번영도 가능하다.

우리가 추구하는 통일은 단순한 분단된 남북한 지리적 통합이 아니다. 자유와 평화에 기반한 새로운 통일한반도를 건설하는 것이다. 통일한국의 비전이 필요한 이유다. 민족의 건국이념인 널리 모든 인간을 이롭게 하라는 홍익인간 사상을 실현하는 통일국가를 세우는 것이다. 통일한국은 자유민주주의, 3권분립, 인권, 법치주의를 구현하는 국가이다. 통일한국의 외교안보전략은 미국과 동맹을 지속하고 동북아 역내 국가들과 다자안보협력을 추진하며, 군사적으로 자립안보와 거부억제전략을 추구한다. 통일한국은 시장경제, 인간 존엄과 생명 존중 공동체, 언론과 종교 자유 보장은 물론 디지털, AI, 과학기술 강국이자, 물류와 금융의 허브로 거듭나는 것이다.

한반도 통일은 거저 오는 것이 아니다. 통합 상생 협치의 국내정치와 통일시민운동을 전개하고, 남북 간 정치, 경제, 군사, 사회문화, 국토통합이 이루어지며, 통일외교를 통해 국제사회의 지지와 협력을 확보했을 때 가능하다.

정책 제안

자유평화통일, 북한무력 침공, 북한급변사태 시 통일외교안보전략을 제안하면 다음과 같다.

첫째, 자유평화통일을 위해 민주평화통일자문회의를 중심으로 진영·종파를 초월하는 통일시민운동을 전개하고 북한주민과 해외동포, 국제사회와 통일운동을 전개한다. 남북 신뢰구축을 위해 남북대화실무협의체를 구성하여, 정치, 경제, 사회문화, 군사 등 포괄적 교류협력을 통해 통합된 공동체로 발전시켜 나간다.

둘째, 국제협력 연대 차원에서 정부가 구상중인 한반도국제협력플랫폼을 설치 운영한다. 대통령 직속으로 국회 여야당 의원, 통일·외교·국방정책입안자와 전문가, 민주평화통일자문회의 및 재외동포청 인사, 북한이탈 주민, 통일시민운동 및 재외동포 대표, 북한 인권운동가, 미·중·일·러 주변국 한반도 전문가 등으로 구성하여 통일한국의 비전과 추진전략, 각국의 통일역할 등을 발전시켜서, 맞춤형 통일외교를 전개하고 통일한국을 실현한다.

셋째, 북한 비핵화를 위해 북한 핵폐기시 최종상태로 평화협정을 체결한다는 포괄적 합의를 거쳐 영변핵 불능화시 개성공단 재개, 핵폐기 시 남·북·미·중 간 한반도 평화조약을 체결하며 미북·북일수교를 한다. 유엔사 및 북한·중국 대표부로 구성된 군사정전위원회를 평화협정감시기구로 기능을 전환하고, 주한미군을 북한 위협관리에서 평화유지와 지역안정자로 역할을 조정한다.

넷째, 총력전 대비태세를 구축한다. 전쟁지도체제를 확립하고, 전작권을 전환하여 한국 주도 연합방위체제를 구축하면서 전략, 작전술, 전술에 능한 한미연합군을 육성하고 실전적 동원훈련과 민방위훈련을 실시한다. 유엔사·나토와 협력을 확대하고 한·미·일군사협력TF 등 안보플랫폼을 확대한다. 유엔사 회원국 국방장관회의를 연례화한다. 북한 침공 시 미래연합사 주도하에 군사작전 승리를 통해 자유민주

통일정부를 수립한다. 또한 북핵 도전에 대해 한국은 미군과 함께 핵전쟁에 대비하면서 핵무장을 한다.

다섯째, 북한주민 정보권을 확대하고, 인권을 개선하면서 북한 동향을 모니터링한다. 민중봉기시 유엔 결의 하에 한국이 개입하여 평화를 구축한다. 김정은 유고 쿠테타에 대비, 친한세력을 구축하여 유사시 이들과 연계된 안정화작전과 WMD통제대책을 강구하면서 친한화, 통일정부를 수립한다. 대규모 재해재난시 인도주의적 지원·재난구조팀과 국제지원팀 간 협조체제를 구축하여 인도적 지원 및 재난구조작전을 실시한다.

〈표 에-2〉 통일외교안보 추진전략 로드맵

구 분		단기 (5년 이내)	중기 (5-10년)	장기 (10년 이후)
자유 평화 통일	·통일시민 운동	·진영·종파초월 통일시민운동	·남북·국제사회 연대 통일운동	·자유통일한국 실현
	·남북 신뢰 구축	·남북대화실무 협의체 제안	·포괄적 남북 교류협력	·한반도 평화체제
	·국제협력· 연대	·한반도 국제협력 플렛폼 구성운용 ·동북아평화협력 플랫폼 가동	·맞춤형통일외교 ·동북아다자안보 회의 가동	·통일한국 실현 ·주한미군· 유엔사 역할 조정 ·동북아안보 레짐
	·북한 비핵화	·비핵 최종상태 포괄적 합의	·영변핵 불능화 ·개성공단 재개	·북핵폐기, 평화 조약 체결 ·북미·북일수교

구 분		단기 (5년 이내)	중기 (5-10년)	장기 (10년 이후)
북한 무력 침공	·총력전 대비 태세	·전쟁지도체제 확립 ·전작권 전환	·한국 주도 연합방위체제 구축	·무력 침공시 조기 반격, 승리 통일 실현
	·안보플랫폼 확대	·유엔사·나토 협력 확대 ·한미일 군사협력 TF 설치	·유엔사 회원국 국방장관회의 ·한미일 전쟁 시나리오 연습	·남침시 미래연합사 주도 군사작전 승리, 통일실현
	·북핵 도전 과 응전	·북핵 대응훈련 ·전술핵 재전개	·한국 핵무장 한반도핵균형	·핵군축·비핵화, 평화조약 체결
북한 급변 사태	·민중봉기	·북한 주민 정보권 확대 ·인권 개선	·북한 동향 모니터 ·주변국 협력 체제 구축	·유엔 결의 하 한국 개입, 평화 구축
	·김정은 유고· 쿠데타	·친한세력 네트 워크 구축	·WMD 통제 대책 강구	·개입 친한화, 통일정부 수립
	·대규모 재해재난	·인도주의적 지원· 재난구조팀 편성	·국제기구· NGO와 협조체제 구축	·HA&DR 시행 ·안정화작전

제3장 남북 경제협력·통합 추진전략

요지

본 연구에서는 신기능주의 이론을 바탕으로 남북한 경제협력이 정치적 통합과 평화 구축에 기여할 수 있는 방안을 탐구하였다. 본 연구는 남북한 교류 협력의 활성화를 위한 분권형 대북정책을 제안한다. 이 정책은 중앙집권적 대북정책의 한계를 극복하고 남북한 교류와 경제협력을 통해 정치적 이질성을 고려하면서도 경제적 상호의존성을 강화하여 통합의 효율성을 높이려는 접근이다. 신기능주의 이론을 바탕으로 경제협력이 점진적인 신뢰 형성을 촉진하고 정치적 통합과 평화구축에 기여할 수 있다는 점을 강조하고 있다.

남북간 경제 협력은 단순한 수단을 넘어 정치적 통합의 핵심기제로 작용할 수 있으며, 이를 위해서는 지방 정부, 민간 기업, 시민 사회가 함께 참여하는 분권형 접근이 필요하다. 이는 남북한의 지속가능하고 실질적인 통합을 가능하게 할 전략적 방안으로 제시된다.

정책 제안

본 연구에서 제시하고 있는 남북한 교류 협력의 활성화를 위한 분권형 대북정책은 정치적 이질성을 고려하면서도 경제적 협력을 중심으로 한 접근을 통해 의존성을 강화하고, 통합의 효율성을 제고하고자 한다. 기존의 중앙집권적 대북정책이 갖는 한계를 극복하고, 정권교체 시기마다 반복되는 정책 변화와 논쟁을 최소화하기 위한 대안으로서 제시된다.

남북한 경제통합 시 예상되는 주요 이슈와 이에 대한 정책적 제안은 다음과 같다.

첫째, 남북한 경제통합을 위해선 경제적 격차를 줄이기 위한 대규모 재정 투자와 국제적 지원이 필요하며, 인프라 재건, 산업 구조 조정, 복지 강화 등을 위한 비용을 남북한과 국제사회가 분담해야 한다.

〈표 예-3〉 남북 경제통합 추진전략 로드맵

방안	단기 (5년 이내)	중기 (5-10년)	장기 (10년 이후)
분권형 경제협력 프로젝트 추진	·지방자치단체 및 민간 부문 중심의 경제협력 확대 - 지방자치단체 간 남북 자매결연 및 교류 활성	·분권형 경제협력 프로젝트 확대 및 다변화 - 지방자치단체 및 민간이 주도하는 대규모 경제협력 프로젝트(지	·분권형 경제통합 심화 및 단일 경제권 형성 - 남북 지방경제 협력의 전국적 확산 및 지방 주도 경제통합 완성(공

	화(지역별 특화 산업 중심 협력) - 민간 기업 및 시민단체 주도의 경제협력프로젝트(농업, 의료, 교육 분야 협력) 장려 - 남북 교류와 관련된 인허가 절차 간소화 및 규제 완화	역 산업 특화협력지구 조성) - 남북 공동경제특구조성 및 지방 중심의 투자유치 활성화 - 농업, 수산업, 에너지 등 특화 분야에서 지역별 남북 협력 프로젝트 확대	동시장 형성) - 분권형 경제통합을 바탕으로 남북한 단일 경제권 구축 및 무역 자유화 실현. - 남북 주민의 경제 활동 참여 위한 제도적 장벽 제거 및 단일 경제 생태계 조성
민간 및 지자체 주도의 정책 분권화 및 법·제도적 기반 강화	・정책 분권화 및 법·제도적 기반 강화 - 지방정부가 대북 협력사업을 독자적으로 추진할 수 있는 법적·제도적 기반 마련 - 지방자치단체와 중앙정부 간 대북정책 협력 및 조율 기구 설치(지방자치단체-통일부 협의체) - 교류협력에 참여하는 지방 및 민간 부문에 대한 재정적·행정적 지원 확대	・지방 주도 경제통합 추진을 위한 제도적 정비 - 남북한 지방 정부 간 직접 교류 확대를 위한 법적 제도화(경제협력 특구 법령 정비) - 분권형 대북정책 추진을 위한 지방 정부의 역할 강화 및 권한 확대 - 남북 공동 경제정책결정 기구 설립(지방자치단체 대표 포함)	・제도적 통합의 완성 및 지방 정부의 역할 강화 - 중앙-지방 간 협력체제에서 남북한 지방정부 간 상호 교류와 정책 조율 확대 - 법률 체계의 통합을 위한 지방 주도적 참여 보장 및 법적통합 마무리 - 단일 경제정책 추진을 위한 남북한 통합경제 기구 설립(지방정부의 참여 보장)
전국적 인프라 및 지역 경제권 통합	・소규모 인프라 및 사회적 인프라 구축 시작 - 남북한 접경 지역 인프라 개선(도로, 철도 등 소규모 프로젝트) - 보건, 교육 인프라 협력(남북 공동 의료프로젝트, 교육 프로그램) - 남북한 주민 간 교류 프로그램 확대(문화, 스포츠 교류 등)	・중대형 인프라 사업 본격 추진 - 지역 특화 경제권 형성(서해안, 동해안경제벨트 등) 및 남북 간 교통망 연결 사업 - 전력, 에너지 및 통신 인프라 공동 개발 및 지방 주도 인프라 구축 프로젝트실행 - 주요 항만 및 물류 중심지의 공동 개발로 경제통합 기반 강화	・전국적 인프라 및 지역 경제권 통합 - 주요 산업 클러스터와 지역 경제권 연계강화(철도 및 항만 네트워크 구축) - 동북아 경제권 및 국제사회와 협력 통한경제 허브로서 역할 강화 - 국제적으로 경쟁력 있는 남북 경제권 형성 및 다자 협력의 확대(국제 투자 유치, 공동 개발 사업)

둘째, 법적·제도적 통합은 단계적으로 이루어져야 하며, 이를 통해 경제 활동을 원활하게 하고 법적 충돌을 최소화할 수 있다.

셋째, 노동시장과 사회적 통합을 위해 교육·훈련 프로그램이 필요하며, 정치적·외교적 갈등을 줄이기 위해 경제 협력이 우선되어야 한다.

넷째, 지속가능발전목표(SDGs) 기반의 남북협력을 위한 인프라 현대화와 환경 문제 해결도 중요하며, 안보와 경제 규제를 조화롭게 통합하여 남북한 경제협력을 안정적으로 추진해야 한다.

남북한 경제통합 추진전략 로드맵을 분권형 남북 경제협력 정책을 바탕으로 다음과 같이 제시한다. 분권형 접근은 중앙 정부의 역할을 분산하고, 지방 정부 및 민간의 참여를 확대하여 남북 상호 의존성과 남북 교류 협력의 지속 가능성을 강화하는 데 중점을 둔다.

제4장 남북 군사통합 추진전략

요지

남북한 통일의 성패는 군사통합의 성공 여부에 달려 있다고 보아야 한다. 군사통합의 안정적 시행은 통일에 결정적인 영향을 미칠 것이다. 이 연구는 남북한의 군사통합은 평화적으로 한국정부와 한국군이 주도권을 가진 상태에서 북한군을 통합하여 한반도에서 새로운 통일 한국군을 건설하는 것을 전제로 하였다. 이를 위해 독일 등 분단국 통합사례와 전문가들의 선행연구를 통해 군사통합의 준비와 과정, 예상 문제점과 해결방안 등을 폭넓게 정리했다.

남북한 군사통합은 정통성과 목표성이 분명하고, 안정적으로 관리되어야 하며, 일관성을 가지고 효율적으로 진행되어야 한다. 또한 북한군의 저항과 폭동 등 예상되는 갈등과 해소방안이 긴요하다. 주변국들은 통일된 한반도 국가에 형성될 군사통합에 큰 관심과 영향력을 행사하고자 할 것이다. 남북한의 군사적 관계가 대결과 긴장이 강화되거나 정치·경제적 접촉에 따라 부침을 겪거나 경색됨에도 불구하고 관련 정부 부처와 군은 통일한국군 시대를 준비해야 한다.

따라서 군사통합은 충분한 시간을 가지고 기초-준비-진행-선언-완성 등 5단계 순으로 진행될 것이다. 향후 통일한국의 군사통합에 대한 연구는 한미동맹과 북핵 문제, 그리고 국내적으로 정치, 경제, 사회문화 통합 등과 함께 연계성을 유지한 보다 포괄적인 연구를 기대한다.

정책 제안

남북한 군사통합을 위한 정책 제안은 다음과 같다. 첫째, 통일한국군의 국방목표는 외부의 군사적 위협과 침략으로부터 국가를 보위하고, 평화를 뒷받침하며, 지역 안정과 세계평화에 기여해야 한다. 군사전략은 방위충분성에 기초한 억제로 설정하고, 억제 실패 시에는 공세적 방어를 지향해야 한다.

둘째, 통일한국군의 규모는 인구의 약 1%인 70만 명으로, 군별 비율은 60대 20대 20로 상정했다. 군사력 배치 및 운용으로 지상군은 국경선 위주로, 해군은 동·서·남해에, 공군은 지상군 책임지역과 연계시켰다. 이를 위해 남북한 군사통합 추진의 주요과제는 통일한국군의 군사독트린을 설정한 후, 신속하게 일원화된 지휘체계를 확립하며, 과감한 병력감축을 시행하고, 병행하여 무기와 장비, 시설의 선택적 통합이다. 내부적인 통합과 마무리를 위해서는 인사 및 교육의 통합을 거쳐 남북한 군사통합을 완성하기 위해 구체적인 발전이 필요하다.

셋째, 군사통합을 위해서는 남북한 간 군사적 측면에서의 신뢰구축과 운용의 제한, 구조의 제한 등을 통해 남북한이 우선적으로 상호간 위협을 감소시키는 조치가 필요하다. 9·19 남북군사합의와 같은 남북한이 비무장지대의 지상과 해상, 공중에서의 분쟁을 근절할 수 있는 실효적인 합의체가 필요하다.

넷째, 북한의 핵개발로 형성된 한반도의 핵 비대칭 상황을 조기에 해소해야 군사통합이 순항할 것이다. 미국의 일체형 확장억제에 의존한 북한 핵으로부터의 보호라는 방어적 차원에서 한반도 비핵화라는 적극적 차원으로의 현실적 대응이 필요하다. 통합과정에서 북한 무기 중 첨단 무기체계를 제외하고 폐기될 것이며, 핵심적 요소는 인적통합이다.

다섯째, 한국 정부 및 군은 내부적으로 국방혁신 4.0의 추진을 통해 최첨단의 유·무인복합무기체계를 조기에 정착시켜야 한다. 병행하여 통일한국의 국방목표와 군사전략을 구체화해야 한다. 이후 통일한국군을 정형화하고 군사독트린을 마련하고 지휘체계를 구축하며, 남북한 군사통합을 위한 준비 구성체를 발족시켜야 한다. 통일한국의 지상군은 무인화, 신속 기동군이 되어야 하며, 해군은 원양 작전과 수송로 보호에 적합하도록 이지스함과 항공모함을 건조해야 한다. 공군은 장거리 작전과 전략임무에 적합하도록 독자적 능력을 구축해야 한다.

여섯째, 외부적으로는 한미동맹과 주한미군 지위, 유엔군사령부의 역할 등을 포함한 정전체제에 대해서도 변화를 준비해야 한다. 전시작전통제권 전환과 한미연합사령부의 지휘체계 변화 문제도 종결해야한다. 일본과 중국, 러시아 등 주변국의 영향측면에서도 한반도 안정과 평화를 위해 한국의 주도권 행사에 대한 지지와 지원체제를 구축해야 한다.

〈표 에-4〉 남북한 군사통합 추진전략 로드맵

구 분		단기 (5년 이내)	중기 (5-10년)	장기 (10년 이후)
군사 측면 준비	신뢰 구축	·적대적 행위 중단 (전단, 풍선, 확성기 방송 등)	·대규모 훈련 통보 및 참관 ·남북간 군사 합의 복원 ·군사대화 재개 정례화·제도화	·군사공동 위원회 구성 및 운영 ·군 교류 (인사, 스포츠)
	운용 제한	·사이버 공간 적대 행위 중단 ·핵 및 위성, 장거리 미사일 도발 중단	·대규모 군사훈련 및 활동 중단 ·공동 해상구조 및 수색 훈련, 재난관리 협력	·군사정보 교환 ·장사정 포병후방 재배치 ·갱도포병 폐쇄
	구조 제한	·북한 포병 후방 재배치 ·중단거리 미사일 제한	·특수전 부대후방 재배치 ·전차 및 기계화 부대 후방배치	·군비통제 ·남북한 군대규모 감축 ·핵·생화학무기 폐기
한국 정부 측면 준비		·힘에 의한 평화 ·3축 체계 구축 ·국방혁신 추진 (군 최적화) ·통일한국의 국방목표 및 군사전략 수립	·통일한국군의 정형화 ·통일한국군의 군사독트린 정립 ·통일한국군의 지휘체계 구성 ·군사통합 TF구성	·남북한군사통합 준비 구성체 발족 ·통일한국군의 무기 및 장비 통합계획 작성 ·통일한국군의 인사·교육통합 계획 작성
한미동맹· 정전체제 변화		·한미동맹 강화 일체형 확장핵제 ·유엔사 활성화 참여 ·전시작전통제권 전환	·미래 연합사지휘체제 정립 ·군사정전위 및 중립국 감독위 역할 검토	·주한미군 역할 검토 ·유엔사 체제검토 (군정위, 중감위 및 후방기지)
주변국 영향 측면 조치		·지리·전략적 환경 분석 ·중국·러시아와 군사외교 복원	·중국·러시아와 한반도 안정과 평화체제 협의 ·다자간 안보협력 체제 구성	·중국·러시아와 한반도 통일시 한국주도 추진 지지 및 협조

제5장 남북 사회문화통합 추진전략

요지

　남북한 사회문화통합에 대한 관심이 증대되고 그에 입각한 통일에 대한 실질적 논의가 활발해지고 있는 시점에서 남북 사회문화통합의 길을 찾아보고자 고심하였다. 과거의 통일담론이 체제와 이념과 같은 담론에 매몰됨으로써 일반 시민의 삶과 유리되고 결과적으로 남과 북이 다가서는데 부정적인 생각을 가지게 만들었다. 한편으로는 통일 이후 독일의 사회문화 갈등이 사회통합에 대한 관심에 영향을 미쳤다는 점에서 통일에 대한 새로운 우려와 희망을 동시에 안겨주었다.

　이미 우리의 한류문화는 북한의 통일세대인 MZ세대를 점령하고 말았다. 사회문화적 통일은 그 우세를 대한민국이 확보한 것이다. 남북한의 사회문화통합은 분단이 장기화 되고 문화적 이질감이 증대되면서 통일을 외면하는 증세로까지 비약하고 있다. 남과 북의 양 체제에서 문화적 접근만이 가장 합리적 남북통합의 길이란 사실을 부인할 수 없다.

　한반도는 지구상 가장 오래된, 에릭 홉스봄이 말하는 단일 종족단일 정치 단위, 즉 역사적 국가(historical states)를 가지고 있다. 그럼에도 불구하고 한반도의 분단은 남과 북의 민족적 공동체를 둘로 쪼개고 적대적 공생, 또는 공생적 적대(symbiotic antagonism)의 관계를 확대 재생산해 왔다. 이제 대한민국이 북한 사회문화변화의 분화구를 만들고 우리의 진화된 문명을 북한 주민들에게 전함으로서 사회 문화 통일의 신작로를 열어야 한다.

정책제안

남북한의 사회문화통합을 위한 정책제안은 다음과 같다. 첫째, 자유 평화 통일한국의 문명공동체 실현을 위한 준비다. 먼저 남북관계가 단절된 상태에서 북한 당국을 설득하는 작업이 필요하다. 동시에 포괄적 사회문화 접근 로드맵을 작성하고 남북 사회문화교류단을 발족시켜야 한다. 각 도, 시, 군 단위로 남북 문화교류를 시행하는데 우선 착수하는 게 바람직하다.

둘째, 만약에 북한이 남침을 한다면 조기에 전세를 역전하여 통일한국의 문명공동체를 형성할 준비를 해야 한다. 우선적으로 북한지역의 사회를 안정시키고, 민심을 확보하며, 북한의 각 지역별 특성에 맞는 문화예술기구를 출범시킬 준비를 해야 한다. 이후에는 남북한 종합예술 기구를 구성하여 사회와 문화를 통합하고 교양과 홍보활동을 해 나가야 한다.

셋째, 북한에 급변사태가 발생한다면, 국제사회와 협력하여 인도적 지원과 북한의 인권개선을 위한 조치에 우선적으로 임해야 한다. 또한 북한 사회의 안정과 주민들의 사회갈등을 관리할 수 있는 기구를 조기에 구성해야 한다. 북한지역의 계층별 재사회화 작업을 추진함에 있어 3만 4천여 명의 북한이탈주민을 활용하여 대한민국 사회로의 제도화에 매진해야 할 것이다.

〈표 예-5〉 남북 사회문화통합 추진전략 로드맵

방안	단기 (5년 이내)	중기 (5-10년)	장기 (10년 이후)
자유평화 통일한국 문명공동체 실현	·북한 당국 설득 착수 ·포괄적 남북 사회문화 로드맵 작성 ·통일외교 ·남북 사회문화교류단 발족 ·통일시민운동 전개	·남북 문화적 접근 단계적 실시 ·지방정부 단위 남북 문화교류 시행 ·탈북민들을 이용한 북한 문화 전달 사업 적극 전개	·각 도, 시, 군 단위로 남북 문화교류 정착 ·남북 문화통합위원회 설치·활동 개시
북한 무력 남침 시 조기 반격 승리, 통일한국·문명공동체 실현	·총력전 대비태세 북한 지역사회 안정 작업 준비 ·북한 주민 의식 개조 사업 준비 ·각종 심리전 수단 가동 북한 지역 민심 확보 대책 강구	·북한 각 지역 문화적 특성에 맞는 문화교류 실시 ·북한주민 교양준비단 발족	·북한 문화예술 기구와 한국 문화기구 통합 추진 ·남북 종합 예술기구 구성, 순회활동 개시 ·남북한 사회통합 기구설치 교양 및 홍보 활동 전개
북한 급변사태 개입 평화 구축, 통일한국·문명공동체 실현	·북한 동향 분석·전망 ·국제사회와 협력 북한 인권개선, 인도적 지원 및 정보유입 ·북한 주민 사회문화 선무 작업 준비 ·인도주의적 지원 및 사회 통제망 착수	·북한 사회 안정화 작업단 설치 ·북한 주민 사회 갈등 관리할 수 있는 문화 공연활동 강화	·북한 계층별 재사회화 기구 설치로 한국식 통치 착수 ·3만 4천 명 탈북민 자기지역 파견해 대한민국 제도화 작업 착수

제6장 남북 국토통합 추진전략

요지

본 연구는 역사적 신제도주의 이론을 토대로 남북한 국토에 대한 현실태를 조사·분석하고, 실태에서 나타난 문제점을 해소하기 위한 추진방안과 전략을 제시하는 것이었다.

연구결과, 북한 국토에 대한 실태는 국토정보의 제한과 부문별한 접근에 따른 부정확한 통계로 북한 인프라의 양적·질적 실태를 정확하게 파악하기 어려우므로 현재 접근 가능한 방식부터 착수하여 북한의 국토 인프라의 양적, 질적 실태를 파악해야 하는 것으로 분석되었다.

그리고 인프라 구축 목표 수준에 대한 기준조차 마련되지 않은 상태이기 때문에 인프라 구축의 양·질적 목표 수준 설정과 인프라 구축의 우선순위를 선정해야 한다. 또한 우선순위에 따라 지원을 다각화, 확대해나가며, 지속해서 축적할 수 있도록 체계를 마련해야 하는 것으로 분석되었다. 북한의 특성과 수요를 반영한 통합적 인프라 구축 계획 수립과 투자를 유인하기 어려운 실정이므로, 국가 차원의 가능한 경제적·효율적인 인프라 구축이 요구되는 것으로 분석되었다.

이상을 토대로 남북 국토통합을 위한 역사적 신제도주의 이론에 의한 추진방안으로 정확한 국토통일 인프라 수요 추정은 북한의 인프라의 보유량뿐만 아니라 인프라의 성질과 품질 등 질적인 실태 파악이 동시에 이루어져야 하며, 인프라 유지관리 이력과 노후화 정도까지 파악해야 수요와 실태 간 격차를 파악하여 실제 필요한 구축 목표를 설정할 수 있는 것으로 나타났다.

그리고 재원조달 방안은 투자비 산정기준을 기반으로 전체 소요비용 예측과 동시에 현재 공공재정의 여력을 진단하여 투자 가능한 예산 정도를 산정하고 부족 자금에 대해서는 다양한 재원조달 전략이 수립되어야 한다. 또한, 국토통합 마스터 플랜 수립은 북한의 국토 인프라 실태를 정확하게 모두 파악한 이후에 구축 전략을 수립하기보다는 통일 이전이라도 남북경제협력 또는 3통을 전제로 한 한반도 국토 인프라 마스터플랜과 그에 따른 구축 및 통합전략 수립을 먼저 수행하여 점차 보완해 나가는 방향으로의 전환하는 것이 바람직하다.

정책 제안

남북 국토의 동질성 회복을 달성하기 위한 남북 국토통합전략을 제안하면 다음과 같다. 첫째, 단계적 접근 측면에서 남북 국토통합을 단시간에 이루기보다는 단계적으로 접근하여 작은 성공 사례를 축적하는 전략이 필요하다. 이를 통해 점진적으로 신뢰를 쌓고, 통합에 대한 긍정적인 인식을 확산시킬 수 있으며, 전문가와 정치적 대화를 통해 상호 신뢰를 구축하고, 갈등을 해결하기 위한 협상 테이블을 마련할 수 있다.

둘째, 법적·제도적 기반 구축 측면에서 남북 국토통합을 위한 법적·제도적 체계를 명확히 하고, 남북한의 법률을 조화시켜야 한다. 남북은 상이한 법적·제도로 많은 분쟁과 갈등 요소가 잠재해 있으므로 남북 국토통합 과정에서 발생할 수 있는 갈등을 최소화하고, 각종 규칙과 절차를 명확히 하여 안정성을 제공해야 한다.

셋째, 경제적·사회적 협력 강화 측면에서 상호 의존성을 높여나가야 한다. 토지 소유권 문제 처리와 도시개발, 교통망 확충 등 인프라 개발 등을 통해 경제적 통합을 도모하고, 남북한 주민과 기업, NGO 등 다양한 이해관계자의 참여를 유도하여 정책의 수용성을 높이고, 통합에 대한 지지를 확보한다.

넷째, 국제 사회와의 협력 구축 측면에서 남북 국토통합에 대한 안정적 신뢰와 제도의 효과성을 높여 국제 사회의 지원을 끌어내는 전략이 필요하다. 남북 국토통합을 위한 국제법 및 외교적 협력을 위한 법적 장치를 마련하고, 통합 과정에 국경과 영토에 관한 명확한 규정을 마련하여 한민족의 정체성 회복과 선양에 대한 국제 사회 협조에 관한 정책도 마련해야 한다.

〈표 에-6〉 남북 국토통합 추진전략 로드맵

구분		단기 (5년 이내)	중기 (5-10년)	장기 (10년 이후)
단계별 접근	·신뢰 구축	·대화와 협상· 인도적 지원	·인도적 지원 확대	
	·경제 협력	·경제 공동체 형성	·교역 확대	
	·사회문화 교류	·문화 교류 프로그램 수립	·교육 협력 ·문화·인적 교류	
	·정치적 통합 논의	·제도적 기반 구축	·정치적 합의 도출	
	·국토 통합 실행		·투자 유치 및 경제협력 강화	·인프라 구축 ·행정적 통합
	·국토 통합		·지리적 통합 ·경제적 통합	·정치적 통합 ·국토 통합
지속 가능 국토 통합	·법적·제도적 기반 구축	·법률 제·개정 ·정책 프레임 워크 수립 ·기관 및 조직 구성	·토지 관리체계 강화 ·환경 기준 설정 ·주민 참여 및 권리 보장	·투자 유치 및 지원 정책 개발 ·모니터링·평가 시스템 구축
	·경제적· 사회적 협력 강화	·경제 협력체계 구축 ·산업 협력프로그램 ·인적 자원 개발	·인프라 공동개발 ·사회적 프로그램 교류 ·지역 개발 프로젝트	·지속 가능한 개발 목표 설정 ·재정 지원 및 투자 유치
	·국제사회 협력	·평화 구축 및 신뢰 조성 ·다자간 협력 기구 참여	·정책 대화·협상 ·국제 기구와 협력체계 구축	·국제 사회의 지원 확보 ·지속 가능한 기술·자원 지원

제7장 분단국 통일·통합사례연구

요지

　우리 민족의 두 번 통일과 20세기 각각 다른 방법으로 분단을 극복하고 통일을 이룬 독일, 베트남, 예멘 3국의 통일사례 분석을 통해 시사점을 도출해 보았다.

　통일은 어떤 나라를 만들 것인가 하는 비전과 통일에 대한 강력한 의지를 결집할 수 있는 쪽에서 이루었다는 점이다. 특히 통일국가 비전인 코리안드림은 홍익인간 이념이 분명하다는 것을 사례 분석을 통에서 확인할 수 있었다. 홍익사상은 민족공동체의 역사와 가장 이상적인 국가통치 이념을 모두 담고 있기 때문이다. 따라서 홍익사상을 통일 비전으로 삼고 새로운 통일국가를 창조하기 위한 의지를 결집하는 풀뿌리 운동이 일어나야 한다.

　또한 준비가 부족한 가운데 이루었던 독일통일과 힘에 의한 베트남 통일, 제도적 통합을 한 후 전쟁을 치르고 재통합한 예멘의 사례를 분석한 결과는 시사하는 바가 컸다. 따라서 반드시 민족 구성원 합의에 따른 평화적 방법으로 단계적 점진적으로 통일을 이루고 체제통합을 해야 한다는 것이다.

　이를 위해 한민족이라는 공동체 의식 하에 인내심을 갖고 통일운동과 체제통합 정책을 추진해야 한다. 그리고 통일에 이르는 올바른 정책적 담론이 정해지면 전 구성원이 함께 방향성을 결집 확산하고 정치적으로는 정파에 영향을 받지 않고 영속적으로 추진되어야 하는 지속성과 통합성이 보장되어야 한다.

정책제안

첫째, 통일은 반대하는 힘보다 통일을 이루자는 힘이 강할 때 이룰 수 있기에 통일의 힘을 키우기 위한 정책이 필요하다. 그것은 민족 구성원들이 통일의 당위성을 자각하고 국가 차원에서 차세대 통일운동가를 양성하고 정부, 시민사회단체, 학계 전문가, 통일운동가로 이루어진 진정한 통일운동을 전개하는 것이다.

둘째, 통일국가는 분단 이전의 국가로 돌아가겠다는 것이 아니라 가장 이상적인 국가통치 이념이 실현되는 국가를 새롭게 창조하겠다는 의지를 다지고 통합에 노력해야 한다. 이상적인 국가는 윤리와 의식이 살아있는 도덕국가, 생명 존중과 상호존중과 배려의 따뜻한 공동체 의식이 있는 문화 복지국가, 3권 분립으로 균형과 견제가 보장된 합의제 민주주의, 자유로운 상거래와 나눔의 상도가 보장되는 시장경제의 국가일 것이다.

셋째, 코리안드림을 신념화시키기 위해 미래 통일 비전 추진을 총괄할 총리급으로 격상된 통일추진 건국위원회가 있어야 한다. 이 위원회에서는 정부와 전문가 그룹의 거버넌스를 조직하여 분야별 체제통합 정책과제를 선정하고 세심하게 준비해야 한다.

넷째, 통일에 가장 중요한 요인은 통일비용이다. 통일세의 목적세를 신설하여 통일비용을 국민연금처럼 확보되어야 한다. 여의도나, 부산, 인천을 국제금융도시로 조성하여 통일 시 투자유치를 통한 통일자금 조달의 큰 그림을 구상하고 현실화시켜야 한다.

다섯째, 한반도 통일에 국제적인 협력을 이루어 내기 위해 주변국을 설득할 수 있는 논리를 개발하고 우호적 관계를 유지해야 한다. 한반도는 동서독처럼 국제적인 통일을 위한 환경이 조성되어야만 가능하다. 한반도의 통일이 주변국에도 도움이 된다는 논리와 국제적 공감 형성이 필요하고 또한 한반도 통일을 위해 주변국을 설득해 줄 강력한 영향력을 가진 중재자가 필요하다.

여섯째, 미래세대의 통일지도자를 양성하는 것이다. 지금의 통일교육과 통일운동은 근본적으로 혁신되어야 한다. 독일처럼 학교 안에서 하는 것 외에 학교 밖에서 클럽활동을 통해 자유민주주의체제의 우월성과 어떤 통일국가를 만들 것인가 하는 홍익사상의 당위성과 통일을 해야 하는 이유를 정확히 인식시켜야 한다. 그리고 독일과 같이 일방적 주입식 교육이 아닌 자기 주도의 토론 위주의 교육을 하는 보이스텔바흐 협약과 같은 정책적 조치가 필요하다.

참고문헌

프롤로그

코리안드림 구현을 통한 남북통일·통합 추진전략

단행본
문현진, 『코리안드림』(서울: 마음서재출판사, 2020).

논문
윤경호·김인규, "홍익인간 이념의 유래와 철학적 함의," 『동양 문화연구』, 통권 제19호(2014).
정영훈, "홍익인간 이념의 유래와 현대적 의의," 『정신 문화연구』, vol.22, no.1 (1999).

새로운 통일·통합 추진전략과 모델 모색

단행본
김정, "윤석열 정부의 '담대한 구상'," 21세기평화연구소 편, 『윤석열 정부의 외교 안보 도전: 북핵, 미중 갈등 그리고 신냉전』(서울: 동아일보 부설 화정평화재단, 2022).
김학준, "분단의 재조명," 이홍구·김학준·안병준·진덕규·이상우, 『분단과 통일 그리고 민족주의』(서울: 박영사, 1984).
이상우, "민족통일의 과제," 이홍구·김학준·안병준·진덕규·이상우, 『분단과 통일 그리고 민족주의』(서울: 박영사, 1984).
정경영, "국제협력을 통한 통일한국 비전 구현전략," 한국글로벌피스재단 AKU교수협회 편, 『코리안드림&통일한국 비전과 국제협력』(서울: GDC Media, 2023).
_____, 『통일한국을 위한 안보의 도전과 결기』(서울: 지식과감성, 2017).

_____, 『피스 크리에이션: 한미동맹과 평화창출』(파주: 한울아카데미, 2022).
청와대, 『성숙한 세계국가: 이명박 정부 외교안보의 비전과 전략』(서울: 청와대, 2009).
_____, 『평화번영과 국가안보: 참여정부의 안보정책 구상』(서울: 국가안전보장회의, 2004).
허종호, 『주체사상에 기초한 남조선 혁명과 조국통일이론』(평양: 사회과학출판사, 1975).
Deutsch, Karl W., *Political Community and the North Atlantic Area* (Princeton: Princeton University Press, 1957).
Galtung, John, "Structural Theory of Integration," *Journal of Peace Research*, vol.5, no.4 (1968).
"Text of ROK 14 point Draft proposal for Establishment of United Independent Democratic Korea," The United States Delegation to the Embassy in Korea, Geneva, May 17, 1954, *FRUS*, vol.1.
Truman, Harry S., *Memoirs II; Years of Trial and Hope* (New York: Doubleday and Co., 1965).
U.S. Department of State, *Foreign Relations of the U.S., 1945* (Washington D.C.: U.S. Government Printing Office, 1969).

논문

Chung. Kyung-young, "An Analysis of ROK-U.S. Military Command Relationship from the Korean War to the Present," Master of Military Art & Science Thesis, the U.S. Command and General Staff College, Fort Leavenworth (1989).

신문, 인터넷 및 인터뷰

"2023년 12월 조선로동당 제8기 9차 전원회의확대회의," 《조선중앙통신》, 2023년 12월 31일.
"9·19 9월 평양공동선언문," 《경향신문》, 2018년 9월 19일.
"남북정상회담 판문점 선언 전문," 《미디어오늘》, 2018년 4월 27일.
"문대통령의 '신(新) 베를린 선언'," 《중앙일보》, 2017년 7월 6일.
"朴대통령 드레스덴 한반도평화통일구상 연설," 《연합뉴스》, 2014년 3월 28일.
"평양공동선언, 군사분야 합의서 전문," 《연합뉴스》, 2018년 9월 19일.
"2·13합의," http://www.mofa.go.kr, (검색일: 2024. 4. 18).
"9·19공동성명," http://www.mofa.go. kr, (검색일: 2024. 4. 17).

"10·4 남북관계 발전과 평화번영을 위한 선언," https://namu.wiki, (검색일: 2024. 4. 17).
"제18대 대통령직 인수위원회 보고서," http://18insu.pa.go.kr/, (검색일: 2024. 4. 5).

제1장 체제통합 추진전략

단행본

강원택·조홍식, 『하나의 유럽: 유럽연합의 역사와 정책』(서울: 푸른길, 2009).
국립통일교육원, 『2023 통일문제 이해』(서울: 국립통일교육원 연구개발과, 2023).
김계동, 『남북한 체제통합론: 이론·역사·정책·경험』 제2판(서울: 명인문화사, 2020).
_____, "한반도 평화와 통일의 이론적 접근," 『한반도의 평화와 통일』(서울: 백산서당, 2005).
김민·한봉서, 『위대한 주체사상총서9 령도체계』(평양: 사회과학출판사, 1985).
문현진, "자유통일한국의 도덕적 질서로 세계를 변화시키자," 한국글로벌피스재단, 『코리안드림&통일한국 비전과 국제협력』(서울: GDC Media, 2023).
박성기, "코리안드림 구현을 통한 통일 추진전략," 한국글로벌피스재단, 『코리안드림&통일한국 비전과 국제협력』(서울: GDC Media, 2023).
박종철·이상신·한인애·송영훈·정한울, 『남북한 주민의 통일국가 정체성 인식조사』(서울: 통일연구원, 2016).
심지연, 『남북한 통일방안의 전개와 수렴』(서울: 돌베개, 2001).
안희창, 『북한의 통치체제: 지배구조와 사회통제』(서울: 명인문화사, 2016).
이규창·문선혜, 『남북한 주민 왕래 및 이주와 혼인에 관한 법적 연구(KINU 연구총서 20-20)』(서울: 통일연구원, 2020).
이무철·이상신·윤철기·신대진 외, 『남북연합 연구: 이론적 논의와 해외사례를 중심으로』(서울: 통일연구원, 2019).
이무철·이상신·이남주·신대진·오창룡, 『남북연합 구상과 추진방안』(서울: 통일연구원, 2020).
이무철·이상신·현인애·송영훈·정한울, 『남북연합 구상과 추진방안』(서울: 통일연구원, 2020).
이수석·안재노, 『남북기본합의서 30년의 재조명』(서울: 국가안보전략연구원, 2022).
장석, 『김정일 장군 조국통일론 연구』(평양: 평양출판사, 2002).
정경영, 『통일한국을 향한 안보의 도전과 결기』(서울: 지식과감성, 2017).

_____,『피스 크리에이션: 한미동맹과 평화창출』(서울: 한울아카데미, 2020).
정판영,『독일통일과 한국의 통일전략』(서울: 생각나눔, 2020).
조갑제,『노태우 육성 회고록』(서울: 조갑제닷컴, 2007).
조민·허문영·김도태·김정수·김학린·남광규·윤황·정낙근,『통일비전 개발』(서울: 늘품플러스 2011).
최용호·정경영, "한국의 코리안드림·통일비전 구현전략," 한국글로벌피스재단,『코리안드림&통일한국 비전과 국제협력』(서울: GDC Media, 2023).
헬무트 콜, 김주일 역『나는 조국의 통일을 원했다』(서울: 해냄, 1998).
홍정기·김흥광, "통일한반도 실현을 위한 북한의 전략," 한국글로벌피스재단,『코리안드림&통일한국 비전과 국제협력』(서울: GDC Media, 2023).
Groom, A. J. R. and Paul Taylor eds., *Functionalism: Theory and Practice in International Relations* (London: University of London Press, 1975).
Mitrany, David, *A Working Peace System* (Chicago: Quadrangle Books, 1966).
Rosamond, Ben, *Theories of European Integration* (New York: St. Martin's Press, 2000).
Walther Mattli, *The Logic of Regional Integration: European Union*, (Cambridge: Cambridge University Press, 1999).

논문

김근식, "연합과 연방: 통일방안의 폐쇄성과 통일과정의 개방성: 6·15공동선언 2항을 중심으로,"『한국과 국제정치』, 제19권 제4호(2003).
"민족공동체통일방안, 함부로 손댈 일이 아니다,"『평화재단』, 현안진단 제325호(2024).
박선원, "남북한 통일방안의 수렴 추이: 단일정치권력으로의 통합에서 공존으로,"『통일연구』, 제6권 제2호(2002).
박영호, "한반도 통일에 대한 남북한의 시각과 남북관계,"『전략연구』, 제21권 제1호 특별호(2014).
박종철, "남북한 정치공동체 형성방안,"『남북한 '실질적 통합'의 개념과 추진과제: 민족공동체 형성을 중심으로』, 합동연구 제1차 워크샾(2002).
염돈재, "독일통일의 교훈과 한반도 통일,"『한국보훈논총』, 제11권 제2호(2012).
장진호, "1987년 민주화운동의 성격과 영향: 87년체제의 한계,"『헌법학연구』, 제23권 제3호(2017).
조민, "한반도 통일의 길: 정권 진화와 연방제 통일, 광복 70년, 분단 70년,"『KINU 통일+』, 제1권 제2호(2015).

조상현·이동식, "예멘 내전의 사적(史的) 재조명과 한반도 통일에 주는 함의," 『군사연구』, 제132집(2011).

조용석, "30년 전쟁과 베스트팔렌 평화 조약 연구," 『신학사상』, 통권 제184호 (2019년 봄).

최용호, "라주바예프의 6·25전쟁 보고서 분석," 『군사』, 제43호(2001).

신문, 인터넷 및 인터뷰

"1991년 신년사,"《로동신문》, 1991년 1월 1일.

"김정은 '남반부 전 영토 점령하라' 총참모부 찾아 남침 거론,"《중앙일보》, 2023년 8월 31일.

"김정은, 남북 '적대적 두 국가 관계' 규정…언제 가도 통일 성사 안돼,"《연합뉴스》, 2023년 12월 31일.

"김정은 '南은 명백한 적'…대남 핵위협 '강화' '대화의지 '전무',"《연합뉴스》, 2023년 1월 1일.

"김정은 '절대로 핵 포기 없다'…선제 핵 공격 법제화했다,"《중앙일보》, 2022년 9월 12일.

"김정은, 통일 폐기 '속도전'…대남기구정리·주적규정·헌법명기,"《연합뉴스》, 2024년 1월 16일.

오중석, "북한의 3대 악법,"《자유아시아방송》, 2023년 10월 27일.

임혁백, "87년 체제 이후 한국 민주주의의 발전과 한계,"《중앙일보》, 2015년 5월 30일.

정세현, "김용순, 대미 수교와 통일 이후 주한미군 주둔 용인 맞교환 시도,"《유튜브 경향TV》, 2024년 7월 27일.

_____, "박정희 정부도 출범 직후부터 북한을 관리하려고 노력했다. 그런 맥락에서 1969년 3월 1일부로 국토통일원을 출범했다,"《유튜브 경향TV》, 2024년 7월 27일.

_____, "하노이회담과 아베 총리 훼방,"《유튜브 경향TV》, 2024년 7월 27일.

"남북통일·남북통합·체제통합," www.nanet.go.kr/main.do, (검색일: 2024. 7. 12).

"홍익인간(弘益人間)," https://encykorea.aks.ac.kr/ (검색일: 2024. 7. 16).

제2장 통일외교안보 추진전략

단행본

권태환·이즈미 가스시게, "자유통일한국과 일본," 한국글로벌피스재단 AKU교수협회 편, 『코리안드림&통일한국 비전과 국제협력』(서울: GDC Media, 2023).

대한민국 국방부, 『국방백서 2022』(서울: 국방부, 2023).

대한민국 대통령실 국가안보실, 『윤석열 정부의 국가안보전략』(서울: 대통령실 국가안보실, 2023).

문재인, 『변방에서 중심으로 문재인 회고록: 외교안보 편』(서울: 김영사, 2024).

엄태윤, 『한미 양국의 대북정책과 남북경협』(서울: 집문당, 2007).

유호열, "정치·외교 분야에서의 북한 급변사태," 박관용 외, 『북한 급변사태와 우리의 대응』(서울: 한울 아카데미, 2007).

윤영관, 『외교의 시대: 한반도의 길을 묻다』(서울: 미지북스, 2015).

이주연·Alexandra Golubeva, "통일한국의 비전과 러시아," AKU교수협회 편, 『코리안드림&통일한국 비전과 국제협력』(서울: GDC Media, 2023).

전봉근, "한반도 비핵·평화체제전략," 김홍규 엮음, 김상배·김홍규·백재적·배기찬·부형욱·신범식·이상현·이수형·이승주·이왕휘·전봉근·전재성·최경준 지음, 『신국제질서와 한국외교전략』(서울: 명인문화사, 2021).

정경영, 『전작권 전환과 국가안보』(서울: 도서출판 매봉, 2022).

_____, 『통일한국을 향한 안보의 도전과 결기』(서울: 지식과감성, 2017).

_____, 『피스 크리에이션: 한미동맹과 평화창출』(파주: 한울, 2020).

정성장, 『왜 우리는 핵보유국이 되어야 하는가: 패권경쟁 시대, 전쟁을 막을 최선의 안보 전략』(서울: 메디치미디어, 2023).

최용호·정경영, "한국의 코리안드림·통일비전 구현전략," 한국글로벌피스재단 AKU교수협회 편, 『코리안드림&통일한국 비전과 국제협력』(서울: GDC Media, 2023).

Bi, Yingda, "Perception and Role of China towards a Unified Korea," in Chung, Kyung-young, ed., *A Vision for a Unified Korea and International Cooperation* (Seoul: Maebong Publisher, 2022).

CIA, *The Wolrd Fact book 2023-2024* (Washington, D.C.: CIA, June 2023).

Chen, Xuili·이창형, "통일한국의 비전과 러시아," 한국글로벌피스재단 AKU교수협회 편, 『코리안드림&통일한국 비전과 국제협력』(서울: GDC Media,

2023).

Deutsch, Karl W., *Political Community and the North Atlantic Area* (Princeton: Princeton University Press, 1957).

Futter, Andrew, 고봉준 역, 『핵무기의 정치』(서울: 명인문화사, 2016).

Hosaka Yuji, "Perception and Role of Japan towards a Unified Korea," in Chung, Kyung-young, ed., *A Vision for Unified Korea and International Cooperation* (Seoul: Maebong Publisher, 2022).

IISS, *2021-2020 Military Balance* (London: Routledge Taylor & Francis Group, 2021).

Keohane, Robert O., *After Hegemony* (New York: Cornell University Press, 1983).

_____, *International Institutions and State Power* (New York: Routledge, 1989).

Krasner, Stephen D., *Sovereignty: Organized Hypocrisy* (Princeton University Press, 1999).

Ridgeway, Matthew B. *The Korean War* (New York: Doubleday & Company, INC, 1967).

Viktor, Akranarov, " Perception and Role of Russia towards a Unified Korea," in Chung, Kyung-young, ed., *A Vision for a Unified Korea and International Cooperation* (Seoul: Maebong Publisher, 2022).

Yoon, Young-kwan, "Korean Reunification," in Jeong-hun Han, Ramon Pacheo Pardo and Young-ho Cho, eds., *The Oxford Handout of South Korea Politics* (London: Oxford University Press, 2023).

Wilson, Roland B. and 박상중, "통일한국의 비전과 러시아," 한국글로벌피 스재단 AKU교수협회 편, 『코리안드림&통일한국 비전과 국제협력』(서울: GDC Media, 2023).

Wilson, Roland B., "Perception and Role of the U.S. towards a Unified Korea," in Chung Kyung-young, ed., *A Vision for Unified Korea and International Cooperation*(Seoul: Maebong Publisher, 2022).

UN. *United Nations Treaties Series 1974*, vol.935, No.13295 (1977).

논문

강봉구, "푸틴 집권 2기 러시아의 대외정책과 한반도," 『국제문제연구』, 제4권 1호 (2004년 봄호).

김열수, "독립과 건국의 완성을 위한 국가 안보적 과제," 한국자유총연맹·한반도 선진화재단·연세대학교 이승만연구원 공동 주최, <8·15 광복과 대한민국 건국의 역사적 의의> 학술대회, 2024. 8. 13, 한국프레스센터.
김희철, "북한 사이버 해커 8100억원 탈취, 우리의 대응책은?," 한양대 국가전략연구소와 안보협업연구소 공동 주최 <최근 북한 ICT 현황과 전망> 학술회의, 2022년 11월 30일.
박인국, "국제연합과 통일외교," 통일외교아카데미, 2016. 4. 25.
박종수, "러시아의 전략과 군사력," 동아시아국제전략연구소, 제13회 정책진단전문가포럼, 2013. 12. 7.
서울대 통일평화연구원, 「2023 통일의식 조사」(2023).
송민순, "한국의 안보 전략과 핵 균형, 그리고 통일," 경남대학교 극동문제연구소 및 북한대학원대학교 공동 포럼, <한반도의 통일담론: 과거, 현재 그리고 미래>, 2024년 5월 21일 북한대학원대학교.
심동현, "안보분야 국정성과와 과제," <문재인 정부 5년 성과와 과제, 평화와 번영의 한반도> 국회연속 토론회. 공군호텔, 2021. 11. 17.
이상철, "북한의 군사력 증강과 한반도 군비통제의 방향," 2015 북한연구학회 특별학술회의, 2015. 12. 21, 대한상공회의소 의원회의실.
정경영, "북한 급변사태와 한국의 전략," *Strategy 21*, 통권 제24호(2009).
_____, "북핵 도전과 한국의 대응전략," 『군사논단』, 통권 제112호(2022년 봄).
_____, "통일을 촉진하는 외교전략," 역사연구원 주최 <통일한국 건설 전략> 학술세미나, 2022년 10월 28일, 동두천 두레마을.
_____, "트럼프 재집권시 안보정책 전망과 한국의 대비방향,"『군사논단』, 통권 제117호(2024년 봄).
정지웅, "북한 붕괴론 논쟁 탐구,"『통일과 평화』, 제9집 1호(2017).
최완규, "남과 북 공존, 그 한계와 가능성," 경남대학교 극동문제연구소 및 북한대학원대학교 공동 포럼, <한반도의 통일담론 -과거, 현재 그리고 미래->, 2024년 5월 21일 북한대학원대학교.
최은주, "푸틴 러시아 대통령의 방북과 정상회담 평가: 교류협력 관련 내용을 중심으로," <세종포커스>, 2024년 6월 26일.
한관수, "북한 급변사태시 난민 규모 및 탈출경로 시뮬레이션: 총 70만명 중 20만 휴전선 월경, 경의선에만 15만 집중,"『신동아』, 2010년 4월호.
황병무, "中, 한국 주도 통일 반대 안해 北 급변사태 땐 조건부 개입,"『신동아』, 2014년 9월호.
Chung, Kyung-young, "An Analysis of ROK-U.S. Military Command

Relationship from the Korean War to the Present," Master of Military Art & Science Thesis, the U.S. Command and General Staff College, Fort Leavenworth (1989).

_____, "Building a Military Cooperation Security Regime in Northeast Asia: Feasibility and Design," PhD Dissertation, University of Maryland (2005).

Chung, Kyung-young and Zmire Zeljana, "Two Simultaneous Wars Scenario in Northeast Asia and Implications to South Korea's Security," *Commentary Global NK*, East Asia Institute (July 8, 2024).

Galtung, John, "Structural Theory of Integration," *Journal of Peace Research*, vol.5, no.4 (1968).

Glaser, Bonnie S. and Scott Synder, "Responding to Change on the Korean Peninsula: Impediments to China-South Korea-United States," *CSIS*, (May, 2010).

Kaplan, Robert, "When North Korea Falls," *The Atlantic* (October, 2006).

Stares, Paul B. and Joel S. Wit, "Preparing for Sudden Change in North Korea," Council Special Report 42, Council on Foreign Relations, January 2009.

The White House, "Joint Statement by President Joseph R. Biden of the United States of America and President Yoon Suk-yeol of the Republic of Korea on US-ROK Guidelines for Nuclear Deterrence and Nuclear Operations on the Korean Peninsula," July 11, 2024.

_____, "Leaders' Joint Statement in Commemoration of the 70th Anniversary of the Alliance between the United States of America and the Republic of Korea," April 26, 2023.

_____, "Remarks by President Biden on the End of the War in Afghanistan," Aug 31, 2021.

_____, "The Spirit of Camp David: Joint Statement of Japan, the Republic of Korea, and the United States," Aug 18, 2023.

Wilson, Roland B. and Park Sang-jung, "U.S. Foreign Policy toward the Korean Peninsula and Roles in Korean Unification," in Chung Kyung-young, Choi Yong-ho, and Chen Xiuli, eds., *Korean Dream & A Vision for a Unified Korea and International Cooperation* (Seoul: GDC Media. 2023).

신문, 인터넷 및 인터뷰

"8·15 통일 독트린 이행 속도 낸다---김태효 국가안보실 1차장 주도로 TF 구성," 《중앙일보》, 2024년 8월 17일.
"김대중 대통령과 오부치 게이조 일본 총리 간 한일 정상회담 공동선언, '21세기 한일 새 파트너십 행동계획'" 《조선일보》, 1998년 10월 8일.
"김정은 '7일 전쟁' 작계 만들었다," 《중앙일보》, 2015년 1월 8일.
"대통령, 광복절 축사—통일 위한 '국제협력 플랫폼' 제안 검토," 《중앙일보》, 2024년 8월 14일.
"박근혜 대통령·시진핑 중국 국가주석 정상회담, '한중 공동성명 전문'," 《기독신문》, 2014년 7월 3일.
"'북핵 대응' 전략사령부 국군의날에 맞춰 창설," 《연합뉴스》, 2024년 9월 30일.
"문재인 대통령과 블라디미르 푸틴 대통령 간 한러 공동성명 전문," 《연합뉴스》, 2018년 6월 22일.
"서울대 통일평화연구원 2024년 통일의식 조사, 통일은 헌법적 가치지만 MZ세대는 이미 '반통일'이 주류," 《중앙일보》, 2024년 10월 24일.
"엘리트 탈북, 김정은 때 2.5배로 급증," 《조선일보》, 2024년 8월 22일.
윤영관 아산정책연구원 이사장과의 인터뷰, "북러 동맹조약은 서로가 급해서 한 정략결혼, 동북아 정세 영향 크지 않아," 『통일과 나눔』, 제3호(2024).
"'자유통일로 광복완성,' 8·15 통일 독트린," 《조선일보》, 2024년 8월 16일.
정경영, "동북아 다국적 신속대응군 만들자," 《중앙일보》, 2011년 3월 19일.
_____, "한미정상회담과 동맹의 비전," 《중앙일보》, 2008년 4월 8일.
_____, "한중 정상회담이 성공하는 길," 《중앙일보》, 2013년 6월 6일.
"조선로동당 중앙위원회 제8기 제9차 전원회의 확대회의 소집," 《로동신문》, 2023년 12월 27일.
"평화체제, 평화정착, 평화협정? 통일부, 주요 개념 정리," 《연합뉴스》, 2018년 4월 19일.
"한반도 비핵화, 5년전보다 후퇴한 한·중·일," 《조선일보》, 2024년 5월 27일.
"한중 국방부, 4년 만에 '핫라인' 점검…'소통 정상화' 가속," 《뉴스1》, 2024년 8월 21일.
"한중 '외교안보2+2 대화' 만든다," "기시다 '라인은 보안문제' 尹 '외교사안 아니다'," 《조선일보》, 2024년 5월 27일.
한희원, "또 문제는 두고 사람만 바꾸냐," 《조선일보》, 2010년 5월 1일.
"대북협력민간협의단체협의회," 대북협력민간단체협의회 (knccnk.or.kr), (검색일:

2024. 8. 14).
"미래연합사 지휘구조," https://www.segye.com/newsView/20171012005674, (검색일: 2024. 10 20).
"민주평화통일자문회의," https://www.puac.go.kr/, (검색일: 2024. 8. 25).
"상부지휘구조개편," https://www.konas.net/article/article.asp?i dx=24801, (검색일: 2024. 10. 20).
외교부, "한반도 평화체제," http://www.mofa.go.kr/www/wpge/m_3982/cont ents.do, (검색일: 2024. 8. 5).
"재외동포 현황 총계 (2021년 기준)," 재외동포 정의 및 현황 | 재외동포 정의 및 현황 외교부 (mofa.go.kr), (검색일: 2022. 10. 14).
"한일 대북 정보능력 비교," http://kin.naver.com/qna/detail.nhn?d1id, (검색일: 2024. 6. 14).
"Agreement for Bringing Peace to Afghanistan between the Islamic Emirate of Afghanistan which is not recognized by the United States as a state and is known as the Taliban and the United States of America," February 29, 2020, https://www.state.gov/wp-content/uploads/2020/02/, (검색일: 2024. 5. 25).
"Donald Trump takes control of the World: Part 3 Asia," BBC, Feb 20, 2021.
Global Firepower 2024, "Military Ranking in the World" https://www.global firepower.com/, (검색일: June 26, 2024, 6. 26).
"Paris Peace Accords," https://en.wikipedia.org/wiki/Paris_Peace_Ac cords, (검색일: 2024. 5. 17).
전제국 전 국방정책실장과 인터뷰, "주한미군 전략적 유연성," 2024년 6월 22일.

제3장 남북 경제협력·통합 추진전략

단행본

이해정, "남북경협 30년 평가와 과제,"『북한통계 해설자료』(2018. 7).
이해정 외,『통일경제의 현재와 미래』(서울: 현대경제연구원, 2016).
Alexander, Jeffrey C., *Neofunctionalism* (SAGA Publications, 1985).
Firth, Raymond, *Malinowski's Functionalism* (Routledge & Kegan Paul 1957).
Merton, Robert K., *Social Theory and Social Structure* (Rawat, 2017).

Schmitter, Philippe C., "Neo-functionalism," in Antje Wiener and Thomas Diez, eds., *European Integration Theory* (Oxford University Press, 2004).

Stark, Werner, *Émile Durkheim on Functionalism and Sociology of Knowledge* (Routledge & Kegan Paul, 1958).

Talcott, Parsons, *The Structure of Social Action* (Free Press, 1967).

논문

김병욱, "남북한경제통합 과정에서의 민영화 전략 연구: 동유럽 사례를 중심으로," 『북한연구학회보』, 제15권 1호(2010).

_____, "북한경제개혁의 일환으로서의 농업개혁: 현황과 전망," 『북한연구학 회보』, 제10권 2호(2011).

_____, "북한의 경제개혁과 국가 자산 민영화," 『동북아경제연구』, 제13권 1호(2010).

김성수, 북한 지하자원의 경제적 가치와 민영화 가능성 연구, 『북한연구학회보』, 제18권 2호, (2014).

김정은, "남북한경제협력의 중단 원인 분석," 『한국정치학회보』, 제49권 2호(2015).

김준영, "북한 지하자원 개발의 민영화 방안: 남북한경제 협력의 새로운 모델." 『동북아경제연구』, 제15권 1호(2011).

박찬모, "북한 핵 개발과 남북 경제협력의 관계," 『북한연구』, 제29권 1호(2017).

임을출, "북한경제개혁의 일환으로서의 민영화 정책에 관한 연구," 『북한연구학회보』, 제11권 3호(2007).

이석기, "한반도 통일 과정에서의 북한 국유재산 민영화 방안," 『통일정책연구』, 제14권 2호(2005).

이해정·이용화, "개성공단 가동 중단 1년, 남북관계 현주소와 과제," 『현안과 과제』, 제17권 3호(2017. 2. 8).

임을출, "북한경제개혁과 민영화: 국유자산 재편 과정 분석," 『통일정책연구』, 제16권 1호(2011).

정세현, "남북 경협의 현실과 전망." 『남북관계연구』, 제12권 3호(2014).

정은이, "북한의 민영화 가능성에 대한 고찰: 국유자산의 민영화 문제를 중심으로," 『북한연구학회보』, 제13권 3호(2008).

최완규·이석기, "남북한경제통합과정에서의 민영화 정책 연구," 서울대학교 경제학부 연구보고서, 통일연구원(2009).

홍민, "북한경제개혁과 국유자산 민영화의 경제적 효과 분석." 『동북아경제연구』,

제20권 2호(2015).

홍순직, "북한의 민영화 과정에서 국가 자산의 역할과 한계." 『통일정책연구』, 제14권 2호(2005).

_____, "남북한경제통합과 민영화: 통일 이전과 이후의 민영화 정책 비교," 『통일경제연구』, 제17권 3호(2012).

Hwang, Ji-hwan and Kim Sung-han, "Revisiting the Functionalist Approach to Korean Unification," Journal of International and Area Studies, vol. 22, no.1 (2015).

Kim, Il-young., "Federalism as a Model for Korean Reunification: Lessons from German Unification," Journal of Northeast Asian Studies, vol.35, no.2 (2018).

Kim, Sung-han., "The Functionalist Approach to Inter-Korean Economic Cooperation," Korean Journal of International Studies, vol.4, no.1 (2006).

Lim, Kang-Teag and Kim Kyuryoon, "Developing Inter-Korean Economic Relations for the Advancement of the Korean Peninsula," Korea Institute for National Unification (2009).

Noland, Marcus, "Economic Integration and Cooperation on the Korean Peninsula" Peterson Institute for International Economics (2000).

Yang H., "Challenges and Opportunities of Inter-Korean Economic Cooperation: A Neo-functionalist Perspective" (2021).

신문 및 인터넷

"개성공업지구 개요," https://nk.chosun.com/bbs/view.html?idxno=4160&sc_category=참고, (검색일: 2024. 9. 8).

"북핵 1차 핵실험," https://www.index.go.kr/unity/potal/main/EachDtlPageDetail.do?idx_cd=2717, (검색일: 2024. 9. 15).

"통일부(내부행정자료)," https://www.index.go.kr/unity/potal/ain/EachDtlPageDetail.do?idx_cd=2717, (검색일: 2024. 9. 15).

제4장 남북 군사통합 추진전략

단행본

고재홍, "남북 '9.19 군사합의'의 유지 및 발전 전망," 『INSS 연구보고서 2021-01』 (서울: 국가안보전략연구원, 2001).
권양주, 『북한 위협관리와 군사통합 전략』(서울: 한국국방연구원, 2014).
김병연 외, 『2022 남북통합지수』(서울: 서울대학교 통일평화연구원, 2023).
김의식, 『남북한 군사통합과 북한군 안정화전략』(서울: 도서출판 선인, 2014).
대한민국 국방부, 『2022 국방백서』(서울: 국방부 정책실, 2022).
문태성, 『한국통일과 주변 4국의 겉과 속』(서울: 건국대학교 출판부, 2006).
박영택 외, 『남북한 군사력의 현재와 미래』(서울: 한국국방연구원, 2010).
백낙청, "통일한국의 군사정책," 세종연구총서 99-04, 『통일한국의 외교안보 전망과 대책』(판교: 세종연구소, 1999).
백종천, "통일한국의 군사정책," 세종연구총서 99-04, 백종천 편저, 『통일한국의 외교안보 전망과 대책』(판교: 세종연구소, 1999).
_____, 『한반도 평화안보론』(서울: 세종연구소, 2006).
이창욱, 『남북한 군사통합과 통일국군의 역할』(서울: 세종연구소, 1998).
육군교육사령부, 『교육회장 15-3-1 안정화작전』 부록 9. 용어해설(대전: 교육사령부, 2015).
정경영, 『통일한국을 향한 안보의 도전과 결기』(서울: 지식과 감성, 2018).
_____, "군비통제 추진전략," 『피스 크리에이션: 한미동맹과 평화창출』(파주: 한울, 2020).
정충열, 『남북한 군사통합 전략』(서울: 시간의 물레, 2014).
통일부 편, 『독일통일 총서(1) : 군사분야 통합관련 정책문서』(서울: 통일부, 2013).
한국글로벌피스재단 편, 『통일한반도의 비전과 국제협력』(서울: 도서출판 매봉, 2022).
홍민·조한범·박인휘, 『한반도 평화로드맵 실천전략』(서울: 통일연구원, 2013).
Cline, Ray S., *World Power Assessment* (Washington, D.C,: The Center for Strategic and International Studies, 1975).
Dujarric, Robert, *Korean Unification and After: U.S. Policy Toward a Unified Korea* (Washington, D.C.: Hudson Institute, 2000).
Hoffmann, Stanley, *Gulliver's Troubles, Or the Setting of American Foreign Policy* (New York: Mc Gran-Hill, 1968).

IISS, *The Miliary Balance 2022* (London: IISS, 2022).
Report of the National Defense Panel, *Transforming Defense: National Security in the 21st Century* (December 1997).

논문

고유환, "남북한 통일전략과 통일방안의 접점,"『북한조사연구』, 제5권 1호(2001).
고재홍, "남북 '9.19 군사합의'의 유지 및 발전 전망,"『INSS 연구보고서 2021-01』, 국가안보전략연구원.
권양주, "남북한 군사통합 추진 방향,"『군사논단』, 통권 제55호(2008).
_____, "남북한 군사통합의 유형과 접근전략 연구,"『북한학 연구』, 제5권 1호(2009).
_____, "바람직한 남북한 군사통합 유형,"『군사논단』, 제58호(2009).
김경식, "한반도 주변정세와 남북한 군사통합 방안," 한남대학교 석사학위 논문(2003).
김동명, "독일 통일과 군사통합," 군비통제자료 제15집(국방부, 1994).
김법헌, "남북한 군사통합 이후 이념교육에 관한 연구," 한남대학교 박사학위 논문(2017).
김상호, "통일한국군의 군사체계 모델,"『통일정책연구』, 한국군사문제연구원(1999).
김용신, "통일 이후 남북한 군사통합을 위한 법제도 정비방안," 서울대학교 박사학위 논문(2015).
김용현, "북한의 군사 국가화에 관한 연구," 동국대학교 박사학위 논문(2001).
김의식, "남북한 군사통합 대비 국방관련 법령 개정방안 연구,"『한일군사문화연구』제26집(2017).
박영오, "한반도 통일시 한국군 주도 군사통합 방안,"『한국군사학논총』, 제2집 2권(2013).
박용한, "통일한국 적정 군사력 추계와 남북한 군비통제 함의,"『북한연구학 회보』, 제22권 2호(2018).
박주현, "통일에 따른 국방분야의 비용 및 효과,"『국방정책연구』, 제30권 제3호(2014).
성윤환, "남북통일 과정에서 군사통합 수행을 위한 군사행동개념,"『한국군사학논총』, 제10집 제1권(2021).
손기웅, "통일이후 남북한 군 통합을 위한 정책제안,"『국방연구』, 제47권(2004).
손한별, "남북한 군사통합과 연구쟁점,"『전략연구』, 통권 제63호(2014).

유호연, "제도주의(Institutionalism),"『LG주간경제 경영교실』(2007).
임상진, "통일과정에서 남북한 군사통합 방안에 관한 연구," 동국대학교 박사학위 논문(2003).
예브게니 바자노프, "한반도 통일: 정치 및 군사분야 통합의 제 측면" 서울 신문창간 50주년 기념 국제포럼, <한민족 통합을 준비한다>, 서울신문사 (1995).
유명기, "통독과 동서독군 통합과정 연구,"「주독한국대사관 무관부보고서」(1991).
윤진표, "남북한 군사관계와 군비통제 전망,"『사회과학』, 제35권 2호(1996).
이용호, "남북 군사통합에 대비한 국가 및 국방 위기관리체제 발전방안,"『군사연구』, 제146집(2018).
이재인, "남북한 군사통합전략에 관한 연구," 한성대학교 석사학위 논문(2019).
정훈, "남북한 군사통합 시 갈등관리 연구,"『군사논단』, 제95호(2018).
조동진, "남북한 군사통합방안: 해군을 중심으로," 창원대학교 석사학위 논문(2003).
조정규, 이승철, "군사통합에 기여하는 북한군 무장해제 성공요인 분석과 대응방안 연구,"『한국군사학논총』, 제6집 제2권(2017).
조해룡, "효율적 남북한 군사통합방안연구," 건국대학교 박사학위 논문(1995).
제정관, "남북한 군사통합방안과 통일국군 건설방향,"『군사논단』, 제29호(2001).
_____, "남북한 군사통합 및 통일한국군 건설 쟁점들,"『한국과 국제정치』, 제19호 제1권(2003).
정병철, "한반도 통일과 군사통합 방안에 관한 연구," 동국대학교 석사학위 논문(2003).
정충열, "남북한 군사통합의 전략적 추진방안 연구," 명지대학교 박사학위 논문(2014).
하연섭, "신제도주의의 이론적 진화와 정책연구,"『행정논총』, 제44권 2호(2006).
한국군사문제연구원, "미 바이든 행정부의 국가안보전략서 발표,"『군문연 뉴스레터』, 제1342호(2022.10.18.).
형성우·이승철·이영근, "바람직한 군사통합방안 사례분석 및 교훈 연구,"『軍史』제97호, 국방부 군사편찬연구소(2015).
형성우, "통일한국의 남북한 군사통합 방안에 관한 연구," 한남대학교 박사학위 논문(2016).
형성우·이승철·이영근, "바람직한 군사통합방안 사례분석 및 교훈 연구,"『軍史』, 제97호(2015).
홍봉기, "통일 한국의 적정 군사력에 관한 연구,"『군사학연구』, 제13권(2016).
Cline, Ray S., *World Power Assessment* (Washington, D.C,: The Center for

Strategic and International Studies, 1975).
Report of the National Defense Panel, *Transforming Defense: National Security in the 21st Century* (December 1997).
Hoffmann, Stanley, *Gulliver's Troubles, Or the Setting of American Foreign Policy* (New York: Mc Gran-Hill, 1968).

신문·인터넷

"군사적 신뢰구축으로 남북갈등 해소하자,"《국방일보》, 2011년 9월 6일.
"통일한국의 길 '필요충분 3조건' 갖춰라,"《국방일보》, 2014년 7월 3일.
"통일한구의 군사통합, 병력통합이 핵심이다,"《국방일보》, 2014년 7월 28일.
"남북 합쳐 182만 병력, 통일 뒤엔 57만이 적정선,"《중앙일보》, 2015년 2월 10일.
"통일한국군, 남북 인적통합 실패하면 내전 위험,"《아시아경제》, 2019년 10월 11일.
"남북한 인구," 국가통계포털, https://kosis.kr/index/index.do, (검색일: 2024. 10. 28).

제5장 남북 사회문화통합 추진전략

단행본

가와사키 에이코, 리소라 역, 『일본에서 북한으로 간 사람들의 이야기』(서울: 다큐스토리, 2021).
강명도, 『평양은 망명을 꿈꾼다』(서울: 중앙일보사, 1995).
국립통일교육원, 『2024 북한이해』(서울: 국립통일교육원, 2024).
김천식, 『통일국가론』 (서울: 늘품플러스, 2018).
김홍수·류대영, 『북한 종교의 새로운 이해』(서울: 다산글방, 2002).
대검찰청, 『마약류 범죄백서(1990년-2021년)』(서울: 대검찰청, 2022).
리제강, 『혁명대오의 순결성을 강화해 나가시는 나날에』(평양: 노동당출판사, 2013).
리지린, 이덕일 번역, 『리지린의 고조선 연구: 대륙 고조선을 찾아서』(서울: 도서출판 말, 2018).
림춘추, 『청년전위』(평양: 근로단체출판사, 1970).
_____, 『항일무장투쟁시기를 회상하여』(평양: 조선로동당출판사, 1960).
문현진, 『코리안드림』 (서울: 마음서재, 2020).
민 진, 『한국의 군사조직』 (서울: 북천사, 2017).
박경숙, 『북한 사회와 굴절된 근대』(서울: 서울대학교출판문화원, 2013).

박노명·김봉기, 『평양말·서울말』(서울: 메인파워, 2016).
박달, 『서광』(평양: 민청출판사, 1963년).
사회과학원 력사연구소, 『조선전사』(평양: 과학백과사전종합출판사, 1991).
양창석, 『독일 통일의 성공과 교훈』(서울: 박문사. 2011).
오기성, 『남북한 문화통합론』(서울: 교육과학사, 1999).
와다 하루끼 저, 이종석 역『김일성과 만주항일전쟁』(서울: 창작과 비평사, 1992년).
이우영, 『남과 북 사회이야기』(서울: 선인, 2024).
이우영 외, 『북한연구의 성찰』(서울: 경남대학교 북한대학원, 2005).
임채욱, 『북한 문화』(서울: 도서출판 JMG, 2023).
전영선, 『북한의 사회와 문화』(서울: 도서출판 역락, 2005).
정철현, 『북한의 문화정책』(서울: 서울경제경영, 2013).
조선작곡가동맹중앙위원회, 『해방 후 조선음악』(평양: 로동신문출판사, 1956).
주성하, 『평양 자본주의 백과전서』(서울: 북돋움, 2018).
한국정치연구회, 『북한정치론』(서울: 백산서당, 1990년).
홍규덕·류우익·박명규·최진욱·문성묵·김태우·김인수·김우상·권태환·이규형·정태익·신각수·Nina Leonhard·Jean-Francois Macoux·문양호, 『통일한국의 비전과 군의 역할: 육군사관학교 개교 70주년 기념 기획』(서울: 육군사관학교통일연구원, 2016).
CIA, *The CIA World Factbook 2012-2013* (Skyhorse, 2012).
Durkheim, Émile, *The Division of Labor in Society* (Digireads.com, 2019).
Hume, David, *An Enquiry Concerning Human Understanding* (Oxford University Pres, 2020).
Kuhn, Thomas S., *The Structure of Scientific Revolutions* (University of Chicago Press, 2012).
Marx, Karl and Frederics Engel, *The Communist Manifesto* (International Publishers Co, 2014).
Orwell, George, *1984* (Signet Classic, 1961).
United Nations, *Human Development Report 2021/22: Uncertain Times, Unsettled Lives: Shaping our Future in a Transforming World* (United Nations, 2021).
Weber, Max, *The Protestant Ethic and the Spirit of Capitalism* (Cherry Hill Publishing, 2017).
Wittgenstein, Ludwig, *Philosophical Investigations* (Wiley-Blackwell, 2009).

논문

강인숙, "단군 신화의 형성," 『역사연구』(1987).
김 승, "김정은 시대, 북한 영화 변천사 파헤치기," 통일부(2021. 9. 1).
"사회주의 대가정," 『김일성종합대학 학보』, 2022년 1월호.
송현진, "북한 영웅정치 연구," 이화여자대학교 박사학위 논문(2019).
이현희, "북한 여성군인의 군복무 실태에 관한 연구," 고려대학교 박사학위 논문, 2018년.

신문 및 인터넷, 인터뷰

"[김정일 사망] "가장 비통한 심정으로 알린다"," 《조선중앙통신》, 2011년 12월 19일.
"대북 단체 퍼주던 남북교류협력기금, 탈북자 위해 쓴다," 《조선일보》, 2023년 11월 29일.
"北, "자녀 이름 작명 때 통일·하나·한국 사용 금지 지시"," 《노컷뉴스》, 2024년 5월 30일.
"북한 문맹률이 0%에 가까운 까닭은," 《연합뉴스》, 2012년 10월 8일.
"김정은 총비서 최고인민회의 시정연설," 《로동신문》, 2024년 1월 16일.
"중국, 1967년 김일성 갑산파 숙청때 불쾌감," 《연합뉴스》, 2013년 12월 17일.
"탈북민 '대북 송금' 곳곳서 이례적 경찰 수사 논란," 《연합뉴스》, 2023년 12월 4일
"'한국式 프라이카우프'로 통일 길 연다," 《국민일보》, 2015년 10월 3일.
"북한 문화예술 분야에 근무했던 탈북민 이○○ 씨와의 인터뷰," 2021년 4월 3일.
"탈북민 박oo씨와 인터뷰," 2023년 4월 14일.
"판문점 귀순 '총탄 영웅' 오청성 하사와의 인터뷰," 2021년 7월 15일.

제6장 남북 국토통합 추진전략

단행본

김석종·장준복·조병현·이동희, 『북한 토지론』(대구: 일일사, 2004).
김석종·장○○·조병현·백승렬, 『북한 토지학』(대구: 일일사, 2017).
『김일성 저작집 2권』(평양: 조선노동당출판사, 1979).
조병현, 『북한의 지적제도』(용인: 대한지적공사 지적기술연구소, 우리인쇄소, 2001).
대한지적공사, 『한국지적백년사』(서울: 서울특별시 인쇄정보산업협동조합, 2005).

『흥미 있는 지리』(평양: 금성청년출판사, 1982).
『측량학』(평양: 교육도서출판사, 1961).
KDB 산업은행, 『북한 분야별 실태분석 및 향후 대북정책추진 방향』(서울: ㈜늘품 플러스, 2009).

논문 및 정책 보고서

김학성, "한반도 문제의 해결방법에 관한 제도주의적 접근," 『한국과 국제정치』, 제32권 제2호(2016).
김창권, "독일 통일 이후 구동독지역 인구이동 및 인구변화와 한반도 통일에 주는 정책적 시사," 『경상논총』, 통권 제28권 1호(2010).
김혜진, "북한 주요 도시개발 동향," KDB미래전략연구소 한반도신경제센터, Weekly KDB Report (2022. 5. 16).
권기철, "통일을 지향한 북한지역 국토개발 과제," 『국토계획』, 제49권 제5호 (2014).
공민달, "북한의 부동산제도에 관한 연구," 동국대학교 박사학위 논문(2015).
서울대학교 통일평화연구원, "통일한반도 국토인프라 구축의 최적화 정책 및 전략 제안 보고서"(2020).
신승우, "북한 인프라 현실과 통일 한반도 국토 인프라 구축 선결과제," 대한 토목학회 제23회 정책포럼(2019).
엄수원, "통일 한반도 북한의 국토정책 및 토지제도," 한국토지공사 토지연구원 (2002).
이수경, "統一 後 北韓 地域의 土地所有制度에 관한 硏究," 한양대학교 석사학위 논문(1997).
유홍재, "통일 이후 북한 토지 활용과 경제 활성화 방안 연구: 산업단지 거점화를 중심으로," 명지대학교 박사학위 논문(2016).
정은이, "북한 부동산시장의 발전에 관한 분석: 주택사용권의 비합법적 매매 사례를 중심으로," 『동북아경제연구』, 제27권 제1호(2015).
"제5차 국토종합계획(2020-2040)안 본보고서: 국무회의 심의를 거쳐 최종 공고 (대통령공고 제295호),
조덕훈, "신제도주의 접근에 의한 부동산 중개윤리제도의 발전방안 연구," 『공간과 사회』, 제18권 1호(2011).
조병현, "統一 以後 北韓 地域의 地籍制度 改編 方案," 연세대학교 석사학위 논문 (2002).
최진웅, "남북한 부동산 공시제도 통합방안 연구," 대진대학교 박사학위 논문

(2020).

하연섭, "신제도주의의 이론적 진화와 정책연구," 『행정논총』, 제44권 2호(2006).

한국행정연구소, "북한 지방행정 구조에 관한 연구: 시와 군의 비교를 중심으로," 통일평화연구원 2019 통일기반구축사업 보고서(2019).

통일정책협의회, "북한 분야별 실태분석 및 대북정책 추진방향, 제3부 경제·환경 분야" (2009).

신문·인터넷·인터뷰

"북한, 경의선·동해선 연결도로 폭파… 합참, 영상 공개," 《경향신문》, 2024년 10월 15일.

《자유아시아방송》, 2020년 11월 9일.

"'대자연 개조해 식량 증산'…북한, 간석지개간 안간힘," 《연합뉴스》, 2022년 11월 10일.

"홍건도 간석지 2단계와 룡매도 간석지 3, 4구역 건설 완공에 관한 조선중앙통신사 상보," 《조선신보》, 2021년 5월 1일.

"국가통계포털," http://kosis.kr, (검색일: 2024. 10. 3).

"국가통계포털," http://kosis.kr, (검색일: 2024. 10. 5).

"국가통계포털," http://kosis.kr, (검색일: 2024. 11. 6).

"통일부 북한정보포털," https://nkinfo.unikorea.go.kr/nkp/main/portal Main.do, (검색일: 2024. 9. 10).

"통계청 북한통계포털 북한의 주요지표 (2023)," https://kosis.kr, (검색일: 2024. 9. 10).

제7장 분단국 통일·통합사례 연구

단행본

국립 통일교육원, 『2016 북한 이해』(서울: 국립 통일교육원 연구개발과, 2015).

_____, 『2023 통일문제 이해』(서울: 국립 통일교육원 연구개발과, 2023).

김용욱, 『한민족 통일과 분단국 통합론』(서울: 전예원, 2008).

김학재, 『독일 통일에서 무엇을 배울 것인가?』(서울: 통일아카데미, 2017).

박성기, "코리안드림 구현을 통한 통일 추진전략," 한국글로벌피스재단 AKU교수협회 편, 『코리안드림 & 통일한국 비전과 국제협력』(서울: CDC Media, 2023).

최용호, 『물어보세요! 베트남전쟁과 한국군』(서울: 국방부 군사편찬연구소, 2004).

_____, 『통계로 본 베트남전쟁과 한국군』(서울: 국방부 군사편찬연구소, 2007).
_____, 『한 권으로 읽는 베트남전쟁과 한국군』(서울: 국방부 군사편찬연구소, 2004).
황병덕 외, 『사회주의 체제 전환 이후 발전상과 한반도 통일』(서울: 늘품 플러스, 2011).
Pham, David Lan, *Two Hamlets in Nam Bo: Memoirs of Life in Vietnam Through Japanese Occupation, the French and American Wars, and Communist Rule, 1940-1986* (McFarland & Company, 2008).

논문 및 정책보고서

김상무, "민주시민교육 원칙으로서의 독일 보이텔스바흐 합의에 관한 연구," 제25권 6호(2019).
김학재, "독일통일의 내적 조건," 서울대 평화통일연구원 통일아카데미(2024. 8. 26).
박성기, "국제협력을 통한 코리안드림 구현 전략," <통일한반도 비전과 국제협력> 세미나(2023. 11. 31).
박휘락, "독일 통일 과정의 함의와 한국의 통일 준비," 『한국과 국제사회』, 제4권, 제6호(2020).
배정률, "예멘 통일과정이 한국에 주는 교훈과 통일교육적 함의," 경성대학교 교육대학원 석사학위 논문(2002).
"신라의 통일,"《우리 역사넷 역대 국사 교과서 지도》.
이한우, "베트남 통합 이후 남부의 사회통합 과정에서 계급구조의 변화," 『국제·지역연구』, 제18권 4호(2009).
_____, "베트남 통일 후 사회통합 과정의 문제: 남부의 사회주의적 개조에 대한 주민의 대응과 그 변용," 『아세아 연구』, 제50권 3호(2007).
이헌대, "통일 후 독일경제의 교훈," 『한국경제포럼』, 제6권 1호(2013).
정용길, "독일 통일 과정에서의 동서독 관계와 남북관계에의 시사점," 『저스티스』, 제134권 2호(2013).
정주신, "분단 독일과 통일독일: 베를린 장벽의 구축과 해체에 관한 변증법," 『한국과 국제사회』, 제5권 2호(2021).
조재현, "전후 베트남 분단의 원인과 통합의 길," 『東南亞 硏究』, 제11호(2002).
황귀연, "베트남 共産黨의 改革·開放政策에 관한 硏究," 경남대학교 대학원 박사학위 논문(1996).
"후삼국, 통일고려,"《우리 역사넷 역대 국사 교과서 지도》.

신문 · 인터넷

이대희 · 이재호, "독일 통일 최대 피해자는 동독 여성," 《프레시안》, 2018년 10월 17일.

"삼국통일, 7세기 중엽 신라가 백제 · 고구려를 멸하고 통일 정부를 수립한 일" https://encykorea.aks.ac.kr/Article/E0026483, (검색일: 2024. 8. 26).

"예멘," https://www.bing.com/maps, (검색일: 2024. 11. 14).

핵심어

프롤로그

코리안드림 구현과 남북통일·통합의 지향 방향
신냉전체제, 적대적 두 국가관계, 흡수통일, 비핵화, 한민족 정체성, 분단구조, 체제통합, 선건설 후통일, 민족공동체통일방안, 통일독트린, 통일국가 비전, 홍익인간 이념, 집단안보 체제, 통일의식, 통일지상주의

새로운 통일·통합 추진전략과 모델 모색
분단사 재조명, 남북한 통일인식, 분단 해소, 한반도 전략환경, 새로운 통일한국 비전, 문명공동체, 통일한국 분석 모델, 남북통합 추진전략, 분단국 통합사례

제1장 남북 체제통합 추진전략
체제통합, 분단국가, 분리국가, 통합사례, 유럽통합, 독일통일, 기능주의, 신기능주의, 제도주의, 통합·통일, 국가연합제, 연방제, 낮은단계연방제, 연방연합제, 87년체제, 홍익인간사상, 문명공동체, 민족공동체, 고려민주연방공화국, 민주평화통일자문회의

제2장 통일외교안보 추진전략
신자유주의적 제도주의, 자유·평화통일, 한반도 안보환경 평가, 북한 급변사태, 양자·다자 통일외교, 북한 남침, 타이완·한반도 동시 전쟁, 통합의 국내정치, 포괄적 남북통합, 가치안보, 총력전 대비태세, 한·미·일군사협력태스크포스, 통일한국전략기획위원회, 안장화작전, 통일한국·문명공동체, 인도주의적 지원, 인권

제3장 남북 경제통합 추진전략

신기능주의, 분권형 대북 경협 정책, 지방정부–기업–시민사회 참여 분권형 접근, 경제적 상호 의존성, 남북 경제협력, 개성공단사업, 통합 추진 단계, 북한경제 민영화 정책, 경제적 격차, 통합 비용 관리, 법적 체계 조화, 제도적 조정, 노동시장 통합, 사회적 통합, 인프라 현대화, 지속가능발전목표(SDGs), 기반 남북협력, 환경 문제 해결

제4장 남북한 군사통합 추진전략

제도주의, 통일한국군, 군사적 정형(定型), 군사통합, 군사독트린, 지휘체계, 적정 병력규모, 적정 무장력, 첨단과학기술군, 잠재적 안보위협, 군비통제, 군축, 병력감축, 무기·장비·시설의 조정, 군사력 배치 및 운용, 대량살상무기(WMD), 한미동맹, 주한미군, 전작권 전환

제5장 남북 사회문화통합 추진전략

구성주의, 사회문화 동질성 이질성, 김일성, 김정일, 김정은, 사회통합, 5대혁명가극, 단군릉, 대동강문명, 천리마운동, 혁신 단결, 한류문화, 문화교류, 북송교포, 공화국영웅, 예술영화, 가부장적 결혼, 역사교육, 대가정, 군대문화, 홍익인간, 신작로

제6장 남북 국토통합 추진전략

역사적 신자유주의, 북한의 지리적 위치, 북한의 도로·철도·토지제도, 북한의 국토계획, 북한의 토지이용제도, 북한의 지적제도, 북한의 토지 소유권, 북한의 농지정리, 대자연개조사업, 북한의 주택건설, 남북 국토통합 전략, 남북 국토통합 비용, 북한지역 인프라, 북한지역 개발 방향, 남북 국토통합 기본계획

제7장 분단국 통합사례연구

민족정체성, 민족공동체 통일방안, 캠프데이비드 선언, 두 국가론, 홍익인간, 통일비전, 코리안드림, 체제통합, 대가정공동체, 평화공동체, 천부인권, 삼국통일, 사회통합정책, 신동방정책, 평화통일, 평화협정, 이념전쟁, 전복전

저자 소개

박성기 박사
(프롤로그 "코리안드림 구현과 남북통일·통합의 지향방향" 및 제7장 분단국 통일·통합사례 연구 집필)

박성기 박사는 유원대학교 교수로 예술경영, 문화정책론, 사회복지행정 등을 강의하고 있으며, AKU교수협회 회장을 맡고 있다. 선문대학교 대학원에서 "비선호 시설에 대한 공공갈등 관리전략에 관한 연구"로 박사학위를 취득하였다. 강원대학교 경영행정대학원에서 "통일비용 절감을 위한 북한의 토지개혁 방안에 관한 연구"로 1996년에 석사학위를 받았다. 서경대학교와 선문대학교에서 안보학과 교수를 역임했다. 민주평화통일 협의회 천안시 자문위원, 국제로타리 3620지구 천안지역 회장, 코리안드림 강사 연수 담당 교수 등을 역임했다. 육군본부에서 "군 과학훈련장비개발 및 훈련시설 종합개발"에 관한 정책업무를 담당했으며, 연구 분야는 전쟁과 무기체계이다. 주요 논문으로 "코리안드림&통일한국 비전과 국제협력(한국글로벌피스재단, 2023)과 군사훈련장 관리에 영향을 미치는 요인 분석"(한국정책학회, 2013) 등이 있다.

정경영 박사
(프롤로그. 새로운 통일·통합 추진전략과 모델·제2장 통일외교안보 추진전략 집필, 기획 및 종합 편집)

정경영 박사는 한양대 국제대학원 겸임교수로 2015년부터 동북아 국제관계, 국제정치경제, 세계정치에서 한국의 역할, 박사학위 논문작성법을 강의해오고 있다. 국방대·가톨릭대에서 초빙교수(2003-2014)를 역임하였다. 미 University of Maryland 대학원에서 "Building a Military Security Cooperation Regime in Northeast Asia: Feasibility and Design" 논문으로 국제정치학 박사학위를 취득하였다. 육군사관학교, 미 서던캘리포니아대학 대학원, 미 육군지휘참모대를 졸업하였다. 서부·중부·동부전선 지휘관과 합동참모본부·한미연합사·육군본부에서 정책·전략기획에 참여하였으며, 국가안보실 정책자문위원, AKU교수협회 학술연구원 원장을 역임하였다. 주요 저서는 『전작권 전환과 국가안보』(2022), 『피스 크리에이션: 한미동맹과 평화창출』(2020), 『민족분단의 현장에 서서』(1990), *South Korea: The Korean War, Armistice Structure. and a Peace Regime* (2020) 등이 있다.

최용호 박사
(제1장 남북 체제통합 추진전략 집필, 편집)

최용호 박사는 프리랜서로 활동하고 있다. 경기대 정치전문대학원에서 "베트남전쟁에서 한국군의 민사작전 연구" 논문으로 국제정치학 박사학위를 취득하였다. 최박사는 육군대학 교수부 교관으로 6년 동안(1984-1990) 전술학을 강의하였다. 국방부 군사편찬연구소 책임연구원, 전쟁사2부장 등을 역임(2001-2011)하였다. 2011년 국방부에서 퇴직한 후 사단법인 전쟁과평화연구소를 설립하여 소장으로 근무(2011-2017)하면서 경기대학교에서 정치학을, 육군대학에서 해외파병사를 강의하였다. 그 후 육군본부 군사연구실 객원연구위원(2018-2022)으로 『제3야전군사령부 변천사(1978- 2018)』 등 5권의 부대역사서를 집필하였다. 주요 저서로는 『베트남전쟁과 한국군』(2004), 『응답하라 1950 대한민국』(2017) 등 50여 권이 있다.

구필현 박사
(제3장 남북 경제통합 추진전략 집필)

구필현 박사는 자유일보 국제부 부장과 동북아공동체문화재단 정책자문위원이다. 영국 런던대학교(LONDON) 아중동아프리카(SOAS)대학에서 "Civilian- Military Spin-on & Spin-off Technology Transfer: Case Study of South Korean Economic Development" 논문으로 개발연구학 박사학위를 취득하였다. 영국 University of Warwick에서 국제관계학 석사학위와 성균관대학교 정책학 석사학위를 취득하였고, 경영학 박사학위를 수료하였다. 이집트와 르완다 국립대학에 파견되어 한국정부의 ODA(해외원조)를 수행하였고, 성균관대 국제학부에서 겸임교수로 국제경영과 경영전략을 강의하였다. 현대자동차그룹 서울본사 국제금융과 IR담당 상무, 미국의 프라이스워터하우스쿠퍼스 선임컨설턴트와 영국의 스탠다드앤푸어스 선임애널리스트, 국방과학연구소 지상무기체계본부 연구원을 역임하였다.

박동순 박사
(제4장 남북 군사통합 추진전략 집필 및 편집)

박동순 박사는 한성대학교 국방과학대학원 안보정책학과장으로 국제분쟁과 평화활동, 북한의 정치·군사론, 남북관계론, 통일정책론, 국방외교정책론, 민군관계론 등을 강의하고 있다. 경남대학교 대학원 정치외교학과를 졸업하고 "탈 냉전기 한국의 전투부대 파병정책 결정에 관한 연구"로 정치학 박사학위를 취득하였다. 국방부 군사편찬연구소에서 국제분쟁사부장을 역임하였고, 숙명여대 교양학부 및 국민대학교 정치대학원에서 세계전쟁사, 국방정책론 등을 강의하였다. 재향군인회 안보전문교수 및 통일교육원 교수, 사)통일안보전략연구소 안보전략센터장으로 활동하고 있다. 관심 연구 분야는 국제분쟁, 한미동맹, 국방외교안보, 남북한 관계 및 북한 연구, 통일 교육 및 정책, 병역제도, 국가보훈 정책 등이다. 주요 저서로『군사학개론』(2022),『한국의 전투부대 파병정책』(2016),『국제분쟁과 평화활동』(2019),『독립·호국·민주화에 나타난 보훈정신과 역사적 승계』(2022) 등이 있다.

안찬일 박사
(제5장 남북 사회문화통합 추진전략 집필)

안찬일 박사는 고려대학교 정치외교학과를 졸업하고 건국대학교 대학원에서 "북한의 통치이데올로기에 관한 연구"로 정치학 박사학위를 취득하였다. 현재 민주평통 상임위원, 국방부 정책자문위원, 육군발전 자문위원, 사)세계북한연구센터 이사장, 한국열린사이버대학 석좌교수, 통일천사 공동 상임의장, 세계탈북민총연맹 총재로 활동하고 있다. 국가정보원 북한 연구실장을 역임하였고, 미 컬럼비아대학 초빙교수와 버지니아대학 초빙학자, 서강대, 중앙대, 서울교대, 연세대, 건국대에 출강하였다. 각종 언론 매체에 출연하고 있으며, 미국 워싱턴《자유아시아방송》, rfa에 <안 박사의 주간 진단> 프로를 5년째 진행 중이다. 주요 저서로『주체사상의 종언』(1997),『북한총람』(2024),『북한 사회의 이해』(1995) 등과 주요 논문으로 "김정일 시대 군의 정치기구에 관한 연구", "김정은 시대의 당군관계 연구" 등이 있다. 통일운동에 기여한 공로로 대통령 표창장과 행정안전부장관 표창장을 수여받았다.

조병현 박사
(제6장 남북 국토통합 추진전략 집필)

조병현 박사는 사)영천미래연구원장과 사)평화교육문화센터 종로평생교육원 부원장, 사)동학민족통일회 공동의장, 사)단재신채호선생기념사업회 「단재학당」 교장으로 재직하면서 단재학 정립과 바른 역사 회복에 대한 교육을 해오고 있다. 경일대학교에서 "지적학의 접근방법에 의한 북방영토문제에 관한 연구"로 박사학위를, 연세대학교에서 "통일 이후 북한지역 지적제도 개편 방안 연구"로 석사학위를 취득하였다. 대한지적공사(현 한국국토정보공사) 재직시 국토개발 지적기술사 국가자격을 취득하고, 개성공업지구 지적확정측량과 지적공부 작성업무를 총괄하였으며, 2006년부터 김책공업대학교와 학술교류 활동을 펼쳤다. 이후 동국대학교와 대구과학대학교, 경일대학교 겸임교수를 역임하였다. 주요 저서로는 『북한의 지적제도』(2001), 『북한토지론』(2004, 공저), 『북방영토연구』(2012), 『북한토지학』(2017, 공저), 『간도묵시록』(2020), 『조선사 정립과 통일』(2023, 공저) 등이 있으며, 영토와 통일, 역사 관련 논문 40여 편을 발표하였다.

코리안드림과 통일한국을 향한
남북통합 추진전략

초판 1쇄 발행 2024년 12월 26일

편 찬	한국글로벌피스재단 AKU교수협회
엮 음	박성기 · 정경영
저 자	구필현 · 박동순 · 박성기 · 안찬일 · 조병현 · 정경영 · 최용호
발 행	이창형

발행처 GDC미디어
주 소 서울시 서대문구 신촌로 25, 3~4층
이메일 gdcmedia@naver.com
등록번호 제 2021-000004호
ISBN 979-11-982320-4-5 93340

* 책값은 뒤표지에 있습니다.

※ 이 책은 저작권법에 따라 보호를 받는 저작물이므로 무단 전재와 무단 복제를 금지하며,
   이 책 내용의 전부 또는 일부를 이용하려면 반드시 저작권자와 GDC미디어의 서면 동의를 받아야 합니다.